语言和言语问题研究

范晓 著

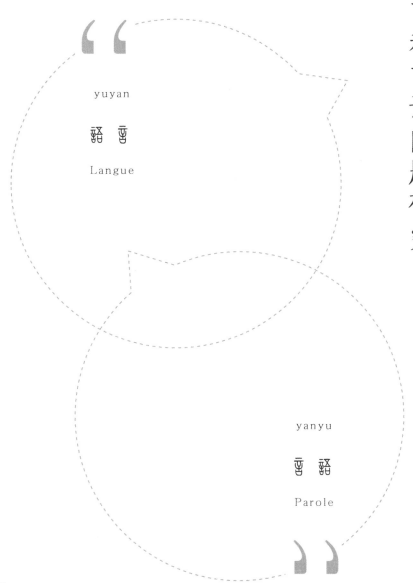

复旦大学出版社

作者简介

范晓，1935年4月出生，上海市人。复旦大学中文系教授，曾任复旦语法修辞研究室主任、中国语言学会常务理事。研究范围涉及语言理论、语法、修辞、方言、词典等领域。在语言一般理论研究方面提出对语言、言语和话语的区分，在语法研究方面积极倡导"三个平面"的理论（简称"三维语法"），在言语修辞方面认为适应题旨情境是修辞的总规律。著有《三个平面的语法观》《语法理论纲要》《汉语句子的多角度研究》《动词研究》《短语》《汉语的句子类型》《现代汉语存在句研究》《汉语句式在篇章中的适用性研究》《汉语句子及其句式研究》《新编古今汉语大词典》《简明吴方言词典》《范晓语法论文集》等20余部著作（含合著，且其中3部已译为外文在国外出版）。发表学术论文近300篇。

目 录

语言、言语和话语 ………………………………………………… 1
语言、言语及其相关问题的思考 ………………………………… 10
语言、言语和话语问题问答 ……………………………………… 29
语言与思维的关系及其相关问题 ………………………………… 51
语言内部各要素之间的制约关系 ………………………………… 70
语法结构的规律性及其在言语中的灵活性 ……………………… 81

关于"语素"问题 …………………………………………………… 99
关于"词儿"问题 …………………………………………………… 115
关于"短语"问题 …………………………………………………… 132
短语的语义和语用分析 …………………………………………… 159
汉语的"四字格"成语 ……………………………………………… 177
关于语式 …………………………………………………………… 189

三维语法阐释 ……………………………………………………… 202
句法结构中的句法成分 …………………………………………… 222
语义结构中的"主事" ……………………………………………… 245
语义结构中的"与事" ……………………………………………… 259
语义结构中的"施事" ……………………………………………… 273
关于"名物化"和"名词化" ………………………………………… 291

"使"的词义演变及语法化问题 …… 302
同音同形的"是"的分化 …… 322
现代汉语动词的研究 …… 334
现代汉语的名词及其再分类 …… 365
状态谓词及其相关问题 …… 378
动宾离合词及其构成的语式 …… 391
动词配价研究的几个问题 …… 408

句子的功能 …… 429
句子的"句干" …… 450
语境句和孤立句 …… 470
"句位"和"句系" …… 482
句式研究的"形义结合"原则 …… 495
理解句子意义的几种因素 …… 509
汉语句子的教学 …… 521

语用的动态分析和静态分析 …… 541
句式在言语中的语用价值 …… 557
话语里具有特殊语用功能的"辖群句" …… 574
语法的句式和修辞的关系 …… 593
修辞要讲究适应题旨情境 …… 609
试论"言语美" …… 620

参考文献 …… 634
后记 …… 646

语言、言语和话语

〇、引　　言

语言学的论著中,经常出现语言、言语和话语这三个术语,但对它们的含义,语言学界的理解不大一致,因此在讨论学术问题时有时会谈不到一块儿。众所周知,任何科学在发展中必然会产生一些相应的术语,科学通过术语巩固已经取得的认识成果,并随着术语本身意义的精确化而不断地向前发展。语言学也如此。语言、言语和话语这几个术语,涉及语言学研究的对象和研究的方法,所以至关重要。对这几个术语的进一步探讨,以求得更精确的含义并准确地给以解释,对语言学的进一步发展无疑是十分必要的。

一、语言、言语和话语是客观存在的事实

科学上任何一个名词术语,都有其客观内容,都反映着某种客观存在的事实。语言、言语和话语,也都反映着某种客观事实。让我们看看它们反映的是一些什么样的事实。

第一个事实是,在人类社会生活中,存在着一种最常见、最普通但也是最重要的行为活动,这就是"说话"。人们要表达自己的思想,要进行思想交际,就得说,就得谈,就得讲。这种客观事实,语言学著作里有许多名称,如"言语使用""语言运用""使用语言""运用语言""语言活动""语言行为""言语""言语活动""言语行为"等等。我们把这种重要的人类活动称作言语活动,或称言语行为,用一个科学的术语来概括,便是言语。①

---

① 作为一般语词的"言语",有两个义项:(1)〈动词〉说话,如"贾政听了,不敢言语";(2)〈名词〉说出的话(相当于"话语"),如"奸佞的言语不可信"(即"奸佞的话不可信")。

言语有口头的和书面的,口头言语也称有声言语。如果用文字来表现,即是写话(作文、写文章),这便是书面言语。书面言语是在口头言语基础上派生出来的一种言语。

言语这种行为活动,必须具备三个基本条件:

(1) 大脑皮质必须能正常活动。人的大脑有两个中枢,即维尔尼克中枢(听觉中枢)和卜洛克中枢(言语发动中枢)。破坏了这两个中枢,言语就失掉了物质基础。维尔尼克中枢受伤,会引起词的遗忘;卜洛克中枢损害,就没法发出清晰的声音。肺、声带、喉头、口腔等也是口头言语的重要器官,它们受到损伤,也会影响言语:或者言语时嗓子沙哑杂浊,或者声音变质不清,或者发不出语音等等。

(2) 必须懂得某种语言(汉语、英语或其他族语)。语言是表达思想进行交际的工具,如果不掌握某种族语,即使言语器官一切正常,也还是不能言语的。如被狼抚养长大的狼孩儿,由于从小跟狼生活在一起,脱离了人类社会,不懂某种族语,就没法跟人们说话,而只会发出狼嚎般的声音。

至于书面言语,还需要掌握文字。一个目不识丁的文盲,是不可能有书面言语的。口头不能说话的聋哑人,如果掌握了盲文,掌握了某种族语知识,也可以通过书面言语表达思想和进行交际。

(3) 要表达一定的思想。言语的本质是表达和交际。人们要进行言语交际,就得有一定的内容,即思想。所以言语(活动)中的语言都表达一定的思想内容。神经错乱病人的乱喊乱叫,鹦鹉的学舌等,都不是言语。

第二个事实是,人们说话作文,都为了表达某种思想,而思想内容是看不见摸不着的,它必须通过一种形式才能显示于外。言语中表达思想内容的形式,就是语言,从这个意义上说,语言是言语交际的工具,也是表达思想的工具。诚然,表达思想内容的形式还有其他一些,如非言语的舞蹈、音乐、绘画等形式(舞姿、音符、线条等)也能表达一定的思想内容,但它们比之语言要差得远。人类没有舞蹈、音乐、绘画仍然可以生活,而没有以语言为形式的言语交际是不可想象的。

作为言语工具的语言,作为思想表达形式的语言,它是由语音、语汇、语法三部分构成的。语言学界通常把族语的抽象体系(民族语言的语音、语汇、语法所构成的一般的抽象的体系)看作语言,如说汉语、英语之类便是语言,这本身没有错。但必须看到,一切方言、土语、个人的语言乃至具体的话语中的语言也是语言。族语存在于使用该语言的社会人员的言语和话语之中。

语言具有社会性、全民性。它不是某个天才人物创造的,也不是像《圣经·创世记》所说的是上帝的赐与,而是全社会人员共同创造的。个人的、个别的语言是存在的,但它们不是与全民语言完全不相干的一种语言。一个人诞生到世界上来,就生活在有着全民语言的社会里,他学习的就是现成的全民语言。当然个人的、具体的言语里面也可能会有一些超出全民语言的成分或因素。

第三个事实是,言语既然是一种行为活动,就会有一定的成果或产物,这就是人们说出来的"话"或写出来的"文章",语言学论著有的称之为"言语作品",有的称之为"言语产品",有的称之为"话语"。我们认为用"话语"比较好。它是一个双音节词,跟语言、言语并列呼应,比较自然;而且这术语在语言学著作中已经常见了。

话语是由两个互相依存的部分组成的,一个部分是话语内容,也就是言语者表达的思想内容;另一个部分是话语形式,也就是言语者借以表达思想的形式,这种形式就是话语里的语言,这是一种现实的、具体的语言,是族语的个别形态,也是族语的存在形式。所以个别的、具体的话语形式是研究语言的原料或素材。人们常说"语言表现思想""语言是思想的直接现实""思想的真实性表现在语言之中"等等,这在话语中得到充分的体现。可以说,话语是语言和思想的结合体。

话语是言语(活动)的成果,它是客观地存在着的。一个具体的言语(活动)瞬间即逝,而一个具体的话语可以在较长时间内贮存起来。话语有三种贮存方式:一种是贮存于人们的脑子里,如秦末汉初的伏生曾把儒家经典中的话语记在脑中,又如有些民间故事通过背诵也可代代相传,都是例证。第二种是贮存于书面上,即用文字记载下来,如甲骨、钟鼎、石碑、书籍、报刊都可保存话语。第三种是贮存在录音唱片或录音磁带上,这是现代社会才有的。记于脑中的话语很难长期贮存;即使有人能强记于脑,也难免有失实之处,而且还会遗忘;即使不遗忘,也会随着记忆者的死亡而消失。只有通过文字记载或录音贮存的话语,才有可能长期保存。我们今天能把古汉语的体系描写出来,就是依靠了古代传留下来的书面话语。

语言、言语和话语反映着三个客观事实,因此三者有区别,有相对独立性。但三者又是互相紧密地联系在一起的。言语必须有语言,语言要通过言语才能发挥其表达和交际的功能,言语的结果必然会出现话语,话语把言语的成果巩固下来,显现出来。从发生学角度看,言语、语言、话语三者同时产生,原始人第一句话(话语)的出现,标志着言语和语言的诞生,虽然那时的语言十分简单而贫乏。从现代社会人们的言语来看,言语活动的过程是:人们首先在大脑里进行思维活动,在思维活动时,语言和具体的思想结合;然后进行(有时是同步进行的)言语活动,使思维活动的内容通过口头或书面示现于外,从而产生出语言和思想的结合体——话语。言语活动跟思维活动是密切相关的。

二、语言和言语的关系

(一) 语言和言语的区别

有一种意见认为:"语言是由语音、词汇、语法构成的体系","言语则是使用语言这一事实……包括两个方面:(一)使用语言的过程本身,也就是人们利用语言这一工具所进行的言语活动;(二)使用语言的结果,也就是在言语活动中所产生的言语作品(说出来的话,写出的文章)的总和"(戚雨村、吴在扬1961)。高名凯(1960)也有类似看法。这里所说的"言语作品",就是我们所说的"话语"。

客观存在着的"言语活动"和"言语作品"(话语),二者有明显的差别,这一点是公认的。如果用"言语"来包含或反映两个事实,会产生以下的问题:第一,模糊了言语和话语的差异,这犹如把"生产"和"产品"合为"生产"一样不合事理;第二,会产生术语运用上的混乱,在一种场合下,言语指的是"言语活动",在另一种场合下,言语指的是"言语作品",在另外的场合,言语又指的是"言语活动"和"言语作品"的总和,这就违反了科学术语单义性的

语言、言语和话语

原则。因此我们认为语言学发展到今天,把有区别的这两个事实(言语活动和言语活动的产物)巩固在相应的术语"言语"和"话语"里应该是比较合适的。

(二) 语言和言语不是一般和个别的关系

有一种理论认为:言语是"言语作品的表达形式",语言是"从言语中抽象概括出来的","语言和言语实质上是一般和个别的关系"(方光焘、施文涛1959,施文涛1960,方光焘1961)。这种理论中所说的"语言",指的是族语的抽象体系,所说的"言语",不是笔者所说的以语言为工具来表达思想和进行交际的行为活动的言语(说话或写话),而是我们所说的具体的话语形式,即语言的具体存在的形式。本文认为语言和言语的关系是言语的工具与借助这种工具而进行的言语活动的关系,而不是一般和个别的关系,也不是抽象和具体的关系。

在语言研究中,区别语言的一般和个别、抽象和具体十分重要。要描写族语的抽象体系,就得调查和收集使用该族语的社会成员的、大量的、有代表性的话语形式,并在此基础上抽象概括其共性。任何科学研究中要探求本质的规律的东西,都要区别事物的一般和个别,要通过个别找出一般。但问题是把语言看作纯一般、纯理性的东西妥不妥?把"言语作品的表达形式"说成是"言语"而"不是语言"行不行?如果把语言看作纯一般,把"言语作品的表达形式"说成非语言,那么,语言是从那儿抽象出来的呢?有没有能让人们感知得到的具体的、个别的、活生生的语言呢?

事物的一般和个别这两种形态是人们认识中把它们分开来的,而客观存在的只是同一事物。唯物辩证法认为:个别一定与一般相联系而存在。一般只能在个别中存在,只能通过个别而存在。任何个别(不论怎样)都是一般。任何一般都是个别的(一部分,或一方面,或本质)。任何一般只是大致地包括一切个别事物。任何个别都不能完全列入一般之中等等。[①]可见,各种事物的"具体"和"个别"形态中本身就体现着"一般"。任何个别的具

[①] 列宁:《哲学笔记》,人民出版社,1958年,第363页。

体的马都是马,任何个别的、具体的语言(话语形式)也都是语言,而不管是张三的还是李四的。族语的抽象的、一般的形态是语言,具体话语中出现的族语个别形态也是语言,它们是同一语言。既然语言的一般和个别的区分并没有分出两个不同的事物,也就不应把语言看作纯一般、纯理性的东西,也不应把"言语作品的表达形式"说成非语言。如果要用相应的词语来区别语言的一般和个别,或区别语言的抽象和具体,只须在"语言"上附加相应的限定词语就行了。

科学研究的对象总是具体的,科学研究的任务就是要认识各种研究对象的本质并发现其一般的规律,因此科学研究的过程或者说认识的过程,就是从感性到理性,从具体到抽象,从个别到一般的过程。假如语言只是一般的、抽象的,还要语言学干什么呢?如果语言只是抽象的一般的体系,如果话语形式不是语言,这样一来语言就成了若有若无的东西,它失却了任何具体存在的形式。如果一般不存在个别之中,那么,这样的语言到底存在在哪儿呢?

语言的一般和个别是相对的:作为最一般的人类语言这个术语而言(比如说"语言是人类交际和交流思想的工具"中的"语言"),族语(包括汉语、英语、法语等)则可以说是个别的;就族语与方言的关系而言,族语为一般,方言为个别;就个人语言(比如鲁迅的语言、老舍的语言)与族语或方言的关系而言,族语、方言为一般,个人语言为个别;就某个人的某个具体话语中的语言(如《红楼梦》的语言、《阿Q正传》的语言)与个人语言(如曹雪芹的语言、鲁迅的语言)、族语(汉语)而言,则具体话语中的语言为个别,个人语言、族语等为一般。

这里也涉及"语言"这概念的外延问题。它的外延是,包括一切语言:民族的、部族的,中国的、外国的,古代的、现代的,地方的、个人的。语言中较大的概念是类概念,较小的概念是种概念,例如:"汉语——北方方言——北京话——老舍的语言——《骆驼祥子》的语言",在这个系列中,每一相对的概念都处于类与种、一般与个别的关系中。有的论著把语言和族语等同起来(族语=语言)显然不妥。研究族语,无疑是语言学中最重要的任务,但不是唯一的任务,对人类语言的共性的研究也是语言研究(就是一般语言学),对方言乃至某个个人的语言进行研究,也是语言研究。但是,无论哪种语言研究,都得以能够观察到的现实话语中的个别的、具体的语言作为对象、作为资料,否则,一切语言研究都将是无源之水,无本之木。

三、值得商讨的有关问题

(一) 关于"语言要素"和"非语言要素"

有些学者由于把语言和言语看作一般和个别的关系,或者看作社会和个人的关系,致使他们的语言学论著里提出了一系列让人困惑的术语和概念,比如提出话语或言语作品里存在着"语言要素"(或称"语言成分")和"非语言要素"(或称"超语言剩余部分")这样的说法。这是值得商讨的。

话语形式里存在着两种语言现象:一种是跟族语的共性是相同的(语音、词汇、语法符合族语规范的);另一种是跟族语的共性有差别的(个人发音上、用词上、语法格式的安排上有某些不合族语规范的个性)。据此,研究话语形式时可以抽象出族语要素(共性)和非族语要素(个性)或常体和变体。这种"共性"和"个性"的关系或"常体"和"变体"的关系,正是体现了语言的一般和个别的关系。所以,所谓"语言要素",主要是指"族语要素"(即语言的一般或共性);所谓"非语言要素",实际上是指"非族语要素"(即语言的个别或个性)。

族语是语言,话语形式也是语言。话语里相同于族语的那些因素固然是"语言要素";话语里不同于族语的那些因素当然也是"语言要素",只不过是反映着个人的或个别具体语言的某些个性而已。汉语中的"同""图"等音节的辅音,普通话学得不好的南方人常念成 d 而不念成 t,能说 d 不是语言中的语音么?有人说"阴谋"是语言中的词,是"语言要素","阳谋"不是语言中的词,是"超语言剩余部分"。如果"阳谋"不是语言要素,又怎么表达相应的内容?其实这些也都是语言要素,只不过是不具族语共性的个性语言要素,也就是"非族语要素"或"超族语剩余部分"。

(二) 关于"语言的语法分析"和"言语的语法分析"

由于把语言和言语看成一般和个别的关系,近年来,在语法研究中,有人提倡两种语法分析,即所谓"语言的语法分析"和"言语的语法分析"(王希杰1984)。按照这种语法分析的理论和方法,在语法分析中区别出"语言的句子"和"言语的句子",区分出"语言的句子分析"和"言语的句子分析",并且认为言语的语法分析具有相对的独立性。这也是值得商讨的。

  语法分析二分论者说的"语言的句子",指的是"一个语言社团的一切成员所共有的集体的财富,是一种一般的、抽象的、概括的模式……它是脱离具体语境地而独立存在的","言语的句子"则是指"语言的句子的实现形式,它生存于特定的语境地之中"(王希杰1984)。这实际上就是句子的一般和个别的关系,是抽象句和具体句的关系,或者说是静态句和动态句的关系。笔者认为,一般存在于个别之中,不应该把"语言的句子"和"言语的句子"当作两种反映不同事实的句子,而应看作句子存在的两种形态。所谓"言语的句子"就是人们运用语言表达思想的句子,也就是个别的、具体的话语形式中的现实的句子。话语的形式也是语言,所以"言语的句子"既是具体句、动态句,也是语言的句子。语法研究中通过对具体句的抽象概括,才有抽象句、静态句。如果具体句、动态句不是语言的句子,那么抽象句、静态句又怎么会是语言的句子呢?

  语言的句子能脱离语境而独立存在吗?回答是否定的。语言的句子若不在言语中使用,还有什么用呢?它究竟"独立存在"在哪儿?事实上,抽象句总是存在于使用之中,存在于与一定语境联系着的话语形式之中。"独立存在"论者自己也说говорит:"言语的句子是语言的句子的实现形式""没有言语的句子,语言的句子就没有存身之处"。一会儿说"语言的句子"脱离语境而"独立存在",一会儿又说联系着语境的"言语的句子"是它的"存身之处",这是自相矛盾的。

  把语法分析分为"语言的语法分析"和"言语的语法分析"就必然会推导出"语言的句子"和"言语的句子",甚至还会推导出"语言的短语"和"言语的短语"以及"语言的词"和"言语的词"等,也就意味着有两种语法,一种是"语言的语法",另一种是"言语的语法"。这就把语法研究搞玄了。语言学中的语法学只有一种,就是语言的语法。语法学是以语言的语法作为对象。族语语法的规则体系,要从使用该族语社会人员的具体话语的语法中去抽象概括其共性才能获得。所以语言的语法分析,是根本离不开具体话语的语法分析的。

所谓"言语的语法分析",实质上也是语言的语法分析。这是因为,进行语法分析,要描写一个族语语法体系,这就要从现实的、个别的、具体的语法中去抽象、概括出一般的带有共性的规则体系,比如汉语语法中语序的一般规则是:主语在谓语之前,状语、定语在中心语之前等等。但另一方面,我们也不能忽略那些话语形式中的有别于共性的语法事实,比如在具体的话语形式中有谓语在主语之前和状语、定语在中心语之后的情形,这就是语法的语用平面的事实,是族语语法规则在动态使用中的变化。研究语法的语用,也是语言的语法分析的内容之一。

提出"语言的语法分析"和"言语的语法分析",表面上看好像很科学,实质上是不科学的,是把语言的语法研究架空,搞乱和迷糊了语法研究的对象。任何科学,都是要从个别上升到一般、从具体升华为抽象,因此,科学研究的对象都是具体的、个别的、现实的,离开个别和具体的语法事实去研究一般和抽象语法规律,那犹如离开了具体的各种各样的动物(人、牛、马等等)去研究抽象的动物一样,是违反认识论的基本原理的。

语言、言语及其相关问题的思考

〇、引　　言

关于语言和言语问题,20世纪50年代末到60年代初,我国语言学界曾对此问题进行过热烈的讨论。在讨论中,人们对语言和言语要不要区分、如何区分以及语言跟其他相关概念的关系等问题上存在着很大的分歧,可以说对语言和言语问题的认识没有共同的"语言",也就不可能取得共识。语言和言语问题相当复杂,人们由于观察事物的角度不同,思想方法不同,有不同的观点或看法是难免的。学术上的不同意见可以共存,可以继续深入讨论,真理总是越辩越明的。

四十多年过去了,语言学界关心此问题的学者还在思考这个问题。2002年9月,武汉大学中文系发起"言语和言语科学国际学术研讨会",进一步讨论了语言和言语问题。讨论这个问题很重要,决不是名词术语之争,而是涉及我们这个学科中一系列的理论问题和实践问题,涉及研究的方法论问题,涉及言语科学的建设问题。

要讨论这个问题,首先应该对语言、言语以及其他相关术语给以准确的解释。这是因为:一则,在语言、言语问题上存在着术语理解或解释上的混乱现象,这些混乱现象使得问题复杂化,如果能准确地阐明这些术语所表达的概念,讨论它们就有了一个明确的前提;二则,术语的准确性和单义性是任何科学不能忽视的,科学越发展就越要求术语的准确性和单义性,把研究的成果巩固在术语上并给以准确合理的解释也是科学发展本身的要求和不可避免的趋势,语言科学或言语科学也不例外。

一、语言和言语要不要区分？怎样区分？

在对语言和言语及其相关术语要不要区分和怎样区分的问题上，汉语语言学界主要有三种意见：(1) 主张语言和言语不要区分；(2) 主张区分，提出二分法，分为语言和言语；(3) 也主张区分，提出三分法，分为言语、语言和话语（也称"言语作品"）。

（一）语言和言语不必区分说

有人认为日常生活中语言和言语是"意思相同"的同义词，只是两字颠倒，犹如"悲伤"和"伤悲"一样，因此认为不必区分语言和言语（周建人1961）。这种看法很有问题。日常生活用语和科学术语有时一致，有时不一致，这是正常的，但不应混为一谈。在汉语里，语言和言语有时表示同一意义，确实存在着混用的现象。但汉语中的"语言"和"言语"并不完全像"悲伤"和"伤悲"那样是两字颠倒的同义词。请看下面的例子：

① 袭人笑道："怎么不言语了？"（曹雪芹《红楼梦》第十九回）
② 姐姐为何闷闷的不言语？（兰陵笑笑生《金瓶梅》第十一回）
③ 叶通只愣愣的站着不言语。（文康《儿女英雄传》第三十回）
④ 太太说完这个，又看了祥子一眼，不言语了。（老舍《骆驼祥子》）
⑤ 赵三有什么事在心中似的，他什么也没言语。（萧红《生死场》）
⑥ 人家问你话呢，你怎么不言语？（社科院语言研究所《现代汉语词典》）

上面例句中的"言语"都是动词，在句中作谓语，否定副词"不"或"没"可置于它前面表否定，概念意义指用语言来表达思想的一种行为活动，即"说话"或"说"的意思。①"言语"的这种句法功能和概念意义，"语言"是没有的。如果认为语言和言语是两字颠倒的同义词，则上述例句中的"言语"都可说成

---

① 作为"行为活动"的"言语"常用来作谓语，是动词。本文所说的"言语"，属于学术术语，是名词。

"语言",那显然是行不通的。

有人认为区分语言和言语,就是把它们"割裂开来",因此不主张区分(李振麟、董达武 1961)。这说法也有问题;因为区分不等于割裂,"区分"和"割裂"是两个不同的概念。把有互相联系的客观事物用不同的词语区分开来,这是客观事物在人脑中的主观反映。至于对被区分事物的关系怎么看待,是看作互相联系的还是完全没有关系的,那是另一回事:如果看作互相联系的,那就不是割裂;如果看作完全没有关系,那才是割裂。比如"语言"和"思维"有密切的联系,但并不妨碍区分为两个不同的术语;又如语言可分为语音、词汇、语法三要素,这三者也是联系在一起的,区分三者也并没把它们"割裂开来"。诚然,在主张区分语言和言语的人们中,确有人在论述时把语言和言语放在对立的地位并割裂两者之间的联系。但是不能因此而给任何一种区分都冠以"割裂"的帽子。辩别"割裂"还是"不割裂",关键是看他们如何解释语言、言语之间的关系。

相反,把语言和言语等同起来,干脆取消"言语"这个术语,用"语言"一词来统而代之,倒是导致把两者混淆起来:在一种情况下,指的是由语音、词汇和语法构成的表达和交流思想的工具(如说"语言是交际和交流思想的工具""每个民族都有自己的语言"),在另一种情况下指的是言语行为或活动(如说"语言的行为""语言的活动"等)。①把语言和言语等同起来,其结果必然使术语因多义而发生混乱。

事实上,现实生活的用语里存在着"语言"和"言语"(或"说""说话")的区分,如果不区别语言和言语,把它们看成同义词,那就混淆了两者的区别。例如,下面句子里的"语言"和"言语"("说""说话")是不能互相替换的。例如:

① 汉语、英语等都是历史地形成的民族语言。
② 每个国家都有自己的语言和文字。
③ 你走的时候言语一声儿。
④ 她说得多,做得少。

---

① 语言是符号系统,是交际工具,本身不是"行为"或"活动",所以"语言"在语法里属于名词。

⑤ 这个人很会说话。

例①②句里所说的"语言",就不能换成"言语"。例③④⑤里所说的"言语""说""说话"也不能换成"语言"。把语言和言语当作同义词,不分语言和言语,有时还会造成误解,如有一个时期,人们提倡"语言美",实际上是提倡"言语美"。语言(汉语、英语……)无所谓美不美的问题,讲语言美,很容易被误解为语言有优劣之分。语言优劣论是要不得的。但提倡"言语美",那是应该的,因为人们的言语(说话)是有个美不美的问题。①

日常生活中汉语里区别语言和言语;科学术语如果不分,这是说不过去的。术语不清,概念不明,这对科学的发展是不利的。科学越发展,人们的认识越深入,就越要求语言精确化、单义化。用不同的术语指称有联系的相关概念或事物,是科学发展的自然要求。把语言、言语等同起来或者混淆在一起,不能代表当代科学的水平,只会使学术倒退,更谈不到发展了。

(二) 语言和言语二分说

最早提出二分说(强调区分语言和言语)的是结构主义学派的始祖索绪尔。索绪尔严格区分语言和言语的理论,历史地看是有积极意义的,这表现在:第一,他说语言是一种"符号系统","语言学的唯一的、真正的对象是……语言"(索绪尔 1980,第 32、323 页)。他把语言作为符号系统来研究,推动了人们重视研究语言结构,开创了结构主义语言学;第二,他认为"语言是一种约定俗成的东西""言语却是个人的意志和智能的行为""把语言和言语分开……就把(1)什么是社会的,什么是个人的,(2)什么是主要的,什么是从属的和多少是偶然的分开来了"(索绪尔 1980,第 35、41 页)。这就在研究方法上把断代研究和历史研究区别开来,把静态的规则和动态变化区别开来,并把断代研究中的一般和个别以及抽象和具体区别开来,即把族语("民族语言的抽象体系"的简称)和"具语"(具体语言的简称,即指具体话语中的具体的语音、词汇和语法的总和,是族语的变体,是族语的具体存在形式)区别开来。

---

① 说语言有美丑,容易误解为语言有优劣之分,但言语是有美丑优劣之别的。

我国语言学界许多学者(方光焘、施文涛 1959;高名凯 1960;岑麒祥 1961;田茹 1961;戚雨村、吴在扬 1961;王希杰 1982;刘叔新 1992;岑运强 1994)根据索绪尔的观点也区分语言和言语,但对"言语"的所指却有不同的理解。主要有四种意见:

(1) 指用语言手段表现一定思想的表达形式,即言语作品的形式,并认为语言和言语是一般和个别的关系(方光焘、施文涛 1959;方光焘 1961;岑麒祥 1961;王希杰 1984)。

(2) 指言语行为和言语作品的表达形式的总和(高名凯 1960;刘叔新 1992)。

(3) 指言语活动和言语产物的统一体(戚雨村、吴在扬 1961;岑运强 1994)。①

(4) 指言语活动的产物,即说出来的"话"(田茹 1961)。

既然都遵循索绪尔学说,那为什么会有不同的理解?笔者认为症结渊源于索绪尔解释语言和言语含义上的混乱,导致了上述的不同看法。看一下索绪尔对有关术语的混乱论述就可以明白。关于"言语"这个术语,索绪尔有以下几种不同的说法:

有时,他说的"言语"指"说"或"说话",即言语行为或言语活动。如他说:言语"是个人的意志和智能的行为"、言语"是由个人进行的";"语言是言语的工具,又是言语的产物";"一切变化都是在言语中萌芽的";"任何东西不经过在言语中试验是不会进入语言的"(索绪尔 1980,第 35、41、141、237 页)。

有时,他说的"言语"指的是"具语",跟"族语"的关系是个人和社会的关系。如他说:"把语言和言语分开,我们一下子就把(1)什么是社会的,什么是个人的,(2)什么是主要的,什么是从属的和多少是偶然的分开来了""语言以许多储存于每个人脑子里的印迹的形式存在于集体中,……言语中没有任何东西是集体的,它的表现是个人的和暂时的"(索绪尔 1980,第 35、

---

① 这种看法跟高名凯的看法接近,差别是:戚、吴等的"言语产物"包括言语作品的形式和言语作品的内容,而高名凯只是指"言语作品的形式"。比较:方光焘把言语作品的形式看成"言语",高名凯的"言语"含义是"言语行为+言语作品的形式",戚、吴的"言语"含义是"言语活动+言语产物"。

41页)。他这里所说的"言语的工具"指的是族语,"言语的产物"指的是话语中具语。

有时,他说的"言语"指的是言语行为和话语的总和。如他说:"言语应该区别开(1)说话者赖以运用语言规则表达他的个人思想的组合;(2)使他有可能把这些组合表露出来的心理-物理机构""言语……包括:(a)以说话人的意志为转移的个人的组合,(b)实现这些组合所必需的同样是与意志有关的发音行为"(索绪尔1980,第35、42页),他这里所说的"表达思想的组合""个人的组合"实质上就是"话语",用心理-物理机构"把这些组合表露出来"、实现这些组合的"有关的发音行为"就是"言语行为"。

有时,他说的"言语"指"话语"。如他说:"言语是人们所说的话的总和";言语是"表达思想的组合"(索绪尔1980,第35、42页)。

我国主张区分语言和言语的学者对索绪尔的那些混乱的论述可以说是各取所需,他们的一些不同看法,都可以从上面索绪尔关于"言语"含义的混乱解释中找到相应的答案。但索绪尔把"言语"单单指称"言语行为"或"言语活动"的论述,却没引起各家的重视。

索绪尔不仅对"言语"的含义论述混乱,对"语言"的论述也是混乱的。这表现在:

在大多数场合,他说的"语言"指言语行为的工具——族语。如他说:"语言是言语的工具""人们说话的机能……只有借助于集体所创造和提供的工具才能运用"(索绪尔1980,第41、31、115页)。

有时,他说的"语言"既指族语,也指话语或话语中的具语。如他说:"语言是言语的工具,又是言语的产物"(索绪尔1980,第41页)。他所说的"言语的工具"指的是族语,"言语的产物"指的是话语或话语中的具语。

有时,他说的"语言"指的是话语或具语。如他说:"语言可以比作一张纸:思想是正面,声音是反面。……在语言里,我们不能使声音离开思想,也不能使思想离开声音"(笔者按:说语言的正面是思想,反面是声音,就把语言和话语等同起来);"语言是一种表达观念的符号系统"(索绪尔1980,第158、37页)。笔者认为,族语体系(比如英语、汉语等等)不表达具体观念,能表达"观念"的只能是话语或具语。

虽然索绪尔区分语言和言语具有积极意义,但由于他对有关术语论述混乱,有些说法很不准确,就引起一些消极因素。所以我们今天讨论语言、言语及相关问题时,不必跟在索绪尔后面亦步亦趋,可以吸取他学说中有用的东西,摒弃他的那些不准确的或混乱的说法。

(三) 语言、言语、话语三分说

在讨论中,绝大部分文章都提到了"语言""言语""言语作品"(此外,相当于"语言"的,还有"语言体系";相当于"言语"的,还有"言语活动""言语行为""使用语言""运用语言""语言行为";相当于"言语产品"的,还有"言语结果""言语成果""言语产物""言语产品"),但没有明确提出"三分"。施文涛《论语言、言语和言语作品》(1960)一文第一次把语言、言语和言语作品三者并列起来。1961年,笔者在上海语文学会讨论语言和言语问题时,明确提出三分,强调区分语言、言语和话语。由于某种原因,所撰写的文章当时未拿出来发表,直至1994年发表的《语言、言语和话语》(《汉语学习》1994年第2期)一文,才将那时的基本观点公开;而本文则是在1961年所撰文稿的基础上加工而成的。笔者关于"言语"的观点跟索绪尔的二分法显然不一样,跟施文涛所说的"言语"也有差别。[①]

由于这个问题还正在进行讨论,一定时期内术语的混乱现象也是难免的。我们认为研究任何问题,都应当从事实出发,而不应当从抽象的定义出发,讨论语言和言语要不要区分、怎样区分也应当这样。笔者认为先不要忙于打术语官司,让我们从术语堆中走出来,离开抽象的定义,从客观事实开步走。

任何一个术语的所指必有其客观内容,任何一个概念都代表了一个客观事实,词义的客观性是毋容置疑的。既然这样,那么不妨调查一下在"语言""言语""话语"等术语背后究竟存在些什么客观事实。事实总是事实。从客观事实出发来定名,是一种实事求是的态度。只要不抱偏见,就会看到

[①] 笔者认为"言语"是指言语活动、言语行为本身,而施文涛(1960)指"言语作品的形式"(即言语活动产物的形式,相当于本文所说的"具语"),并认为"语言"与"言语"之间是一般和个别的关系。

存在着三个重要的客观事实：

1. 言语。在人类生活中存在着一种最常见、最普通的社会现象，就是人们的"说话"（"说""讲""谈话""讲话"等）和"作文"（"写文章""写信""写作"等）。这种客观存在的社会现象统称为"言语"。它是人们用语言来表达思想进行交际的一种行为活动，（所以也可称"言语行为"或"言语活动"），如平常所说的"言语习惯""言语技能""言语失误""言语错乱""言语的发音"和生理学、病理学上所说的"言语的器官""言语中枢""言语的机能""言语的肌动控制""言语障碍""言语的康复"以及心理学上所说的"言语听辨""言语感知""言语的产出""被动言语""主动言语"中的"言语"等便是。①

2. 语言。当人们在进行言语（活动）时，必须运用语音、词汇和语法来表达思想，从而达到交际的目的。语音、词汇和语法（即语言三要素）的总和这个客观事实称为"语言"。它是符号系统，是表达和交流思想的工具。

3. 话语。言语交际有一定的产物，即人们口头说出来的"话"或用文字写出来的"文本"（包括"文章""信"及其他书面作品）。这个客观的事实称为"话语"。话语的最小单位是句子，句子以上的话语单位有句群、篇章（包括一个报告、一篇文章、一本书）等。

可见，在客观实际中，的确存在着这样三个事实：言语交际的行为活动（言语）、言语交际的工具（语言）、言语交际的产物（话语）。

值得指出的是，在讨论中大家也都提到这三个事实。主张二分法的人，在他们所说的"言语"里，也意识到言语作品（话语）跟言语有区别，如有的认为言语指言语作品的形式（方光焘 1961）。有的认为言语指言语行为和言语作品的表达形式的总和（高名凯 1960）。有的则更是承认有"言语活动""语言""言语作品"三个事实，如说：言语"包括两个方面：(1) 使用语言的过程本身，也就是……言语活动；(2) 使用语言的结果，也就是人们在言语活动中所产生的言语作品……"（戚雨村、吴在扬 1961）。即使不主张区分语言和言语的人，他们也提到这三个事实，如说："语言和言语活动……差别是存在

---

① 学术讨论中提到"语言行为""语言活动""运用语言""语言运用""使用语言""语言使用""语言实践"等词语，相当于本文所说的"言语"。至于"言语活动""言语行为""言语交际"，则是"言语"本身。

的"、"科学的、文学的……等等方面的作品,都是'言语'作品"(戚雨村、吴在扬1961)。

索绪尔在《普通语言学教程》中曾经提到三个术语,即 langage(言语活动)、langue(语言)、parole(言语)。然而他忽视 langage,只重视区分 langue、parole。他说:"言语活动的整体是没法认识的""言语活动所代表的整个现象中分出两个因素:语言和言语""语言和言语活动不能混为一谈"(索绪尔1980,第42、115、30页)。可见,索绪尔也承认有三个事实,但他对 langage 持有不可知论,对 langue、parole 的释义相当混乱。

总之,无论是主张二分法的还是不主张区分语言和言语的,都承认语言、言语活动和话语这三个事实是客观存在的,虽然他们在解释这三个事实时有不同的见解。只要承认这三个事实,事情就好办了。《人民日报》社论说得好:"什么是实际,就是客观存在的事物,客观存在着的事物,你承认它存在也罢,不承认它的存在也罢,它总是存在着的,并不因为任何人不承认它就会消失。"[①]如果大家都同意从事实出发,那么,就应该说,言语、语言、话语三者是有区别的,应该把它们区别开来,并给以恰当的名称和准确的解释。

承认三个事实是一回事,但如何区分又是一回事。二分论虽然承认三个事实,但却主张二分,这是自相矛盾的。更何况,二分论内部不仅存在分歧,某些观点也很成问题:有的把语言和言语看作一般和个别的关系,把一般和个别看成两个不同的事物。这不妥,因为一般和个别是同一事物的两种思维形态;语言、言语、话语各自都有一般和个别的关系,都可由个别抽象出一般。有人有时把言语指称言语活动,有时把言语指称话语,以致混淆了言语和话语的界限。有人说"语言学既要研究语言体系,也要研究人们的言语活动和言语作品"(戚雨村、吴在扬1961)。这样的语言学变成了一门无所不包的学科,那就搞乱了语言学研究的对象。事实上,言语作品(即"话语")的内容包罗万象,是各专门科学研究对象,不同的言语作品分属于不同的科学部门。

[①] 《从实际出发》,《人民日报》1961年2月2日。

二、言语、语言、话语及它们间的相互关系

笔者主张分为言语、语言和话语。在对这些术语的解释上以及对语言、言语、话语三者的关系上,跟索绪尔和国内二分法的学者不一样。下面扼要阐明笔者的观点。

(一) 言语

言语是人们用语言来表达思想、进行交际的一种行为或活动。有三种言语。(1)口头言语,即"说话",是用有声语言来进行言语交际。口头言语这种行为活动必须具备三个基本条件:一是必须有健全的大脑和健康的言语器官(肺、声带、喉头、口腔等);二是必须掌握某种族语;三是必须有一定的思想并有表达和交际的需要。(2)书面言语,即"作文",是用文字来进行言语交际。(3)手势言语,是特定人群(主要指聋哑人)用手势来进行言语交际。用文字的言语和用手势的言语都是口头言语的派生形式。进行言语交际,一般需要有交际的对方(听者或读者)。①

本文把"言语行为"或"言语活动"称作言语,理由是:第一,在汉语里,"言语"可作动词用,这和言语行为或活动是吻合的;第二,用"言语"是个双音节词,比四音节的"言语活动"或"言语行为"更适合于做科学术语。言语虽可作动词用,但作为科学术语,它是一个名词。

本文所说的言语相当于索绪尔所说的 langage。索绪尔对 langage 不太重视,他说:langage"是多方面的,性质复杂的,同时跨着物理、生理和心理几个领域,它还属于个人的领域和社会的领域……没法把它归入任何一个人文事实的范畴……";如果"同时从几个方面去研究言语活动,这样,语言学的对象就像是乱七八糟的一堆离奇古怪、彼此毫无联系的东西"。那"将为好几种科学——心理学、人类学、规范语法、语文学等等——同时敞开大门"(索绪尔1980,第29—30页)。可见他认为 langage 不能作为科学研究的对

---

① 一个人自言自语,实际上心目中有个对方:或者是别人,或者是自己(自己也可当作对方)。

象。这个看法值得商榷。研究经济活动的有经济学,研究政治活动的有政治学,研究军事活动的有军事学,研究思维活动的有思维学……"言语"是人类社会中最重要的行为活动之一,研究言语的科学应该是一门非常重要的学科。言语虽然跟物理、生理和心理有联系,但这不应成为不可作为研究对象的理由,因为比较大的学科所研究的对象都有可能联系着其他领域的现象:比如思维活动,它跟物理、生理、心理都有联系,但并不妨碍思维学的建立;又比如政治活动,它跟经济、军事等有联系,也并不妨碍政治学的建立。言语跟物理、生理、心理都有联系,同样也不会妨碍研究言语规律的科学——言语学的建立。至于物理学、生理学、心理学,它们也有自己的研究对象:物理学研究物理现象,生理学研究生理现象,心理学研究心理现象。这些学科和研究言语的学科的分工是清楚的。当然,言语既然与物理、生理、心理有联系,那么研究言语现象时也会涉及这些现象,这就为跨学科的研究提供了可能。比如当今新开发的一些新学科如神经语言学、言语生理学、言语病理学、心理语言学、逻辑语言学等,虽然隶属于言语学科,但由于和其他相关学科有联系,所以也可以看作边缘学科或交叉学科。对于这些新学科,人们并没有说它们"乱七八糟""离奇古怪"而把它们拒于"言语科学"之门外。

(二)语言

言语这种人类的交际活动必须要有工具。其中最重要的工具就是族语。族语是复杂的编码系统,它有三个支系统,即语音系统、词汇系统和语法系统。语音作为物质外壳(书面语和手语是通过文字、手势等作为物质外壳)存在于外,与人的感觉器官发生联系;词汇记载着人们对客观世界的认识成果,与概念系统发生联系;语法是组织词语成为句子的规则。

族语是民族社会"约定俗成"的语言,如汉语、英语、俄语、法语、德语、日语等都是族语。语言学界通常把抽象的族语看作语言,但必须看到,一切方言(族语的地域方言或社会方言)、土语、个人的语言乃至具体的话语中的具语也是语言。①言语活动里说出的语言不是与族语不相干的。一个人一生下

---

① 有的学者把具体话语中的语言称作"言语"。笔者认为这种所谓"言语"也是语言,只不过是语言的个别表现而已,所以笔者不主张把话语中的语言说成"言语",而主张用"具语"来指称。

来,就生活在有着全民语言的社会里,他学习的就是现成的族语。个人的、具体话语里面的具语是一种现实的、具体的语言,是族语的个别形态或变体,它和族语的关系是个别和一般的关系。语言的"一般"和"个别"是相对的:与最概括的"语言"比较(如说"语言是交际和交流思想的工具"中的"语言"),族语可说是个别的;就族语与方言比较,族语为一般,方言为个别;就个人语言与族语或方言比较,族语、方言为一般,个人语言为个别;就某个具体话语中的具语与个人语言、族语比较,则具语为个别,个人语言、族语等为一般。所以把语言和族语完全等同起来(族语=语言)是不妥的;同样,把族语和具语看作"两种绝然不同的东西",也是不妥的。

(三) 话语

话语是言语的产物,人们也称之为"言语作品""言语产品""言语成果"等。用"话语"这个术语指称言语的产物较好:第一,话语是个双音节词,比四音节的"言语作品"或"言语产品"更适合于做科学术语;第二,在汉语里,"话语"无论在生活用语还是学术文献里都已常用。

话语是形式和内容的结合体。话语的形式部分主要是具语(从这个意义上说,语言是形式而不是实质);在言语里,还包含有言语的技巧、修辞、风格以及言语行为的其他个人特点。一个族语的语音、词汇和语法存在于说该族语的全社会人员的话语形式之中,从这个意义上说,族语存在于话语之中。可见,个别的、具体的话语中的语言——具语是研究族语体系的原料或素材,研究族语的语料必须从具语中提取。

话语的内容就是思想。思想主要由具语表示,人们常说"语言表现思想""思想的真实性表现在语言之中"里所说的语言,就是指存在于话语中与具体思想联系着的具语。作为族语体系的抽象的语言是很难说与某种思想联系着的,如果说族语表示思想,那么说什么样的族语就有什么样的思想,这显然是不正确的。话语所含的内容或思想丰富多样、包罗万象,涉及人类社会生活的各个方面,它是各门学科研究的对象。

正是因为具体语言和具体思想体现在具体的话语里,所以有了话语的存在,今人才能了解古代的语言,人类才能保存丰富的思想文化遗产,并且能将各种知识超越空间和时间的限制传播开来。

把话语作为独立的术语,主要是因为在它的形式部分含有具语以及言语的技巧、修辞、风格等,这些正是我们这门学科研究的具体对象。断代的族语体系都得从特定时代话语中的语音、词汇、语法中抽象出来,族语历史的演变研究也得从不同时代的话语中寻找语料才能看出某种族语发展的历史轨迹。话语独立出来,还可以跳出句子的范围,研究句子以上的言语现象,今日的话语语言学、篇章语言学就是以整篇话语的形式作为研究对象的。

(四) 言语、语言和话语之间的关系

言语、语言和话语这三者之间既有区别又有联系,既有统一性又有相对独立性。

1. 言语和语言的关系

言语和语言互相联系或依存。首先表现在言语和"族语"的关系上。人们的言语必须使用现存的族语才能实现,即言语交际时要使用现存族语的语音、词汇和语法;反之,如果现今无人用该族语来言语(说话或作文),那个族语也就死亡(如满语)。可见,族语的生命还体现在使用该族语的社会人员的言语之中。其次表现在言语和具语的联系上,个人的具语通过言语才能产生(言语的直接产物是话语,话语形式中的语言是具语),具语既有现存族语的语音、词汇和语法,也有超族语的个人的语言因素。族语和具语通过言语互相联结。个人在言语中对语音、词汇、语法的革新和创造会反映在具语里,会影响族语,族语演变和发展的动力是言语。①从发生学的角度来看,族语是全民族人员言语的产物。从这个意义上说,语言是言语的工具,又是言语的产物。

2. 言语和话语的联系

既然言语的直接产物是话语,没有言语就不可能有话语。言语的过程就是话语形成的过程。言语和话语存在的形式不一样:言语是"行为",就有

---

① 个人言语中的语言是族语的变体,它会出现一些突破族语体系的"超族语剩余成分",即说出了一些超出全民语规约的语音、词语或语法现象。其中有些可能会加入到族语里,成为族语的新鲜"血液"。

时间性和过程性,言语的过程结束,这种行为活动也就消逝;而话语是言语行为的"产物",它可储存。话语有三种储存方式:一是储存于人脑里,如伏生曾把儒家经典中的话语记在脑中,某些民间故事通过背诵代代相传,都是例证;二是储存于书面上,即用文字记载下来,如书籍、杂志、报刊等都可保存话语;三是储存在录音物上,如唱片、磁带、软盘、光盘、电脑等都可储存话语。记于脑中的话语很难长期储存,也难免有失实之处,而且还会被遗忘;即使不被遗忘,也会随着记忆者的死亡而消失。只有通过文字记载或语音录制储存的话语,才有可能长期保存。我们今天要描写古汉语的体系或者研究古人言语的方式和风格等,都得依靠古代流传下来的书面文献上的话语。

3. 语言和话语的联系

族语通过言语转化为话语中的具语,话语中的思想通过具语才能形之于外。族语体系是从该民族社会的所有人员的话语(说出的话和写出的文本)中的语言——具语中抽象出来的。有人认为话语中的具语(他们称为"言语")不是语言,这犹如说"白马非马""我家的丹丹(狗名)不是狗"一样。把"具语"称为言语,就和作为行为性、活动性、过程性的"言语"发生混淆,所以本文不主张把"具语"称作"言语"。族语是语言,具语也是语言;具语和族语是个别和一般的关系。可以说,族语从话语中来,到话语中去,取之于话语,用之于话语。

总之,言语、语言和话语并不互相排斥,而是相辅相成,以言语为中心组成了三者联结在一起的链条。没有语言也就不可能有言语,没有言语也无所谓语言,更不可能有话语。语言存在于行动中的言语之中,也存在于行动后产生的话语之中,族语是从话语的形式中抽象出来的,话语中的语言是族语的变体。言语、语言和话语形影不离、相互影响。三者都是社会现象也都涉及个人,这是他们的共性,矛盾的普遍性。但不能由此而否认三者的个性,矛盾的特殊性。

三、言语(科)学还是语言(科)学

语言和言语问题的讨论,不单纯是个术语的理解问题,更深层的是涉及学科的命名和建设问题。以言语和语言为研究对象的学科究竟称作言语科学还是语言科学为好。笔者认为称作言语学(言语科学)较为合理。

(一) 称作言语(科)学的理由

笔者主张以言语和语言为研究对象的科学总称为"言语(科)学",主要的理由是:

第一,言语是运用语言进行交际的行为活动,是人类社会生活最基本的、最常见的、最重要的一种现象。语言服务于言语,话语是言语的产物,这三者是以言语为中心、为纲的。所以值得把言语作为科学研究的对象专门进行研究。

第二,言语的范围比语言广,所以言语学的范围也比语言学广。语言学的对象就是语言;[①]言语学的对象不仅要研究语言,还要研究言语行为的修辞、言技、言风、言体等。语言只是言语的工具,所以语言学属于言语学里的工具学,它是言语学的一个组成部分。可见言语学可以包括语言学,而语言学不能包括言语学里的修辞学、言技学、言风学、言体学等学科。[②]至于言语生理学、言语病理学、言语心理学等,更不属于言语工具学,也就不大好说成属于语言学。当然,语言学是言语学中最重要的学科,可把它放在言语学中最突出、最显著的地位。

第三,建立言语科学可以加强学科的实用性。每一门学科的建立都有其应用的或实用的目的,如经济科学服务于人们的经济活动,军事科学服务于人们的军事活动。言语科学的建立,同样有其应用的或实用的目的,那就是服务于人们的言语交际的活动。而人类社会的各种实践活动都离不开言语,所以言语科学实际上可服务于人类所从事的各种活动。从应用性或实

[①] 索绪尔认为"语言学的唯一的、真正的对象"就是语言(1980,第323页)。他还说,"把语言和言语联合起来简直是幻想。言语活动的整体是没法认识的"(1980,第42页),所以他认为"语言科学不仅可以没有言语活动的其他要素,而且正是要没有这些要素掺杂在里面,才能够建立起来"(1980,第36页),于是他把语音学、修辞学等都排除在语言学之外。可见他所说的语言学范围较窄,是没法概括言语学的。

[②] 言语学有点像军事学。军事学不仅要研究作战的工具,还要研究作战的方法(兵法),如战略、战术等。

用性来看,言语学单是研究语言还不够,还需要研究言语的其他方面(言语的修辞、言语的风格、言语的技巧、言语行为的准则、言语的体裁、言语的生理和心理机制、言语的疾病,等等),这样的言语学才能更好地服务于人类社会。

第四,有的学者认为语言学这个名词已经流行了,可以扩大语言学研究的范围,把言语包括进来。这就得使言语从属于语言,即"语言"="符号系统+言语活动",这样的语言观在理论上是有问题的。有的学者把语言学分为"语言的语言学"和"言语的语言学",所谓"言语的语言学"的说法不合逻辑,因为语言学的对象是语言而不是言语。有的学者把研究言语交际行为的方法(如修辞、言技、言风、篇章等)的学科称作言语学,这避免了"言语的语言学"那种不伦不类的说法,但问题是语言学和言语学不是上下位的关系,也不好看作并列关系。

名不正,言不顺。要解决这个理论上的矛盾,笔者认为,研究言语的科学称作言语学(言语科学)应该是最合理的,①在言语(科)学下可分出"言语工具学"(语言学)、"言语方法学"(包括修辞学、言技学等)以及其他边缘学科或交叉学科。言语(科)学是研究言语交际形式的科学,其研究对象就是言语,它的任务和目的,就在于研究言语形式的方方面面,从而让人们能更好地利用言语来得心应手地交际和交流思想。

(二) 言语科学的分支

言语科学可大致分为以下一些分支学科。②

---

① 建立言语(科)学的建议,笔者在 20 世纪 60 年代的一篇文章里就提出来了,但未公开发表。2002 年 10 月在武汉大学举行的"言语和言语科学国际学术研讨会"上,笔者又重申了这个观点。20 世纪 40 年代以前,我国有些学者曾经用过"言语学"这个名称(如有《言语学原理》等书)。中国后来为什么流行"语言学"这个名称,恐怕受索绪尔"就语言而研究语言,为语言而研究语言"的观点影响有关吧。现在人们已经习惯用"语言学"这个术语了,而且实际上扩大了语言学的范围。习惯势力很难改变,习非成是也常见,如果没有强烈的舆论和权威机构的支持,一时不大可能把它改称为"言语学"。

② 这里只是列举,肯定有遗漏,分科也只是大致的,某些学科也还存在着交叉现象。

1. 言语工具学——语言学

以言语的工具语言为研究对象。它是言语学中最重要的学科。语言学可有以下一些分支学科:

(1) 语音学(包括音位学、音系学、实验语音学、音韵学等)——以口头言语的物质外壳语音(语音系统)为研究对象。

(2) 语汇学(包括词汇学、词源学、训诂学、俗语学、成语学等)——以言语中语言里的语汇系统(语言的基本建筑材料——词语系统)为研究对象。

(3) 语法学(包括句法学以及跟句法有关的语义学和语用学)——以言语中语言里的语法系统(包括句法结构和语义结构的规律和语用功能规律)为研究对象。

(4) 语义学(指"广义的语义学")——以词义和语法结构意义为研究对象。

(5) 语用学(指"广义的语用学")——以言语中的语言的动态运用为研究对象。

(6) 文字学——以文字(书面言语的物质外壳)为研究对象。

(7) 手势(或身势)语言学——以聋哑人的手语或一般人的身势为研究对象。

(8) 方言学——以共同语的分支方言(包括地区方言、社会方言及其他各种各样方言变体)为研究对象。

(9) 一般语言学——以人类语言的语音、词汇、语法的共性及其相关问题作为研究对象。

(10) 理论语言学——着重探讨研究语言的理论和方法,当今主要有:传统语言学、结构主义语言学、转换生成语言学、功能语言学、认知语言学等。

(11) 比较语言学——以亲属语言或非亲属语言的异同比较(包括纵向研究的历史比较语言学和横向研究的对比语言学)为研究对象。

(12) 语言类型学——以语言的不同表现类型为研究对象。

(13) 各种应用语言学(研究语言的应用),当今主要有:

1) 语言教学学——以语言教学法或语言习得为研究对象(包括对内和对外的语言教学)。

2）辞书编纂学(也称词典学)——以辞书的编纂为研究对象。

3）语料库学——以语言的语料库的建设为研究对象。

4）语言翻译学——以语言的翻译作为研究对象(包括口头翻译和书面翻译)。

5）工程语言学——以自然语言的信息处理(为机器自动对译、情报自动检索、人机对话等工程服务)为研究对象。

2. 言语行为学

以言语中的修辞手法、篇章组织、言语作风或风格、言语体式或体裁、言语技巧(技能、策略)等为研究对象,主要有以下一些分支学科。

(1) 修辞学——以言语的修辞(讲究言语的美)为研究对象。

(2) 篇章学(也称"话语学")——以篇章或话语的结构为研究对象。

(3) 言风学——以言语的风格或作风为研究对象(包括风格学和文风学)。

(4) 言体学——以口头言语的体式和书面言语的体裁为研究对象(包括语体学和文体学)。

(5) 言技学——以言语的技巧为研究对象(包括演讲学和文章学等):

1）演讲学——以口头言语的表达技巧为研究对象(主要是演讲、论辩术等)。

2）文章学(也称辞章学)——以书面言语(作文)的技巧为研究对象。

3）公关学(也称公关言语学)——以公共关系中的言语技巧为研究对象。

3. 其他边缘学科或交叉学科

(1) 神经语言学——以言语、语言和大脑的关系为研究对象。

(2) 数理语言学——与数学、计算机科学、信息论、控制论结合而形成的交叉学科(包括计算语言学、统计语言学、代数语言学)。

(3) 言语生理学——以言语的生理机制为研究对象。

(4) 言语病理学——以言语的病理和言语疾病的诊治为研究对象。

(5) 心理语言学——以言语和语言的心理机制为研究对象。

(6) 逻辑语言学——以语言和逻辑的关系为研究对象。

（7）社会语言学或文化语言学——以语言和社会的关系或以语言和文化的关系为研究对象。

（8）人类语言学——以语言和人类的关系为研究对象。

总之，言语（科）学的研究对象很明确，就是言语。它要研究言语的工具（语言）和言语中的修辞、篇章、技巧、言风、言体以及其他与言语有关的边缘现象。研究言语，不仅要使人们掌握语言知识，还要使人们能更好地用言语来进行交际和表达思想，从而更好地应用于一切言语实践，更好地为人们的一切社会活动服务。

语言、言语和话语问题问答

〇、引　　言

我的《语言、言语和话语》(《汉语学习》1994年第2期)和《关于语言、言语及其相关问题的思考》(《长江学术》第八辑,2005年)发表后,我又在复旦大学中文系学术论坛上转发了《关于语言、言语及其相关问题的思考》一文,希望读者展开讨论并批评指正。

我的这两篇文章发表后,见之于语言学刊物的讨论文章不多。[①]针对我文章观点的文章,只有有岑运强(《语言和言语、语言的语言学和言语的语言学》,《汉语学习》1994年第4期;《再谈语言和言语、语言的语言学和言语的语言学》,《吉安师专学报》1996年第3期)和王希杰(《语言和言语问题值得进一步研究》,《汉语学习》1984年第5期)的3篇文章。岑运强、王希杰的文章不同意我的基本观点,其中岑氏维护他父亲岑麒祥的观点,对我的文章彻底否定;王氏的文章虽然维护他老师方光焘的观点,但也有肯定我文章的一面,如他说:"在中国语言学经过80年代初的大发展繁荣之后,进入90年代初冷静反思、寻求新的突破口的时候,范先生抓住了语言和言语这个重大的方法论原则问题来讨论,这是很有见地很有贡献的。"指出我的文章"引起人们对语言和言语问题的重视,将促进我们的语言观的更新,所以是很有价值的文章"。

[①]　我本想通过《汉语学习》展开讨论,但该刊主编告诉我他们发了这3篇文章后不再讨论这个问题了。不讨论的原因也许是王希杰(1994)所说的:"80年代初,《中国语文》等语言学杂志的编辑朋友一再劝告,要求文中不宜、不可出现语言和言语的字样。"

除了上述发表在刊物上的讨论外,还有刊物外开展的讨论。①我把刊物上、刊物下的讨论都看作对笔者文章的讨论。在这场没有形成规模的讨论中,除了对我文章肯定的说法外,人们也提出了一些问题,有的还提出了自己的看法。仅在此表示感谢。

本文重点就语言、言语和话语问题讨论中人们提出的一些问题,进一步谈谈我的看法。

一、关于语言和言语的再讨论问题

(一) 语言和言语展开讨论有没有必要?

有学者认为:经过20世纪国内关于语言和言语区分问题的讨论,索绪尔关于语言和言语的区分大家已经基本上有了共识,据此怀疑语言和言语的再讨论的必要性。如岑运强(1994)说:关于"言语"的定义,"已基本趋于统一,……充分说明该定义已深入人心,现在范先生又提出异议,这对稳定学术概念不能说是有利的"。他这样认识,他就是认定索绪尔关于语言和言语问题的区分已有明确的公认的定义,为了"稳定学术概念",就不应该再"提出异议",实质就是在质疑再讨论的必要性。在这个问题上,王希杰跟岑运强的看法完全相反。王氏很重视语言、言语区分问题的讨论。他(1994)认为"这是个重大的学术问题",是"重大的方法论原则问题",指出"不要老抱着五六十年代的某些东西,要从90年代现代科学的发展、现代语言学的最新成果方面来重新认识语言和言语",指出"中国语言学要想上一个新的台阶,就应当抓住语言观和方法论问题,而语言和言语的区分正是语言观和方法论的核心问题"。可见他认为讨论是必要的,是有价值的,并希望有更多的人"来讨论语言和言语问题"。在这个问题上,我是同意并支持他的意见的。

---

① 刊物外的讨论有:一是笔者把《关于语言、言语及其相关问题的思考》一文放在中文系学术论坛,望大家讨论,得到读者的响应,还提出了一些问题;二是不少读者就我上述两文给我来信,虽来信里多数是肯定的,但也有一些疑问或提出一些建议,这也是一种讨论;三是笔者在讲台上和学生也有互动讨论。

（二）国内学者对语言和言语问题取得共识了吗？

岑运强(1994)认为关于索绪尔关于语言和言语的区分的认识现在已经基本上取得共识，"言语"的定义"已基本趋于统一"。笔者认为这个说法不符合事实。上个世纪我国语言学界展开了关于语言和言语问题的大讨论，当时没有取得统一的意见。不能因为新世纪里没有展开大讨论，或者某些《语言学概论》里采用某种观点，而说大家已有共识。据我所知，学术界私底下议论时还是认为这个问题没有解决，不同的观点依然存在。就以这次在《汉语学习》(1994)刊载的三篇讨论文章来说，观点就无共识。王希杰教授、岑运强教授尽管都信奉索绪尔关于语言和言语两分的观点，但关于"言语"的看法，在诠释索绪尔的观点上他们也没有共识：王氏在南大讲坛上采用他老师方光焘(1959)的观点，即认为言语是言语作品的形式（指用语言手段表现一定思想的表达形式，并认为语言和言语是一般和个别的关系）。岑氏(1994)说言语的定义是"说（写）和所说（写）"，岑(1996)又说"言语包括行为和结果两部分内容"，这实质上是把言语看作"言语活动和言语产物的总和"。他的这种看法是采用了戚雨村、吴在扬(1961)的观点。①王氏、岑氏两位学者关于"言语"的观点显然有很大的差别。而我的文章观点又跟他们两位不同。这怎么能说已基本趋于统一呢么？怎么能说岑氏所说的"言语"定义已经成为一个"稳定的学术概念"？

对于有争议的问题，应当有一个正确的态度，这就是在争议中服从真理的态度，谁也不能保证自己的观点绝对正确，所以应该有一个宽广的胸怀。在这个问题上，王希杰(1994)说："在学术发展史上，一个科学假设被另一个科学假设所替代，这是十分正常的事，大大的好事。甚至我希望我的那篇文章尽快地被更为科学的学说替代，这于我个人也只是好事而非坏事。"笔者很同意他的这种说法。如果笔者这两篇文章的观点在讨论中被推翻，被更好的观点所替代，我也是十分高兴的。

---

① 戚雨村、吴在扬(1961)认为言语是言语活动和言语产物的统一体（即"言语活动+言语的产物"）。这跟高明凯(1960)把言语看作"言语行为和言语作品的表达形式的总和"（即"言语行为+言语作品的表达形式"）是有区别的。

（三）对索绪尔关于语言和言语的区分的观点，可不可以提出不同意见？

索绪尔是一位伟大的语言学家，他在语言学历史上有着划时代的贡献，他的《普通语言学教程》（简称《教程》）的出版标志着结构主义语言学的诞生，他对语言和言语的区分反映着他的语言观和方法论，推动了断代语言学的研究和发展。他的《教程》一书，是在他去世后由他的学生根据1907—1911年他在日内瓦大学讲授普通语言学期间的三次课堂笔记加工整理而成，并于1916年出版。《教程》内容非常丰富，但内部有一些表述存在着模糊不清或自相矛盾的说法，如《教程》里的三个术语①langue（语言）②langage（言语活动）③parole（言语），其中①②最易混淆，有时用作单数，有时用作复数，有时加冠词，有时不加冠词，这就给语言和言语的区别造成了困难，甚至产生误解（参看张绍杰、王克非1997）。出现这样的问题的可能原因，或者是索绪尔本人没讲清楚，或者是学生整理时出了错。由于《教程》本身对语言和言语的论述存在一些前后不一致的情形，后人对语言和言语含义有不同理解或诠释上混乱也就很自然了。对《教程》的某些缺陷提出意见，是完全应该的。再说，科学的本质是追求真理，这就需要对前人成说不断提出责疑和异议。所以即使索绪尔的观点是清楚的并已为大家接受，由于时代在前进，研究在不断发展，也不是不可以提出异议。正如有的学者给我来信说："索绪尔只是开启了一个时代，却并未包办一个时代。我们完全可以质疑并修正。"研究索绪尔的学说，正确的态度应当从历史的高度来肯定他的功绩，指出他的哪些观点应该发扬和继承；但也应该看到它的某些局限性，指出他的某些不足之处，甚至提出与他不同的创新观点。这才是做学问的正确的、科学的态度。

二、关于语言和言语问题的"二分"和"三分"问题

（一）对索绪尔关于语言和言语的区分为什么要"另起炉灶"？

有读者来信说：大部分人主张"二分法"，即区分语言和言语。你提出语

言、言语和话语的"三分法",跟索绪尔和现在国内大部分学者的理解完全不一样,为什么要另起炉灶?

答:国内大部分学者讲"二分法",那是完全忠实于索绪尔的学说的结果。他们的"二分",都是属于对索绪尔"二分"的诠释。尽管各家都旨在诠释索绪尔的"二分"学说,但存在着不同的表述。在各种"二分"诠释里,笔者认为高名凯(1960)、戚雨村(1961)把言语活动与言语作品不加区别,把它们混在一起,是不妥当的。相对而言还是方光焘(1959、1961)的诠释似乎更为符合索绪尔的本意(符合索绪尔在语言和言语的区分上是一般与个别、社会与个人的论述);但即使如此,也还存在问题:一是忽略了"言语活动",而且没有说清楚 langage(言语活动)与 parole(言语)的关系;二是 parole(言语)这个术语不符合汉语里"言语"经常用作动词的习惯,以动词命名 parole 在汉语里未必妥当;三是对语言存在于哪里的问题没说清楚,只认定语言存在于社会集体的记忆里,却不承认也存在于个人的言语里,其实,langage 所产出的"话语"里的"具语"也是语言(个人的语言)。

笔者运用了新的思路,在"二分"还是"三分"的问题上,笔者的语言、言语、话语"三分"说质疑索绪尔"二分"说,解决了它的缺点,提出了新的观点,确是宏观重构,另起炉灶。笔者的基本想法是:一是借镜索绪尔,但又跳出索绪尔;二是既要立足创新,又应自圆其说。正像有的学者给我来信说的:"修修补补,或许能够照顾习惯照顾传统,但往往难以避免干扰,倒不如重起炉灶。……虽然创造了新术语、新概念,但不蔓不枝,反而干脆利落,让读者完全根据您的定义去把握""岑运强写文章反驳您,他不同意'三分',不同意您就语言和言语关系发表的观点。主要理由是,您的观点不符合索绪尔的思想。我仔细读了他的文章,觉得他头脑有点僵化,哪能一切以索绪尔为转移呢"。

(二)"二分"说和"三分"说哪种符合客观事实?

有读者说:你在文章里说术语的命名和区分都应该从事实出发,强调从事实出发我很同意。那么,"二分"说和"三分"说哪种更符合客观事实?

答:索绪尔说,"我们是给事物下定义,而不是给词下定义,因此我们所确立的区别不必因为各种语言有某些意义不尽相同的含糊术语而觉得有什么可怕"(索绪尔1980,第36页)。这说法跟我所说给术语的命名和区分应该从事实出发基本上是一致的。按理来说,"二分"背后应该有两个客观事实,"三分"背后应该有三个客观事实。索绪尔虽然讲"二分",其实在论及语言和言语区分时,却出现了三个术语,即①langue(主要是指族语,一般译为"语言"),②langage(一般译为"言语活动")③parole(一般译为"言语")。这三个术语背后也有三个事实,所以实质上也是"三分",只不过突出了langue和parole,而不重视langage。笔者的"三分法"包含"语言""言语""话语"。笔者和索绪尔的区别是在parole和"话语"上。人们对索绪尔的parole有不同的诠释,按照岑运强(1994)的说法,有四种:a.言语动作,b.言语作品,c.言语作品的表达方式,d."说(写)"和"所说(所写)"。把parole诠释为a,这就把parole和langage混为一谈;把parole诠释为b,这跟笔者所说的"话语"相同;把parole诠释为c,这跟笔者所说的"话语的表达形式"相同;把parole诠释为c,这就把parole诠释为"言语动作+言语作品",就成了langue之外的大杂烩。究竟是哪种符合客观事实? 可以仔细斟酌。

有读者提出"理论需要尊重事实是对的,但事实并不完全是客观的东西,事实面貌的呈现受到主观意识的影响"。笔者认为:"客观存在的",就是不依赖主观意识而存在的,我们平常说"客观存在的事物"或"客观存在的事实"就是这个意思;但人们对事实的认识、描绘、解释是带有主观性的,即事实映射到人的思维时会受到主观的影响。但这并不能否认事实是客观存在的。"两分"或"三分"术语的命名,就是要尽量使主观符合客观,越贴近客观事实的区分,越是合理。提出事实是主观性的问题,这可能受到康德的客观事实"不可知论"的影响。[①]笔者强调研究要从客观的事实出发,这是基于辩证唯物主义的反映论。辩证唯物主义的反映论认为事物或事实是客观存在着的,但是人们对客观存在的事物的认识是带有主观色彩的。科学研究就是为了认识客观事实或事物这个本体,使主观符合客观。关于语言和言语

[①] 康德把事实分为两种:一是物自体,一是现象。他认为人们只能看到现象,看不到物自体。客观存在的"事物"或"事实"应该相当于"物自体"。康德认为物自体是不可认识的("不可知论"),那是有问题的。

的区分和命名问题,是从客观的事实出发来研究,还是从某个人的主观定义(这个定义是否清晰是否合理也还是一个问题)出发来研究,本身就是一个方法论的问题。

三、有关"语言""言语""话语"的一些这些术语的理解问题

(一) 关于"语言"

1. 应该怎样准确地理解"语言"这个术语?

有读者说:人们对语言这个术语有不同的看法,有的把语言看作符号体系,有的把语言看作言语能力,有的把语言看作人的言语活动,有的把语言看作为交际工具,等等。在语言、言语、话语"三分"说里,应该怎样理解语言这个术语?

答:作为"族语"的语言是由语音、词汇、语法构成的符号系统,是言语(表达和传达思想的行为活动)的工具。世界上各个不同的民族一般都有自己的语言。族语存在于该族人群的话语(言语的产物)的表达形式之中;个人话语形式里的语言可以称作"具语"。"族语"和"具语"是一般和个别的关系,是抽象和具体的关系。索绪尔所说的语言主要是指"族语",而个人的或具体话语里表现思想的形式里的语言他不认为是语言(他称作"言语")。在这点上笔者与索绪尔是有区别的。

2. 语言和言语究竟是什么关系?

有学生问:人们常说"语言"和"言语"是一般和个别的关系,也说是"抽象"和"具体"的关系,老师你怎么说明语言和言语的关系?

答:你这里所说的"言语",相当于方光焘(1959、1961)所说的"言语"(指言语作品的形式)。在方氏的"二分"说里,"语言"和"言语"解释为一般和个别的关系或抽象和具体的关系。但在我的"三分"说里,"言语"指人们的言语活动。族语(言语的工具)和"言语"之间的关系是言语工具和言语行为活动的关系。关于"语言"的"一般"和"个别"的关系,我(1994)那篇文章里已经有所论述。这里我再做简要说明:语言的一般是与个别相联系而存在的,语言的一般只能在个别语言中存在,只能通过个别语言而存在。任

何个别的、具体的语言里都有"一般"语言(比如"族语")的缩影,族语都是个别(具语)的抽象。这犹如:作为一般概念的"马"存在于"具体的马"里,任何"个别的马"都是"马"(白马是马,关公的赤兔马也是马)。从概念的外延着眼,也可以说"白马非马""关公的赤兔马也不是马",反过来同样可以说"马非白马""马也不是关公的赤兔马"。"白马是马"这个命题说明了个别和一般的同一性,"白马非马"这个命题说明了个别和一般的差异性。

3. "语言"存在在哪里?

有读者说:有人说语言存在于词典和语法书中,有人说语言存在于"社会集团"意识中,有人说语言以印迹的形式存在于使用者的头脑里,有人说语言存在于言语中。在你的"三分"说里,语言究竟存在在哪里?

答:说明这个问题,首先应该把语言里的族语、方言和具语区别开来。就族语系统而言,它既存在于族语社团人群的头脑里,也可以存在于言语的产物话语里的具语里,语言学家所描写出的族语系统(包括语音系统、词语系统、语法系统)是对族语社团具语里抽象概括出来的。就方言系统而言,它存在于说该方言的社团人群的头脑里和具语里,语言学家所描写出的某个方言系统(包括语音系统、词语系统、语法系统)是对说该方言的社团人群的具语里抽象概括出来的;就具语而言,它存在于具体话语中的形式里。具体听得见的语言存在于口头言语(活动)或口头言语(说)说出的产物有声话语(录音产物,如录音带、录音磁盘等)的形式里;具体看得到的语言,它存在于书面言语(写)写出的产物书面话语(如文章、书籍等)的形式里。一般地说,人们(特别是没学习过某种族语知识人)所掌握的特定的语言(族语)系统(即所谓"无意识"的规则系统)存在于说该族语的人们的大脑里。研究描写出的特定的、主观的抽象的语言(族语)系统(即所谓"有意识"的"规则系统")则存在于学者们所构建的特定语言(族语)的音位系统(见之于特定语言的语音学或音位学或音系学著作)、词汇系统(见之于特定语言的词典、辞典以及词库)和语法系统(见之于特定语言的语法学著作)里,换句话说,它们存在于研究者对特定语言(族语)研究后所描写出的语言教材之中。比如《汉语教材》里就存在着学者抽象概括出的族语(汉语)的语音、词汇、语法系统的知识。

4. 为什么要提出"族语"这个术语,族语是语言的"一般"还是"个别"?

有学生问:老师文章里经常提到"族语"这个术语,为什么要提这个术语?语言里有"一般"和"个别"的关系,它是语言的"一般"还是"个别"?

答:"族语"这个术语,北大王力教授早提到过,我只是沿用这个术语。"族语"指民族语言,如汉语、英语等就是族语。索绪尔比较重视族语,他说"语言是一种约定俗成的东西",是一种"符号系统"。索绪尔强调语言学的唯一的、真正的对象是语言,特别是要研究族语的断代的符号系统。由于"语言"这个概念外延有广狭,属(类概念)种(种概念)有上(上位概念)下(下位概念),表明语言的"一般"和"个别"是相对的。至于"族语"在"语言"这个类概念里是"一般"还是"个别"的问题,就得看它相对待的是何种对象。"族语"与最概括、最抽象的"语言"(如说"人类有语言,禽兽没有语言"这句话中的"语言")比较,这个"语言"在上位属"一般","族语"在下位属"个别";与"汉语""英语"之类的个别名族语言比较,"族语"在上位属"一般","汉语""英语"之类个别语言在下位属"个别";与某个话语中的"具语"比较,则"族语"在上位属"一般","具语"为"个别"。"一般"和"个别"的关系,实际上是"抽象"和"具体"的关系,族语的语言体系就是对使用该族语的人群的大量话语里收集足够数量的"具语"语料的基础上抽象概括出来的。

5. "族语"研究是否一定要从具体到抽象?

有学生说:在族语研究中,好像不是从具体到抽象,而是从抽象到具体,如汉语语法体系先引进外来的"主""谓""宾""定""状""补"等句法的抽象范畴,然后再到汉语的"具语"中去找证据,证明它们的存在。对外来的语法体系不符合汉语"具语"事实的,就是做些修修补补的工作。

答:这个问题涉及在研究工作中的方法论问题。科学研究的任务就是要通过抽象认识各种研究对象的本质并发现其一般的规律,因此科学研究的过程或者说认识的过程,就是从感性到理性,从具体到抽象,从个别到一般的过程。科学就是要讲抽象,没有抽象就没有科学。语言学也是科学,对族语而言,也应通过对"具语"的抽象化来构建族语的抽象体系。没有具体的语言现象,语言的抽象化也就失却了根据。由于汉语语法体系的研究比较晚,在构建汉语语法体系时,必然会受到已有的某种语言理论或某种已经构建出的族语体系的影响,从而吸收其体系框架或某些理论和术语。但在研究汉语语法现象时,必须从汉语的语法事实出发抽象出规律性的东西,即从汉语的"具语"语法现象里抽象出"汉语"语法一般性的规律。当然,我们也不否定已有理论的指导作用,但这不能认为这样做就是从抽象到具体。

(二)关于"言语"

1. "言语"可否看作"使用语言"的一种动作行为?

有读者说:从习惯上看或从语言学的角度看,你说的"言语"是否可以看作是"语言",或者看作是"使用语言"(也说"语言的使用")的一种动作行为?

答:关于"语言"和"言语",在上个世纪60年代关于语言和言语问题的讨论中,的确有人提出:日常生活中语言和言语是"意思相同"的同义词,只是两字颠倒,犹如"悲伤"和"伤悲"一样,因此认为不必区分语言和言语。这种是外行的看法,是行不通的。至于"言语"是否可以看作"使用语言"问题,读者跟李振麟、董达武(1961)的文章的观点是一致的。笔者认为,从语言是言语的工具这个意义上说,"言语"的确可以看作是"使用语言"的一种动作行为。但李、董把"言语"说成"使用语言"后,就说语言学的研究语言应包括"语言"和"使用语言",进而不主张区分语言和言语,实际上就是否定了语言和言语区分的必要性。这是保守的倒退的看法。索绪尔区分"语言"和"言语"还是促使学界得到启发,推动了语言学的发展。从索绪尔区分语言和言语以来,国内外语言学文献中涉及区分语言和言语的文章很多,尽管人们对语言和言语的含义有不同的理解。现在"语言""言语""话语"这三个术语在语言学的论著中随处可见,这表明它们并不是同一个事物。在三者里,作为符号系统的"语言"(族语)是个人"言语"(活动)的工具,"言语"是使用语言来表达思想、传递信息的"行为活动","话语"则是"言语"活动的产物。"言语"是客观存在的,比如"眼神比言语更有说服力""言语发声不清""言语口吃""言语康复""器质性的言语障碍"等,如果这里的"言语"用"语言"

或"使用语言"来代替,就显得不伦不类。由此可见,学术名词"言语"是不可或缺的。

2. 为什么把"言语活动"在"三分"说中命名为"言语"?

有读者问:索绪尔《教程》中的术语 langage,中文一般译为"言语活动",那你为什么命名为"言语"?

答:有四点理由:一是索绪尔在《教程》里也曾把 langage 称为"言语",如他所说的"语言和言语活动不能混为一谈""言语是个人的意志和智能的行为""语言是言语的工具,又是言语的产物""语言的一切变化都是在言语中萌芽的""任何东西不经过在言语中试验是不会进入语言的""语言是言语机能的社会产物"等句子里的"言语",显然跟笔者"三分"说中的"言语"是一致的。二是中文里的"言语活动"或"言语行为"如果作为术语名词,也不如用双音节的"言语"合适(跟"语言""话语"对称),比如我们常说"言语障碍",如果说成"言语活动的障碍",岂不累赘? 三是用"言语"作为术语,也符合汉语实际习惯,"言语"通常用作动词,表示言语活动或言语行为(如老舍《骆驼祥子》:"以后出去,言语一声!""别这么大大咧咧的甩手一走! 他没言语。"),把动词"言语"借用来做名词术语(语义上"名物化",句法上"名词化")也是可以的。①四是"言语活动"偏重于口头的,学术名词的"言语"扩大其本义,可以概括口头的"说"和书面的"写"。所以把 langage 这个术语用"言语"命名看来是比较合理的。

3. "三分"论中"言语"和"langage"在研究中是否有地位差别?

有读者问:"三分"论中的"言语"和"二分"论中"langage"(言语活动)在研究中是否有地位差别?

答:笔者的"三分"论中的"言语"和索绪尔的 langage(言语活动)实际上是一回事。但对它在研究中的地位的该如何认识我们是有一定差别的。笔者认为在客观世界里,人们观察到首先是 langage(言语),当人们研究 langage(言语)时才发现另外两个事实:一是实现这种活动必须有一种工具,就是"语言";二是这种活动必然会出现产物,就是"话语"。所以把 langage

---

① 汉语里动词转化成名词的情形是很多的,如"思想""评论"之类。

(言语)提高到统领或统辖语言和话语的地位(即"语言"从属"言语")。由于重视"言语",就主张把以"言语"为对象的学科称为"言语学",把语言学看作言语学的一部分(即"言语学"可以统辖"语言学")。而索绪尔认为 langue 和 langage 两个事实里,langue 最为重要,langage 只是在研究 langue(语言)时涉及的客观事实。他不重视或忽略了 langage,认为 langage"整体是没办法认识的",所以是没法研究的。他强调要以 langue 为对象建立"语言学",不主张以 langage 为对象建立一个学科。然而令人不解的是:索绪尔在另一处却说:"言语活动的研究包含着两个部分:一部分是……语言(langue),……另一部分是……言语(parole)";"在全部言语活动的研究中为语言学安排好了真正的位置",即把研究 langue 的称为"语言的语言学",把研究 parole 的称为"言语的语言学"(索绪尔1980,第40、41、42页)。这段话表明:索绪尔是要研究言语活动(langage)的,而且"言语活动的研究"包含着 langue 和 parole 两个部分。那就意味着 langue 的研究和 parole 的研究都从属于 langage(言语活动),是 langage 的研究统辖着 langue 和 parole 的研究。既然是 langue 和 parole 是 langage 的两个部分,就应该是 langue 的 langage 学和 parole 的 langage 学,①为什么是"语言的语言学"和"言语的语言学"? 这暴露了索绪尔的表述里存在着很大的矛盾。

4. langage 和"话语"能分开吗?

有学生说:"言语活动"(langage)与"言语产品"之间(相当于老师所说的"言语"和"话语"之间)相互纠缠混在一起。大概这个原因,所以高名凯(1960)、戚雨村(1961)和岑运强(1994)把索绪尔的 parole 诠释为"言语活动+言语产品"。究竟"言语"(langage)和"话语"能分开吗?

答:我认为它们之间不是什么"相互纠缠混在一起",准确地说应该是既有联系又有区别。"言语"是一种行为、活动,"话语"是言语这种行为活动的产品或产物;所以不能因为它们之间有密切联系而混为一谈,正好像不能把"生产"(如工业生产、农业生产)产出的"产品"(如工业品、农业品)混为一

---

① 如果把 parole 理解为"话语的表达形式"(或称"言语作品的表达形式"),如果又把"话语的表达形式"简称为"话形",则 langue 的 langage 学和 parole 的 langage 学在汉语里可以称为"语言的言语学"和"话形的言语学"。这样一来,跟笔者观点就近似了。

（三）关于"话语"

1. 应该怎样准确地理解"话语"这个术语？

有读者问：你所说的"话语"跟索绪尔的"言语"（parole），有什么区别？应该怎样准确地理解"话语"这个术语？

答：笔者所说的"话语"是指言语（活动）产出的产品（也称为"言语作品"，也有人称为语篇或篇章①），不同于索绪尔所说的 parole。国内学者对索绪尔的 parole 译为"言语"，但也有不同的诠释：方光焘（1959，1961）说 parole 是指"表现一定思想的表达形式，即言语作品的形式"，高名凯（1960）说 parole 是"指言语行为和言语作品的表达形式的总和"，戚雨村、吴在扬（1961）说 parole 是"指言语活动和言语产物的统一体"，岑运强（1994）说 parole 是指"说（写）和所说（所写）"；田茹（1961）说言语是"指言语活动的产物，即说出来的'话'"。他们对索绪尔的 parole 诠释有差异，但他们所提到的"言语产品""言语产物""所说（所写）""话"都相当于笔者所说的"话语"。田茹的诠释近似笔者所说的"话语"，但他只是着眼于口头话语，而笔者所说的话语包括口头话语和书面话语。而方、戚、吴、岑对 parole 的诠释，则完全不同于笔者所说的"话语"。

2. 研究语言为什么涉及"话语"？

有读者问：语言学的对象是语言，为什么研究语言时要涉及话语？

答：研究语言一定要涉及话语，这是因为：话语里储藏着族语或个人语言的语料，研究一种族语，就得在收集该族语社团里人们的大量话语形式里的足够语料，然后进行抽象概括，才能描写该族语的语音系统、语法系统以及建立该语言的词汇库。

---

① 关于"语篇"和"篇章"，有的认为没有区别，都是指"言语活动"或"使用语言"后的产品。有的认为有区别：一种说法是"语篇"偏重于口头言语的产品，"篇章"偏重于书面言语的产品；另一种说法是"篇章"是使用语言这种行为的产品，"语篇"是社会文化语境中篇章。本文用"话语"概括"说"和"写"产出的产品。汉语里"他的话不多"也可说"他话语不多"，这个话语偏重于口语；笔者的学术用语"话语"概括了"所说的"和"所写的"。话语是由句子或大于句子的言语单位组成的（句子是话语的最小单位）。

必须指出,具体的话语包含着形式和内容:内容是思想,那是各专门学科研究的对象,所以研究语言一般不涉及跟语言无关的话语的内容。语言学研究涉及的是话语的形式部分(从这个意义上说,"语言是形式而不是实质","语言是思想的直接现实")。抽象的语言规则系统存在于话语形式之中,一个特定语言的语音、词汇和语法系统存在于说该特定语言的人群的话语形式之中。话语中的语言("具语")是研究某特定的族语体系或方言体系的原料或素材,研究族语或方言,其语料必须从具语中提取。所以,研究语言离不开话语。

3. 为什么要提出"具语"这个术语?

有读者问:已经有"话语形式"(或"言语作品的表达形式")这个词语了,为什么还要提出"具语"这个术语?

答:"话语形式"(简称为"话形")是语言学或言语学研究的原料、素材,它包含着两个部分,一是反映思想的具体语言的形式部分(即"具语"),它包括族语要素和个人的超族语的要素,二是反映"运用语言"的形式部分,即个人言语(活动)的技巧、修辞、风格以及言语行为的某些表达特征等。这表明:第一,"话语形式"不等于话语里的语言形式(即"话语形式"不等于"具语"),第二,具体的语言形式部分才是语言的个别形式或具体形式。语言有一般和个别的关系:如果说作为一种符号系统的语言是一般,那么话语里反映思想的具体的语言形式部分可以看作"个别";如果说"族语"是一般,与之相对的话语里的"具语"是"个别"。"具体的语言形式"(或"个别的语言形式"),是个短语,不像是名词术语。提出"具语"这个新术语,为的是简明地、明确地标明与"族语"相对的"话形"里的"具体的语言形式"。"具语"是族语的变体,是族语的具体存在形式。

4. "话语"和"语言"能否看作个别和一般的关系?

有读者说:"研究某个人的语言(如鲁迅),可以在他的所有的书面话语(如《鲁迅全集》)里通过对语料的概括抽象建构出'鲁迅语言'。据此能否把'话语'和'语言'看作个别和一般的关系?"

答:如果说"鲁迅语言"是指鲁迅的语言系统,那是通过抽象储存在《鲁迅全集》里的话语才能建构的;但这说法不够准确,容易给人们一个印象,即

"话语"等于"具语"。其实,话语有内容和形式两个部分,内容部分是思想,属于百科知识,不同的话语内容(话意),是不同学科研究的对象;形式部分(话形)里的语言形式(具语)才是语言研究的对象或资料。所以严格地说,应该是:鲁迅的语言系统是通过收集和抽象储存在《鲁迅全集》话语里的形式部分里的"具语"才能建构的,"鲁迅语言系统"和《鲁迅全集》话语里的"具语"才是一般和个别的关系。如果把话语当作"个别",就要把话语的内容也当作语言研究的对象,那显然有问题。所以,"话语"和"语言"不能笼统地看作个别和一般的关系;无论是构建族语的语言系统(比如现代汉语)或是构建某个方言(比如粤语)的语言系统,抑或是构建某个个人的语言系统(比如鲁迅语言)都是以该特定语言使用者所说出或写出的话语形式里的"具语"为对象为资料的。但这里必须指出,现在人们研究"鲁迅语言"并不是去研究鲁迅的语言系统,而是研究鲁迅的言语特点。

四、关于"语言的语言学"和"言语的语言学语"问题

(一)关于"语言的语言学"和"言语的语言学"

1. 区分"语言的语言学"和"言语的语言学"有什么问题?

有学生问:老师说区分"语言的语言学"和"言语的语言学"有问题,问题出在哪里?

答:提出区分"语言的语言学"和"言语的语言学",这就意味着有两种语言学,这很难说得通。索绪尔把"语言"和"言语"对立起来,他说语言是社会的,言语是个人的。他说语言学研究的是"社会的、不依赖于个人的语言为研究对象",认为"集体所创造和提供的"作为"符号系统"的"言语工具"的语言是"语言学的唯一的、真正的对象是";而"言语"则是"言语活动的个人部分"(索绪尔1980,第41、42、323页)。根据索绪尔上面对"语言"和"言语"的说明,语言学是"就语言而研究语言","以语言为研究对象"的才是"语言学",那么"语言学"前何必再加个定语,拗口地说"语言的"语言学;反之"言语的"语言学也就只能理解为以"言语"为对象的"语言学"。既然索绪尔说语言学研究对象就是"语言","言语"就不应该是语言学研究的对象,

研究"言语"的就不是语言学。由此看来,把研究"言语"为对象的学科称作"语言学"是不合逻辑的。假如"语言的语言学"和"言语的语言学"两种语言学能成立,也就会有"语音的语言学"和"言语的语音学"、"语言的词汇学"和"言语的词汇学"、"语言的语法学"和"言语的语法学",这在理论上也是经不起推敲的。有的学者也反对"语言的语言学"和"言语的语言学"这样的说法,提议以"语言"为研究对象的称为"语言学",以"言语"为研究对象的称为"言语学"。这样倒还说得过去,避免了"语言的语言学"那种不伦不类的说法。但问题是这样的"语言学"和"言语学"是"从属关系"还是"并列关系",可能也会有争议。

2. 从"一般"与"个别"关系区分"语言的语言学"和"言语的语言学"可以吗?

有学生说:如果按照方光焘(1959、1961)对索绪尔关于语言和言语的诠释,即把语言和言语看作一般和个别的关系。从这个意义上说,索绪尔把研究"一般"语言的语言学称为"语言的语言学"把研究"个别"语言的语言学称为"言语的语言学",似乎也说得通。老师你说可以吗?

答:即使方光焘的对"言语"的诠释符合索绪尔的思想,同样也不能说明有区分"语言的语言学"和"言语的语言学"的必要。因为"一般"和"个别"的关系是"抽象"和"具体"的关系。任何科学研究中要探求本质的规律的东西,都要区别事物的一般和个别,要通过对"个别"的抽象来找出"一般"。在语言研究中,如果研究族语的抽象体系,则以"族语"为"一般"、以"具语"为"个别",就得调查和收集使用该族语的社会成员的、大量的、有代表性的话语里的"具语",并在此基础上抽象概括才能得到族语的体系(包括语音系统、词汇系统和语法系统);如果是研究一般的语言理论(即"一般语言学"),则以"最上位概念的语言"为"一般"、以"族语"为"个别",就得调查和收集世界上的各种族语,从中抽象出"一般"。方光焘诠释的索绪尔观点是把语言看作纯一般、纯理性的东西妥不妥?把"言语作品的表达形式"说成是"言语"而"不是语言"行不行?我们倒要问:他说的"语言的语言学"是研究各种语言共性的"一般语言学"还是研究某个"族语"的"族语语言学"?他把"言语作品的表达形式"(其中包括"具语"和言语的修辞、言技以及其他非语言要素)称为"言语"(即不是语言),那为什么把研究"言语"的也称"语言学"?岂非矛盾?

再来看看索绪尔是怎么说的。他说"言语的语言学",是"以言语活动的个人部分,即言语,其中包括发音,为研究对象",他又说"言语包括两方面:(a)以说话人的意志为转移的个人组合,(b)实现这些组合所必需的同样是与意志有关的发音行为",索绪尔明确指出:语音不属于语言,研究语音的"音位学只是一种辅助的学科,只属于言语的范围"①。并且说不要把"言语的语言学"和"固有意义的语言学混为一谈"。(索绪尔1980,第42、60页)。可见索绪尔设想把(a)(b)两者归属于"言语语言学"。其中(a)指什么,语焉不详;(b)是不属于"语言"的个人言语(活动)的发音。所以索绪尔所说的"语言"和"言语"似乎并不是一般和个别的关系。

3. 研究"具语"的语言可否称为"具语的语言学"?

有学生说:老师说"具语"也是"语言",那么研究"具语"这种语言的学科可否称为"具语的语言学"?

答:"具语"是一种听得见或看得到的、现实的、具体的语言,是族语的个别形态,也是族语的存在形式。所以作为个别的"具语"是可以也应当研究的,比如《鲁迅语言研究》《红楼梦语言研究》之类文章就是对"具语"的研究。但是必须指出,第一,当人们研究"族语"、抽象建构族语体系时,必须研究使用该族语群体人员言语活动所产出的大量具语,这是把"具语"当作"族语的原料或素材"来研究的。第二,当人们研究某个"具语"时,人们并不是研究"具语"里的跟"族语"相同的要素,而主要是研究具体个人或具体话语(言语作品)的语言个性特色(即"超族语的语言因素"②)以及研究话语形式

---

① 索绪尔这里所说的"音位学"(phonetics),不是指研究族语语音系统的语音学,也不是现代意义的"音位学"(phonematics),而是研究言语活动发音的,它包括言语解剖学、言语神经病学和言语病理学,以及语音的发音、分类和感知等。他认为这种"音位学"属于"言语语言学",它不一定需要和某种语言联系起来进行研究。

② 在现代"具语"里,会出现一些违反现代族语约定俗成的现象,即非规范的语言要素(包括语音要素、词语要素、语法要素),如"具语"里夹杂一些已经不用的古代语言要素,"具语"里使用了某些方言的语言要素,"具语"里掺入了某些其他族语的要素,"具语"里用上了一些族语里未曾有过的"创新"的语言要素,"具语"里混杂着某些明显错误的、"有病"的语言要素。

里的表达出的"言语"(行为活动)的修辞、言技、言风、言体等,这些都跟言语行为活动有关的。这不能说是"具语语言学"。

(二) 关于"言语学"

1. 建立"言语学"的必要性在哪里?

有学生问:刊物上都提"语言学",老师主张建立"言语学",不知必要性在哪里?

答:这个问题,我(2005a)在一篇文章中已有较详细的论述。这里补充两点:

第一,从语言学和言语学的关系着眼,应该建立能统辖"语言学"的"言语学"。前面说过语言从属于言语,据此可以认为"语言学"从属于"言语学",也就是"言语学"能统辖"语言学",而"语言学"则不能统辖"言语学"。"语言"和"言语"比较,"言语"比"语言"范围大,它能包含或统辖"语言",而"语言"比"言语"范围小,它能包含在"言语"之中。索绪尔对 langage 不太重视,他说:langage"是多方面的,性质复杂的,同时跨着物理、生理和心理几个领域,它还属于个人的领域和社会的领域……没法把它归入任何一个人文事实的范畴……";如果"同时从几个方面去研究言语活动,这样,语言学的对象就像是乱七八糟的一堆离奇古怪、彼此毫无联系的东西"。那"将为好几种科学——心理学、人类学、规范语法、语文学等等——同时敞开大门"(索绪尔1980,第29—30页)。所以他认为 langage 不能作为科学研究的对象,而只有 langue 才可作为研究对象。我们认为:langage 是人类社会生活最基本的、最常见的、最重要的一种活动,而 langue 是作为言语的工具才与这种活动联系在一起的。langue 和 langage 两者,起统辖作用的应该 langage,它是一个重要的"人文事实的范畴"。从宏观上看,应该重视 langage,应该以 langage 为对象建立"言语学"。应该重视 langage(即笔者说的"言语")的研究,以"言语"(langage)为对象的就是"言语学",以"语言"(langue)为对象的是"语言学",但"语言学"从属于"言语学",只是"言语学"的一个重要部分。现在大家都知道,言语行为的研究(如:言语的修辞、言语的风格、言语的技巧、言语行为的准则、言语的体裁、言语的生理和心理机制、言语的疾病等研究)很重要,但放在"语言学"里的确不合适;建立了"言语学",就可以把研究语言的"言语工具学"(即"语言学")和研究言语行为本身的"言语行为学"(如修辞学、篇章学、言风学、言技学、言体学等)以及其他跟言语活动有关的物理、生理、心理的跨学科研究(如言语生理学、言语病理学等)都放在"言语学"里,都从属于"言语学"。如果把它们都放在"语言学"里,确是"乱七八糟""离奇古怪";但放在"言语学"里就没有问题。可见,从宏观上看,更应该重视 langage,应该以 langage 为对象建立"言语学",这是合乎逻辑性的。

第二,从宏观战略着眼,应该建立言语学。研究人类某种重要行为活动的都可建立一门科学,如研究军事(活动)的可建立军事(科)学,研究经济(活动)的可建立经济(科)学,研究思维(活动)的可建立思维(科)学;那么,以人类的言语(活动)为研究对象而建立言语(科)学也是顺理成章的。从哲学角度看世界,我是讲"三元论",即存在着三个世界:第一世界是现实世界,第二世界是思维世界,第三世界是言语世界。现实世界是不以人的主观意志为转移的,所以是客观的、第一性的。思维世界反映第一世界,对第一世界而言它是主观的、第二性的;但它对第三世界的言语而言却第一性的,因为言语旨在表达和传达第二世界。言语世界对第一世界是间接的,对第二世界是直接的,思维世界必须通过言语世界才能显示出来,所以第三世界对第二世界是主观的、第二性的。第二世界的"思维",它包括哲学思维、逻辑思维、形象思维、认知思维、心理思维、灵感思维等(其中形象思维、认知思维、心理思维有交叉,如何分别,有待研究)。

思维活动的重要性是不言而喻的,研究思维的科学就是"思维科学",它是研究思维活动规律和形式的科学。钱学森很重视"思维科学",1984 年他在一个会议上提出研究思维科学,1985 年他发表了《关于思维科学》一文。在钱学森的创导和他的思想影响下,1984 年在北京建立了思维科学学会,许多省也相继创立了学会。1996 年中国思维科学被纳入"863"攻关课题。钱学森提出,希望在二三十年内,或至少在 21 世纪内,在中国能建立"思维科学院"。我认为钱学森关于"建立思维科学院"的设想是大战略的设想。时不我待,当只争朝夕,国家似应加紧统筹设立"思维科学院"。

第三世界的"言语",它是运用语言(包括族语、方言等)表现和传达思维世界的一种行为活动。"言语"的重要性也不言而喻。研究言语活动规律和形式的科学就是"言语学"。言语科学里除了语言学外,还有语言学之外的其他各分支学科(具体有哪些,大家还可商讨)。如果未来在中国不仅建立从事研究第二世界的"思维科学院"(下设若干研究所),而且同时建立研究第三世界的"言语科学院"(下设若干研究所),这样的设想也许有重大的战略意义。无论是思维科学还是言语科学,内部都会有一些交叉学科。

2. 能不能扩大"语言学"范围建立"广义语言学"?

有读者说:从逻辑上看,建立"言语学"固然很有道理;但现在"语言学"这个名称已经流行开来了,实际上已经把研究言语行为的方方面面都放在语言学里了。这似乎是既成事实。在这种情况下,能不能扩大"语言学"的范围建立"广义语言学"(索绪尔所说的语言学称为"狭义的语言学")?

答:这是一个比较复杂的问题。我只是说建立"言语学"(言语科学)较为合理,因为语言学的对象是语言。这点我很同意索绪尔的观点,即语言学应该就语言而研究语言。如果把不是研究"语言"本身而是研究涉及"言语(行为活动)"的都放入"语言学",就不是纯语言学,而是扩大了语言学研究的范围。这就得使 langage 从属于 langue,或成为"语言=族语+言语活动"。严格地说,这样的语言观在理论上说不过去。但现在人们用"语言学"这个术语已经习惯了,而且实际上是在通过扩大语言学的范围的办法来容纳一些非纯语言学的学术研究,即成了所谓"广义语言学"。所以这不是"能不能"的问题,而是现实的存在。这种情况只能说是"习非成是"的"约定俗成",习惯势力很难改变,如果没有众多的舆论呼吁和权威机构的支持,一时不大可能把它改称为"言语学"。不管是"广义语言学"还是笔者所说的"言语学",其研究的范围都会涉及语言和言语(活动)的各个方面,其研究的语料都要从话语形式里提取。即不仅要研究语言,还要研究言语(行为活动)中的修辞、言技、言风(或文风)、言体,甚至于研究言语生理、言语病理等等。

3. 是否可以分成"语言学"和"言语学"?

有读者说:提出语言学有两种,即"语言的语言学"和"言语的语言学"的确不合逻辑,但是否可以改为"语言学"和"言语学"?

答：如果我没有理解错，你是把"语言学"和"言语学"当作并列的两门学科，前者以 langue 为研究对象，后者以 parole 为研究对象。这的确比索绪尔说的"语言的语言学"和"言语的语言学"合理。语言学的对象"语言"，相对来说比较明确；但问题是索绪尔关于 parole 的论述很混乱，人们的理解和诠释也就众说纷纭。有的释为"言语行为"（或"言语活动"），有的释为"言语作品的表达形式"，有的释为"言语的产物或说出的话"，有的释为"言语活动+言语作品"的总和，有的释为"说出的话"（言语作品）。如果以索绪尔的 parole 来建立"言语学"，实在是说不清楚的。我不知道你说的"言语学"以什么为对象。2002 年 10 月，武汉大学和教育部语言文字应用所主办的"言语和言语学国际学术研讨会"在武汉召开，有 70 多位代表出席会议。会上许多代表都主张建立一门"言语学"。但是对于这门"言语学"对象是什么或研究些什么的问题上，看法并不完全一样。（参看李宇明、萧国政等编 2005）。笔者以为，如果要建立一个跟"语言学"并列的"言语学"，应当以 langage 里除去 langue 之外的部分（与"言语行为"有关的修辞、言技、言风、言体等等）为对象。

对于处理学科的命名方面，小结一下，主要有三种意见：

第一种，主张保持"语言学"的名称（不赞成提出"言语学"），但扩大其研究范围，即"语言学"不但研究"语言"，而且还研究"言语行为"（如修辞、言技、言风等）；也就是把"语言"和"言语行为"都当作语言学研究的对象，即所谓"广义语言学"。这是现今学界的主流意见。其缺点是把不属于语言本身而是属于言语行为本身的研究都包括进来称作语言学，如"语言风格学""语言病理学""语言生理学"等。作为符号系统的语言本身怎么有"风格、病理、生理"？这就显得名不副实。

第二种，主张建立"语言学"和"言语学"两门并列的学科。认为"语言"和"言语"都是可以独立并存的，都可以独立进行研究，以"语言"为研究对象的是"语言学"，以"言语"为对象是"言语学"。这虽然不是主流，但现在有越来越多的学者持有这种意见。如 2002 年在武汉举行的"言语和言语学国际学术研讨会"上，许多代表都支持这种看法。这种意见比第一种有所进步，但把"语言学"和"言语学"处理为并列关系不够准确，因为 langue 从属于

langage,是 langage 的一部分。

　　第三种,主张建立"言语学"。认为 langue 从属于 langage,"语言学"从属于"言语学";提出言语学里可以分出三个分支学科:(1)言语工具学,即语言学(以言语的工具"语言"为研究对象);(2)言语行为学(以言语行为中的修辞、言技、言风、言体等为研究对象);(3)其他边缘学科或交叉学科(如言语生理学、言语病理学等)。这是笔者的意见,虽然有学者支持,但毕竟还是少数。有学者鼓励我说:"把言语学作为学科最高概念的观点,很有道理,非常精彩,其历史价值,终将为人们所认识。"但愿如此。

　　这三种处理办法究竟哪种妥当,是值得进一步讨论的。

语言与思维的关系及其相关问题

〇、引　言

　　语言和思维的关系及其相关问题是一个有争议的、异常复杂的问题。这个问题不仅涉及语言学、逻辑学，还涉及哲学、心理学、生理学、符号学、数学、人类学等各种学科。关于这个问题的研究，当前在术语使用上存在着理解或解释不一致的情形。如语言这个术语有时指人类交际和交流思想的工具（符号系统），有时指言语（行为），有时指言语的产物（话语），有时既指语言也指言语行为（参看上海教育出版社编 1963）。思维这个术语有时指人类的思维活动，有时指思维活动的产物（思想）；有时只是指与语言联系着的思维（抽象思维），有学者认为还有非语言的思维。至于在语言与思维的关系问题上，国内外历来有很大的意见分歧：有的认为语言与思维密不可分，没有语言的思维或思想是不存在的；有的认为语言决定了或控制了人的思维或思想；有的认为思维等于语言，说思维是不出声的语言；有的认为思维可脱离语言或不用语言；有的认为思维先于语言而存在；有的认为有非语言的思维，即不用语言的思维（参看上海市语文学会 1983，伍铁平 1986）。可见，人们对语言、思维的认识没有共同的"语言"，如果不把最基本的概念搞清楚，要说明语言和思维的关系及其相关问题是很困难的。

　　本文打算在理清有关术语的基础上，再进一步探讨它们之间的关系及其他有关问题。笔者提出言语、语言、话语、思维、逻辑、思想六个术语，这六个术语表达了六个概念。这些术语是根据客观事实并参照汉语词汇的双音节特点定名的。区别这六个概念非常必要，主要基于以下两个原因。（1）在语言、思维及其相关问题的研究中存在着上面所说的术语理解或解释上的混乱现象，这些混乱现象使得问题复杂化。因此有必要首先来阐明这些术语所表达的概念,以便使问题的讨论有一个明确的前提。(2)术语的准确性和单义性是任何科学不能忽视的,科学越发展就越要求术语的准确性和单义性,把研究的成果巩固在术语上并给以准确的解释也是科学发展本身的要求和不可避免的趋势。提出上面这六个术语并给以准确的定义,有利于发展语言科学和思维科学。

一、语言、言语和话语

(一) 学界在语言、言语等区分上的分歧

学界在语言、言语等术语的区分问题上存在着分歧和争论:有的不主张区分语言和言语,如有人认为日常生活中语言和言语犹如"悲伤"和"伤悲"一样,是"意思相同"的同义词,因此不主张区分语言和言语。(周建人1961)这是有问题的,日常生活用语和科学术语有时一致,有时不一致,这是正常的;更何况在汉语中,言语还可作动词用,而"语言"只能作名词;所以它们实际上并不同义。有人认为把语言和言语加以区分,那就是把它们"割裂"开来。(李振麟、董达武1961)这说法也有问题,因为区分不等于割裂,比如思维、逻辑、思想三者密切联系,但三者也还是可区分的,学界并不认为是"割裂"的。

有些学者主张"两分",即着重区分语言和言语。索绪尔最早提出区分语言和言语,有进步意义,应该肯定。但是他在解释语言、言语的含义时,存在着混乱:有时把"语言"看作符号系统,如说"语言是一种表达观念的符号系统"(索绪尔1980,第37页),有时把语言等同于话语,如说,"语言可比作一张纸:思想是正面,声音是反面"(索绪尔1980,第158页)。有时把言语看作行为或活动,如说,"言语却是个人的意志和智能的行为"(索绪尔1980,第35页)。有时把言语看作为话语,如说,"言语是人们所说的话的总和"(索绪尔1980,第42页)。我国学者大多接受了区分语言和言语的观点,但索绪尔在术语解释上的混乱,也影响到我国学者理解上的不统一,特别是对言语的理解:有的把言语指称用语言手段表现一定思想的表达形式,即言语作品的形式,认为语言和言语是一般和个别的关系(方光焘、施文涛1959、方光焘

1961、岑麒祥 1961),有的把言语指称言语行为和言语作品的表达形式的总和(高名凯 1960),有的把言语指称言语活动和言语产物的统一体(戚雨村、吴在扬 1961),有的把言语指称言语的产物(田茹 1961)。

笔者提出言语、语言、话语"三分"说,这是因为语言、言语和话语是客观存在着的,它们有明显的差别。下面对"三分"中的言语、语言、话语做扼要说明。

(二) 言语、语言、话语"三分"说

1. 言语

人类生活中存在着一种最常见、最普通的社会现象,就是"说话"("说""讲""谈话""讲话"等)和"作文"(即"写话"),用文字来表达的思想的行为,如"写文章""写信""写作"等。"说话"和"作文"这种客观存在的社会现象,我们统称之为"言语",它是人们用语言来交际和交流思想的一种行为活动,所以也可称为"言语行为"或"言语活动"。①平常所说的"言语习惯""言语失误""言语错乱""言语的发音"和生理学、病理学上所说的"言语器官""言语中枢""言语的肌动控制""言语障碍""言语康复"以及心理学上所说的"言语听辨""言语感知"的"言语"都是和本文所说的"言语"(行为活动)是一致的。在汉语中"言语"可作动词用,更证明言语是一种行为活动。但作为科学术语的"言语"已经名物化并名词化了。至于"作文",那是用文字来表达思想进行交际的言语。此外在特定的人群(主要指聋哑人)中还有用手势来表达思想进行交际的言语。用文字的言语和用手势的言语都是有声言语的派生形式。言语有三个基本条件:一是大脑和言语器官(肺、声带、喉头、口腔等是口头言语的重要器官,眼、手是书面言语、手势言语的重要器官)必须能正常活动;二是必须懂得某种语言;②三是必须有一定的思想并有

---

① 有的文章提到"语言运用""语言使用"等词语,实质上都是"言语行为"。至于"言语活动""言语行为""言语交际",则就是"言语"。作为科学术语,用双音节的"言语"较好。由于"言语"是一种用语言来进行交际的行为或活动,所以本文必要时,也提"言语行为""言语活动""言语交际"。

② 如果不掌握某种语言,即使大脑和言语器官正常,也还是不能说话的。如还未学话的幼小的婴儿和被野兽(狼、老虎、熊等)抚养长大的兽孩儿,由于不懂某种语言,也就没法和人说话。(李宇明 1995,第 53 页)

交际的需要。(可参看范晓1994a)。

2. 语言

语言是人类交际和交流思想的工具,也就是言语的工具。语言是个符号系统,它是由语音、词汇和语法组成的。语音作为物质外壳(书面语和手语是通过文字、手势等作为物质外壳)存在于外,与人的感觉器官发生联系;词汇记载着人们对客观世界抽象认识的成果,与概念系统发生联系;语法是组织词语成为句子(语法的最大单位,也是话语的最小单位)的规律或规则。

族语(民族语言抽象体系的简称)是民族社会"约定俗成"的语言,如汉语、英语等都是族语。语言学界通常把族语看作语言,这本身没有错,但必须看到,各种方言(族语的地域方言或社会方言)、土语、个人的语言乃至具体话语中的语言(话语形式中的语音、词汇和语法)也是语言。个人的或具体话语里的语言不是与全民语言体系完全不相干的,一个人一生下来,就生活在有着全民语言的社会里,他学习的就是现成的族语;但个人的或具体话语里的语言是族语的变体,它可能存在着某些族语中没有的东西,它和族语的关系是个别和一般的关系。

3. 话语

话语是言语交际的产物。说出来的"话"或用文字写出来的"文本"(包括"文章""信"及其他形式的书面文本)以及聋哑人用手语打出来的能表达一定思想的手势组合体,都是"话语"。人们有时也称之为"言语作品""言语产品""言语结果""言语成果""言语产物"等。话语的最小单位是句子,句子以上的话语单位有句群、篇章等。

话语是形式和内容的结合体。话语的内容就是话语形式所表达的思想。话语形式部分主要是语言(语音、词汇、语法),这是一种现实的、具体的语言,是族语的个别形态;抽象的族语体系不能表达具体思想;但从具体话语中的具体语言的角度说,语言是表达思想的形式。此外,在话语形式里还有言语的修辞手法、言语的个人风格以及言语行为的其他个人特点。族语的语音、词汇和语法存在于说该族语的全社会人员的话语形式之中,从这个意义上说,族语存在于话语之中。具体的话语中的语言是研究族语体系的原料或素材,研究族语或方言等必须从具体话语中提取。

4. 言语、语言、话语之间的联系

言语、语言和话语这三者之间既有区别又有联系,既有统一性又有相对独立性。

(1) 言语和语言的关系。言语和语言密不可分,互相依存。若没有族语,言语不可能进行,因为言语中说出的词语取之于族语体系中的词汇,言语造句的规则必须按照族语的语法。反之,若没有言语这种行为活动,也不可能产生话语形式里的活生生的具体语言。可见,语言的生命体现在言语之中。

(2) 言语和话语的联系。既然言语的产物是话语,那么没有言语就不可能有话语。言语的过程,就是话语形成的过程。言语和话语存在的形式不一样:言语是"行为活动",就有时间性和过程性,言语的过程结束,这种行为活动也就消逝;而具体的话语是言语的"产物",它可储存,或储存于脑子里,或储存于书面上,或储存在录音带上。记于脑中的话语很难长期储存,只有通过文字记载或语音录制储存的话语,才有可能长期保存。

(3) 语言和话语的联系。话语是语言和思想的结合体,思想是话语的内容,语言是话语的形式。话语形式包括语音(或文字、手势)、词语和语法格式。话语形式是听得到或看得见的。就族语来说,族语存在于具体话语的形式之中,族语体系就是从该民族社会的人员的话语里的语言中抽象出来的,所以话语中的语言和作为族语的语言是个别和一般的关系。可以说,族语取之于话语,又通过言语存之于话语。

总之,言语、语言和话语三者具有区别性和相对独立性,表现在它们各有其特点:言语是运用语言来表达和交流思想,属行为活动类;语言作为符号系统,是言语交际的工具,属工具或符号编码类;话语是言语的产物,属行为活动的产物类。但三者并不互相排斥,而是紧密联系的,以言语为中心,组成了三者联结在一起的链条:语言存在于活动着的言语之中,也存在于相对静止的话语之中;族语体系是从全民族人员的话语形式中的具体语言抽象出来的。

二、思维、逻辑、思想

(一) 思维

思维是在表象或概念的基础上进行的认识客观事物、现象或事件的一种行为活动。通常人们所说的"想""思考""考虑""思索"用科学术语概括,就是"思维"。钱学森(1985;1986,第129页)认为人类的思维有三种:形象思维、抽象思维和灵感思维。形象思维和抽象思维既可在显意识状态下进行,也可在潜意识状态下进行,而灵感思维是在潜意识状态下进行的思维。

1. 形象思维

形象思维是直观地对客观事物、现象或事件进行思考,它是在感觉、知觉、表象基础上进行的思维行为活动。这种思维主要靠右脑进行。形象思维的认识过程是对客观世界的反映和加工的过程,外界的刺激物作用于感觉器官,就会在大脑的皮质内引起相应的反应;对某物的个别属性的反应,就是感觉,具体的感觉可能是味觉,或嗅觉,或听觉,或视觉等。感觉的信息是具体的、个别的。如果客观事物的声、色、味、形……同时刺激感觉器官,使客观刺激物作为整体反映于大脑中,这就形成知觉。经过感知的客观事物的属性、形状以及客观事件的动态情景在大脑中再现的完整形象,就是表象。在表象基础上通过类比、归纳、分析、综合、联想、想象等方式进行的思维活动,就是形象思维。心理学家认为,没有语言参与的"心理思维",即人"表征"世界(表征世界就是思考世界)的思维。(参看桂诗春2000,第588—600页)"表征"客观世界的能力,实际上就是形象思维的能力,所以"心理思维"实质上就是形象思维。

形象思维的认识方式是感知、体验,是人脑直接感知客观世界的感性认识,所以也称"感性思维",或称"直感思维""直观思维"。思维过程的联想支点或支柱是具象(即具体的表象,包括具体事物或具体情景在大脑中再现的完整形象),所以也可称为"具象思维"。这种思维不是在语言的词语或抽象的概念基础上进行的,所以也可说它是"非语言思维"或"非抽象思维"。人的手艺(如制造家具、器物)、艺术的创造(如绘画、音乐等)以及工程技术、下棋、打球等主要靠形象思维;即使在自然科学的重大发现过程中,也并不都靠抽象思维。大科学家爱因斯坦说他在思索过程中,不是用语言进行思考,而是用活动的跳跃的形象进行思考,当这种思考完成以后,要花很大力气把它们转换成语言。这说明自然科学的基础研究有时还要靠直感、联想的形象思维。形象思维是有不同程度的:有的比较简单,只是反映同类事物中的一般的属性,只能作有限的分析、综合;有的在类比、归纳、分析、综合的基础上有一定的有限的联想;有的比较复杂,在接触大量事物的基础上,对表象进行高度的类比、归纳、分析、综合,乃至发挥充分的联想、想象并产生出新的思想。

2. 抽象思维

抽象思维是在词语和词语所表达的概念的基础上进行分析、综合、判断、推理等的一种思维。这种思维活动主要是靠左脑进行。与直感的形象思维不同,抽象思维是在感性思维的基础上概括地、间接地反映客观事物,反映事物之间的内在联系和规律性。人们在进行抽象思维时,总是利用自己所掌握的语言和跟语言相联系的逻辑来进行思维的,所以抽象思维中词语是不可缺少的,只有词语才能使事物在认识过程中脱离感觉、知觉、表象,上升为抽象的理性概念,概念得通过词语表现,例如在客观世界中存在着梅花、桃花、牡丹花、玫瑰花等等,而要有"花"这个概念存在,就得有"花"这个词。"红"这个概念也是如此,它存在于具体物体中,例如红旗、红布、红花等。概念反映了客观事物的本质特征,有了概念,才能反映客观事物的内在联系与规律性。抽象的概念是抽象思维的出发点,一个完整的抽象思维的过程,实际上是人脑内部的概念联结起来组成判断再进行推理、分析、综合的过程。抽象思维的认识方式是理性的,所以也称"理性思维"。抽象思维离不开语言,所以也称"语言思维"。

3. 灵感思维

灵感思维是在形象思维和抽象思维基础上产生的一种顿悟思维。科学家、文学家、艺术家等都有这个体会,即在创造形象或思考理论时,有时冥思苦索,就是想不清楚问题或无法塑造满意的人物形象和情节;但突然灵感一来(有时看到某物或某事突然"触景生情",有时在睡梦中突然想清楚了某个问题),一瞬间大脑中"恍然大悟""思如潮涌"或所谓"顿开茅塞""豁然开朗",就会有所发明、有所创造,或发现了某个理论,或解决了冥思苦索中不能解决的问题,或创造了某个艺术人物、艺术情景等。这种思维所产生的思想是顿悟的,所以也称"顿悟思维"。钱学森说"灵感思维实际上是潜思维,是潜在意识的表现"(钱学森1985)。这是很有见地的。佛学上的"禅思"或"禅式思维",实际上也是灵感思维。

有人认为灵感思维是"超意识思维",是超越了形象思维和抽象思维。这说法会引起误解,即会被理解为灵感思维完全脱离形象思维和抽象思维,各种表象、观念、概念、逻辑都不再发挥任何作用。如果这样理解,那显然有问题;因为灵感思维无论怎么"灵",它都离不开已经有的经验和知识,这种思维还是在形象思维和抽象思维的基础上加工产生的,只不过不是在显意识中进行,而是在潜意识中把自己脑中原有的知识(包括感性的知识和理性的知识)网络在一瞬间突然接通到某一点,这某一点的"开关"突然点击打开,就是顿悟。如牛顿见苹果从树上落到地上而产生灵感,导致发现万有引力,瓦特从蒸气沸腾冲破壶盖而产生灵感,导致发明蒸汽机,都是在已有知识的基础上顿悟的。所以与其说是"超越",还不如说是形象思维和抽象思维在潜意识中的综合运用和得到最充分的发挥。

由此看来,人类的基本的思维实际上有两种,即形象思维和抽象思维。这两种思维既可单独进行,也可结合在一起交叉进行。这两种思维既可在显意识状态下进行,其思维的结果是渐悟的;也可在潜意识状态下进行,其思维的结果是顿悟的。既然潜意识状态下进行的形象思维或抽象思维称作顿悟思维,那么显意识状态下进行的形象思维或抽象思维似可称作渐悟思维。渐悟思维是形象思维和抽象思维在显意识中产生的经意的思维活动,其思维的成果表现为逐渐显现;顿悟思维则是形象思维和抽象思维在潜意识中产生的不经意的思维活动,其思维的成果表现为突然冒出。

4. 思维活动常因人而异或因事而异

(1) 思维因人而异。

不同的人运用抽象思维、形象思维的能力或程度是不等的。大体上可分为三种类型的人:感性型的、理性型的、混合型的。感性型的人是指擅长形象思考的人,这种人右半脑一般比左半脑发达,他们经常地或主要地借助于形象思维;理性型的人是指擅长理性思考的,这种人左半脑一般比右半脑发达,他们经常地或主要地借助于抽象思维;混合型的人是指既善于进行抽象思维也善于进行形象思维的人。艺术家(包括作家、音乐家、舞蹈家、雕塑家等)一般是属于感性型或"艺术型"的,常常用形象思维;理论家、科学家是具有高度理论推导能力的人,一般是属于理性型的,常常用抽象思维;但有些艺术家和科学家是混合型的。一个正常的不属于某种"家"的人,实际上也有上述三类情形:有的偏于感性型、有的偏于理性型、有的偏于混合型。

不同的人在显意识状态下进行渐悟思维和潜意识状态下进行顿悟思维也是不等的。一般人通常是在显意识状态下进行思维,但有时也有简单的潜思维。①理论家、科学家以及艺术家、工程技术家以及一切富有创造性才能的人,大都要追求发明、发现和创造,常常"衣带渐宽终不悔,为伊消得人憔悴",因此相对于一般人来说,他们不仅显意识状态下的形象思维和抽象思维有较高的水平,而且潜意识状态下的灵感思维也特别活跃,因此他们有较多的进入潜意识状态下进行灵感思维的体会。

(2) 思维因事而异。

一个人在从事不同的实践或认识活动时,运用形象思维和抽象思维的程度往往因事而异;当人们在从事机械操作或干手艺活时,偏重于用形象思维;在学习科学的理论或数学运算时,偏重于用抽象思维。但在很多情况下(如总结经验、学习语文、写作小说等)往往形象思维和抽象思维结合进行,这可从两个方面来理解:一方面,抽象思维是一种理性思维,它是在感性思维的基础上产生的;另一方面,在进行思维时,通常是两种思维交叉进行,但抽象思维活动常常支配着形象思维;形象思维活动常常辅之以抽象思维。

---

① 如一时想不起某人的姓名、某个电影名、某部作品名,横想竖想就是想不起来;可是过了一段时间,不经意间却突然想起来了。这表明原来知道的人名、电影名、作品名并没有从脑中消失,它们仍然存储在大脑某部门成为潜意识,只不过暂时忘记。而潜意识中存在的东西会突然记起,实质上是一种最简单的灵感思维。

(二) 逻辑

逻辑是思维的规律,也是思维的方法。逻辑复印在大脑的皮层上,所以逻辑离不开大脑,大脑两半球的正常活动,是逻辑存在的必要条件。如果一个正常的人大脑损坏了,那么,这个人大脑中原来所拥有的逻辑也必然会受到伤害,思维也就不能进行。所以,没有逻辑就不可能有思维。从这个意义上说,逻辑也是思维的工具。

通常所说的逻辑是抽象思维中的逻辑,即指人类进行理性思维的逻辑(可称作"理性逻辑"),它是进行判断、推理、分析、综合等的一种思维方法。这种逻辑的基本单位是概念。如果说语言是个符号系统,则理性逻辑就是个概念系统。理性逻辑是思维长期抽象化的结果,是伴随着语言的产生而产生的,它虽跟语言不是一个东西,但却紧密联系。如果一个人没有掌握语言,那也不可能有理性逻辑。

根据现有的研究成果,理性逻辑主要有:形式逻辑、数理逻辑、辩证逻辑。形式逻辑是在概念的基础上进行判断、推理、论证的一种思维规则;数理逻辑是用数学方法进行演算的符号化了的逻辑,其本质也是形式逻辑;辩证逻辑是事物本身矛盾、发展、运动、变化的认识规律,也是主观如何真实地把握客观世界规律的方法。形式逻辑跟辩证逻辑的区别是:前者是讲思维形式的正确性,后者是讲思维内容的真实性;所以前者是求得思维形式正确性的方法,后者是求得思维内容真实性的方法。

任何思维都有规律,形象思维也是思维,所以也应该有规律。既然逻辑是思维的规律,形象思维也有规律,那么,形象思维的规律也应该是一种逻辑。形象思维是感性思维,它的逻辑可称作感性逻辑。这种逻辑的基本单位是表象,如果说抽象思维中的逻辑是个概念系统,则形象思维中的逻辑就是个表象系统。然而形象思维的逻辑研究还没有很好展开,虽然人们对形象思维的过程和规律有相当多的研究,但还没有提到"逻辑"的高度,还不能像理性思维规律那样总结出一大套理论而成为一种学问(形象思维逻辑学),所以这是个值得深入探讨的课题。随着思维科学研究的进展,也许将来会把逻辑学分为两大门:理性逻辑学和感性逻辑学。至于在潜意识状态下的灵感思维规律,现在还是一个很玄乎的问题,至今知之甚少,有待进行开发性的研究。

(三) 思想

思想是指思维活动的结果或成果,即思维活动的产物。通常所说的"想法""念头""看法""意见""意念""意思""观点"等以及社会科学中所说的"观念""意识"(如"存在决定意识")等,都属于思想这个范畴。

人们一般把抽象思维的产物称作思想。本文的思想所指范围比较广泛,指凡是思维的产物都是思想:抽象思维的产物是思想,形象思维的产物也是思想,灵感思维的产物也是思想。抽象思维得到的思想总和是理性知识,形象思维得到的思想总和是感性知识,灵感思维得到的思想是灵性知识。

思想可储存于脑子里,也可表达出来。思想如果要表达出来,就必须通过言语来形成话语才能形之于外。这有三种情形:第一种是口头话语所表达的思想,这种思想的物质形式是语音;第二种是书面话语所表达的思想,这种思想的物质形式是文字(包括盲文以及其他跟表达概念有关的符号如电码等);第三种是手势话语所表达的思想,这种思想的物质形式是手势(包括手指姿势和身体态势)。

三、语言和思维的关系

(一) 从思维所指角度看语言和思维的关系

讨论这个问题,一个重要的前提是:指何种思维。人们对思维的所指不同,结论也就不相同。如果讨论语言和抽象思维的关系,语言与思维确实密不可分。我国语言学界过去大多认为语言和思维不能分开,没有语言的思维是不存在的,其所说的思维实际上是指抽象思维。如果讨论语言和形象思维的关系,思维确实可脱离语言,当然可说这种思维先于语言或独立于语言而存在。美国的斯佩里教授做的"割裂脑"研究,把联系左右脑的神经纤维全部切断,然后观察大脑的思维活动。结果表明:大脑两半球功能不对称,没有左半球的配合,即没有用抽象思维,右半球仍有思维活动,也有自我意识,只不过这种思维活动是在形象材料(输入图像材料)的基础上进行的(参看钱学森1996,第77页)。这就表明:形象思维可离开语言而独立存在。至于潜意识中的灵感思维,既有形象思维的因素,也有抽象思维的因素,涉及形象思维的可脱离语言,涉及抽象思维的当然离不开语言。由此看来,讨论语言和思维的关系时,应该有一个明确的前提,即说明所讨论的是何种思维,而不能笼而统之地泛谈语言和思维的关系。

(二)从发生学角度看语言和思维的关系

关于这个问题,不能一概而论,还是要看所说的思维是何种思维。如果说的是直感形象思维,一般都认为人类的祖先在掌握有声语言以前早就有了。从这个意义上说,形象思维先于语言而存在,这种思维并不是和语言同时产生的。如果所说的是抽象思维,这种思维当然是和语言密切联系的。人类的言语、语言、话语和逻辑、思维、思想都是在劳动过程中同时产生、同步发展的。劳动创造了语言,也创造了人类的思维,虽然开始时的语言和抽象思维是很原始的和极其简单的。"'精神'从一开始就……受物质的'纠缠',物质在这里表现为震动着的空气层、声音,简言之,即语言。语言和意识具有同样长久的历史……"(马克思、恩格斯1972,第35页),这是马克思和恩格斯对语言与思维从发生学角度发表的精辟见解。可见,语言、言语、话语的出现,也就意味着逻辑、思维、思想的出现;人类的祖先开始由单一的形象思维过渡到双重思维,即既有表象基础上的形象思维,又有概念基础上的抽象思维。

(三)语言和逻辑

语言与形式逻辑、数理逻辑、辩证逻辑是有联系的,表现在:形式逻辑中的概念由语言中的词语表示,判断由单句表示,推理由复句表示;数理逻辑的符号实际上是词或句子的派生形式;辩证逻辑也离不开词语和句子。但语言与逻辑还是有区别的:首先,语言是交流思想的交际工具,是个符号系统,而逻辑是思维规律或方法,是个概念系统。其次,语言具有民族特征,世界上的族语有几千种,这些语言各有其特有的语音系统、词汇系统和语法系统;而形式逻辑、数理逻辑则没有太大的差别(当然人们对这类逻辑的理解和掌握的程度是有差别的);至于辩证逻辑,对人们也"一视同仁"(虽然能否掌握这种逻辑是因人而异的),并不决定于用哪种语言。再次,语言的词和逻辑的概念不完全对当,有些概念用词表示,有些用短语表示;句子和判断也不完全对当,任何判断都表现为句子,但句子(如疑问句、命令句)不一定都表示判断。还有,如果认为形象思维也有逻辑,则这种逻辑跟语言没有任何关系。

(四)言语和思维

形象思维和言语没有必然的联系,但形象思维的产物(思想)如果要表达出来,除了非语言的形式(如绘画、雕塑、舞蹈等)外,也可用语言通过言语表示出来,如用文字写出的文学作品(小说、剧本等)。

抽象思维的过程也是言语形成的过程,这表现在运用判断、推理进行抽象思维的过程,也是组织词语成为句子的过程,这表现在:判断的命题需要把词语组成判断句来表现;演绎推理中的大前提、小前提、结论需要通过单句来表现;推理关系要通过组织单句成为复句来表现。

一般人通常思维在前,言语在后,人们常说"想好再说"或"边想边说",就是明证。除了极为简单的判断,思维和言语同步进行一般比较难,除非该人才思非常敏捷和言语特别伶俐。思维的速度一般要比言语快,尤其是思维灵巧的人,更有这种体会。每个人的言语和思维都具有个人的风格,思维的状态往往会反映到言语上。如有的人说话很快,词语接连发出时简直像机关枪的子弹射出一样迅猛,这反映了该人的抽象思维极其发达;而有的人说话慢条斯理,有板有眼,这反映该人的思维比较周密,逻辑性很强;有的人说话吞吞吐吐、拖泥带水,这反映了该人思维迟钝;有的人说话颠三倒四、语无伦次,这反映该人思维混乱。这都表明言语和抽象思维是息息相关的。

(五)语言和思维

众所周知的沃尔夫假设的基本观点是:语言决定思维和思想。如果指的是抽象思维需通过语言表现,尚可理解。但如果笼统讲"语言决定思维和思想",这说法就欠准确:一则,形象思维可独立于语言之外,语言当然不可能决定形象思维及其形成的思想;二则,如果说族语决定人的抽象思维和思想,那说同一语言的人思维和思想就会完全一样,那显然跟事实不符。

讨论语言与抽象思维的关系,实际上就是讨论言语、语言、话语跟理性认识中的逻辑、思维、思想之间的关系。语言和抽象思维紧密联系,因为言语表达思维时所使用的工具是语言,抽象思维中的概念离不开语言中的词语,判断、推理、分析、综合等逻辑的手段都离不开句子。可见,没有语言,就没有言语,也就不可能有抽象思维。从这个意义上说,语言也是思维的工具。但也不能过分夸大,不能认为语言等于思维,因为虽然理性思维的规律全人类具有较大的共性,但是由于语言具有民族特征,不同民族用语言表示的概念系统不完全一致(如英语的 uncle 比汉语的"叔叔"概括的范围大;色谱是一个经验连续体,但不同族语表示光谱的概念并不一样;阿拉伯语中有几千个词表示各种各样的骆驼,但是没有一个泛指骆驼的词);所以用不同语言进行的抽象思维也还是有某些不同的地方,这在人们学习外语时会感觉得到,"在学会外语的同时能够掌握一套与母语不同的概念系统"(L.R.帕默尔 1984,第 142 页)。不同的语言对某些概念的编码方式或认知方式也不完全相同,也会影响到某些思维方式,如用汉语进行思维跟用英语进行思维在某些思维方式上就不一样,比如表示时间和地点,汉语采取从大到小的方式来表示,英语则采用从小到大的方式来表示。又如对于指认面向着的某个建筑物的"左"与"右"的方位,掌握不同族语的人观察的参照点是不同的:有些族语(如法语)是以观察者本人的"左"与"右"(左手一边是左,右手一边是右)投射到该建筑物决定的;而有些族语(如汉语)则相反,把外在建筑物人格化,即以建筑物面向观察者决定的(面向观察者右手一边的是左,面向观察者左手一边的是右)。

(六) 语言与思想

一般认为,思想是抽象思维的产物,认为没有语言为物质外壳的思想是不存在的,那就不认为有脱离语言的思想。其实,只要有思维,就有思维的产物——思想,抽象思维的产物是思想,形象思维和灵感思维的产物当然也是思想。如果认为形象思维的产物不是思想,那就必然得出这样的结论:没有掌握语言的人(如没有学过手语的聋哑人、没有学会语言的儿童)没有思想;即使掌握语言的人,他们在进行形象思维(如从事机械操作、手艺活、雕塑、绘画等工作以及下棋、打扑克、跳舞等娱乐的思维)时,在大多数情况下也没有思想。这显然是不符合客观实际的。这样的论断没有考虑到直感形象思维及其产生的思想,因此是不准确的。

人们由于知识水平不一样,掌握逻辑(特别是辩证逻辑)的能力不一样,虽然同是用某种语言来进行思维,但对同一事物或事件会有不同的思想(观点、想法),这在人们对同一件事的争论中常可看到。所谓"没有共同的语言",就是指"没有共同的思想";所谓"什么人说什么话",就是指什么样的人会表达出什么样的思想。这也表明笼统说"语言决定思想"是不妥的。

(七) 话语与思想

话语的内容是思想,思想在话语里可凭借语言显现。但不能反过来说没有话语就没有思想,因为思想并不依赖于话语。这是因为:一方面,形象思维产生的思想并不一定依赖于话语;另一方面,即使是抽象思维产生的思想,也可在话语之前出现,如有人很有思想,但就是不说话,不写文章,也就没有话语,我们就不知道他的思想;又如谚语所谓"眉头一皱,计上心来","计"就是思想,"计"在形之于话语说出来之前就存在于脑子里了;再如人们都有这样的经验,在发言前已经有了有关问题的一些想法(思想),然后写某些词语或句子作为发言提示或提纲(如"关于教学""关于科研"等),发言(言语)再根据这些提示或提纲发表一大通的意见(思想)。

四、几个相关的问题

(一) 言语的内部形式问题

"言语的内部形式"(也称"内部言语"),是指抽象思维过程中言语器官的不出声活动,这是一种表示概念的词语的声音印象在大脑里的运动。人们都有这样的体会,晚上睡不着,闭上眼默念数字,在喉头深处会觉得有数字在滚动。科学家做过精彩的实验,他们把电极装在被试者的下唇或舌头上,让被试者先出声朗读一篇文章,然后默读(不出声)该篇文章,之后做一比较,比较的结果是:出声朗读和默读的动作电流的节律是相同的。这表明不出声默读的时候,言语器官的筋肉仍然继续着隐蔽的发音活动。又测试计算简单的算术题,结果也是一样。形象思维以及潜意识状态下的灵感思维、储存于脑中的思想,在需要寻找相应的词语和句子但还未进行言语时,往往也有这种情形。尽管这种不出声的发音活动大体上跟出声的言语活动相适应,但这种活动还不是言语本身,因为言语总是有听得见或看得见的物质外壳,所以严格地说,"言语的内部形式",是言语在大脑中的潜在形式,或者说是一种准言语形式。词语的声音印象在言语器官中隐蔽的推进顺序的规则一般与语法规则相对应,但一个人如果大脑思考问题时理不清头绪,或者受到精神上的意外刺激,大脑失去了对思维和言语的控制力,他们在进行思维时言语器官的不出声活动一定很混乱,这就意味着言语前大脑内部思维的混乱,外化为言语时必然语无伦次、颠三倒四,而这种言语产出的话语里的具体语言也必然词不达意、条理不清。

(二) 儿童的语言和思维

当现代儿童诞生的时候,人类社会已经有了有声语言。儿童不会说话的阶段,意味着还没有学会语言,但并不等于没有思维和思想。根据调查,"一、二岁的小孩已有初步的智慧活动"(上海语文学会 1983,第 45 页)。他们在"语前阶段"(即在学会语言之前)已经有了"原始交际",可以用体态或特定的声音来"表达自己的要求"(李宇明 1995,第 254—255 页)。这种初步的"智慧活动"或表达自己要求的"原始交际",表明儿童在"语前阶段"已经有了一种比较简单的思维和思想,而且有了初步的非语言的表达形式。

现代儿童的言语、语言、话语和思维、逻辑、思想也是同时产生、同步发展的。婴儿呱呱落地时一无所有,但他们有大脑和发音器官,有父母遗传下来的语言和逻辑的心理密码,在社会的熏陶下、在学习大人说话的过程中,就一定能逐步掌握族语规则和思维逻辑的规则。一般情况下,周岁左右的婴儿就能发出"妈妈""爸爸"这样的词来(但还谈不上有了语言);到二三岁时,词汇就逐渐增多,已经有简单的言语活动,能初步组词成句,说出简单的话语,也就意味着有了极其简单的思维和思想;大概到四五岁以后,特别是在上学以后,儿童感知范围不断扩大,形象思维日渐发达,言语活动不断增多,语言知识和思维逻辑规则在大脑皮层上也得到不断的强化和巩固,开始逐步掌握了本族语言的日常生活交际的最基本部分,这也就意味着掌握了抽象思维的基本部分。可见小孩的掌握语言和思维逻辑的过程,是学习本族语言的过程,是言语和思维得到不断发展的过程。

(三) 聋哑人的语言和思维

聋哑人有不同的情形:有的又聋又哑(一般是因聋致哑),有的只聋不哑,有的只哑不聋,有的又聋且盲(盲聋人),有的先天聋哑,有的后天聋哑,有的没有受过语言训练,有的受过语言训练。对聋哑人的语言训练,一般是训练手语,有条件的还训练口语。这种教育方法都依赖视觉起作用,手语训练看手指或手势动作,口语训练看口形(嘴巴的动作)。

1. 聋哑人的语言

聋哑人言语交际时使用的语言一般是视觉语言,主要是手语。受过良好教育的聋哑人还可使用文字为载体的书面语,有的聋人(有相当的剩余听力和发声能力的)经过特殊训练甚至还能使用有声语言(尽管不很标准或多有失误),盲聋人经过训练能使用触觉语言(以盲文为载体)。受过训练的聋人的言语主要是建立在手语基础之上的,他们学习口语,也得通过手、再看口形来学习;自主性的背课文,很少有聋人只动口而不动手的,除非他有某个手语不会打,但也同样有相应节奏的手臂摆动来取代这个手势,这时脑中形成的则是某一具体的手势形象符号。生理上的残缺和感情上的共鸣使聋哑人自然而地形成了一个社会集团,交际的需要产生了他们的特殊语言——手语。他们对手语怀有深厚的感情,所以手语可说是聋哑人的"集团语",是受过训练的聋哑人的最重要的言语交际的工具。

2. 聋哑人的思维

聋哑人都有直感的形象思维活动。未受过语言训练的聋哑人思考问题主要靠形象思维,想问题时脑子里出现的是事物、人物、动作、情景、事件等的形象,他们会分析、综合、联想,从而产生思想。他们可做很好的手艺,脑子里也会有很多"想法",这证明他们也有思想。①他们要和别人交际很困难,主要是靠自己创造或别人帮助创造的简单的手势再加上嘴巴哇哇叫来表达自己的思想。未受过训练的聋哑人能自己创造手势表示词语或句子,单身的、无论是男是女,词汇的总量往往徘徊于 250 个之间,有的聋人由于比较聪慧,加上有家庭成员的帮助,能拥有自己的"土手语",词汇量可达 1 000 以上。但他们大多数人的"词汇量"是相当贫乏的,组词成句的句法也比较原始。(游顺钊 1994,第 2—3 页)尽管如此,没有受过语言训练的聋哑人由于自己创造了"土手语",并能在一定范围的人群中用这种"土手语"进行言语交际,所以,他们除了形象思维外,也有一定程度的抽象思维。

至于受过一定训练的聋哑人,是能够有抽象思维的。笔者曾经参观过上海第一聋哑学校,在那里观看了六年级的手语语文课和四年级的口语算术课。算术课有这样一个习题:

星火人民公社养山羊 240 只,养的绵羊比山羊多 80 只,山羊绵羊一共多少只?

这样的算术题,如果以为直感形象思维可解答,那是很难想象的。聋哑儿童生理有缺陷,学制比一般小学长,四年级约等于普小二三年级,按照一般小学二三年级水平解答这个题目也不是轻而易举的,可是他们经过五六分钟思考,就作出了如下答案:

240+80＝320 只(绵羊),320+240＝560 只(绵羊、山羊)

答:山羊、绵羊共 560 只。

由此可知,受过语言训练(包括手语、书面语和口语)的聋哑人,除了形象思维外,还有抽象思维;一般都能用学到的手语作为工具进行言语和思维,文

---

① 笔者认识一个先天就聋哑的人,他没受过语言训练,但他能凭借自己创造的有限手势和家人及其他经常相处的人交际(虽然是有一定局限的)。他从师学艺,成了一个很能干的木工。这使笔者坚信,没有受过文化教育和语言训练的聋哑人,他们也有思想,他们的思想主要靠形象思维。

化层次较高的聋哑人还能使用文字或口形进行言语和思维。聋哑人在想问题的时候脑子里会出现一个个或一串串的手势或文字或口形的词语和句子。总之,受过教育的聋哑人是具有抽象思维的;当然,由于他们的文化水平不一样,他们抽象思维的能力和水平也是不一样的。

语言内部各要素之间的制约关系

〇、引 言

语法、词汇、语音是语言的三大要素,它们在语言中具有相对的独立性。语法是指词语生成句子的规律,词汇(也称"语汇")是指语言系统里词儿和成语(或熟语)的总和,语音是指词语或句子的有声的"物质外壳"。各民族或社会集团特定时期的语言系统都有自己的语法系统、词汇系统、语音系统。语法、词汇、语音虽然是三种具有相对独立性的语言要素,但它们彼此之间是密切联系的;它们相互影响、相互制约。本文将着重结合具体事实来论证语言三大要素之间的相互影响和制约关系。

一、语法和语音的关系

语法中的语法意义决定语法形式,汉语语法形式除了语序、虚词、词的分布外,还有语音节律,包括轻重、停顿、音节多少、连读变调、特定音素、语调等(参看范晓1988)。这也就是说,语法意义决定着语音变化,而语音节律的种种变化,反过来也会制约各种语法意义。

(一) 语法对语音的影响

语法对语音的影响是多方面的,这里以语法与语音的轻重关系来说明此问题。

语法结构制约结构重音。结构重音(有人称作"语法重音"或"意群重音""常规重音")指短语中语法结构(包括句法结构和语义结构)的重音。它是由短语的"句法-语义"结构规定的。静态短语(脱离语境的短语)结构重音的一般规律是：主谓结构中谓语（动核）重读，如"骏马奔驰""技术革新""天气晴朗"之类；述宾结构中宾语（客事）重读，如"造房子""割小麦""写诗歌"之类；述补结构中补语（第二动核）重读，如"吃饱""说清楚""跑得累"之类；定心结构中定语（语义结构中的限定元）重读，如"好天气""木头房子""大型拖拉机"之类；状心结构中状语（语义结构中的状态元）重读，如"电话联系""机器收割""人工降雨"之类；联合结构中的联合成分无轻重之别，如"工农兵""调查研究""赤橙黄绿青蓝紫"之类。

语用因素制约表达重音。表达重音（有的称作"逻辑重音"或"强调重音""对比重音"）指对具体句子中某成分进行强调的重音。它是由语用中的焦点决定的。从这个意义上说，表达重音实质上是表达句子焦点的重音。以陈述句而言，静态孤立句的表达重音规律是：句末成分一般是表达重音。这是因为在陈述性的孤立句中，句子的常规焦点通常在句末，句末重音是常规的表达重音。在现代汉语中句子的类型很多，不同的句子，句末成分的情况不完全一样，因此对各种句子的"句末成分"的重音配置必须作进一步的说明（为方便起见，本文把主语记作 S，动词记作 V，宾语记作 O，补语记作 R）：在"SV"句里，如果 V 是单个动词或形容词，句末重音落在该动词或形容词上，如"他休息了""天黑了"中，句末重音落在"休息""黑"上；如果 V 是一个状心短语，句末重音落在状心短语中作状语的那个词上，如"你快点儿走啊""今天的天气特别好"中，句末重音分别落在"快点儿"和"特别"上。在"SVO"句里，如果 O 是单个名词（包括动元化的谓词），句末重音落在充当 O 的那个名词（或动元化的谓词）上，如"张三批评了李四""她渴望学习"中，句末重音分别落在"李四"和"学习"上；如果 O 是一个非黏着性的定心短语，句末重音落在定心短语中作定语的那个词上，如"我们的祖国是伟大的祖国"中，句末重音落在"伟大"上。在"S 把 OV"里，句末重音落在 V 上，如"张三把李四批评了""他把这件事夸大了"中，句末重音落在"批评"和"夸大"上。在"SV（得）R"句里，句末重音一般落在 R 上，如"我来早了""你做得对""她说得有条有理"中，句末重音在分别落在"早"和"对""有条有理"上；在"SV 得 R"句里，如果 R 是一个状心短语，句末重音往往落在状心短语中作状语的那个词上，如"我吃得太饱了""你的话说得非常中听"中，句末重音落在"太"和"非常"上。

在动态的语境句(关于语境句和孤立句的区分,参看范晓 1993、2005c)里,其表达重音一般也是如此。这是因为:语境句对比焦点带有孤立句句末常规焦点的倾向,即语境句中的表达重音往往跟孤立句中的表达重音具有同一性;但由于受语用表达的限制,语境句中的对比焦点常有变化,表示对比焦点的表达重音相应地也会发生变化,如"他在写诗歌。"这个句子出现在不同的语境里会有不同的对比焦点和表达重音,比较:

① 谁在写诗歌? 他在写诗歌。
② 他在写什么? 他在写诗歌。
③ 他在干什么? 他在写诗歌。

这三个句子的重音落点不一样,表明句子语用上的焦点或强调重点不一样:例①"他"重读,焦点或强调重点落在"他"上;例②"诗歌"重读,焦点或强调重点落在"诗歌"上;例③"写"重读,焦点或强调重点落在"写"上。由此可知,区分孤立句和语境句,有助于说明句子的常规焦点和对比焦点,也有助于说明句子表达重音从静态角度观察具有规律性,从动态角度观察具有灵活性。

(二) 语音对语法的影响

语音对语法的影响也是多方面的,它不仅能影响句法,还能影响语法中的语义和语用。下面略举几点加以说明。

1. 语音的轻重会影响语法

同样一些词语构成的句子,内部词语的语音读"轻音"(或说"轻声""轻读")和读"重音"(或说"重读")会影响语法。例如:

① 我想起来了。
② 我要出租汽车。
③ a. [谁去广州?]——我去广州。 b. [你去哪里?]——我去广州。

例①的"起来"若重读,是谓语动词,表示动作的趋向,"想起来"为动宾结构;"起来"若是轻读,则是动态助词,"想起来"为"动词+开始体"(参看林焘 1962)。例②的"汽车"重读,则"出租汽车"为述宾结构;如果"汽车"重读,则"出租汽车"为定心结构。重音位置不同,意义也完全不一样。例③a 中的重音落在"我"上,例③b 的重音落在"广州"上。表达重音的不同,反映句子的表达重点不同,也就是焦点的不同。

2. 语音的停顿会影响语法

同样一些词语构成的句子,在接连上有没有语音停顿也会影响语法,例如:

① a. 他说/我爱上你了。　　b. 他说我/爱上你了。

② a. 他是一个能人。　　　b. 他,是一个能人。

例①中两句停顿不一样,意思也不一样:①a 句的谓语"说我爱上你"为动宾短语,"他"和"我"是同一人;①b 句的谓语"说我爱上你"为述补短语(一般语法书称为"兼语短语"),则"他"和"我"不是同一人。例②中两句的句法结构和语义结构相同,但语用上有差别:②a 的"他"后面无停顿,"能人"是强调重点;②b 的"他"后面有停顿,"他"是强调重点。

3. 句子的语调会影响语法

同样一些词语构成的句子,由于表示语气的语调有差别,也会影响语法。例如:

① a. 他站起来了。　　b. 他站起来了!　　c. 他站起来了?

② a. 你理解,/我不理解。　　b. 你理解我/不理解?

例①中三句语调不一样,它们的表达用途也就不一样:a 句表示陈述,b 句表示感叹,c 句表示询问。例②中两句既涉及停顿,又涉及语调,a 句和 b 句由于停顿和语调都不一样,所以意思也就完全不一样:从语义平面分析,a 句中两个"理解"的施事分别是"你"和"我",b 句中两个"理解"的施事都是"你";从语用平面分析,a 句表陈述,b 句表询问。

4. 音节的多少会影响语法

音节的多少影响到构词法以及词与词的搭配关系,主要有以下一些情形。

一是构词和组语上的双音节趋势。有些单音节的词不能单说,比如称呼人的姓,如果这个人姓"王"(单音节),可叫他"老王"或"小王",但不能叫他"王"。某人姓"张",如果别人问他:"你姓什么?"他一般回答,"姓张",而不说"张"。有些多音节的词可以缩略为双音节词,但不能缩略为单音节词,如:"上海市"可说成"上海","沙市"却不能说成"沙";"峨嵋山"可说成"峨嵋","华山"却不能说成"华"。日期、年龄也是如此,"三号"不能说成"三","八岁"不能说成"八";但"十一岁"以上三音节的可说成双音节的数目,如有个广告:"今年二十,明年十八"。

二是有些词音节不一样,在组合时功能上也有差异。比如:在"动词+名词"组合定心结构里,双音节动词有时不带"的"就能作定语,如"考试题目""学习方法";而单音节动词作定语后边一般要加"的",如"写的文章""买的水果"(说成"写文章""买水果"就变成动宾结构)。在"动词+名词"构成的动宾结构里,单音节动词后面的宾语名词可以是单节的,也可以是双音节的;而双音节动词的宾语名词一般要求是双音节的,如可说"进行调查""开垦荒地",而不能说"进行查""开垦地"。在"名词+动词"组合的定心结构里,如果双音节名词作定语,一般是"双音节名词+双音节动词"构成定心短语;"单音节名词+双音节动词"组成定心结构受到较大的限制,如可以说"文学评论""货物运输",却不能说"文学评""货物运"。在"名词+动词"构成主谓结构里,双音节动词作谓语,名词一般要求是双音节的,如可以说"骏马奔驰""雪花飞舞"一般不说"马奔驰""雪飞舞"(参看吕叔湘1963,张国宪1983、1990)。

5. 声调的变化影响语法

汉语中某些词的声母和韵母完全一样(书面上词形也相同),但是声调不一样,它们的词性也会不一样(即属于不同的词类)。请看下面的实例。

钉:阴平为名词(如"墙上有几只钉"),去声为动词(如"钉马掌""钉扣子")。

好:上声为形容词(如"天气很好""身体不太好"),去声为动词(如"好吃懒做""好表现自己")。

背:去声为名词(如"背后有人""人心向背"),阴平为动词(如"身上背了一个包裹"),去声为动词(如"背书""背信弃义")。

空:阴平为形容词(如"空话连篇""嘴尖皮厚腹中空"),去声为名词(如"文章每段开头空两个""把第二排座位空出来")。

6. 连读变调影响语法

不同的连调模式有时会区别词和短语以及不同的句法结构。如"炒青菜""煎饼"连读时若前重后轻,则是定心型的词;连读时若前轻后重,则是述宾短语。"出租房子""翻译作品",连读时若前重后轻,则是词(也有论著看作偏正短语);连读时若前轻后重,则是述宾短语。上海话词与词结合的不同连调模式可以表示短语的不同句法结构和功能关系(上海话里也有类似的情形,参看叶军 2001)。

二、词汇和语音的关系

词汇中的词语是语音和意义的结合体,语音是"能指",意义是"所指",没有语音,意义只是头脑中的概念;没有意义,语音只是一些没有内容的声音。我们只有把能指和所指结合起来进行研究,才能概括出一种语言的语音系统和词汇系统。

(一) 语音对词汇的影响

语音对词汇的影响很大,下面着重谈一下语音对构词的影响。

1. 音节的重叠和增添对构词的影响

汉语双音节象声词在句法功能上和语义上很像形容词,可构成三音节和四音节的生动形式,这种形式变化是有规律的,是跟两字的声母、韵母或音节有着密切的关系的。这种情形在上海话里表现得非常丰富(参看范晓 2005d)。如果把上海话双音节象声词记作 AB,其构成的四音节和三音节生动形式有两种(下面上海话词语的发音用同音字标注)。

第一种,音节重叠。通过音节重叠,上海话双音节象声词可以构成以下四种形式:ABAB 式、AABB 式、AAB 式、ABB 式。例如:

AB→AABB:发辣→发发辣辣　　AB→ABAB:发辣→发辣发辣
AB→AAB:发辣→发发辣　　　　AB→ABB:发辣→发辣辣

第二种,增添新音节。通过增添新音节,上海话双音节象声词可以构成以下两种形式:ALBL 式、ALB 式(在声母 A 和韵母 B 后边增添声母为 L 的

新音节)。在 ALBL 式里,ALBL 为四个不同的音节(书面上为"字"),AL 叠韵,BL 叠韵。例如:

AB→A 里 B 拉:唧喳→唧里喳拉　　AB→A 里 B 喽:叽勾→叽里勾喽

AB→A 里 B 噜:叽咕→叽里咕噜　　AB→A 令 B 啷:叮当→叮令当啷

AB→A 令 B 隆:叮咚→叮令咚隆　　AB→A 历 B 辣:劈拍→劈历拍辣

AB→A 历 B 录:悉索→悉历索录

在 ALB 式里,ALB 为三个不同的音节(书面上为"字"),AL 叠韵。例如:

AB→A 冷 B:柏打→柏冷打　　AB→A 楞 B:钵登→钵楞登

AB→A 令 B:叮当→叮令当　　AB→A 隆 B:扑通→扑隆通

AB→A 里 B:叽咕→叽里咕　　AB→A 辣 B:柏嗒→柏辣嗒

AB→A 录 B:卜督→卜录督　　AB→A 历 B:劈扑→劈历扑。

2. 合音对构词的影响

在言语交际中,有时由于人们语速过快,处于语流当中的短语前后词的语音合在一起(一般是前词的声母和后词的韵母合音变成一个新的音节),从而形成一个新的单音节词。如北方话中的短语"不用",变成单音节词,读作 beng;老派上海话中的短语"勿要""勿曾""阿曾"变成单音节词,分别读作 viao、veng、ang(在某些吴语中前两个也有读作 fiao、feng 的);湖北谷城话的短语"莫慌",变成单音节词,读作"茫"(mang)(如说:"茫,先烧水后下面")。有些三音节词由于合音的原因,变成了双音节词,如山西太原话的"老人家"读作"郎家"(langjia)。有些双音节词由于合音的原因,变成了单音节词,如安徽歙县话的"没有"读作 miu,山西太原话的"老人"读作"郎"(lang)等,河南郑州话里的"你们"读作 nen(参看萧国政 2003)。

(二) 词汇对语音的影响

词汇对语音的影响,可以从词的虚素(词缀)和虚词的轻读上来看。虚素和虚词在词汇中没有实在的意义或概念意义,所以反映到语音里就变为轻声。

1. 构词的词缀一般轻读

汉语词汇中的词,如果是有两个或两个以上的语素组成的合成词,其内部语素有的有轻声(轻读),有的没有。合成词的构词语素如果是虚素,一般轻读,如"子""儿""头""老""第""们"等。还有一些"老资格的口语词"的语素,很多含有轻声。所以,一个合成词内部的语素是重读还是轻读"纯粹是词汇问题,只能一个一个地编入词典"(参看赵元任1979,第27页)。

2. 附加在实词上的虚词一般轻读

汉语中的虚词如结构助词("的""地""得"之类)、动态助词("了""着""过""起来""下去"之类)、语气词("的""了""吗""呢""吧"之类)、介词("把""被""自""从""对""给"之类)、单音节的方位词("上""下""前""后""里""外"之类)、量词("个""只""本""棵""支""条"之类)等,一般都轻读。

3. 有些正处于实虚演变中的词一般轻读

汉语中的有的词正处于实虚中间阶段,即正在由实词向虚词演变的过程中,这类词一般轻读,如动补结构动结式中作结果补语表"实现""着落"的"好""见""住""着(zhao)""掉""死"等也都轻读。

三、词汇和语法的关系

语法的建筑材料是词语,没有词汇,就不可能用词语组成句子,也就不可能有语法。反之,没有语法,词汇中的词语只是一堆构造句子的材料,把一种语言的词语汇集在一起,充其量只能编成一部词典,而不可能成为句子,只有把一定的词语按照语法规则组合起来,才能成为句子,才能表达思想和进行言语交际。

(一) 词汇对语法的影响

词汇里词的词汇意义(简称"词义")与语法意义关系密切,词汇对语法有着一定的影响和制约关系。这主要表现在以下三点。

1. 词的语法意义在词的词汇意义的基础上产生

名词、动词、形容词、副词等的语法里的句法分类,是根据词的句法功能意义区分出来的;但词的句法功能意义是与词的词汇意义联系着的,所以词汇意义是词的句法分类的基础。比如"牛""鸟""人""书""电话""桌子""石头"等的词汇意义是"物体",反映到语义平面就是"名物""动元",进入句法框架常做主语或宾语,这就决定了这些词句法功能相同,即都为名词;"跑""飞""跳""死""爬""击打""修理"等词汇意义都是物体的"运动""活动",反映到语义平面就是"动作""动核",进入句法框架常做谓语,这就决定了这些词句法功能相同,都为动词。尽管词汇意义不能作为词的句法分类的根据或标准,但是词的词汇意义对词的句法分类的影响是不能忽视的。另外,词汇意义还影响词的语义分类,像动词的"价"分类就受到动词词汇意义的制约,如"走""跳""死"等是一价动词,因为在它们的词义里蕴含着一个必然联系的"主体动元"(动作的主体);"吃""咬""打"等是二价动词,因为在它们的词义里蕴含着两个必然联系的"主体动元"和"客体动元",也就是动作的主体和动作的客体(参看范晓1991)。

2. 词的词汇意义里的义项不同,也会影响到词的词性

比如"代表"这个词,在词汇上有几种不同的意义,概括起来有四个"义项":①代替某人或某些人表达意见的人,如"他是我们社区的代表";②显示同类特征的人或事物,如"她是这类性格的代表";③代替某人或某些人表达意见或干某事,如"我代表筹备组说一说这次会议的筹备经过";④人或事物表示某种意义或某种情况,如"这三个人物代表了三种不同的性格"。这些不同的"义项"出现在不同的句法框架里,就会有不同的句法功能,从而表示不同的词性。上面①②的词汇意义决定了"代表"主要句法功能是用来充当主宾语(如"那位代表发过言了""选出了三个代表"),可以接受数量词的限制(如"一个代表""五个代表"),所以是名词;③④的词汇意义决定了"代表"主要用来充当谓,后面常常可以附加动态助词"了""着""过"(如"他代表了人民的利益"),前边可以加上副词进行限制或修饰(如"我不代表他,他也不代表我"),所以是动词。

3. 词的词汇意义会影响到语句格式的形成

语法的语义平面要研究词的语义特征,语义特征往往制约句式。而约定俗成的词汇意义是词的语义特征的基础,所以词的词汇意义会影响到语句格式的形成。以谓词"吹"为例,《现代汉语词典》标明它有5个义项:

① 合拢嘴唇用力出气:~灯/~一口气。
② 吹气演奏:~笛子。

③（风、气流等）流动；冲击：风~雨打／~风机。
④ 夸口：先别~，做出具体成绩来再说。
⑤（事情、交情）破裂；不成功：不用提啦,这件事~啦！

"吹"的词汇意义分合决定了它的语义特征：义项①②③中"吹"的词汇意义决定了"吹"是及物的二价谓词，具有动作性、结果性等语义特征，这也就决定了谓词"吹"能组成"把"字句或"被"字句。例如：

① 义项的"吹"：小王把蜡烛火吹灭了。／蜡烛火被小王吹灭了。
② 义项的"吹"：老李把笛子吹坏了。／笛子被老李吹坏了。

而义项④⑤中谓词"吹"的词汇意义决定了"吹"是不及物一价谓词；其中④里谓词"吹"具有行为性的语义特征性，⑤里谓词"吹"具有状态性的语义特征性；这也就决定了④⑤中谓词"吹"只能形成一般的主谓句，而不能组成"把"字句或"被"字句。

（二）语法对词汇的影响

语法在运用过程中也会对词汇产生影响，这也是多方面的。表现在以下三点。

1. 语法影响到短语转化为单词

现代汉语中的许多合成词大多是古汉语中的短语转化过来的（即"词汇化"或"短语单词化"）。比如"宣言"，在司马迁的时代是个短语，《史记》中记载有"（廉颇）宣言曰：'我见相如，必辱之'""廉君宣恶言"等话语。在这些话语里，可看出"宣言"是动宾结构的短语，但现在却是名词了。怎么会从动词转化名词的？这是语法的作用。"宣言"的"宣"本来是动词，作谓语，"言"是名词，作"宣"的宾语，"宣"和"言"还可以拆开来当中加上其他成分（如"宣恶言"）；但是在历史发展的过程中"宣言"经常合为一体在句法结构里作主语或宾语，逐渐就成了一个动宾式的复合名词了。

2. 语法影响到实词转化为虚词

现代汉语的虚词绝大多数是古代汉语的实词演变过来的，如动态助词（"了""着""过"等）、介词（"把""被""往""到""在""对""给""比"等）在古代原本都是实词，经过历史发展中实词虚化了，就变成了虚词。这就是

"实词虚化"(即所谓"语法化")。汉语中,一个本来能经常作谓语的动词(实词)如果变更为经常出现在状语位置而不再出现(或极少出现)于谓语中心词的位置,那么这个动词就可能虚化为介词,如"把""被"之类就是。一个本来能经常作谓语的动词(实词)如果变更为经常出现在补语位置,逐渐只有附着的意义,而不再出现(或极少出现)于谓语中心词或补语的位置,那么这个动词就虚化为助词,如"了""着""过"之类就是。

3. 语法影响到复合词的短语化

有些组合原本是词,然而在语法运用中短语化了。比如按照语法规则,复合动词在使用时中间一般不能插入其他的成分使两个语素(词素)隔开,如"调任"不能说成"调了一个任","批评"不能说成"批了一个评"。但是像"打仗""革命""努力""毕业""鞠躬""洗澡"等复合动词,中间可以隔开构成动宾型短语,如"打了一个大仗""革他的命""努一把力""毕了业了""鞠了一躬""洗了一个冷水澡"等。如果说动宾型复合动词(如"打仗""革命")中间隔开变成动宾短语还是符合理据的;那么联合式的复合动词(如"鞠躬""洗澡")构成动宾短语就很难说有什么理据,只能看作是语法中人们的类推思维导致了联合式复合动词的动宾化。

四、结　　论

总之,语法、词汇、语音之间的关系非常密切,往往互相影响、互相制约。就词而言,在具体句子中,某个词的语法功能起了变化,便会诱发词义的变化,甚至读音也会发生变化;如果这种变化经过人们长期使用成为经常的、普遍的用法,就会在词的词汇意义和语音形式上固定下来,成为一个新词;这个新词一旦产生而且有了新的读音,就会反过来巩固它的意义和新的语法功能,如汉语里介词的语法化事实就充分证明了这一点。就短语和句子而言,同样如此。短语或句子的句法结构可以制约语音节律,也会影响词汇意义的变化;语音的轻重、停顿、语调、音节、声调也会影响短语或句子的"句法-语义"结构;词汇意义不仅是词的句法分类的基础,而且还会制约短语或句子格式的形成;而短语转化为单词、实词演变为虚词、复合词的短语化等事实,也正是反映了语法运用和发展过程中对词汇的深刻影响。

语法结构的规律性及其在言语中的灵活性

○、前　　言

（一）语序与词序

1. 语序和词序是两个不同的概念

在汉语语法研究中，存在着"语序"和"词序"这两个概念混用的情形：有的用"词序"这个术语，论述的是语法单位的排列次序，或者既讲单位序也讲成分序，两者混在一起；有的用"语序"这个术语，论述的是成分的排列次序，或者既讲成分序也讲单位序。笔者认为词序不等于语序，它们是两个不同的学术概念，应该把词序和语序严格地区别开来。

词序主要是指词语的排列次序，泛指语法结构中语法单位（包括语素、词、短语、分句）的排列次序，即语法结构中的"单位序"；而"语序"是指语法结构中的结构成分的排列次序（包括句法成分的排序、语义成分的排序以及语用成分的排序），即语法结构中的"成分序"。

由于词序是词语的排序（或指语法单位的排序），语序是语法结构成分的排序，两者属于不同的层面；所以我们把"语序"和"词序"看作为两个不同的术语，表示两个不同的语法概念。如果译成英语，"词序"可翻译为 word order，"语序"可译为 constituent order。从实际情况来看，"词序"和"语序"既有联系的一面，也有区别的一面。

2. 词序和语序的联系

语法结构的成分，如句法成分主语、谓语、宾语、定语、状语、补语等，语义成分动核、施事、受事、与事、工具、处所、时间等，它们一般是由词语充当的。所以词语与结构的成分有密切的联系，词序也必然和语序有紧密的联系。词序和语序的联系主要表现在以下两方面。

第一,语法结构中的语序变动必须通过词序变动来实现。

语法结构中的句法成分和语义成分都必须由词语充当,所以语序的变化也必须通过词序来实现。换句话说:语序变,词序必变;语序不同,词序也不同。例如:

① 我看过《三国演义》了。→我《三国演义》看过了。→《三国演义》我看过了。

(句法语序:主述宾→主宾述→宾主述;语义语序:施动受→施受动→受施动)

② 你干什么啦?←→干什么啦,你?("你"的词序变动,主语的语序也变动)

③ 天气突然变了。←→突然天气变了。("突然"的词序变动,状语的语序也变动)

例①中"《三国演义》"这个词在语法结构中的位置发生变动,即词序有变动,相应地宾语或受事的位置也变动;反过来说,此例宾语或受事语序的变动是通过词序变动来实现的。例②中主谓语序的变动是通过"你"这个词的位置变动来实现的。例③中"突然"词序不同,状语的语序也不同,左边句子的状语在主语和动词之间,右边句子的状语在主语之前。

第二,有些语法现象,既可从语序角度去研究,也可从词序角度去研究。

词序的变动往往会引起语序的变动,那么,对于词序变动引起语序变动的语法现象,就必然可以从不同的角度去研究,即既可以从语序角度去研究,也可以从词序角度去研究。比如上面例①这样的句子,如果从语序角度研究,就得研究主语、宾语和动词之间的排列次序有什么规则,或研究施事、受事和动核在构成句子时有怎样的排序规则;如果从词序角度研究,就得研究某个名词置于动词前或动词后或在句首对主语和宾语或施事和受事的语序有什么影响。又如例③这样的句子,既可研究"突然"这个词的词序变化对句子的影响,也可研究"突然"这个状语的语序变化对句子的影响。由于某些语法现象既可以从词序角度研究,也可以从语序角度研究,也许就是导致某些语法论著分不清词序和语序的原因。

3. 词序和语序的区别

词序和语序虽有一定的联系,但有根本的区别。具体表现在:

第一,有的语法现象表现为词序变,语序却不变。例如:

① 狗在咬猫。⟵⟶猫在咬狗。

此例"狗""猫"词序不同,但整个句子内部的句法成分的排序和语义成分的排序却完全相同:左右两边句子的句法语序都是"主述宾"(主语+述语+宾语)语序,语义语序都是"施动受"(施事+动核+受事)语序。

② 妹妹的朋友⟵⟶朋友的妹妹

此例"妹妹"和"朋友"两个词一颠倒,左边和右边两个短语内部的词的排序不同,但短语内部的句法成分的排序却完全相同,都是"定心"(定语+中心语)语序;两个短语内部的语义成分也完全相同,都是"定元+名核"语序。

第二,语序变动一般不影响结构体的基本意义,但词序变动(语序不变的)有时可以改变结构体的基本意思。比较:

① 你去哪里? ⟵⟶去哪里,你?

② 她笑⟵⟶笑她

例①是主谓语序变动,左边的句子为正常的主谓语序,右边的句子为主语和谓语倒装,两个句子的基本意义相同(只是语用意义有别)。例②纯粹是词序变动,左边的短语"她"在"笑"前,是主谓结构,短语的基本意义是"她"为"笑"的施事;右边的短语"她"在"笑"后,则是述宾结构,短语的基本意义也就变成了"她"是"笑"的受事,与"她笑"完全不一样。

(二) 关于语序的两种截然不同的观点

在语序问题上,有两种不同的观点:一种认为汉语语法是有规律的,如说汉语的语序或词序的规律是固定的。有所谓"语序固定"论,如洪笃仁(1955)说:"汉语的句子无论怎么变化,它的语序是不变的(主语在前,谓语在后;动词在前,宾语在后)。"主张语序固定者认为形态变化丰富的语言语序灵活,汉语缺乏形态变化,所以语序比较固定。另一种认为汉语非常灵活,无规律可循。如有的说:"中国的语言,先天不足,后天失调。汉语语法太简单,几乎无规律可循。"①有的说:"汉语的最大特点就是约定俗成,而约定俗成就是没有(或缺少)固定规律可循","它的确是世界上最灵活……的语言"。②这两种意见如果各执一词,就难免片面。

任何族语的语法都是有规律性的,汉语也不例外。比如汉语里"张三""昨天""在""华联商厦""买""了""一""件""新""衣服"等10个词,可以按照汉语的语法规律组成下面的句子:

① 张三昨天在华联商厦买了一件新衣服。
② 昨天张三在华联商厦买了一件新衣服。
③ 昨天在华联商厦张三买了一件新衣服。
④ 在华联商厦张三昨天买了一件新衣服。
⑤ 张三买了一件新衣服,昨天在华联商厦。
⑥ 张三昨天去上海游览,[ ]在华联商厦买了一件新衣服。

如果组成以下的结构体,就难以成立或没有完句:

① 买了张三昨天在华联商厦一件新衣服。
② 张三昨天在华联商厦了买件一衣服新。
③ 昨天新衣服一件张三买了在华联商厦。
④ 张三衣服新昨天在华联商厦一件买了。
⑤ 张三一件在买了华联商厦新衣服昨天。
⑥ [ ]在华联商厦买了一件新衣服。

这说明:现代汉语里"张三""昨天""在""华联商厦""买""了""一""件""新""衣服"等10个词组成句子时,它们的相互结合、次序排列、成分隐现等不是无规律的随意堆积或任意空缺,而是有一定的规律的;但是组成什么样的句子在言语里是具有多样性和灵活性的。

语法既有规律性,又有灵活性,这是辩证的。规律性是静态的,相对固定的;灵活性是动态的,绝对变动的。所谓"语法知识",应该包括规律性和

---

① 这是山西省作家协会副主席、《山西文学》主编韩石三所说的话(是在他发表在《文学报》上的一篇文章里摘录下来的)。
② 刘光第:《汉语,诗一样的语言——中外语言比较谈》,人民网《读书论坛》2006年2月9日。

灵活性这两个方面。过去一般汉语的教科书讲语法知识,比较重视语法的规律性,往往强调固定的一面;但不谈或很少谈到语法在言语中的灵活性。近几年来语法研究中开始重视语法的灵活性。"三维语法"强调语法研究中要贯彻静态和动态相结合的原则,就是既讲规律性又讲灵活性。事实上,在语法的"三个平面"都有规律性的一面,又有灵活性的一面。本文简要说说汉语语法既有规律性又有灵活性的情形。

一、句法平面的规律性和灵活性

(一) 句法语序

1. 句法语序的规律性

汉语句法语序是有规律的,即句法成分的排列次序有一定的规律。在静态短语里:主语在前,谓语在后;述语在前,宾语(或补语)在后;修饰语(定语、状语)在前,中心语在后。这种排列次序是相对固定的,不可随意颠倒位置。如果变动语序就会产生两种情形:

第一种,改变句法结构,有的甚至改变意思。例如:

① "天气好"说成"好天气"(由主谓结构改变为定心结构)。

② "他想"说成"想他"(由主谓结构改变为述宾结构,而且意思也改变了)。

第二种,意义不通,不能成立。例如:

① "鸡叫"不能说成"叫鸡"。

② "他勇敢"不能说成"勇敢他"。

2. 句法语序的灵活性

汉语句法语序在具体的句子中有灵活性的一面。在动态句子里,句法语序可突破静态短语的规律,即可以"移位"(或"倒装")。如主语有时可出现在谓语之后,宾语常可出现在动词之前,定语、状语有时可出现在它们的中心语之后等等。这就是所谓变式句。例如:

① <u>多么清新啊</u>,这早晨的空气! (主语在后)

② 我<u>这本书</u>看过了,<u>那本书</u>还没看呢。 (宾语在前)

③ 他把自行车卖了,去年才买的。　　　(定语在后)
④ 我找到他了,在一个小茶馆里。　　　(状语在后)

上述例句为什么要"移位"或"倒装"？那是语用的需要:①在语用上是为了突显和强调谓语"多么清新";②的宾语"这本书""那本书"提到动词之前在语用上是句子主题化(在这句里作对比主题)的需要;③④的定语"去年才买的"和状语"在一个小茶馆里"在各自的中心语之后,在语用上是句子言犹未尽,就分别对各自的中心语"自行车""找到他"作出补充说明。另外,颠倒语序还是一种常见的修辞手法。

⑤ 江西人不怕辣。⟷湖南人辣不怕。⟷四川人怕不辣。

这样巧用语序变动的修辞,富于幽默和风趣。至于诗歌中由于诗歌韵律上语用的需要颠倒语序则更是屡见不鲜。如苏东坡"非人磨墨墨磨人"这句诗(见宋代苏轼《次韵答舒教授观余所藏墨》一诗),把"人磨墨"和"墨磨人"颠倒了一下,把时间易逝人易老的道理讲得十分形象而深刻。又如:

⑥ 行宫见月伤心色,夜雨闻铃肠断声。(白居易《长恨歌》)

正常次序应该是"行宫见月色伤心,夜雨闻铃声肠断"。白居易把"色"和"声"两个词移到句末,这是为了符合诗歌的韵律节奏(《长恨歌》中的诗句都是二二三节奏)的语用需要。

(二) 词与词相结合的句法功能

1. 词与词相结合的规律性

要看到汉语中词与词相结合的句法功能是有规律的。有人认为西方语言的词类有固定的形式标志,有固定的变化规律;而汉语的词没有固定的形式标志词,所以没有固定的词性。其实汉语词的句法功能还是有规律的,什么词跟什么词结合、怎样结合都有一定的规律。比如动词一般作谓语,作主宾语是有条件的;名词(特别是指称具体物的名词)一般作主宾语,作谓语是有条件的;副词一般用来修饰动词或形容词而不能修饰名词(可以说"不吃""不喝""不青""不白"等,而不能说"不桌子""不电灯""不老师""不学生"),修饰名词是有条件的。如果没有词与词之间的结合规律,也就没法区分词类。

2. 词与词相结合的灵活性

在具体运用时,词的句法功能也是有灵活性的一面。比如某种特定的需要,动词有条件作了主宾语,名词有条件作了谓语,副词有条件修饰了名词。例如:

① <u>打</u>是<u>疼</u>,<u>骂</u>是<u>爱</u>。/<u>聪明</u>反被<u>聪明</u>误。/<u>辱骂</u>和<u>恐吓</u>决不是<u>战斗</u>。/他渴望<u>学习</u>。

② 今天<u>星期天</u>。/一斤苹果<u>五角钱</u>。/天上<u>一片乌云</u>。/你喝茅台,我也来<u>茅台</u>一下。

③ 他画得人<u>不人</u>鬼<u>不鬼</u>。/她都<u>大姑娘</u>了,还像个孩子。/这个人很<u>男人</u>。/他助人为乐,比雷锋还<u>雷锋</u>。/他来到这大山<u>最深处</u>的地方。

例①组中动词或形容词作了主语或宾语,这是有条件的:有的是出现在"谓宾动词"(必须带谓词性宾语的动词)后作宾语,如"他渴望学习"之类;有的是动词、形容词出现在非动作动词作谓语动词的句子里,是一种动元化或名物化的需要,如"打是疼,骂是爱"中的"打""疼""骂""爱"便是(参看范晓1992、1994b)。例②组中名词性词语作谓语,这也是有条件的:有的是句中省略或隐含了一个谓语动词,如"今天星期天""天上一片乌云"两个句子分别省略或隐含了一个谓语动词"是"和"有";有的是修辞上"转品"的需要,如"我也来茅台一下"的"茅台"就是在一定的语境里名词转换成动词用。例③组副词修饰名词,这也是有条件的:有的表面上是副词修饰名词,但实际上在副词与名词之间省略或隐含了一个动词,如"他画得人不人、鬼不鬼"是"他画得人不像人、鬼不像鬼"的意思;有的名词本身有性状、顺序、类别、量度等蕴含义,根据表达灵活性的需要(主要是求简、求新、求效的语用需要),该名词可以受副词的修饰,如"都大姑娘了,还像个孩子""这个人很男人""比雷锋还雷锋"等(参看张谊生2000,第二章;施春宏2001)。

二、语义平面的规律性和灵活性

(一)语义搭配的规律性和灵活性

1. 语义搭配的规律性

汉语语义搭配的基本规律是要"合理",主要表现为以下两点。

一是词语搭配要合乎常理、符合逻辑。实词和实词之间搭配组成的短语所反映的语义在现实世界里有可能出现的,才能成立;反之不能成立。比如以动词"死""病"为例,跟名词搭配可以组成"人死""人病""牛死""牛病"等主谓短语,而不能组成"石头死""石头病""石头说""电灯死""电灯病"之类短语,这是因为在现实世界里只有有生命的"生物"(包括人、动物等)才会有"死"或"病"这种行为活动,而无生命的"非生物"是不可能有"死""病"的。如果说成"石头死""电灯死"之类,那就违反了词语语义组合上"合理"的规律。所以"死""病"这类动词可以跟有生命名词搭配组成短语,而不可能跟无生命的名词组成短语。又比如"高兴""快乐"这类形容词跟名词搭配可以组成"孩子高兴""妈妈快乐"之类主谓短语,但不能组成"石头高兴""电灯快乐"之类短语,这是因为只有生命的名词"人"才会有"高兴""快乐"这类性质或状态的;而"石头""电灯"为无生命名词是不可能有"高兴""快乐"的。再如"甜"和"咸"这类形容词跟名词搭配可以组成"甜面包""咸饼干"等定心短语,但不能组成"甜星""咸星""甜光""咸光"等短语,这是因为"面包"和"饼干"都是食品,可供食用,就会有"甜""咸"这种味觉属性,而"星"和"光"是不能供食用的,当然谈不上有"甜""咸"这类属性。可见"甜""咸"这类形容词只能跟食物名词搭配而不能跟非食物名词搭配。

二是词语搭配要受词义范围的制约。有些同义或近义的词语在与特定词语搭配时,各有一定的适应范围,比如"改正"和"改进"这两个动词,都是表示向好的方面的动作行为,但"改正"侧重指把原来的错误改为正确的,"改进"侧重指把原来基本上正确的或好的只作些较小的改动,使之更正确、更好;因此述宾短语"改正错误"能说,而"改进错误"则不能成立。又如"两"和"双"意义近似(都有"二"的意思),定心短语"两本书""双眼皮"能说,但"双本书""两眼皮"却不能成立;这是因为"两"和"双"跟名词搭配时在词义上适应范围有差别:"两"多用于表"数"(常跟"一"相对),"双"多用于表成对的(常跟"单"相对)。

2. 语义搭配的灵活性

在具体动态的句子里,词语的语义搭配也有灵活性的一面。这表现在如下三个方面。

一是在特定的文学作品里。在童话里或文艺作品的修辞里也可以有突破一般语义搭配规律的情形。例如：

① 鞋子听了老工人的话，觉得奇怪起来。（童话）
② 上面那石头有点儿不高兴。（童话）
③ 石头说砖头太自私，砖头说哥哥没个当哥哥的样子。（童话）
④ 这天马达也转得特别欢畅，简直像在唱歌。（小说）

上面例句中的"鞋子听了老工人的话""石头有点儿不高兴""石头说……砖头说""马达欢畅"等，在现实世界里不可能出现，从语义搭配的一般的静态的规律而言是不合理的；然而在上述句子里这种拟人化的灵活运用却是完全可以的。

二是在特定的人群里。在特定的人群里也可以有突破一般语义搭配规律的情形。如有些实词和实词搭配组成的短语在现实生活里实际上并不存在，比如"鬼哭""神仙帮我""阎王讨债"之类，"鬼""神仙""阎王"在现实世界里虽然并不存在，按理不能搭配组成短语；但在信仰神明的人群头脑里却是存在的。所以，"鬼""神仙""阎王"这类名词在这类人群的个人语言里已经是一种拟人化的有生命名词，也就能够跟某些动词搭配组成短语。

三是在特定的语境里。有些句子孤立地、表面地看是"不合理"的，但是在特定的语境里是合理的、可以理解的。如赵元任《汉语口语语法》里举的口语对话语境里的例子：

⑤ 我比你尖。
⑥ 你要死了找我。

例⑤在比较谁的铅笔削得尖的语境里是可以理解的，意思是"我削的铅笔比你削的铅笔尖"；例⑥在双方谈论培植小松树的语境时也是可以说的，意思是"你的小松树要是死了，就找我"。这都是由于语用上说话精炼化的需要才省略或隐含了某些语义成分。

（二）语义结构的规律性和灵活性

1. 语义结构的规律性

汉语中实词与实词相结合组成的语义结构（包括动核结构和名核结构）

也是有规律性的。这表现在以下两点。

一是语义成分组成的动核结构里,动核和动元是不能空缺的。如二价动作动词"吃""喝"组成的动核结构必有三个语义成分:一个动核和两个动元(主事动元和受事动元),如"我吃了一个苹果""他喝了两杯酒"这两个句子就映射出两个基本的完整的动核结构("我吃苹果"和"他喝酒");如果这两个动核结构里空缺某个必有的语义成分,就不能成立:或者意义不通,如"我苹果""他酒"(空缺动核);或者意义不完整,如"我吃""他喝"(空缺受事动元,不知吃什么、喝什么),"吃苹果""喝酒"(空缺主事动元,不知谁吃、谁喝)。

二是组成语义结构的语义成分的语序是有规律性的。比如及物的二价动作动词组成语义结构有三个基本语义成分(动核、施事、受事),映射到表层的排列规律是"施动受"语序,如可以说"人吃饭""我买书",而不可以说"饭吃人""书买我"。又比如及物的三价动作动词组成语义结构有四个基本语义成分(动核、施事、受事、与事),映射到表层的排列规律是"施动与受"语序,如可以说"我送她礼物",而不可以说"送她礼物我"或"礼物送我她"。

2. 语义结构的灵活性

在动态具体的句子中实词与实词相结合组成的语义结构也有灵活性的一面。这表现在以下两方面。

一是语义语序的灵活性。在动态具体句子里语义成分排列的次序可以突破一般的规律。如及物动作动词组成的动核结构里语义成分的排序上,"施动受"为一般规律,但在动态的具体句里会出现"受动施""施受动"等情形。例如:

① 饭她也不吃,水她也不喝,这可怎么办?
② 一锅饭吃了十个人。
③ 我这个电影看过了,那个电影还没看。
④ 他把收音机送给了孤老。

例①是由于受事主题化的需要,把语义成分受事"饭""水"提到了句首,表层变成了"受施动"(饭她吃、水她喝)语序;例②不是语用上的叙事句(叙述句),而是一种语用上的描记句或说明句,表示"一锅饭供十个人吃了"(可以称作"供让句"),表层变成了"受动施"(饭吃人)语序;①例③受事在动核之前,表层变成"施受动"(我电影看),那是把受事处理为旧信息、"对比主题"的语用需要;例④是一个在语用上具有处置义的"把"字句,由于用了"把"字句,受事成分"收音机"就提到动词之前了,表层变成了"施受动与"(他收音机送孤老)语序。

二是在具体句子里某个语义成分可以空缺(省略或隐含),例如:

① 他和工人们同吃[ ]、同住、同劳动。
② [ ]吃过黄连,[ ]再吃糖果,你会觉得更甜。
③ 老人病了,战士们日夜守候在他病床前,[ ]送[ ]饭[ ]送[ ]水,胜似亲人。
④ 门口坐着一个妇女[妇女]在洗衣服。

例①是由于为了跟"同住""同劳动"对称"同吃"后空缺语义成分,隐含着受事"饭";例②是蒙后省略语义成分施事"你";例③是"送"前承上省略语义成分施事"战士们","送"后承上省略语义成分与事"老人";例④因语用精炼的需要而使名词"兼格"(关于"兼格",可参看范晓 2002):"妇女"既是"坐"的施事,又是"洗"的受事,"兼格"实际上隐含了某个语义成分。

三、语用平面的规律性和灵活性

(一) 主题和述题的语序

主述结构是重要的语用结构。主题和述题之间的关系是"被述说和述说"的关系。主题一般表示旧信息,述题一般表示新信息。讨论主题和述题这两个语用成分的排列次序,既要看到它们语序的规律性,也应看到它们在动态句子中的灵活性。

1. 主题和述题语序的规律性

汉语中主题和述题的语序是一种语用语序,一般规律是主题在述题之

---

① 汉语里这种句子很有特色;语用上具有"供让"句式义;句法上是"数/指量名+动词+数/指量名"组成的主谓结构;语义上是"受动施"结构。诸如"一匹马骑了两个人""这件衣服穿了三代人"等句子均属此类。

前。这是由表述对象在前表述对象在后、旧信息在前新信息在后的原则决定的。例如：

① 关于这件事我们已经讨论过三次了。
② 这雨后的空气多么清新啊！
③ 你的手机已经修好了。

例①的句子主题"这件事"在述题之前，例②的句子主题"这雨后的空气"在述题之前，例③的句子主题"你的手机"在述题之前。

2. 主题和述题语序的灵活性

在动态的具体句里，主题述题的语序也有灵活性。在特定的情况下，当要突显新信息或急于要说出新信息时，可以先出现表新信息的述题，然后再说出表旧信息的主题，主题置于述题之后只是起一种追补的作用，例如：

④ 我们已经讨论过三次了，关于这件事。
⑤ 多么清新啊，这雨后的空气！
⑥ 已经修好了，你的手机。

例①的句子主题"这件事"在述题之后，例②的句子主题"这雨后的空气"在述题之后，例③的句子主题"你的手机"在述题之后。一般语法论著认为主题只能在述题之前，但例④⑤⑥表明，主题出现在述题之后也不是绝对不可能的。

（二）有定和无定

有定和无定是指名词性词语在句子里的指称性质。"有定"（也称"定指"）是指某个名词性词语所指称的是语境中的特定事物，一般来说，它是言语双方所共知的事物；"无定"（也称"不定指"）是指某个名词性词语所指称的是语境中的不能确定的事物，一般来说，它是受话人（或言语双方）所未知的事物。讨论有定和无定，既要看到静态规律，也应看到动态句子中的灵活性。

1. 有定无定的规律性

汉语中有定无定是有静态规律的。陈平（1987）按照"有定""无定"的程度强弱将汉语名词性词语的"有定""无定"强弱等级排列为下列等级：

A 组　人称代词
B 组　专有名词
C 组　"这/那"+(量词)+名词
D 组　光杆普通名词
E 组　数词+(量词)+名词
F 组　"一"+(量词)+名词
G 组　量词+名词

陈平认为:A、B、C 三组属于强式、典型、极端的定指(有定)成分。D、E 两组则属于中性形式,既可充当有定成分,也可充任无定成分,句法分布比较灵活。F、G 两组则属于强式、典型、极端的不定指(无定)成分。也就是说,人称代词、专有名词、"这/那+(量词)+名词"是有定的,"一+(量词)+名词""量词+名词"是无定的。这可以看作抽象概括出来的名词指称"有定、无定"的一般规律,即静态规律。

2. 有定无定的灵活性

在具体运用时,有定和无定在具体的句子中是灵活的。陈平(1987)指出 D 组的"光杆普通名词"和 E 组的"数词+(量词)+名词"表现出相当的灵活性,他们在句子中有时为定指成分,有时为不定指成分。其实,不仅 D 组和 E 组中的名词在句子中有灵活性,其他几组在具体运用中也有灵活性。静态中的有定词语通常在句子里作有定成分,静态中的无定性词语通常在句子里作无定成分;然而静态的有定、无定在动态的句子里并非固定不变,在一定的语境里也可以相互转化。表现如下。

一是静态中具有无定性的词语可以在动态里转化为有定成分。比如 F 组的"一+(量词)+名词"构成的名词性词语静态中是无定的,但在动态的话语里借助于语境也有可能表示有定的。例如:

① 到了开饭时间,<u>杜梅</u>自己朴素大方地来了。……<u>她</u>坐下就和我的朋友们干白酒,对他们的粗鲁玩笑报以哈哈大笑,<u>一个人</u>把气氛挑得极为热烈。(王朔《过把瘾就死》)

② <u>梅兰芳</u>先生的表演艺术不是<u>一个人</u>的,也不是一个剧种、一个流派的,而是属于我们中华民族的。

③ 贪污和行贿受贿问题是当前世界许多国家面临的<u>一个问题</u>。

④ 那时候<u>老柯</u>已经无力说话,他的<u>一只手</u>艰难地抬起来向旁边的人索取着什么。

上面例句里的"一个人""一个问题""一只手"静态孤立地看是无定的,但在例①里"一个人"指称的是前文里的"杜梅",例②里指称前面出现过的是"梅兰芳",例③里的"一个问题"指称前面出现过的"贪污和行贿受贿问题",例④里的"一只手"显然指的是"老柯的手"。"一个人""一个问题""一只手"在上述句子的语境里所指是十分明确的,所以都是有定的。

二是静态中的有定性词语也可以转化为无定成分。比如"人称代词",如果是孤立的一个词,所指是"谁",根本不明,按理很难说是有定的,但在动态的具体的句子里,所指称的人应该是明确的,因为"人称代词"在句子里出现的时候,前文一定有某个人物名词出现过,所指何人也就了然。例如:

① 他一眼看中了<u>祥子</u>:"大个子,<u>你</u>怎样?"

② <u>法国人</u>的思想是有名的清楚,<u>他们</u>的文章也明白干净,但是他们的做事,无不混乱、肮脏、喧哗,但看这船上的乱糟糟。

③ <u>苏小姐</u>的哥哥上船来接,<u>方鸿渐</u>躲不了,苏小姐把<u>他</u>向<u>她</u>哥哥介绍。

上面例①中的人称代词"你"在句子里指称前文的"祥子",所以是有定的;例②中的人称代词"他们"在句子里指称前文的"法国人",所以是有定的;例③中的人称代词"他"在句子里指称前文的"方鸿渐",人称代词"她"在句子里指称前文的"苏小姐",所以也是有定的。又比如表示疑问的指人名词一般认为是无定(不定指)的,但在一定的语境里也可以表示有定(定指)的。例如:

④ 小芹把她娘怎样主婚怎样装神,唱些什么,从头至尾细细向小二黑说了一遍,小二黑说:"不用理她!我打听过区上的同志,人家说只要男女本人愿意,就能到区上登记,别人<u>谁</u>也作不了主。……"说到这里,听见外边有脚步声,小二黑伸出头来一看,黑影里站着四五个人,有一个说:"拿双拿双!"他两人都听出是金旺的声音……兴旺也来了,下命令道:"捉住捉住!我就看你犯法不犯法?给你操了好几天心了!"小二黑说:"你说去哪里咱就去哪里,到边区政府你也不能把<u>谁</u>怎么样!走!"兴旺说:"走?便宜了你!把他捆起来!"

上面"到边区政府你也不能把谁怎么样……"句里,"也不能把谁怎么样"中的"谁"在语境里显然是指"小二黑"自己(意思是"也不能把我怎么样")。再比如"专有名词"和"这/那+(量词)+名词"组合在静态中是有定的,但在动态的话语里借助于语境也能表无定的。例如:

⑤ 甲:"<u>小红</u>不见了,你看到没有?"
   乙:"村里有好几个<u>小红</u>,你说的是哪个<u>小红</u>啊?"
⑥ 甲:(对着乙突然说出,或自言自语)"<u>这个人</u>坏透了!"
   乙:(乙听到后作出反应)"你说的<u>这个人</u>是谁啊?"

专名"小红"和"这/那+(量词)+名词"组合成的"这个人",静态孤立地看是有定的。在例③和④语境里,"小红"和"这个人"并不是说话双方的共知信息:对说话者而言是已知信息,因此可以说是有定的;但受话者是未知信息,因为不知所指是何人,可见对受话人而言可以说是无定的。

总之,确定汉语中一个名词性成分在句子里是有定的还是无定的,静态词语的有定无定是重要的参考,但最主要决定因素还是要看语境。脱离篇章语境,有定与无定往往很难确定,语境作为参照框架在动态句子里制约着一个名词性成分有定、无定身份。

(三)焦点

1. 焦点位置的规律性

语用平面的焦点,也有一定的规律。汉语句子的常规焦点(也称"自然焦点")一般位于句末的成分上,即所谓"尾焦点",它体现着句子焦点的一般或带有倾向性的规律。例如:

① 门口坐着<u>一个老人</u>。
② 那个老人坐在<u>门口</u>。
③ 那个老人在门口<u>坐着</u>。

上面例①中的"老人"是焦点,例②中的"门口"是焦点,例③中的"坐着"是焦点。

2. 焦点位置的灵活性

在分析动态具体句子的焦点时可以发现它有时在句末,有时也不一定

在句末。也就是说,动态语境句里的焦点是有灵活性的。例如:

① 甲　(对乙说)老弟,别待在外面,请来<u>里面</u>坐坐吧。
　　乙　我就在<u>这走廊边上</u>坐好了。
② a. 魏太妃　你在里面<u>做什么</u>?
　　b. 朱　女　我在<u>整理衣橱</u>啦。
　　c. 魏太妃　我们说的话你<u>听见</u>了吗?
　　d. 朱　女　我<u>没有</u>听见。
③ 我爱<u>热闹</u>,也爱<u>冷静</u>;爱<u>群居</u>,也爱<u>独处</u>。
④ 这是<u>我</u>的书,不是<u>她</u>的书。
⑤ a. 她是<u>明天</u>坐火车去北京。
　　b. 她明天是<u>坐火车</u>去北京。
　　c. 她明天坐火车是<u>去北京</u>。
⑥ a. 宋玉　(见屈原,即奔至其前说)先生,你<u>出来</u>了。
　　b. 屈原　啊,我正在<u>找</u>你。

例①是在说话人祈使和受话人反应的对话的语境里,从前言后语中得知这两个句子的焦点分别是在"里面"和"走廊边上"。例②是在问答的对话语境里,a 句的疑问焦点是"做什么",相对应的 b 句的陈述焦点便是"整理衣橱";c 句的疑问焦点是"听见",相对应的 d 句的陈述焦点便是"没有"。例③④从上下文中得知这两句的焦点分别是"热闹""冷静""群居""独处"和"我的""她的"。例⑤的焦点 a 句是"明天",b 是"坐火车",c 是"去北京",这是因为焦点标记"是"和重音分别落在不同的成分上。例⑥a 的焦点是"出来",因为现场情景是宋玉见屈原从院子里走出来;b 的焦点是"找",因为现场情景是屈原是正在找宋玉。焦点是言语表达时着重强调的成分,而这种强调成分一定要根据表达的需要、在语境的衬托安排落在句子的某个成分上的。可见在动态的具体的句子里,句子的动态焦点是受语境制约的。

四、余　言

概而言之,一方面,语法是有规律的。规律就是规矩,俗话说,"没有规矩,不成方圆"。不论是大自然,还是人类社会,包括语言的语法,都有规矩,也就是都受到规律的制约。如果忽视语法的一般规律,也就不懂得用词造句的一些基本准则。另一方面,语言的生命在于使用,在使用中语法规律的运用不是一成不变的,就是在一定的语境①里又有灵活性。如果忽视语法的灵活性,就会使说话文章呆板,不能适应思想表达的丰富多样。那真的"学了语法反而不会说话和写文章了",那是不讲灵活性造成的后果。

值得指出的是,要辩证地看待语法的规律性和灵活性。上面说的语法规律,主要说了一般规律。其实灵活性也不是随意的无规律的灵活。"灵活不等于随便,不等于无规律"(吕叔湘 1986)。语法的灵活性也有一定的规律。灵活性的规律主要有两种情形。一是语法的一般规律要适应语用的需要随情应境灵活运用,这是灵活性的基本规律或总规律。二是某些突破一般规律的灵活性现象受到某些特殊规律的支配。比如上面说到句法上汉语动词和宾语的排列次序的是宾在动后,这是一般规律;但是在具体的句子里可以发现宾语置于动词之前的情形。据有人统计,现代汉语里前置宾语只占全部宾语的 10% 左右。②"宾置动前"对汉语语法"宾在动后"的一般规律来说是"灵活"了,但这种"灵活"也有其规律,那就是"宾置动前"的特殊规律。在现代汉语里"宾置动前"的特殊规律主要有:

(1)宾语所指对象表示任指(周遍性)时,宾语通常置于动词之前(构成"周遍性宾语句",凭借某些固定格式,如:"疑问代词+都/也+V"和"一量名+都/也+不/没+V"等格式)。例如:

① 老孙头双手抱着脑袋,只是哭,<u>什么话</u>都不说。

② 我明天一早去他家一趟,<u>什么人</u>也不带。

③ 老人把头靠在儿子那宽阔的肩上轻声饮泣,<u>一句话</u>也说不出来。

(2)在介词提宾句里,宾语必须置于动词之前(宾语前常用"把""对"等

---

① 包括口语中的前言或后语和书面语中的上下文(上句或下句、上段或下段)以及说话的现场情景和言语双方共知的背景信息等。

② 据孙朝奋等统计,现代汉语句子宾语在动词之后的在语篇里占绝大多数;而前置宾语只占 10% 或低于 10%,宾语前置是表示强调或对比的手段。所以他们认为汉语是 SVO 语言。参看张云秋(2004,第 19—20 页)。

虚词),例如:

① 他们先把鸟笼子挂好,找地方坐下。
② 他把玻璃打破了。
③ 我们对这个问题还没有深入研究。

(3) 宾语作为主题身份处理(宾语主题化)时,宾语需置于动词之前。

① 这个问题,让我再想一想。
② 这本书我看过,那本书我还没看。
③ 这件事,我们负责解决。

总之,研究语法,既要研究语法的一般规律,又应研究动态使用中语法现象的灵活性;既要研究如何随情应境灵活地、多样化地运用一般规律,又要研究语法灵活性里跟一般规律不一样的特殊规律。语法老师讲汉语语法,既要讲语法的规律性,又应讲语法的灵活性;既要讲语法的基本规律,又应讲动态运用中的某些特殊规律;既要宣讲语法规律,对违反语法规律的现象应当指出并纠正;但又不应不分青红皂白、不看语用语境硬性规定呆板地使用某种语法规律;在实际运用语法时,应鼓励学生根据表达的需要活用词语并使用最适切的语法格式,以便充分发挥语法的规律性、灵活性、多样性,使言语表达取得更好的效果。

关于"语素"问题

〇、引　　言

在汉语语法论著里,过去的语法书通常用"词素"这个术语,近年来,很多语法书用"语素"这个术语。如在语文教学中,1981年之前的《中学语法教学暂拟系统》及根据该《系统》编著的语法教科书里都用"词素"这个术语,1981年之后的《中学教学语法系统提要(试用)》及根据该《提要》编著的语法教科书里都改称为"语素"。

现在的语法论著一般都采用"语素"这个术语,这跟前辈学者朱德熙、吕叔湘的提倡是有关的。朱德熙《说"的"》(1961)一文的注解里首先提出"语素"这个术语,并指出词素这个术语"会让人感到先有词,从词里头再分析出'词素'来"。吕叔湘(1958)又进一步说明了使用语素对于语法分析的好处,他说,词素"这个名称老叫人想到它是从'词'里边分析出来的。事实上,语素是比词更加根本的东西。……要决定一个语言片段里边有多少词相当困难,而这个片段直接分析成语素倒比较容易,并且不用'词'这个概念也能把这个语言的结构说清楚"。朱德熙、吕叔湘两位学者的见解是有道理的。

笔者总结认为,语素是指"语言中最小的语音意义结合体"。从语法角度看,作为"最小的音义结合体"的语素是语法单位层级系统中是最小的语法单位,是比词低一级的单位。如果着眼于"最小的音义结合体",可以认为词素和语素"所指相同"。然而使用词素和语素这两个术语还是有区别的,这种区别在于命名者着眼的角度不同:词素着眼于自上而下分析词的角度提出的术语,即认为词素这种"最小的音义结合体"是从比它高一级的词里分析出来的元素(或要素),它是后于词而确定的;语素着眼于自下而上构造成词的角度提出的术语,即认为语素这种"最小的音义结合体"是用来构造成比它高一级的词(包括构造成单语素词和多语素词)的元素,它是先于词而确定的。可见还是用语素这个术语好,好比语音里的音素是语音的最小单位,是比音节低一级的单位,但音素既可以是音节的构成元素,某些音素(如元音)也可以自称音节。

本文专门对语素问题做一个比较全面的论述。

一、语素和语音、文字的关系

(一) 语素和语音的关系

语素是"最小的音义结合体",表明它在口语里跟语音有关,它是表示最小意义的语音,在汉语里,能表示"最小意义的语音"是指"音节"(现代汉语语音系统里的音节通常由声母和韵母组合成的,但也有单个韵母的音节或两个韵母合成的音节)。

根据语素音节的数量,语素可以分为两大类,即分为单音节语素和多音节语素。现代汉语口语里单音节语素占大多数。

1. 单音节语素

单音节语素指只有一个音节的语素,如"仁""虫""说""读""美""蓝"等。现代汉语中的绝大多数语素是单音节的,如"语素是最小的音义结合体"这个句子里,有"语""素""是""最""小""的""音""义""结""合""体"等11个单音节语素。单音节语素在古汉语里一般都可单独成词,如"立人之道曰仁与义"这个古汉语句子里,"立""人""之""道""曰""仁""与""义"8音义结合体既是语素,也是词。①

2. 多音节语素

多音节语素指有两个或两个以上音节的语素。

(1) 两个音节的语素主要是"联绵语素"和"叠音语素"。

联绵语素(由两个音节连绵接续联缀成义构成的语素)构成"联绵词"。

---

① 汉语里有些"合音字"(合音语素),如"俩""卅"(它们意义上分别解释为"两个""三十")不能切分为两个音节,所以仍可分析为单音节语素。这是特殊的情形。

在连绵语素中,声母相同的双音节连绵语素构成的词称为"双声词",如"参差""尴尬""踌躇""淋漓"等;韵母相同的双音节连绵语素构成的词称为"叠韵词",如"逍遥""彷徨""螳螂""崔嵬"等。

叠音语素(由两个音节重叠构成的语素)构造成的词称为"叠音词",如"孜孜""冉冉""猩猩""脉脉"等。

(2) 两个或两个以上的语素主要有两种:"拟声语素"(摹拟事物的声音的语素)和"音译语素"(翻译外来词的声音的语素)。拟声语素构成的词称为"拟声词";音译语素构成的词称为"音译词"。

拟声语素构成的"拟声词"里"叮当""淅沥""滴答"等是两个拟声音节构成的双音节拟声词,"轰隆隆""哗啦啦""噼里啪啦"等是两个以上拟声音节构成的多音节拟声词。

音译语素构成的音译外来词里"引擎""苏打""模特"等是两个音译音节构成的双音节外来词,"巧克力""奥林匹克""歇斯底里"等是两个以上音译音节构成的音译外来词。

(二) 语素和文字的关系

汉语的字很有特色,就是它跟音节有密切的关系:现代汉语中的语素在口语语音形式上大都是一个音节,书面上写下来就是一个方块汉字。也就是说,一个方块汉字的读音表示一个音节,单音节汉字与单音节语素就形成对应关系,即一般用一个汉字来显示一个语素。①现代汉语中的绝大多数语素是由一个方块字显现的,如"我们要下苦功学好数理化"这个句子里有"我""们""要""下""苦""功""学""好""数""理""化"等 11 个单音节语素,书面上就显示为 11 个汉字。但汉语中也有一些语素(构成联绵词、叠音词、拟声词以及某些外来词的语素,如"尴尬""孜孜""轰隆隆""巧克力"之类)有两个或两个以上的音节,书面上就由两个或两个以上的汉字显示。②根

---

① 也有个别特殊的情形,如"瓩""兙",分别表示计量单位"千瓦"和"千克"的意思,语音上为双音节语素,文字却是单字语素。

② 汉语里有些"合形字"(合字语素),如"丘八""十八子""言身寸"(它们意义上分别解释为"兵""李""谢"),但由于是两个汉字,所以仍可分析为单字语素。

据苑春法、黄昌宁(1998)的统计,6 763 个常用汉字的语素项共有 17 470 个,语素项归并为语素有 10 442 个,其中单字语素 9 712 个,占总数的 93.0%,两个及两个字以上的语素为 730 个,占总数的 7.0%。可见,汉语语素在书面上的文字形式绝大部分是由一个汉字显示的"单字语素",这和汉语语素在口语里绝大部分是"单音节语素"是相对应的。①

二、现代汉语语素的分类

现代汉语语素是语法单位中最小的音义结合体。可以从不同的角度对它进行分类。

(一)从语素能否成词的角度分类

从语素能否成词的角度分类,即根据语素能成词或不能成词的情形来给语素分类,可分为以下四类语素。

(1)"黏着语素"。有些语素不能独立成词而只能做构成合成词元素(或称"成素"),这种语素称为"黏着语素"(也称"不成词语素")。黏着语素有两种:

一种是具有概念意义的"实语素"(词根),如"民""朋""基""聪""究""示""目""纲""模""康""锐""视""获""谤""毁"之类。这种语素虽然在古汉语里能独立成词,但在现代汉语里一般不能独立成词,也就不能跟其他语素构成短语,比如语素"视"只能跟其他语素构成"近视""远视""电视""视野""视听"等词。

另一种是不具有概念意义的只能附着或黏附在实素(词根)上的"虚语素",就是词缀,如"老鼠""阿哥"之类派生词中的前缀"老""阿"和"桌子""花儿""木头"之类派生词中的后缀"子""儿""头"。

(2)"自由语素"。有些语素既可以出现在合成词里作为构词元素,也

---

① 汉语里有些合音字(如"俩""廿""卅"等),意义上可以分别释为"两个""二十""三十",但由于是一字一音节,所以仍可看作一个语素。又如"了啊"是两个语素,而它的合音字"啦"为一个语素。

关于"语素"问题

可以单独成词。这种语素称为"自由语素"(也称"成词语素"),如"人""天""小""新""看""吃"等语素在短语或句子里单独活动时是个词,在"人权""头人""天空""航天""大学""粗大""新颖""崭新""看台""小看""吃苦""小吃""看头""吃头"这些合成词里就是构词元素的语素。

自由语素既可以构成"复合词",也可以构成"复合短语"①,如语素"新",既可构成"新意""新颖""崭新""簇新"之类复合词,又可构成"新衣服""新办法""新思想"之类复合短语。

值得指出的是:有些自由语素单独成词和做语素构成的合成词是同义的,而且都是常用的,如"词"和"词儿"同义,"花"和"花儿"同义,"脸"和"脸孔"同义,只是在短语或句子里使用时各有适应的场合。

(3)"半自由语素"。有些语素在现代汉语里主要用来做构词的元素,但在特定情况下(特别是在书面语里)可成为词;这种语素称为"半自由语素",如"时""已""较""可""常"等。这种语素在对应的同义词"已经""时候""比较""可以""经常"里为构词元素;但在现代汉语里有时单独还是一个词,因此可以构成某些短语,如"年轻时""已有""较好""可去""常回家"等,在这些短语里它们都是词。这不妨可以看作古汉语遗留下来仍然在一定语境里使用的带有文言性质的词。又如某些单音节方位词,如"上""下""里""外""内""旁"等;这种语素也可看作"半自由语素",它在现代汉语里一般不能单独使用,②但可附着在实词上组成方位短语,如"桌子下""院子里""窗外""库房内"等(这里的单音节方位词开始虚化)。

(4)"唯词语素"。有些语素只能是词而不能做合成词的构成元素,称为"唯词语素"。这种语素主要有以下几种:

一是某些充当虚词的语素,如语气词"的""了""吗""呢"之类;

二是充当感叹词的语素,如"唉""哎呀""喔""咦""嘻嘻""哈哈""呸"之类;

三是充当拟声词(也称"象声词")的拟声语素,如"哗""嗖""叮当""乒

---

① 复合短语指实词和实词组成的短语(参看范晓 1980a)。
② 在俗语或书面语里有时可以单独使用,如"上有天堂,下有苏杭""前有狼,后有虎""库房重地,不得入内"等等。

乓""咔嚓""淅沥""潺潺"(拟声词有更多音节的,如"轰隆隆""噼里啪啦"等)之类;

四是翻译外来词的音译语素,如"沙发""逻辑""巧克力""奥林匹克""歇斯底里"之类;

五是充当呼应词的语素,如"喂""嗯""哦""噢"之类;

六是充当联绵词(也称"连绵词",包括"双声词"和"叠韵词")的联绵语素。联绵词是双音节语素构成的两个音节(字)联缀成义而不能分拆的一种词[1]。"双声词"指两个音节的声母相同的连绵词,如"伶俐""蹊跷""踌躇""犹豫""慷慨""琵琶""鸳鸯"等;"叠韵词",指两个音节的韵母相同的连绵词,如"彷徨""犹豫""骆驼""徘徊""窈窕""荒唐"等。

(二) 从音节的多少的角度分类

根据音节的多少来给语素分类,可以分为单音节语素和多音节(两个或两个以上的音节)语素两类。

1. 单音节语素

现代汉语里语素的语音形式绝大部分是单音节的。单音节语素大约占语素总数的90%以上。现代汉语里的单音节语素绝大多数是由古汉语中的单音词转化过来的。由于汉语中的语素大都是单音节的,而一个方块汉字一般表示一个音节,所以现代汉语的语素在书面上大多数是由一个方块汉字表示的。

2. 多音节语素

现代汉语里语素为多音节或多字的较少,多音节语素约占语素总数的7%左右。主要是连绵词("慷慨""尴尬""参差""犹豫""蹉跎""彷徨""逍遥"之类)、拟声词("叮咚""咕隆咚""噼里啪啦"之类)、音译外来词("沙发""巧克力""阿司匹林""奥林匹克"之类)以及语源意义不清的多音节组合("垃圾""滑稽""囫囵""不愣登"之类)。

---

[1] 联绵词中两个字只是代表单纯复音词的两个音节,一般不能把联绵词拆开(除非修辞上的需要,如"慷他人之慨""荒天下之大唐"),更不能把两个音节作两个词解释。

（三）从虚实的角度分类

根据语法意义的虚实，语素可以分为实素和虚素两大类。

1. 实素

指含有概念意义并能和其他实素构成句法关系意义的语素。实素都可以成为构成合成词的元素。作为合成词元素的实素通常称为"词根"。实素里的自由语素（"人""吃""美"之类）、半自由语素（"时""已""较""可"之类）、黏着语素（"视""聪""康""目""纲""模"之类）都可以作词的词根。现代汉语里的词根在古汉语里一般能独立成为实词。实素和实素构成的词称为"复合词"，如"人民""天空""聪明""吃相""重视"等。

2. 虚素

虚素与实语素相对，指不含概念意义只能附着在实素上起添显意义作用的语素。虚素有两种：

一种能单独成词的语素，即能成为虚词（如助词"着""了""过""的"之类、介词"被""把""从"之类、语气词"吗""呢""吧"之类）的语素。这种虚素黏附于某个实义性的语法单位，用于组语和造句并表示某种语法功能意义，主要功能是在组语造句中起添显功能，如结构助词"的"有凸显定语的功能，介词"被"有凸显被动义的功能，语气词"吗"有凸显疑问义的功能。

另一种是不能单独成词而只能附着或黏附在实素（词根）上作为构词语素组合成派生词，这种虚素就是词缀（包括"前缀"和"后缀"）。词缀在词里位置比较固定，① 在前的称为前缀，如"老虎""阿嫂"中的"老""阿"之类；在后的称为后缀，如"椅子""花儿""石头"中的"子""儿""头"。词缀用于构成派生词并表示某种语法意义，主要功能是在构词里起添显功能，如词缀"子"在"椅子"里和"头"在"石头"里分析不出句法关系，但"子""头"作为后缀，就为"椅子""石头"添显出名词性的功能。②

---

① 有的语言书把语素分为定位语素和不定位语素，作为词缀的语素属于定位语素。
② 有的语言论著把词缀看作"构词"的虚素，把虚词看作"构形"的语素。

3. 介于虚素和实素之间的语素

现代汉语里还有一些意义开始虚化但还没有完全虚化、介于词缀（虚素）和词根（实素）之间的语素。这种语素通常称为"类词缀"，包括"类前缀"和"类后缀"。"类后缀"有"化""性""家""手""型""式""员""热""度"等，"类前缀"有"超""自""准""类""反""无""非"等。类词缀多附着于词根或词上组成新词（如"绿化""细化""现代化""机械化""个性化""无核化""港式""西式""美式""中式""封闭式""跨越式""候鸟式"等），或附着在多音节词上组成"短语化的词"（如"高智能化""管弦乐化""纯市场化""新型城镇化""拉郎配式""家庭医生式""零售网点式""画饼充饥式""千篇一律式""双向扩散式""跑马圈地式""杀鸡取卵式""罗密欧与朱丽叶式"等）。

类词缀跟词缀的最大区别是：典型的词缀已经是纯粹的虚素，在汉语里不太多，它基本上缺乏创造新词的能力；而类词缀本是实素里的黏着语素，但意义开始泛化、虚化，它具有能产性，即有很强的构造新词的潜力，可根据需要类推创造出大量的"类派生词"或"类短语词"。① 由于类词缀意义逐渐泛化或虚化，且位置相对固定，因此从发展趋势看，它在向词缀演变，有词缀化的倾向。

（四）从义项角度分类

根据意义，语素可以分为单义语素和多义语素两类。

1. 单义语素

单义语素指只有一个义项的语素，主要有以下几种：

一是单音节的语素。有的是科学文献里的表示科学术语的语素，如化学术语"氢""氦""锂""氟""氖"等；有的是表示事物的语素，如"粟"（谷子）、"碓"（舂米的工具）、"碇"（系船的石礅）、"镯"（镯子，套在手腕或脚腕上的环状装饰品）、"脖"（头和躯干相连接的部分）、"币"（货币）、"涛"（大的波浪）；有的是表示动作行为的语素，如"舂"（把东西放在石臼或钵头里捣

---

① 有些"类派生词"或"类短语词"是临时性的，不一定收入词典，但句子里分析时可当作"语法词"处理。

去皮壳或捣碎)、"割"(截断)、"懂"(懂得),有的是表示性质或状态的语素,如"紫"(红和蓝合成的颜色)、"聋"(耳朵听不见声音)、"讷"(说话迟钝)等。

二是多音节语素(两个或两个以上音节的语素)。有的是联绵语素,如"参差""尴尬""逍遥""彷徨"等;有的是叠音语素,如"孜孜""冉冉""猩猩""脉脉"等;有的是拟声语素,如"噼啪""咯吱""轰隆隆"等;有的是音译语素,如"法兰西""麦当劳""可口可乐"等。

2. 多义语素

多义语素指有两个或两个以上义项的语素,特别是单音节语素,很多是多义语素。例如:

(1) 多义语素举例。

多义语素"大"。该语素的义项有:①指面积、体积、容量、数量、强度、力量超过一般或超过所比较的对象,与"小"相对,如"~桌子""~院子";②规模广,程度深,性质重要,如"~局""~众";③用于"不"后,表示程度浅或次数少,如"不~高兴";④年长,如"老~";⑤敬辞,如"~作""~名"。

多义语素"红"。①颜色红(像鲜血的颜色),如"~枣""~花";②喻指喜庆的红布,如"披~""挂~";③象征顺利、成功,如"~运""开门~";④出名,如"~人""唱戏唱~";⑤红利,如"分~";⑥象征革命或政治性强,如"~军""又~又专"。

多义语素"推"。①向外用力使物体或物体的某一部分顺着用力的方向移动,如"~车""~门""~倒";②用工具贴着物体的表面向前剪或削,如"~草""~个平头";③使事情开展,如"~广""~销";④根据已知的事实合理判断,如"类~""~算";⑤辞让,如"~辞""~让";⑥规避或摆脱,如"~诿""~托""~脱";⑦时间往后延迟,如"~后几天""这事~到明年办";⑧荐举,如"~荐""~举""~选";⑨赞誉,如"~崇""~许""~重"。

多义语素"想"。①思考,如"~问题""~来~去";②回忆,如"~当年""回~";③怀念或惦记,如"~家""~母亲";④希望或打算,如"~出国""~考名牌大学";⑤预料或推测,如"预~""推~"。

多义语素"字"。该语素的义项有:①文字,如"汉~""~义";②字音,如

"咬~儿""~正腔圆";③字体,如"篆~""美术~";④书法作品,如"~画""一幅~";⑤字眼(指"词"),如"动~""不敢说半个不~";⑥字据,如"立~""收到款子得写个~儿";⑦人名另取的别名叫"字",如"岳飞~鹏举""曾巩~子固";⑧指电表、水表、煤气表等指示的数量,如"5月份电表用了50个~""水表用了30~";⑨经济活动中支出多于收入的数目,如"赤~";⑩许配,如"待~闺中"。

多义语素"工"。①工人,如"矿~""女~";②工作,如"做~""务~";③工程,如"动~""竣~";④工业,"化~""~交系统";⑤工程师,如"高~"(高级工程师)、"李~";⑥一个劳动工作日,如"记~""这个工程需12个~";⑦工夫,如"唱~""做~";⑧长于(善于),如"~于心计":~诗善画。⑨精细,如"~巧""~稳""~整";⑩工力(功夫和力量),如"~力悉敌"。

(2) 多义语素的形成。

多义语素里,其中有一个是本义(指最初的意义),其他的义项大都是从本义引申出来的意义,称为"引申义"。如"道"这个字表示的语素的本义是"道路",后引申开来产生出以下"引申义":方法或技术(如"门~""医~")、理由或情理("道~""头头是~")、符合伦理或常理的(如"~德""~义""~得多助")、宗教或学说(如"~教""~家""传~")、说或讲(如"常言~""能说会~""~歉")等。又如"老"这个字表示的语素的本义是"老妇",后从"老妇"引申开来产生出以下"引申义":年纪大("~人")、陈旧("~房子")、不嫩("~笋")、长期存在而没有解决("~问题")、陈旧("~脑筋")、原来的("~地方")等。引申主要有三种方式:一是语素义扩大(外延扩大),如"哭",古义是悲痛出声,古时大声称为"哭",细声有涕称为"泣",大声而无泪称为"嚎",后扩大为"哭"包括"泣"和"嚎";二是语素义缩小(外延缩小),如"瓦",古义是土器已烧之总名,后专指盖在屋顶上烧过的土器;三是语素义转移(内涵转移),如"兵",古义是指作战的武器(兵器),如"坚甲利兵""短兵相接"里的"兵"都指兵器,后来转指作战的人(士兵)。

(3) 单词(或单字)语素表达的多义分别演变为双音节词。

单音节的多义语素在词典里表现为一字多义,比如单说"工",就是一个多义语素,如"工人""工作""工业""工程""工巧""工夫"等;根据这些多义义项语素,又可与相关语素结合搭配组成更多的明白清楚双音节词:有"工"在后的双音节词,如"窑工""矿工""劳工""员工""技工""木工""瓦工""帮工""苦工""散工""长工""童工""特工""雇工""教工""完工""分工""开工""停工""做工""上工""人工""手工""美工""打工""返工""费工""兴工""怠工""误工""收工""试工"等;有"工"在前的双音节词,如"工匠""工友""工会""工具""工科""工艺""工余""工钱""工资""工龄""工薪""工本""工笔""工期""工棚""工伤""工时""工运"等。

  汉语里多义语素很多,随着社会的发展,一字多义已不足以准确地表情达意,有时没有语境的帮助很容易造成理解上的混乱。为了增强词表义的明确性,避免多义语素可能带来的异义或歧义,人们根据多义语素的不同义项创造不同的双音节词(即多义义素分化成不同的意义明白的双音节词),从而分开了多义语素的不同意义;而双音节词意义具有确定性和明晰性,表意也灵活多样,这有助于准确理解词义。所以随着社会发展和表达的需要,单音节多义语素义项的双音节化在语言运用中显示出强大魅力,现代汉语的双音化趋势也就成为必然。

三、语法学研究语素的目的

  语素是词汇学里的构词的基本单位,但它又是语法的最小单位,所以它是词汇和语法的交叉单位,它对构词(语素构成词)、构语(组词成短语)、造句都是有作用的。词汇学研究语素,目的是描写词法(构词的方法)。复合词和复合短语属于不同层级的语法单位;但复合词的构造之法和复合短语的构造之法具有相似性,"构词法"可以说是"构语法"的缩影。语法学研究语素的目的主要是为了更好地说明组词成短语乃至句子。

(一) 复合词跟短语的构造原则基本相似

  复合短语内部直接成分的句法关系,往往和复合词内部的词根与词根的关系类似,也就是说,"构语法"与"构词法"构造原则相似;反之,复合词具有跟短语内部的句法关系相似的构造法(即所谓"句法构词法")。表现如下。

第一，现代汉语的复合词内部的结构方式跟古汉语的复合短语内部的结构方式有某种内在的联系，因此大都是相似的和相通的。现代汉语里的复合词很多是古汉语里的复合短语演变过来的，它们内部的词根语素之间的关系是古汉语复合短语内部结构关系的传承，所以跟古汉语里复合短语内部的结构关系存在着类似的句法结构方式。如古汉语里"思想"是个并列结构的短语，但在现代汉语里"思想"是个并列结构的复合词；古汉语里的"知己"是个谓宾结构的短语，但在现代汉语里"知己"是个谓宾结构的复合词。

第二，现代汉语复合词跟现代汉语复合短语同样也存在着类似句法的结构方式。现代汉语复合词的内部结构型式主要有：（1）联合型（也称并列型），如"思想""治理""寒冷""安危""出纳"之类；（2）偏正型（包括定心式和状心型），定心式如"草帽""手表""黑板""食物""考场"之类，状心式如"蚕食""互助""鲜红""微热""飞快"之类；（3）谓宾型（也称支配型），如"主席""将军""列席""投机""讨厌"之类；（4）谓补型（也称动宾型），如"看见""改进""说明""纠正""革新"之类；（5）主谓型，如"冬至""地震""心疼""耳鸣""面熟""理亏"之类。语素在短语的句法结构里具有句法功能，上述复合词的这些结构型式，跟古汉语的复合短语的结构型式是一致的，跟现代汉语里的复合短语内部的句法关系也是一致的，所以可以用词类名称来标明各种语素的功能类别：如把与名词对应语素称为"名素"，与动词对应的称为"动素"，与形容词对应的称为"形素"，与副词对应的称为"形素"等等，这有助于说明复合词和复合短语内部的语法结构式有相似之处，如构"胆怯"（名素+形素）和"胆子大"（名词+形容词）都是"主谓"式结构，"新意"（形素+名素）和"新观点"（形容词+名词）都是定心式结构等。可见，从语法结构关系上看，研究实素和实素组合的结构方式，纵向可以连接古今短语和词之间的结构联系，横向可以贯通现代词和短语之间的结构联系。

（二）可借助某些特定的语素或构词格式来为词定性

由于构词里的某些语素或结构式与词类有密切关系，因此可以凭借它来给词定性,如"名素+量素"构成的复合词必是名词(如"车辆""马匹""信件""花朵""树丛"之类);"名素+名素"里后一名素形象地比喻前一名素的复合词必是名词(如"地球""雪花""眼珠"之类);谓补关系构成的复合词必是动词(如"看见""打倒""改进""说明""改良"之类);"名素+动素"构成的状心结构里名素形象化地比喻后面动素的复合词必是动词(如"林立""蚕食""云集""瓦解"之类)。某些典型的词缀也具有确定词性或标示词性的作用:如"前缀+词根"(如"老虎""老师""老鹰""老婆""阿姨""阿狗""阿嫂"之类)和"词根+后缀"(如"刀子""瓶子""钉子""胖子""鸟儿""花儿""盖儿""错儿""石头""苦头""木头""找头""花头""作者""读者""记者"之类)构成的派生词必是名词。某些类词缀组合成的词,只要知道了类词缀的词性,就能确定类词缀构成的组合的语法性质(语法类别),如"家"是名词性的,则"作家""活动家""摄影家"也必是名词性的,等等。

(三)某些黏着语素在特定情况下"词化"

现代汉语里,黏着语素在一般的情况下是作词的构成语素(词素)而不单独成词。但在特殊的情况下某些黏着语素可以"词化"。所谓"词化",就是黏着语素当作词使用。黏着语素在古汉语里是词,如果使用于现代汉语当作词使用,也可说是"古为今用"。这有以下几种情形:

(1)某些离合词在句中被分离后,该离合词黏着语素当作词使用,充当短语的某个句法成分,如"告了他一状""上了他的当""洗了一个澡"中的"状、当、澡"之类,这种黏着语素在上述短语里词化充当宾语。

(2)在成语、俗语或类固定短语里某些黏着语素当作词使用,如"执政为民""军民团结""一国两制""一拥而入""有利可图""以人为本"中的"执""政""民""军""国""制""拥""入""利""图""本"之类;又如"前怕狼,后怕虎"中的"虎","你一言我一语"里的"言""语"之类。

(3)在专科文献里有些黏着语素可以当作词使用,如"氧是一种化学元素""叶是维管植物营养器官之一"中的"氧""叶"之类。

(4)在缩略语里某些黏着语素也可以当作词使用,如"一年有春夏秋冬四个季节""香港实行'一国两制'""中、美、英、法等国"中的"春""夏""秋"

"冬""国""制""中""美""英""法"之类。①

（5）在书面语里为求简洁或典雅（采用文白相间的仿古用法），某些黏着语素也可以当作词使用，如"新华社讯""目前人类尚无法说明""当令其纠正错误""院里似有些凉意""年轻时力大无比""只见远处来了一个人""助他一臂之力""你的想法不切实际"里的"讯""尚""无""法""当""令""其""院""里""似""意""时""力""见""处""助""切"之类。现代汉语里某些谓补短语为求简洁，作补语的自由语素常以跟双音节词同义的黏着语素替代（如"听清""打败""打胜""洗净"等谓补复合词里作补语的"清""败""胜""净"都是黏着语素）。

（6）古为今用的虚词。这是古汉语虚词在现代汉语（主要是书面语）里的传承和遗留，如"之""其""于"等。虚词古为今用是有条件的。就以"之"来说，现代汉语的结构助词"的"与古汉语的结构助词"之"相当。现代汉语定心结构里一般都用"的"，如"红的花""伟大的祖国"；但在以下四种情况下却需要用文言色彩的"之"而不能用"的"：

1）在"X 之 Y（X 一般为双音节的实词性词语，Y 一般为不成词的单音节的"名"语素）"里，如"光荣之家""血肉之躯""威武之师""不正之风"等；②

2）"之"后面为数词，如"百分之百""二分之一""《邯郸遗稿》卷之四""哲学研究之六"等；

3）在"VP 之 A（VP 是谓词性词语，A 为形容词）"里，如"说话之愚蠢""发展之迅速""反响之强烈""涉及金额之大""参加人数之多""波及面之广泛"等；

4）在"NP 之 VP（NP 是名词性词语，VP 为动词性词语）"里，如"他人之遗弃""悲观论之无根据""我之去北京"等；

---

① 反之，短语也可以紧缩为词（短语里的词儿词素化），如"邮编"这个词是"邮政编码"的简缩，"南航"这个词是"南方航空公司"的简缩，"北大"这个词是"北京大学"的简缩，"环保"这个词是"环境保护"的简缩，"双百方针"里的"双百"是"百花齐放和百家争鸣"的简缩，等等。

② X 大多是双音节的，但有时也有多音节，如"身单力薄之躯"；Y 大多是单音节的"名"语素，但有时也有单音节的"非名"语素，如"鱼水之欢""言语之美"。

5) 在"CF 之 A(CF 是双音节程度副词, A 为形容词)"里, 如"非常之多""非常之厉害""非常之自由""异常之激烈"等。

（四）"素组"的单位、层次及其分析方法

1. "素组"的组成单位

语素组合体, 可简称为"素组"。

素组可以是两个或两个以上的语素组成的。素组可能是词, 如"新衣""新闻""新生儿""新四军", 也可能是短语, 如"新衣服""新鲜事物", 也可能是词还是短语有争议的, 本文称为"短语化词"（或称"词化短语"）, 如"新型冠状病毒"（简称"新冠病毒"）、"华达新型材料股份有限公司"（上市公司专名, 简称"华达新材"）。

2. 素组的层次及分析方法

素组具有层次性, 各语素之间有直接和间接之间的关系, 这跟语法里句法结构的层次性是类似的。可以参照句法结构的层次分析法（即采取直接成分分析法）来分析素组。两个语素的素组属于单层次素组; 如果是三个以上语素构成的素组, 无论是词还是短语抑或是难分词还是短语的素组, 都是多层次的素组, 都可以根据直接成分分析法进行层次分析（下面举例分析, 第一层次记作/, 第二层次记作//, 第三层次记作///, 第四层次记作////, 第五层次记作/////）。

（1）两个语素构成的素组（词或短语）, 是单层次素组, 实例: 素组为词的如"新/衣""新/闻"; 素组为短语的如"新/书""新/米"。

（2）三个语素构成的素组（词或短语）, 是多层次素组, 实例: 素组为词的如"新//生/儿"和"新/四//军"; 素组为短语的如"新/衣//服"和"新//鲜/事"。

（3）四个语素构成的素组（词或短语）, 是多层次素组, 实例: 素组为词的如"浦//东/机//场"和"量//化/宽//松"; 素组为短语的如"新/鲜事//物"和"新/媳///妇//儿"。

（4）四个语素以上构成的素组（短语化词或短语）, 是多层次素组, 实例: 素组为"短语化词"的如"新//型/冠///状//病///毒"和"华达/新型///

材料//股份///有////限////公/////司";素组为短语的如"新//四///军/军//歌"和"大//型/新///闻//纪////录///片"。

必须指出:语素和素组都可以作为某个层次的直接成分,如"新/衣//服"第一层次的直接成分是语素"新"和素组"衣服","新//鲜/事"第一层次的直接成分是素组"新鲜"和语素"事";又如"新//鲜/事//物"第一层次的直接成分是素组"新鲜"和素组"衣服"。

3. 素组的层次分析中的直接成分及其结构型式

素组的层次分析中的直接成分,有的是语素,有的是素组。直接成分之间的关系有几种情形:有的是语素和语素的关系,有的是语素和素组的关系,有的是素组与素组的关系,而不同的直接成分关系的结构型式也不完全相同。下面做扼要的举例分析。

(1)"新/衣、新/闻"的直接成分是语素和语素的关系,结构型式为"偏正结构"。

(2)"新/衣//服"第一层次的直接成分"新"和"衣服"之间是语素和素组的关系,结构型式为"偏正结构";第二层次的直接成分"衣"和"服"之间是语素和语素的关系,结构型式为"联合结构"。

(3)"新//鲜/事"的第一层次的直接成分"新鲜"和"事"是素组和语素的关系,结构型式为"偏正结构";第二层次的直接成分"新"和"鲜"是语素和语素的关系,结构型式为"联合结构"。

(4)"新//鲜/空//气"第一层次的直接成分"新鲜"和"空气"是素组和素组的关系,结构型式为"偏正结构";第二层次的两个直接成分各是语素和语素的关系,其中"新鲜"为"联合结构","空气"为"偏正结构"。

(5)"新//型/冠///状//病///毒"第一层次的直接成分"新型"和"冠状病毒"是素组和素组的关系,结构型式为"偏正结构";第二层次的两个直接成分里,"新"和"型"是语素和语素的关系,结构型式为"偏正结构","冠状"和"病毒"是素组和素组的关系,结构型式为"偏正结构";第三层次的两个直接成分里,"冠"和"状"是语素和语素的关系,结构型式为"偏正结构","病"和"毒"也是语素和语素的关系,结构型式也为"偏正结构"。

关于"词儿"问题

〇、前　　言

"词"也称"词儿",它既是构成整个词汇系统的基本成员,又是用于组成短语和构造句子的基本语法单位。可以给词下这样的定义:词是构语(构成短语)和造句(造成句子)中最小的能够独立运用的基本语法单位。比如"时尚发型"这个短语,就是由"时尚"和"发型"这两个词构的;又如"经理今天来公司上班吗"这个句子,就是由"经理""今天""来""公司""上班""吗"这六个词造成的。

所谓"最小的",是指它内部一般不能再分割出其他的词。① 单音节词是个"最小的音义结合体",即由一个语素构成,当然是"最小的",内部不可能再有更小的语素或词;即使由多个语素构成的合成词(如上面的"时尚""发型""经理""今天""公司""上班"等),内部分出来的成分,也只是合成词的构成语素而不是词,所以合成词本身在构语和造句中同样也是"最小的"。

所谓"独立运用"是指实词在短语或句子里能够单独表达概念意义、能够"自由运用"于构语造句、能够在词与词构成的句法结构里担任某个句法成分;虚词虽不能单独担任某个句法成分,但能够附着实词或短语等语法单位上起某种添显功能意义的作用。

所谓"基本语法单位",是指它在组语、造句中的地位而言的,语法里的任何短语或句子都是由词组成的,所以它是语法里组语造句的基本单位,这犹如生物的器官个体中的细胞。

---

① 汉语的"离合词"是一些比较特殊的词,在句子里有其独特的规则(参看范晓2014)。

一、词和非词的界限

（一）词和非词的区别性特征

两个或两个以上语素的组合体(可称为"素组")有的是词,有的是短语,这就有一个多语素组合体是词还是短语或内部成分是词的构成成分还是词的问题。可以根据以下一些区别性特征来综合辨别(参看范晓1981)。概括地说有三种特征。

1. 词在意义上一般具有专指性

这是指词的意义不是内部成分意义的简单相加,而是有其专门所指。例如"火车",指在铁路轨道上行驶的车辆,而不是"火"的意义加上"车"的意义,显然是词。又如"红花",如果指一种中药药材,意义专指,属于词;如果泛指红颜色的花,属于短语。这样可以总结出一条规则:如果组合体里两个语素都是能成词的自由语素,整个组合体的意义不是两个语素意义的总和而是另有固定的整体意义,就可以确定是词,如"矛盾""马路""火车""墨水""电灯""肉麻""冰冷""梦想""热爱"之类;反之,如果组合体里两个语素都是能成词的自由语素而整个组合体的意义是两个语素意义总和的,就可以确定是短语,如"旧书""大碗""蓝光""割草""写字""做梦""心慌"之类。

2. 词在语音上一般具有连续性

这是指词的内部语素之间原则上没有语音休止。如"叶子/出/水/很/高,像/亭亭/的/舞女/的/裙"这个句子里,语素组合体"叶子""出水""很高""亭亭的""舞女的"虽都有连续性,但内部也还有区别:"叶子""舞女"内部不能停顿,是词;而"出水""很高""亭亭的""舞女的"等内部语音上还可停顿分隔,分成"出/水""很/高""亭亭/的""舞女/的",便是短语。这些短语里能停顿分隔出那些语素是词,如"出""水""很""高""亭亭""舞女""的"等。

3. 词在结构形式上一般具有凝固性

这是指合成词内部的语素之间不能插入其他的词,不能使结构扩展使语素拆开成各自能自由活动的单位。如"开关"(电子元件)不能扩展成"开和关","马路"不能扩展成"马走的路",这表明"开关""马路"是词。相反,短语的结构相对松散,一般可以扩展拆开,如"新车""喝酒"可扩展成"新的车""喝过酒"之类。

(二)辨别词和非词中的几个问题

在具体辨别词和非词时,要注意以下几点:

(1)由黏着语素组成的语素组合体必定是词。如果一个语素组合体里有一个黏着语素,就可以判定该语素组合体是词,如复合词"证明""改善""拒绝""电视""知己""决心"等;由黏着语素词缀构成的组合体也必定是词,即组成派生词,如"椅子""花儿""石头"等。

(2)现代汉语里有一种特殊的词,就是"离合词",如"洗澡""理发""睡觉""打仗"之类。这类词的内部有黏着语素,是词汇词,因此收入词典;但在短语或句子里运用时,可以在它的内部插入其他成分使两个语素隔开,分离而扩展成为短语,如"洗个澡""睡了个大觉",甚至还可以把两个语素次序颠倒,构成"澡没洗""这一觉没睡好"这样的短语。①这种"离合词"在语法上可分析为"合则为词,分则为短语"。

(3)要分清"同形异级"现象。有些语素组合体形式相同,但由于所指"词义"不一样,就分属不同的语法单位,即在一种情况下是词,在另一种情况下是短语,如作为药材的"红花"是词,但作为"红色的花"的"红花"属于短语;又如"吃醋"如果指"妒忌"的意思,是词,但在"吃醋可去除油腻"里的"吃醋"("醋"是食品),则是短语。

(4)专有名词所指事物(主要是人名、地名、机构名、物体名)一般都是独一无二的,可以一律当词处理,而不管它内部语素的多少或音节的长短,如"李白""诸葛亮""北京""莫斯科""中华人民共和国""人民代表大会""多米诺骨牌"等。

---

① "革命""鞠躬""恭喜"这类词在句子里有时也能扩展,如"革他的命""鞠一个躬""恭什么喜"等;但跟"洗澡""睡觉"之类"离合词"不一样,它只是动态句子里临时的应用,可以看作为修辞上的拆词手法。

（5）有些组合体里的语素都是能成词的自由语素,而整个组合体的意义是两个语素意义的相加,这就可能有词还是短语或内部是词根还是词的争议,如"新书""大鱼""大树""牛肉""羊肉""红花""头痛""脚痛""头痒""打败""提高"之类,在这些组合体里,内部的语素都能表达一个概念,都能单说成词,都能做词根。这种组合体如果实在分不清实词还是短语,不妨采取这个原则:黏合式(内部没有其他成分)的组合体作为词处理,插入其他成分的非黏合式的组合体作短语处理,如"大树""小鱼""红花""头痛""打败""提高"是语法词,而"大的树""小的鱼""红的花""头很痛""打得大败""提得很高"之类是短语。

(三) 词的词汇意义与语法的关系

1. 词汇意义是构成句子意义的基础

词有词汇意义(也称"词典意义")。词的词汇意义存在于人们的头脑里,也存在于词典或词库里。词汇意义不仅是区分词类(词的句法分类)的基础,也是构成句子意义的基础。要理解一个具体句子的具体意义,首先要能理解句子里每个具体词的意义,这是因为句子的基本意义一般是由词语的词汇意义构成的。比如"鸟飞了",知道了"鸟""飞""了"的意义,我们就大体知道"鸟飞了"句子的基本意义。不能设想,不知道句子里的某个词的词汇意义却能理解句子的意义。人们学习外语有一条重要经验,就是懂得一个句子的意义首先要知道句子里词的意义,当看到一个句子里的某个词不知其意义时,就要查查词典(词典的重要价值也就在这里),这就充分证明词的词汇意义对于理解句子的意义是多么重要。同样,要造(生成)一个句子,首先要选择能表达某个概念意义的实词以及表达某种语法功能意义的虚词,这也是显而易见的。所以无论是析句或造句都首先要理解词的词汇意义。

2. 析句和造句必须理解词的多义、歧义、同义

（1）词汇里的词有些是单义的,如"灯",意义是"泛指可以照亮的照明用具"。有些词是多义的(有多个义项),以动词"吹"为例,它有5个义项。①合拢嘴唇用力出气:~一口气;②吹气演奏:~笛子;③(风、气流等)流动:

风~雨打;④夸口:先别~,做出具体成绩来再说;⑤(事情、交情)破裂,不成功:不用提啦,这件事~啦!上述"吹"的不同义项,决定了它和名词的结合或搭配关系,决定了组成不同的短语和造成不同的句子。所以在析句和造句时知道多义词的各种意义是必要的。

(2)词汇里有的多义词在组语造句时会产生歧义,如"热"有"温度高"和"使热"的意义,在孤立的"饭不热了"里就产生歧义;又如"看病"有"医生给病人治病"和"病人找医生治病"的意义,在孤立的"他看病去了"里就产生歧义;再如"上课"有"老师去给学生讲课"和"学生去听老师讲课"的意义,孤立的"她上课去了"就产生了歧义。这些词的多义在句子里造成的歧义会引起人们的歧解,但由多义词造成的歧义句在一定的语境里可以化解或消除歧义。

(3)词汇里有很多同义词,意义相同或相近的同义词与其他词的搭配或结合是有选择性的,即同义词在组语造句时有不同的搭配对象,如"交换"和"交流"意义相似,但搭配对象不同:"交换"多与表示"实体"的事物名词搭配,如"交换物品""交换人员""交换场地"等;"交流"多与"抽象"的一些事物名词搭配,如"交流思想""交流感情""交流意见"等。又如"突然"和"忽然"也是同义词,前者为形容词,可以和名词结合,如说"突然事件",可以跟程度副词结合,如"很突然";"忽然"是副词,不能修饰名词,不能跟程度副词结合。

(四) 词汇词、语法词和韵律词

1. 词汇词和语法词

吕叔湘(1979,第21、22、30页)认为,语法里分析词,既要讲"词汇词",又要讲"语法词"。他说:"不太长不太复杂的语音语义单位,大致跟词典里的词目差不多。这可以叫做'词汇的词'(即"词汇词")",如果"这个组合不太长,有比较统一的意义"就可以认为是一个"词汇词"。他认为"双语素的组合多半可以算一个词","三个语素的组合多数作为一个词较好",如"大型""彩色""超额""电灯""黄豆""豆制品""耐火砖""人造革"等都是"词汇词"。"四个语素的组合多半可以算两个词",如"无轨电车""生物制品"。

他认为"在这里,语素组合的长短起了很大作用",如"袖珍英汉词典""大型彩色纪录片""同步稳相回旋加速器""多弹头分导重入大气层运载工具"比较长,可看作语法词。另外,他认为"干净衣服""超额完成""说清楚""看不完""拿得出""笑了起来"等(一般认为是词汇词组成的短语),也可以算作"语法词"。也有不同意见者,如戚晓杰(2015)认为,"词汇词是能独立运用的最小音义结合体","词汇词在一定的语法框架中词性的实现,这种实现了词类可能性的词才是语法词"。比如:"代表"是词汇词,在具体的语法框架中有时作"名词",有时作"动词";这名词"代表"和动词"代表"才是语法词。笔者认为,这种说法显然有问题,一是混淆了自由语素和词汇词,因为词汇词里的合成词不是"最小音义结合体");二是把词性(词类)与语法词混为一谈,然而语法词并非决定于词性。

本文基本上采取吕叔湘关于区别"词汇词"和"语法词"的意见,但有所改进。笔者认为区别词汇词和语法词,不决定于组合体的长短(笼统讲长短没有一个标准),也不决定组合体内语素的多寡,而决定于组合体是"黏合结构"还是"扩合结构"(非黏合结构)。①"黏合结构"是指该组合体内部成分间没有其他成分插入的结构,如"大树""新衣服""打败""吃饱";"扩合结构"是指该组合体为扩展结构,即内部成分间插入其他成分结构,如"大的树""新的衣服""打得大败""吃得很饱"。

笔者认为可以做这样的规定:如果一个语素组合体是"黏合结构",就可以看作词(包括词汇词和语法词),如"红花""大碗""小碗""大树""小鱼""打败""吃饱""人造丝""新衣服""新鲜蔬菜""无轨电车"等;其中有些是词汇词可以收入词典,如果不是词汇词就不妨看作语法词,不一定收入词典。一般地说,已经收入到词典里当作词条的"词典词",②大都可看作"词

---

① 朱德熙(1982,第148—149页)把中间不加"的"的定名结构称为"黏合结构",把中间加"的"的定名结构称为"组合结构"。他把黏合式的定名结构组合体看作复合词,如"新书""大鱼""大树"等;把组合式的定名结构组合体看作短语,如"新的书""大的鱼""大的树"等。本文把朱德熙"组合结构"改为"扩合结构",理由是:他所说的"黏合结构"或"组合结构"都是一种"组合",都是从"组合体"里分析出来的结构。

② 词典有大、中、小型之别,大型词典收词多而广。词典里的词条一般是"词汇词",但词典也可能有收词不当的情形(如把短语也作为词收入),也有该收未收的情形。

汇词";凡是与"词汇词"结构相同(黏合结构)的、句法地位相当的、有比较统一的意义语素组合体,但还未收入词典的,都可看作"语法词"(不管这个组合体的长短和内部语素的多寡)①。比如"人造""人造革""人造丝""人造花""人造纤维""人造皮革""人造心脏""人造太阳""人造大理石""人造文化石墙砖""双水内冷发电机""同步稳相回旋加速器"等实语素和实语素的组合体,有的已经收入词典,可看作"词汇词",没有收入的有争议的不妨看作"语法词"。又如"新式""女式""蝶式""蛙式""水冷式""火箭式""波浪式""便携式""半自动式""回旋曲式""激光焊接式""咬文嚼字式"等实语素和类词缀语素构成的组合体,已经收入词典的可看作"词汇词",没有收入的有争议的可看作"语法词"。再如"改良""改正""纠正""说服""扩大""夸大""打倒""打破""推翻""推开""打死""戳穿""提高""长大""吃饱""洗净""说破""说清楚""洗干净""打扫干净"等构成的动补结构组合体,已经收入词典当然是"词汇词",没收入的有争议的可看作"语法词"。

值得注意的是,词汇词和语法词可以互相转化。很多两个或两个以上的语素组合体是词汇词还是语法词有时很难分别,其中有些很可能是短语向词转化的过程(量变到质变的过程)中的一种现象,在未达到根本质变时,组合体既不是标准的词,也不是标准的短语,它们正处于词和短语之间的一种"中间状态"(参看吕叔湘1979,第11页),它们是"词化短语"或"短语化词",就语言发展而言,不妨称为"语法词"。从历史发展上看,汉语里的词汇词很多是由短语发展为中间状态的"语法词",再由语法词转化为词汇词(语法词不断发展,如果常用,使用频率就会增高,增高到一定程度而相对定型化,也就会被词典收录而成为词汇词)的。也有相反的情形,有些词汇词在运用中由于表达的需要也可能转化为语法词,如"打倒""推翻"是词汇词,但"打不倒""推得翻"可以看作语法词。

过去讲"词"一般是讲"词汇词",吕叔湘"语法词"概念的提出,有助于

---

① 如果从组合体的长短或语素的多寡而言,双音节或三音节的黏合式组合体大多可分析为词(包括词汇词和语法词);四音节的固定组合(特别是成语)算作词还是短语会有争议,现在一般看作固定短语,而其作用相当于语法词;至于其他四个音节以上的,算作词也有,但相对比较少。

解决语法分析中词与短语纠缠的问题,也有助于当今人工智能大数据分析句子信息的方便处理。

2. "韵律词"

(1) 词的音节和"韵律词"。根据词的语音音节的多少,现代汉语的词主要有单音节词、双音节词、三音节词,但也有四个和四个以上的音节词。过去语法上谈到词的音节分类,通常是先确定某些组合是词,然后再分析那些词有几个音节。

冯胜利(1996;1997;2000)提出"韵律词"这个概念。他认为词的音节分类的依据是"音步"。指出韵律中的"音步"是最小的能够自由运用的韵律单位。现代汉语的音步有三种音节类型,即单音节、双音节和三音节。从音节上给词分类,就有单音节词、双音节词、三音节词等,双音节合成词为"标准的韵律词"。并认为不管是词还是短语,只要是一个音步,就是一个"韵律词"。换句话说,"韵律词"就是指最小的能够自由运用的韵律单位。根据"音步"确定的"词",指的是句法结构里的韵律节奏词(即"韵律词",包括句法结构中出现的符合音步原则的词汇词、语法词以及短语),如"走路""睡觉""大树""红花"这类"亦词亦语"的组合,从韵律的角度看,这些都是韵律词。但是其中有些已经进入词汇层面,如"走路""睡觉",称为"词汇词";有些还未进入词汇层面,就是短语,如"大树""红花"。

韵律词概念的提出,有助于解决词和短语的纠缠,也有助于说明很多语素组合体难以确定词还是短语的原因,还有助于解释汉语复合词的形成过程,即汉语大量复合词从韵律词到固化韵律词再到词化韵律词的形成过程。所谓"词化韵律词"实际上就是可以收入词典的词汇词。

(2) 音节影响词与词的搭配。现代汉语里双音节词占优势。词的音节的往往会影响到语法里词与词的搭配关系和用法:有些单音节的实词不能单说,如单音节的"姓"("赵""钱""孙""李"之类),称呼姓"李"的人,可叫他"老李"或"小李",但一般不能叫他"李";地名也是如此,"普陀山"可说"普陀","泰山"却不能说"泰"。有些词类的词儿音节不一样,在组合时功能上也有差异,比如单音节动词和双音节动词的搭配就有相当的差别,在"动+名"组合里,双音节动词有时能作定语("考试题目""学习方法"之类),

而单音节动词作定语后边要加"的"("写的文章""听的音乐"之类)。在"动+名"构成动宾关系时,单音节动词的宾语名词可以是单音节的,也可以是双音节的,而双音节动词的宾语名词一般求是双音节的,如可说"进行调查""开垦土地",而不能说"进行查""开垦地"(参看吕叔湘,1963)。

(五) 短语词(短语化词)——固定短语和类固定短语

从语法分析角度而言,现代汉语里的语法词除了上面提到的有些分不清是复合词还是复合短语的双语素或多语素的组合体外;还有,现代汉语里有很多"固定短语"和"类固定短语",实质上也是一种语法词,或说是"短语词"(短语化词)。

固定短语和类固定短都是由两个或两个以上的语素构成的固定性的组合体。语法里应该分析为何种单位是有不同看法的。很多语法书把它们分析为比词高一级的语法单位,即看作"短语"。本文认为:命名为"固定短语"和"类固定短语"是着眼于这类短语的语素组合及其形成的语汇来源而言的;但这类短语结构上具有"固定性",语音上具有连续性,意义上具有整体性(其中很多还具有隐喻性或联想性),用法上能与其他词语组成短语,这就近似于词的基本特征。所以,"固定短语"和"类固定短语"从词汇角度看是一种"词化短语",从语法角度可以分析为词,即"短语词"("短语化词")。有些著名的常用的"固定短语"和"类固定短语"已经收录进词典(可参看《现代汉语词典》),这也表明:在词典编纂者心目里已经把它们看作词汇词了。下面分别对"固定短语"和"类固定短语"做简要说明。

(1) 固定短语(也称"成语"),指结构上具有凝固性(固定短语内部的词及其次序一般不能变动)、意义上具有整体性(不是简单的字面意义,整体意义常带有联想性)的短语。汉语里的固定短语绝大部分是人们长期以来习用的"四字成语",如"胸有成竹""雪中送炭""得陇望蜀""好高骛远""滥竽充数""一衣带水""上纲上线""想入非非"之类,也有部分"非四字成语",如"炒鱿鱼""铁饭碗""扣帽子""香鼻头""开夜车""九牛二虎之力"之类。它们内部结构定型,意义专指,即有独立的整体意义而不是内部语素意义的简单相加,可以和其他词语组成短语,在句子里以最小自由运用单位的身份来充当某个句法成分。它们虽有"短语"之名,却为"词儿"之实,所以可以把这种"类词短语"称为"短语化词"。这种固定短语在句子的语法分析中可以按照词(语法词)来处理,内部没有必要做进一步的短语结构分析。如果对其进行结构分析,那只类似于复合词的内部分析。

（2）类固定短语,指类似固定短语的短语。固定短语的短语有两种类型：一种是临时创造的形式很像四字成语的短语(但大多可以根据字面意义来理解,这和固定短语有别),如"一头雾水""冰山一角""水陆交通""吃喝嫖赌""四季如春""东拉西扯""酒足饭饱""粗眉大眼""哭爹叫娘""颠来倒去""温情脉脉""相貌堂堂"之类。另一种是特定固定格式类推形成的几个语素组成的结构体。如固定格式"不 A 不 B"形成的类固定短语有"不山不水""不人不鬼""不见不散""不三不四""不情不愿""不明不白""不干不净"等,固定格式"一 A 一 B"形成的类固定短语有"一清二楚""一张一弛""一来一去""一草一木""一言一行""一针一线""一年一度"等,固定格式"一 A 半 B"形成的类固定短语有"一知半解""一鳞半爪""一言半语""一男半女""一时半晌"等,固定格式"七 A 八 B"形成的类固定短语有"七嘴八舌""七颠八倒""七死八活""七上八下"等。上述两种类固定短语也是"类词短语",也可称为"短语化词"。

（六）关于构词法

构词法与词汇学和语法学是交叉学科。构词法研究词构成的结构方式,由于构词法与语法里的句法有密切关系,因此它有助于说明语法上的一些问题。复合词的结构方式便与语法里的句法有密切关系,如汉语的复合词大多用所谓"句法构词法"构成的,例如"新娘",跟句法结构"新衣服""新房子"等构造形式是一致的(都是偏正结构)。派生词的构成的结构方式与词的句法分类有密切关系,如由后缀"子""儿""头"构成的派生词都可以判定为名词。根据词构成的结构方式可分单纯词和合成词两类。

1. 单纯词

单纯词是由一个词根语素构成的词。根据音节的多少,单纯词又可分为两种：一种是单音节单纯词,由单个音节构成,如"天""人""书""飞""红"

"白"之类,它们是语言基本词汇的核心成员,跟古汉语一脉相承;另一种是多音节单纯词,由两个或两个以上的音节构成,主要是联绵词(包括双声词和叠韵词)、叠音词、拟声词、音译外来词,如"参差""彷徨""姗姗""潺潺""猩猩""咔嚓嚓""霹雳啪啦""葡萄""法兰西""巧克力""奥林匹克""阿司匹林"之类。现代汉语里的单纯词大多是单音节的。

2. 合成词

合成词指由两个或两个以上的语素构成的词,可以分为复合词和派生词两类。

(1) 复合词。它是由两个或两个以上的词根语素构成的词,现代汉语的复合词大多是双音节(有"双音节倾向")的,如"国家""答复""改革""皮鞋""新意""电灯""改良""革新""修正""关心""革命""知己""嘴硬""肉麻""地震"之类;但也有很多是多音节的,特别是科技用词、专有名词以及某些外来词,如"双水内冷发电机""高超音速飞行器""中国科学院""歇斯底里""奥林匹克"之类。

(2) 派生词。它是由一个或多个在词根语素上附加词缀语素构成的词。现代汉语的派生词大多是由一个词根语素附加上词缀语素构成的双音节词,如"老师""老虎""老总""桌子""花儿""盆儿""石头""零头""花头""看头"之类;也有由两个词根语素附加上词缀语素构成的三音节词,如"软刀子""笔杆子""狗腿子""媳妇儿""小性儿""心眼儿"之类。此外,还有一些类词缀附着在词根上构成的"类派生词",它们大多是双音节和三音节的,双音节的如"类化""简化""记者""作者""个性""人性""西式""广式""盒式"之类,三音节的如"现代化""机械化""信息化""老龄化""参观者""投资者""购房者""执法者""搅局者""战略性""重要性""针对性""结构性""地域性""中国式""粗放式""跨越式"之类。还有一些三音节以上的,如"滚雪球式""双向扩散式""杀鸡取卵式""经济全球化""无政府主义""鳏寡孤独者""自由主义者""单边主义者"之类。这类音节较多的组合是不是词汇词可能有争议,不妨看作语法词。有的还是一些音节较多的"临时性"的类似词的组合,在语法分析时可作为"临时词"处理,不一定收入词典。

（七）关于词的命名法

1."命名法"的含义

"命名法"指词的命名的方法，也就是创造"词的名称"的途径或方法。任何一个词都含有某种"义"（"词义"），即索绪尔所说的"所指"；任何一个词都有一个"名"（名称），即索绪尔所说的"能指"。任何一个词都是"义"和"名"的结合体（或说"所指"和"能指"的结合体）。"名"（能指）含有"义"（所指），"义"（所指）须由"名"（能指）表示，两者互为依存。命名法就是给"义"（所指）以"名"（能指）的方法。给所指意义命名，在口语里由语音表示，在书面里由文字表示。如："能制造工具并使用工具进行劳动的高等动物"这个所指意义，命名能指的语音是[rén]，文字是"人"；"把液体饮料或流质食物咽下去"这个所指意义，命名能指的语音是[hē]，文字是"喝"；"美丽、好看"这个所指意义，命名能指的语音是[měi]，文字是"美"。

2. 命名法和构词法

词的命名法与词的构词法有区别：构词法旨在分析词构成的结构方式，如把词分析为单纯词、合成词以及分析合成词内部语素与语素之间的结构关系结构方式（如联合结构、偏正结构、谓宾结构、附着结构等）；而词的命名法旨在分析词的名称的由来（缘由），即分析如何给所指意义以某个能指形式的。

在合成词里，命名法和构词法是并行不悖的，比如复合词瓜名（"X瓜"，X是修饰"瓜"的语素）很多，从构词法结构方式看，都是偏正结构构成的复合词；但从命名法角度看，同样是偏正式的瓜名，名称的由来不一样：有各种各样的偏正式复合词"X瓜"，用何种X来命名"瓜"，就会有不同的名称：有的依据颜色命名，如"白瓜"（亦称"白冬瓜"）因色白而得名，"黄瓜"因成熟后皮色呈黄色而得名；有的依据形状命名，如"丝瓜"因成熟后肉呈网状纤维得名；有的依据产地命名，如"哈密瓜"因哈密所产最著名而得名，"西瓜"因来自西域而得名；有的依据嗅觉、味觉命名，如"香瓜"因闻有香味而得名，"苦瓜"因口感略有苦味而得名；有的用比喻命名，如"佛手瓜"因形如佛手（形如两掌合十）。

3. 命名法和所谓"造词法"

学界有"造词法"一说。造词法这个术语很容易和构词法打架。如任学良《汉语造词法》(1981,第2、3、6页)认为除了构词法,还应有"造词法",并说造词法是"研究用什么原料和方法造成新词方法","造词法可以统率构词法"。这看法有问题。第一,说造词法专门研究"新词造词"不完全准确,因为虽然从现代汉语角度说造词法要研究造"新词"之法,但也应包括"旧词"的造词之法(古汉语里也应该有造词之法)。第二,说"造词法可以统率构词法"也不妥,因为构词法里的"词法学造词"属于派生词的构词结构方式,"句法学造词"属于复合词的构词结构方式;如果造词法统率构词法,并把构词法看作造词的手段之一,也就根本不需要讲构词法。其实,"构词""造词"本是近义,都有"构造"词的意思,已经有了构词法,也就没有必要再提出"造词法"和"构词法"并列;更何况用造词法来"统率构词法",那实际上取消了构词法。

任学良《汉语造词法》(1981)一书提到汉语造词法体系里有"词法学造词""句法学造词""修辞学造词法""语音学造词法""综合式造词法""文字学造字法"等,排除了其中的构词法(所谓"词法学造词""句法学造词"实际上就是构词法)以外,其他的"修辞学造词法""语音学造词法""综合式造词法""文字学造词法"等,实际上属于本文所说的"词的命名法",即都是分析词的名称的由来(缘由)的或者说是研究词的能指的命名的。所以笔者认为,"构词法"这个术语在语言学里已经普遍运用,可以保留;"造词法"这个术语可以取消。本文提出词的"命名法",可以纳入任学良《汉语造词法》里面涉及词的命名的部分。

4. 词的命名的主要方法

词的命名的方法,可以分为两大类:任意性命名法和理据性命名法。①

第一类,任意性命名法。

词是词音和词义的结合体。所谓任意性,是指一个词的语音(能指)和

---

① 命名词的名称,有任意性和理据性之争。其实没有必要论争,因为词的命名既有"任意性"的一面,也有"理据性"的一面。

它的词义(所指)的结合是任意性的(没有必然的或自然的联系),即用什么语音(能指)表示某种意义(所指)是任意的。索绪尔很强调一个词音义之间的联系的任意性,他在谈到"能指和所指相连结"这个问题时说:"能指和所指的联系是任意的",并注解:任意性是指"它是不可论证的,即对现实中跟它没有任何自然联系的所指来说是任意的"(参看索绪尔1980,第100—104页)。这种能指与所指任意性的联系,也就决定了所指是可以任意命名其能指的,即对"所指"可以使用"任意命名法"。

意义结合的任意性可以从族语或方言里词的命名得到证明。如果"音"和"义"之间的联系不是任意的而是有必然的自然联系的,那么各族语对某个所指意义的命名应该是相同的;但事实并非如此,绝大部分的情形是:在不同族语里,某个"义"(所指)有着不同的"名"(能指),如英语的 wolf,汉语名为"狼";英语的 bird,汉语名为"鸟";英语的 drink,汉语名为"喝";英语的 long,汉语名为"长"。

从汉语词名的命名来看,单音节单纯词("最小的音义结合体",现代汉语里是语素或词,古汉语里最早都是词)的"义"和"音"间的联系大多是任意性的,即对"义"是任意命名其"音"的,例如:"能制造工具并使用工具进行劳动的高等动物"这个"义"命名为[rén](汉字写作"人"),"行星太阳"这个"义"命名为[rì](汉字写作"日"),"木本植物"这个"义"命名为[shù](汉字写作"树"),"生活在水中的脊椎动物"这个"义"命名为[yú](汉字写作"鱼"),"把食物放到嘴里经过咀嚼咽下去"这个"义"命名为[chī](汉字写作"吃"),"美丽""好看"这个"义"命名为[měi](美)。这些语音上的命名都是没法验证的,也就是没有理据可言的。此外,汉语里的"双声词"(如"参差")、"叠韵词"(如"彷徨")、"叠音词"(如"姗姗")等,大都也是任意性命名的。

值得指出的是:汉语语素或单音节单纯词语音命名虽然大多是任意的,但是它们在书面上"文字"的"形"一般不是任意的。这是因为汉语的"方块字"是一种表示单音节语素的文字(单音节语素用一个汉字表示),绝大多数汉字是一个字读一个音节表一个语素。汉字造字的方法有六种,即所谓"六书"(象形、指事、会意、形声、转注、假借),这六种造字之法一般都是有所依据的。如汉语里对"挂在藤上的葫芦状果实"这个所指意义命名其音为

[guā]是任意性的;但汉字写作"瓜"不是任意的,它是一个象形字,即依据"瓜"的形状写成此字的,所以具有理据性。所以汉字跟表音文字(即"拼音文字",如英语、俄语等)不同,表音文字需通过字母(最小文字单位,如英语有 26 个字母)表示的音素组合起来来命名"所指意义",如汉语的"瓜"在英语里命名为 melon(既是词,又是字)带有任意性,它是由 5 个字母组合起来命名所指意义的。

第二类,理据性命名法。

能指和所指之间的联系既有任意性的一面,也有理据性的一面。索绪尔强调了任意性,忽视或轻视了理据性。[①]就汉语而言,汉语里虽然有大量的词的"所指"和"能指"之间的联系是任意性的,特别是单音节语素或词大多是采用任意性命名法命名的;但是汉语里"义"和"义"之间的联系理据性的情形也很突出(单音节单纯词较少,大量的体现在双音节或多音节的合成词上),通常选择已有的语素材料命名,随着汉语双音节化的趋向,采用理据性命名法就更多。理据性命名主要有以下几种方法。

(1) 平白意合命名法。

平白意合命名法指把两个或两个以上的语素组合起来词名是平实明白的,也可以说是非积极修辞手段命名的。比如现代汉语里有"计算机"和"电脑"(英语称为 computer)两个词,它们都指称同一"所指"(即指一种能快速进行大量数学计算和信息处理的机器)。但它们的命名法不一样:"计算机"是平白意合命名的,内部语素意义的关系平实明白,意思是"用于计算的机器"。平常使用的计算机依赖电子能量运作,所以全称为"电子计算机"。"电脑"是用比喻方法造成的"名",即以人脑喻指该机器。现代汉语里两个语素意义的简单相加的复合词,许多是用平白意合命名法命名的,如"管理""功劳""广阔"之类的联合式复合词,"皮鞋""绿茶""回忆""狂热"之类的偏正式复合词,"立春""破产""缺德"之类的谓宾式复合词,"纠正""断定""征服"之类的补充式复合词,"海啸""胆怯""目击"之类的主谓式复合词。

---

① 索绪尔虽然也说过不是所有能指和所指之间联系都是绝对任意的,在一定程度上是有理据的(参看王艾录 2003);但总的来说,他还是忽视或轻视了理据性。

所有这类复合词都是利用已经存在的最小音义结合体语素相结合搭配而组成并命名的,其本质不是任意性而是理据性的。

(2) 联想意境命名法。

联想意境命名法是指运用各种积极修辞手法来命名的方法。有的用比喻手法命名,如"肺腑"比喻内心,"龟缩"比喻像乌龟头缩在甲壳内,"蚕食"比喻逐步侵占,"鸡眼"比喻脚上的肉刺,"佛手瓜"比喻形似佛手那样的瓜,又如"林立"和"雪白",比喻"像树林般地竖立"和"像雪那样洁白"。有的用借代手法命名,如"巾帼"借代女子,"知己"借代"知己者","悬壶"借代行医,"干戈"借代战争;有的用仿拟手法造词,如"后进"仿拟"先进","遗少"仿拟"遗老","促退"仿拟"促进";有的用转类(也称"转品")法命名,如事物名词"锁"转成动作动词"锁",动作动词"翻译"转成指人名词"翻译"等。

(3) 依据声音命名法。

依据声音命名法是指使用语音手段来命名,即依据声音来命名的。这有以下一些情形:

① 汉语里有大量拟声词("象声词")是依据声音命名的(拟声就是理据),如"咩",语音[miē]所指意义是"羊叫声";"哞",语音[mōu]所指意义是"牛叫声";"汪汪",语音[wāng wāng]所指意义是"犬叫声";"呱呱",语音[gū gū]所指意义是"婴儿哭声";哎呀,语音[āi yā]所指意义是"惊讶声";"辘辘",语音[lù lù]所指意义是"车轮转动声";"哐啷",语音[kuāng lang]所指意义是"器物撞击声";"叮当",语音[dīng dāng]所指意义是"金属、瓷器等撞击声";"潺潺",语音[chán chán]所指意义是"溪水流动声"。

② 汉语里的单音节语素是一个单纯词,它们最早的命名大部分是任意的。但也有一些表达某种事物义的命名具有理据性,这体现在它们是摹拟"所指"的发出的声音命名的。如"蛙"(无尾、后肢长、前肢短、趾有蹼、善于跳跃和游泳的两栖动物),摹拟该动物的叫声[wa]命名;"鸦"(羽毛大多为黑色、喙及足强壮的鸟类),摹拟该动物的叫声[ya]命名;"铃"(用金属制成的响器),摹拟该物碰撞声[ling]命名。

③ 有的用音译手段命名,即用发音近似的若干音节翻译外来词命名汉语词名,如"袈裟"音译自 kasaya,"巧克力"音译自 chocolate,"可口可乐"音

译自 Coca-Cola,"咖啡"音译自 coffee,"歇斯底里"音译自 hysteria。

(4) 类推加缀命名法。

合成词里的派生词,是一种很有潜力的能产的词,它的产生是依据类推加缀于实体词上命名的,如"找头""看头""想头""吃头""甜头""苦头"等词的产生,就是依据类推加后缀"头"命名的。类词缀的不断涌现和类词缀词的产生和命名,也是依据在实体词上类推加缀命的,如类推加类后缀"化"命名的词现在越来越多,有"工业化""农业化""城市化""园林化""现代化""民族化""老龄化""机械化""电气化""电子化""网络化""规范化""脸谱化""全球化""简单化""理想化""情绪化""绝对化"等,又如类推加类后缀"性"命名的词现在也越来越多,有"思想性""必然性""偶然性""技术性""抗药性""严重性""全面性""片面性""倾向性""针对性""积极性""自主性""复杂性""公平性""现实性""独立性""争议性""合法性""任意性""理据性""流行性""意向性""抗寒性""区域性""封闭性""开放性""习惯性""有效性"等。

(5) 重叠命名法。

重叠命名法,指把已有的语素(古代曾经是单纯词)重叠起来命名一个重叠式复合词的方法,如"爸爸""妈妈""哥哥""弟弟""姐姐""娃娃""星星"等。还有"看看""想想""听听""研究研究""轻轻""美美""短短""苍苍""茫茫""通红通红""乌黑乌黑"之类,可以看作动态运用中通过语素或词的重叠命名的临时性的语法复合词。

(6) 简缩命名法。

简缩命名法,指把已有的短语或多音节词采用简缩(也称"紧缩""缩略")方法或命名的词名("简称词")。主要有下列两种方法:一是提取短语中有代表性的词命名,如"抗战"是"抗日战争"的简缩词名,"化肥"是"化学肥料"的简缩词名,"北大"是"北京大学"的简缩词名,"奥运会"是"奥林匹克运动会"的简缩词名,"法国"是"法兰西共和国"的简缩词名,二是用数字概括和标明并列结构中的相关事物命名的,如"四季"是"春夏秋冬"的紧缩词名,"四声"是"平声""上声""去声""入声"的紧缩词名,"五金"是"金""银""铜""铁""锡"的紧缩词名,"五行"是"金""木""水""火""土"的紧缩词名。

关于"短语"问题

〇、引　　言

《中国语文》1978年第4期发表了张寿康《说"结构"》一文,接着就展开了一场关于结构和短语问题的讨论。讨论的结果促进了汉语短语的研究。

"结构"本来是一个含义并不含混的概念,但《说"结构"》却把它弄得含糊不清了。该文一方面把"结构"当作关系,即所谓"内部联系",另一方面却又把它看作实体,说"结构"是"造句的一种语言单位";一方面说"语法是一种结构系统",词、句子都是结构,另一方面却又说"词和词按照一定的方式组织起来,作句子里的一个成分的,叫做'结构'"。这便把"结构"与"短语"混为一谈,把"结构"一词不必要地多义化了。

"结构"和"短语"还有"词组"这三个术语的纠缠是一个老问题,过去语法学界一直存在分歧。主要有三种意见:一种是用"结构"来指称短语,如张寿康(1978)所主张的;一种是,实词与实词的结构体叫"词组",实词与虚词的结构体叫"结构",如《汉语》课本系统(人民教育出版社编1956)所主张的;还有一种是,把"结构"和"短语"分开来,"结构"指关系,"短语"指"不止一个词可又不成为一个句子的东西"(吕叔湘、朱德熙1952,第9页;吕叔湘1979,第10、50页),包括实词与实词的组合以及实词搭上一个虚词的组合。

笔者认为把"结构"与"短语"分开来比较好(范晓1980a)。"结构"专门用来指结构关系或构造式样,"短语"专门用来指称两个或两个以上的词按照一定方式组织起来但还不是句子的语法单位。作为科学术语,这样的分工是完全必要的。相反,把"结构"和"短语"混淆起来,甚至用"结构"一词来代替短语,则是不妥的。词组论者只是把实词与实词的结构体叫"词组",而把实词与虚词的结构体叫"结构"(如把"介词+名词"称为"介词结构"),

关于"短语"问题　　　　　　　　　　　　　　　　　　　　　　　　　133

这也不妥,一则实词与实词的结构体内部也有结构(如"主谓结构、偏正结构"等),二则称短语可以统括"实实结构体"和"实虚结构体"。所以用短语这个术语比用词组合理。

一、短语的性质特点及其存在形式

(一) 短语的性质

短语(简称为"语")是由两个或两个以上的词按照一定结构方式构成的作为句子构件的语法单位。这个定义包含着几层意思:第一,短语是语法单位而不是词汇单位;第二,短语必定是由两个或两个以上的词构成的;第三,短语有一定的结构方式(如"主谓型""谓宾型""定心型"等);第四,短语是句子的构件,所以是造句的语法单位。

概言之,短语和词、句子一样,都是语法系统中的单位。短语跟词在语法结构中的作用和词是一样的,都是造句的语法单位;但是它不同于词,因为它是由词组成的构件,是比词高一级的语法单位。短语和句子都是大于词的语法单位;但是它不同于句子,因为它没有语气,是比句子低一级的语法单位。所以短语是介于词和句子之间的语法单位,也就是大于词、小于句子的属于"词和句子中间环节"的语法单位。

从结构方式上看,短语的结构方式不仅与句子的句干(关于"句干",可参看范晓2012)有相当大的一致性,而且和合成词(特别是复合词)的构成方式也有相当大的一致性。短语上通句子,下及合成词,分析短语可以说是分析句子的句干和分析合成词的一把钥匙。研究短语的内部结构不但有助于说明句子句干的结构,也有助于说明复合词的结构。

"短语"是相对独立的语法单位,无论从"合成"的角度还是从"分析"的角度说,都可以进行独立研究。从"合成"的角度说,小学生的语文课中就有"扩词"的练习。"扩词",可以是"扩词造语"或"扩词造句",就是训练学生组词成为短语或句子的能力,这是语文学习的"基本功"。如果老师提出一个词要求学生"扩词造语",比如用"吃"这个动词扩词造语,学生可把它扩成"弟弟吃""吃饭""吃苹果"等短语。从"分析"角度说,可以对短语进行句法结构的分析,比如对"弟弟吃"这个短语进行分析,可以分析为"名词+动词"语式组成的主谓结构;对"吃饭"和"吃苹果"这两个短语进行分析,可以分析为"动词+名词"语式组成的谓宾结构。可见短语的"合成"和"分析"是互为联系的两个方面,短语既是可以合成的,也是可以分析的。

(二) 短语的特点

短语的特点是词和词构合成短语有一定的语法手段。现代汉语短语最主要的语法手段是"语序",此外还有"虚词"和"固定格式"。

1. 语序

各种短语都有语序问题。语序指短语内部各个成分之间有一定的排列次序。就句法语序而言,汉语短语的基本语序规则是:主谓短语的语序是"主语在谓语之前"("大家休息""他笑""天气好""蔬菜新鲜"之类);谓宾短语的语序是"宾语在谓语之后"("喝酒""割草"之类);谓补短语的语序是"补语在谓语之后"("喝醉""吃饱"之类);定心短语的语序是"定语在其中心语之前"("好天气""新鲜蔬菜"之类);状心短语的语序是"状语在其中心语之前"("互相帮助""慢慢走"之类)。就语义语序而言,汉语短语的基本语序规则是:主事在谓核之前,客事在谓核之后("老王喝酒""他是学生"之类);领事在属事之前("她妈妈""我姥姥"之类);限事在名核之前("新疆棉花""法式面包"之类)。

2. 虚词

有些短语里虚词是一个重要手段。如实词性词语之间出现连词("和""而""并"等)构成联合短语("哥哥和弟弟"之类);实词性词语和名词之间出现结构助词"的"构成定心短语("新的衣服"之类);实词性词语和动词之间出现结构助词"地"构成状心短语("轻轻地说"之类);谓词和其他实词性词语之间出现结构助词"得"构成谓补短语("吃得很饱"之类);"介词+名词+谓词"构成状心短语("对他说"之类)等。所以可以借助于虚词来辨别短语的结构类型。虚词也是组成派生短语的特定手段,如"介词+名词"组成介宾短语(如"在上午"),"实词性词语+方位词"组成方位短语(如"院子里"),"数词+量词"组成量词短语(如"三个""两只"),"实词性词语+的"组成"的"字短语(如"吃的""穿的")等。

3. 固定格式

有些短语里是通过关联词语搭配起来的固定格式构成的,如"越……越……"("越长越高、越吃越想吃"之类)、"一……就……"("一吃就饱、一喝就醉"之类)、"不……不……"("不吃不知味、不说不明白"之类)、"非……不……"("非下苦功夫不可、非你不行"之类)等,它们都是用来表示结构关系的。这些格式表示前后两个成分之间的偏正关系,或表条件,或表假设等等。①

(三) 短语的存在形式

1. 短语的存在形式有两种状态

短语存在形式的两种状态是:

(1) 静态形式存在的是静态短语。静态指短语未与现实发生特定联系,即未进入具体句子,尚不体现交际功能的那种状态,比如"看书""新衣服"之类。这种静态形式的句外短语,不妨称之为"静态短语"。由于静态短语脱离语境而存在,也可以称为"孤立短语"。

(2) 动态形式存在的是动态短语。动态指短语已与现实发生特定联系,即已进入具体句子,已经体现交际功能的那种状态,比如"他看了一本书""她穿了件新的衣服"两句中的短语"看了一本书"和"穿了件新的衣服"之类。这种从具体句子中切分出来的动态形式的句内短语,不妨称之为"动态短语"。由于动态短语在一定语境里存在,也可以称为"语境短语"。

语言学界有两种对立的意见:一种认为短语先于句子而独立存在,是静态单位或备用单位;一种认为短语只能存在于句子之中而不能独立于句子之外,短语离不开句子,是动态单位或使用单位。这种分歧主要是由于着眼的角度不一样引起的。强调短语存在于句外的,是着眼于词和词可以在句

---

① 这些格式,有人称为"紧缩结构",有人称为"复句的紧缩"。其实这种固定格式在复句里有,在短语中也存在,不能说只是一种复句的格式;在短语里,也很难说是"紧缩"。这种格式只是表示了一种结构的方式,而不是结构的实体本身(参看范晓1980a)。

外组合起来的尚未进入句子的短语;强调短语离不开句子的,是着眼于从句子里分析出来的短语。各执一词,就难免陷于片面。这两种说法都会引起误解,因为短语既能以静态的、备用的身份出现,也能以动态的、使用的面目亮相。如果注意到短语的存在可以有静态和动态两种形式,那么这样的争论也就可以避免了。静态短语存在于句外,还未进入使用领域,从这个意义上说,它是一种尚未进入句子的备用的语法单位。动态短语存在于句内,从这个意义上说,它是一种已经进入使用的语法单位。

研究短语,不仅要研究句外存在的、作为备用的静态短语,也应研究句内截取出来的动态短语;既要研究短语在静态、备用时的一般构造规则及其功能特点,也应研究动态使用中的变化规则及其语用的、修辞的特点;既要注意研究短语的动态形式跟静态形式的相同之处,也应注意研究短语的动态形式跟静态形式的不同之处。

2. 静态短语

(1) 静态短语的组合规律。

静态短语可通过"扩词组语"的方法由两个或两个以上的词来合成,如动词"吃",可通过"扩词"扩展成"吃饭""吃菜""吃水果"等谓宾短语,也可扩展成"吃饱""吃坏""吃光"等谓补短语,等等。但并不是任何词都可以互相组合成静态短语的。通过"扩词组语"合成的静态复合短语有两个必要的条件,即具有句法上的选择性和语义上的选择性,也就是符合句法结合规律和符合语义搭配规律。

第一,符合句法结合规律。这是指实词与实词结合组合成复合短语在句法上有"结合功能"(互相结合的能力)。略举如下:"名词+谓词"通常合成为主谓短语,如"他来""鸟飞""身体好"等;"动词+名词"通常合成为谓宾短语,如"读书""买菜""看电影"等;"形容词+名词"通常合成为定心短语,如"新书""红颜色""高房子"等;"动词+形容词"通常合成为动补短语,如"撕破""说清楚""打扫干净"等;"副词+谓词"通常合成为状心短语,如"经常学""很好""不笨"等;"数词+量词"通常合成为数量短语,如"一支""三斤""五本"等;"介词+名词"通常合成为介宾短语,如"从浙江""把事情""关于他"等。比如"写"这个动词,可和"文章"组成谓宾短语"写文章",可和"不"组成状心短语"不写",但"写"跟"斤""从"等词就不能组成短语,不能说"写斤""斤写""从写""写从",这是因为动词跟名词、副词有结合能力,而跟量词、介词无结合能力。又如名词"衣服",可以组成"新衣服""做衣服"等短语,但不能说"吗衣服""很衣服",这是因为名词跟形容词、动词具有结合能力,而跟语气助词、副词一般无结合能力。

第二,符合语义搭配规律。这是指实词与实词结合组合成复合短语在语义上有"搭配功能"(互相搭配的能力),这与事理逻辑有关。比如动词"吃"和名词搭配可组成"吃菜""吃米饭"等短语,但和名词"石头""思想"等无法搭配组成"吃石头""吃思想";①又比如名词"衣服"跟形容词搭配可组成"新衣服""红衣服"等短语,但和形容词"高""甜"等无法搭配组成"高衣服""甜衣服"。可见,短语的组成光有句法上的结合功能选择性还不够,还需要在语义上具有搭配功能选择性。再比如,"雪白""墨黑"之类形容词本身含有程度,再用程度副词修饰就没有必要(不能说成"很雪白""非常墨黑")。

(2)静态短语的歧义现象。

静态短语是离开语境而孤立存在的,就有可能存在着歧义现象。歧义是指同一静态短语表示两种或两种以上不同的意义,所以歧义实质上就是多义,歧义短语就是多义短语。

静态短语的歧义现象很多,造成歧义或多义的原因多种多样,例如:

①"进口药品"的歧义表现在有"谓宾"(可扩展成"进口了药品")和"定心"(可扩展成"进口的药品")两种句法结构。造成该短语歧义的原因是动词"进口"在这短语里句法功能不同形成的,即"进口"有做谓语和定语两种句法功能。

②"语音标准"的歧义表现在有"主谓"(可扩展成"语音很标准")和"定心"(可扩展成"语音的标准")两种句法结构。造成该短语歧义的原因是"标准"在这短语里词性(句法性质)不同形成的,即"标准"为形容词时作

---

① 有些词和词搭配组成的短语在方言里可成立,但在普通话里不能成立,如吴语可说"吃茶""吃酒",但普通话里不能这样说,只能说"喝茶""喝酒",这表明普通话和方言里词的搭配有时是有差异的。

定语，为名词时作中心语。

③"学生家长"的歧义表现在有"定心"（可扩展成"学生的家长"）和"联合"（可扩展成"学生和家长"）两种句法结构。造成该短语歧义的原因是"学生"和"家长"之间在语义上含有"领属性"和"并列性"两种可能。

④"热饭"的歧义表现在有"定心"（可扩展成"热的饭"）和"谓宾"（可变化为"把饭热"或"使饭热"）两种句法结构。造成该短语歧义的原因是"热"这个词在该短语里词性和词义不同，即"热"为形容词时有"性质"（与"冷"相对）的意义，为动词表示"动作"时有"使热"的意义。

⑤"孩子脾气"的歧义表现在"脾气"的定语限饰义的差异，即有"孩子的脾气"和"孩子样的脾气"两种意义。造成该短语歧义的原因是作为定语的"孩子"在这短语里有"限定性"（领属）和"修饰性"（表性状）两种不同的意义。

⑥"商店关门"的歧义表现在有"商店闭门"和"商店打烊"两个不同的意思。造成该短语歧义的原因是"关门"这个词有"门闭上"和"打烊"两种词汇意义的差别。

⑦"咬死了猎人的狗"的歧义表现在有"谓宾"和"定心"两种句法结构。造成该短语歧义的原因，就是该短语层次划分不同引起的，即有"咬死了｜猎人的狗"和"咬死了猎人的｜狗"两种不同的层次。

⑧"母亲的回忆"的歧义表现在有"施动"和"动受"两种语义结构。造成该短语歧义的原因是"母亲"在该短语里和"回忆"的语义关系上有做"施事"和"受事"两种可能。

⑨"鲁迅的书"的歧义表现在有"鲁迅所著的书""鲁迅所藏的书""别人所写的关于鲁迅的书"三种意思。造成该短语歧义的原因是"鲁迅的"隐含有三种所指。

⑩"想起来"的歧义表现在有实义（"想使身体由下而上，站起来"）和虚义（"想的动作起始"）两种可能。造成该短语歧义的原因是"起来"的读音轻重不同引起的（重读表实义，轻读表虚义）。

3. 动态短语

（1）动态短语是句子里切分出来的短语。

动态短语不是通过扩词来构成，而是从具体句子里切分（或剖析）出来的。如"她妹妹笑弯了腰",这个句子可分析出这些短语:"她妹妹"(定心短语)、"她妹妹笑"(主谓短语)、"笑弯"(谓补短语)、"笑弯了腰"(谓补宾短语)。多数句子都是由动态短语互相连接或套合而构成的。动态短语的构成方式跟静态短语比较,许多是一样的,也就是说,有时候,短语的静态形式不经加工、不需变化而进入句子。如"我认识他"中的动态短语"认识他","新鲜鱼很贵"里的动态短语"新鲜鱼"和"很贵",它们跟静态短语毫无二致。如果把具体的句子比作已造好的房子,把静态短语比作由建筑材料零件构成的备用的构件毛坯(半成品),那么,动态短语可以比作安装到房子里的构件成品。房屋建筑中的构件一旦安装到建筑物上,这构件经过加工(粉饰或油漆,或装上了铰链等其他附属物)就显得与备用时的构件毛坯不大一样了。静态短语在进入具体句子变成动态短语时,常要根据表达的需要进行加工(包括停顿、增添、省略、删除、拼合、移位等),因此作为"成品"的动态短语跟"构件毛坯"的静态短语有时不一样。

(2)动态短语与静态短语的差别。

动态短语与静态短语的差别,主要表现在以下几点:

一是有些动态短语跟静态短语相比,增添了一些东西。比如动宾短语里在动词后边有时增加了动态助词,如静态短语"看书"进入句子后,有的变成"看了书""看着书""看过书"等;又如静态短语"他走"进入"他嘛走了""我可以休息了"这样的句子里,动态短语"他嘛走"里加有一个语气助词"嘛",这在静态短语里是不可能出现的;再如,一个口吃者说:"你还是把她嫁、嫁、嫁走吧",这句中的动态的动补短语"嫁嫁嫁走"显然跟静态的动补短语"嫁走"有别,这是因为口吃的缘故在句中多了两个"嫁"。

二是有些动态短语跟静态短语比较,短语内句法成分的位置有所变化。现代汉语动宾短语的静态形式里,动词和宾语的位置是宾在动后,如"吃饭",不能说成"饭吃";但在句子里有时却可移位,即变成宾在动前,如"我饭吃过了"中的"饭吃"。汉语定心短语的静态形式是定语在中心语之前,如"一条死路";但在句子里有时也可移位,变成定语在中心语之后,如"摆在敌人面前的,是死路一条"中的"死路一条"。

三是有些动态短语跟静态短语比较,有时会省略某个成分。如"我身体比他高",这句中"他"后边省略了定语的中心语,实际上是"他身体"。有些定心短语不能省结构助词"的"的,而在句子里有省略"的"的情形。如"你妈和你妹都好啊"这句中的"你妈""你妹"是"你的妈妈""你的妹妹"的省略形式的动态短语。

四是有些动态短语跟静态短语比较,有时会有较大的停顿,如"母亲那种勤劳俭朴的习惯,母亲那种宽厚仁慈的态度,至今还在我心中留有深刻的印象"这句里的主语是个长的并列短语。这两个短语读起来都有语音停顿,在书面上用逗号隔开。但静态短语句法成分间一般没有较长的停顿,书面上一般也不用逗号隔开。

五是动态短语跟静态短语比较,除了句法上的选择性和语义上的选择性外,更要重视语用上的选择性,所以动态短语有时会突破静态短语的构成规律或规则(包括功能的或语义的限制)。如某词与某词本不符合功能上或语义上的选择性,但由于语用的需要而合成为短语,是一种"超常搭配"。有些词语功能上没有结合能力,因此不能组成短语;但由于语用的需要,在句子里却组成了短语,如"副词+名词"一般不能组成定心短语,但在动态句子里却有,如"明天又星期五了""这个人太军阀了",这两句中的"又星期五""太军阀"便是动态短语。又如"不及物动词+施事名词"一般不能组成谓宾短语,比如不能说"死丈夫""走人",但在动态的句子里却有"祥林嫂死了丈夫""大门口坐着一个人",这"死了丈夫""坐着一个人"就是动态短语。有些词语语义上没有搭配能力,因此不能组成静态短语;但由于语用或修辞上的关系,在句子里却组成了短语,这就是所谓"超常搭配"。如名词"篝火"和形容词"欢乐"两个词,语义上不具有搭配的选择性,因为"篝火"不可能有心理活动,因此不能组成短语"篝火欢乐"或"欢乐的篝火";但在句子里有时采取拟人化的方法以表示"篝火"的炽烈时,却可以组成短语,如"广场上又烧起欢乐的篝火"。又如"羞愧"和"泪珠"不具有搭配的选择性,因为"泪珠"不可能有心理活动,因此不能组成静态短语;但在"她眼里满含着羞愧的泪珠"这样的句子里,动态短语"羞愧的泪珠"表达得很形象,可以成立。又如不能说"吃石头"这样的短语,但若说"有人能吃石头",这个"吃石头"就是动态短语。再如虚词"被",本来是"被+及物动作动词"构成的短语,如"被打""被杀"之类,表示客观存在"被动"意义,新出现的"被+不及物动词"或"被+形容词"短语,如"被自杀""被结婚""被跳楼""被死亡""被自愿""被小康""被幸福"等,虽也表达的"被动"意义,却是主观赋予的"被动"意义,语用上表达说话者对某事件的同情或不满,有一种无奈、诙谐甚至讽刺的口吻。又如"失去父母的孤儿"是一个符合语义搭配的定心短语,但在文学作品里也会出现"他是一个父母双全的孤儿"这样的句子,"父母双全"和"孤儿"是矛盾的,但在形容该孤儿被父母舍弃的情况下说,却又是合理的,这是语用上的需要。

六是具有多义或歧义的静态短语一旦进入具体句子就变成动态短语,可以借助句子内部词语之间的关系或语境(包括口头上的对话环境和书面上的上下文等)从而消除歧义。如静态短语"鲁迅的书"可有三种意思:(1)指鲁迅所著的书;(2)鲁迅所藏的书;(3)别人所写的关于鲁迅的书。但在具体句子里,意思只能是一个,比如"鲁迅的书我很爱读,尤其是他写作的杂文",这里指的是鲁迅所著的书;"鲁迅的书很多,他的书房里摆满了古今中外的各种各样的书"这样的句子里,这里指的是鲁迅所藏的书;"我研究鲁迅,正在写一本鲁迅的书"里,这里指的是关于鲁迅的书。

二、短语的类型

可以从不同的角度或根据不同的标准给汉语的短语进行分类。

(一) 根据实词和虚词结合的角度分类

根据实词和虚词结合的角度,汉语短语可以分为两大类:"复合短语"和"派生短语"。复合短语指实词与实词组合成的短语(这种短语类似合成词中实素与实素组成的"复合词",所以称之为"复合短语"),如"主谓短语""谓宾短语""谓补短语"等。派生短语指实词与虚词组成的短语(这种短语类似合成词中实素和虚素组合成的"派生词",所以称之为"派生短语"),如"介宾短语""数量短语""动介短语""'的'字短语"等。

复合短语与派生短语有相同的一面,它们既不同于词,也不同于句子,即它们都是句子的构件;但是它们之间还是有区别的:复合短语是"实实组合",它的意义是两个或两个以上实词的意义的总和,能表达一种概念意义;派生短语是"实虚组合",其中实词能表达概念意义,虚词只表示语法功能意义;复合短语可根据结合搭配规律组合,派生短语由虚词定位并有极大的能产性。复合短语中的实词都能单独充当某种句法成分;而派生短语整体可以充当某个句法成分,派生短语中的虚词不能单独充当句法成分,因此在分析句法结构的句法成分时,派生短语是不必再分析下去的。

(二) 根据短语内部结构方式的角度分类

根据复合短语的内部结构,如果从短语的词类组合方式来说,复合短语都有一定的"语式"(参看范晓 2013),如"工人休息"是"名词+动词"语式,"雄伟的长城"是"形容词+的+名词"语式。复合短语的基干语式是"语型-语模"结合体,如"工人休息"这样的"名词+动词"语式,它的句法结构是"主谓"型,就是"语型",它的语义结构是"施动"(施事+动核)模式,就是"语模"。

根据短语内部结构方式的角度分类,可以分为"简单短语"(也可称为"基本短语")和"复杂短语"(也可称为"扩展短语")。下面以语型为纲,简要地分别说明现代汉语里的基本的"简单短语"和主要的"复杂短语"。

1. 复合短语里简单短语语型

由两个实词为直接成分(其中并列短语可以有两个或两个以上)构成的复合短语称为简单短语。复合短语里简单短语主要语型有:

(1) 主谓短语。指由"主语+谓语"两句法成分构成的短语。这种短语一般是"名词+谓词(包括动词和形容词)"语式表示的,如"张三休息""孩子哭""他吃""身体好""天气晴朗"。主谓短语两个句法成分之间有陈述和被陈述关系。根据谓词的词性差异,主谓短语还可分为"名+动"语式表示的主谓短语"(动词作谓语,如"张三休息""红旗飘扬""他吃")和"名+形"语式表示的主谓短语(形容词作谓语,如"天气晴朗""态度谦虚""麦苗绿油油")两小类。谓词性词语充当主语(如"写作艰难")和名词性词语充当谓语(如"重三斤")是很特殊的,有严格的条件限制。

（2）谓宾短语。指由"谓语+宾语"两句法成分构成的短语。这种短语的谓语由谓词充当,宾语大多由名词充当,如"喝茶""看电影";但某些谓词可以或必须带谓词性宾语,如"渴望学习""值得研究"。谓宾短语两个句法成分之间有支配和被支配(或涉及和被涉及)关系。根据谓词的词性差异,谓宾短语还可分为动宾短语(如"看报纸""写信")和形宾短语(如"大着胆""累了他")两小类。

（3）谓补短语。指由"谓语+补语"两句法成分构成的短语。这种短语的谓语由谓词充当,补语大多由谓词性词语充当(但有些补语也有非谓词性词语充当的)。谓补短语里的补语补充说明谓语,所以两个句法成分之间有补充和被补充系,如"吃饱""走出去""说得对""红得发紫"之类。根据前一谓词的词性差异,谓补短语可分为动补短语(如"吃饱""走出去""洗干净""说得一清二楚")和形补短语(如"累伤""急坏")两小类。根据谓词后补语所表达的意义,可把谓补短语再分为四个小类:1)"结果性谓补短语",由"谓词+谓词"语式表示(后面的谓词通常是性状谓词或趋向谓词),补语表示动作发出后出现的结果,如"吃饱""喝醉""移出""走进";2)"情状性谓补短语",由"谓词+得+谓词性词语"语式表示,补语表示动作或性状发出后显现的情景,如"说得很清楚""喝得大醉""说得很清楚""打得落花流水""红得发紫";3)"动量性谓补短语",补语通常由动量短语充当,补语表示动作的动量,如"吃一次""跑一趟";4)"程度补语",补语通常由程度副词充当,如"恨极""红透""好得很"。

（4）定心短语。指由"定语+中心语"两句法成分构成的短语。定心短语里,中心语通常由名词充当,如"黄头发""狐狸尾巴""新鲜空气""蓝蓝的天""木头房子"等;但某些中心语也可以由谓词(在名物化的条件下)充当,如"她的笑""狐狸的狡猾"。定语通常由"限词(包括数词、指词、区别词等)+名词""形容词+名词""名词+名词"等语式表示。定心短语两个句法成分之间有限饰(限定或修饰)和被限饰关系,即定语表限饰成分,中心语是定语所限饰的成分。根据定语的意义差异,定心短语还可分为限定性定心短语(如"大型拖拉机""三个人""狐狸尾巴")和修饰性定心短语两小类(如"新鲜空气""蓝蓝的天")。定心短语里的定语后有的不带"的",有的带

"的",前者可称为"黏合结构"的定心短语(如"新衣服"),后者可称为"非黏合结构",也可称为"扩合结构"的定心短语(如"新的衣服")。①

(5) 状心短语。指由"状语+谓语"两句法成分构成的短语。由于"状语+谓语"属于偏正结构,谓语是被状语限饰的对象,所以通常把"状谓短语"称为"状心短语"("状语+中心语")。这种短语的中心语由谓词充当,状语一般由"副词""形容词"充当,如"马上去""刚走""大肆攻击""非常好""努力学习"等;名词作状语有一定的条件限制(主要由处所名词、时间名词、范围名词以及表示动作方式的名词充当),如"屋里坐""北京见""明天去""局部麻醉""小范围讨论""电话联系""中医治疗"。"介词短语+谓词"语式构成的短语一般分析为状心短语,介词短语出现做状语有其特有的语义和语用功能。状心短语两个句法成分之间有限饰(限定或修饰)和被限饰关系,即状语表限饰成分,中心语是状语所限饰的成分。根据是状语的意义差异,状心短语还可分为限定性状心短语(如"上午开会""正在办")、修饰性状心短语(如"悄悄说""辛勤劳动")、评注性状语(如"大概会""也许来")三小类。

(6) 顺递短语(也称"连谓短语""连动短语""连贯短语")。指由两个或两个以上的谓词性词语顺次递接构成的短语。这种短语的几个句法成分(顺递语)之间一般是有先后顺序的联合关系,如"上街买菜""起床披衣接电话""骑马上山送信""上图书馆看书""上门前去道喜""参加会议很高兴"。

(7) 并列短语。指由两个或两个以上的词不分主次、平等并列地组合在一起构成的短语。这种短语的几个句法成分(并列语)之间是不分次序的并排在一起的联合关系。并列短语里的并列语有的是名词,如"哥哥和弟弟""工农兵""笔墨纸砚""牛羊鸡鸭";有的是动词,如"吃喝玩乐""调查研究""学习并贯彻";有的是形容词,如"谦虚谨慎""多快好省""伟大而质朴""聪

---

① 朱德熙(1982,第148—149页)把中间不加"的"的定名结构称为"黏合结构"(如"新书、大鱼"),把中间加"的"的定名结构称为"组合结构"(如"新的书""大的鱼")。本文把朱德熙"组合结构"改为"非黏合结构"(或称为"扩合结构"),理由他所说的"组合结构"的"组合"不妥帖,因为"黏合"也是一种"组合"。

明而勇敢""勤劳艰苦朴素"。

（8）复指短语(也称"同位短语")。指由两个或两个以上所指相同的名词性词语复指联合构成的短语。这种短语的几个句法成分(复指语)之间是互相复指的联合关系。如"小王他""首都北京""他们娘儿俩""老王他这个人"。

（9）重叠短语(也称"重复短语")。指由两个或两个以上相同的词语重叠或重复联合构成的短语。这种短语的几个句法成分(重叠语)之间是互相重叠的联合关系。重叠短语里的重叠语有的是名词性词语，如"老罗呀老罗""一本书一本书"；有的是动词性词语，如"坐坐坐""飞啊飞啊飞啊"；有的是形容词性词语，如"很轻很轻很轻""快快快""好好好"。

上面的"主谓短语""谓宾短语""谓补短语""定心短语""状心短语"等复合短语(其中"定心短语"和"状心短语"又可合称为"偏正短语"，定语和状语为"偏"，定语和状语所限饰的中心语为"正")都是由两个成分组成的双成分短语，是封闭性的、二分的句法结构；"并列短语""顺递短语""复指短语""重叠短语"等复合短语都是由两个或两个以上成分联合构成的多成分短语，总称为"联合短语"，是开放性的、多分的句法结构。

2. 派生短语里简单短语的主要类型

派生短语里的简单短语主要有：

（1）介词短语(也称"介宾短语")。指由"介词+宾语"构成的短语，如"在晚上""从北京""对于这件事""关于这个问题"。

（2）动介短语。指由"动词+介词"构成的短语，如"落在""走向""跑到""飞往"。

（3）方位短语。指由"名词+方位词"构成的短语，如"桌子下""房顶上""抽屉里""仓库内"。

（4）量词短语。指由"数词+量词"或"指词+量词"构成的短语。这种短语可分为"数量短语"(由数词带量词组成，如"一个""三本""五条")和"指量短语"(由指词带量词组成，如"这本""那条")两个小类。

（5）的字短语。指由"实词性词语+的"构成的短语，如"吃的""绿的""卖菜的""看热闹的""墙上的"。这种短语在语用上带有"替代性"("吃的"替代"吃的物","看热闹的"替代"看热闹的人"),所以也称为"替代短语"。

（6）似的短语。指由"实词性词语+似的"构成的短语（"似的"包括"一样""一般"等），如"老虎似的""大海一般""波浪一样"。这种短语在语用上带有"比况性"，所以也称"比况短语"。

（7）所字短语。指由"所+谓词"构成的短语，如"所在""所想""所知""所爱"。

（8）等字短语。指由"实词性词语+等"构成的短语（"等"包括"等等"），如"鸡鸭鱼肉等""长江、黄河、黑龙江、珠江等""小说、散文、剧本、游记等等"。

上面的"动介短语""方位短语""量词短语""的字短语""似的短语""等字短语"等派生短语都是后置于实词性词语后（"实虚"型短语），可以统称为"后置短语"；"介词短语""所字短语"都是前置于实词性词语后（"虚实"型短语），可以统称为"前置短语"。派生短语与实性词语结合起来，才能构成某种句法结构，就可以充当某种句法成分，如在"把门打开""在10点睡觉"里，介词短语充当状语；又如"红的花""绿的草"里，的字短语充当定语；再如"老有所为"里，所字短语充当宾语。

3. 复合短语里复杂短语语型

由两个或两个以上的简单短语通过串合、套合、加合等手段构成的复合短语称为复杂短语。复合短语里的复杂短语，最主要的有三大类：主谓短语的复杂短语和谓词性短语的复杂短语以及名词性短语的复杂短语。

第一大类，主谓短语的复杂短语。

这是指短语里"有主有谓"（既有主语又有谓语）的复杂短语。简单的主谓短语由一个主语和一个谓语构成；复杂的主谓短语由一个主语和一个"谓语短语"（一个谓语带上其他的成分）构成。复杂的主谓短语语型主要有：

（1）"主谓宾"短语。指由"主谓短语+谓宾短语"套合构成的短语，如"我读书""他看电影""老王喝酒"之类。主语和宾语虽然不是直接成分，但主语和宾语是由谓语联结在一起的：主语是谓语的主体，宾语是谓语的客体，所以它们之间的主客关系是应该重视的。正因为如此，所以有些语法书在分析及物动词作谓语构成的"主谓宾"句时,把"主语""谓语""宾语"看作句子的"基本成分",这不是没有道理的。

(2)"主谓补"短语,指由"主谓短语+谓补短语"套合构成的短语,如"她跌倒""他喝醉""妹妹跌伤""身体累坏"之类。

(3)"主谓宾宾"短语,指由"主谓短语+谓宾短语+谓宾短语"套合串合构成的短语,如"我给他礼物""他借我钱""老师叫他数学"之类。

(4)"主谓补宾"短语,指由"主谓短语+谓补短语+谓宾短语"套合串合构成的短语,如"我吃饱饭""他跌伤腿""黄狗咬伤花猫"之类。

(5)"主谓宾补"短语,指由"主谓短语+谓宾短语+谓补短语"套合串合构成的短语,如"我们请他来""公司派他出差""他劝我休息"之类。

第二大类,谓词性复杂短语(或可称为"复杂的谓语短语")。

这是指谓词作谓语带上其他的成分构成的复杂短语,即"有谓无主"(只有谓语没有主语)的复杂短语。复杂的谓词性短语的语型主要有:

(1)"谓宾宾"短语,指由"谓宾短语+谓宾短语"串合构成的短语,如"送她礼物""借他钱""教我英语"。

(2)"谓补宾"短语,指由"谓补短语+谓宾短语"串合构成的短语,如"吃饱饭""跌破头""喝醉酒"。

(3)"谓宾补"短语,指由"谓宾短语+谓补短语"串合构成的短语,如"请他来""劝他吃""派他去"。

第三大类,名词性复杂短语(或可称为"定心型复杂短语")。

这里主要讲复杂的定心短语,即"定语+中心语"构成的复杂短语。定心型名词性复杂短语的语型主要有:

(1)递加式定心型复杂短语。指几个定语从右到左层层套叠到中心语上去的多层次定心短语。如"一张小小的圆脸、当铺的两扇乌黑的大门",其形式可记作:$A_1 \to (A_2 \to (A_n \cdots \to (A_n \to N)))$。这种复杂的定心短语是由若干简单定心短语组成,如"一张小小的圆脸"里,包含着"圆脸""小小的脸""一张脸",层次是"一张/小小的//圆///脸"。

(2)顿加式定心型复杂短语。指几个定语从左到右层层套叠到中心语上去的多层次定心短语。如"猫的主人的妻子的朋友""鲁镇的酒店的格局",其形式可记作:(((A1→A2)→…)→An)→N。这种复杂的定心短语是由若干简单定心短语组成,如"猫的主人的妻子的朋友"里,包含着"猫的主人""主人的妻子""妻子的朋友",层次是"猫的///主人的//妻子的/朋友"。

(3) 列加式定心型复杂短语。指几个定语并列地作定语构成的多层次定心短语。如"谦虚谨慎的、严肃认真的态度""美好的、心酸的、永远难忘的回忆",其形式可记作:(A1+→A2+…+An)→N。这种复杂的定心短语是由若干简单定心短语组成,如"谦虚谨慎的、严肃认真的态度"里,包含着"谦虚的态度""谨慎的态度""严肃的态度""认真的态度",层次是"谦虚///谨慎的//严肃///认真/的态度"。

(4) 交叉式定心型复杂短语。这种复杂的定心短语有四种情形:一是递加式和列加式的交叉,如"这小姑娘的镇定""勇敢""乐观的精神";二是递加式和顿加式的交叉,如"我国南北朝时代南朝的杰出的科学家";三是顿加式和列加式交叉,如"他的儿子和女儿的学费";四是递加式、顿加式和列加式的交叉,如"这间老房子的所有破旧大小粗细的东西"。

除了上述三大类复杂短语外,简单复合短语和简单派生短语也可通过加合手段构成复杂短语,如"状谓补"短语,这是指由"介词短语+谓补短语"加合构成的状心短语,如"把他撞伤""被狗咬伤";又如"状谓宾"短语,这是指由"介词短语+谓宾短语"加合构成的状心短语,如"被狗咬腿""从北京到上海"。

根据复杂短语里简单短语的数量,复杂短语的语型可以进行归类:第一,两个简单复合短语构成的复杂短语语型,如"主谓宾"型短语、"主谓补"型短语、"谓宾宾"型短语、"谓补宾"型短语、"谓宾补"型短语便是;第二,三个简单复合短语构成的复杂短语语型,如"主谓宾宾"型短语、"主谓补宾"型短语、"主谓宾补"型短语便是。上面复合短语的复杂短语只是择其主要的、基本的;如果需要,还可以扩展变成更复杂的短语,如"派他去"可扩展为"校长派他去北京请清华大学王教授来我校讲学",那就有更多简单复合短语构成的复杂短语。

(三) 根据短语在句子里的功能角度分类

短语在句子里的语法功能,可以从两方面分析,一是充当何种句干的功能,二是在句干的句法结构里充当何种句法成分。

1. 主谓短语在句子里的语法功能

主谓短语是指"有主有谓"的短语(包括简单的主谓短语和复杂的主谓短语),主语和谓语之间具有对立关系。它在句子里最重要的语法功能是充当主谓句的句干。汉语句子的完整句干,通常由主语和谓语组成,如"<u>父亲睡了</u>""<u>农民们休息了</u>""<u>老王喝酒了</u>""<u>老王喝醉了</u>""<u>小明吃饱饭了</u>""<u>公司派他出差了</u>"之类。主谓短语在句子里充当主谓句的句干的功能是它的主要的和基本的语法功能。

在担当句法成分方面,主谓短语在句子的句法结构里有时可以充当主语或宾语,但这是有条件的。作主语的条件是:主要是在关系动词("是")、形容词、评议动词等作谓语的句子里,如"<u>身体健康</u>是革命的本钱""<u>身体健康</u>最重要""<u>学习努力</u>才能成才"之类。作宾语的条件是:主要是在谓宾动词作谓语的句子里,如"我知道<u>他是学生</u>""希望<u>你们幸福</u>""反对<u>美国武装日本</u>"之类。主谓短语也可以充当谓语,这也是有条件的。作谓语的条件是:主要出现在领事充当主语的句子里,如"他的确<u>身体健康</u>""他的确<u>意志坚强</u>"。

2. 非主谓短语

非主谓短语在句子里一般可以充当非主谓句的句干,如"<u>快跑哪</u>""<u>下大雨啦</u>""<u>好美好美的风景呀</u>""<u>禁止机动车通行!</u>"之类;但有些简单的非主谓短语(特别是副词性功能的短语和派生短语)一般不能充当非主谓句的句干。

在担当句法成分方面,非主谓短语在句子的句法结构里有不同的句法功能:有些具有名词性的功能,有些具有谓词性的功能,有些具有副词性的功能;相应地非主谓短语可以分为"名词性短语""谓词性短语""副词性短语"三类。

(1)名词性短语。指句法功能相当于名词的短语。这种短语主要用来作主语、宾语,一般不作谓语(作谓语是有条件限制的)。复合短语里的定心短语、复指短语、名词组成的并列短语和重叠短语以及派生短语里由名量词组成的量词短语(数量短语和指量短语)、的字短语、所字短语、等字短语以及名词性的固定短语(如"黔驴之技""世外桃源")或类固定短语(如"崇山峻岭""深情厚意""山珍海味")等短语都属于名词性短语。

（2）谓词性短语。指句法功能相当于谓词的短语。这种短语主要用来作谓语，一般不作主宾语（作主宾语有条件限制）。复合短语里的谓宾短语、谓补短语、状心短语、顺递短语、谓词性词语组成的并列短语和重叠短语以及派生短语里的"动介短语""似的短语"以及由谓词构成的固定短语（如"得陇望蜀""望梅止渴"）或类固定短语（如"东拉西扯""哭爹叫娘"）等，都属于谓词性短语。谓词性短语可以分为两小类：一是动词性短语，句法功能相当于动词，如"吃饭""吃饱""不吃"等；一是形容词性短语，句法功能相当于形容词，如"累坏""很美""艰苦朴素""排山倒海似的""谨小慎微"等。

（3）副词性短语。指句法功能相当于副词的短语。这种短语主要用来作状语。复合短语里的由副词组成的并列短语（"刚才已经"）、副词重叠组成的短语（如"非常非常""不不不"）、状心短语（"不很""不再"之类）和派生短语里的介词短语（如"<u>跟他</u>计较""<u>被她</u>说服""<u>向他</u>请教"）、动量短语（"一次""两趟"）以及某些固定短语（如"夜以继日""不屈不挠"）或类固定短语（如"成年累月""挨门逐户"）等都属于副词性短语。

（四）根据短语内部结构松紧角度分类

根据短语结构松紧角度，也就是根据短语内部成分凝固性的不同分类，短语可以分为"自由短语""固定短语""类固定短语""关联短语"四大类。

1. 自由短语

由两个或两个以上实词能按照有关句法结合规则和语义搭配规则自由组合起来的短语称为自由短语。如"黄颜色、旧衣服、吃草、吃饭、说清楚、打扫房间"之类。自由短语的特点是，在结构上具有松散性或离析性，因此内部可以自由地插入其他成分，内部的词儿可以跟相同功能的词儿互相替换，如"喝水→喝酒、喝饮料""新衣服→新房子、新家具""吃饱→吃得饱、吃得很饱"。

2. 固定短语

两个或两个以上的词凝合在一起构成的结构定型化、意义非字面化的短语称为固定短语。固定短语主要有两种：一种是成语，是典型的固定短语,如"胸有成竹""出口成章""众志成城""名落孙山""汗马功劳""形影相吊""沽名钓誉""本末倒置""得陇望蜀""掩耳盗铃""望梅止渴""刻舟求剑"之类;另一种是习用惯用的"习惯语",如"甜酸苦辣""东拉西扯""鸡毛蒜皮""七拼八凑"之类。

固定短语的特点:一是结构形式上具有凝固性或整体性,因此内部一般不能随便插入其他成分,内部的词儿也不能跟相同功能的词儿互相替换,如"胸有成竹"不能说成"胸中有现成的竹子"或"心有成竹";二是意义上有两重性,即既有原有的字面意义,也有引申的非字面意义。成语的整体意义和字面意义往往是不一致的。如"胸有成竹"在使用时通常是用它的比喻引申联想意义。

固定短语是一种定型的短语,它结构紧密,常常作为一个整体使用。固定短语在造句时相当于一个词(也可以当作语法词来处理,或说是"类词短语"或"短语化词"),需要定型的整体的记住和理解,所以某些常用的固定短语已经进入词库或词典。

成语是人们长期以来习用的,形成简洁而意思精辟的固定短语。成语大都有典故性。它的来源多种多样:或出于某个历史故事,如"卧薪尝胆""破釜沉舟""逼上梁山""草木皆兵""指鹿为马"等;或出自某个寓言或神话,如"揠苗助长""自相矛盾""黔驴技穷""杯弓蛇影""精卫填海"等;或出自诗文名句,如"筚路蓝缕""舍生取义""举足轻重""防微杜渐""落花流水"等;也有些成语出自民间流传的口头语,如"改头换面""坐吃山空""昏头昏脑""死皮赖脸"等。不管是来自书面的成语还是来自口头的成语,它们都经过了历史的考验,汉语的绝大多数成语是千百年来经过人们长期使用而传承下来的。成语字数不多,但内容丰富,含意精辟。比如"纸上谈兵"意思是空谈不可能解决实际问题。又比如"班门弄斧"意思是指在行家面前卖弄本领。成语富于表现力,恰当地使用成语能增强话语的表达效果。

3. 类固定短语

也称"准固定短语",指结构格式相对固定但内部某个成分可以自由替换的类似于固定短语的一种短语。它的特点是:形式上类似固定短语,但意义上类似于自由短语(整体意义可以根据字面意义来理解),所以它是结构定型化、意义字面化的介于自由短语与固定短语之间的一种短语。

类固定短语是根据交际需要创造出来的。有的仿造某个成语构成(即所谓成语翻新),如类固定短语"损己利人""一触即跳"分别是仿造成语"损人利己""一触即发"构成的;有的是利用某个固定格式替换其某个成分构成,比如"不X不Y"这个格式,可构成很多类固定短语,这类类固定短语具有能产性,如"不男不女""不山不水""不明不白""不痛不痒"之类;又比如"X之Y"这个格式,可构成"光荣之家""星星之火""欢乐之情""仰慕之心""立身之地""成功之本""身外之物""不孝之子"之类;有的是一些习用语,如"吃喝嫖赌""四季如春""酒足饭饱""浓眉大眼""颠来倒去"之类;有的是节缩某些词语构成的,如"双百方针""人民政协""一国两制""并肩前进"之类。类固定短语如果使用的人多了,使用频率高了,使用范围大了,也有可能取得固定短语资格,如"星星之火"。所以有些类固定短语和固定短语界限也不是很清楚的。

4. 关联短语

关联短语指由关联词语构成的表示一定关联意义的短语。这类短语一般是由两个或两个以上的谓词性词语组成的。关联短语通常要用关联词语来表示关联意义:有的关联短语用一个关联词语来显示关联意义,如"有空就去""没事也来""因病请假"等关联短语里的"就、也、因"便是。有的用配对的关联词语形成固定格式来显示关联意义,如"越……越……"(如"越陷越深""越跑越快")、"一……就……"(如"一跑就累""一学就会")、"不……不……"(如"不破不立、不看不明白")、"不……而……"(如"不劳而获""不药而愈")、"非……不……"(如"非去不可""非他不嫁")、"再……也……"(如"再好玩也不玩""再说也没用")等。这类固定格式能显示前后两个成分之间的关联意义,或表条件,或表假设等等。许多关联短语跟固定短语或类固定短语有一定联系,如"不……不……"跟"不塞不流""不打不相识","不……而……"跟"不期而遇""不教而诛""不言而喻","非……不……"跟"非你莫属"等便是。关联短语是一种结构定型化、意义字面化、关联化的一种不同于自由短语但和类固定短语近似的一种短语。

三、短语的"结构中心"

语法里句法结构的核心成分,也称作中心成分、主要成分、中心词、中心语的,不同学派对核心成分有不同的解释,在区别核心成分和非核心成分时使用着不同的标准。任何句法结构都有一定数量的直接成分并按照一定的方式组成,而直接成分是有核心成分和非核心成分之别的,核心成分的正确理解,对分析短语的句法结构十分重要。

(一) 结构主义学派关于向心结构和离心结构的理论

结构主义学派关于核心成分的理论可以以布龙菲尔德为代表。布龙菲尔德(1980,第十二章)根据结构和组成它的直接成分的形类的同异,把句法结构分为两大类:一类是向心结构,指的是结构体和内部的一个或多个直接成分形类相同的一种结构,如 poor John(可怜的约翰)、fresh milk(新鲜的牛奶)等;另一类是离心结构,如 John ran(约翰逃跑)、with me(和我一起)等。他认为向心结构是一种有核结构,与结构体形类相同的直接成分是核心。他又把向心结构分为两小类:一类是主从的向心结构,是指结构体和它内部一个成分形类相同的,如 fresh milk(新鲜的牛奶);另一类是并列的向心结构,是指结构体和它内部所有直接成分形类都相同,如 boys and girls(男孩和女孩)。

布氏理论的优点是:采用二分法,把语法结构这个概念划分为一个正概念(向心结构)和一个负概念(离心结构),这有助于人们把注意力集中于向心结构;从形类同异的角度辨别结构核心。但应用于实际,也遇到一些问题。第一,一个结构体的内部直接成分之间的关系跟结构体的形类本没有必然的联系,而布氏把两者全面对当起来,就产生了矛盾。比如,有些结构体的形类和内部各个直接成分的形类全部相同,却不一定是并列的向心结构,如英语中的 stone house(石头房子)、youth delegation(青年代表团),汉语中的"玻璃厨""木头桌子",都是"名+名",却是定心结构;汉语中的"进行研究""受到欢迎"是"动+动",却是谓宾结构;"刺伤""跌倒"也是"动+动",却是谓补结构。又如,有些主从的向心结构,结构体的形类与核心的形类也不一致,如汉语里"狐狸的狡猾""她的聪明"等,结构体是名词性的,但核心成分却是谓词性的。第二,有些结构究竟是向心的还是离心的,虽用同一标准,却有不同的结论。例如主谓结构,布氏认为是离心结构,朱德熙(1982)认为是向心结构。第三,"实实"结构内的成分关系跟"实虚"结构内的成分关系是有区别的,短语内成分的功能跟复合词内成分的功能也是有差别的,而布氏在区分向心结构和离心结构时对上述这些不同性质的结构体用的是同一标准也是不合理的。第四,应用布氏理论,有些句法结构的核心没法辨别,例如"应该做""能够来""加以研究"之类,核心究竟在哪里很难说清楚。

(二) 传统语法关于"中心成分"的理论

传统语法把语法结构分为主谓结构、动宾结构、偏正结构、联合结构等,这是从结构内部的成分间的结构关系着眼的。传统语法也讲核心成分,在分析句子时,说主语、谓语、宾语是主要成分或中心成分,也就是核心成分;说定语、状语、补语是连带成分或附加成分,也就是非核成分。

传统语法关于中心词的分析跟布龙菲尔德的理论有一致的地方,如他们都认为主从短语都是单核心结构。但也有不一致,这表现在:第一,传统语法认为主语、谓语都是句法结构的核心,而布氏避而不谈,实际上把它们看成非核成分;第二,在分析核心成分和非核成分时,传统语法是以结构关系作标准,而布氏则用的是形类对应标准。

传统语法不仅重视主从结构的分析,也重视非主从结构的分析;在讲核心成分时,比较注意成分间的相互关系;这些都是优点。但是,在分析句法结构时缺乏层次概念,分析结构核心时又多从意义或"语感"出发,也不能不说是一个问题。传统语法和布氏理论在分析核心成分时由于标准不一样,结论也不完全一样。

(三) 关于主谓短语和派生短语的核心问题

(1) 主谓短语的句法结构。不少语言学家把它看成单核心结构,不过对主语是核心还是谓语是核心,有不同的意见。有的主张主语是核心成分,谓语是非核成分,如叶斯柏森(1988,第11章)认为主语是"首品"、谓语是"次品",斯米尔尼茨基(1960)说"谓语从属于主语"。有的主张谓语是核心成分,主语是非核成分,如特斯尼埃认为"主语从属于谓语动词"(参看张烈材1985),王力(1956)也曾说过"谓语比主语重要"。其实,从结构关系来看,主语是陈述的对象,谓语是陈述的部分,主语和谓语互相对待,两者都重要;所以,不妨把主谓结构看作双核心结构。表面看,跟有两个核心的并列结构类似,但它们有本质的不同:从内容上说,一是主谓关系,一是并列关系;从形式上说,主谓结构是封闭性的双成分结构,不能扩展延伸,并列结构是开放性的多成分结构,可以扩展延伸从而能够有三个甚至更多的核心成分(如"上海北京"可扩展成"上海北京天津广州"),所以并列结构可称作多核心结构。

(2)实虚结构(实词和虚词所构成)。实虚结构跟实实结构(实词和实词所构成)是很不一样的。实实结构有主、谓、宾、定、状、补等成分,而实虚结构内部没有这些成分,一般称实实结构为复合短语的结构,称实虚结构为派生短语的结构。实虚结构虽无主、谓、宾等成分,但内部也有直接组成成分,也有核心成分和非核成分,它是一种封闭性结构,两个直接成分之间的关系是衬附和被衬附的关系。

(四)辨别核心成分和非核成分的方法

在确定或辨别核心成分时,单纯根据布龙菲尔德"向心结构"理论和传统语法关于"中心成分"的理论,都有一定的局限性,笔者认为任何一个短语的句法结构都有语义平面和形式平面,如果用形式和意义相结合的原则来说明和辨认语法结构的核心成分和非核成分,也许是更合理的。

从发生学角度看,内容决定了形式,成分间的语义关系决定了结构的性质。这语义不是词汇意义,而是句法结构中的意义。比如"石头"这个词,从词义看不出它是核心成分还是非核成分,但一旦进入句法结构就能显示出来:在"大石头"里,它是被修饰的成分,便是结构核心;在"石头房子"里,它是修饰核心成分"房子"的,便是非核成分。又如"主谓短语",争论主语和谓语哪个重要没必要,实际上都重要,它们是构成主谓句(完整句)句干的必不可少的两个成分,所以应该都是核心成分。再如在实虚结构里,实词成分表示基本意义,决定了它是结构核心;虚词成分表示附加或添显的意义,是衬附成分,即非核成分。

从辨别角度看,现象是入门的向导,应当通过现象去发现本质,即要从形式出发去发现意义,从而认识句法结构的本质并分清核心成分和非核心成分。在短语句法结构里表现结构意义的形式是多种多样的,主要有:结构体跟它的内部直接成分在扩展了的典型的句法结构中的替换能力,直接成分在句法结构里独立活动的能力、虚词、语序等。

区别汉语复合短语句法结构的核心成分和非核心成分的共同形式特征是:在复合短语中要看在扩展了的典型句法结构里的替换能力:结构体跟它的所有直接成分在扩展了的典型句法结构里都能替换的,是联心结构,直接成分都是核心;都不能替换的是对心结构,直接成分也都是核心;只有一个直接成分能替代换,而另一个不能替换的,是偏心结构,能替换的直接成分是核心,不能替换的是非核成分。试从并列短语"桌子椅子"、定心短语"新桌子"、状心短语"很新"、谓宾短语"读书"、主谓短语"他来"在句法结构中的替换情形为例,作一比较:

并列短语	桌子椅子	买桌子椅子	买桌子	买椅子
定心短语	新桌子	买新桌子	*买新	买桌子
状心短语	很新	很新的桌子	*很桌子	新桌子
谓宾短语	读书	他读书	他读	*他书
主谓短语	他来	希望他来	*希望他	*希望来

由上面比较可以看出,并列短语的结构体跟它的所有直接成分在扩展了的典型句法结构里都能替换,表明直接成分都是核心,所以是联心结构;定心短语和状心短语只能一个直接成分能和其结构体替换,表明只有一个直接成分是核心,所以是偏心结构;主谓短语的结构体跟它的所有直接成分都不能替换,表明直接成分都自成核心,所以是"两心相对"的对心结构。

在派生短语中,要看直接成分在扩展了的展开的句法结构里有没有独立活动能力,能独立活动的是核心;不能独立活动的不是核心,而是衬附成分。例如派生短语"红的",在"红的书"里,能说成"红书",不能说成"的书";表明"红"是核心成分,"的"是非核成分。

语言有民族特点,不同的语言结构形式也有自己的特色。对一种具体族语的句法结构进行分析时,还必须利用具体族语的特殊形式手段。有的可借助于狭义的形态变化来识别语法结构,如俄语的定语或者是在性、数、格上跟中心语保持一致关系的形态表示,或者是定语采取第二格的形式表示。汉语里虚词、语序是重要的形式手段:有的可借助于虚词来识别某种语法结构,如汉语的定语和中心语之间常可有结构助词"的"或量词(如"三件衣服"),状语和中心语之间常可有结构助词"地"(如"轻轻地说"),补语和中心语之间常可有结构助词"得"("跑得快"),并列成分间常可有并列连词(如"我和你""学习并贯彻""聪明而勇敢")等;有的可根据语序的差异来分别不同的句法结构,如汉语的"好天气"是定心结构而"天气好"是主谓结构。

(五)汉语短语的"结构中心"小结

根据短语句法结构的结构核心成分的特点,现代汉语短语的句法结构可以概括地分为三大类:"向心结构"(包括偏心结构和衬心结构)、"对心结构"(也称"离心结构")、"联心结构"。

1. 向心结构

短语中的向心结构是一种双成分、封闭性的单核结构,这种结构两直接成分中一个是核心成分,一个是非核成分,即两直接成分"一正一偏"或"一主一从","正""主"是核心成分,为主要成分;"偏""从"是非核成分,为非主要成分。向心结构有两种:

(1)偏心结构,指复合短语(实实结构)中的单核向心结构,是"一偏一正"的关系,它包括:定心结构(如"好天气""新衣服""木头房子")、状心结构(如"立刻完成""很好""一定去")、谓补结构(如"打扫干净""去一趟""妙极")、谓宾结构(如"看电影""买书""打电话")。在上述这四种偏心结构里,定语、状语、补语、宾语是非核成分,跟它们相对待的成分(定语的中心语、状语的中心语)以及谓语则是中心成分、核心成分。

(2)衬心结构,指派生短语(实虚结构)中的单核向心结构,是"衬附和被衬附"的关系,它包括介宾结构、动介结构、方位结构、量词结构、的字结构、似的结构(比况短语)、所字结构、等字结构等。在上述衬心结构这里,作为衬附成分的虚词是非核成分,跟虚词相对待的实词成分则是中心成分、核心成分。

2. 对心结构

对心结构,也可称为"离心结构",是一种双成分、封闭性的双核结构,这种结构两个成分都是主要成分、核心成分,但两心相对、互相背离。复合短语里的主谓短语的句法结构便属这种结构,如"他来""身体健康""精神饱满"。

3. 联心结构

联心结构是一种多成分、非封闭性的多核结构,它是由两个或两个以上的核心成分排列在一起互相联合地组成的,汉语的联心结构包括并列结构(如"工农兵""大中小""多快好省""笔墨纸砚")、顺递结构(如"上街买菜去""开门出去打电话""披衣起床拧亮灯")、复指结构(如"她们母女俩""老王他这个人")、重叠结构(如"来来来""极有趣极有趣"等)。

总之,从短语句法结构的"结构中心"(核心成分)的角度着眼,根据短语句法结构的核心成分,大体可作如下规定:在复合短语(实实结构)里,主语、谓语、定语和状语的中心语以及顺递语、并列语、复指语、重叠语等是核心成分,定语、状语、补语、宾语都是非核成分;在派生短语里,具有基本意义的实词是核心成分,具有衬附意义的词缀是非核成分。

需要注意的是:核心成分和非核成分是个相对的概念,这是因为语法的句法结构是有层次性的。在有些较长的短语里,里面的直接成分往往有直接间接的关系,这就造成了短语结构的层次性,即在 A 层次上是非核成分,也可能在 B 层次上成了核心成分;而在 B 层次上的核心成分也可能在 C 层次上又成了非核成分。现拿定心短语"很新鲜的蔬菜"为例作层次分析,以期起到举一反三的作用。"很新鲜的蔬菜"的层次分析可图示如下:

```
很   新  鲜   的   蔬  菜
|_____A_1_____|___A_2___| ·············· A 层次
| B_1 |  B_2  |                ·············· B 层次
```

这例通过图解,很容易看出,在 A 层次里 A_2"蔬菜"是核心成分,A_1"很新鲜"是非核成分;在 B 层次里(B_2)"新鲜"是核心成分,而 B_1"很"是非核成分。

短语的语义和语用分析

〇、引　　言

　　根据短语句法结构的结构方式,汉语的短语可分为复合短语和派生短语两大类。两大类的下位区分是:"实词"与"实词"组合的复合短语的简单短语有主谓短语、谓宾短语、谓补短语、定心短语、状心短语、联合短语五类(联合短语在可以下分为顺递短语、并列短语、重叠短语、复指短语四个小类);"实词"与"虚词"构成的简单派生短语主要有介宾短语、动介短语、方位短语、量词短语、的字短语、似的短语(比况短语)、所字短语、等字短语(列举短语)等。过去研究短语主要重视对短语的句法分析,但对短语的语义、语用分析是比较忽略的。近年来才开始重视起来。本文旨在对汉语短语在句法基础上进行扼要的语义和语用分析。

一、短语的语义分析

(一) 短语的语义结构

　　按照复合短语的结构方式分出来的各种短语都有其语义结构。复合短语的语义结构主要有两类,即谓核结构和名核结构。复合短语的语义结构可以称为"语模"。语模都由两个或两个以上的语义成分组成的。不同的语模包含着不同的语义成分。

1. 谓核结构

　　谓核结构指以谓核为核心(中心、圆心)构成的语义结构。谓核结构具有"轨层性",由谓核及其所吸引的围绕他的语义成分构成,犹如太阳系的轨层由太阳及其所吸引的围绕他的星球(行星和卫星)构成。谓核结构是由语义成分"谓核"和它所联系和制约的两个或两个以上的语义成分构成的。谓核结构的核心成分是"谓核",围绕谓核并受谓核联系和制约的语义成分是"谓元"和"状元"。谓核结构是个轨层结构,比如以"张三今天喝酒"这个"主状谓宾"短语为例,这个短语所表示的谓核结构的组成部分是:谓核是"喝"(动作核),谓元是"张三"(施事)和"酒"(受事),"今天"是状元。

谓核结构的谓核由谓词充当,谓词的不同语义特征(主要是谓词的配价特征和情状特征)决定谓核的性质。谓核结构里谓词所联系(挂钩)的语义成分,是谓核结构中受谓核控制而围绕谓核的成分,一般是由表示"名物"的名词性词语充当的。

谓核结构里谓核所联系和制约的语义成分总称"论元"。谓核结构的"论元"分为两种:"谓元"和"状元"。围绕着谓核的谓元和状元都依附于谓核,但是谓元和状元在谓核结构里的地位和作用是不对等的:"谓元"是谓核结构里谓核所联系的强制性语义成分(也称"内围成分"),它是谓核组成谓核结构的"必有的"语义成分。没有谓核当然形不成谓核结构,但是没有谓元,同样也形不成谓核结构。所以谓核和谓元是构成谓核结构的基本成员,是谓核结构的不可或缺的语义成分。"状元"是谓核结构里谓核所联系的非强制性的语义成分(也称"外围成分"),是谓核组成谓核结构时的"非必有"(即可有可无)的语义成分,主要用来增加某些背景性的语义信息,去掉它谓核结构仍能成立。

谓核结构的语义成分具有层级性。首先,可以分出"谓核""谓元""状元"三大语义成分。其次,谓核可分为"动作核""趋向核""变化核""性状核""关系核""评议核"等;谓元可分为"主事""客事""与事"三类;谓元的主事和客事还可以进行下位分类(分出来的语义成分也称"语义角色");主事可分为施事、系事、当事、评事等,客事可分为受事、成事、使事、位事、表事、评事等;状元可分为"处所""时间""工具""方式""方面""条件"等(参看范晓2011a)。

2. 名核结构

名核结构里名核所联系和制约的语义成分也总称"论元"。名核结构的"论元"分为两种:名元和定元。围绕着名核的名元和定元都依附于名核。

没有名核当然形不成名核结构;但是没有名元和定元,同样也形不成名核结构。名元和名核构成领属性的名核结构。定元和名核构成限饰性的名核结构。

名核结构的语义成分主要有"名核""名元""定元"三类。名元的语义角色称为"领事",定元的语义角色称为"定事",包括"数量""属性""指别""所在""饰事"等(参看范晓2011b)。

(二) 与谓核结构相关的复合短语的语模

与谓核结构相关的复合短语主要有两类:主谓短语和谓词性短语。

1. 简单的主谓短语的语模

简单的"主谓"短语,其语模是"主事+谓核"语模。这是谓核由单个谓词充当组成一个谓核结构的语模。根据谓词性质的差异,下面可分为两小类:(1)"施事+动作核"语模(简称"施动"语模,谓词为不及物动词),如"老人睡觉、孩子哭"之类;(2)"系事+性状核"语模(简称"系状"语模,谓词为状态动词或形容词),如"天气晴朗""身体瘫痪"之类。此外,有一种谓核结构里隐含受事的"施事+动作核"语模(谓词为及物动作动词),如"你吃""我干"之类。

2. 复杂的主谓短语的语模

(1) "主谓宾"短语的语模

主谓宾短语的语模是由一个及物动词作谓核带上主事谓元和客事谓元组成的一个谓核结构的语模,即"主事+谓核+客事"语模。这种语模的谓核是由及物性动词充当,由于作谓核的谓词性质不同影响到客事的语义差异,就会有不同的"主事+谓核+客事"语模,主要有:"施事+动作核+受事"语模("张三批评李四""武松打虎"之类)、"主事+动作核+成事"语模("张三掘井""李四造桥"之类)、"起事+关系核+表事"语模("张三是老师""李四属狗"之类)、"当事+评议核+评事"语模("张三应该去""李四能造桥"之类)。此外,有一种谓核结构里隐含受事的"主事+谓核+与事"语模(谓词为及物三价动词,如"张三给李四""李四借他"之类)。

（2）"主谓补"短语的语模

主谓补短语的语模是由两个谓核结构串合组成（如"我喝醉"是由"我喝[酒]+我醉"组成），主要有：1）"施事+动作核+性状核"语模，如"我吃饱""老汉醉倒"之类；2）"施事+动作核+得+性状核"语模，如"我跑得很累""孩子睡得很熟""颜色红得发紫""天色黑得锅底一般""他写得很大""她打扫得非常干净"之类。

（3）"主谓宾宾"短语的语模

主谓宾宾短语（这是带双宾语的三价及物动词构成的短语）的语模，是"主事+谓核+与事+客事"语模，如"张三给李四礼物""李四借我钱"之类。

（4）"主谓补宾"短语的语模

主谓补宾短语的语模是由两个谓核结构串合组成（如"狗咬伤人"是由"狗咬人+人伤"组成），这是"主事+谓核+谓核+客事"语模。根据客事语义的差别，可分为：1）"施事+动作核+性状核+受事"语模如"狗咬伤人""我吃饱饭"之类；2）"施事+动作核+性状核+成事"语模，如"他挖成井""工人造成大厦"之类；3）"施事+动作核+趋向核+位事"语模，如"他走进教室""她奔上山"之类；4）"施事+动作核+性状核+使事"语模，如"她跌伤腿""她哭肿脸""他唱哑嗓子"之类。

（5）"主谓宾补"短语的语模

主谓宾补短语的语模由两个谓核结构串合组成（如"我请他来"是由"我请他+她来"组成），这是"主事+谓核+谓核+客事"语模。根据谓核和客事的差别，"主事+动作核+受事+补事"语模还可分为：1）"施事+动作核+受事+目的"语模，如"我请他来""团长命令部队出发"之类（使令性动词表动作核）；2）"施事+动作核+受事+称谓"语模，如"大家称他为作家、人们叫他铁公鸡"之类（称呼性动词表动作核）；3）"施事+动作核+受事+当事"语模，如"我们选举他当代表""大家推荐他做组长"之类（推举性动词表动作核）；4）"施事+动作核+受事+原因"语模，如"我喜欢她聪明""她嫌他丑陋"之类（心理动词表动作核）等。

（6）谓词性联合短语的语模

主语和谓词性联合短语中几个谓语联合构成的动核结构组成"联合语

模",即"主谓谓……"语模。联合模主要有:1)"主谓谓……"并列语模,如"他吃喝玩乐、小王艰苦朴素、小李活泼可爱、祖国繁荣昌盛富强"之类;2)"主谓谓……"顺递语模,如"她上街去买菜、我骑马下乡视察、我们上门前去道喜"(顺递语模中的"谓词"后往往有其他成分)之类;3)"主谓谓……"重叠语模,如"您坐坐坐、白鸽飞飞飞"之类。

3. 简单的谓词性短语语模

简单的谓词性短语的语模有三类。

(1) 谓宾短语的语模

谓宾短语的语模是由隐含主事谓元的谓核结构组成的"谓核+客事"语模。根据作谓语的及物动词的性质,"谓核+客事"语模还可分为:"动作核+受事"语模("喝茶""讲故事"之类)、"动作核+成事"语模("挖井""造桥"之类)、"趋向核+位事"语模("进教室""上山"之类)、"关系核+表事"语模("是学生""像镜子"之类)、"评议核+评事"语模("应该休息""可以参加"之类)等。此外,还有隐含施事和受的谓核结构组成的"谓核+与事"语模,如"给他""借我"之类。

(2) 谓补短语的语模

谓补短语的语模是由隐含主事谓元的谓核结构组成的。主要有:1)"动作核+性状核"语模,如"咬伤""敲碎"之类;2)"性状核+性状核"语模,如"醉倒""累坏"之类;3)"动作核+得+性状核"语模("写得很大""睡得很熟"之类);4)"性状核+得+性状核"语模,如"醉得一塌糊涂""黑得锅底一般"之类。另有:"动作核+动量"语模,如"去一趟""看一次"之类。

(3) 状心短语的语模

状心短语的语模是由隐含主事谓元的谓核结构组成的"状元+谓核"语模。根据状元的语义身份,主要可分为:"客事+动作核"语模("把他打""对它研究"之类)、"主事+动作核"语模("被他批评""由他处理"之类)、"与事+动作核"语模("为人民服务""向他致敬"之类)、"处所+动作核"语模("床上睡觉""嘴里咀嚼"之类)、"时间+动作核"语模("六点上班""上午开会"之类),"工具+动作核"语模("用刀切菜""用水泡"之类)、"状态+动作核"语模("大肆攻击""陆续交付"之类)、"凭借+动作核"语模("按规定办""电话联系"之类)、"范围+动作核"语模("小范围讨论""多方面考虑"之类)、"否定+动作核"语模("不走""没去"之类)、"程度+性状核"语模("很清楚""非常聪明")等。

(4) 联合短语的语模

谓词性联合短语中几个谓语联合构成的隐含主事的动核结构组成"联合语模",即"谓谓……"语模。根据不同的联合方式,联合语模主要有:1)"谓谓……"并列语模,如"宣传推广""吃穿用""吃喝玩乐""艰苦朴素""活泼可爱""繁荣昌盛富强"之类;2)"谓谓……"顺递语模,如"上街去买菜""骑马下乡视察""上门前去道喜"(顺递语模中的"谓词"后往往有其他成分)之类;3)"谓谓……"重叠语模,如"谢谢谢谢""坐坐坐""好好好"之类。

4. 复杂的谓词性短语语模

(1) 谓宾宾短语的语模

谓宾宾短语(句法上是谓语带双宾语)的语模是由隐含施事谓元的谓核结构组成的"动作核+与事+受事"语模,这种语模是由三价及物性的动作动词充当的,如"送她礼物""教我数学""借他钱"之类。

(2) 谓补宾短语的语模

谓补宾短语(句法上是谓语带补语再带宾语),它的语模是由隐含某个谓元的两个谓核结构串合组成"谓核+谓核+客事"语模(后面的谓核由性状动词或去向动词担当)。根据谓核和客事的差别,"谓核+谓核+客事"语模还可分为:1)"动作核+性状核+受事"语模,如"咬伤人""吃饱饭"之类;2)"动作核+性状核+成事"语模,如"挖成井""塑成佛像"之类;3)"动作核+性状核+使事"语模,如"跌伤腿""哭肿脸"之类;4)"动作核+趋向核+位事"语模,如"走进教室""奔上山"之类。

(3) 谓宾补短语的语模

谓宾补短语的语模(句法上是谓语带宾语再带补语)语模是由隐含某个谓元的两个谓核结构套合构成的"动作核+受事+补事"语模(补事由谓词性词语充当)。主要可以下分为:1)"动作核+受事+目的"语模,如"请他来""命令他出发"之类(使令性动词表动作核);2)"动作核+受事+称谓"语模,如"称他为作家""叫他老公"之类(称呼性动词表动作核);3)"动作核+受事+当事"语模,如"选举他当代表""推荐他做组长"之类(推举性动词表动作核);4)"动作核+受事+原因"语模,如"喜欢她聪明""嫌他丑陋"之类(心理动词表动作核)。

(三) 与名核结构相关的复合短语的语模

1. 定心短语的语模

定心短语语模主要有两类:"名元+名核"语模和"定元+名核"语模。

(1)"名元+名核"语模,由语义成分"领事"和"名核"构成。名元和名核之间是领属关系(名元为"领事",名核为"属事"),它们都由名词性词语充当。如"象鼻子""他的母亲""他的眼睛""桌子的腿""弟弟的朋友""朋友的妹妹"之类。

(2)"定元+名核"语模,由语义成分"定事"和"名核"构成("好天气""木头桌子"之类)。定元(定事)可由各种实词性词语充当,有的表示性质(如"红的花""绿的草"),有的表示状态(如"飞奔的马""红通通的脸"),有的表示数量(如"三只鸟""两支笔"),有的表示用途(如"吃的饭""穿的衣服"),有的表示材料(如"毛料衣服""木头桌子"),有的表示来源(如"祁门红茶""外国货"),有的表示范围或方面(如"城市居民""语文老师"),有的表示时间(如"昨天的会议""秋天的景色"),有的表示处所(如"上海的早晨""院子里的草坪"),等等。

(3) 定心短语构成的"名元+名核"语模和"定元+名核"语模里的名核一般由名词充当,谓词在一定条件下(名物化了)也可以作这种语模的名核(如"她的笑""母亲的回忆""这本书的出版""文物的拍卖""他的勤劳""狐狸的狡猾""精彩的演说""语言研究""大规模建设"之类)。

2. 名词性的联合短语的语模

名词性联合短语中几个名核或几个名核结构联合起来组成"联合语模"。根据不同的联合方式,名核结构的联合语模主要有:1)名词性并列短语构成"并列语模",简单的由名词性并列短语的语模为没有名元或定元的两个或两个以上的名核并列组成的"名核+名核+……"语模,如"工农兵"

"笔墨纸砚"之类;复杂的由名词性并列短语语模或是名核前有定元的"(定元+名核)+(定元+名核)+……"语模,如"红花绿草""蓝天白云红日"之类,或是名核前有名元的"(名元+名核)+(名元+名核)+……"语模,如"你爸和我妈""象鼻鼠尾河马嘴"之类。2)名词性重叠短语构成"重叠语模",简单的由名词性重叠短语的语模为没有名元或定元的两个或两个以上的名核重叠组成的,如"老罗啊老罗"有的是两个或两个以上的名核重叠,如"人啊人""他他他""谁谁谁"之类;复杂的由名词性重叠短语语模或是名核前有定元的"(定元+名核)+(定元+名核)+……"语模,如"大鱼大鱼""好人好人""一个浪头一个浪头""好歌好歌好歌"之类,或是名核前有名元的"(名元+名核)+(名元+名核)+……"语模,如"你爸我爸我爸"之类。3)复指短语是名词性短语,能构成"复指语模",是两个或两个以上的名核复指组成的"名核+名核+……"语模,如"他们娘儿俩""老王他自己"之类。

(四) 派生短语在语模中的身份

派生短语本身不能成为语模,它的身份是:只能与实词性词语结合搭配组成复合短语并在其中担任某种句法成分。"派生短语"和"实词是性词语"组成的谓词性或名词性复合短语,才会构成某种语模。举例如下(其他可以类推):

(1)"介词短语+谓词性词语"可以构成"状心短语"。这样的状心短语的语模是由隐含主事谓元的谓核结构组成的"状元+谓核"语模,主要有:"客事+动作核"语模("对他批评"之类),"主事+动作核"语模("被他批评"之类),"与事+动作核"语模("向英雄致敬"之类);"处所+动作核"语模("在床上睡觉"之类),"时间+动作核"语模("在六点上班"之类);也可由复杂短语构成"客事+动作核+客事"("在九点搬家"之类)和"客事+动作核+补事"(如"把苹果吃光"之类)。

(2)"量词短语+名词"可构成"数量+名"(如"一本书""三条鱼""五个人")、"指量+名词"短语(如"这本书""那条鱼")这样的定心短语,其语模是"定元+名核"语模。

(3)"的字短语+名词"可构成定心短语,如"一本书""三条鱼""五个人"这样的定心短语,其语模是"定元+名核"语模。

二、短语的语用分析

（一）短语的语用结构

主谓短语是一种特别重要的短语。在句法上，它是主谓结构；在语义上，"主事+谓核"语模和"主事+谓核+客事"语模，是主谓短语的基干语模，体现为基干动核结构；在语用上，主语和谓语是被陈述和陈述的关系，它体现"主述结构"（即"主题+述题"结构），这跟句子的"主述结构"是一致的，所以主谓短语的主谓结构在语用上可以表现为一种语用结构。由于主谓短语表现着主述结构，所以在汉语里，主语可以表现主题，谓语可以表现述题。但是，必须注意：句子的主述结构不等于主谓结构，因为在句子里，主题不一定是主语，述题也不一定是谓语。

（二）短语内部成分的表达重点（中心）

有些复合短语的内部成分，从语用上说有一个表达重点。表达重点也称"表达中心"。比如，句法里为向心结构的复合短语里，谓宾短语、谓补短语的谓语是句法结构的中心，偏正短语（定心短语和状心短语）的定语和状语所限饰的中心语是句法结构的中心；但语用上的表达重点跟句法结构中心却好相反：谓宾短语、谓补短语中宾语、补语为表达重点，定心短语和状心短语中定语、状语是语用上的表达重点。列表比较如下：

静态复合短语	实　例	句法结构中心	语用表达重点
谓宾短语	打扫房间	打扫	房间
谓补短语	打扫干净	打扫	干净
定心短语	伟大的祖国	祖国	伟大
状心短语	认真地学习	学习	认真

（三）派生短语的语用举例

派生短语在语用上有很大的用途。主要起"指引""凸显""表征""替代""列举"等作用。下面列举几个派生短语的语用。

1. 介宾短语和动介短语的语用

介宾短语和动介短语的用途主要表现为起"指引"作用。介宾短语或指引动作的时空背景(如"在六点钟起床""从北京来"),或指引动作的凭借(如"用刀切菜""凭票入场"),或指引动作的对象(如"向他致敬"),或指引动作的受事(如"把问题解决"),或指引动作的施事(如"被她批评")等;而动介短语的用途主要指引动作的定位(如"落在地上""飞往香港")。

2. 方位短语、量词短语的语用

这些短语的用途主要是起"表征"作用。方位短语主要用于表征物体及其方位(如"床底下""墙上");量词短语主要用于表征物体的计数(如"两个""三本"),但也可用于指点(近指或远指,如"这本""那本")某个物体。

3. 的字短语、所字短语的语用

的字短语主要用于替代某个事物(如"有吃的""有穿的"里的"吃的""穿的"),在名物之前也可用于凸显事物的属性(如"红的衣服""木头的房子");所字短语主要用于代替某个名词或名物(如"所知""所说""所需""所得")。

4. 似的短语的语用

似的短语主要用于凸显比况近似的事物(如"镜子似的""燕子一般")。

5. 等字短语的语用

等字短语凸显列举性的名物(如"鸡鸭鱼肉等")。

(四) 重叠短语的语用

重叠短语通常是出现在一定语境里的动态短语,它可以充当某种句法成分,但更重要的还有着某种语用上的用途。重叠短语语用上的用途主要表现在以下几点。

1. 表示强调或突出

有些重叠短语在语用上是为了强调突出某个词语,有增强感情的色彩。如"<u>老罗呀老罗</u>,怪不得人家叫你'罗铁夫'"里是突出名词"老罗";又如"<u>坐坐坐</u>,请坐""这是一封<u>极普通极普通</u>的家信"是强调突出某种动作或性状;再如"<u>很好很好很好</u>"是强调突出"好"的程度,"<u>不不不</u>,你不清楚"是强调突出副词"不",表示强烈的否定。

2. 表示反复或连续

动词性词语构成的重叠短语语用上常表动作的反复或连续,如"飞呀飞呀""走啊走啊"是表示"飞"和"走"的动作连绵不断,反复进行;又如"嘱咐又嘱咐"表示动作的多次反复。象声词重叠可用来表示某种声音的连绵不断,如"火车摩擦铁轨发出<u>咔嚓咔嚓咔嚓</u>的声音"里的"咔嚓咔嚓咔嚓"便是。数量短语重叠构成的重叠短语常用来表示一个事物反复多次,如"一个浪头又一个浪头"显示"浪头"的连续不断的涌现。

3. 表示急促的口气

有些重叠短语可以显示说话时急促的口气。如"<u>你你你</u>,你怎么搞的",这显然讲话急促,而把"你"不停顿地一气说了出来;又如"<u>去去去去</u>,你快去",四个"去"一气呵成,足见急促之状。

4. 表示说话口吃

有些口吃的人,说起话来常常把词语重叠起来。文学作品为显现人物的个性特点,有时也写出了口吃者的口吃的句子。这种词语也可看作重叠短语。如"<u>你,你</u>还是<u>嫁,嫁</u>了吧""<u>我,我,我</u>不去了"里的"你,你""嫁,嫁""我,我,我"都是因表示口吃而重叠的。

5. 显示语句的节奏

为了使语句整齐匀称、富于节奏,有时也可使用重叠短语。如"<u>小鸡小鸡</u>你别怪,生下来本是一口菜""小皮球,<u>圆又圆</u>",这里的"小鸡小鸡"和"圆又圆"也是重叠短语,其作用是显示语句的节奏感,读起来朗朗上口。由于重叠短语有这种增强语言节奏美的作用,所以在诗歌、歌词以及抒情散文中用得比较多。

三、定心短语中"的"的有无问题

(一)"的"性质和特征

"的"是虚词里的结构助词。其特征是:表面上是置于定语和中心语之间联结定语和中心语的助词,实质上它是附着在定语后标示被附着的句法成分是定语;所以也可以说结构助词"的"是定语的标志。

很多定心短语里的定语有"的"标志,但这并不意味着任何定语后都得有"的"。在汉语里,有些定心短语里定语后必须带"的",但也有些定心短语里定语后不能带"的",还有些定心短语里定语后可带可不带"的"。"的"的有无不仅是句法上的问题,也涉及语义和语用。

结构助词"的"在语法构里的功能可以概括为三点:一是标示定语的功能,即表示在句法平面如果两直接的句法成分间有"的"的短语一定是定心型偏正结构("的"后面的成分一定是"中心语");二是标示名元或定元的功能,即在语义平面如果两直接的语义成分间有"的"的语义结构一定是名核结构("的"后面的成分一定是"名核");三是强调和凸显定语的语用功能,即在语用平面强调和凸显定语的限定或修饰的功能。如"<u>我们的祖国</u>是<u>伟大的祖国</u>"里,"我们的祖国"和"伟大的祖国",都是定语带"的"构成的定心短语。这个定心短语句法上属于定心型偏正结构;语义上属于名核结构("祖国"是名核);语用上表达重点落在定语上,旨在强调和凸显定语"我们"和"伟大"。可见定心短语中"的"的有无问题,不仅影响定心短语的句法分析,也涉及它的语义分析和语用分析。

(二) 定心短语里定语后带不带"的"的问题

定心短语的定语后带不带"的",有三种情形。

1. 定语后一般要带"的"的定心短语

定语后要带"的"的定心短语,主要有以下几种情形。

(1) 短语作定语时一般要带"的",如"他来的时候""白雪和绿林围绕的天山""桂花飘香的季节""热闹可爱的地方""推荐他的人""这本书的出版""对他的帮助"之类。这种定心短语里的"的"不能删除:删除后或是不通,如"他来的时候"删除"的"说成"他来时候"便不能成立;或是变成其他的短语,如"雪山绿林围绕的天山"删除"的"说成"白雪和绿林围绕天山"便变成主谓短语,语义上也由名核结构变成谓核结构。

(2) 短语作中心语时定语一般要带"的",如"勇敢的牧羊姑娘""挺拔的一棵大树""雄伟的中国长城""木头的大鱼船"之类。这种定心短语里的

"的"不能删除:删除"的"便不能成立,如"勇敢的牧羊姑娘"不能说成"勇敢牧羊姑娘"。

（3）动词作定语一般要带"的",如"吃的饭""穿的衣""读的书""去的地方""听的人"之类。这种定心短语里的"的"不能删除:删除后或是不通,如"听的人"删除"的"说成"听人"便不能成立;或是变成其他的短语,如"读的书"删除"的"说成"读书"便变成谓宾短语,语义上也由名核结构变成隐含主事的谓核结构。

（4）状态形容词作定语要带"的",如"绿油油的麦苗""红通通的脸""雪白的墙壁""漆黑的夜晚"之类。这种定心短语里的"的"不能删除:删除后不通,如"绿油油的麦苗"删除"的"说成"绿油油麦苗"便不能成立。

（5）"双音节性质形容词+双音节名词"构成的定心短语里定语大都要带"的",如"勇敢的战士""伟大的人民""节俭的生活"之类。这种定心短语里的"的"一般不能删除,删除后不通,如"勇敢的战士"删除"的"说成"勇敢战士"便不能成立。

（6）性质形容词重叠作定语一般要带"的",如"青青的草""蓝蓝的天""红红的鲜花""高高的白杨树""轻轻的声音""矮矮的木屋"之类。这种定心短语里的"的"一般不能删除,删除后不通,如"蓝蓝的天"删除"的"说成"蓝蓝天"便不能成立(在动态的句子里或诗歌里,受制于韵律则有例外情形)。

（7）谓词性词语作定心短语的中心语时,定语必须带"的",如"她的笑""他的迂腐""老鼠的聪明""夜晚的寂静"之类。这种定心短语语义上属于名核结构,做中心语的谓词性词语"名物化"了,定语后的"的"不能删除,删除"的"变成主谓短语,如"她的笑"删除"的"说成"她笑"便变成主谓短语,语义上也由名核结构变成谓核结构。

2. 定语后一般不能带"的"的定心短语

定语后一般不能带"的"的定心短语,主要有以下两种情形。

（1）数量短语作定语构成的定心短语里定语后一般不能带"的",如"三个人""两只鸟"之类;如果说成"三个的人""两只的鸟"就不通。[1]

---

[1] 少数数量短语里定语后可带"的",如"一系列的问题""三小时的时间""五斤重(量)的青鱼"。

（2）指量短语作定语构成的定心短语里定语后一般不能带"的"，如"这台电脑""那本书"之类；如果说成"这台的电脑""那本的书"就不通。

3. 定语后可带可不带"的"的定心短语

定语后可带可不带"的"的定心短语（不带"的"的定心短语是"黏合结构"，带"的"的定心短语是"非黏合结构"）。主要有以下几种情形。

（1）有些"性质形容词+名词"构成的定心短语里，定语后可带可不带"的"，如"绿草""新思想""旧桌子""勤俭人"也可说成"绿的草""新的思想""旧的桌子""勤俭的人"。这两种定心短语基本意义相同，区别是在语用上，带"的"的定心短语里的定语有强调和凸显修饰成分的语用功能，而不带"的"的定心短语里的定语则没有这种语用功能。

（2）有些"区别词+名词"构成的定心短语里，定语后可带可不带"的"，如"中式服装""大型舞会""高等动物""主要问题"也可说成"中式的服装""大型的舞会""高等的动物""主要的问题"。这两种定心短语的基本意义相同，区别是在语用上，带"的"的定心短语里的定语有强调和凸显修饰成分的语用功能，而不带"的"的定心短语里的定语则没有这种语用功能。

（3）有些"名词+名词"构成的定心短语里，定语后可带可不带"的"，如"历史研究""文化合作""义务教育""精神鼓励"也可说成"历史的研究""文化的合作""精神的鼓励"。这两种定心短语的基本意义相同，区别是在语用上，带"的"的定心短语里的定语有强调和凸显修饰成分的语用功能，而不带"的"的定心短语里的定语则没有这种语用功能。

（4）有些"名词（或人称代词）+名词"构成的静态的、领属关系的定心短语里，定语通常带"的"，如"他的爸爸""我的弟弟""我的帽子"；但在动态的句子里，定语后也可不带"的"，如"他爸爸是大学老师""我帽子掉了"。这两种定心短语基本意义相同，区别是在语用上，带"的"定语有凸显修饰成分的语用功能，而不带"的"的定心短语是语用需要省略"的"（省略的"的"可补出，参看李人鉴1959）。

（5）有些"名词+名词"组成的短语里，有"的"无"的"能使定心短语跟并列短语区别开来，如"父亲母亲"是并列短语，而"父亲的母亲"是定心短语。这在语义上也就是使"名元+名核"语模和隐含名元的"名核+名核"语模区别开来。

(6) 有些"人称代词(或指人名词)+名词"组成的短语里,有"的"无"的"能使定心短语("名元+名核"语模)跟复指短语("名核+名核"语模)区别开来,如"我们学生""汪彤老师"是复指短语,而"我们的学生""汪彤的老师"是定心短语。

(7) 有些"名词+动词"组成的短语里,有"的"无"的"能使定心短语("定元+名核"语模)跟谓宾短语("谓核+受事"语模)区别开来,如"学习文件""参考资料""出租房屋"是谓宾短语,而"学习的文件""参考的资料""出租的房屋"是定心短语。①

(8) 有些"名词+名词"组成的定心短语,有"的"无"的"能使领属性的定心短语(语义上是"名元+名核"组成的名核结构)和修饰性的定心短语(语义上是"定元+名核"组成的名核结构)区别开来。如"孩子脾气",孤立的静态短语有歧义。在"这个人有点儿孩子脾气"里,定心短语"孩子脾气"中定语"孩子"修饰或描写"脾气"的状态(意思是"孩子似的脾气"),这个短语里定语不可带"的";在"孩子的脾气很好"里,定心短语"孩子的脾气"中定语"孩子"和中心语"孩子"之间具有领属关系,定语是限定"脾气"属于谁的,这个短语里一定要有"的"。

(三) 几个特殊的定心短语的语义和语用分析

1. "他的老师当得好"这种句子里的定心短语

类似的还有"她的教练当得好""他的经理做得很好""他的足球踢得好""她的股票炒得很好""他的字写得很好""她的菜烧得很好吃"等。这里的"定心短语"与一般的定心短语显然不一样,以"她的老师""他的足球"为例,孤立地看是定心短语(像"她的爸爸""他的妹妹""他的书""他的毛笔"之类是一样的),但"他"并不是"老师"或"足球"的领事(领有者)。"老师""足球"是"当""踢"的客事。这种定心短语出现在这动态的句子里,"她的

---

① 有些"双音节动词+双音节名词"构成"黏合结构"的定心短语,定语和中心语结合紧密,定语后往往不带"的",如"研究小组""调查方法""指导老师"之类;只有在动态的句子里定语后可带"的",如"我们要讲究调查的方法"。

老师"和"他的足球"是名词性的,是定心短语作句子的主语,完整的说法应该分别是"她的老师当得好"(意思是"他当老师当得好")和"他的足球踢得好"(意思是"他踢足球踢得好")。这是种比较特殊的定心短语,有的称为"准定语"(也有称为"伪定语"的)。这种定语一般由指人名词(或人称代词)充当,语义上是句中动作动词所联系的施事;中心语"当老师"和"踢足球"是名物化了,语用上隐含着一个动作动词(也可以说是"空动词",必要时可以补出),是北方口语里的习惯用法。这种句子的句式也可以换成"复动句"(也称"重动句"),如"她当老师当得好、他踢足球踢得好"。但那是两种不同的句式,语用价值不一样的:"他的老师当得好"里,定心短语"他的(当)老师"是句子的语用主题;"他当老师当得好"里,主谓短语"他当老师"是句子的语用主题。①

2. "他是昨天进的城"这种句子里的定心短语

类似的还有"他是<u>前天去的北京</u>""她是<u>上午飞的广州</u>""她是<u>去年考的研究生</u>"等。这里的"定心短语"与一般的定心短语也不一样。这种定心短语里如果去掉"的",基本意思没变,但在句法上变成状心短语,语义上变成谓核结构,如"他是<u>昨天进的城</u>"变成"他是<u>昨天进城</u>"。之所以加"的"组成定心短语("昨天进的城"),在语用上大有用处:一是有强调和突出定语的作用,即表示表达的重点不是落在"城"(或"进城")上,而是落在"昨天进"上;二是起完句的作用,若说成"他是昨天进城"只是一个句干,没表达出语气,还不是一个能交际的句子,而说成"他是昨天进的城",其中的"是昨天进的"则表示说话者对已然的客观事件的主观肯定,带有肯定的语气。②

值得注意的是,有一种类似的句子,如"她是昨天生的孩子",这种句子有歧义,脱离语境就有两种意思:一种是"她"在句法上是主语,跟"他是昨天进的城"是同样的句式;定心短语"昨天生的孩子"里定语在语用上表示说话

---

① "他的老师当得好"这种句式,沈家煊、邓思颖、黄正德、潘海华、胡建华等都参加过讨论。有种种说法,如糅合说、派生说、句法移位说、形义错配说、空动词说、受事主语句说等。

② 当然也可说成"他是昨天进城的",就能起完句作用,但这句中的"的"是句末语气词,在句中表肯定性的陈述语气,对"昨天进城"起肯定的作用。

者对已然的客观事件的主观肯定,带有肯定的语气;另一种是"她"在句法上是主语,跟"他是昨天进的城"是不同的句式,而跟"他是昨天来的客人"是同一句式。定心短语"昨天生的孩子"里定语在语用上强调和突出定语"昨天生"。

3. 离合词扩展而成的定心短语

现代汉语里有一批动宾离合词(参看范晓 2014),如"告状""吃亏"之类,它们在使用中两个语素既可"合",也可"离"(即在词的内部插入其他成分而分离扩展成动宾短语)。在各种扩展的动宾短语形式中,其中之一就是"动+(名$_1$+的+名$_2$)"语式。在这种动宾短语语式里,动词后的"名$_1$+的+名$_2$"就是定心短语,如"告他的状""操孩子的心""出我的丑""见老师的面""吃他的亏""沾你的光""领朋友的情"之类。

动宾离合词扩展成的这种"动+(名$_1$+的+名$_2$)"语式在句法上类似"双宾"语型的语式,在语义上类似"动与受"语模,语式义是表达"一个交接行为或事件:或是表达给予与事以某种受事,即把名$_2$所指(某物)给予名$_1$所指(某人),如"送她礼物";或是表达获得与事所领有的事物,即从名$_1$所指(某人)那里获得名$_2$所指(某物),如"收他礼物"。决定名$_2$所指(某物)转移方向(外向或内向)的,是动词的语义特征(有的是"交类"性质的动词,有的是"接类"性质的动词①)。

动宾离合词扩展成的"动+(名$_1$+的+名$_2$)"语型仿效了动词带"双宾"语"动+(名$_1$+的+名$_2$)"语型。②由此可推定:"告他的状"相当于"送他的礼物",表示"上告给他的诉状",其中的定心短语"他的状"意思是"给他的诉状";"吃他的亏"相当于"收他的礼物",表示"吃(受到)他给的亏",其中的定心短语"他的亏"意思是"他给的亏"。又如"领朋友的情",也相当于"收他的礼物",表示"领受朋友给的情意",其中的定心短语"朋友的情"意思是"朋友给的情意"。再如"见老师的面"也相当于"收他的礼物",表示"见老

---

① 以施事为视点,"交"类动作表现为"外向"的给予过程,即受事由施事向外转移到与事;"接"类动作表现为"内向"的接得过程,即受事由与事向内转移到施事(参看范晓 1986)。

② 动宾离合词扩展成的"动+(名$_1$+的+名$_2$)"短语里的"动",不是严格的交接动词,只一种隐喻义。

师给的面"(意思是"跟老师的会面"),其中的定心短语"老师的面"意思是"老师给的面"(意思是"老师给的会面")。动宾离合词扩展成的这种"动+(名$_1$+的+名$_2$)"短语中的"动","接"类性质的相对较多。

汉语的"四字格"成语

〇、引　言

汉语的成语很多,是汉语词汇宝库中的灿烂明珠。成语大多由四个字(或说"四个语素")组成。例如:

① 我想会有那么一天,我们的文化普遍提高,人人<u>出口成章</u>,把口中说的写下来就是散文。
② 大家说不出一句话,<u>无精打采</u>地走散了。
③ 王凤是个<u>两面三刀</u>、<u>以权谋私</u>的能人。
④ 当我们在工作中所取得胜利和成绩后,我们应该<u>虚怀若谷</u>地倾听大家议论我们工作中的缺点和错误。
⑤ 那种<u>招摇撞骗</u>的风气必须铲除。

上述例句里的"出口成章""无精打采""两面三刀""以权谋私""虚怀若谷""招摇撞骗"都是成语。

大多数四字成语可均衡地分为前后两段,即四个语素分成二二组合,如"削足/适履""囫囵/吞枣""草木/皆兵""费尽/心机";但也有少数成语不是二二组合,而是一三组合或三一组合,如"火/烧眉毛""寡/不敌众""一衣带/水"。

一、成语的性质

(一) 四字成语是一种固定短语

四字组成的成语人们常称之为"四字格"成语,是人们长期以来习用的。四字成语结构紧密,常常作为一个整体使用,是一种定型的固定短语。它字数不多,但内容丰富,含意精辟,比如"纸上谈兵"意思是空谈不可能解决实际问题,又比如"班门弄斧"意思是指在行家面前卖弄本领。这种成语富于表现力,恰当地使用它能增强话语的表达效果,如例④中的成语"虚怀若谷",意思是谦虚的胸怀像山谷一样深广,例⑤中的成语"招摇撞骗",意思是假借名义进行蒙骗。如果不用成语,分别说成"非常谦虚""进行欺骗",那在表意上远不如使用成语那样形象而深刻。

(二) 四字成语和自由短语的区别

四字成语跟一般的自由短语有区别。自由短语的特点是,在结构上具有松散性或离析性;作为固定短语的四字成语的特点是,在结构上具有凝固性或整体性。具体地说,自由短语和四字成语的区别主要表现在:

(1) 自由短语内部可以自由地插入其他成分;而四字成语一般不能随便插入其他成分,插入后的组分往往不通。比较:

① 心里有主意→心里有了一个主意→心里没有主意　　(自由短语)
② 胸有成竹→*胸有现成的竹子→*胸没有成竹　　(四字成语)

例①是自由短语,若插入"一个"或"没",还是通的;例②是四字成语,如果插入"一个""没",便不能成立。

(2) 自由短语内部的词儿可以跟相同功能的词儿互相替换,而四字成语一般不能任意替换,替换后也不能成立。比较:

① 心里有主意→心里有想法→他有主意　　(自由短语)
② 胸有成竹→*胸有成木→*他有成竹　　(四字成语)

例①的"心里有主意"这个自由短语,"心里"可以用"他""我""小王"等替换都行,"主意"可以用"想法""疑问""成见"等也能成立;但例②的"胸有成竹"中"胸"却不能用"他""我""小王"等替换,"成竹"也不能用"想法""疑问""成见"等替换。

有些成语表面上看来似乎也能替换,如"有X无Y"式的"有气无力""有嘴无心""有名无实"等成语,"有"后"无"后的成分可以用不一样的名词,一般不能说成"有X无X";又如"X头X脑"式的"昏头昏脑""呆头呆脑""虎头虎脑"等成语,"头""脑"前的成分可以是一样的形容词(或属性词),但一般不能说成"X 头 Y 脑"。无论是"有 X 无 Y"式成语还是"X 头 X 脑"成语,都必须对称地固定地联结在一起,整体是固定的,所以都是固定短语。

(3) 自由短语有时缩减某个词儿也还是能成立,但成语内部的词儿不能随意去掉,去掉后往往不能成立。例如"心里有主意"去掉"心里","有主意"还是一个短语;"胸有成竹"去掉"胸","有成竹"便不能成立。

(4) 自由短语构成词语只要符合句法上的结合规则和语义上的搭配规则就可以自由地把若干词组成一个可短可长的短语;而四字成语不但词语固定,而且一般都有一定的来源。四字成语的来源多种多样,或出自某个历史事实、历史故事,如"卧薪尝胆""破釜沉舟""逼上梁山""草木皆兵""指鹿为马""完璧归赵""退避三舍"等;或出自某个寓言、神话,如"揠苗助长""自相矛盾""守株待兔""黔驴技穷""杯弓蛇影""精卫填海"等;或出自诗文名句,如"筚路蓝缕""舍生取义""举足轻重""防微杜渐""落花流水"等;或出自外族语言,如"新陈代谢""弱肉强食""以牙还牙""火中取栗"等;或出自宗教典故,如"一尘不染""回头是岸""现身说法""心花怒放"等;或出自民间流传的口头俗语,如"改头换面""坐吃山空""昏头昏脑""死皮赖脸""大海捞针""囫囵吞枣"等。不管是来自书面的成语还是来自口头的成语,它们都经过了历史的考验,汉语的绝大多数四字成语是千百年来经过人们长期使用而流传下来的。

二、四字成语的结构类型

(一) 四字成语内部的句法分析

从古汉语的角度来说,成语的四个语素一般是古汉语的四个词。从现代汉语的角度来分析,成语的四个语素有些在现代汉语里是四个词,如"花好月圆""水落石出""眼高手低"等;但有些成语的四个语素在现代汉语里有的是词,有的不成词,如"日暮途穷""尔虞我诈""进退维谷"等,在这些成语里,有些古汉语的词(如"暮""尔""虞"等)在现代汉语里已经不是词而只是构词的成分。因此对成语进行句法结构分析(即分析成语内部成分与成分之间的句法关系),就多数成语而言,应该而且只能从语素与语素之间的关系进行分析,或者说从古汉语的词与词之间的关系进行分析。

(二) 四字格成语的句法结构类型

四字格成语的句法结构类型主要有以下四类。

1. "并列型"成语

"并列型"成语是指在句法上是并列结构(成分与成分之间的关系是并列关系)的成语。例如：

第一组：日新月异　　口诛笔伐　　山穷水尽　　天高地厚
第二组：大刀阔斧　　三坟五典　　虎头蛇尾　　单枪匹马
第三组：大吹大擂　　再接再厉　　轻描淡写　　深谋远虑
第四组：正本清源　　去粗取精　　失魂落魄　　讳疾忌医

四字成语里句法上并列关系构成的最多,它们或者是"主谓+主谓"构成,例如第一组的"日新月异"之类；或者是"定心+定心"构成,例如第二组的"大刀阔斧"之类；或者是"状心+状心"构成,例如第三组的"大吹大擂"之类；或者是"动宾+动宾"构成,例如第四组的"正本清源"之类。除以上以外,还有"动补+动补"构成的,如"斩尽杀绝",只是比较少一些。

2. "偏正型"成语

"偏正型"成语是指在句法上是偏正结构(成分与成分之间的关系是偏正关系)的成语。这类成语有两种：一种是"定心型"成语,另一种是"状心型"成语。下面分别举例说明。

(1) "定心型"成语

"定心型"成语指在句法上是定心结构("定语+中心语")构成的成语,例如：

第一组：门户之见　　黔驴之技　　一丘之貉　　后顾之忧
第二组：世外桃源　　黄粱一梦　　跳梁小丑　　鬼蜮伎俩

四字成语里"定语+中心语"构成的主要有两种情况。一种是定语和中心语之间加有结构助词"之"的,如第一组的"门户之见""黔驴之技"等；这种偏正结构里的中心语多数是名词,但有的也不是名词,如"后顾之忧"的"忧"便是。另一种是定语和中心名词之间没有结构助词"之"的,如第二组的"世外桃源""跳梁小丑"等。

(2)"状心型"成语

"状心型"成语指在句法上是状心结构("状语+中心语")构成的成语，例如：

  第一组：以文会友 按图索骥 对牛弹琴 向隅而泣
  第二组：夸夸其谈 孜孜不倦 郁郁寡欢 洋洋得意
  第三组：安然无恙 蔚然成风 豁然开朗 肃然起敬

四字成语里"状语+中心语"格式构成的主要有三种情形：第一种是状语是一个介宾短语，表示动作的对象、方向、工具、凭借等，例如第一组的"以文会友"之类便是；第二种是状语是一个重叠式构成的词语，表示动作的情状，例如第二组的"夸夸其谈"之类便是；第三种是作状语的是个带"然"的词语，表示动作的情状，例如第三组的"安然无恙"之类便是。

3."主谓型"成语

"主谓型"成语指在句法上是主谓结构("主语+谓语")构成的成语，例如：

  第一组：鹬蚌相争 老生常谈 单刀直入 原形毕露
  第二组：文质彬彬 天网恢恢 风尘仆仆 劣迹昭著
  第三组：老马识途 螳臂当车 叶公好龙 蚍蜉撼树

四字成语里主谓关系构成的主要有三种：第一种是"主+状+动"型，例如第一组所举的"鹬蚌相争"等便是；第二种是"主+形"型，例如第二组所举的"文质彬彬"便是；第三种是"主+动+宾"型，例如第三组所举的"老马识途"等便是。

4."动宾型"成语

"动宾型"成语指在句法上是动宾结构("动词+宾语")构成的成语，例如：

  第一组：粉饰太平 顾全大局 叱咤风云 平分秋色
  第二组：大张旗鼓 不识时务 别具一格 重见天日

四字成语里动宾关系构成的主要有两种：一种是"动词+名词"构成的，例如第一组所举的"粉饰太平"之类便是；另一种是"状+动+名词"构成的，例如第二组所举的"大张旗鼓"之类便是。

5. "其他类型"的成语

除上述所举并列、偏正、主谓、动宾之外,还有一些其他结构关系组成的。例如"守株待兔""解甲归田""抱薪救火"之类,是属于顺递关系的;又如"请君入瓮""引狼入室""指鹿为马"之类属于"兼语"关系(兼语关系实际上属于动补关系,参看范晓 1996,第 490 页)。

三、四字成语在句子里的句法功能

(一) 四字成语在句中充当某种句法成分

跟实词一样,四字成语在句子里可以充当各种句法成分,以下举例进行说明。

1. 作主语

有些四字成语在句子里可以充当主语,例如:

① 新陈代谢是宇宙间普遍的永远不可抵抗的规律。

② 不毛之地长出了庄稼,沙漠开始出现绿洲。

③ 言外之意仿佛就是你不应该做这种事。

例①的"新陈代谢"、例②的"不毛之地"、例③的"言外之意"等四字成语在句子里作主语。

2. 作宾语

有些四字成语在句子里可以充当宾语。例如:

① 不食嗟来之食,表现了一个人的骨气。

② 弟弟眼睛盯着不速之客,闪出诧异的光芒。

③ 火把照着崎岖险峻的羊肠小道。

例①的"嗟来之食"、例②的"不速之客"、例③的"羊肠小道"等四字成语在句子里作宾语。

3. 作谓语

有些四字成语在句子里可以充当谓语。例如:

① 赵太爷目空一切,见了阿Q也就很有些不放在眼里了。

② 老王莫名其妙,眨了眨眼睛。

③ 岛上四通八达,到处是浓荫夹道的大路。

例①的"目空一切"、例②的"莫明其妙"、例③的"四通八达"等四字成语在句子里都作谓语。

4. 作补语

有些四字成语在句子里可以充当补语。例如:

① 板棚里挤得水泄不通。

② 家里已经吵得鸡犬不宁了。

③ 小锁对他这个柱哥佩服得五体投地。

例①的"水泄不通"、例②的"鸡犬不宁"、例③"五体投地"等四字成语在句子里都作动词的补语。

5. 作状语

有些四字成语在句子里可以充当状语。例如:

① 我们废寝忘食,夜以继日地工作着。

② 他不屈不挠地与封建势力作斗争。

③ 她目不转睛地看完这封信,苍白的脸色越来越严了。

例①的"废寝忘食"和"夜以继日"、例②的"不屈不挠"、例③的"目不转睛"等四字成语在句子里都作状语,用来修饰后边的动词性成分。

6. 作定语

有些四字成语在句子里可以充当定语。例如:

① 牛郎把老牛指给织女看,说它就是从小到大相依为命的伴儿。

② 我们从他脸上密密的纹路里,猜得出老向导是个久经风霜的人。

③ 李自成不是刚愎自用的人。

例①的"相依为命"、例②的"久经风霜"、例③的"刚愎自用"等四字成语在句子里都作定语,用来修饰后边的名词性成分。

(二) 四字成语的句法性质

根据四字成语词语的句法性质(相当于词性)可以把四字成语分成以下三类:名词性的、谓词性的、副词性的。

1. 名词性的成语

这种成语主要用来作主语、宾语或定语,不能作谓语,句法功能相当于名词,例如"言下之意""不毛之地""海市蜃楼""黄花晚节""弥天大罪""嗟来之食""不速之客""亡命之徒""前车之鉴""无稽之谈""门户之见""一丘之貉""黔驴之技""蝇头小利""绿林好汉""丰功伟绩""近水楼台"等等。这第一类在成语中数量较大。

2. 谓词性的成语

这种成语主要用来作谓语、补语或定语,很少作主语、宾语,句法功能相当于谓词(动词或形容词),例如"目空一切""敝帚自珍""兴致勃勃""莫名其妙""危在旦夕""四通八达""实事求是""引人入胜""和颜悦色""忠心耿耿""追本穷源""深居简出""鬼鬼祟祟""老奸巨猾""朝气蓬勃"等等。这第二类在成语中占大多数。

3. 副词性的成语

这种成语主要用来作状语或补语,一般不能作主语、宾语、定语、谓语,句法功能相当于副词,例如"一如既往""不约而同""有朝一日""有声有色""争先恐后""自始至终""想方设法""处心积虑"等等。这第三类在四字成语中相对比较少。

四、四字成语的运用

汉语的成语非常丰富。正确地、恰当地运用成语,能增强语言的表达效果,但也不能乱用、滥用,用得不好,也会适得其反。要运用好成语必须注意以下几点。

(一) 要准确理解成语的含义

有一些成语从字面上不难理解,例如"饮水思源""有勇无谋""满腔热情""胆小如鼠""取长补短""优胜劣汰"等。有些成语从字面上看不是各个语素或词的简单相加,而必须知道其来源或典故才能理解它的含义。例如"不刊之论",是指不必修改的言论,也就是正确的言论,但若理解为不能刊出(登)的言论,那就完全相反了。又如"胸有成竹"是指做某事之前,心里已经有个谱儿;但若理解为胸中有根竹竿,那就要闹笑话了。又如"再接再厉"和"变本加厉"表面上看,意义近似,但两者感情色彩不一样,"再接再厉"含有褒义,"变本加厉"含有贬义;如果不了解二者的感情色彩,随便乱用,也会"出洋相"。所以要运用好成语,首先应当准确地了解一个成语所包含的整体意义,包括了解成语的感情色彩,对成语切忌就事论事,望文生义。

(二) 成语活用

成语是一种定型化的短语,因此一般不能插入成分,不能调动内部成分的次序,不能任意用其他字来更换其中的字。但是,人们说话作文时,是非常灵活的。根据语用表达的需要,在一定的语境(包括上下文和特定的言语环境)里,有时却可以打破使用成语的常规,而改变某个成语的结构或成分,这就是所谓"成语活用",成语活用主要有以下几种形式。

1. 插加形式

插加形式是指在四字成语里插入其他的成分,例如:

① 一生为工作,盖棺方定论。
② 大军抗日渡金沙,铁树要开花。
③ 我们的文学创作,应该推社会民主之波,助社会法制之澜。

上面例句里的成语,都插入了某个成分。例①的成语"盖棺定论"里插入个副词"方",例②的成语"铁树开花"里插入个副词"要",例③成语"推波助澜"里插入两个短语"社会民主""社会法制"。

2. 移位形式

移位形式是指调动四字成语中某个语素的次序,例如:

① 早已森严壁垒,更加众志成城。
② 从这一年起,炎武便仆仆风尘,奔走于山东、河北、陕西等地。
③ 万头攒动,前嗓泣重。一颗巨星陨落去,谁不首疾心痛。

例①的"森严壁垒"是调动了成语"壁垒森严"的语素次序,例②的"仆仆风尘"是调动了"风尘仆仆"这个成语的语素次序,例③的成语"首疾心痛"是调动了"痛心疾首"这个成语的语素次序。

3. 变换形式

变换形式是指用另外的语素来替换四字成语中的某个语素,例如:

① 他这个人"一触即跳",是不好惹的。

② 那哭声凄惨哀伤,牵肠绞肚,简直没法形容。

③ 设计者和匠师们因地制宜,自出心裁,修建成功的园林当然各各不同。

例①的"一触即跳"是变换了"一触即发"的语素,例②的"牵肠绞肚"是变换了"牵肠挂肚"的语素,例③的"自出心裁"是变换了"独出心裁"的语素。这种变换字眼的用法,在成语发展上起过很大作用,有些本是比较深奥古老的语素常被浅显易懂的替换了,如"拔苗助长"(变换了"揠苗助长"的"揠"语素)、"飞黄腾踏"(变换了"飞黄腾沓"的"沓"语素)、"博文强记"(变换了"博文强志"的"志"语素)、"莫明其妙"(变换了"莫名其妙"的"名"语素)等,倒成了人们常用的成语,而原来的反而不用或少用了。

4. 节缩形式

节缩形式即节短或缩略某个四字成语,例如:

① 长歌当哭,是必须在痛定之后的。

② 不更事的勇敢的少年,往往敢于给人解决疑问。

③ 此文所谈,错误难免,不揣浅陋拿出来见人,聊以"引玉"而已。

例①的"痛定"是成语"痛定思痛"的节缩语,例②的"不更事"是成语"少不更事"的节缩语,例③的"引玉"是成语"抛砖引玉"的节缩语。有些成语由于在使用时经常节缩,一般认为已成为一个复合词了,如"沧桑"("沧海桑田"的节缩语)、"枯朽"("枯木朽株"的节缩语)、"蛇足"("画蛇添足"的节缩语)等。

(三) 成语借用

成语大都不能依据它的字面意义来理解和运用,但为了表达的幽默、诙谐、风趣,可借用成语的字面来说明某事。这就是借用。例如:

① 这人做事不守纪律,真是无法无天。

② 他生于"水深火热"之中,经过生活磨难和长期战争的锻炼,生就了坚强的筋骨,成为一个意志坚定的人。

例①的成语"无法无天",本意是不顾国法天理,形容无所顾忌地干坏事;例②的成语"水深火热",本意是比喻人民生活的苦难。

(四) 成语仿用

仿照旧的成语,变动其中的某个字眼,造成一种个别语素不同、结构相同而意义相近或相反的新成语。这就是成语的仿用。有的也称之为"成语改用"或"成语套用",例如:

① 这口井有油和水的矛盾,要促使矛盾转化,就要捞水,我们要一不做,二不休,搞它个水落油出。
② 贾政此时气得目瞪口歪,……回头命宝玉:"不许动!回来有话问你!"
③ 要在新楼建造好后,尽力在楼前楼后、楼楼之间见缝插"绿",大种花草树木。

例①的"水落油出"仿自成语"水落石出",例②的"目瞪口歪"仿自成语"目瞪口呆",例③的"见缝插绿"仿自成语"见缝插针"。这种成语仿用的情形非常之多。有的是谐音仿造,如"择友录取"(仿自"择优录取")、"谊不容辞"(仿自"义不容辞")等;有的是近义仿造,如"一举多得"(仿自"一举两得")、"水落油出"("水落石出")等;有的是反义仿造,如"激流勇进"(仿自"激流勇退")、"查有实据"(仿自"查无实据")等;有的成语在不同的语境中,在不同人的话语里甚至被仿造成好几个,如"望洋兴叹",曾被仿造成"望江兴叹""望桥兴叹""望车兴叹""望书兴叹""望楼兴叹""望钱兴叹"等等,而且还在不断地"望X兴叹"下去。成语的仿用,多数是临时的用法,因此仿造的短语只是一个临时性的词语;但有些仿造的临时词语,意义含蓄,大家都爱使用,一旦约定俗成,也就加入成语的大家庭里而成为常用的一员了,例如"有的放矢"(仿自"无的放矢")、"后发制人"(仿自"先发制人")、"知难而进"(原仿自"知难而退")等便是。

（五）切忌胡用

运用成语，可以根据表达的需要而活用、借用、仿用，但不能主观臆造、胡乱使用。

例如有篇文章说：

鲁迅先生对于友人，尤其对于青年，爱护无所不至，不但是物质上多所资助，就是精神上也肯拼命服务，替他们看稿、改稿、介绍稿子、校对稿子，希望出几个人才。

这里的"无所不至"就用得不对了。"无所不至"本意是没有达不到的地方，多用来形容坏人到处干坏事，是个贬义成语。但这里却用到了鲁迅头上，显然用错了，应该用"无微不至"才对。一字之差，意义全变。所以运用成语时，一定要吃准了意义再用，切忌想当然。如果似懂非懂，随便使用，定会出问题。另外，某些成语中的某个字跟其他的字比较，字形相近，极易混淆。对于这样的成语，若不注意区别，也容易出错误，如有人把"不胫而走"写成"不经而走"，把"故伎重演"写成"故技重演"，把"汗流浃背"写成"汗流夹背"，把"旁征博引"写成"旁证博引"，把"草菅人命"写成"草管人命"，把"如火如荼"写成"如火如茶"，把"按部就班"写成"按步就班"，把"直截了当"写成"直接了当"等等，这都是不对的。所以运用成语时，不但要理解这个成语的意义，还必须熟悉成语的字形，如果写错了字，也不可能准确地表达思想。

关　于　语　式

〇、前　　言

"语式"这个术语,乃笔者首创,是指短语的语法结构的格式。语式跟句式有区别:前者是短语层面的语法结构格式,后者是句子层面的语法结构格式(范晓2010)。但由于句子的句干一般由短语构成,所以短语的语式是构成句干句式的基础。

语式的研究是语法研究中重要的课题之一,对其进行专题的理论研究并把汉语语法的各种语式研究清楚,可使短语研究更深入、更全面、更系统。这不仅有理论意义,能丰富语法学理论,而且有实用价值,有助于分析句子的句式,有助于构建科学的汉语语法体系,有利于汉语语法教学(包括对外汉语教学),对自然语言处理、机器自动翻译等应用研究也会有所裨益。

语式问题要研究的内容很多,由于篇幅所限,本文着重说三个问题:一是语式的含义,二是语式研究中需要注意的几个问题,三是语式分析举要。前两个问题涉及语式的理论;后一个问题是联系实际,选择现代汉语的若干基干语式为样板,作了概述性的分析,以此来说明如何扼要地构拟和描述语式,旨在举一反三。

为方便起见,行文中有时用符号或代表字代替某些术语:词类里名词记作"名"或"N",谓词(包括动词、形容词等)记作"W",动词记作"动"或"V"(其中及物动词记作"Vt",不及物动词记作"Vi"),谓词性短语记作"WP";句法成分里主语记作"主",宾语记作"宾",补语记作"补";语义成分里谓核结构的核心成分称为"谓核"(动作动词表示的谓核记作"动作核",状态动词和形容词表示的谓核记作"性状核"),谓核联系的主体记作"主事"(主事里的施事记作"施",系事记作"系"),谓核联系的受事记作"受",与事记作"与"。①

一、语式的含义

(一) 短语

短语,有的语法著作也称"词组",是由两个或两个以上的词按照一定的结构方式组成的造句的语法单位。短语和词、句子都是语法单位,但它跟词、句子有区别。短语跟词的区别是:短语是词与词的组合体,是大于词的语法单位。短语跟句子的区别是:短语只是造句的材料或构件(造句单位),是小于句子的语法单位。可见短语是介于词和句子之间的语法单位。

根据短语内部词语之间的松紧程度,短语大体上可分为两类:自由短语(也称"临时短语")和固定短语(也称"成语")。自由短语是内部组合相对自由的语法结构体,如"吃苹果""新衣服"等,它的特点是两个或两个以上的词按照一定的结构规律组合成的临时短语,内部词语一般可用同功能的词自由替换,具体短语的意义往往是内部词语意义的相加。固定短语是相对固定的语法结构体,如"胸有成竹""得陇望蜀"等,它的特点是意义专门化和词语搭配凝固化,内部词语的组合相对固定而不能随意替换,需要整体理解其意义。它是特定文化知识或故事的、历史的凝聚和积淀,或是语用习惯约定俗成的结果。

根据短语内部词语结合的虚实,短语分为复合短语和派生短语两大类。"复合短语由实词和实词构成,派生短语由实词和虚词构成"(范晓 1980a)。本文着重论述复合短语的语式。

(二) 语式

"语式"指短语的抽象的语法结构格式(可称"短语的构式"),即指由一

---

① 过去笔者把广义动词(即"谓词")所组成的语义配价结构称为"动核结构","动核结构"中核心成分称作"动核","动核"所联系的强制性语义成分称为"动元"(有些论著里称为"论元")。由于本文把广义动词称作谓词,所以这里把原来所说的"动核结构""动核""动元"分别改称为"谓核结构""谓核""谓元",在"谓核"下面再分出"动作核""性状核"等。

定语法形式显示的表示一定语法意义的短语的结构格式。具体可表述为：由词类序列形式显示的包含句法结构和语义结构以及语用功能的、形义匹配的抽象的短语结构格式。这包含着以下几层意思。

（1）语式是短语的抽象的语法**"结构格式"**。这表明语式属于"结构格式"的范畴。任何结构格式都是由两个或两个以上的结构成分按照一定的结构方式组成的，短语的结构格式也不例外，复合短语抽象出的各种语式都是由两个或两个以上的实词所表示的句法成分和语义成分按照一定的结构方式组成的。

（2）语式是**"短语的"**抽象的语法结构格式。这表明语式属于语法单位的短语层面，所以并不是任何抽象的语法结构格式都是语式，如句子的语法结构格式、复合词的语法结构格式就不能称作语式，虽然它们与短语语式有某种联系。①

（3）语式是短语的**"抽象的"**语法结构格式。这表明语式与具体短语（即"语例"）既有联系也有区别。具体短语包含有具体词语并表达具体概念，任何具体短语都属于一定的语式；任何语式都来源于具体短语，但并不包含具体词语并表达具体概念，它不是存在于某个独一无二的具体短语里，它必然是许多具体短语的相同语法组配格式的类聚或集合，即具有同一性词类或成分的一系列语例概括抽象出的语法结构格式。语式是具体短语语法结构格式的抽象，具体短语结构格式跟抽象的短语结构格式的关系是个别和一般的关系。

（4）语式是短语的抽象的**"语法"**结构格式。这表明这种结构格式是属于语法范畴的。语法范畴是语法意义和语法形式的结合体。所以语式的语法性质表现在：

第一，语式**"表示一定语法意义"**。语式里的语法意义包括句法结构内部的关系意义和语义结构内部的关系意义以及语式整体的语用功能意义。这就意味着语式具有"三维性"（句法平面、语义平面、语用平面），是一种语

---

① 汉语里短语跟句子和复合词的结构方式上有某些相同之处，但它们毕竟是不同的语法单位，所以是有差别的，比如句子的结构格式有语调、语气词之类，合成词里有词缀之类，这些在语式里是没有的。

型(语式的句法结构型式)、语模(语式的语义结构模式)、语类(语式的语用功能意义的类)三位一体的抽象的语法结构格式。

第二,语式都"**具有一定语法形式**"。这表明语式的语法意义都由一定的语法形式显示。语法形式主要是由词类序列(包括特定词或特征字以及固定格式等)表现出来的。语式的语法意义,各种语言有较大的共性;但显示语法意义的形式在不同的语言里不完全一样,这反映了各别语言的个性。以静态的动宾短语("吃苹果""喝茶"之类)为例,句法上有"动作-支配"的关系意义,语义上有"动作-受事"关系意义,语用上有"施加动作于受事"的语式义,这些意义各语言都有,但显示的形式不一定一样,如汉语、英语采用"Vt 动作+N 受事宾语"格式,日语、韩语等采用"N 受事宾语+Vt 动作"格式。

(5)语式的形式和意义具有"**匹配性**"。语式的形式和意义(内容)的匹配性表现在两个方面:一方面,语式内部的显层的句法结构(语型)和隐层的语义结构(语模)是形式和意义的关系,它们是互相对应匹配的。基干语式是"语型+语模"的结合体(参看范晓 2011a),两者表里相依,不能设想语式里只有语型而没有语模,也不能设想语式里只有语模而没有语型。在"语型-语模"结合体里,语型是表现语模的句法形式,语模是语型所表现的语义结构,所以语型和语模是一种形式和意义的关系。研究语式应寻找语模与语型间的对应关系。另一方面,语式整体的形式和语式整体的语用功能意义是互相对应匹配的,如"吃面包""喝美酒"之类语例可抽象为"Vt 动作+N 受事宾语"语式(这语式是"动宾"语型和"动受"语模的结合体),是和它整体的语用功能意义("某动作施加于某受事")匹配的。

(三) 语式义

语式义不等于"语式的意义"。如果笼统地说"语式的意义",则有三种:
(1) 语式内部句法平面词语所表现的句法成分之间的关系意义;
(2) 语式内部语义平面词语所表现的语义成分之间的关系意义;
(3) 语式所表示的语用功能意义,即语式自身整体的、独立的表达功能意义。

"语式义"既不是指语式内部主谓、述宾之类的句法成分之间的关系意义,也不是指语式内部语义成分之间"施动""动受"之类的关系意义,而是指语式整体的、独立的语用表达功能意义,如"($Vt_{动作}+Vi_{结果补语}$)+$N_{受事宾语}$"语式("撕破衣服""摔坏家具"之类)的语用功能意义是"动作施加于受事致使其产生某种结果"。如果说(1)(2)两种意义是语式内部的结构意义,那么(3)可说是语式整体的表达功能意义。

语式义不是某些具体词的词汇意义的相加,而是语式整体的格式意义,所以它是一种抽象意义。语言和思想、思维紧密联系,具体短语反映概念、思想,而抽象的语式义则反映思维结构,所以从语式义的来源或理据来说,语式义受制于思维结构(包括"认知结构")。

二、研究语式需注意的几个问题

(一) 要运用"三维语法"的理论和方法来研究语式

由于语式具有"三维性",所以研究语式必须运用"三维语法"的理论和方法来研究语式(关于"三维语法"可参看范晓2004)。这就要求:既要运用分析的方法解析语式的句法结构(语型)、语义结构(语模)、语用功能(语类),又应运用综合的方法去把语型、语模、语类综合起来,准确地把握和描述语式的内部结构和外部功能。必须注意语式的三个平面之间的相互关系和联系。语式跟语型、语模、语类是不同的,它们既有联系,也有区别。

语式跟语型、语模、语类的联系,主要表现在语式是句法、语义、语用三位一体的匹配格式,任何语式都有句法结构、语义结构和语用功能。对任何语式都可从三个平面进行分析,如"$Vt_{动作}+Vi_{结果补语}+N_{受事宾语}$"("撕破衣服""摔坏家具""踢飞足球"之类)语式,在句法平面可分析为"述补"语型(动补短语作述语带宾语),在语义平面可分析为"动受+系状"语模,即"(动作核+受事)+(系事+性状核)"语模,在语用平面的语式义(语类)可分析为"动作施加于受事致使其产生某种结果"。

语式跟语型、语模、语类的区别主要表现在分析的着眼点或研究的目标不同:语型、语模、语类着眼于"分析",即从语式整体分解出三个平面或侧面;研究目标侧重于对语式综合体的各片面(语型、语模、语类)作出解析。

而语式则着眼于"综合",即把语式各个片面(语型、语模、语类)综合起来;研究目标侧重于从整体的角度去把握语式的内部结构和自身的整体功能。总之,语式本身是综合的,不能说成只属于哪个平面;但可从某种语式里分析出某种语型、语模、语类。

(二) 要注意区别静态短语和动态短语

短语有两种形态:静态和动态。所谓静态,指短语未入句的那种形态,如短语"吃早饭",这种句外的、静态的短语可称为"静态短语"(也称"句内短语")。所谓动态,指短语已入句的那种形态,如"小王吃过早饭了""小王早饭吃过了"两句中的短语"吃过早饭"和"早饭吃过",这种句内的、动态的短语可称为"动态短语"(也称"句外短语")。[①]

静态短语存在于句外,可说是一种备用的短语。静态短语可通过"扩词"(扩词为语)的方法来自由合成,比如动词"喝",可在后面加上能和它结合和搭配的名词"水""茶""酒"扩展组成"喝水""喝茶""喝酒"等动宾短语。但这种"自由合成"是相对的,词语组合成一个静态短语是有选择性规则的:句法结合上必须具有合法性、语义搭配上必须具有合理性,比如"喝水""喝酒"是"喝"跟"水""酒"组成动宾短语,句法上符合"动+名"的句法结合规则,语义上符合"喝+液体物"的搭配规则,这样的动宾短语是合格的;反之,像"喝阳光""喝石头"虽符合"动+名"的句法结合规则,但不符合"喝+液体物"的搭配规则,这样的动宾短语是不合格的。至于突破句法结合规则和语义搭配规则的特定语境里句子里出现的一些特殊短语,可看作动态短语(参看范晓1996,第245页)。固定短语属于静态短语,它虽然意义专门化、词语搭配凝固化,但考察其来源,也都是词语扩词搭配在意义上引申或隐喻定格化而形成的。

---

① 学界曾经有两种对立的意见:一种认为短语先于句子而存在,一种认为短语存在于句子之中而不能独立于句子之外。这种分歧是着眼的角度不同而引起的。强调短语存在于句外的,是着眼于词和词可在句外组合成短语;强调短语离不开句子,是着眼于短语是从句子里分析出来的。各执一词,就难免陷入片面。如果注意到短语的存在可有静态和动态两种形态,那么这样的争论也就没有必要了。

动态短语存在于句内,是从具体句里切分或剖析出来的。比如"她妹妹哭红了眼睛",这句话,可分析出"她妹妹"(定心短语)、"哭红了眼睛"(述宾短语)、"哭红"(动补短语)、"她妹妹哭"(主谓短语)等动态短语。动态短语内部组配可跟静态短语一致,如"他正在看书"里的动宾短语"看书",也可跟静态短语不一样:有些动态短语跟静态短语相比,增添了一些东西,如动宾短语里在动词后边增加了助词("看了书""看着书""看过书"等);有些动态短语跟静态短语相比,内部句法成分的位置发生了变化,如静态动宾短语"吃饭""看书",不能说成"饭吃""书看",但在"我饭吃过了""我这本书看过了"之类句子里,"饭吃过""书看过"就是动态的动宾短语;有些动态短语跟静态短语相比,短语内部有时会省略或隐含了某个句法成分(关于"省略"和"隐含"可参看吕叔湘1979,第63页),如"新衣服""旧衣服"是静态的定心短语,但在"她要穿新的,不要穿旧的"句子里,短语"新的""旧的"里省略或隐含着定语的中心语"衣服"。①

研究短语语式,既应研究句外的、备用的静态短语,也应研究句中的动态短语;既应研究短语在静态、备用时的句法和语义的组合规则及其语用功能意义,也应研究短语在动态使用中的句法和语义变化特点及其语用功能意义;既应注意研究动态短语跟静态短语的联系,也应注意研究动态短语跟静态短语的区别,还应注意两者的互相转化(参看范晓1996,第231—241页)。

(三) 要注意短语或语式的歧义或多义

某些静态短语有歧义或多义的现象,如"借他钱"之类的双宾语构成的短语可分析出两种意义:一是"发出动作使受事给予与事"("借给他钱"之意),一是"[施事]发出动作从与事那里获取受事"("向他借钱"之意)。又如"死人",在不同的句子里意义不一样:在"河里有个死人"句里,可理解为定心短语"死的人"的意思;在"村里死人了"句里,可理解为"死了人"的意思;在"吃这药会死人的"句里,可理解为"使人死"的意思。

---

① 名词性的"的"字短语,由于省略或隐含着定语的中心语,所以实际上起着替代某个定心短语的作用。

某些动态短语,在不同的句子或句式里出现时语式义不一样。如动态短语"吃了10个人",在叙事句"这只老虎吃了10个人"里,动宾短语"吃了10个人"语义上属于"动受"语模,语式义是"动作施加于一定数量的人(受事)";但在供让句"这锅饭吃了10个人"里,动宾短语"吃了10个人"语义上属于"动施"语模,语式义是"供一定数量的人使用(吃)"。

即使抽象语式,语式义也有歧义或多义的情形,如"挂着油画、贴着标语"之类语例概括抽象出的"($Vt_{动作}$+着)+$N_{受事宾语}$"语式在不同的句子或句式里有不同的语式义:在"$N_{施事主语}$+正在+($Vt_{动作}$+着)+$N_{受事宾语}$+呢"(如"张三在墙上挂着油画呢")句里,语式义是"施加动作(持续进行)于某物";在"$N_{处所主语}$+($Vt_{动作}$+着)+$N_{受事宾语}$"(如"墙上挂着油画")句里,语式义是"以某种方式或状态存在着某物"。

由此可见,具体短语或抽象语式的歧义或多义现象都受到句子或句式的制约,只有把短语或语式置于一定的句子或句式里进行解读和分析,才能消除短语或语式的歧义或多义。

(四) 要注意语式的层级性

有些语式有层级之别,即有上位语式和下位语式之分。概括性较大的语式属于上位语式,在上位语式里下分的较小的语式,属于下位语式。语式的层级性跟动词性质类别的层级性以及名词语义身份的层级性以及某些特征词(如"把""被""使""得"等)形成的语式层级性等有密切的关系。现以动词性质类别和名词的语义身份的层级性影响语式的层级性的情形来举例加以扼要说明。以基干语式"$N_{主事主语}$+V"(如"张三说、李四听、鸟飞、马奔跑、王五醉、房屋塌")为例,这语式句法上属于"主谓"语型,语义上属于"主事+谓核"语模,语式义是"主事发出某种动作或发生某种状态"。这上位语式可分出三个下位语式:

(1) "$N_{施事主语}$+$Vt_{动作}$"语式(如"张三说""李四听")。这语式句法上属于"主谓"语型,语义上属于"施事+动作核"语模,语式义是"施事发出某种及物性的动作"。严格地说,这个语式应该是省略或隐含了受事的"施动受"语模,语式义是"施事发出某种动作施加于[受事]"。

关 于 语 式

（2）"N_{施事主语}+Vi_{动作}"语式（如"鸟飞""马跑"）。这语式句法上属于"主谓"语型,语义上属于"施事+动作核"语模,语式义是"施事发出某种不及物性的动作"。

（3）"N_{系事主语}+Vi_{状态}"语式（如"王五醉""房屋塌"）。这语式句法上属于"主谓"语型,语义上属于"系事+性状核"语模,语式义是"系事发生或呈现某种状态"。

三、语式分析举要

语式分析指对某个特定语式的"语型""语模""语类"（语式义）及该语式在句子或句式里的应用性进行分析。汉语的语式很多,这里择举几例述其大概。

（一）"Vt_{动作}+W_{补语}"构成的动补短语

根据补语的语义指向,这种动补短语可概括抽象出下面三种语式。

（1）"Vt_{动作}+W_{结果补语（语义指向受事）}"语式

指由及物动作动词带上由谓词充当的结果补语、补语语义指向受事的语式。实例:

打死/踢破/摔坏/洗干净

这种语式句法上属于"动补"语型;语义上属于"动受+系状"语模（如"踢皮球+皮球破",Vt后隐含一个表示"受事兼系事"的名词）,补语语义指向受事（如"打死",若隐含受事"老虎",就是"老虎←死"）;语式义是"动作施加于受事致使其产生某种结果"。这语式通常出现在谓语（如"老虎被打死了""武松打死了老虎"）位置上,主要用于"N_{施事主语}+（Vt_{动作}+W_{结果补语}）+N_{受事宾语}"（如"武松打死了老虎"）、"N_{施事主语}+（把+N_{受事宾语}）+（Vt_{动作}+W_{结果补语}）"（如"武松把老虎打死了"）、"N_{受事宾语}+（被+N_{施事}）+（Vt_{动作}+W_{结果补语}）"（如"老虎被武松打死了"）等句式。

（2）"Vt_{动作}+W_{结果补语（语义指向施事）}"语式

指由及物动作动词带上由谓词充当的结果补语、补语语义指向施事的语式。实例：

打胜/看懂/吃饱/喝醉

这种语式句法上属于"动补"语型；语义上属于"动受+系状"语模（如"喝酒+喝者醉"，Vt 后隐含"受事"，Vt 前隐含"施事"），补语语义指向施事（如"打胜"，若隐含施事"我们"，就是"我们←胜"）；语式义是"动作施加于受事致使动作发出者产生某种结果"。这语式通常出现在句子的谓语（如"我们打胜了""我们打胜了敌人"）位置上，主要用于"$N_{施事主语}+(Vt_{动作}+W_{结果补语})+N_{受事宾语}$"（如"我们打胜了敌人"）句式（一般不能用于"把"字句式或"被"字句式，但也有特别的情形，如"唱哑"可说"她唱歌把嗓子都唱哑了"，这种"把"字句相当于"使"字句）。

（3）"$Vt_{动作}+W_{状态补语（语义指向动作）}$"语式

指由及物动作动词带上由谓词充当的结果补语、补语语义指向动词的语式。实例：

写快/吃快/说慢

这种语式句法上属于"动补"语型；语义上属于"动受+系状"语模（如"写字+写$_{动作速度}$快"，Vt 后隐含"受事"），补语语义指向动作（如"写字快"是"写←快"，即"写[隐含'动作速度']←快"）；语式义是"动作施加于受事时动作自身呈现某种状态"。这语式通常出现在句子的谓语位置上，主要用于"$N_{施事主语}+(Vt_{动作}+N_{受事宾语})+Vt_{动作重复}+W_{结果补语}$"句式（如"他写字写快了"。不能用于"把"字句式和"被"字句式）。

（二）"$Vt_{动作}+得+WP_{情状补语}$"构成的动补短语

这种动补短语里有个"特征词"，即动词和补语之间有个补语标志词"得"。根据补语的语义指向，可概括抽象出下面三种语式。

（1）"$Vt_{动作}+得+WP_{情状指向受事}$"语式

指由及物动作动词后加"得"再带情状补语（补语语义指向受事）构成的语式。实例：

写得很大/打扫得很干净/说得非常清楚

这种语式句法上属于"动补"语型；语义上属于"动受+系状"语模（如"写字+

字很大",Vt后隐含"受事"),补语的语义指向受事(如"写得很大",若隐含受事"字",就是"字←很大");语式义是"动作施加于受事致使其产生某种情状"。这语式通常出现在句子的谓语(如"他写字写得很大")位置上,主要用于"$N_{施事主语}$+($Vt_{动作}$+$N_{受事宾语}$)+($Vt_{重复动作}$+得)+$WP_{情状补语}$"(如"他写字写得很大"之类)、"$N_{施事主语}$+(把+$N_{受事宾语}$)+($Vt_{重复动作}$+得)+$WP_{情状补语}$"(如"他把字写得很大"之类)、"$N_{施事主语}$+$N_{受事宾语}$+($Vt_{重复动作}$+得)+$WP_{情状补语}$"(如"他字写得很大"之类)等句式。

(2)"$Vt_{动作}$+得+$WP_{情状指向施事}$"语式

指由及物动作动词后加"得"再带情状补语(补语语义指向施事)构成的语式。实例:

写得很累/吃得很胖/喝得酩酊大醉

这种语式句法上属于"动补"语型;语义上属于"动受+系状"语模(如"写字+写者很累",Vt后隐含"受事",Vt前隐含"施事"),补语语义指向施事(如"写得很累"里是"写者←累");语式义是"发出某种动作使得施事自身产生某种情状"。这语式通常出现在句子的谓语(如"他写字写得很累")位置上,主要用于"$N_{施事主语}$+($Vt_{动作}$+$N_{受事宾语}$)+($Vt_{动作重复}$+得)+$WP_{情状补语}$"(如"他喝酒喝得大醉")句式(不能用于"把"字句式)。

(3)"$Vt_{动作}$+得+$WP_{情状指向动作}$"语式

指由及物动作动词后加"得"再带情状补语(补语语义指向动作)构成的的语式。实例:

写得很快/吃得很慢/说得非常快

这种语式句法上属于"动补"语型;语义上属于"动受+系状"语模(如"写字+写$_{动作速度}$很快",Vt后隐含"受事"),补语语义指向动作(如"写得很快"是"写←很快",即"写[的速度]←很快");语式义是:"动作施加于受事使得动作自身呈现的某种性状。"这语式通常出现在句子的谓语(如"他写字写得很快")位置上,主要用于"$N_{施事主语}$+($Vt_{动作}$+$N_{受事宾语}$)+($Vt_{动作重复}$+得)+$W_{结果补语}$"(如"他写字写得很快")这样的句式。

(三)"$Vt_{交接动词}$+$N_{与事宾语}$+$N_{受事宾语}$"构成的动宾短语

根据动词的语义特征差异,这种动宾短语可概括抽象出下面两种语式。

这种语式里的动词是"交接动词",有的是"交类"动词,表现为"外向"的"交"(给予)过程,即受事由施事向外转移到与事;有的是"接类"动词,表现为"内向"的"接"(获取)过程,即受事由与事向内转移到施事。由于动词不同的语义性质能决定受事宾语的转移方向,就形成两种不同的句式。(参看范晓 1986)。

(1)"$Vt_{交类动词}+N_{与事宾语}+N_{受事宾语}$"语式

指由"交"类及物动作动词带两个宾语(与事宾语以及受事宾语)的语式。实例:

送给我一份礼物/发给他一个月的工钱/寄给她一个包裹

这种语式句法上属于"'动宾$_1$宾$_2$'"("双宾")语型,语义上属于"动与受"语模,语式义是"'给予'义的动作施加于受事致使其从施事向与事转移"。用于此句式的动词是及物的、外向的"交"类("给予"义)三价动词(如"给""交""送""赠""赠送""赏赐""呈给""献给""教给"等)。这语式通常出现在句子的谓语(如"他<u>送我一本书</u>")位置上,主要用于"$N_{施事主语}+Vt_{交类动词}+N_{与事宾语}+N_{受事宾语}$"(如"他送我礼物")、"$N_{施事主语}+(把+N_{受事宾语})+Vt_{交类动词}+N_{与事宾语}$"(如"我把礼物送给他")等句式。

(2)"$Vt_{接类动词}+N_{与事宾语}+N_{受事宾语}$"语式

指由"接"类及物动作动词带两个宾语(与事宾语以及受事宾语)的语式。实例:

收受他一份礼物/偷了老百姓一只鸡/收到他一封快信

这种语式句法上属于"动宾宾"("双宾")语型,语义上属于"动与受"语模,语式义是"'获取'义的动作施加于受事致使其从与事向[施事]转移"(语式里"施事"隐含)。用于此句式的动词通常是及物的、内向的"接"类("获取"义)三价动词(如"收""受""接""接收""接受""接得""抢""骗""缴获""偷""窃取""骗取"等)。这语式通常出现在句子的谓语(如"我<u>收他一份礼物</u>")位置上,主要用于"$N_{施事主语}+Vt_{交类动词}+N_{与事宾语}+N_{受事宾语}$"(如"他收我礼物")句式(不能用于"把"字句式)。

(四)"(一+WP)+(就①+WP)"构成的状心短语

这种短语里"一+WP"和"就+WP""连接在一起,中间没有停顿,其中"一+WP"是表示原因或条件的状语,"就+WP"是状语所关联的中心语,所以是状心短语。这种短语有特色,它既有固定的一面,即短语里的"一……就……"是个固定格式;又有自由的一面,即"一"和"就"后的谓词性词语相对比较自由。②根据"就"后谓词性词语的语义表达特征,这种状心短语可概括抽象出下面两种语式。

(1)"(一+WP)+(就+WP$_{动作或事件}$)"语式

语式里"一""就"后一般是动作动词或动词性短语。实例:

一吃就吐/一教就会/一喝酒就发酒疯

这种语式句法上属于"状心"语型,语义上属于两个简单语模组成的复合语模(如"一吃就吐"是"动受+动受"语模,其中"受事"隐含),语式义是"某种动作或事件一经发生,紧接着就立刻出现某种动作行为或事件"。

(2)"(一+WP)+(就+WP$_{性状}$)"语式

语式里"一"后一般是动作动词或动词性短语,"就"后面或是不及物状态动词,或是形容词,或是表状态的动词性短语、形容词性短语(包括形容词性的成语)。实例:

一喝就醉/一跑就累/一听到表扬就得意忘形

这种语式句法上属于"状心"语型,语义上属于两个简单语模组成的复合语模(如"一吃就醉"是"动受+系动"语模,其中"受事"和"系事"隐含),语式义是"某种动作或事件一经发生,紧接着就立刻出现某种性状"。

---

① "就"同义的还有"即""便"等,以"就"为代表。

② 这是介于自由短语和固定短语之间的一种短语,可称为"准自由短语",也有论著称为"类固定短语"。但要指出的是:汉语里有些"(一+WP)+(就+WP)"语式里的两个"WP"的搭配已经约定俗成,不能自由替换,那就成了固定短语(成语),如"一触即发""一拍即合""一点就通"等。

三维语法阐释

〇、前　　言

（一）"三个平面"的理论可称作三维语法①

三维语法是讲语法有三个平面或三个角度或三个侧面，也就是语法系统有三个子系统：句法系统、语义系统、语用系统。三个平面应该理解为"三维"，就好比一个立体的长、宽、高（参看文炼1991）。用三个平面的理论构建起来的语法学说，可以称之为"三维语法"。把三个平面理论的语法称作三维语法还有个好处，就是好说好记，而且跟其他语法学说的称呼比较协调，如可以有传统语法、结构主义语法、转换生成语法、功能语法、三维语法等等。三维语法研究语法时要讲句法（Syntactic）、语义（Semantical）、语用（Pragmatical）三个平面，就是从三个角度来研究语法，也就是现在大家所说的多角度、全方位地研究语法。

（二）研究语法要讲"三维"是科学的

我国宋代著名诗人苏轼的《题西林壁》诗曰：

横看成岭侧成峰，远近高低各不同；不识庐山真面目，只缘身在此山中。
此诗形象地说明：你要看到庐山的真面目就得横看、侧看、远看、近看，即多角度、多侧面去观察，才能知其全貌；如果只立足于山当中的某一地方观察，就有如瞎子摸象只能知道某一面，就难免片面。语法研究也是如此。语法具有三维性，不能单从一维（单是句法，或单是语义，或单是语用）观察；而应该从句法、语

---

①　笔者在《语法理论纲要》（范晓、张豫峰等2003）一书中已经把"三个平面"语法学说正式命名为"三维语法"。

义、语用"三维"去观察和研究,才能认识语法的真谛。比如下面四个句子:

① 我们打败了敌人。　　② 我们打胜了敌人。
③ 我们把敌人打败了。　④ 敌人被我们打败了。

这四个句子在句法上①②都是"主-动-宾",③④都是"主-状-动"。但从语义上分析,为什么①能变换成③④,而②不能变换成③④,这是因为①②里的动词后的补语语义指向不一样:①里的补语"败"语义上指向宾语"敌人"(敌人败);②里的补语"胜"语义上指向宾语"主语"(我们胜)。如果不讲语义,就不能解释这种现象。但单讲句法和语义还不够,为什么①③④语义结构相同(都是"[施-动-受]+[系-动]"结构)而要有三种不同句式表达呢?这是因为三种句式的语用价值不一样。因此在具体言语交际中要根据语境、根据表达的需要而随宜采用。但不管语句怎样复杂多样、繁简多变,句型或句式总是有限的。如果把一种族语的各种句型或句式的语用价值研究清楚,那样建立起来的语法体系就会有更强的科学性和更大的实用性。可见,句法、语义和语用是组成语法的不可分割的"三维"。"三维语法"就是提倡在研究语法时应该把"三个平面"既相对分开来又必须结合和综合起来加以研究,以求得语法的真实全貌。

(三) 三维语法的形成

20 世纪 80 年代,中国的语言学家受到国外的有关理论的影响,运用辩证的方法来借鉴国外的相关学说,开始倡导并逐渐形成了自己的自成体系的三个平面的理论。这个理论虽渊源于国外,但由于结合了汉语语法研究的实际并有所发展和创造,因此有自己的特色。

这个理论在中国的兴起和蓬勃发展是语法学界共同努力的结果。共同努力的学者,不仅包括明确倡导"三个平面"理论的学者,也包括一些虽然没明确提及"句法""语义""语用"这三个平面,但实际上也有相同或相近思想的学者,如朱德熙、邢福义等①。还有些学者虽然不提"三个平面",但在研究

---

① 朱德熙(1985)提出语法分析要分清"结构""语义""表达"三个不同的平面,基本思想与三维理论是一致的。邢福义(1991、1994)提出语法研究要区分"语表、语里、语值"这"小三角";尽管他解释说"小三角"和"三个平面"理论不一样;但从本质上看,笔者认为是大同小异。

中不再单纯地进行句法分析,而是在句法分析的基础上加强了语义和语用分析并在分析时互相结合起来,这实际上有意或无意地运用了三个平面的思想。

(四)三维语法研究的现状和展望

汉语语言学界对三个平面的理论十分重视,人们对它给以很高的评价。现在绝大多数的学者已经接受了三个平面的概念,它已经在汉语语法研究中产生很大的影响。不少学者正在把这个理论运用于汉语语法研究的实际。这方面的有关的研究文章越来越多,研究也越来越深入。展望未来,三维语法研究有很大的发展空间。

人们对三个平面的理解和解释不完全一样,这完全是正常的现象。一个学说或一种理论,在大方向一致的前提下,内部有不同的理解和解释,或者使用着某些不同的术语,这在语言学历史上屡见不鲜。三维语法虽然建立起来了,然而还需要不断完善。

三维语法继承并吸取了国内外各种语法学说的精华,结合汉语的语法事实加以发展,形成了自己的语法理论体系,它跟传统语法、结构主义语法、转换生成语法和功能语法的框架或体系也就不一样。下面扼要概述三维语法的要点(各要点内容的详细论述可参看《语法理论纲要》,范晓、张豫峰等2003)。

一、三种语法结构:句法结构、语义结构、语用结构

一般语法书所说的语法结构,主要是指句法结构。三维语法所说的语法结构有三种:句法结构、语义结构和语用结构。

(一)句法结构(参看《语法理论纲要》第三篇第一章)

句法结构指两个或两个以上的句法成分按照一定规律组成的语法结构。如:"雪花飞舞"为主谓结构,"保卫祖国"为述宾结构,"吃饱"为述补结构,"新鲜蔬菜"为定心结构,"非常美丽"为状心结构,"聪明勇敢"为联合结构,等等。

语法中的句法结构是由无数具体实例抽象出来的,它是句法成分关系组合方式的最高抽象。句法结构的形成有两个基本要素:一是句法结构里一定要有句法成分;二是句法成分之间要有一定的关系,也就是要有一定的结构方式。

(二) 语义结构(参看《语法理论纲要》第四篇第一章)

语义结构指两个或两个以上的语义成分按照一定规律组成的语法结构。语法中最基本的语义结构有两种:一种是动核结构,一种是名核结构。

动核结构(也可称"谓核结构"),它由动核和它联系的语义成分组成。动核结构可分为基干动核结构和扩展的动核结构。"张三看书"之类为基干动核结构,它由动核和动元组成;"张三上午在图书馆里看书"为扩展的动核结构,它由动核、动元和状元组成。动核结构是生成句子的基底结构。老师让学生扩词造句,实质上就是组成动核结构然后形成句子的。比如老师让学生用"吃"这个词造句时,学生首先想到的是"谁吃"和"吃什么";加进能跟"吃"搭配的某个施事动元和某个受事动元,就能组成动核结构并形成一定的句干("句型-句模"结合体);再加上一定的语用成分或其他完句成分,学生就可能造出各种句子(如"我吃了一个苹果""我把苹果吃了""苹果被我吃掉了"之类)。句子可以由单个动核结构生成(如"她哭了"之类),也可以由多个动核结构生成(如"她哭肿了眼睛"之类)。

名核结构由名核和名元组成,如"她的脾气""大象的鼻子""你对这事的看法"之类都属于名核结构。名核结构常常出现于主语或宾语的位置上。生成句子时它也有重要的作用,如有些句子的主语或宾语必须是名核结构(光杆名词如果没有语境的帮助不能作主宾语),例如,"小王的腿坏了""我们要发扬优良的学风""我们的祖国是伟大的祖国"等句子,如果破坏了名核结构,说成"腿坏了、我们要发扬学风、祖国是祖国",都不能成立。

(三) 语用结构(参看《语法理论纲要》第五篇第一章)

语用结构主要有主述结构、插加结构、添补结构、焦景结构、语气结构、评议结构等。

主述结构由"主题"和"述题"两个部分组成。主题一般位于述题之前，是句子述说的话题或对象，代表旧信息；述题是对主题进行述说的部分，即对主题作出说明或评论，代表新信息，如"这本书我没看过""门口坐着一个老人"中，"这本书""门口"是句子的主题，跟主题相对的部分是述题。

插加结构由插加语（插加成分）和被插加的成分构成。如"据气象台预报明天将下大雨""看样子他没完成任务"中，"据气象台预报""看样子"是插加语，跟插加语相对待的部分是被插加的成分。

添补结构由添补语（添补成分）和被添补的成分构成。如"他们，包括王英和黎明，都来了""这是会费，小王的"中，"包括王英和黎明""小王的"是句子的添补语，跟添补语相对待的部分是被添补的成分。

焦景结构由焦点和背景构成。如"是我不好""他连厂长都不认识"中，"我""厂长"是句子的焦点，跟焦点相对待的部分就是衬托焦点的背景。

语气结构由语气和句干组成。如"她去北京了""她去北京吗""你快去吧"中，语气词"了""吗""吧"分别表示陈述、疑问、祈使语气；而跟语气相对待的部分是句干。

评议结构由评议语（评议成分）和被评议成分构成。如"张三应该去北京、张三能去北京"中，"应该、能"是评议语，跟评议语相对待的部分是被评议的成分。

二、三种语法成分：句法成分、语义成分、语用成分

三维语法有三种语法结构，就必然有三种语法成分：句法成分、语义成分和语用成分。

（一）句法成分（参看《语法理论纲要》第三篇第三章）

句法成分是句法结构的组成成分。任何句法结构都是由两个或两个以上的句法成分构成的，比如主谓结构"空气新鲜"是由主语（空气）和谓语（新鲜）两个句法成分构成；定心结构"伟大的祖国"是由定语（伟大的）和中心语（祖国）两个句法成分构成。

一般语法书把句法成分和句子成分等同起来。三维语法认为句法成分不等于句子成分，因为句子成分除了句法成分外还有语义成分和语用成分；而且短语和句子都有句法结构，句法成分可以是短语成分也可以是句子成分，如"他来的时候"中的主语"他"和谓语"来"是短语的句法成分，"他来了"句中的主语"他"和谓语"来"是句子的句法成分。

汉语有哪些句法成分、怎样确定句法成分都是值得进一步研究的。传统语法讲有六大成分，即主语、谓语、宾语、定语、状语、补语。但仅仅这些还是不够的。事实上，述语、中心语、并列语、顺递语、复指语、重叠语等也都属于句法成分。

(二) 语义成分（参看《语法理论纲要》第四篇第二章）

语义成分指语义结构的组成成分。任何语义结构都由两个或两个以上的语义成分组成。

1. 动核结构中的语义成分

动核结构中的语义成分是有层级性的：

第一层级可分为：动核、动元和状元。

第二层级是"动核、动元、状元"的再分类。(1)动核的再分类。动核是动核结构的核心，是组成动核结构的必不可缺的、最关键的语义成分。动核在最小的静态主谓短语里处于谓语或谓语中心词的位置上。动核可分为动作核、经验核、性状核、关系核四类，也可分为一价动核、二价动核、三价动核三类。(2)动元的再分类。动元是动核结构中的强制性语义成分，可分为主事、客事和与事三类。(3)状元的再分类。状元是扩大的动核结构中的非强制性语义成分，可分为凭事、因事和境事三类。

第三层级是动元里的"主事""客事""与事"和状元里的"凭事""因事""境事"等可以再进行下位区分。(1)主事的再分类。主事指动词所表示的动作、行为、活动、变化、性质、状态、关系等的主体，可分为施事（动作的发出者）、经事（心理、认知、经历、遭受等方面的经验者）、系事（性状的系属者）、起事（关系双方中的起方）四个小类。(2)客事的再分类。客事指动词所联系着的客体动元，即动词作动核所支配的客体，可分为受事（动作的承受者)、成事(动作的结果)、使事(动作的致使对象)、涉事(心理、认知、经历、遭遇等经验性行涉及的事物)、位事(动作指向或到达的位置或目标)、止事(关系双方中的止方)。(3)与事的再分类。与事指动核结构中动核支配着的跟主事一块儿参与动作或状态的参与者,可分为当事(动作的交接对象)、向事(动作的朝向对象)、对事(动作的针对或对待的对象)、替事(动作的服务或帮助的对象)、共事(动作的协同对象)、比事(动作的比较对象)。

状元是扩大的动核结构中的非强制性语义成分,可分为凭事、因事和境事。(4)凭事的再分类。凭事指动作的凭借者,可分为工具(动作凭借的器具、器官等)、材料(动作制作成品时凭借的原料)、方式(动作凭借的方法、手段等)、依据(动作凭借的根据、标准、法规等)四类。(5)因事的再分类。因事指动作或事件产生的原因(动作发生的原因)或目的(动作所要达到的目的)。(6)境事的再分类。境事指动作发生的语境或环境,可分为处所(动作发生的地点、场合等)、时间(动作发生的时点或时段)、范围(动作发生所处的界限、方面等)、条件(动作发生所需的时机、机会、情况等)四类。

2. 名核结构中的语义成分

名核结构中的语义成分可分为:名核、名元和定元。

名核指名核结构的核心,是组成名核结构的必不可缺的语义成分,可分为零价名核、一价名核、二价名核三类。

名元指名核结构中名核所支配的强制性语义成分。名元可分为领事(名核的领有者)、与事(参与组成名核结构的与体)两类。

定元指名核结构中名核所联系的非强制性语义成分,是组成名核结构的非必有的语义成分。定元可分为限事(对名核起限制性的)、饰事(对名核起修饰性的)两类。

(三) 语用成分(参看《语法理论纲要》第五篇和《汉语的句子类型》第二十四章)

语用结构是由语用成分组成的。不同的语用结构有不同的语用成分。

(1) 主述结构由语用成分主题和述题组成。

(2) 插加结构由语用成分插加语和它的中心语(被插加语)组成。

（3）添补结构由语用成分添补语和被添补的成分组成。

（4）焦景结构由语用成分焦点和背景组成。

（5）语气结构由语用成分语气和句干组成。

（6）评议结构由语用成分评议语和被评议成分组成。

三、三种句子类型：句型、句模、句类

用三维语法来研究句子类型，可以分为句型、句模和句类。

（一）句型（参看《语法理论纲要》第三篇第五章和《汉语的句子类型》第一章）

句型是句子的句法结构型式（或格局）。句子在表层（显层）有句法平面，表现为一定的句法结构。如"张三批评了李四""我读过这本书"等句子是"主述宾"句型，"张三把李四批评了""李四被张三批评了"等句子是"主状心"句型，"张三累坏了""张三跑得很快"等句子是"主述补"句型。

（二）句模（参看《语法理论纲要》第四篇第九章和《汉语的句子类型》第一章）

句模是句子的语义结构模式。句子在深层（隐层）有语义平面，表现为一定的语义结构。如"张三批评了李四""我读过这本书"等句子是"施动受"句模，"张三睡了""李四走了"等句子是"施动"句模，"她很聪明""大楼倒塌了"等句子是"系动"句模。句模可分为简单句模和复杂句模。由一个动核结构形成的句模为简单句模，由两个或两个以上的动核结构形成的句模为复杂句模。例如"张三批评了李四""张三睡了"等句子是简单句模，"张三写字写得很大""张三开门出去叫人"等句子是复杂句模。

（三）句类（参看《语法理论纲要》第五篇第七章和《汉语的句子类型》第一章）

句类是句子的表达功能或语用价值的类别。可以根据不同的标准给句

子区分句类。根据语气所表示的表达用途来分类,是句子语用分类中最重要的分类,一般分为陈述句(也称"直陈句")、疑问句、祈使句、感叹句等四类。根据主题的有无,可以分为主述句(也称"主题句")和非主述句两类。在主述句中,还可根据述题的表述功能分为叙述句、描记句、解释句、评议句等四类。如果需要,这种分类也还可进行下位区分,如把叙述句分为主动句、被动句、使动句,把描记句分为性质句、状态句、存在句等,把解释句分为判断句、比较句、领有句等等。

(四) 句型、句模、句类三者的关系[①]

句模和句型是隐层和显层的关系,在句子里紧密结合、表里相依。句模要通过句型来显示,句模中的语义成分必须通过某个句法成分才能显现。人们看到的句子总是句模和句型的结合体。一种句模可用不同的句型来表示,一种句型也可表示多种句模:如"他的身体的确很棒""他的确身体很棒",这两句句模同而句型不同;"张三批评了李四""张三是北京人",这两句句型同而句模不同。

句类属语用平面,句型属句法平面。不同的句类可以属于相同的句型,相同的句类也可以表示不同的句型。如"他休息了""小王睡觉了吗",这两句句型相同而句类不同;"他在休息吗""他在看电影吗",这两句句类相同而句型不同。

句类属语用平面,句模属语义平面。不同的句类的句子可以有相同的句模,而不同句模的句子可以是相同的句类。如"他在干什么""他在看电影",这两句句模同而句类不同;"他休息了""他是学生",这两句句类相同而句模不同。

(五) 句样

句样(也称"句位")是句型、句模、句类的抽象结合体(抽象句)。句型和句模相结合组成句干;句类是黏合在句干上的句能(表达功能)归纳出来

---

① 这里所说的句类指句子的表达用途(语气)分类。

的类。作为"句型-句模"结合体的句干必须加上表示语气的句类才能成为句样。例如：①张三批评了李四。/小王读过这本书。②张三批评了李四吗？/小王读过这本书吗？例①的句型是"主-动-宾"句，句模是"施-动-受"句，句类是陈述句；三者结合和综合起来的句样就是"句干（主述宾+施动受）+陈述语气"。例②的句型是"主-动-宾"句，句模是"施-动-受"句，句类是疑问句，三者结合和综合起来的句样就是"句干（主述宾+施动受）+疑问语气"。

（六）句系

语言的句样体系就是句系。在调查研究了一种语言足够数量的有代表性的句例以后，抽象出一定数量的句型、句模和句类，句型可集合为句型系统，句模可集合为句模系统，句类可集合为句类系统。相应地，句型系统、句模系统、句类系统三者结合和综合起来就可集合为一种语言的句系，即三者纵横交错形成的句样网络系统（范晓1999）。现代汉语有多少句样，句系怎样构建，是值得深入研究并有着远大前景的一个重要课题。

四、三种语法功能：句法功能、语义功能、语用功能

一般语法书讲的语法功能，主要是指句法功能。三维语法认为词语（包括词和短语）在三个平面有三种语法功能，即句法功能、语义功能、语用功能。

（一）句法功能

以词的分类来说，传统语言学或结构主义语言学给词分类所说的"语法功能"，实际上是指句法功能。句法功能的意义是指词与词的结合能力和词在句法中充当句法成分的能力，句法功能的形式表现为词在句法结构中的位置（即"分布"）。不同的词类在句法功能上有对立，如汉语的形容词能作谓语，区别词、副词不能作谓语；区别词能作定语，副词不能作定语；动词主要用来作谓语或述语、能跟副词结合、一般不作主宾语，名词主要用来作主

宾语、一般不跟副词结合、不作谓语或述语。①某些词意义近似而词性却异，如"突然"是形容词而"忽然"是副词，"腐败"是形容词而"腐烂"是动词，"战争"是名词而"打仗"是动词；这些也是由于句法功能上存在着对立才决定了它们分属于不同的词类。同样，短语分为名词性短语、动词性短语、形容词性短语、副词性短语等也是根据句法功能。

(二) 语义功能

指词语在语义结构里充当语义成分的能力。在基干动核结构里，谓词通常作动核，为动核词；名词通常作动元，为动元词。例如："张三批评李四""张三遇见李四""张三醉""张三是老师"这四个动核结构里的动词"批评""遇见""醉""是"分别充当动作核、经验核、性状核、关系核；名词充当动核所联系的动元，上面动核结构里的"张三"都是主事，"李四""老师"是客事。在扩展的动核结构里还有语义成分状元，例如："张三今天在会议上批评李四""张三昨天在南京路上遇见李四"这样的扩展动核结构里，名词性词语"今天""昨天""会议上""南京路上"充当动核所联系的状元。在名核结构里，名词通常作名核，为名核词；形容词通常作定元，为定元词。例如，在"美丽的风景""新鲜的蔬菜"这样的名核结构里，"风景""蔬菜"是名核词，"美丽""新鲜"是定元词。

(三) 语用功能

在主述结构里，名词性词语主要用来充当主题，表示谈话双方共知的旧信息；谓词性词语主要用来充当表示新信息述题，对主题进行述说(或叙述，或描记，或解释，或评议)。某些实词有其独特的语用功能。如代词就是一类语用词，主要用来表示照应、替代、指示、疑问等。一般语法书把汉语的代词分为人称代词、指示代词、疑问代词三个小类，实质上是词的语用分类。又如助动词("应该""能够"之类)和情态副词("大概""也许"之类)也有独特的语用功能，它们在评议结构中用来充当评议语，表示说话者对事物或事

---

① 动词作主宾语是有条件的，名词跟副词结合、作谓语或述语是有条件的。

件的主观态度。某些虚词也有其独特的语用功能。比如语气词("的""了""吗""呢"之类)在语气结构里是充当语气成分的重要虚词。又如虚词"关于""至于"的语用功能专用来标示主题,虚词"是""连"的语用功能专用来标示焦点。词语的语用功能目前探讨得很不够,尚需进行深入的调查研究。

五、三种语法意义:句法意义、语义意义、语用意义

三维语法认为有三种语法意义:句法意义、语义意义、语用意义。三种语法意义有其相应的三种语法形式:句法形式、语义形式和语用形式(参看《语法理论纲要》第六篇第一章)。

(一) 句法意义

句法平面的语法意义称为句法意义,是指词语与词语相结合组成句法结构后所产生的显层的关系意义。比如述宾结构有"支配-被支配"的意义,述补结构有"补充-被补充"的意义,定心结构有"限饰-被限饰"的意义,这些都是句法意义。

(二) 语义意义(也称"语意意义")

语义平面的语法意义称为语义意义(简称"语义"),主要是指词语和词语相互配合组成语义结构后所产生的隐层的关系意义。如动词跟名词搭配有"施动"意义、"施动受"意义等;名词跟名词搭配也有"领属"意义、"数量物"意义等。此外,词的配价意义(如动词可以分析"一价""二价""三价"等)、词的语义特征(如"有生""无生""自主""非自主"等)、语义指向等也都属于语义意义领域。

词语搭配所产生的语义意义是从句法格式和语义结构中获得的,如"刀"可以有工具、受事、系事、起事等意义:在"我用刀切菜"中,"刀"是动核"切"联系的工具;在"我今天买了一把刀"中,"刀"是动核"买"联系的受事;在"这把刀很锋利"中,"刀"是动核"锋利"所联系的系事;在"这把刀是我的"中"刀"是动核"是"所联系的起事。

(三) 语用意义(参看《语法理论纲要》第五篇的有关章节)

语用平面的语法意义称为语用意义,即是词语或句法结构体在实际使用中所产生或形成的语用价值、语用信息等。这种意义往往体现着说话者的主观表达意向,主要体现在:句子的"主题-述题"结构,有"对象-说明"的语用意义;动词在句中表示叙述时,有时体等语用意义;名词在句中为指称时,有"有定""无定"的语用意义;句子在表达思想进行交际时,有句态、焦点、语气、口气等语用意义。

六、三种语法中心:句法中心、语义中心、语用中心

有三种不同的语法结构,相应地就有三种"中心"。

(一) 句法中心

句法中心指句法结构的中心成分。一般认为结构中的成分跟句法结构体的整体句法功能相同的是句法结构中心。就汉语而言,偏正结构(定心结构和状心结构)的中心在中心语上,述宾结构和述补结构的中心在述语上;但主谓结构、联合结构的中心如何分析,不同的语法理论有不同的见解(参看范晓1998,第279—285页)。

(二) 语义中心(语义核心)

语义中心指语义结构的核心成分。动核结构和名核结构都有自己的"中心"。动核是动核结构的中心,名核是名核结构的中心(参看《语法理论纲要》第四篇第三章)。

(三) 语用中心

语用中心指语用中的表达重心。短语结构表达重心一般规则是:偏正结构(定心结构和状心结构)的表达重心在定语、状语上,述宾结构和述补结构的表达重心在宾语、补语上。

语用中心跟句法中心恰好相反,如"新的书""埋头干"里,句法中心在后,表达中心在前;"看书""看清楚"里,句法中心在前,表达中心在后。

句子里的表达重心通常称之为焦点。要区别静态的常规焦点和动态的对比焦点。动态具体句的对比焦点可以根据疑问点、强调重音和特定的标记等进行鉴别(参看《语法理论纲要》第五篇第六章)。

(四) 三个中心的联系和区别

句法中心和语义中心基本一致、互相对应,比如"看书""喝酒",它们在句法平面为"述宾结构",在语义平面为"动核-受事"结构,句法里的中心为"述语",语义里的中心为"动核",述语和动核是对应的(都在"看""喝")上。又比如"伟大的祖国""聪明的孩子",它们在句法平面为"定心结构",在语义平面为"定元-名核"结构,句法里的中心为"中心语",语义里的中心为"名核",中心语和名核是对应的(都在"祖国""孩子")上。

要把表达重心与结构中心严格区别开来:表达重心是指语用上的表达重点,它决定于动态具体句子的语用表达;结构中心是指句法结构或语义结构的中心,它决定于内部成分和结构整体的关系。句法结构中心和语义结构中心相对固定,表达重心在动态具体句里常可变动,所以表达重心不等于结构中心。以述补结构为例,同一个动结式述补结构可能在一种情况下表达重心在述语上,在另一种情况下表达重心在补语上。如"刺伤",如果在动态具体句中着重说明"刺"的结果,表达重心就在补语上;如果在动态具体句中着重说明"伤"的原因,表达重心就在述语上(参看范晓1998,第272—273页)。

七、三种分析方法:句法分析法、语义分析法、语用分析法

在三个不同的平面,有各自的分析方法。

(一) 句法分析法(参看《语法理论纲要》第三篇第四章)

句法分析的方法主要有:分布分析法、成分-层次分析法、句型分析法。

1. 分布分析法

词的句法分类的根据是词的句法功能,而辨别词的句法功能则采取分布(句法位置)分析法。"分布分析"的实质,就是从形式出发确定词的句法功能的方法。比如汉语副词跟区别词的分布区别是:副词常在谓词之前,区别词常在名词之前。

2. 成分-层次分析法

句法结构采取成分-层次分析法(既讲成分分析也讲层次分析),是把成分分析和层次分析结合起来分析句法结构的方法。如"小王的妹妹跌伤了腰"为例,第一层次可分析为主谓句;第二层次把作主语的"小王的妹妹"分析为定心结构短语,作谓语的"跌伤了腰"分析为述宾结构短语;第三层次把作述语的"跌伤"分析为述补结构短语。一般地说,如果分析一个句子的句干,第一层次的层次分析出来的是句子的句法成分,而以下的层次(第二、第三层次等)分析出来的是短语的句法成分。

3. 句型分析法

分析句子的句型时,要注意三点。一是分基干句型和非基干句型。基干句型是对应于基干动核结构,非基干句型对应于扩展的动核结构。如"张三昨天批评了李四",基干句型为"主述宾"结构(对应"施动受"构成的基干动核结构);非基干句型为"主状述宾"结构(对应"施动受+状元"构成的扩展动核结构)。二是区别句子里的句型因素和非句型因素,如"张三昨天批评了李四",这句里"张三""批评""李四"三个词可以分析为基干句型"主述宾"的句型因素,而句子里其他一些词("昨天""了")可以分析为基干句型的非句型因素。三是要从大量句例中抽象出句型,如从"张三批评了李四""李四看了一个电影""王五买了一本新词典"等具体句例中抽象出"主述宾"句型。

(二)语义分析法(参看《语法理论纲要》第四篇第三、四、五、六章)

1. 核心成分分析法

对语义结构及其语义成分采取核心成分分析法。主要是动核结构分析法和名核结构分析法。核心成分分析法的特点是:先找核心成分,然后找内围成分,最后再找外围成分,就分析出该语义结构。

(1) 动核结构核心成分分析法。如以"他昨晚在图书馆看书"为例,先抓住二价动作动核"看",再找出动核"看"联系的语义成分("他""书""昨晚""图书馆"),就能分析出组成动核结构的内围成分动元"他"(施事)和"书"(受事),然后再分析出外围成分状元"昨晚"(时间)和"图书馆"(处所)。(2) 名核结构核心成分分析法。如"我对小王的错误看法"中,先抓住二价名核"看法",再找出名核联系的语义成分("我""小王""错误"),就能分析出组成名核结构的内围成分名元"我"(领事)和"小王"(与事),然后再分析出外围成分定元"错误"。在运用核心成分时,可以把配价分析和动核、名核所联系的"格"(即所联系的语义成分)分析结合起来。

2. 变换分析法

通过句式的变换,考察相关句式在语义上的依存关系,揭示不同句式语义结构的异同,有助于分化歧义结构、异义结构以及理解同义结构表达的多样性。例如:

① 我们打败了敌人。→我们把敌人打败了。→敌人被我们打败了。

② 我们打胜了敌人。→*我们把敌人打胜了。→*敌人被我们打胜了。

上面两例通过变换,可以看出①能变换成"把"字句和"被"字句,而②不能变换成"把"字句和"被"字句。变换分析表明:它们在句法上是同型结构,都是"主-动补-宾"句型;但语义上是异义结构,①为"我们打敌人+敌人败",即("施事+动核+受事"+"受事+动核"),②为"我们打敌人+我们胜",即("施事+动核+受事"+"施事+动核")。

3. 语义指向分析法

分析词语在语义上支配或说明的方向,可以理清句法结构所反映的语义网络,有助于区别同形异义现象,有助于正确理解句子的含义。

① a 张三吓哭了。/b 张三吓哭了孩子。

② a 他们都来了。/b 这些电影我都看过了。

①a 的"哭"在语义上指向"张三",①b 的"哭"在语义上指向"孩子";②a 的"都"在语义上指向"他们",②b 的"都"在语义上指向"这些电影"。

4. 语义特征分析法

分析词在语义结构中所显示出的语义特征,有助于说明词语搭配的选择限制和句法不同而语义不同的句子。可以根据词的语义特征给词进行分类:如可以根据动核语义性质分为动作动词、经验动词、性状动词、关系动词,可以根据主事能否控制动词分为自主动词和非自主动词;又如可以根据形容词和程度的关系分为性质形容词和状态形容词。

5. 句模分析法

句模是句子的语义模式。句模分析法就是分析动核结构生成句子时跟句型匹配的语义模式的方法。如把"张三批评了李四""李四看了一个电影"等抽象出跟"主动宾"匹配的"施动受"句模。

(三)语用分析法(参看《语法理论纲要》第五篇的有关章节)

(1)词的语用分类采取语用功能分析法,如可以分出替代词、疑问词、评议词、语法标记词(包括关联词、时体词、语气词、句态词等)。但究竟如何分类尚待进一步研究。

(2)语用成分采取主题分析法、焦点分析法、插加分析法、添补分析法、时体分析法、有定无定分析法等。

(3)句子的语用分类可采取语气分析法(区分疑问句、陈述句等)、句态分析法(区分主动句、被动句、使动句等)等。

(4)语法现象的语用解释采取语境分析法(从语境或篇章角度作出解释)、历史分析法(从历史角度作出解释)、逻辑分析法(从逻辑角度作出解释)、认知分析法(从认知心理角度作出解释)、修辞分析法(从适应表达效果的修辞角度进行分析)等。

八、方法论原则

三维语法讲究语法研究的方法论,主要的方法论原则有四条:形式和意义相结合的原则、静态和动态相结合的原则、结构和功能相结合的原则、描写和解释相结合的原则。

(一)形式和意义相结合的原则(参看《语法理论纲要》第六篇第一章)

语法意义要通过语法形式表示,任何语法范畴都是形式和意义的结合体。形式是现象,意义是本质。在语法研究中贯彻形式和意义相结合的原则已为多数人共识。从生成程序即从编码角度着眼,语法研究应从意义到形式;从发现程序即从解码角度着眼,语法研究是从形式到意义。实际操作时,可以采取形式和意义互相验证的方法,即要使形式和意义互相渗透,讲形式的时候必须得到意义方面的验证,讲意义的时候必须得到形式方面的验证。从表述研究结果来说,既可从形式到意义,也可从意义到形式,那是根据作者的表达思路决定的。

任何族语的语法都有语法范畴,语法范畴都得由一定的语法形式表示。各种族语的语法形式不完全相同,印欧语较多地采用狭义形态,汉语较多地采用广义形态,比较起来,发现广义形态比发现狭义形态的难度要大得多,汉语语法研究中所遇到的许多困难都跟这个问题有关;所以,寻找汉语语法研究中表示各种语法意义的形态或形式,探索汉语各种语法范畴的形式和意义的对应关系,是摆在汉语语法研究工作者面前的一个十分艰巨的任务。

(二)静态和动态相结合的原则(参看《语法理论纲要》第六篇第二章)

语法是不断地发展的,发展是可以分阶段的。在研究历史语法时要注意不同历史阶段的语法,即要重视断代语法体系;在研究断代语法时要注意历史的传承和动态的变化。

在研究句式时要注意语境和篇章,注意具体表达时的复杂化和多样化。在动态语境里,一个语义结构往往可以用多种句型或句式来表达,在具体言语交际时可根据语境和表达的需要而随宜采用,这是因为不同的句型或句式有不同的语用价值。但不管具体语句怎样复杂多样、繁简多变,句型或句式总是有限的。如果把一种族语的各种句型或句式的语用价值研究清楚,那样建立起来的语法体系就会有更强的科学性和更大的实用性。

研究任何语法现象,既要讲相对稳定的静态规律性,也要讲具体运用的动态灵活性;既要讲规范,也要注意发现演变和转化。为了更好地发挥语言在言语交际中的作用,规范是需要的;但也不能忽视语法的发展演变。在研究断代语法时要有动态发展的观点,除了要注意不应切割历史之外,更应善于发现有生命力的语法现象,要以敏锐的洞察力发现有生命的新的语法现象,而且要加以保护和支持。

在对语言单位分界时,既要讲相对的"离散",也要讲"连续统"。不讲"离散",就没有分类或划界;不讲"连续统",就会忽略"类""界"之间的联系或转化。要注意语法发展中的中间状态现象以及典型和非典型的现象。

(三)结构和功能相结合的原则(参看《语法理论纲要》第六篇第三章)

结构和功能互相联系、互相制约。研究一种族语的语法必须以结构和功能为中心、为纲,紧紧抓住结构和功能,才能纲举目张,构建起一个族语的科学的语法体系。分析语法现象,必须把结构和功能结合起来,结构分析时不忘功能解释,功能分析时也不忘结构描写。当然,把结构和功能当作相对独立的课题进行研究是可以的,但指导思想上别把功能和结构绝对地对立起来或割裂开来。

形式主义(包括旧结构主义和新结构主义)语法强调结构,功能主义强调功能。其实它们各有长短。如果能取长补短,作更高的综合,那就能使语法研究出现新的面貌。语法研究中贯彻结构和功能相结合的原则,有利于作更高的综合,以完善语法的研究。

(四)描写和解释相结合的原则(参看《语法理论纲要》第六篇第四章)

描写和解释是互相联系、互相依存、互相促进的。描写是解释的基础,有效的解释有助于规律的描写,因此在语法研究中要坚持描写和解释相结合的原则。首先是要对语法现象作充分的描写,然后在描写的基础上进行有效的解释。

应当把内部解释和外部解释结合起来。句法解释和语义解释属于内部解释,语用解释以及历史的解释、逻辑的解释、认知心理的解释等属于外部解释(参看《语法理论纲要》第五篇的第十二、十三、十四章等)。主张"句法自主"论的形式主义学派的解释偏重于句法解释,主张语义生成的生成语义学派偏重于语义解释,他们都强调从内部进行解释。功能主义学派或认知学派重视表达或认知,偏重于语用的、外部的解释。我们主张实事求是,该从内部解释的就用内部解释,该从外部解释的就用外部解释。面对具体的语法现象,应该把三个平面的解释(句法解释、语义解释、语用解释)结合起来,把内部解释和外部解释结合起来,这样的解释可能更全面、更有说服力。

句法结构中的句法成分

〇、引　　言

　　句子有句法的、语义的、语用的三个平面,在不同的平面,可分析出不同的成分:句子的句法平面可分析出句法成分,句子的语义平面可分析出语义成分,句子的语用平面可分析出语用成分。任何语法结构都是由一定的结构成分组成的。传统语法析句时主要是讲句法平面的句法成分。所谓句法成分,就是句法结构的组成成分。任何句法结构都是由两个或两个以上的句法成分构成的,比如:"天气晴朗"这个句法结构是主谓结构,就是由主语(天气)和谓语(晴朗)两个句法成分构成;"伟大的人民",这个句法结构是定心结构,就是由定语(伟大)和中心语(人民)两个句法成分构成。一般语法书在分析句法结构时,都要分析句法结构的成分。由于现在的各种语法书体系不一样,所以分析出来的句法结构及其句法成分多种多样。

　　本文在这里着重分析句法成分,包括句子的直接成分(句子成分,实际上是句干的句法成分)和短语的直接成分(短语成分)。本文对汉语句法成分的分析跟现有各家的分析既有相同处,也有不同处。

一、关于句子成分和短语成分

(一) 短语和句子里都有句法成分

　　短语和句子都有句法结构,所以短语和句子里都有句法成分。换言之,句法成分可以是短语成分,也可以是句子成分。组成短语的句法结构的直接组成成分(或者说从短语的句法结构里分析出来的直接成分)是短语的句法成分,句子句干里的句法结构的直接组成成分是句子的句法成分。例如:

① 弟弟睡的那个小床/太阳出来的时候
② 弟弟睡了。/太阳出来了!

这里①是个定心短语,"弟弟睡""太阳出来"这两个主谓短语在定心短语里作定语,其中的主语和谓语是短语的句法成分;②句子里"弟弟睡""太阳出来"中的主语和谓语是句子句干句法结构的直接组成部分,所以是句干的句法成分(按:下面谈到"句子成分",都是指句干的句法成分)。

过去有的语法书(以人民教育出版社《汉语知识》(1959)为代表的一批语法教科书)在分析句法成分时只讲句子成分。该书关于句子成分的定义是:"在句子中词和词之间有一定的关系;按照不同的关系可以把句子分为不同的组成部分。句子的组成部分叫作句子成分。"根据这种观点,一个词只要在句子里与别的词发生"一定的关系",它就成为一个句子成分;凡是句子里面的组成部分,不管它是句子的直接成分还是间接成分,也不管它是主语、谓语,还是宾语、补语、定语、状语,都称作句子成分。这种主张实质上就是不讲和忽视短语成分。如果严格贯彻这种主张,便会得出句子里有一个实词便有一个句子成分的结论,分析出的句子成分看不出句子的基本格局。比如这样一个不很复杂的句子,"小王的哥哥已经讲完了那个故事",如果严格地按照句子里一个实词充当一个句子成分的主张,那么这个句子的结构便成了:定语+主语+状语+谓语+补语+定语+宾语。可图示如下:

<u>小 王</u> 的 <u>哥 哥</u> <u>已 经</u> <u>讲</u> <u>完 了</u> <u>那 个</u> <u>故 事</u>
 (定语)   (主语) (状语)(谓语)(补语) (定语) (宾语)

对于这个句子,《汉语知识》为代表的论著就会认为是由七个"句子成分"组成的。这样的分析虽然可以看出句子里实词与实词之间"一定的关系",然而却看不出句子内部各组成成分之间的层次关系,也看不出这个句子的基本格局是主谓句里的"主(谓补)宾"句型。

有的学者更直言短语里没有句法成分,如吕冀平(1979)说:"词组是词和词的搭配,句子是成分和成分的搭配";因此他认为"词组"结构里只有"语义关系",而没有"成分关系"。笔者认为,短语(词组)是一个语法结构体,因此它不仅是"词和词的搭配",也是成分和成分的搭配,比如"衣着朴素""成就辉煌"这两个短语,不仅内部存在着语义关系,而且也存在着句法关系,可分析为"主谓"短语,即存在"主语"和"谓语"两个短语的句法成分。短语结构句法成分的分析,是句法学的一个重要内容,如果为了突出句子成分,而取消短语成分的分析,是不妥的。

(二) 句子的句法成分和短语句法成分之间的关系

本文认为,句子的句法成分和短语句法成分之间既有联系也有区别。

1. 句子的句法成分和短语句法成分的联系

句子或短语内部的句法结构成分都称作句法成分,即不管是句子的直接句法成分,还是句子的间接句法组成成分,它们可统称为句法成分。有的论著(胡裕树等1981,第24页)说:"句法分析不等于句子分析,句法成分也不等于句子成分。主谓句的直接成分是主语和谓语。宾语、补语、定语、状语不是句子的成分,而是句子成分的成分。"[①]意思就是句子里只有"主语"和"谓语"是句子成分,没有句法成分;短语的句法结构成分才是句法成分。这种说法有点似是而非。笔者认为,句法分析不等于句子分析,短语成分也不等于句子成分,这是对的;但把句法分析和句子分析完全割裂开来,把句法成分和句子成分完全对立起来,这是有理论欠缺的:

第一,句法结构存在于短语里,也存在于句子里,比如"大家休息了"这个句子里的句干"大家休息"就是一个主谓型的句法结构,其主语和谓语是句子成分,也是句法成分。如果把主谓句的主语和谓语只称为"句子成分"而否定它们"句法成分"的资格是有问题的。

第二,说"宾语、补语、定语、状语不是句子的成分,而是句子成分的成分的",即短语的句法成分。固然,在主谓句里,宾语、补语、定语、状语常常出现在短语里成为短语成分;但这些句法成分出现在"非主谓句"里,也可以成为非主谓句的句子成分,比如"下大雨了!""快跑啊!""滚开!""好香的香菜!",在这些句子里,宾语、补语、定语、状语等句法成分就成了非主谓句的

---

① 胡裕树等的说法实际上源于吕叔湘的观点。吕叔湘(1979,第61—62页)说:"现在一般都说句子成分有六大成分:主语,谓语,宾语,补语,定语,状语,问题是这些是否都是句子的直接成分?这问题似乎简单,可并不简单。要按直接成分分析法来看,……单就句子本身而论,它的直接成分也只有主语和谓语这两样。宾、补、定、状不是句子的成分,只是句子的成分的成分。"

句子成分。

非主谓句也是句子,它们当然也有句子成分;但既然是"非主谓",那它们的句子成分便不是主语和谓语。例如"江南的早晨。""好香的干菜!"这是由定心短语构成的句子,所以是定心式偏正句,它们的句子成分便是定语及其中心语。又如"下雨了。""禁止招贴!"这是谓宾短语构成的句子,所以这样的句子是谓宾型非主谓句,它们的句子成分便是谓语和宾语。这样看来,定、状、宾、补之类如果作了非主谓句句子的直接成分,也应该是句子成分。相反,主语和谓语如果出现在非主谓句里时,只能作为短语成分而存在,如"禁止机动车通行!"这是一个谓宾型的非主谓句,分析可图示如下:

这个句子里,第一层次的谓语和宾语是这个句子的句子成分,而主谓短语"机动车通行"是充当这句子的宾语的,所以这里的主语、谓语是短语成分。又如林斤澜《台湾姑娘》里第一句话"一个戴厚眼镜的、未老先白头的中学教员告诉我的故事"。这是一个定心型的非主谓句,第一层次的定语和它的中心语(故事)是这个句子的句子成分,第二层次里定语是"……中学教员告诉我",这是由"主谓宾"短语充当的,主语、谓语、宾语就是短语成分;而限饰"中学教员"的"……"(一个戴厚眼镜的、未老先白头的)是个多层次定语,还可以作更多层次分析,分析出来的都是短语成分。

由上分析可知:具体句子的具体的句子成分,是要对具体句子进行具体分析才能得出的,主谓句有主谓句的句子成分,非主谓句有非主谓句的句子成分;而对充当某个句子成分的短语进行句法分析,得出的句法成分就是短语成分;句法成分间的各种关系在短语里和句子里是相通的,因此句子成分和短语成分的名称是相同的(如主语、谓语、宾语、定语、状语、补语等),只是从句子中分析出来句法成分称作句子成分,从短语中分析出来的句法成分称作短语成分。

2. 句子的句法成分和短语句法成分的区别

（1）属于不同的层级，构成不同层级的句法格局。句子的句法成分构成一个句子的基本格局，决定一个句子的句法结构类型（句型）；短语的句法成分构成短语的基本格局，决定一个短语的句法结构的类型（语型）。以"他看电影"为例，在"他正在看电影呢"这句里，句子的句法成分主语"他"、谓语"看"、宾语"书"构成了此句的句法格局是主谓句里的"主谓宾"句型；在"我知道他正在看电影"这个句子里，主语"他"和谓语"看"、宾语"书"就是短语"他看电影"的句法成分，构成该短语是主谓短语的"主谓宾"语型。

（2）一个多层次的句子结构内部必定既有句子成分，也有短语成分。比如"我们的国家是古老文明的国家"这个句子，其中第一层的主语"我们的国家"和谓语"是"以及宾语"古老文明的国家"构成了句子的基本格局（主谓句里的"主谓宾"句型），这里的句法成分主语、谓语、宾语就是句子成分。第二层"我们的国家"里的句法成分定语（"我们"）、中心语（"国家"）和"是古老文明的国家"里的句法成分谓语（"是"）、宾语（"古老文明的国家"）就是短语成分，分别构成了两个短语的基本格局（定心语型和谓宾语型）。第三层"古老文明的国家"里的句法成分定语（"古老文明"）和中心语（"国家"）也是短语成分，构成了该短语的基本格局（定心语型）。第四层"古老文明"里的句法成分是两个并列语（"古老"和"文明"），它们也是短语成分，构成了该短语的基本格局（并列语型）。

（3）句子成分存在与句子之中，它的存在总是不能离开句子，如"暴风雨来临了"这个句子里"暴风雨"是主语，"来临"是谓语，这两个句法成分都是句子成分；但短语成分的存在却有两种情形。一是短语成分可以在句子之外独立存在，即两个或两个以上的词按照一定的句法规则结合搭配起来就可以构成静态短语，如人们可以用"谓语+宾语"语型造出谓宾短语"读书""看报"，可以用"定语+中心语"语型造出定心短语"新鲜空气""妹妹的书包"等；这些短语中的短语成分谓语、宾语、定语、中心语都不与句子发生直接联系，只是词和词的直接组合。二是短语成分也可以从句子的动态短语里分析出来，如"今天的天气真好啊"中的"今天的天气"（定语+中心语）和"真好"（状语+中心语）是两个短语，其内部的句法成分定语、状语、中心语都是从上述句子的句干里分析出来的。

二、主语和谓语

（一）主语

1. 主语是跟谓语相对待的句法成分

主语是跟谓语相对待的句法成分，"主语+谓语"构成的主谓关系，形成的句法结构称为"主谓结构"。句子里句干的句法结构如果是主谓结构，则句法成分主语和谓语可称为句子成分；短语的句法结构结构如果是主谓结构，则句法成分主语和谓语可称为短语成分。一般语法书认为主语是被陈述对象，谓语是陈述的内容。

主语是句法平面的概念，但跟语义和语用都有关系：语义上主语表示充当谓语的谓词所构成的谓核结构里的谓核所联系的谓元，语用上是"主述结构"里述题或述题中谓语表述的对象。例如"小李看过《西游记》了"这个句子，从句法上分析，有三个基本的句法成分，即主语（"小李"）、谓语（"看"）、宾语（"《西游记》"）；从语义上分析，谓语（"看"）为谓核，构成一个谓核结构，主语（"小李"）是该谓核"看"所联系的谓元（主事谓元）；从语用上分析，主语（"小李"）在语用平面的"主述结构"里表现为主题，是述题或述题中谓语表述的对象。这个句子里，主语、主事、主题三者重合。

2. 主语的类型

根据主语的语义身份（或称"语义角色"），汉语的主语主要是"主事主语"（包括施事主语、经事主语、系事主语、起事主语等）和客事主语（包括受事主语、成事主语等）。

（1）在静态的主谓短语里，主语在语义上一般表示"主事"，也就是说主语的语义身份是"主事主语"，如在"他走""猫抓老鼠"里，"他""猫"就是"施事主语"；"脸红""墙壁雪白""房子倒塌"里，"墙壁""房子"就是"系事宾语"；"我知道""他觉得"里，"我""他"就是"经事主语"。

（2）在主谓型的叙述句（也说"叙事句"）里，主语在语义上大多表示"主事"（主要是施事、包括施事、系事、起事等），但在表示"被动"的叙述句中有

客事主语(包括受事主语、成事主语等),例如:

① 她哭了。/他走累了。("她""他"是施事主语)

② 大花猫逮住了小老鼠。("大花猫"是施事主语)

③ 小李送给我一件礼物。("小李"是施事主语)

④ 小张遇到困难了。/我们认识他。("小张"是经事,即"准施事")

⑤ 小老鼠被大花猫逮住了。("小老鼠"是受事主语)

⑥ 隧道被工人们挖通了。("隧道"是成事主语)

(3) 在主谓型的描记句(包括描述句和记述句)里,主语在语义上有表示系事、受事、成事、位事等。例如:

① 麦苗绿油油的。/山体崩塌了。("麦苗""崩塌"是系事主语)

② 大门紧紧关着。/农奴已经解放了。("大门""农奴"是系事主语)

③ 饺子已经煮熟了。/头发已经剪短了。("饺子""头发"是受事主语)

④ 大桥终于造好了。/这篇文章写得好极了。("大桥""这篇文章"是受事主语)

⑤ 门口坐着一个老人。/地上散落着许多苹果。("门口""地上"是位事主语)

(4) 在主谓型的释述句里,主语在语义上表示起事,也就是说这种句子里的主语的语义身份是"起事主语",例如:

① 小明是大学生。/小赵属狗。("小明""小赵"是起事主语)

② 今天是中秋。/北京是首都。("今天"和"北京"都是起事主语)

(5) 在主谓型的评述句里,主语在语义上表示评事,也就是说这种句子里的主语的语义身份是"评事主语",例如:

① 青年人应该树立远大的志向。/我们应该坚持真理。

② 这把刀能砍树。/这种事不应该做。/偷来的锣鼓打不得。

这类句子里的主语都是主观评议(评论)的对象,称为"评事主语"。虽然这些主语跟句中的动作动词的语义联系不完全一样:如①里的"青年人""我们"是施事,②中的"这把刀"是工具,"这种事""偷来的锣鼓"是受事。

3. 汉语里主语的辨认

主语是句法平面中的概念,但在确定汉语的主语时,应结合语义和语用来分析,当然,也应寻找其形式特征。前面已经说过,语义上主语是谓语动词的谓元。表示语义必有其特定的形式。汉语主要有三种形式:

(1) 充当主语的必定是表示名物的词语,通常是由名词性词语充当,但在一定条件下也可由"名物化"了的谓词性词语充当(参看范晓 1992),例如:

① 打是疼,骂是爱。　　② 说话容易,做起来难。

上述句子中的"打""骂""说话""做起来"都是动词性短语,在句子里"名物化"了,作主语。

(2) 主语的位置在充当谓语的谓词之前,但是语用上的"移位""倒装"例外,例如:

① 多么壮丽啊,长江三峡!　　② 该走了吧,我们!

上述句子中的主语"长江三峡""我们"由于语用上强调和突出谓语的需要,都置于谓语之后。

(3) 充当谓语的谓词前若有两个或两个以上的名词性词语,则表谓元的名词性词语可分析为主语;若两个或两个以上的名词性词语都是谓词所联系的谓元,则表主事的词语优先分析为主语。例如:

① 去年他生了一场病。　　② 这本书我看过了。
③ 这位同学我没有跟他说过话。　　④ 这把刀我用它切肉。

例①谓语动词前虽有两个名词性词语"去年"和"他",其中的"他"是谓语谓词联系的谓元,所以应分析为主语;"去年"虽然是名词,但在这里是谓词所联系的状元(状态元),不能分析为主语。例②谓语谓词前虽有两个名词性词语"这本书"和"我",而且都是谓语动词"看"所联系的谓元,其中的"我"表主事动元,所以应优先分析为主语。③④中的"我"都是主事(施事),根据表主事的词语优先分析为主语的原则,应分析为主语。

4. 汉语中主谓短语的主语跟主谓句的主语既有相同点也有相异点

短语和句子中的句法成分主语相同点是:都既表达谓元,也表达表述对象;在形式上,主语一般都在谓词之前。相异点是:(1) 主谓短语的主语位置固定,都置于谓词之前,而主谓句中的主语在特定的语用表达中有时可置于谓语动词的后面,如"快进来吧,你们"里的"你们"便是;(2) 主谓短语的主语表主事动元;而主谓句的主语除表主事谓元外,还有表客事谓元的,如"老虎被武松打死了"里的"老虎"便是。

(二) 谓语

1. 谓语相对待的句法成分

汉语的谓语相对待的成分有三种情况。

(1) 谓语前面的对待成分是主语,例如:

① 他站着。　②天气凉了。

这里①中的"站"和②中的"凉"在句子里都充当谓语,①中的"他"和②中的"天气"在句子里都充当主语。在这种句子里谓语前面的对待成分是主语。

(2) 谓语后面的对待成分是宾语、补语,例如:

① 下大雨啦!("下雨"是谓宾结构)

② 走开!("走开"是谓补结构)

这里①中的"下"和②中的"走"在句子里都充当谓语,①中的"大雨"和②中的"开"在句子里分别充当宾语和补语,在这种句子里是谓语后面的对待成分。

(3) 谓语前面有对待成分主语,后面有对待成分宾语或补语。例如:

① 我吃过饭了。　("我吃"是主谓结构,"吃饭"是谓宾结构)

② 他走累了。　("他走"是主谓结构,"走累"是谓补结构)

这里①的谓语"吃",既和前面的主语"我"相互对待,是主谓关系;又和后面的宾语"饭"相互对待,是谓宾关系。②的谓语"走",既和前面的主语"他"相互对待,是主谓关系;又和后面的补语"累"相互对待,是谓补关系。

2. 谓语的类型:

根据充当谓语的词语性质,谓语主要有以下几类:

(1) "动词(行为)动词谓语"类。指谓语由动作行为动词充当的。大多数情况下谓语由单个动作行为动词充当,如"他睡""你跳""我唱"中的"睡""跳""唱"便是。但在带某些宾语或补语时也有"谓补短语"或"谓宾"短语充当的情形:谓补短语作谓语带的是"使事宾语",如"<u>喝伤</u>了胃""<u>跌痛</u>了腿"(表示动作的结果是"使胃伤""使腿痛")中的"喝伤""跌痛"便是;谓宾短语作谓语带的是"目的补语",如"<u>派他</u>去""<u>劝她</u>休息"中的"派他""劝她"便是。

(2)"状态动词谓语"类。指谓语由状态动词充当的,如"身体颤抖""山石崩裂""刀锈了""他醉了"中的"身体""山石""刀""他"便是。

(3)"关系动词谓语"类。指谓语由关系动词充当的,如"北京是中国的首都""他姓司马""小妹像她妈妈"中的"北京""他""小妹"便是。

(4)"评议动词谓语"类。指谓语由评议动词充当的,如"能来""应该去""必须完成"中的"能""应该""必须"便是。

(5)"形容词谓语"类。指谓语由形容词性词语充当的。大多数情况下谓语由形容词充当,如"脸红""小王聪明""身体健康"中的"红""聪明""健康"便是。但在带"使事宾语"时也有"谓补短语"短语充当的情形,如"她累坏了身体"(她累的结果是:"使身体坏")中的"累坏"便是。

(6)"名词谓语"类。指谓语由名词性词语充当的,例如:

① 今天星期天。(谓语表示时间)

② 鲁迅浙江绍兴人。(谓语表示籍贯)

③ 明天端午节。(谓语表示节日)

④ 她已经研究生了。(谓语表示身份)

名词性词语作谓语是有严格的条件限制的,多用于谓语用来说明时间、天气、籍贯、节日、节气、年龄、身份等,一般出现在口语里。而且,大部分名词谓语句多用于肯定句,如"今天星期天"不能说成"今天不星期天";所以从书面上看,似乎也可以看作省略或隐含某个动词(如"是、有"之类)的句子,只是在口语里给人的直觉是名词性词语直接作谓语。真正的名词直接作谓语是极少的,如"你这个傻瓜!""今天才星期二"之类。至于"这个人黄头发大眼睛""大象小眼睛长鼻子"这类句子,谓语表示容貌,由定心短语充当;实际上是主谓短语"定心化"(主谓移位变成定心短语),即表示"这个人头发黄眼睛大""大象眼睛小鼻子长"的意思。

(三)关于"主谓必备论"

有一种比较流行的观点,认为句子结构都是由句子成分主语和谓语组成的,二者缺一不可。如黎锦熙(1950,第14页)说:"主语、述语(笔者按:即谓语),二者缺一,就不成为句了。"吕冀平(1979)也说:"具备主语和谓语是构成一个句子的必不可少的条件。"这种观点,不妨称之为"主谓必备论"。这种论点是有问题的。

诚然,语言中一般的句子是由主语和谓语构成的,但也必须看到,并不是任何句子都是由主语和谓语构成的。众所周知,汉语中存在着非主谓句,而且这种句子在实际的言语活动中使用的频率并不低。有些句子甚至只有一个实词构成,如"火!""静!""是!""夜。"等句子,是名副其实的独词句。这种句子根本说不出是省略了主语还是谓语,当然不可能也不应当看作主谓句。有些句子虽然是由两个以上实词组成的多成分句,但也不一定是由主语和谓语组成的,例如,"好热的天气!""一九八一年的春天。""各位先生!"等句子,这类句子的直接组成成分是定语及其中心语,而不是主语和谓语。还有些句子也是两个以上的实词组成的,例如"立正!""下雨了。""谢绝参观!"等,这种句子由谓语和宾语组成,也与省略了主语的句子不一样。非主谓句的客观存在,充分证明主语和谓语并不是"一个句子必不可少的条件"。主谓必备论者当然也看到上述一些句子的存在,但却它们看成是一种省略了句子成分的主谓句。如黎锦熙(1950,第14页)曾经把独词句"火!"解释成省略了谓语的句子。他说:"惊惶之际,有时省略谓语,如叫'火!'是说'火起了',动词'起'字也被省去了。"用省略说解释这类句子是说不清楚的。汉语的主谓句有省略主语或谓语的情形,但要有条件:"第一,如果一句话离开上下文或者说话的环境意思就不清楚,必须添补一定的词语意思才清楚;第二,经过添补的话实际上可以有的,并且添补的词语只有一种可能。这样才能说是省略了这个词语。"(吕叔湘1979,第68页)比如甲问:"谁来了?"乙回答:"小王。"甲说的是完整的主谓句;乙说的就是省略句,因为"小王"这个句子必须添补,而且只能添补"来了"这个词语,意思才能清楚,可见是省略了谓语。但是像"火!""禁止吸烟!"之类,不必添补其他词语,意思就已清楚;相反,要添补某个词语,也不知添补什么才好,这样的句子,是不宜看作省略的主谓句的。

反之,有些"主语+谓语"具备的组合体也不一定是句子成分,而是短语成分,如"我知道他来了"里,主谓组合体"他来"里的主语"他"和谓语"来"就是短语的句法成分。可见既不应把句子成分说成都是由主语和谓语组成的,也不应忽略主语和谓语也可以是短语的内部直接组成成分。

三、宾语和补语

(一) 宾语

1. 宾语是跟谓语相对待的句法成分

宾语是跟谓语相对待的句法成分,"谓语+宾语"构成的谓宾关系,形成的句法结构称为"谓宾结构"。句子句法结构中的宾语可称为句子成分;短语句法结构中的宾语可称为短语成分。一般语法书认为谓宾结构是支配和被支配的关系,谓语是支配成分,宾语是被谓语支配的成分。宾语所对待的谓语,一般是谓词担当的;但汉语里也有"谓补短语"(句法功能相当于谓词)带使事宾语的情形,如"吃饱了肚子""跌破了头""哭红了眼睛"之类。

宾语是句法平面中的概念,但从三个平面的视角来分析,宾语跟语义和语用都有关系:语义上宾语充当谓核结构里的谓核所联系的客事谓元,语用上在句子的"主述结构"里通常是述题中的表达重点。如"我去过新疆,也去过西藏"句里,宾语"新疆""西藏"为该句的表达重点。

2. 宾语的类型

从语义角度分析,宾语的语义类型很多,大多表示谓核结构里的客事,主要有:

(1) 受事宾语。"受事"指动作的承受者,是施事发出动作时所直接及于的已经存在的客体,如"我买书""他喝水""狗咬人"中的"书""水""人"便是。

(2) 成事宾语。"成事"(也称"结果")指动作的结果或成果,是动作发生后产生或出现的客体,如"工人造桥""他挖洞""我写文章"中的"桥""洞""文章"便是。

(3) 使事宾语。"使事"指动作的致使对象,是致使动词或某种谓补短语所联系的客体。致使动作发出后其自身就成为使事的一种状态。如"我熄灯""他热菜""她端正态度""哭肿了眼"中的"灯""菜""态度、眼"便是。

（4）涉事（准受事）宾语。"涉事"指心理、认知、经历、遭遇等经验性行为及于的客体，如"她知道这事""我认识她""农田遭水灾"中的"这事""她""水灾"便是。

（5）位事宾语。"位事"指动作指向或到达的位置或目标，是趋向动词和定位动词以及"动趋结构体"或"动位结构体"所联系着的客体。如"他去香港""小王到操场上""她走进屋里""苹果落在地上"中的"香港""操场上""屋里""地上"便是。

（6）止事宾语。"止事"指关系双方中的止方，即在表关系的谓核结构中说明或解说起事（起方）的客体，如"她是上海人""小王属牛""他姓张""三加三等于六"中的"上海人""牛""张""六"便是。

（7）与事宾语。"与事"是谓核结构中谓核支配着的跟主事一块儿参与动作或状态的参与者，如"我给小张礼物""他借我钱"里的"小张""我"便是。一般语法书上所说的"双宾语"，直接宾语表示受事宾语，"间接宾语"表示与事宾语。

宾语主要用来表示客事谓元，但在动态的句子里有时也有表示非客事动元（施事、系事、工具、方式等）的情形，如"家里来客人了""台上坐着主席团"中的"客人""主席团"是施事宾语，"祥林嫂死了丈夫""华大妈黑着眼眶"中的"丈夫""眼眶"是系事宾语，"我写毛笔""他写钢笔"中的"毛笔""钢笔"是工具宾语，"他唱 A 调""我唱 B 调"中的"A 调、B 调"是方式宾语，等等。

3. 汉语里宾语的辨认

宾语是句法平面中的概念，但在确定汉语的宾语时，既要看它的语法意义，又要看它的语法形式，要把意义和形式结合起来才能辨别汉语的宾语。从语法意义上说，宾语一般是谓核所联系的客事谓元。从语法形式上说，主要是：

（1）宾语一般是表示名物的词语，主要由名词性词语充当；谓词性词语在一定条件下也可以充当宾语。如谓宾动词作谓语时（"渴望学习""准备考试"之类）、关系动词作谓语时（"读书是学习""使用也是学习"之类）等。

（2）宾语的位置。在静态短语里，位置固定，宾语必在谓语之后；但在句子里有时由于句法的强制或语用的需要而置于动词之前。例如：

① 我买了本新书。
② 我哪儿也不去。
③ 她饭也不吃,水也不喝。
④ 我香港也去过,澳门也去过,台湾也去过。
⑤ 你把苹果吃了！
⑥ 这本新书我也买了。

①中的"新书"为名词,是谓语动词"买"的客事动元,置于动词后,是典型的宾语;②的宾语"哪儿",是汉语句法的强制性(疑问代词和"都"或"也"配合作宾语必在动词之前)决定的;③中的宾语"饭、水"和④中的宾语"香港、澳门"用于对称或列举格式里;⑤中的宾语"苹果"位于谓语动词之前,是由于"把字句"里"把"的处置的语用要求决定的;⑥中的宾语"这本新书"在动词之前句首位置,是由于句子语用上主题化的需要决定的。

(二) 补语

1. 补语是跟谓语相对待的句法成分

补语是跟谓语相对待的句法成分,"谓语+补语"构成的谓补关系,形成的句法结构称为"谓补结构"。句子句法结构中的补语可称为句子成分;短语句法结构结构中的补语可称为短语成分。一般语法书认为谓语和补语之间是一种补充和被补充的关系,谓语是被补充的成分,补语是补充的成分。补语所对待的谓语,一般是谓词担当的;但汉语里也有"谓宾短语"(句法功能相当于谓词)带补语的情形,如"派他去""劝她回来""推举他当主席"之类。

补语是句法平面中的概念,但从三个平面的视角来分析,补语跟语义和语用都有关系:语义上,补语如果由谓词担任的,则分析为谓核结构的谓核,补语如果由表数量和程度的词语担任的,则可分析为状元。语用上在句子的"主述结构"里通常是表达的重点。

2. 补语的类型

谓语所带的补语是汉语句法里具有特色的句法成分,汉语的补语有很

多类型,主要有:

(1) 结果补语。这种补语用来补充说明动作(或性状变化)的结果,如"喝醉""洗干净""累坏"中的"醉""干净""坏"之类。结果补语通常由形容词和状态动词充当。

(2) 趋向补语。这种补语用来补充说明动作(或性状变化)的趋向,如"走进去""跑出来""塌下来"中的"进去""出来""下来"之类。趋向补语通常由趋向动词充当。

(3) 情状补语。这种补语用来补充说明动作(或性状变化)引起的情景或状态,如"飞得高高的""长得胖胖的""哭得很伤心""冷得全身发抖"中的"高高""很伤心""全身发抖"之类。这种补语的特点是,它对待的谓语的谓词后必须带结构助词"得"。情状补语通常由形容词、状态动词以及表示情景和状态的某些短语充当。

(4) 目的补语。这种补语用来补充说明动作的目的,如"请他来""派他去北京""选他当代表"中的"来""去北京""当代表"之类。目的补语相对待的谓语由谓宾短语担当。①

(5) 程度补语。这种补语用来补充说明动作(或性状变化)的程度,如"来早""饿极""恨死""好透"中的"早""极""死""透"之类。

(6) 动量补语。这种补语用来补充说明动作的数量,如"去了一趟""看了两遍""检查了三次"之类。

有的语法论著认为汉语里还有一类"可能补语",如"吃得饱""吃不饱""走得开""走不开"之类,"吃得饱""走得开"表示"可能","吃不饱、走不开"表示"不可能"。本文认为这种补语本身还是属于结果补语或趋向补语,但在"谓语"和"结果补语"(或"趋向补语")之间插入"得"或"不"可以表示"能否"的语法意义。②

---

① 有些语法论著把"请他来""派他去北京"之类分析为"兼语式"或"兼语短语",本文分析为"谓补短语"(参看范晓 2009,第 197 页)。

② 汉语表示结果补语或趋向补语的"能否"义的形式有两种:一种是在谓语动词前面加上"能/不能"表示,如"能吃饱/不能吃饱""能走开/不能走开";另一种是谓语和结果补语或趋向补语之间插加"得/不"表示,如"吃得饱/吃不饱""走得开/走不开"。在具体言语里用哪种形式要根据语用和语境决定。

3. 汉语里补语的辨认

补语是句法平面中的概念，但在确定汉语的宾补时，既要看它的语法意义，也要看它的语法形式，要把意义和形式结合起来才能辨别汉语的补语。从语法意义上说，补语都具有补充意义（包括结果、趋向、情状、目的等）；从语法形式上说，主要是：

（1）汉语补语的位置一般都在谓语的后面。短语的句法成分补语跟句子的句法成分补语有点区别：静态的谓补短语的补语位置固定，补语只能置于谓语后；在句子里，结果补语、趋向补语、情状补语、目的补语也只能置于谓语之后，但动量短语作补语在特定条件下可置于谓语的前面，如"<u>一次</u>做不好，就做两次"中的"一次"便是。

至于程度补语，情况有点特殊：由于程度补语和程度状语似乎可以变换，如"极饿"可说成"饿极"，"很好"也可说成"好得很"；能变换的两组合体的内容或意思基本相同，所以过去有的语法书把表示程度的词语不论在谓词前还是后都分析为状语（把在后的称为"后附状语"。这可能受英语语法的影响）。本文采取现在通行的分析方法，即从形式角度确定在前的为状语，在后的为补语；状语的句法意义是修饰谓语，补语的句法意义是对谓语作补充或说明。

（2）结果补语、趋向补语、情状补语、目的补语是由谓词或谓词性短语担当的，动量补语是由动量短语担当的，程度补语是由表程度的副词和某些形容词担当的。

四、定语、状语及它们的中心语

（一）定语和状语的中心语

定心结构是由句法成分定语和中心语组成的，状心结构是由句法成分状语和中心语组成的。定语、状语是限饰（限定或修饰）中心语的句法成分，中心语是被限饰的句法成分。定心结构和状心结构中的被限饰的成分都用"中心语"这个术语；其实这个中心语存在着两个含义：一是定语的中心语，它接受定语的限饰；一是状语的中心语，它接受状语的限饰。过去的语法书谈到句子成分或句法成分一般都讲到"主谓宾定状补"所谓六大成分,而不讲中心语,这是有缺陷的:如果没有中心语这个句法成分,就没有定心结构和状心结构;因为单独的定语或状语若不和它们相对待的句法成分组合是不可能成为句法结构的。

在许多有严格意义的形态变化的语言里,定语的中心语都由名词性词语充当的,状语的中心语都由谓词性词语充当的。但在汉语里,只能说定语的中心语都是由表名物的词语充当的,即通常由名词性词语充当(名词性词语在语义上都表"名物");但有时也可由谓词性词语充当,如"她的笑""狐狸的狡猾"之类,这里作中心语的谓词有"名物"意义(谓词名物化)。状语的中心语通常由谓词性词语充当;但有时也可由名词性词语充当,这较特殊,主要是受下列条件的限制:(1)时间名词作谓语时,某些表示时间的迟早、频率的副词有时可作状语,如"今天才星期一"里的"才"之类;(2)数量短语作谓语时,某些副词有时可作状语,如"屋里仅三个人"中的"仅"之类;(3)语义上蕴含着某种性状的名词,程度副词可作它的状语,如"很青春""很阿Q"中的"很"之类;(4)某些习用的固定格式中,否定副词可作状语,如"他打扮得不男不女""他画得人不人鬼不鬼"中的"不"之类。

(二)定语和状语的区别

在有严格意义的形态变化的某些语言里,定语和状语界限很分明:限饰名词性词语的是定语,限饰谓词性词语的是状语。由于汉语中定语有时可限饰动词性词语、状语有时可限饰名词性词语,这就给定语和状语的区别带来了一些麻烦。汉语中区别定语和状语,不是看它们的中心语的词语性质,而是看该限饰成分和被限饰成分组成的偏正短语的句法功能,即看该偏正短语的句法属性:如果该偏正短语是名词性的,则其中的限饰成分是定语,例如"新的衣服""他的微笑"等偏正短语中的限饰成分就是定语;如果该偏正短语是谓词性的,则其中的限饰语是状语,例如"努力学习""很性感"等偏正短语中的限饰成分就是状语。有一些双音节形容词作双音节动词的修饰成分时,在句外是两可的,单独一个短语不易辨别,就要放到更大的具体句子的句法结构里来确定。试看下列两个句子:

① 他们展开了一场激烈的辩论。
② 他们正在激烈的辩论着。

①中的"激烈的辩论"处在宾语的位置上,而且前面有数量短语,可把它看作定心短语,"激烈的"为定语("激烈的"在书面上不可写成"激烈地");②中的"激烈的辩论"处在谓语的位置上,而且受副词修饰,可把它看作状心短语,"激烈的"为状语("激烈的"在书面上可写成"激烈地")。

(三) 定语

1. 定语的意义

定语的意义主要是用来限饰(限定或修饰)名物性的中心语。具体可分为两种:一种是表示"限定"的意义(说明名物的区别、数量、指点、领有者、时间、处所、环境、范围、方面、用途、质料、来源等),如"大型拖拉机""三条鱼""这件衣服""狐狸的尾巴""昨天来的客人"之类;另一种是表示"修饰"的意义(描写名物的性质、状态等),如"新鲜空气""伟大的祖国""绿油油的麦田""潺潺的溪水""轰隆隆的声音"之类。表示限定意义的定语通常由数词、指词、区别词、名词、代名词以及某些能起限定意义的短语担任,①表示"修饰"意义的定语通常由形容词、形容词性短语、拟声词担任。

2. 定心短语的定语和定心句的定语的同异

汉语中定心短语的定语跟定心句的定语既有相同点也有相异点。相同点是:在意义上,定语都是含有"限饰"意义的句法成分;在形式上,定语一般都在中心语之前。相异点是:静态定心短语的语序是固定的,定语只能置于中心语之前;定心句定语大都置于中心语之前,但由于语用表达的需要,有时可以移到中心语之后,即造成定语后置的现象,如"今天他买了三斤鱼",由于语用原因,"三斤鱼"可以说成"鱼三斤"(如"他今天买了肉一斤、鱼三斤");又如,"我要买五斤苹果",必要时也可说成"我要买苹果,五斤"。

---

① 某些名词作定语,有时表示限定意义,有时表示修饰意义,如"孩子"作定语,在"孩子的脾气"里表示限定意义,在"他有点儿孩子脾气"里表修饰意义("孩子脾气"意思是"孩子样的脾气");又如名词"钢铁"作定语,在"钢铁的硬度"里表示限定意义,在"钢铁的意志"里表示修饰意义。

（四）状语

1. 状语的意义

状语的意义主要是用来限饰（限定或修饰）谓语中心语所表示的动作、行为、关系等。具体可分为两种：一种是表示"限定"的意义（说明谓语中心语所表示的动作、行为、关系等的时间、处所、范围、方式、凭借、否定等），如"昨天来""晚上见""小组讨论""联袂出席""从宽处理""依法办事""用刀切肉""不去""没走"之类；另一种是表示"修饰"的意义（描写谓语中心语所表示的动作、行为、关系、性质、状态的情景、状态、程度等），如"陆续来到""大肆吹嘘""轻轻说""快速前进""突然发现""很勇敢""非常聪明"之类。表示限定意义的状语通常由时间名词、处所名词、介词短语以及某些能起限定意义的其他词语（如"电话联系"）担任，表示"修饰"意义的状语通常由情状副词、程度副词、形容词或形容词性短语担任。

2. 状心短语的状语和状心句的状语的同异

汉语中状心短语的状语跟状心句的状语既有相同点也有相异点。相同点是：在意义上，状语都是限饰成分；在形式上，状语一般都在中心语之前。相异点是：状心短语的语序是固定的，状语只能置于中心语之前；状心句状语大都置于中心语之前，但由于语用表达的需要，有时可以移到中心语之后而造成状语后置的现象，或提到句子主语的前面而造成"状踞句首"的现象；前者如"他走了，<u>静静的静静的</u>""我找到她了，<u>在一个僻静的角落里</u>"，后者如"<u>忽然</u>他来了""<u>上午</u>他走了"。

五、并列语、顺递语、重叠语、复指语

以往一些语法论著，只是把主谓结构、谓宾结构、谓补结构、定心结构、状心结构等句法结构里的主语、谓语、宾语、定语、状语、补语分析为句法成分，而对"联合结构"这样的句法结构里的句法成分避而不谈。联合型的句法结构是客观存在的，本文认为在分析句法成分时，也应该分析组成联合结构的句法成分。

句法结构中的句法成分

由联合关系构成的句法结构称作联合结构。这种结构内部词语的句法功能相同,整体和内部成分的功能相同。联合结构有四种:并列结构、顺递结构(有的语法书称为"连谓结构"或"连动结构")、重叠结构、复指结构(有的语法书称为"同位结构")。构成联合结构的句法成分相应地也有四种,即并列语、顺递语、重叠语、复指语。下面分别加以说明。

(一) 并列语

并列语是构成并列结构的句法成分,并列式的句法结构是由两个或两个以上的并列语构成的。由并列语构成的短语称作并列短语,并列短语的句法结构就是并列结构。例如:

① 笔墨纸砚/哥哥和弟弟/苹果梨子橘子
② 描写解释/学习并研究/唱歌跳舞打球
③ 谦虚谨慎/勤劳而勇敢/胆大心细/多快好省

并列结构里的并列语可以是两个,也可以是两个以上,所以有"并列语1+并列语2"和"并列语1+并列语2+并列语n…"等各种并列结构。汉语里并列语构成并列结构时常常借助虚词(例如"和、并、而"之类)来表示成分之间的并列关系。并列结构形成的短语的句法功能性质不完全一样,主要有三类:一是名词性的,如例①组的并列短语;一是动词性的,如例②组的并列短语;一是形容词性的,如例③组的并列短语。由于并列短语的句法功能不一样,充当并列语的词语相应地也不一样:名词性并列短语中的并列语由名词性词语充当,动词性并列短语中的并列语由动词性词语充当,形容词性并列短语中的并列语由形容词性词语充当。

汉语并列语的语序有一定的规则,静态短语里并列语之间的语序规则是:如果并列语在意义上是对等的或并行的,一般可变动并列语的语序,例如:

① 桌子和椅子⟷椅子和桌子
② 中国和美国⟷美国和中国。

但有些不能随意变动,主要有两种情形:

(1) 并列语的语序已经形成习惯的。例如:

① 油盐酱醋→*盐油酱醋→*酱盐油醋→*醋酱油盐→*酱油盐醋
② 多快好省→*快多省好→*好多省快→*好多省快→*省快好多

（2）并列语的语序反映了逻辑顺序（包括先后、主次等）的。例如：

① 春夏秋冬→*冬夏春秋→*秋春冬夏→*冬秋夏春→*夏冬秋春
② 恢复和发展→*发展和恢复

动态句里并列语之间的语序规则是：如果并列语在意义上是对等的或并行的，并且在话语中并不强调逻辑顺序（包括先后、主次等）的，就可变动语序；反之，则不可变动语序。比较下面两句：

① 李老师和他的学生都来了。→*他的学生和李老师都来了。

（不可变动语序）

② 老师和学生都来了。→学生和老师都来了。　　（可变动语序）

并列语一般作短语的句法成分；但在非主谓句里也可作句子的句法成分，例如：

① 狂风暴雨。　　（名词性词语充当非主谓句的句法成分）
② 刮风下雨了！　（谓词性词语充当非主谓句的句法成分）
③ 春去夏来。　　（主谓短语充当非主谓句的句法成分）

（二）顺递语

顺递语是构成顺递结构的句法成分，顺递式的句法结构是由两个或两个以上的顺递语构成的。由顺递语构成的短语称作顺递短语。顺递短语的句法结构就是顺递结构。例如：

① 上街买菜/开门出去叫人/骑马上山打猎
② 下车绕到车后帮助推车/坐出租车上市区采购东西

顺递结构里的顺递语可以是两个，也可以是两个以上，所以有"顺递语1+顺递语2"和"顺递语1+顺递语2+顺递语n……"等各种顺递结构。

顺递短语的句法功能相当于谓词，所以是谓词性短语；顺递结构中的顺递语相应地也由谓词性词语（主要是动词性词语）充当。顺递语之间的语序一般不能随意变动。

顺递语一般作短语的句法成分；但在非主谓句里也可作句子的句法成

分,例如:

① 排队买票!(由两个顺递语组成的非主谓句)
② 摇船进港去!(由三个顺递语组成的非主谓句)

(三) 重叠语

重叠语是构成重叠结构的句法成分,重叠式的句法结构是由两个或两个以上的重叠语构成的。由重叠语构成的短语称作重叠短语。重叠短语的句法结构就是重叠结构。例如:

① 好歌好歌/人啊人/一个字一个字/一个村庄又一个村庄
② 飘啊飘/跑着跑着/坐坐坐/飞啊飞啊飞啊
③ 很远很远/极普通极普通/圆又圆/轻轻地轻轻地轻轻地
④ 永远永远地/非常非常/不不不/一次又一次
⑤ 呜呜呜/叮当叮当叮当/喀嚓喀嚓喀嚓喀嚓
⑥ 我走我走/你看你看/工作忙工作忙/你坐你坐你坐

重叠结构里的重叠语可以是两个,也可以是两个以上,所以有"重叠语1+重叠语2"和"重叠语1+重叠语2+重叠语n……"等各种重叠结构。

重叠语的特点是:一个重叠短语中,充当重叠语的词语是同一的;重叠语之间有时可插加或附加"又""啊"之类副词或语气词。重叠结构的句法功能性质不完全一样,主要有六类(由于重叠语的句法功能不一样,充当重叠语的词语相应地也不一样):

(1) 名词性的,如例①组的重叠结构里的重叠语,这类重叠语由名词性词语充当;

(2) 动词性的,如例②组的重叠短语,这类重叠语由动词性词语充当;

(3) 形容词性的,如例③组的重叠短语,这类重叠语由形容词性词语充当;

(4) 副词性的,如例④组的重叠短语,这类重叠语由副词性词语充当;

(5) 拟声词性的,如例⑤组的重叠短语,这类重叠语由拟声词充当;

(6) 主谓短语性的,如例⑥组的重叠短语,这类重叠语由主谓短语充当。

重叠语可作短语的句法成分;在非主谓句里也可作句子的句法成分,

例如：
① 你啊你！　　②请坐请坐！／多谢多谢！
③ 很好很好很好。　　④我走我走。

（四）复指语

复指语是构成复指结构的句法成分,复指式的句法结构是由两个或两个以上的复指语构成的。由复指语构成的短语称作复指短语。例如：

① 张三他这个人／五婶、张木匠、小飞娥三个人／商品这个东西
② 他们三个人／你们这一代人／我们大家
③ 学习这件事／"慎重"这两个字／挖荠菜这一桩事情

复指结构里的直接成分复指语大多是两个,也可以是三个。复指短语的句法功能相当于名词,所以是名词性短语。复指结构中的复指语一般由名词性词语充当,也有少数由谓词性词语充当,如例③组中的"学习""慎重""挖荠菜"便是,但作复指语的谓词有名物化或事物化的倾向。

复指语的语序一般不能随意变动,如"他们三个人""蜜蜂这东西"不能说成"三个人他们""东西这蜜蜂";但有些复指语在动态句子里根据语用表达的需要可以变动语序,例如"老王他说话是算数的"可以变换为"他老王说话算数",差异是由强调"老王"转移到强调"他"上。复指语一般作短语成分直接组成短语;但也可在非主谓句里作句子的句法成分(比较少),如"父亲大人""老汪师傅！""我们这一代人哪！"之类。

语义结构中的"主事"

○、引　　言

语法研究中必须注意区分三个平面,即句法平面、语义平面和语用平面。过去汉语语法研究中比较重视句法平面的研究。语义和语用平面的研究这几年开始重视起来了,这是语法研究的新进展。在语义平面,一个重要的课题,就是研究句子的语义结构。

在语义结构中,动词(本文所说的动词指广义动词,即谓词,包括传统所说的动词和形容词)是最为重要的。吕叔湘(1987)说:"动词是句子的中心、核心、重心,别的成分都跟它挂钩,被它吸住。"这在语义平面可以看得很清楚。动词和它所联系着的动元(强制性的语义成分)所构成的动核结构,在深层是最基本的语义结构,它是构成表层句子的基础。从这个意义上说,句子的生成受制于动词。

光有动词还不能构成动核结构。一定的动词在构成动核结构时,必须联系着一定数量和一定性质的动元。动元在深层的动核结构中主要有主事、客事和与事。在这些强制性的语义成分中,主事是最为重要的。把主事研究清楚,有助于更好地理解句子的各种语义成分,有助于深化动词的研究,有助于认为句子的构成和确定句子的类型。目前人们对主事的研究很不够。本文试图比较全面地论述现代汉语句子语义结构中的主事。

一、主事释义

(一) 主事是动核所联系的主体

一个广义动核结构(谓核结构)的动核所联系的动元里最重要的是主事

动元。主事是动词所表示的动核(有动作、行为、活动、变化、性质、状态等)的主体。语义成分都有一定的形式,汉语语法里主事的主要形式特征是:

(1) 如果动谓句里谓语动词只联系着一个动元,那唯一的动元不管它在表层句子里作什么成分,都是主事。例如:"天亮了""小王起来了""他的腿很酸"等句子里,"天、小王、腿"便是主事。

(2) 如果一个动谓句里谓语动词联系着两个或两个以上的动元,构成主动态的"主动宾"或"主状动"句时,作主语的动元都是主事。例如"小花猫抓住了大老鼠""林杰写了一篇文章""我们把路修好了""服务员热诚地为顾客服务"等句子里,"小花猫""林杰""我们""服务员"便是主事。

(3) 能够跟"被""叫""让""由""归""使"等介词组成介词短语的,通常也是主事。例如"道静被郑瑾推醒了""羊叫狼吃掉了""这个项目由李工主持""村里事都归村长办""他使我钦佩"等句子里,"郑瑾""狼""李工""村长""我"便是主事。

(二) 主事是动核结构里动词所联系着的不可缺少的语义成分

动词有"价"的分类(参看范晓 1991a),汉语动词有一价动词、二价动词、三价动词之别。不同价的动词在组成动核结构时联系着不同数量的动元,在组成句子时,动元在句子里作一定的句法成分。例如:

① 张三走了。　　　　　　("走"是一价动词)
② 张三批评了李四。　　　　("批评"是二价动词)
③ 张三给李四一件礼物。　　("给"是三价动词)

这三句中主语"张三"都是主事。例①只有主事;例②除有主事外,还有客事(李四);例③除主事外,还有客事(礼物)和与事(李四)。可见,一个动词组成动核结构或组成最基本的主谓结构时,可以没有客事或与事,但不能没有主事。

(三) 主事在表层一般由名词性词语显示

主事在表层或显层一般由一定的名词性词语显示;但孤立的名词性词语不能确定它的语义角色,因为客事、与事一般也由名词性词语显示。一个名词性词语与动词之间的语义关系只能在句法结构里才能体现出来。比如"张三"这个名词,离开了句法结构很难说它是主事还是其他什么,但在句法结构里就能确定它在语义成分里的语义角色。比较:

① 张三批评了李四。　　② 李四批评了张三。
③ 李四给张三一件礼物。　④ 李四欠张三 100 元钱。

"张三"这个名词出现在以上句子里语义角色是不一样的:例①中"张三"是主事,例②中"张三"是客事,例③中"张三"是与事,例④中"张三"也是与事。可见,主事不是由哪个名词性词语决定的,而是由名词和动词组配后在句法结构中的地位决定的。

主事一般由名词性词语显示,但有时也有非名词性词语显示的情形。非名词性词语若出现在主语位置上,语义上就是非名词名物化了。这时非名词性词语也就成了主事。例如"读书是学习,使用也是学习""聪明反被聪明误"中的"读书""使用"和"被"后的"聪明"都是主事,却是由非名词性词语显示的。

(四) 主事和主语的关系

主事通常出现在主语位置上,特别是在典型的叙述性的动谓句里,主事和主语往往重合,即作主语的词语显示主事。例如:

① 他关上了门。　　② 武松打死了老虎。
③ 主席团坐在台上。　④ 老人在河边钓鱼。

上面句子里的"他""武松""主席团""老人"既是主语,也是主事。但也有些句子里的主语和主事并不对应,即主语不一定是主事。例如:

① 大门被关上了。　　② 老虎被武松打死了。
③ 这匹马骑了两个人。　④ 会议由王老师主持。

上面句子里的"门""老虎""这匹马""会议"是主语,但却不是主事,所以主事不等于主语。主语属于句法平面,主事属于语义平面,二者应当有区别。

(五) 主事和主题的关系

主事通常出现在主题位置上,主事和主题也往往重合,即作主题的词语显示主事。例如，"这场雨下得很大""人是要有一点精神的""他嘛，从来没有到过这个地方""小张很聪明"等句子里，"雨""人""他""小张"既是主题，也是主事。但在有些句子里，主题和主事也不对应，即主题不一定是主事。例如"苹果我很爱吃""秋菊本来胆子就小""婚姻的事我自己作主""田间管理他很有经验"等句子里，"苹果""秋菊""婚姻的事""田间管理"是主题，但却不是主事。所以主事也不等于主题。主事属于语义平面，主题属于语用平面，二者也应当有区别。

二、主事的类别

主事是语义平面重要的语法范畴，它可以有下位的分类。研究主事的下位分类，可以更好地理解语法结构的语义机制。主事与动词发生着紧密的联系，一定的主事体现着一定动词所表示的动作、行为、活动、变化、性质、状态等的主体，因此，动词的不同类别，决定了主事的类别。汉语动词主要可分为动作动词、性状动词、关系动词三大类，主事也就相应地可分为三大类：施事、系事和起事。

（一）施事

施事是指动作行为的发出者或活动着的主体事物。动作行为的发出者如"奇虹在笑""猫在叫""狗咬人"中的"奇虹""猫""狗"便是。活动着的主体如"火车奔驰""乱云翻腾"中的"奔驰""翻腾"便是。施事是动作动词组成动核结构时所联系着的不可缺少的动元，所以它总是和动作动词紧紧地联系在一起的。从这个意义上说，"动作动词规定施事"（邓守信1983）。这样，知道了动作动词，也就比较容易判定施事。动作动词的语义特征是表示人或事物的动作、行为或活动。汉语动作动词的形式特征主要有：(1)一般可与表"进行"的时间副词"在"或"正在"相结合，(2)跟表人施事搭配时可用于祈使结构，(3)一般可用表方式、工具或情状的词语进行修饰，(4)一般可与表趋向的"来"或"去"配合着使用，(5)有些还可重叠表短时态或尝试态。施事既然跟动作相联系，施事的出现也必然与动作动词的语法分布相呼应。例如：

① 蜜蜂在酿蜜,又是在酿造生活。 ② 你别说了。
③ 他一口喝干了一杯酒。 ④ 我赶紧去挽他。
⑤ 她用洗衣机洗衣。 ⑥ 你们就尝尝吧。

上述五例对应地符合动作动词的一些特征。这些都是动作动词作谓语中心词所构成的典型的动谓句,句子主语与主事吻合,即例①的"蜜蜂"、例②的"你"、例③的"他"、例④的"我"、例⑤的"她"、例⑥的"你们"等在句法平面是主语,在语义平面则是施事。此外,现代汉语中某些介词常用来引出施事。例如：

① 她又被人救活了。 ② 蜈蚣叫耗子咬了。
③ 阿九让母亲带回扬州去了。 ④ 这些把戏总是由他发起。

上述例句中介词"被""叫""让""由"后的"人""耗子""母亲""他"都是施事。能够引出施事的介词可看作施事的标记,在判断施事时很有用。但汉语语法中的施事前边并非都得用上这个标记,这种形式特征没有普遍性和强制性。

(二) 系事

系事是指性状的系属者。人或物都具有一定的性质状态,当表人或表物的动元和表性质或状态的动词联系在一起时,就成为系事。例如"晓敏很诚实""麦苗绿油油的""我累得很"中的"晓敏""麦苗""我"就是系事。系事是性状动词组成动核结构时所联系着的不可缺少的动元,所以它一般跟性状动词联系在一起,从这个意义上说,性状动词的语义特征是:表示人或物的性质或状态。汉语性状动词的形式特征是:(1) 一般能跟程度副词("很""非常""有点儿"等)结合,(2) 一般不能带宾语,(3) 有些可后附"着呢"表状态或后附"得很""极"等表程度。系事既然跟性状动词相联系,它的出现也必然跟性状动词的语法分布相呼应。例如：

① 曹先生很镇定。 ② 大家非常悲痛。
③ 这个人有点儿糊涂。 ④ 我身子骨儿壮着呢。
⑤ 我窘极了。 ⑥ 她固执得很。

这些句子中主语和主事吻合,"曹先生""大家""这个人""身子骨儿""我""她"在句法平面是主语,在语义平面是系事。

(三) 起事

起事,是指关系双方中的起方。起事是和关系动词紧密地联系着的。关系动词不可缺少的动元是起事和止事。起事是关系的起方,是说明或解说某种关系的对象。起事的特点是:总是在谓语动词之前作主语。例如:

① 曹雪芹是《红楼梦》的作者。　② 她是一个漂亮和美丽的人。
③ 她姓陈,名叫二妹。　　　　　④ 启明星像一盏挂在高空的明灯。
⑤ 鲸鱼属于哺乳类动物。　　　　⑥ 仙岩有三个瀑布。

这些句子中的"是""姓""名""叫""像""属于""有"等都是关系动词。关系动词联系着关系的两方,在表层的句子里,起方(起事)总是在前,止方(止事)总是在后。所以上边这些句子中的主语和起事吻合,"曹雪芹""她""启明星""仙岩"在句法平面是主语,在语义平面就是主事。起事和止事在句子里的位置不能对调。如果对调了位置,或是句子不通,比如"她是北京人",说成"北京人是她",便不行;或是句子虽通,但句子的基本意思变了,比如"学校像个工厂"和"工厂像个学校"句意就不一样;或是句意基本不变,但主语和起事变了,说明或解释的对象也变了,也就是语用平面主题变了,比如"曹雪芹是《红楼梦》的作者",可以说"《红楼梦》的作者是曹雪芹"。

三、主事在句法结构里的位置

(一) 主事在句首

主事在句子的句首,可称为"句首主事句"。这种句子通常分析为主事作主语。一个深层的动核结构在表层转化为最小最基本的主谓结构时,这主谓结构的主语便是主事。例如"客人来""我读书"这两个主谓结构中,"客人"和"我"是主语,也是主事。主事主语构成的主谓句,即主事主语句,它是现代汉语主谓句最常见最典型的句子。这种句子按其主语的主事类型可分为三类:施事主语句、系事主语句、起事主语句。

1. 施事主语句

施事主语句指施事作主语构成的主谓句。这种句子里的谓语动词是动作动词,谓语一般是用来叙述施事发出的动作行为(或某种活动)的过程的。施事主语句一般是叙事句(也称叙述句);但有时也可能是描记句(也称描写句),例如"他呆呆地站着呢""新娘穿着一身新衣服,真漂亮"之类便是。施事主语句的结构类型主要有:

(1)"施事+动词"句。句中的动词是一价动作动词,例如"大家都笑了""母亲和宏儿都睡着了"之类句子便是。

(2)"施事+动词+客事"句。句中的动词是二价动作动词,例如"张三批评了李四""我们开了一个很好的会议"之类句子便是。

(3)"施事+介词短语+动词"句。句中的动词是二价动作动词,例如"张三把李四批评了""我们向他看齐"之类句子便是。介词短语由"介词+客事"或"介词+与事"构成。

(4)"施事+动词+与事+客事"句。例如"我给他礼物""他送我一本书"之类句子便是。谓语动词是三价动作动词。

(5)"施事+介词短语+动词+客事(或与事)"句。句中的动词是三价动作动词,例如"我把礼物给了他""我跟他商量一件事"之类句子便是。介词短语由"介词+客事"或"介词+与事"构成。

2. 系事主语句

系事主语句,指系事作主语构成的主谓句。这种句子里的谓语动词是性状动词,谓语一般是用来描写系事的性质或状态的。系事主语句一般是描记句,但有时也可能是叙事句,例如"天黑下去了""我累了他""她的脸一下子红了起来"之类便是。系事主语句的结构类型主要有:

(1)"系事+动词"句。句中的动词是一价性状动词(即形容词),例如"小王真聪明""他很累""河水清清的"之类句子便是。

(2)"系事的领体+系事+动词"句。句中的动词是一价性状动词(即形容词),例如"吴天宝器量很大""父亲脾气不大好""这个县土地肥沃"之类句子便是。一般语法著作把这类句子称作"主谓谓语句"。实际上,系事的领体是句子的主题,系事才是形容词联系的主语。

3. 起事主语句

起事主语句指起事作主语构成的主谓句。这种句子里的动词是关系动词,谓语一般是用来诠释或说明起事和止事之间的关系(包括涵义、类属、同异、领有等)的。其结构类型是"起事+动词+止事",例如"鲁迅是浙江人""失败为成功之母""光荣属于人民""小张像她妈妈""我有两个妹妹"之类句子便是。这种句子中的动词都是二价关系动词。起事主语句一般是诠释句,但有时也可能是叙述句,例如"他曾经姓过赵",有时也可能是描记句,例如"他真有办法"。

(二) 主事在动词后

主事出现在动词之后,一般称为"主事后现"。主事后现构成的句子称为"主事后现句"。有的语法论著把动词后出现的主事分析为主语,有的分析为宾语,争议颇大。本文在这里不给以句法成分的名称,只作事实描写。主事后现句主要有以下几类。

1. "处所+动词+施事"句

这种句子句首一般是处所词语,例如:

① 台上坐着主席团。　② 空中飘浮着彩云。
③ 身后跟着一个士兵。　④ 院子里种着一棵桂花树。

这类句子的动词通常是一价动作动词,动词后常附着动态助词"着",构成"V着+主事",过去有的论著把后现的施事分析为主语,现在多数语法著作一般把后现的施事分析为宾语。这类句子一般语法著作称之为"存在句"。曾经有人认为这种句子是"倒装句",其实,这类句子里施事在后边是正常的。

2. "施事的领体+动词+施事"句

这种句子句首的名词跟动词后的名词(施事)具有领属关系,例如:

① 王冕死了父亲。　② 林英流着眼泪。
③ 老杨眨巴着眼皮。　④ 大嫂伤了一条腿。

这类句子的动词通常是一价动词;动词后一般附着动态助词"了"或"着";由于句首的词语和动词后的施事有领属关系,所以"王冕死了父亲"可以变换成"王冕的父亲死了"。过去有的论著把后现的施事分析为主语,现在多数语法著作一般把后现的施事分析为宾语。

3. "受事(物)+动词+施事(人)"句

这种句子前后两个名词语义上具有"施受"关系,动词前的名词表受事,动词后的名词表施事,例如:

① 这锅饭吃了十个人。　　② 一匹马骑了两个人。

③ 这件衣服穿了三代人。　④ 这场电影看了两千人。

这类句子受事是物,施事是人;谓语动词一般是二价动作动词;受事和施事词语之前要有数量词语或指量词语,否则不能成立,不能说"饭吃人""马骑人"等。这类句子具有"供让"意义(即受事供(让)施事使用),如"这锅饭吃了十个人"就是"这锅饭供十个人吃了"的意思。如果动词前有"能""可"之类助动词,说某受事有可能供施事使用,如"这间屋子能住人"表示"这间屋子能供人住"。

4. "受事(人)+动词+施事(物)"句

这类句子受事是人,施事是物;谓语动词一般是二价动作动词。例如:

① 他们在田里淋着雨。　　② 那老人正在门口晒太阳。

③ 海边人终日吹着海风。　④ 他盖着厚厚的被子。

这类句子表示 N_1(人)接受或遭遇着某物所施加的行为活动。能在这类句子里出现的动词比较少,只有"晒""淋""吹""盖"等有限的几个。这类句子一般可变换成"被"字句,如"在海边种地的人终日吹着海风"→"在海边种地的人终日被海风吹着"。

5. "动词+施事"句

这类句子谓语动词一般是一价动作动词,动词前无其他名词性词语,例如:

① 下雨了!　　　　　　② 出太阳了!

③ 刮风啦!　　　　　　④ 来客人啦!

这类句子主要用于述说自然现象或直说某事件。如果在动词前出现处所或时间词语,则很像"处所+动词+施事"句或"时间+动词+施事"句,如说"家里来客人啦"。

(三) 主事在某些介词后

有时,主事虽在动词之前,但在动词前状语的"介词短语"里置于介词后,构成"受事+(介词+施事)+动词"句。例如:

① 那本书被他撕坏了。　　② 大树被台风吹倒了。
③ 衣服让雨淋湿了。　　　④ 这事由我来办。

这类句子大多是"被/让"字句,也有一些"由"字句。这类句子中的谓语动词一般是二价动作动词。介词后面的施事,一般分析为介词的宾语,所以"介词短语"通常也称"介宾短语"。

(四) 主事在定语位置上

主事在定语位置上作定语,主要有以下几种:

(1) "主事+的+动词"结构,如"他的迁""她的出走""老张的诚实""狐狸的狡猾"等便是。这类结构所形成的结构体是一种名词性短语,在句中作主语或宾语,例如:"我心里暗笑他的迁""她的出走引起了轰动""老张的诚实是众所周知的"等。

(2) "(主事+的+受事)+动词"句。如"他的文章写得很好""我的笔带来了""我的话说过了""凤姐的血一口一口吐个不住"之类便是。这类句子中谓语动词所联系着的主事都作了受事的定语,句子的主语就不是主事。

(3) "(施事+的+系事)+(动词$_1$+动词$_2$)"句。例如"我的眼泪早哭干了""小黄的鞋跑丢了""他的脸跌肿了"之类便是。这种句子中的施事与动词$_1$发生关系,动词$_1$是动作动词;系事与动词$_2$发生关系,动词$_2$是性状动词。而表示施事的词语作定语,主要用来限定表示系事的名物。

四、主事的省略、隐含和兼格

主事是深层动核结构里不可缺少的动元,一般地说,它在表层的句子里要体现为某种句法成分。但是,由于语用表达方面的经济原则,或者由于汉语造句中约定俗成的习惯,致使在动态的句子里主事有着省略、隐含和兼格的情形。

（一）主事的省略

谓语动词联系着的某个动元在表层所体现的某个句法成分如果可出现可不出现，而在具体句子里没有出现，叫作省略。句法成分的省略，说的是句法方面的（虽然省略的成分表示一定的语义）。具体地说，省略有两个基本条件：第一，如果一句话离开语境意思就不清楚，必须添补一定的词语意思才清楚；第二，经过添补的话是实际上可能有的，并且添上的词语只有一种可能（吕叔湘1979，第68页）。所谓主事的省略，实际上是指体现主事的句法成分的省略。主事省略主要有两种情形：一是主事主语省略，二是介词后的主事宾语省略。

1. 主事主语省略

这表现为主事主语句省略了主语，句子就由完全句变为省略句。句子的主语通常是言语交际中的旧信息，所以比较容易省略，也比较容易找回。主事主语省略的语境条件主要有以下几种情形（底下符号[ ]表省略的主事）：

（1）对话省略（包括自问自答）。例如：

① 鲁大海：那三个代表呢？周朴园：[ ]昨晚就回去了。

② 皓：他走了么？愫：[ ]走了。

③ 正确的观点是从哪儿来的呢？[ ]是从客观实际中来的。

（2）承前或蒙后省略。例如：

① 我叫阿毛，[ ]没有应。

② 雨后，院里来了一只麻雀，[ ]刚长全了羽毛。

③ [ ]也不看天上雁儿飞，[ ]也不听水鸭水鸡儿叫，大水心里只惦记着杨小梅。

上面①②属于承前省略，③属于蒙后省略。

（3）自记省略，常用于日记、游记等文体中，省略的通常是"我"（或"我们"）。例如：

① 上午[ ]收到三弟所寄书一包。

② [ ]在关帝庙喝了一碗茶，[ ]买了些有名的仙霞关的绿茶茶叶。

③ 第二天破晓起来,[ ]仍坐原轿绕灵岩的福善寺回永康。

2. 介词后的主事宾语省略

主事(主要是施事)常在介词"被"后作宾语。在有些"被"字句中,由于主事在主题链中已经出现过,为了说话的简洁,"被"后的施事宾语就省略了。例如:

① 我们的人在喊叫,在冲杀。……半个小时后,整个庄上的敌人全被[ ]肃清了。
② 那一棵棵枝叶茂盛的果树上,果实累累,树枝都被[ ]压弯了,有的树枝竟然被[ ]压断了。
③ 陆文婷愣了一下,马上又说:"张大爷,您别着急……马上给您做手术,行吧?"张老汉被[ ]说服了。

(二) 主事的隐含

谓语动词所联系的某个动元在句子里不能或无法以某种句法成分体现,因此该动元在表层不必或无法显示。这种不需表出而从缺的动元在语义平面是潜藏着的,所以叫做隐含。动元的隐含说的是语义方面的。主事的隐含是动元隐含中最重要的一种。主事的隐含和主事的省略有相同处:表现上都是主事在句中不出现。但又有不同处:省略主事是指主事在句中可出现可不出现而没有出现,因此省略了的主事可以补出;隐含主事是指主事在句中不能或无法出现,因此隐含的主事不可添补。主事的隐含主要有下列几种情形(底下[ ]表隐含的主事)。

(1) 主事泛指时常隐含。泛指的主事对任何人都适用,所以无法表出。例如:

① [ ]有病早除,[ ]无病早防。(谚语)
② [ ]明知山有虎,[ ]偏向虎山行。(谚语)
③ [ ]爱护花木!(标语)

(2) 习惯性的呼应用语句里主事常隐含。例如:

① [ ]立正!(队伍操练用语)
② [ ]劳驾!(客套用语)

语义结构中的"主事" 257

③[ ]谢谢!(客套用语)

(3)受事作主语的描记句中的主事必隐含。这种句子主语和主题重合。如果补出主事,就违反了这种描记句的规则,所以这种句子的动核联系的主事是隐含着的。例如:

① 那漆黑街门[ ]关得严严实实。

② 她的头发已经[ ]剪短了。

③ 大门[ ]开着呢!

(4)在顺递性的谓语中,后续动词所联系的主事通常隐含着。例如:

① 我们推开门[ ]进去。

② 他们在戏台下买豆浆[ ]喝。

③ 我给你一件东西[ ]看。

(5)在固定格式构成的句子里,后续动词所联系的主事通常隐含。例如:

① 母亲一知道[ ]就很着急。(固定格式是"一 A 就 B")

② 你再穷[ ]也别学你姑丈。(固定格式是"再 A 也 B")

③ 阿 Q 越想[ ]越气。(固定格式是"越 A 越 B")

(6)在动词性词语作宾语或补语时,有时也隐含着主事。如:

① 他要求[ ]参加。

② 老头子的眼亮得[ ]发着黑光。

③ 你的菜做得[ ]很好吃。

(三)主事的兼格

一个动词所联系着的主事动元兼作同一单句中另一动词所联系的客事动元,就构成主事的兼格(即"主客兼格")。这有以下几种情形。

(1)在所谓的"兼语句"里。例如:

① 陈老五劝[我]回屋子里去。

② 母亲派[亲信的老妈子]去。

③ 我们请[老农]讲话。

这种句子可记作"SV_1OV_2"。很多语法论著认为 O(即[ ]内的词语)既是

V_1 的宾语又是 V_2 的主语,所以称之为"兼语句"。其实从句法平面分析,O 只是 V_1 的宾语,V_2 是对 V_1O 作补充说明的句法成分,所以 O 在这种句子里不是主语。但在语义平面,O 既是 V_1 的受事(客事),又是 V_2 的施事(主事),可看作"受事和施事"兼格的兼格句。

(2) 在存在句带上后续成分的单句里。例如:

① 后边跟着几个[解差]大声吆喝着。

② 寂寞的街道上,还留着几个魁梧的[影子]在摇晃。

③ 门外有两个[乡下人]要进来。

这里的"解差""影子""乡下人"既是前边动词的客事(受事或止事等),又兼作后边动词的主事,所以在语义平面也可看作主事和客事的兼格。

(3) 在某些"得"字句里。例如:

① 他们打得[敌人]没有喘息的机会。

② 她们摇得[小船]飞快。

③ 大鲨鱼追得[黄花鱼]嗷嗷叫。

这里的"敌人""小船""黄花鱼"既是前面动词的客事(受事),又兼作后面动词的施事(主事),所以在语义上也可看作是主事和客事的兼格。

语义结构中的"与事"

〇、引　　言

"与事"是语义结构中的语义成分。由谓词充当的动核结构是动核结构的核心(参看范晓2011a)。动核组成动核结构时,会涉及相关的语义成分,如主事、客事、与事、处所、时间等。主事、客事和与事是动核所联系的强制性语义成分,如"我送给他一本书""我们向英雄致敬""我们为人民服务""我对他开了一个玩笑""她已经跟小王结婚了"等句中打横线的词语都表示与事,是这种句子动核结构必不可少的,可见与事是语义结构中重要的成分之一。

语法学界对汉语的与事有过一些研究,如:吕叔湘(1942)说到的"关切补词""交与补词"跟本文所说的"与事"有关;朱德熙(1982)首先提出了"与事"这个术语,他指出,"跟""给""对""为""比"等介词能"引出与事";鲁川(1987;1989)提出"邻体"这个术语,指的是"包括谓词间接涉及的受益者、施益者、关涉者",这也跟"与事"有关。范晓(1991a;2003)论及与事,指出"与事是动核联系着的跟施事一块儿参与动作的参与体""是动作的传递、服务、指向的对象";贾彦德(1997)所说的"参与格"和"与格"也跟与事有关;陈昌来(1998)《论语义结构中的与事》一文专论"与事",他把跟主事或客事一块儿参与某动作行为的另一参与者称为"与事",并把与事分为"共事"和"当事"两类。上述各家对与事的含义、范围意见不一。本文拟对与事作进一步的、深入的探讨。

一、与事的含义、表现形式及确定与事的方法

（一）与事的含义

笔者认为：与事是语义平面动核结构中的语义成分，是动核结构中动核支配着的跟主事一块儿参与动作或状态的参与者（跟主事相关的对方），是某些动核联系着的动元。如果说主事是动核联系着的主体，客事是动核联系着的客体，那么与事可说是动核所联系的参与体（或称"领体"）。这个含义包含如下两层意思：

（1）与事不是句法平面的句法成分，而是语义平面的语义成分；

（2）与事不是任何动核联系的动元，而是某些动核（指某些二价或三价谓词所作的动核）联系着的动元。

（二）与事的表现形式

现代汉语与事的表现形式主要有：标志词、句法位置、表达与事的词语性质。

（1）标志词。介词是标记汉语与事的标志词。现代汉语中能标记或引出与事的介词主要有"给""对""向""为""替""跟""和""与""同""比"等。例如：

① 她送给老人一件礼物。　② 他还对我发脾气。
③ 我来向您请教。　　　　④ 我是为你着想啊。
⑤ 她替我操心。　　　　　⑥ 他在跟车夫吵闹。

（2）句法位置。与事属于语义平面，它出现于一定的句法位置才能显现。它的句法位置主要有两种：一种是出现在谓词前状语（置于介词后构成介宾短语作状语）位置上，例如：

① 咱要对读者负责嘛！　　② 她给他斟上一杯酒。
③ 他经常跟我抬杠。　　　④ 他经常对我发脾气。

另一种是出现在谓词后间接宾语的位置上，例如：

① 他送我一本新书。　　　② 我给了她五块钱。
③ 工人递给他一支香烟。　④ 蔡老师教我数学。

（三）表达与事的词语

表达与事的词语必须是具有名物性的，所以在句子里一般由名词性词语充当。这种名词性词语多数表人，但也有表物（包括具体物和抽象物）的。例如：

① 她对<u>我</u>发脾气。　　　　② 虎妞把一切都交给了<u>他</u>。
③ 太阳给<u>露珠</u>一点儿金光。　④ 她对<u>生活</u>失去信心了。

①②里与事表人，③④里与事表物。在具体语句里，也有"名词+的+谓词"短语（谓词为中心语）构成的定心短语和谓词性词语充当与事的情形，这时"名词+的+谓词"短语是名词性的定心短语，而谓词性词语实质上已经"名物化"了。例如：

① 范小姐对<u>鸿渐的道谢</u>很冷淡。　（"名词+的+谓词"短语表与事）
② 她对<u>谈恋爱</u>不发生兴趣。　　　（谓词性词语表与事）

（四）确定与事的方法

确定或判定与事，必须贯彻形式和意义相结合的原则，从形式出发去寻找意义，并力求形式和意义相互验证。现代汉语中，介词无疑是判断与事的重要标志词；但也不能只凭介词，还应看介词表示的意义，要对具体介词的具体用法进行具体分析。朱德熙（1982）《语法讲义》完全凭介词来确定与事，如在谈到介词"给"和"把"的区别时认为："'给'的作用是引出与事，'把'的作用是引出受事。"他举了几个实例：

① 我给他把电视机修好了。② 我给电视机修好了。③ 我给电视机弄坏了。

他认为在①里"他"是真正的与事，在②和③里"电视机"意义上是与事，但由于前边用介词"给"，就在形式上成了与事。这在理论上是矛盾的：与事和受事都是语义平面的概念，不能说"给"后的成分既是与事又是受事。之所以陷于自相矛盾，主要是把"给"引出与事看得太绝对。事实上"给"的作用或意义多种多样，上面②和③里"电视机"的"给"并不具有引出与事的作用，它可以用"把"替代（如"我把电视机修好了"）。既然能用"把"引出，表明②和③里的"电视机"和①里的"电视机"在语义平面应当看作受事。介词"给"是确定与事的标志之一,在很多情况下确是引出与事;但"给"引出的并不都是与事,有时还可引出施事(如"她给人骗了"之类)、受事(我给电视机修好了)、使事("水灾给他们的生活带来困难"之类)等(参看范晓1987)。

二、与事的类别

根据与事与主事的关系,与事可以进行再分类。笔者曾经把与事分为"当事"和"共事"两类。本文加以细化,分为当事、向事、对事、替事、共事、比事六个小类。

(一) 当事

当事与主事(主要是主事里的施事)之间有一种交接(传交或接收)关系,即当事是主事发生动作的交接对象(参与者),主事发出的动作把受事转移给当事。由于主事发出动作能致使当事受益或受损,所以当事可分为"受益当事"和"受损当事"两类。

1. 受益当事

受益当事是主事发出动作的受益对象,即主事和受益当事有施益和受益的关系(受事从主事转移给当事,当事得到主事给予的受事)。受益当事的形式特征是:

(1) 介词"给"是标志词,用于动词后可引出受益当事,例如:

① 咱们已送给她许多东西。② 我借给她十块钱。③ 马威把茶叶递给父亲。

(2) 当事能置于"给""V 给"(或"V 给"构成的动介式结合体)后间接宾语位置上,例如:

① 她给了我一件新衣服。② 他赠给我一块手表。③ 他写给我一封信。由于动词"给""V 给"以及"V 给"构成的动介式结合体本身具有"给予"义,就必有给予的对象(受益当事)和给予的事物(受事)。前者由间接宾语表

示,后者由直接宾语表示。

(3) 受益当事的句法位置较多地出现在动词后宾语的位置上,而一般较少出现在动词前状语的位置上。其主要原因是:如果置于动词前以介宾短语的形式作状语,有的会变成另外类型的与事,如"我给他付了小费"中的"他",属于与事中的"替事"(相当于"我替他付了小费"),就容易产生异义;有的会产生歧义,如"我给他打了个电话"中的"他",既可理解为受益当事(打给他了一个电话),也可理解为"替事"(替她打了一个电话)。

2. 受损当事

受损当事是主事发出动作的索取对象,即主事和受损当事有索取和被索取的关系(受事从当事转移给主事,属于当事的事物为主事所取得)。受损当事的形式特征是:

(1) 介词"向"可作为标志词,用"向"能引出某些受损当事,例如:

① 他向刘四爷要回钱。② 我要当面向他求教。③ 我向你借本书。

(2) 受损当事的句法位置有两种:一是在动词后间接宾语位置上,如"她借了桂秋几块钱"之类;二是在动词前状语位置上,如"她向桂秋借了几块钱"之类。受损当事采取何种句法位置,取决于它受动性的强弱:受动性越强,作间接宾语的可能性越大;受动性越弱,就越可能在动词前作状语(参看张国宪 2001)。

(二) 向事

向事是主事发出动作的朝向对象。向事的形式特征是:

(1) 介词"向"可作为标志词,用"向"能引出向事,例如:

① 我们向他看齐。② 他向我道歉。③ 我们向英雄致敬。

介词"向"可引出向事,有时也可引出当事、处所。确定"向"后面的语义成分是什么,主要看该成分联系的后面的动词性质:如果是交接动词,则是当事;如果是针对动词,则是向事;如果是位移动词,则是处所。比较:

① 他向我借钱。("借"是交接动词,"向"后的"我"是当事)

② 他向我求救。("求救"是针对动词,"向"后的"我"是向事)

③ 他向桥上挪了两步。("挪"是位移动词,"向"后的"桥上"是处所)

（2）向事常置于谓词前状语位置上，一般不能置于谓词后宾语位置上，如可以说"向他看齐""向你道歉"，但不能说"看齐他""道歉你"。

（三）对事

对事是主事发出动作的针对或对待的对象。对事的形式特征是：

（1）介词"对"可作为标志词，用"对"能引出对事，例如：

① 咱们可要对读者负责啊！② 他对我非常友好。③ 她常对我发脾气。

介词"对"可引出对事，有时也可引出受事。确定"对"后语义成分是什么，要看"对"后成分能否置于谓词后作宾语：不能作宾语的是对事；能作宾语的，一般是受事。比较：

① 她在对菩萨叩头。（不能说成"她在叩头菩萨"，"对"引出的是对事）

② 我对这个问题研究过。（能说"我研究过这个问题"，"对"引出的是受事）

"对"和"向"有时可以互换。比较：

③ a. 他向我道歉。→他对我道歉。b. 他对我鞠躬。→他向我鞠躬。

表面上看，用"向"或"对"意思上差不多。但仔细琢磨，也还是有细微差别的：用"向"偏重于朝向；用"对"偏重于针对或对待。所以③a"向"后的成分可看作向事，③b"对"后的成分可看作对事。

（2）对事只能处于谓词前状语位置上，一般不能置于谓词后宾语位置上，如"我们要对读者负责"不能说成"我们要负责读者"。

（四）替事

替事是主事发出动作的服务（或帮助）的对象。替事的形式特征是：

（1）介词"替""为""给"可作为标志词，用它们能引出替事，例如：

① 咱们要替他着想。② 我们要为人民服务。③ 他们给我辩护。

介词"给"具有多义性，它带宾语时能引出与事、施事、受事、使事等，在引出的与事中，有当事、向事、对事、替事等。确定介词"给"后面的语义成分是什么，主要可用替代法或变换法。比较：

语义结构中的"与事"　　　　　　　　　　　　　　　　　　　　265

① 我给他写了封信。　　（可变换成"我写了封信给他","给"后是当事）
② 你代替我给他道歉。　（"给"可用"向"替代,"给"后是向事）
③ 她给我说了几句悄悄话。（"给"可用"对"替代,"给"后是对事）
④ 老石会给你报仇。　　（"给"可用"替"替代,"给"后是替事）
⑤ 大娘给这个消息愣住了。（"给"可用"被"替代,"给"后是施事）
⑥ 我给电视机修好了。　（"给"可用"把"替代,"给"后是受事）
⑦ 人造卫星给航天带来可能。（"给"可用"使"替代,"给"后是使事）

（2）替事只能置于谓词前状语位置上,一般不能置于谓词后宾语位置上,如"他们替我办事"不能说成"他们办事我"。

（五）共事

共事是主事发出动作的协同对象。共事的形式特征是：

（1）介词"和""跟""与""同"（口语一般用"和"或"跟",书面语常用"与",其中公文、法律等文件常用"同"）可作为标志词,用它们能引出共事,例如：

① 他在和父亲拌嘴。② 鸿渐想跟唐小姐攀谈。③ 我们应当与腐败现象作斗争。

介词"跟"可引出共事,也可引出向事、对事,确定"跟"后的语义成分可用替代法。比较：

① 她要跟我离婚。　（"跟"可用"和"替代,"跟"后是共事）
② 咱不能跟他学。　（"跟"可用"向"替代,"跟"后是向事）
③ 我现在不跟你说。（"跟"可用"对"替代,"跟"后是对事）

（2）共事只能置于谓词前状语位置上,而不能置于谓词后宾语位置上,如"他和父亲拌嘴"不能说成"他拌嘴父亲"。

（六）比事

比事是跟主事做比较的对象。用它们能引出比事,比事的形式特征是：

（1）介词"比"可作为标志词,用它能引出比事,例如：

① 苏文纨比去年更时髦了。② 他比我开销大。③ 我比他跑得快。

(2) 比事通常置于谓词前状语位置上,一般不能置于谓词后宾语位置上,如"苏文绔比去年更时髦了"不能说成"苏文绔更时髦去年了"。但某些性质形容词联系的比事,在口语里有时可以置于谓词后的间接宾语的位置上,比较:

① 我比他高一个头。　　　　（比事在谓词前状语的位置上）
② 我高她一个头。　　　　　（比事在谓词后间接宾语的位置上）

三、跟与事相联系的谓词性词语

（一）当事所联系的谓词性词语

当事所联系的谓词主要是交接动词,包括"交"类动词、"接"类动词以及"交""接"兼类词(参看范晓 1986)。

1. 交类动词

交类动词都表示"给予"义,即施事把受事"给予"受益当事。受益当事主要联系交类动词,如"给""交""送""还""奖""奖励""赏""赏赐""寄""递""付""卖""嫁""赠给""赐给""献给"等。交类动词最典型的是"给"和"V 给"("献给"之类)。无构词语素"给"的交类动词后面常可以加"给",例如:

① 我送(给)他一件礼物。② 单位补贴(给)她差旅费。③ 我支付(给)你零用钱。

表示知识、信息的传递动词(如"教""告诉""告知""回答""答复""转达""传授"等)和表示称谓的称谓动词(如"称""叫""称呼""戏称""昵称""尊称"等)以及某些动宾式离合词(如"判罪""判刑""告状""上当""罚款"等)都蕴含"给予"义,也可以归入交类动词。某些非交类动词(如"放""泼""吐""洒""喷"等)在一定条件下可以有"给予"的用法。上述动词蕴含"给予"义或有"给予"的用法,是具体物的"给予"义通过隐喻或转喻的方式引申过来的(参看张伯江 1999)。例如:

① 母亲教我生产知识。② 她转告我这个消息。③ 人们称他"及时雨"。

④法院判了他三年徒刑。⑤她吐了他一口痰。⑥他泼了我一桶水。
这种"给予"义或"给予"用法的引申轨迹如下：

① 母亲教我生产知识。→母亲给我生产知识。（施事通过"教"把受事给予当事）

② 人们称他"及时雨"。→人们给他"及时雨"称呼。（施事通过"称"把受事给予当事）

③ 法院判他三年徒刑。→法院给他三年徒刑。（施事通过"判"把受事给予当事）

④ 她吐了他一口痰。→她给了他一口痰。（施事通过"吐"把受事给予当事）

"非交类动词+'给'"构成的"V给"动介式结合体（如"写给""踢给""烧给"等）在用法上相当于交类动词，它们组成句子时后面也可引出与事，例如：

① 我写给她一封信。② 我踢给他一个球。③ 她烧给我一碗好吃的菜。

2. 接类动词

接类动词都表示"取得"义，即施事从受损当事哪儿"取得"受事。受损当事主要联系接类动词，如"收""受""接""接收""收取""索取""收受""取得""捞取""娶""讨""讨还""要""拿""偷""抢""骗""缴获""买""购"等，例如：

① 他接受我一件礼物。② 小偷偷了他一块手表。③ 摊贩骗取顾客十块钱。

表示知识、信息的传递动词（如"问""询问""请示""讨教""打听"等）蕴含"索取"义，也可以归入接类动词。某些非接类动词（如"吃""穿""领养"等）在一定条件下可以有"索取"的用法。上述动词蕴含"索取"义或有"索取"的用法，是具体物的"索取"义通过隐喻或转喻的方式引申过来的。例如：

① 我问她一个答案。② 她向我打听消息。③ 我吃了他一顿饭。

这种"索取"义或"索取"用法的引申轨迹如下：

① 我问她一个答案。→我从她处取得一个答案。（施事通过"问"从当事处取得受事）

② 她向我打听消息。→她从我处取得消息。(施事通过"打听"从当事处取得受事)

③ 我吃了他一顿饭。→我从他处取得一顿饭。(施事通过"吃"从当事处取得受事)

3. "交""接"兼类的动词

这类动词有时表"给予"义,有时表"取得"义,如"借""租""贷""赊""分"等。这类动词既有交类动词的用法,也有接类动词的用法,所以是"兼类"(兼"交"类和"接"类)的。比较:

① a. 我借给他100元钱。(交类用法)
　 b. 他向我借了100元钱。(接类用法)
② a. 他租给我一辆汽车。(交类用法)
　 b. 我向他租了一辆汽车。(接类用法)

(二) 向事所联系的谓词性词语

向事联系的谓词性词语主要是针对性动词和某些谓词性短语。

(1) 向事所联系的谓词,主要是针对动词。针对动词表示"针对"义,即施事针对向事(多指人)发出某种动作。向事主要联系针对动词,如"致敬""祝贺""道喜""问好""问候""鞠躬""叩头""行礼""赔礼""道歉""招手""低头""看齐""屈服""讨债""挑衅""示威""行贿""献花""求援""求救"等,例如:

① 我们要向他看齐。② 我向你们祝贺。③ 儿童在向演员们献花。

(2) 向事联系的谓词性短语,常是"表示/反映/发布/+名词"组成动宾短语,例如:

① 曹氏夫妇向他表示谢意。② 我向你反映情况。③ 我们应向公众发布消息。

(三) 对事所联系的谓词性词语

对事联系谓词性词语主要是表示针对性的针对动词、针对形容词以及某些谓词性短语。

（1）对事联系的动词主要是针对动词，有"鞠躬""叩头""行礼""招手""屈服""低头""起诉"等，例如：

① 他在对我招手。② 他对我鞠躬。③ 我们要对他起诉。

（2）对事联系的形容词主要是表示某种心态的针对形容词，如"友好""客气""粗暴""宽容""忠实""忠诚""虔诚""诚恳""冷淡""热情""认真""负责""熟悉""陌生""满意"等（用在句子里，形容词前常加有程度副词或否定副词），例如：

① 狗对主人非常忠诚。② 他们对我很客气。③ 她对人不热情。

（3）对事联系的谓词性短语，主要是动宾短语、形补短语以及某些固定短语。

动宾短语有的是由"有/无(没)+名词"构成的（其中的名词大多表示心情或态度，如"意见""偏见""看法""情谊""爱心""信心""兴趣""责任心""戒心""嗜好"等；有的是由"表示/发生/充满/作/进行+名词"构成的（如"表示歉意""充满希望"等）。例如：

① 我对他有意见。② 他们对社会有责任心。③ 他对这件事无兴趣。④ 他对我表示歉意。⑤ 我对前景充满信心。⑥ 我们对这个问题作了研究。

形补短语主要是"形+得很/极了"构成的，例如：

① 他对我热情得很。② 她对宗教虔诚极了。③ 我对这个村庄熟悉得很。

固定短语如"一视同仁""摇头摆尾""言听计从""百依百顺"等，例如：

① 我们对男女一视同仁。② 孙小姐对他言听计从。③ 她对我百依百顺。

（四）替事所联系的谓词性词语

替事所联系的谓词性词语主要是针对动词、某些形容词以及某些谓词性短语。

（1）替事所联系的动词，主要是不及物的针对动词，如"服务""着想""设想""尽力""送行""接风""报仇""伸冤""说清""辩护"等，例如：

① 我们替你着想。② 他们替我说情。③ 我们为祖国服务。

（2）替事所联系的形容词,主要是表示某种心态的形容词,如"高兴""忧愁""难过""不平"等,例如:

① 我们为你高兴。② 他们替祥子不平。③ 她替这老瘦猴难过。

（3）替事所联系的短语,主要是由"办/作/分担/谋+名词"组成的动宾短语。例如:

① 我们替孩子们办实事。② 咱们要多替国家分担困难。③ 老余在为咱大伙谋福利。

（五）共事所联系的谓词性短语

共事所联系的谓词性词语主要是互向动词、某些形容词以及某些谓词性短语。

（1）共事所联系的动词,主要是互向动词,如"合作""商量""会谈""辩论""争吵""作对""打架""吵架""结婚""离婚""打赌""握手""交换""见面""相识""分享""交涉"等,例如:

① 他常常和丈夫吵架。② 伊姑娘笑着和他握手。③ 我要跟你商量一件事。

（2）共事所联系的形容词,主要是互向形容词（如"恩爱""和睦""亲密""亲热""疏远""友爱"等）和表异同的形容词（如"相同""相通""相像""相当""不同""相反"等）,例如:

① 他和她很亲密。② 她已经跟丈夫疏远了。③ 我和你的想法完全相同。

（3）共事所联系的谓词性短语,主要是由"有/没+名词（感情、关系等）"组成的动宾短语,例如:

① 他跟我们很有感情。② 我们已经和你们没关系了。③ 小王和小李经常有联系。

（六）比事所联系的谓词性短语

比事所联系的谓词性词语主要是可比性的形容词、动词以及某些谓词性短语。

（1）比事所联系的形容词主要是表示性质可比性的形容词,如"大""小""高""低""长""短""快""慢""重""轻""热""冷""黑""白""聪明""愚蠢"等,例如：

① 我比你高。② 南京的天气比上海热。③ 太平洋比大西洋大。

（2）比事所联系的动词,主要是表示增减的动词（如"增加""减少""增产""减产""递增""锐减"等）,例如：

① 出口今年比去年增加了。② 水稻的产量比去年增产了。③ 棉花比去年减产了。

（3）比事所联系的谓词性短语,主要是由"动词+得+形容词"组成的动补短语以及"喜欢/爱/会+动词""有+名词"组成的动宾短语,例如：

① 他比我跳得高。② 小王比小李爱讲话。③ 他比我有办法。

四、余　　论

（一）不同的语言表示与事的形式不一定相同

与事是语义平面的重要的语义成分,各种语言的语义结构里都有与事,但与事的表现形式不一定完全一样。比如汉语中的动词"结婚"的与事必须置于动词前跟介词组成介宾短语作状语,即与事处于状语位置上；但英语中相当于"结婚"的 marry 的与事必须置于动词后作宾语,即与事处于宾语的位置上。比较：

① 她和他结婚了。　　　　（汉语中的与事"他"在动前状语位置上）
② She has been married to him.（英语中的与事"him"在动后宾语位置上）

（二）要注意谓词的历史演变对与事的影响

语言是发展的,某些与事的用法在使用中由于表达的需要会有变化。比如与事里的向事、对事、替事、共事常置于谓词前作状语,一般不能置于谓词后作宾语,如"向你道歉""对他叩头""替我办事""跟她结婚",不能说成"道歉你""叩头他""办事我""结婚她"；但是现在却可在某些演变中的谓词

(如"出口""致电""致信""祝贺""问候""忠诚""服务""友爱""会见""联络"等)后直接作宾语,如"向美国出口""为祖国服务""跟同学友爱"可说成"出口美国""服务祖国""友爱同学"。这种现象是值得注意的。与事一旦出现在谓词后作宾语,就获得了受事性,也就是受事化了。如"跟客人会见"中,"客人"是与事;但在"会见客人"里,"客人"成了受事宾语。

还有一种情形,就是有的向事、对事、替事、共事、比事可在动介式结合体"V于"后作宾语,如"向朋友求助"可说成"求助于朋友","运动对身体有益"可说成"运动有益于身体","为教育事业服务"可说成"服务于教育事业","济南的气候跟纽约相当"可说成"济南的气候相当于纽约","氧气比氢气重"可说成"氧气重于氢气"等,这是古汉语遗留下来的一种用法。

(三) 名核结构中也有与事

除了某些动词需要同与事一起组成动核结构外,某些名词在组成名核结构(参看范晓2011b)时也必须有与事参与,如二价名词("意见""偏见""看法""想法""信心""印象"等)组成名核结构就是这样的。这是因为这类名词表示"某人对某人(或某物、某事)的一种心态",所以组成名核结构时必定有与事(一般是与事中的对事)参与才能完整地表达思想。比如"意见",单说"我的意见"虽然可以说,但还不完整(隐含着一个与事);如果加上个与事(比如"小王""她""刊物""事件"之类),说成"我对她的意见""我对小王的意见"这样的短语,意思就完整了。在句子里,这种名核结构组成的短语一般出现于主语或宾语的位置上,例如:

① <u>你对这事的看法</u>很正确。 ② <u>我对他的印象</u>很深刻。③ <u>你对这问题的想法</u>是不对的。
④ 他知道<u>读者对刊物的意见</u>。⑤ 我赞同<u>你对文章的看法</u>。⑥ 这是<u>你对他的偏见</u>。

本文着重研究动核结构中的与事,所以名核结构中的与事只能一笔带过了。

语义结构中的"施事"

〇、引　　言

"施事"是语义结构中最基本的语义成分。中国传统语法学的语法分析里常说到施事。最早提到施事的当推马建忠(1898)的《马氏文通》。该书虽没直接用"施事"这个术语,但提到"施者",指"行"(即"动作行为")的"发者",也就是现在人们所说的"施事"。该书认为凡动词都有施者:外动字有施有受,内动字则只有"施者"而无"行之所施者"(即"受者")。根据马建忠的施事观,外动字、内动字作谓语动词时,其起词(即"主语")必是"施者"(施事)。《马氏文通》以后对施事谈论和运用得比较多的是吕叔湘。他的施事观和马建忠基本相同。他在《中国文法要略》(1942)里谈到的"起词"跟马建忠所说的"起词"一脉相承;在《从主语、宾语的分别谈国语句子的分析》(1946)一文里对施事有较多的论述和分析,基本观点是:施事是动词所系属的事物;施事做主语有很强的心理根据,汉语可用施事来确定主语(除了极少数的例外);动词都有施事,但不一定都有受事。

根据马建忠和吕叔湘对施事的论述以及他们著作中提到的实例来看,他们所说的施事范围较大:不仅把动作动词联系的"起词"看作施事,而且把状态动词、关系动词("有""无"之类)联系的"起词"也分析为施事,甚至有时把形容词联系的"起词"也看作施事。马建忠、吕叔湘的施事观对我国语法学界的影响很大,过去有些学者从意义出发确定主宾语(即"施事是主语,受事是宾语")就是受到他们的影响。有些学者说到施事是"动作行为的发出者"(吕冀平 1955),或说是"动作行为的主体"(朱德熙 1982)等等。虽在具体表述上有所不同,在理解"动作行为"的含义上各家也有差异,但都源于马建忠所说的"行之所自发者"。

上个世纪80年代以后,由于受到"格"语法和三维语法("三个平面"理论)的影响,我国语法学界对语法的语义平面中的语义结构、语义成分的研究逐渐成为研究的热点,对施事的研究也有所加强,施事已成为语法中经常提到的一个术语,而且还有一些论文专论施事。在近20多年来人们有关施事的讨论中,可以看出人们对施事的性质、特征、跟动词和名词等关系以及如何界定或辨认等问题,学者们还有不同的意见,很值得做进一步探索。本文专就"施事"的有关问题说点看法。

一、"施事"与动词的关系

(一) 学界对"施事"与动词的关系的一些看法

"施事"(也称"施者""施动者")即"行"之"发者",也就是"动作行为(简称"动作")的发出者"或"动作行为的主体"。动作行为是一种语义,它是所有动词都具有还是只是某类动词所具有?这是首先要搞清楚的。

过去人们认为动词都具有动作行为的意义,如马建忠(1983年,第25、144、166、385页)说:"字为语词者,动字居多,而动即行也。既曰行也,则行必有所自发者。""行之所自发者,曰起词。……施者,起词也。""凡实字以言事物之行者曰动字。""外动字之行,有施有受","内动字之行"则"留于施者之内……故无止词以受其所施"。吕叔湘(1946)说:"动词可分'双系'和'单系',双系的是积极性动词,单系的是中性动词","凡动词皆有施事",但"受事的一头有有无之分"。

既然"动即行也",而"行"必有施者,逻辑推论必然是:施事跟所有动词发生联系。所以才有"凡动词皆有施事"之谓。根据"动即行也""凡动词皆有施事"的观点,那么就可把动词句中的"起词"(即"主语")都分析为施事,而不必考虑不同类动词的语义差别。

马建忠和吕叔湘基本上是这么处理的。①他们不仅把"动作动词"所联系

---

① 说"基本上"这么处理,是因为他们有时把形容词联系的主体也看作施事。如马建忠把"草木畅茂"中的"草木"看作施者,吕叔湘把"红了樱桃""空岩外,老了梁栋材"中的"樱桃、栋梁材"分析为施事。

的主体分析为施事,还把"非动作动词"联系的主体也分析为施事。例如:

① 草木畅茂。/洪水横流。/群下鼎沸。(马建忠例,主体为形容词或状态动词)

② 物有本末。/民有饥色。/文无定法。(马建忠例,主体为"有无"类动词)

③ 红了樱桃。/空岩外,老了梁栋材。(吕叔湘例,主体为形容词)

④ 题目有了。/她连这个也无。(吕叔湘例,动词为"有无"类动词)

马建忠把①和②中的非动作动词联系着的起词("草木、洪水、群下"和"物、民、文")看作施事;吕叔湘把③和④中非动作动词联系着的起词("樱桃、栋梁材"和"题目、她")看作施事,即把谓语动词的主体都看作施事。这样的处理倒也好办,但问题是并不是所有动词在语义上都表示"动作行为"。吕叔湘(1946)也承认:有些动词"它们离开'行为'的意思很远,……原则上没有施事"。如果这样的动词很少,还可当作特例来解释。然而从现代语言学的观点来看,说动词都是表示动作行为未免笼统,因有很多动词所表示的语义很难说成动作行为,如表示关系的"是"、"像"、"属于"、"等于"、"有"、"无"(没有)等,表示状态的"醉"、"破"、"掉"(落)、"断"、"碎"、"溃烂"、"腐烂"、"堕落"、"昏迷"、"破裂"、"败露"、"倒塌"等。如果把形容词看成广义动词中的一类,它更不是表示动作行为的。可见动词所表示的语义很难用"动作行为"这个术语来概括。根据动词的语义特征,动词可进行下位分类,如邓守信把动词分为动作动词、过程动词、状态动词等。马庆株(1988)把动词分为自主动词和非自主动词两大类。还有其他一些分类。笔者则把动词分为动作动词、经验动词、性状动词、关系动词四类。

(二) 施事是动作动词组成动核结构的主体

不同的动词在组成动核结构时虽都有主体(主事动元),但主体的类型不一样。动作动词表示动作行为,它所联系的主体是"动作发出者",组成的动核结构内必有施事。可这样说:施事是动作动词组成动核结构时的主体,它总是和表动作的动词联系在一起的。例如:

① 张三批评了李四。　　② 树上一只鸟飞了。

③ 汽车把老人撞了。　　　　④ 大火烧毁了房屋。

上面例句里"张三""鸟""汽车""大火"分别是动作动词"批评""飞""撞""烧毁"所联系的主体,即施事。如果严格根据施事"是动作的发出者"或"是动作联系的主体"这种含义,那就意味着施事具有发出某种动作行为的能力,即"施动能力"。动作动词所联系的主体具有这种能力;非动作动词不表动作,所联系的主体一般没有这种能力,也就不能看作施事,如"她是学生""她有个妹妹"中的动词联系的主体"她"便是。若把所有非动作动词联系的主体看作施事,就跟"施事"的本意有违。即使把这个施事扩大为"大施事"(即"广义施事",指各种动词和形容词的主体),内部也还得分出若干类,作为"动作的发出者"在"大施事"里也还得给它一个名称。尤其把一切广义动词联系的主体称作施事,还不如称作"主事"(主事是广义动词所联系的主体,参看范晓1991b),而把施事看作为主事内部的一个语义类别,这样比较合乎逻辑。

(三) 动作动词规定施事

邓守信(1983,第67页)说:"动作动词,无论及物或不及物,都规定带施事。"即只要确定了动作动词,就大体上可推定施事。笔者同意他的看法。关键是如何确定动作动词。现代汉语中典型动作动词的特点是:具有自主性,能和表趋向的"来"或"去"组合("来/去+V"式),可用于祈使句,能置于意愿性、能力性的助动词后面("想/要/有意/能+V"式),常可用表时间、方式、工具、情状之类的词语作其状语,及物的动作动词可用于"被"字句、"把"字句等。既然施事和动作动词联系着,那么不符合上述特点的非动作动词联系的主体就不该看作施事。例如:

① 老人瘫痪了。/我的心都碎了。/石桥倒塌了。
② 这把刀锈了。/他很伤心。/她的脸红红的。
③ 他有两个妹妹。/她是学生。/小林像她妈妈。

上面句子里的动词都不符合动作动词的特点,明显不是动作动词。其中①②里的动词是性状动词(包括状态动词和形容词),主语所联系的主事是系事;③里的动词是关系动词,主语所联系的主事是起事。

（四）经验动词联系的主体是准施事

有这样一类表示心理、感知、经历、遭受意义的动词，概称"经验动词"，它联系的主体称为"经事"（朱晓亚2001，第16页）。例如：

① <u>我们</u>爱祖国、爱人民。／<u>她</u>很恨他。
② <u>哥哥</u>遇上困难了。／<u>小吴</u>挨了一拳。／<u>家乡</u>遭水灾了。
③ <u>我</u>看见一条狗。／<u>我</u>听见你的声音了。／<u>他</u>知道这件事。

这种句子里的动词缺乏典型动作动词的特征。比较典型动作动词"看"和经验动词"看见"：前者可说"我来看看""你快去看""他正在看电影"；后者不能说成"我来看见看见""你快去看见一下""他正在看见电影"。对于这类动词，人们有不同的看法。如吕叔湘（1946）认为"看见"之类动词联系的主体也是施事，李临定（1984）和鲁川（2001）认为不是施事。但我们观察到这类动词有时也能表现"自主的"用法。例如：

① <u>我</u>要真诚地爱他。／<u>我</u>多想听见你的声音。／<u>我们</u>要知道这种信息。
② 周瑜打黄盖，一个愿打 <u>一个愿挨</u>，是两厢情愿的。（黄盖有意"挨打"）

上面句子里的动词基本意义没变，然而却很难说成非自主的。这类动词表示经验行为，它既不同于典型的动作动词，也不同于典型的非动作动词，是处在动作动词和非动作动词之间的一种动词。经验动词不是典型的动作动词，其联系的主体也就不是典型施事，但又接近动作动词。所以本文把经事看作"准施事"。

（五）特殊情形——活用和兼类

虽然"动作动词规定带施事"，或者说"动作动词联系的主体是施事"，但不等于说非动作动词绝对不能联系施事，所以还需要补充说明两点。

1. 非动作动词的"活用"

在动态句里由于语用表达的需要，非动作动词有时会发生"动作化"（"使动"用法）的现象（非自主词自主化），其词义也随之起一定的变化。一般称为"活用"。非动作动词"动作化"后，它所联系的主体也可看作施事。比较：

① a. 这些死老鼠复活了。　　b. 研究员复活了这些死老鼠。
② a. 我累了。　　　　　　　b. 我不好,是我累了她。
③ a. 荒山绿,农民富。　　　b. 漫山遍野的果树,既绿了荒山,又富了农民。

上面例①a 的"复活"是状态动词,"死老鼠"是系事;①b 的"复活"在表达上是"使动"用法(有"使……复活"的意义),"研究员"是施事。例②a 和③a 的"累""绿""富"是形容词,所联系的主体"我、荒山、农民"是系事;但在②b 和③b 这种"使动句"里,"累""绿""富"等形容词具有了"使动"用法和意义,它们所联系的主体("我""果树")则分析为施事。这种非动作动词"动作化"的现象古汉语里更多。①

2. 非动作动词和动作动词"兼类"

要注意有兼类的情形。有些动词兼属动作动词和非动作动词,例如:

① a. 他把画挂在墙上。　　b. 眼泪挂在脸上。
② a. 他的手表丢了。　　　b. 你别随地丢垃圾!
③ a. 饭菜太热了。　　　　b. 你去把饭热一下。

上面 a 和 b 里的"挂、丢、热"词性、词义都有显著的差别,是兼类词,①②里的"挂、丢"为不及物状态动词兼及物动作动词,其中①a 里的动词"挂"为动作动词,它所联系的主体是施事;②a 里的动词"丢"为状态动词,它所联系的主体是系事;①b 里的动词"挂"为状态动词,它所联系的主体是系事;②b 里的动词"丢"为动作动词,它所联系的主体是施事。③里的"热"为形容词兼及物动作动词,其中③a 里的"热"为状态动词或形容词,它所联系的主体是系事;③b 里的"热"为动作动词,它所联系的主体是施事。

二、充当施事的词语

(一) 名词规定施事论

有学者认为可以用名词来规定施事,即名词规定施事论。如菲尔墨说:

---

① 古汉语里也有形容词动作化的现象,如"春风又绿江南岸""彼白而我白之"之类;甚至,还有名词动作化的现象,如"人其人,火其书,庐其居""尔欲吴王吾乎"之类。这种形容词或名词动作化(活用为及物动词)后所联系的主体可看作非典型施事。

施事"必须具有[+animate(有生命的)]这一特征",把施事看作"由动词确定的动作能察觉到的典型的有生命的动作发生者"(菲尔墨1980,第27、29页)。例如:

① John broke the window.(约翰打破了窗户)
② The car's fender broke the window.(汽车的挡泥板撞破了窗子)

他认为① 中的John(约翰)是有生命的,是施事;② 中的The car's fender(汽车的挡泥板)是无生命的,是工具而不是施事。鲁川(2001,第112、181页)也有类似的观点,他说,施事"是发出可控行动的主体或可控心理状态及思维活动的有意志的主体","施动短语中的施事都是生命体"。他认为下面例句中的"哥哥、羊、华侨、弟弟、小妹妹"就是施事:

① 哥哥在写信。/畜牧场跑了一群羊。/华侨爱祖国。
② 弟弟很聪明。/小妹妹很活泼。

这种观点可概括为:凡生命体在句子里表示有意志动作时都可分析为施事,非生命体不能当动作的施事;或者说有生名词能充当施事,无生名词不能充当施事。这种看法干脆倒是干脆,但实际上无生名词也有可能充当施事的情形,所以不能"一刀切"。名词规定施事论是有问题的,详见下面论述。

(二) 表示非生命体的"无生名词"有时也可充当施事

如果认为作施事的一定是"生命体",即认为只有"有生名词"才能充当施事,则下面一些句子里动作所联系的主体为"非生命体",就不能分析为施事:

① 龙卷风刮倒了大树。/洪水淹死了人。/汽车撞死了人。
② 风把树吹倒了。/气球被风吹过来了。/大水把村子淹了。
③ 树枝划了我一下。/洪水冲走了庄稼。/汽车把铁门撞开了。

大多数学者不认同这种观点。邓守信(1983,第72—73页)明确反对施事必须具有"有生命特征"的观点,认为非有生命的事物作动作动词的主语时,"要跟动物性施事同样看待"。他认为不应以"生命体"为施事的特征来规定施事,而应以"能力"为特征来规定施事,"只有能力名词能当施事"。他认为在"风把树吹倒了""气球被风吹过来了""大水把村子淹了"等句子里,"风、大水"为"能力名词",在句中当施事。李临定(1984)、张伯江(2002)、陈昌来(2003,第五章)等也都认为表示非生命体的无生名词在作动作动词的主体时可分析为施事。本文认为:既然"施事"是动作发出者,就具有施动能力。动物有生命,能移动,可有意进行某种活动,无疑具有施动能力,称为施事没有问题(其中人是最有可能成为动作发出者,所以指人名词最能担当施事);至于作为非生命体的人类的组织、机构以及有生命的植物、无生命的自然物、人造物等,也并非绝对没有施动能力,请看以下实例:

① 祖国在召唤。/法院判他三年徒刑。/学校把他开除了。
② 客机飞向西北。/洪水淹死了人。/狂风吹断了电线杆。
③ 门坎儿绊了我一个跟斗。/风把门吹开了。

①中的"祖国、法院、学校"不是生命体,但与生命体有关,因为这些名词指称人类的组织、机构发出动作是通过作为生命体的人进行的,所以具有施动能力。②③中的"客机""洪水""狂风""门坎儿""风"不是生命体,表明自然力量或人造工具本身也有某种施动能力①,更何况"飞""淹""吹""绊"等都是动作动词;动作动词在语义上就是发出动作,动作总有发出者,上面几句里的动作显然不是生命体发出的,而是分别由非生命体"客机""洪水""狂风""门坎儿"等发出的。可见,只要是动作动词所联系的主体,就不必计较其是生命体还是非生命体,都可以分析为施事。

(三) 有生名词"有意志"和"非意志"问题

动作的发出者(生命体,由有生名词表示)究竟是"有意志"还是"非有意志",人们的看法有分歧。例如:

① 狗在叫。　　　　　② 畜牧场里的一群羊跑了。

李临定(1984)和鲁川(2001)虽都认为上面两例中的"狗""羊"是施事,但在对这类施事是否"有意志"的问题上有不同的看法:李临定认为"狗叫"中"狗"是"非意志施事",鲁川认为"羊跑"中的"羊"是"有意志"的施事。笔者

---

① "水能载舟,亦能覆舟""风吹雨打""树能挡风""飞机能飞"等都显示自然力量或人造工具的确具有施动能力。还有:"黄河在怒吼""小草从地下钻出来""思想在飞驰""自由在呼唤"中的"黄河""小草""思想""自由"都是"拟生化"(拟生命体),当然也是一种施动能力。

认为:如果把"意志"理解为只是"人"独有的一种心理状态,那么人之外的动物(即便是极其聪明的类人猿和黑猩猩)就不是"有意志的";如果认为"狗""羊"等动物能发出有目的的动作也解释为一种"意志性",那么在作动作动词的主体时也可以看作"有意志"("自主")的用法。动物究竟有没有"意志性",本文不作讨论,反正大家都承认动物名词可充当施事。即便是人,也是如此,如果没有语境的提示,句中施事发出动作究竟是"有意"还是"无意"往往会有歧解,如"她吐口水""他撞墙了"中,"她""他"虽都是施事,但在是否"有意吐""有意撞",都有两种判读的可能。可见,在分不清是"有意"的还是"无意"的情况下不必去硬分;只要记住:动作动词表示的都是动作,发出动作的主体不管是有意的还是无意的,都可分析为施事。

(四)"非有意"动作的主体也应分析为施事

动作行为一般是指人的全身或身体的一部分的活动或行动,"意志性"("可控""有意志")属于"人"自觉发出动作行为的一种主观状态,因而指人名词能作动作的施事没有问题。但应该把人的"有意志"属性和具体句里施事发出的"有意"行为区别开来。"有意志"的人表达时一般发出"有意的"(自主的)动作,该动作的主体当然施事;但"有意志"的人有时也可能发出"非有意的"("非自主")的动作,这动作的主体仍应分析为施事。例如:

① 他不当心跌了一跤。/他吐了一口血。
② 他不小心吃到小石子。/他不小心摔了一跤。
③ 他在梦里说胡话。/他无意中做错了事。/他不小心撞了墙。

上面句子里动作联系的主体都是"有意志"的生命体"人",但"他"发出的动作都是"非有意的"(即"非自主的")。若认为发出动作"有意的"才是施事,那就不能把"他"看作施事。然而"摔""吞""吐""吃""说""做""撞"等毕竟是典型的动作动词(自主动词),都能表现典型的动作,那么做这些动作的主体的指人名词不分析为施事就难以理解。所以邓守信、李临定、张伯江等虽都明确指出上面句子里主体发出动作表现为非有意的、非自主的,但在实际操作时还是把这种句子里动作的主体看作施事。

"意志性"是"人"所固有的一种心理属性。而具体句里施事发出动作是

"有意"还是"非有意"属于语用表达上的具体用法,而不是某类名词所固有的(虽然某种名词和某种动词联系时用法上有一定的倾向性,但不是必然性)。邓守信认为"动作动词规定了施事有意地自愿进行活动",但在实际运用中并不那么绝对。同一动词在具体运用中有"有意"与"非有意"的不同用法,这是事件中主体的主观性和句子表达事实的客观性共同决定的。动作动词在具体句里的不同用法,没有改变它的语义本质,也没有改变它所联系的主体的"施事"身份。如果把同样的动词联系着同样的主体,在"有意"发出动作的情况下看作施事,在"非有意"情况下看作非施事,这是缺乏解释力的。

(五)"非动作动词"的主体有时也是施事

非动作动词一般用于"非有意""非自主"的用法,然而为了语用的需要,有时也可有"有意的""自主的"用法。比较:
① 累:a. 工作忙,他很劳累。　b. 不好意思,我又要劳累你了。
② 醉:a. 我不知不觉间醉了。　b. 我偏醉给你看看。

这里同一个非动作动词在具体句里可有不同的用法:a.是非有意、非自主的用法;b.是有意的、自主的用法;b.的这种用法实质上是非动作动词"动作化"的用法,这种情况下非动作动词联系的主体也可分析为施事,尽管它是非典型施事。

(六)非名词性词语在名物化的条件下也能充当施事

一般论著谈到施事时,讨论的都是名词作施事的问题。有的认为施事必须是"生命体",即只有"有生名词"才能充当施事;有的认为施事必须是"生命体"中"有意志"的"人",即只有"指人名词"才能充当施事;有的认为无论是生命体还是非生命体都可作施事,那就是说名词只要作为动作的主体都可以是施事。笔者认为,施事主要是由名词性词语充当的,但非名词性词语在名物化的条件下也能充当施事。例如:
① 劳动创造了人。/吃补身,睡养神。/"嫦娥"奔月推动了我国的航天事业。

② 困难和挫折把他压垮了。/消费牵动着生产。/革新技术提高了生产效率。

③ 改革繁荣了经济。/你说这话伤她的心。/普及电视丰富了农民的文化生活。

④ 喝茶使人精神振奋。/虚心使人进步。/孩子吵闹使我睡不着觉。

上面例句中处在主语位置上的词语都是谓词性词语,在句子里表现为事件或性状的"名物化"用法(如"普及电视"是指"普及电视这件事")。它们也能表示一种"施动能力"。这种施事比较特殊,可以看作非典型施事。特别是④这种"使"字句,使用频率很高,这种句式的主语大多由事件名词或谓词性词语充当的,表现为使因或致力,一般分析为施事。①

三、施事的本质和辨认的方法

(一) 施事的本质

作为"动作发出者"的施事,是动核结构中的语义成分,所以施事本质上是语义平面的概念。这个语义不是词汇意或概念的意义,而是语义结构中的意义。孤立的"张三""李四""狗""猫"等是否施事很难说;它们只有跟一定的动作动词组成动核结构才能知道是施事还是非施事。例如:

① a. 张三打了李四。　　b. 李四打了张三。
② a. 狗咬猫了。　　　　b. 猫咬狗了。

从上面①②中可发现:a.动核结构"张三打李四""狗咬猫"里,"张三""狗"是施事;b.动核结构"李四打张三""猫咬狗"里,"李四""猫"是施事。可见施事是动作发出者,是动核结构里动核联系的主体。任何动词在语义上都可和一定数量的动元组成动核结构,而且动核结构里必有主事;但并不是任

---

① 有些语法论著把表示"致使"意义的"使"(包括相当于"使"的"让""叫")看作使令动词。笔者认为"使"在古代汉语里曾经是使令动词(有"派遣""差使"义),但在当代汉语里已经演变为介词(参看范晓 2005)。本文把现代汉语里的使令动词("派""命令""逼迫"之类)归入动作动词(因为它能出现于祈使句,能构成"来/去+V"式),联系的主体看作表"施行"或"使令"的施事;把"使"前表"使因"或"致力"的谓词性词语分析为非典型施事,是考虑到"使"跟"使令动词"还保留着一定的联系。

何动核结构里的主事都是施事。准确地说,施事是动作动词构成的动核结构里的主事动元。

(二) 施事的语义特征

就典型的施事而言,其主要的语义特征本文概括为下面的"五性":

(1) 能动性(即施动性)。典型的施事能发出动作行为,即具有"施动能力"。有学者指出:"'施事'……在汉语中实际包含着三种不同的语义概念:施令(者);施行(者);施动(者)",这三种可看作为"施动能力"(史有为1991)。笔者认为"施因"或"使因"("使动"中的"致力因素")也可看作施动能力。动作行为是动作动词的语义特征,所以施事一般是和动作动词联系着的。有些施事在具体表达里也可联系着非动作动词,那是非典型的。

(2) 主体性(即主事性)。典型的施事是动作动词联系的主体,也就是在动作动词组成的动核结构里为主事动元。动作动词在语义上有一价、二价、三价之别,它们组成的动核结构里都必有主事动元——施事。如果没有施事,那个动核结构便不完整。

(3) 意志性(意愿性)。典型的施事具有"有意愿"的特征,即施事发出动作一般情况下是"有意的"(自主的);但根据表达的需要,施事也可有"非有意的"(非自主的)用法,那是非典型的。

(4) 有生性。典型的施事是有生命的动物。人是"有理性""有思想"的动物,所以指人名词最有能力作施事。其他动物也能自身移动并能发出"有目的"的行为,所以也有能力作施事。植物和无生命的事物成为动作动词主体时也可看作施事,那是非典型的。

(5) 影响性。指典型的施事通过发出的动作可影响(或"致使")客体或自身使之产生某种结果、情状或变化等。及物动作动词往往可影响客体或自身,不及物动作动词联系的施事一般只影响自身。

(三) 辨认施事的方法

语法意义由一定的形式表示,语义概念施事的辨认也须寻找其形式。在狭义形态丰富的语言里,某些特定的语法形式标志可确定施事,比如英语里,被动句中有前置词"by"引导的名词短语就是施事,如"The letter was written by him(这封信是他写的)"里的"him"便是施事;在某些屈折语里,施事可用工具格标志来表示,而无须用前置词来引导。汉语没有严格的"格"标志的形式,但不等于没有语法形式,可凭借广义的形式来判别施事。下面举几种主要形式。

1. 词类形式

施事既然是动作动词所联系的主体,它反映着动核结构中名物与动作核之间的语义关系,所以施事大都多由名词性词语充当,但如果名词不跟表示动作行为的动词组合起来,本身无所谓施事。从词类形式看,对施事的辨认是动词还是名词有效?本文认为是动词(动作动词)有效;这是因为施事和动词中的动作动词关系最为密切,它是动作发出者,动作动词所联系的主体必是施事。所以在"名词+动作动词"组成主谓结构时,出现在动词前主语位置上的名词就是施事。从这个意义上说,"动作动词可规定施事"。

有学者说少数词可以"明确地预测施事"。就名词而言,认为"词汇本身强烈地表明施事特性的,只有第一人称代词以及'劫匪'这样的凝聚了语用规定内容的词","第一人称代词几乎是绝对的施事"(张伯江 2002)。如果说这种词在通常情况下发出动作是有意志的,最能当施事,那是对的;但如果指的是能规定施事,那可不一定;因为这类词"是不是理解为施事"也要看它们组成动核结构的情形:如果这类词是动作动词的主体,就是施事;如果作状态动词的主体,那就不一定是施事,如"那个劫匪受伤了"里"劫匪"不能分析为施事;"我醉了"里,第一人称代词"我"也不能分析为施事。可见任何孤立的名词或人称代词,离开了动作动词或语用环境,本身都无法规定施事。

施事既然是动作动词组成的动核结构里的主事动元,那就意味着任何名词或人称代词担当施事身份是在动作动词组成的动核结构里规定的,离开了动作动词,就无法断定其语义身份。反过来说,只要某个实体词在动作动词组成的动核结构里成为主体动元,可不管作主体的是什么样的实体词,也不管该主体是否"有理性"、是否"有意志",都可分析为施事。但也须指出,如果着眼于名词充当施事的能力,则是可以预测的:不同的名词充当施事的能力不一样,有生名词充当施事的能力最强,无生命的名词充当施事能力则最弱。在有生命的名词里,人物名词(包括人称代词)充当施事的能力强于动物名词,动物名词强于植物名词。施事强弱的等级是:人类>动物>植物>无生命物。据此,名词充当施事能力强弱的等级可表述为:指人名词(包括人称代词)>动物名词>植物名词>无生名词(包括事物名词、事件名词、抽象名词等)。

2. 短语的句法形式

陈望道主编《辞海》(1987)认为施事是"句子里发出动作的人或事物的名称"。诚然,句子里发出动作的人或事物是施事。其实施事在短语里就可确定,这是因为:语义平面最小的动核结构表现为最小的意义自足的静态的主谓结构;施事既然是动作动词组成的动核结构里的主体动元,就一定会在静态的主谓短语里得到反映,也就可以凭借短语的句法形式来辨认施事。汉语里动作动词为动核组成的动核结构主要有四种:(1)"主事+动核"结构,由一价动作动词组成;(2)"主事+动核+客事"动核结构,由二价动作动词组成;(3)"主事+与事+动核"动核结构,也是由二价动作动词组成;(4)"主事+动核+与事+客事"动核结构,由三价动作动词组成。这四种动核结构的主事动元都是施事,所以这四种动核结构也可说是"施动"结构、"施动客"结构、"施与动"结构、"施动与客"结构。施事在静态主谓短语里由主语表示,所以相应地表现为四种句法结构:一是"主语+动词"结构,与"施动"结构对应;二是"主语+动词+宾语"结构,与"施动客"结构对应;三是"主语+状语+动词"结构,与"施与动"结构对应;四是"主语+动词+宾语$_1$+宾语$_2$"结构,与"施动与客"结构对应。在动作动词组成的静态主谓短语里,主语总是在谓语动词前面,"主在谓前"是汉语句法的一条基本规则。根据此规则,从短语的句法形式来判别施事可作这样的规定:在动作动词组成的最小主谓短语中动词前作主语的那个词语可判定为施事。例如:

① 哥哥站/老人躺/鸟飞("哥哥""老人""鸟"为一价不及物动作动词的施事)
② 他吃饭/我喝水/狗咬人("他""我""狗"为二价及物动作动词的施事)
③ 你为她着想/我向你致敬("你""他"为二价不及物动作动词的施事)

④ 她给我礼物/他借我钱("她""他"为三价及物动作动词的施事)

在句子里,施事不一定都出现在主语位置上。既然动作动词组成的主谓短语里动词前作主语的那个成分是施事,那么,句子里动作动词所联系的施事即使不在主语位置上可通过还原为静态的主谓短语来确认。比如有的施事在宾语位置上:

① a. 榻上躺着一个妇人。　　b. 阳台上放着一把椅子。
② b. 这锅饭吃了十个人。　　b. 这件衣服穿了三代人。

例①a"躺"是动作动词,可还原为静态主谓短语"妇人躺"("榻上躺"不是主谓短语),可见这句里动核所联系的施事是"妇人"。例①b"阳台放"不是主谓短语,所以"阳台上"不是"放"的主语,也不是施事;"放椅子"可说,但那是动宾短语,"椅子"为受事;"椅子放"不能构成静态短语(犹如"读书"不能说成"书读")。这个句子里表示动核结构的完整的主谓短语该是"[　]放椅子",施事隐含。这表明:在描记某处存在着某种人物或事物并说明以何种方式存在的存在句里,通过还原为静态短语检测,动词后面的名词对句内动词而言,有的是施事,有的是受事。②里两句是表示"供让"的"供让句"(范晓 1989),句中的"吃""穿"是动作动词,所联系的主体是"人",所联系的客体分别是"饭"和"衣服"。这也可通过还原为静态主谓短语来判定:可说"人吃饭",不能说"饭吃人";可说"人穿衣服",不能说"衣服穿人";可见这两句里动核所联系的施事应该是"人"而不是"饭"和"衣服"。

施事有时还可出现在定语位置上,例如"大李的说话很中听。/小王的字写得很秀丽。"这两句分别包含两个动核结构,由两个静态的主谓短语表示:"大李说话"+"话中听","小王写字"+"字秀丽"。其中"说"和"写"是动作动词,可知"大李"和"小王"分别是"说"和"写"的施事,但它们在句子里却出现在定心短语的定语位置上。

有学者认为下面的句子"施受很难确定"(吕冀平 1955),例如:

① 脸上挂着一条条的眼泪。　　② 那家伙又犯了案了。

其实还是能确定的,只要把这两句中的动词和名词抽出来组成静态主谓短语,并把其中的动词的性质分析清楚,就可知主语是何种语义成分:①可抽出主谓短语"眼泪挂",但这个"挂"为状态动词,"眼泪"则是系事,不是施事;②可抽出主谓短语"那家伙犯案","犯"在这里有"作(案)"的意义,是动作行为动词,"那家伙"则是施事。还有些句子也难确定,例如:

① 老人眼睛闭了。/他嘴巴张开了。
② 老人闭了眼睛。/他张开了嘴巴。

其实也不难,也可以用还原为静态主谓短语来确定。这两句中的"老人"和"眼睛"、"他"和"嘴巴"都是领属关系。人和人身的器官都有施动能力,句子里若"人"或"器官"都出现,何者为施事要看句法位置。①还原为静态主谓短语"眼睛闭""嘴巴张开",而不能说"老人闭""他张开",证明"眼睛""嘴巴"分别是动作"闭"和"张开"的施事。②可还原为静态主谓短语"老人闭眼睛""他张嘴巴",表明"老人"和"他"都是施事。

在受事作主语的描记句里,施事无须出现,还原为主谓短语可知其隐含着施事。例如:

① 那座大桥终于造好了。　② 饺子已经煮熟了。
③ 黑漆大门紧紧地关着。　④ 油画在墙上挂着呢。

上面几句都是受事作主语的描记句,其特点是施事不出现,不是因为省略,而是隐含;句中的"造""煮""关""挂"是动作动词,所联系的受事分别是"大桥""饺子""大门""油画",它们在句子里作主语。可还原为静态的动宾短语"造大桥""煮饺子""关大门""挂油画"。主谓短语应是"[ ]造大桥""[ ]煮饺子""[ ]关大门""[ ]挂油画",可见在语义平面的动核结构里动作动词"造""煮""关""挂"所联系的施事隐含着。值得指出的还有这样一类句子:

① 耗子咬破了衣服。　② 老张喝酒喝醉了。

这类句子里的主语一般都分析为施事。其实这个施事也是从短语里分析出来的。上述句子谓语部分都有个动结式短语,它们都包含有两个动核结构,可分别由两个主谓短语表示:"耗子咬衣服+衣服破","老张喝酒+老张醉"。严格地说,"耗子""老张"不是"咬破""喝醉"的施事,而是动作动词"咬""喝"所联系的施事。

3. 特定的句子格式

某些特定的句子格式也可验证动作的施事。现代汉语里可用来判别施

事的句子格式很多,这里择要略举几种:

(1)"被"字句格式。现代汉语的被动句是用"被"字句表示的①,而"被"后成分一般是施事,如"老虎被武松打死了"里"被"后的"武松"就是施事。有些动作句虽不是"被"字句,如果能变换(或"改造")成"被"字句,也可测定施事。例如:

① 小王淋雨了。→小王被雨淋了。
② 在海边种地的人,终日吹着海风。→在海边种地的人,终日被海风吹着。
③ 汽车撞了老人。→老人被汽车撞了。
④ 哪些坛坛罐罐都打碎了。→那些坛坛罐罐都被[　]打碎了。

通过变换,可知道①②③中的"雨、海风、汽车"是施事,④里的"被"后隐含着一个施事。有的句子虽不能变换成"被"字句,但可通过改造(添加一些词语)来测试,如"老人在晒太阳"说成"老人在被太阳晒"有点别扭,但可改造成"老人被太阳晒得暖和和的",虽句子意思有变化,但动作和施事的关系不变。

(2)"把"字句格式。现代汉语的"把"字句表示处置意义时,"把"后成分是受事,"把"字句的主语则是施事,如"武松把老虎打死了"里"把"后的"老虎"是受事,主语"武松"就是施事。有些句子虽不是"把"字句,如果能变换成"把"字句,也可测定施事。例如:

① 他摇了摇头。→他把头摇了摇。
② 大水淹没了良田。→大水把良田淹没了。
③ 三个人盖了一条被。→一条被把三个人盖了。
④ 一锅饭吃了十个人。→十个人把一锅饭吃了。

有的句子虽不能变换成"把"字句,但可通过改造(添加一些词语)来测试,如"老人在晒太阳"说成"太阳在把老人晒"不成立;但可改造成"太阳把老人晒得暖和和的",虽句子意思有变化,但动作和施事的关系不变。

(3)"来/去+V"句格式。"来/去+V"格式里,"来/去"或表趋向,或表

---

① 现代汉语"被"字句的标志除"被"外,也有用"叫、让、给"表示"被"意义的。

目的,"来/去"后的动词一般是动作动词,由此推知"来/去+V"句的主语是动作的发出者,即施事。如"这件事我来办/你去开门",这两句动作动词(办、开)所联系的主体"我""你"就是施事。据此,句子的谓语动词前若能加上"来"或"去",构成"来/去+V"格式,也可断定句子中动词所联系的主体是施事。例如:

① 你唱歌,我伴奏。→你来唱歌,我来伴奏。

② 他干这件事,可干得更好。→他去干这件事,可干得更好。

(4) 使令句格式。典型的使令动词句里主语是施事(记作 S),谓语部分有两个动作动词,前一个是表示"使令"意义的动作动词(记作 V_1),后带宾语(记作 O),而后再出现一个表示使令目的的动词(记作 V_2),可记作 $S+V_1+O+V_2$ 式。其中的 V_1 和 V_2 都是动作动词。这种句子的整个句式意义是:施事发出 V_1(某种动作)促使 O(受事)发出 V_2(某种动作);一旦出现 V_2,V_1 的受事兼任 V_2 的施事,所以处在两个动作动词之间的名词在语义上是"兼格"(参看范晓 2002)。如"经理派陈道民盘点货物""师长命令三营阻击敌人"等句子里,句子的主语 S"经理""师长"分别是 V_1"派""命令"的施事;"陈道明""三营"既是 V_1"派""命令"的受事,又分别是 V_2"盘点""阻击"的施事。可见,如果非使令句能改造成使令句格式,即在名词前若能添加使令动词(如"派""派遣""委派""命令""差使""支使""劝""强迫"等)构成 V_1+O+V_2 式,那么这格式里 V_2 联系的主体可分析为施事。例如:

① 服务员收小费。→禁止服务员收小费。("服务员"是 V_2"收"的施事)

② 他卧床休息。→劝他卧床休息。("他"是 V_2"卧"的施事)

(5) 静态主谓短语里的动作动词联系的施事辨认比较容易。要辨认具体句里动词所联系的主体是否施事,各种形式可以随宜采用,大多数施事是可以凭借某种形式辨认的,但对于个别句子里的某个动词是否是动作动词可能会有不同的看法,因此对该动词联系的主体是否分析为施事也可能会有不同的理解。

关于"名物化"和"名词化"

〇、引　　言

　　动词形容词的"名物化"问题,是五十年代提出的。语法学界对此问题有过争论,迄今意见仍未统一。这个问题主要涉及怎样分析出现在主宾语位置上的动词或形容词的词性问题,许多论著认为它们已经转变了词性,即变成名词了。这种现象,有的被称为"名物化",有的被称为"名词化",还有一些其他的说法。本文就此问题进行讨论,并谈点看法。

一、关于"名物化"

（一）"名物化"等于"名词化"论

　　比较普遍的观点是"名物化"等于"名词化"。在讨论出现在主宾语位置上的动词和形容词时,许多论著认为它们已经"名物化"了、"名词化"了,也就是说"转成名词"了。由于"名物化"的说法影响比较大,人们就用"名物化"这个术语来概括"名词化""转成名词"等各种大同小异的说法。

　　近几年来人们注意到研究语法仅着眼于句法平面是不够的,还必须加强语义平面和语用平面的探索,这就要从多角度、多侧面来研究语法。从这个观点出发来分析主宾语位置上的动词和形容词的性质,本文以为得重新检讨所谓"名物化"问题。这个问题涉及语法的句法平面和语义平面,必须做具体分析,而不应该统统归结为句法平面上词性变不变的问题。

　　朱德熙等(1961)《关于动词形容词"名物化"问题》一文对"名物化"论者认为主宾语位置上的动词形容词已经名词化(转成名词)的观点加以否定,这是正确的。但是把"名物化"和"名词化"看作是一回事,并认为"名物化"所涉及的意义不是语法意义,从而排除了语义平面的名物化现象。这个看法还是可以讨论的。

(二) 名物化与名词化的区别和联系

如果从不同平面来分析主宾语位置上的动词形容词性词语,笔者以为可将"名物化"和"名词化"这两个术语给以适当的分工:"名物化"是专指动词形容词的"述谓"义在语义平面转化为"名物"(也称"事物")义,"名词化"则是专指动词、形容词在句法平面转化成名词的现象。"名物化"和"名词化"既有联系,也有区别。把它们分开来,能比较容易分析汉语主宾语位置上动词形容词在不同平面的性质,有助于解决动词形容词性词语跟名词性词语的划界。

在英语、俄语等狭义形态变化丰富的语言里,"名物化"和"名词化"在大多数情况下是对应的,动词形容词"名物化"时,词的形态就会起变化,转变成名词或动名词。汉语跟狭义形态变化丰富的语言比较,带有特殊性。汉语里的"名物化"跟"名词化"没有对应关系,二者既有联系也有区别。这表现在:动词形容词在句法平面的"名词化",在语义平面必然表现为"名物化";但动词形容词在语义平面的"名物化",在句法平面却不一定全都"名词化"。在汉语里,动词形容词在语义平面的"名物化"有两种情形:一种是"名词化"了,即动词形容词性词语转化成名词性词语,如"有吃的,有穿的""红的火红,白的雪白"中的"吃的""穿的""红的""白的"等便是;另一种是还没"名词化",即动词形容词性词语未变成名词性词语,如"骄傲使人落后""打是疼,骂是爱"中的"骄傲""打""疼""骂""爱"等便是。至于像"他的笑""这本书的出版""态度的坦白"之类短语在动谓句中作主宾语时,整个短语可以说在语义平面名物化了,在句法平面名词化(变成名词性短语)了;但其中的"笑""出版""坦白"等,说它们在语义平面"名物化"了是可以的,而在句法平面它们并没有转成名词,也就谈不上"名词化"。

(三) "名物"释义

作为句法平面的"名词化",人们是容易理解的。作为语义平面的"名物化",还得进行必要的解释,因为以往人们普遍理解为:名物化=名词化。要理解语义平面的"名物化",首先要解决什么是"名物"。过去有的语法论著也曾从意义上作过解释,如张志公主编(1956)《暂拟汉语教学语法系统简述》在讨论到"他的来""狐狸的狡猾""作品分析"中的"来""狡猾""分析"时认为:"在意义上,它们不表示实在的行动或性状,而是把行动或性状当作一种事物",因此认为它们是"名物化"现象。这里所说的"事物""名物",其含义还是比较模糊的。有两种可能的解释:一是指人或事物的名称,这是词的词汇意义、概念意义,可从词典里找到哪些词表名物;二是指名词所概括的类意义,这是词的句法功能意义,可根据词的句法功能来确定什么是名词或名物。"名物"如果指的是上述两种意义,则"来""狡猾"之类不可能是转指成名词的名物化。这一点,朱德熙等在文章里已有精辟的分析。

笔者以为可根据词语在语义结构中的身份来确定"名物"或"非名物"。一个简单的动词谓语句,从语义平面分析,可分析出一个基本的动核结构,而动核结构是由两个基本的语义成分组成的,即动核和动元。动核是动核结构的核心成分,也就是动谓句句子语义结构的中心,它在句中具有"述谓"义,它通过句中的谓语动词映射到句法平面,所以句子的谓语动词都不可能是"名物"。动元是动核所联系着的强制性语义成分,在动核结构里从属于动核,它具有"指称"义,也就是指称"名物"(或"事物")。它在动谓句的语义平面受谓语动词制约,常通过句中的主语或宾语映射到句法平面。作主语和宾语的主要是名词,名词作主宾语是无条件的;动词形容词一般不作主宾语(特别在动作动词作谓语动词的句子里),但在一定的条件下也可作主宾语。吕叔湘(1956)曾经指出:"动词用做主语,谓语一般是形容词或是'是'和'使'这些动词;动词用做宾语,最常见的是在'爱、怕、喜欢、希望'这一类动词后头。"可见,名词在语义结构里一般表示动元,也就是表示"指称"或"名物",而动词形容词一般表示动核,表示"述谓"义,但在一定条件下(受某些谓语动词或形容词控制而作主宾语时)也可表示动元,即表示"指称"或"名物"。当动词形容词在句子的语义平面为动元身份、在句子的句法平面为主宾语身份时,可以说动词形容词"动元化"了、"指称化"了,通俗点说,就是"名物化"了(参看范晓 1992)。所以,本文说的"名物化"不是孤立的词汇意义或概念意义,也不是名词的句法功能意义,而是语义平面动核结构中的意义。

二、关于"名词化"

"名词化"是指动词形容词性词语在句法功能上已转化成名词性词语。汉语句法上的名词化有两个特征:一是名词化的词语在句子里能作主宾语而不能作谓语,二是名词化的词语有特定的形式标志。笔者认为,现代汉语中动词形容词性词语名词化的主要标志是"的"。"的"作为名词化的标志有两种形式,即"粘附形式"和"插加形式"。

"的"的粘附形式、插加形式以及可补出"的"标志的形式("受事+动词"定心短语里可补出"的"标志的形式)都起到了把非名词性词语变成名词性词语的作用。下文分别举例加以说明。

(一) 粘附形式

粘附形式是指"的"粘附于动词或动词性短语、形容词或形容词性短语以及主谓短语之后使之成为名词性词语的一种形式。粘附形式构成的名词性词语,一般语法书上称为"的"字短语。这种"的"字短语有代替某个名词性词语的作用,在意义上或表某人,或表某物,或表某事,所以"的"字短语属于名词性短语。这种名词性短语所代表的人、物、事可以在语境(包括对话、上下文以及其他特定的言语环境)中找出。

1. "动词+的"为名词性词语

"的"粘附于动词后组成"的"字短语的实例:

① 住的是洋式的屋子,吃的是鱼肉荤腥。
② 这来的便是闰土。
③ 男女混合的一群,有坐的,也有蹲的,争论着一个哲学上的问题。

上面例句里的"住的""吃的""来的""坐的""蹲的"都是"的"字短语形成的名词性短语。

2. "动词性短语+的"为名词性词语

"的"粘附于动词性短语后组成"的"字短语的实例：

① 跌倒的是一个女人。

② 洗菜的是个女孩子。

③ 回头人出嫁，哭喊的也有，说要寻死觅活的也有，抬到男家闹得拜不成天地的也有，连花烛都砸了的也有。

上面例句里的"跌倒的""洗菜的""哭喊的""寻死觅活的""闹得拜不成天地的""花烛都砸了的"也都是"的"字短语形成的名词性短语。

3. "形容词+的"为名词性词语

"的"粘附于形容词后组成"的"字短语的实例：

① 先进的要带动落后的。

② 红的像火，粉的像霞，白的像雪。

③ 家中只有老的和小的，人手不够了。

上面例句里的"先进的""落后的""红的""粉的""白的""老的""小的"也都是"的"字短语形成的名词性短语。

4. "形容词性短语+的"为名词性词语

"的"粘附于形容词性短语后组成"的"字短语的实例：

① 最可怜的是我的大哥。

② 说句不好听的，是你自己惹出来的。

③ 在这个村庄里，有富得流油的，也有贫得肚子都填不饱的。

上面例句里的"最可怜的""不好听的""富得流油的""贫得肚子都填不饱的"也都是"的"字短语形成的名词性短语。

5. "主谓短语+的"为名词性词语

"的"粘附于主谓短语后组成"的"字短语的实例：

① 我们反对的是空话连篇言之无物的八股调。

② 我关注的是妇女的命运。

③ 他要的就是你这句话。

上面例句里的"我们反对的""我关注的""他要的"也都是"的"字短语形成的名词性短语。

（二）插加形式

插加形式是指"的"插加于动词性短语或形容词性短语中间使之成为名词性短语的一种形式标志。①这有以下一些情形。

1. "的"插加于主谓短语之间

"的"插加于主谓短语之间，即"主语+的+谓语"，这里的主语名词在语义上是后面动词的主事（施事或系事，即表动作或性状的主体）。例如：

① 我的笑便渐渐少了。
② 他们的翻译和研究新医学，并不比中国早。
③ 还有他的讽刺和静默，我也不会忘记。

上面例句里的"我的笑""他们的翻译和研究新医学""他的讽刺和静默"都是定心结构型的名词性短语。

有一种定心短语表面上看是主谓短语插加"的"构成的名词性短语，如作为文章标题的"母亲的回忆""老师的怀念"之类；但这种短语的语义结构是歧义结构，这是因为：结合文章的语境从语义平面分析，这种短语里的"母亲""老师"在一种语境里是施事，在另一种为语境里是受事。如"母亲的回忆"，若文章里讲的是"母亲回忆"，则"母亲"属于施事；若文章里讲的是"回忆母亲"（如朱德《母亲的回忆》这篇文章），则"母亲"属于受事。

2. "的"插加在动宾短语中间

"的"插加在动宾短语中间，即"动词+的+宾语"，这里的宾语名词在语义上是前面动词的受事。例如：

① 要想想，吃的饭、穿的衣是哪里来的。
② 我们这两个民族是一条藤上结的瓜。
③ 今年，出版的新书很多。

上面例句里的"吃的饭""穿的衣""结的瓜""出版的新书"都是定心结构型

---

① 汉语中"的"字插加于短语里，除了作为动词形容词名词化标志的"的"以外，还有一些其他的用例，如"<u>红的花</u>""<u>木头的房子</u>""上了<u>他的当</u>""今天我的<u>主席</u>""<u>他的老师</u>当得好""他是昨天<u>进的城</u>"等。这些"的"是否具有同一性？有没有作语气的"的"？有没有介接性的"的"？这些都值得细致的深入的讨论。本文只谈"的"插加于动词性短语或形容词性短语里的功能，其他都未涉及。

的名词性短语。

3. "的"插加在受事名词和动词之间

"的"插加在受事名词和动词之间,即"受事+的+动词"构成名词性词语。例如:

① 这本书的出版是具有重要意义的。

② 这个问题的解决,一点也离不开实践。

③ 我们应当重视基础科学的发展。

对于这类插入"的"的短语,如果没有"的",应分析为什么句法结构?学界有两种意见:一种认为是动宾结构(如吕冀平1955),另一种认为是主谓结构(如方光焘1990),各有各的理由。笔者认为应当区别静态的和动态的:作为静态的动宾短语,VO 语序是汉语句法的静态形式的特点,应当是"动+宾"的形式,可以说"吃饭""喝酒""出版书""解决问题",而不可能是"宾+动"("饭吃""酒喝""书出版""问题解决")的形式;但在动态的句子里,原为静态短语中的宾语由于语用上的需要而转化为主语(或主题),如"这本书已经出版了""这个问题已经解决了"等句中的"这本书""这个问题"就可看作主语(语用平面可看作主题。在这类句子里,主语和主题重合)。所以上述"受事+的+动词"的结构体应该分析为主谓结构插加"的"构成的定心结构型的名词性短语。

(三) 可补出"的"标志的形式

汉语里还有一种"受事+动词"构成的名词性短语,如"体制改革""语法研究""图书管理""杂技演出""信息处理"等。这种短语处在主宾语位置上时相当于插加"的"标志的"受事+的+动词"短语,即在语义平面都是名物化,在句法平面整个短语都是名词性的。比较"体制改革"和"体制的改革"、"信息处理"和"信息的处理"。所以"受事+动词"构成的名词性短语在大多数情况下可以补出"的"标志。

这两种结构形式组成的短语如果说有差别,那只是语用上的:无"的"标志的"受事+动词"结构体比较紧密,属于黏着式的定心短语,是有成词的倾向,有的经常使用,久而久之,就固定指称某事物而成了一个四音节的复合名词,如作为刊物名的《语言研究》《文学评论》,作为一个学科名的"文艺批评"等;有的甚至可能通过缩略而成为一个缩略词,如"土地改革"之缩略为"土改"等。有"的"标志的"受事+的+动词"结构体比较松散,属于自由短语,可以扩展,如"体制的改革"可扩展为"经济体制的改革""体制的快速改革"等。这种插加"的"的形式和不插加"的"的形式都常用于标题,如"现代汉语语法的研究"和"现代汉语语法研究"、"生态的探索"和"生态探索"等,但作书名用时一般采取不插加"的"的形式。这种形式能否看作"的"字结构的零形式,可以进一步研究。

三、关于"名词+的+动词(或形容词)"组合体

对于"打是疼,骂是爱""骄傲使人落后"之类句中主宾语位置上的动词或形容词,目前语法学界把它们看成转成名词的已不多了。

但是,有这样一类组合体,即"名词+的+动词(或形容词)"组合体,如"这本书的出版""中国的解放""狐狸的狡猾"之类。为叙述方便,下面把"名词+的+动词(或形容词)"记作"N 的 V"。这里的 V 可以看作"广义动词",即"谓词",它包括动词和形容词。当这类组合体出现在主语或宾语位置上时,在如何看待"N 的 V"里的 V 的词性问题和"N 的 V"短语的性质问题上学界有不同看法。如何分析这两个问题值得进一步探讨。

(一)"N 的 V"里的"V"性质的不同看法

1. 认为"N 的 V"的 V 已经转变成名词性

一种意见认为,"N 的 V"的 V 已经转变成名词性,即认为这个 V 已经变成名词。如有些学者根据布龙菲尔德向心结构的理论(即认为一个结构的整体功能与其某一直接成分的功能相同,这样的结构便是向心结构),说"这本书的出版""狐狸的狡猾"这类结构里的动词形容词已失却了动词性或形容词性而转变成名词性了,也就是说在句法平面名词化了。其理由就是既然这种结构的整体功能是名词性的,作为这种结构的核心成分动词或形容词(如上述结构里的"出版""狡猾")当然也是名词性的。

必须注意的是,布龙菲尔德关于向心结构的理论用于汉语是有困难的。方光焘(1990,第34页)曾说,"汉语中的偏正结构往往与中心词不同类",所以他认为布龙菲尔德的这个理论"不能盲目照搬"。如果这个理论用于汉语本身有问题,那么根据这个理论推导出来的插加"的"形式的名词性短语中的作为核心的动词或形容词已名词化的论点也就难以成立。

2. 认为"N 的 V"的 V 仍属动词性

另一种意见认为,"N 的 V"的 V 词性并未转变,仍属动词性,即仍是动词或形容词。如吕叔湘的《语法学习》(1955,第71—72页)以及他和朱德熙合著的《语法修辞讲话》(1952,第9页)认为,"中国的解放""态度的坦白""脾气的急躁"中的动词形容词没有改变词性,仍是动词和形容词,只是"把动词和形容词用在名词的地位上",还说,"从前有人把这种格式里的谓语部分解释为抽象名词,这是不妥当的。名词的特征之一就是不受副词的修饰;可是我们能说'中国的终于解放',能说'态度的不坦白','终于'和'不'都是副词。"这表明,他们也认为这类结构中的动词形容词并没有名词化。

3. 认为"N 的 V"的 V 在语义上名物化,在句法上仍属动词性

笔者认为,"她的微笑""中国的解放""这本书的出版""态度的坦白""狐狸的狡猾"中的"微笑""解放""出版""坦白""狡猾"出现在主宾语位置上时,在语义平面可以说是"名物化"了,但在句法平面不应看成"名词化"(即不应看成名词)。如果看成名词化,实际上是把名物化与名词化完全等同,混淆了二者的区别。名词化论者把"名+的+动"和"名+的+形"中的动词形容词一律看作名词(或动名词),这样一来,现代汉语里动名兼类、形名兼类就多得不可胜数,特别是一些双音节的动词和形容词大多数就会被看作是兼类词。如果兼类词那么多,那就必须面对"词无定类""类无定词"的后果。看来这样的处理不是一个好办法。但如果只讲句法平面仍属动词性似乎还不够,因为语法分析还要讲语义平面。"N 的 V"出现在句子的主宾语位置上时在语义上表现为动元或名物,即"N 的 V"中的 V 动元化或名物化了;另外"N 的 V"整体上属于定心短语型的名词性短语,这种短语表现为名核结构,即 N 为定,V 为名核,也就是这个 V 名核化或名物化了(参看范晓 1992)。

（二）"N 的 V"短语的性质的不同看法

"N 的 V"的句法功能类是谓词性的还是名词性的，学界存在着不同的看法。有的认为是"主谓短语"（或称"主谓结构词组"），有的认为是"谓词性向心结构"，目前大部分语法著作看作"名词性短语"，即看作"定心短语"或"名词性的偏正短语"。下面做些介绍。

1. "N 的 V"是主谓短语的观点

有些学者认为"N 的 V"（"中国的解放""态度的坦白"之类）组成的短语是主谓短语，如：马建忠称为"读"，即主谓短语（马建忠 1898）；吕叔湘的《语法学习》（1955，第 71—72 页）称之为"主谓仿语"（笔者按：即主谓短语），说这种结构"形式上是一个仿语，实质上等于一个句子形式"。吕叔湘、朱德熙的《语法修辞讲话》（1952，第 9 页）则称之为"主谓短语"，认为这种短语"在形式上跟主从短语很相像，……但是实质上等于一个句子形式，只是当中多了一个'的'字"；黎锦熙、刘世儒（1957）称之为"带'的'的子句"；曾毅夫（1957）称之为"主谓词组"。

2. "N 的 V"形式属"偏正结构"、意思属"主谓结构"的观点

有些学者认为"N 的 V"形式属"偏正结构"，意思属"主谓结构"。如丁声树等《现代汉语语法讲话》（1961，第 9 页）说："这种格式在形式上是一种偏正结构，可是论意思却是一种主谓关系"，它是"一种特殊的偏正结构"。文科教材《现代汉语》（上海本）也是这样处理的。

3. "N 的 V"句法上是"定心短语"、语义上是"名物化"的观点

笔者认为，把"中国的解放""态度的坦白"之类的"N 的 V"看作主谓短语是不妥当的。理由是：一是从词语的句法功能上看，汉语里作谓语的一般是谓词和谓词性词语。而"N 的 V"的句法功能只能做主宾语，不能做谓语。而主谓短语本质上和谓语相近。由此证明"N 的 V"当属于名词性短语。二是名词化的词语有特定的形式标志。这个标志词就是结构助词"的"。"N 的 V"结构体里面就有这个"的"，这也证明"N 的 V"当属于名词性短语。

把"N 的 V"说成形式属"偏正结构"、意思属"主谓结构"的观点也是不妥当的。理由是：一是"偏正结构"和"主谓结构"都是句法结构，句法结构对

关于"名物化"和"名词化"

语义结构而言都是形式,所以就不存在"偏正结构"是形式、"主谓结构"是意思的问题;二是"的"作为名词化的词语有特定的形式标志,规定了"N 的 V"就是偏正结构型的定心短语,所以它也不是什么"特殊的偏正结构"。目前大部分语法论著都认为"N 的 V"句法上是"定心短语",是名词性的偏正结构。笔者是同意这个观点的。

需要补充的是,从语义平面分析,主宾语位置上的"N 的 V"在语义平面属于动元化或名物化(参看范晓 1992),这是因为它在动核结构里是动核所联系的动元(动元体现"名物")。例如:在"这本书的出版很重要""狐狸的狡猾是很出名的"里,"这本书的出版""狐狸的狡猾"分别是动核"重要"和"是"所联系的主事动元。在"我们要重视这本书的出版""这说明了狐狸的狡猾"里,"这本书的出版""狐狸的狡猾"分别是动核"重视"和"说明"所联系的客事动元。

"使"的词义演变及语法化问题

一、古汉语和现代汉语中的"使"

(一)古汉语中的"使"

从句法功能角度分析,古汉语的"使"可分化为若干个不同的"使",主要有:

(1)动词"使"。主要用来作谓语或谓语中心词。例如:

齐侯使敬仲为卿。(《左传》)

子曰:"上好礼,则民易使也。"(《论语》)

吾使人望其气,皆为龙,成五色,此天子气。(《汉书》)

(2)名词"使"。主要用来作主语或宾语。例如:

寻盟未退,而鲁伐莒,渎齐盟,请戮其使。(《左传》)

辛酉,遣使诸州行损田,赈问下户。(《新唐书》)

愿大王少假借之,使得毕使於前。(《史记》)

(3)介词"使"。主要用来跟名词构成介宾短语作状语。例如:

谷与鱼鳖不可胜食,林木不可胜用,是使民养生丧死无憾也。(《孟子》)

从山阴道上行,山川自相映发,使人应接不暇。(《世说新语》)

事核而实,使采之者传信也。(《白居易诗全集》)

(4)词素"使"。为复合词中的构词成素。例如:

非为织作迟,君家妇难为;妾不堪驱使,徒留无所施。(《孔雀东南飞》)

好个封皮,且留着使用。(《五灯会元》)

杀其使者必伐我,伐我亦亡也。(《左传》)

(5)连词"使"。作从句的关联词。例如:

如有周公之才之美,使骄且吝,其余不足观也已。(《论语》)

使武安侯在者,族矣!(《史记》)

使天之运有一息停,则地须陷下。(《朱子语类》)

从词汇意义上看,上面古汉语中作动词、名词、介词、词素的"使"意义上虽有区别但也有关联,似可看作为"使"词汇意义的共时变异或历史演化。至于连词"使",那是一个假借字,跟动词、名词、介词、词素的"使"没有关系。

(二) 现代汉语中的"使"

根据社科院语言研究所词典编辑室的《现代汉语词典》,现代汉语分"使$_1$"和"使$_2$"。

(1) "使$_1$"有三个义项。①派遣、支使:~唤/~人去打听消息。②使用:~拖拉机耕地/这支笔很好~/~劲儿。③让、叫、致使、使得:办事~群众满意/土地改革~农民从封建剥削制度下解放了出来。④假如。

(2) "使$_2$"只有一个义项:奉使办事的人:~节/大~/公~/专~/学~(科举时代派到各省去主持考试的官员)。

笔者认为:"使$_1$"是词。许多现代汉语词典把"使$_1$"的前三个义项归在同一个"使"的词目下,没有区分不同的词性,这不妥。"使$_1$"的前三个义项之间的意义是有关联的,似可看作为"使"词汇意义的共时变异。但从句法角度来看,义项③应该与义项①②严格地区别开来:义项①②是动词,义项③应归属虚词中的介词。在当代汉语里,动词"使"的运用正在逐渐减少,属于义项③的介词"使"的运用却越来越多。而"使$_1$"中表示"假如"意义的义项④在现代汉语里只用在"假使""即使"等复合词里作词素,所以它只是字或词素的意义,而不是词的意义。至于表示"奉使办事的人"这一意义的"使$_2$",在现代汉语里也不是词,而只是词素中的实素。所以"使$_2$"的意义在现代汉语里也只是字或词素的意义,而不是词的意义。

现代汉语中的"使$_1$"和"使$_2$"的意义都是跟古代汉语有联系的:"使$_1$"的义项①②("派遣、支使"和"使用")是古汉语中的动词"使"传承和演变过来的;"使$_1$"的义项③("让、叫、致使")是古汉语中的介词"使"传承下来的;义项④是"假使""倘使""即使"等表示分句关系的关联词的词素,它是古汉语中的连词"使"传承下来的。"使₂"是"使节""大使""公使""特使""信使""使者""天使"等复合词名词的词素,它是古汉语中作名词的"使"传承演变过来的。

在当代汉语里,动词"使"的运用正在逐渐减少,而介词"使"的运用却越来越多。介词"使"是从动词"使"演变过来的。动词"使"演变为介词"使"的过程,就是实词演变为虚词的过程;用现在热门话来说,就是语法化的过程。本文尝试通过"使"的共时分析来"构拟"它的历时演变的过程,然后用历史材料来验证和修正。要根据历史材料勾勒出汉语的虚词"使"从古到今的演变历程,并从语言内部及语言外部找到"使"语法化的动因和机制,力争给出一个合理的解释。

二、"使"的意义的演变轨迹和语法化的过程

(一)"使"的意义的演变轨迹

笔者构拟"使"的演变轨迹如下:

(1) 本义是"命令"。根据前人研究,"使"的本义是"命令",读音为上声。《说文》说:"伶也。从人,吏声。"钮树玉注:"《系传》及《集韵》《类篇》《韵会》引并作'令也'。"张舜徽注:"谓命令指使也。"《六书通》说:"从人从事,令人治事也。"可见,古人造"使"这个字时,可能表示部落、部族或国家的首领命令某人从事某项任务。例如:

成王在丰,欲宅洛邑,使召公先相宅,作《召诰》。(《尚书》)
子般怒,使鞭之。(《左传》)
卫侯怒,使弥子瑕追之。(《左传》)
六年春,晋侯使贾华伐屈。(《左传》)

(2)"命令"→"委任""委派"(即"命令"义引申为"委任""委派"义)。部落、部族或国家的首领命令人担任某种职务或工作,这种行为就是委任或委派,所以"命令"就很自然地引申为"委任"或"委派"。早期的"使"常用来表示委任官吏或委派下属从事某项工作。例如:

齐侯使敬仲为卿。(《左传》)

穆王立,以其为大子之室与潘崇,使为大师。(《左传》)

管夷吾治于高傒,使相可也。(《左传》)

(3)"委任""委派"→"派遣""差遣""差使"(即"委任""委派"义引申为"派遣""差遣""差使"义)。国家的委任或委派官吏担任某种职务或工作,可以引申到派遣官吏或部下去从事某项使命或工作,就有"派遣""差遣""差使"等意义的"使"。例如:

国危矣,若使烛之武见秦君,师必退。(《左传》)

圣主思中国之未宁,北边之未安,使故廷尉评等问人间所疾苦。(《盐铁论》)

襄子夜使人杀守堤之吏,而决水灌智伯军。(《资治通鉴》)

(4)"被委任""被委派"→出使(即"被委任""被委派"义引申为"出使"义)。就接受外交使命者来说,受委任、委派出国从事外交使命就是出使,所以"被委任""被委派"出国工作就引申为"出使"。读音也变为去声(《广韵》和《集韵》疏吏切。去声)。例如:

子华使于齐,冉子为其母请粟。(《论语》)

子曰:"行己有耻;使于四方,不辱君命;可谓士矣。"《论语》

遣上大将军元契使于突厥阿波可汗。(《隋书》)

(5)"出使"→"使臣""使节""使者"(即动词"出使"义转化为名词使臣、使节、使者义)。动作借代为发出该动作的人,句法上这个"使"就作主宾语,动词"出使"义的"使"便转化为名词,也就是转化为国家派往外国的外交官吏(使臣、使节、使者)。例如:

寻盟未退,而鲁伐莒,渎齐盟,请戮其使。(《左传》)

突厥阿波可汗遣使贡方物。(《隋书》)

后又泛指为奉使办事的人,例如:

辛酉,遣使诸州行损田,赈问下户。(《新唐书》)

(6)"出使"→"使命"(即动词"出使"义的"使"也可转化为名词"使命")。出使去外国,一定负有外交使命,由此动词"出使"也可转化为名词"使命"义。例如:

以君命越疆而使,未致使而私饮酒,……(《左传》)

愿大王少假借之,使得毕使於前。(《史记》)

（7）"派遣""差遣""差使"→"支使""使唤"（即"派遣""差遣""差使"义引申为→"支使""使唤"义）。"派遣""差遣""差使"是地位在上者对地位在下者的支使或使唤,所以可以引申为"支使""使唤"。例如:

石勒不知书,使人读汉书。(《世说新语》)

老夫人使我请张生。(《西厢记》)

家中呼奴使婢,骡马成群。(《金瓶梅》)

（8）"派遣""差遣""差使""支使"→"用""使用"（即"派遣""差遣""差使""支使"义引申为"用""使用"义）。"派遣""差遣""差使""支使"都是指使用人,就引申到对人的"用""使用"义。例如:

定公问:"君使臣,臣事君,如之何?"(《论语》)

子产之从政也,择能而使之。(《左传》)

我这里带的人不够使。(《儿女英雄传》)

从使用人,又扩展引申到使用物,以后又泛指使用一切东西（包括人员、器物、资金、力气、劲儿、手段、方式等）。例如:

罗延庆力大无穷,使一杆錾金枪。(《说岳全传》)

林冲家里自来送饭,一面使钱。(《水浒传》)

那大圣使一个隐身法,闪进道房看时,……(《西游记》)

至于我呢,把吃奶的劲都使出来了。(老舍《茶馆》)

（9）"派遣""差遣"→"促使"（即"派遣""差遣"义还可引申为→"促使"义）。"派遣""差遣""差使""支使"等行为,其施事有一定的目的,要促使达到某种结果或状态,就引申为"促使"义。例如:

子曰:举直错诸枉,能使枉者直。(《论语》)

桀谓人曰:"吾悔不遂杀汤于夏台,使至此。"(《史记》)

（10）"促使"→"让""叫"（即"促使"义可引申为"让""叫"义）。促使人去干某事,就是就是"让/叫"人干某事,就引申为"让""叫"。"让""叫"开始进入向虚义转化的过程。例如:

子曰:"民可使由之,不可使知之。"(《论语》)

她二十三四岁,十分活泼,有时候故意卖弄,好使人注意她。(老舍

《茶馆》)

后又引申扩展到让(叫)物、处所等成为某种情状。例如:

时时勤拂拭,莫使有尘埃。(《祖堂集》)

(11)"让""叫"→"以致""致使""使得"(即"让""叫"义可引申为"以致""致使""使得"义)。"让""叫"的事情或情状如成已然,就是结果,有果就会有因,就引申为"以致、致使、使得"意义(虚化),即从"让""叫"到致使,从原因到结果,致使产生虚义。例如:

彼狡童兮,不与我言兮。维子之故,使我不能餐兮。(《诗经》)

从山阴道上行,山川自相映发,使人应接不暇。(《世说新语》)

其词哀,其意切,凄凄如鹤唳天;故使妾闻之,不觉泪下。(《西厢记》)

妇女和小孩儿们的注视他,使他不大自在了。(老舍《骆驼祥子》)

二十五年前是这该诅咒的半身不遂使他不能到底做成"维新党",使他不得不对老侍郎的"父"屈服,现在仍是这该诅咒的半身不遂使他又不能"积善"到底,使他不得不对新式企业家的"子"妥协了!(茅盾《子夜》)

新婚和被提拔,使他愈益精神焕发和朝气勃勃。(王蒙《组织部来了个年轻人》)

(12)"词儿"→"词素"(即从"词儿"转化成"词素")。"使"和其他词结合构成短语(或动词性短语或名词性短语),在语言发展过程中再由短语演变为复合词,短语中的"使"也就由词变成为词素。这有以下几种情形:

1)动词"派遣、差使、差遣、促使、指使"等义的"使"和另一动词结合变成某些复合词("V使"或"使V")的词素,如"出使""差使""役使""驱使""迫使""强使""唆使""支使""使令""使唤""促使""致使""使得"等复合词里的"使"便是。例如:

乃为天子出使万里外强悍不屈之虏庭。(《古文观止》)

役使官兵及藏逋亡,悉以事言上,罪者甚众。(《世说新语》)

妾不堪驱使,徒留无所施。(《孔雀东南飞》)

吾指使而群工役焉。(《古文观止》)

孙、刘联军……大败曹军水师于赤壁,迫使曹军退回中原。(《史通》)

他嗾使身边黄狗自岩石高处跃下,把木头衔回。(沈从文《边城》)

自手又不折,怎的支使人!(《金瓶梅》)

到人家听人使唤,你要有个好歹,人家不会疼你!(《高玉宝》)

这就是促使形成三国鼎立局面的赤壁之战。(《史通》)

那些和尚不加小心,致使油锅火逸,便烧着窗纸。(《红楼梦》)

常言道"恭敬不如从命",休使得梅香再来请。(《西厢记》)

2) 名词"使者、使命"义的"使"也可以作为某些复合名词的词素。如"使臣""使节""使者""差使""大使""公使""特使""信使""天使""使女""小使""使命"等里的"使"便是。例如:

西域诸国也有使臣和商人往来。(《史通》)

秦欲伐楚,使使者往观楚之宝器。(《刘向新序》)

他年纪又轻,阅历又浅,本来不曾当过甚么差使。(《官场现形记》)

拜单于大都护、振武军节度使,赐姓名曰李国昌。(《新五代史》)

僖宗乃拜铎大同军使,以李钧为代北招讨使,以讨沙陀。(《新五代史》)

还部白府君,下官奉使命。(《孔雀东南飞》)

综上所述,"使"的本义"命令"和以后引申出"委任""委派""出使""使节""使臣""使者""使命""派遣""差遣""差使""支使""使唤""用""使用",再引申到"促使",然后再引申到"让/叫、以致/致使/使得"等,这些意义是一脉相承的。"使"的演变轨迹以下表总结如下。①

	序列	演变轨迹	实 例
使	(1)	命令	子般怒,使鞭之。
	(2)	命令→委任、委派	齐侯使敬仲为卿。
	(3)	委任、委派→派遣、差遣、差使	国危矣,若使烛之武见秦君,师必退。
	(4)	委任、委派→出使	子华使於齐,冉子为其母请粟。

---

① 这里的排列只是为了醒目,而不是时间顺序。其引申的轨迹是放射性或连锁性的,所以此表只是说明个大概,还不能完全反映演变轨迹的真实情况。

续表

	序列	演变轨迹	实 例
使	(5)	出使→使臣、使节、使者	突厥阿波可汗遣使贡方物。
	(6)	出使→使命	愿大王少假借之,使得毕使于前。
	(7)	派遣、差遣、差使→支使、使唤	老夫人使我请张生。
	(8)	派遣、差遣、差使、支使→用、使用	子产之从政也,择能而使之。
	(9)	派遣、差遣→促使	举直错诸枉,能使枉者直。
	(10)	促使→让、叫	民可使由之,不可使知之。
	(11)	让、叫→以致、致使、使得	从山阴道上行,山川自相映发,使人应接不暇。
	(12)	词儿→词素	不堪驱使/迫使退回/听人使唤/有使臣往来

(二)关于"使"的语法化问题

至于"使"的语法化演变,可以概括为三种情形。

1. 由动词演变为介词的语法化

本文认为应该将介词"使"和动词"使"区别开来。现代汉语中表示"致使""使得"(或"让""叫")义的"使",使用频率很高,已经成为标志语义结构中致使关系的一种形式标志。例如:

① 虚心使人进步,骄傲使人落后。
② 中华世纪坛的建成,使人们多了一个游览的去处。
③ 经济全球化使各国经济的相互依赖程度加深。
④ 妇女和小孩儿们的注视他,使他不大自在了。
⑤ 由于天下大暴雨,使运动会推迟举行了。

现在不少语法教科书把上述例句中的"使"看作动词,而且把它看成组成"兼语式"的典型动词,即典型的"兼语动词"。高名凯(1948)、张静(1980)、范晓(1980)等都把这个"使"看作介词。本文也认为这个"使"在现代汉语里已经由动词演变为一个虚词,这是因为在现代汉语里它和动词有明显的差

别,表现在:

(1) 动词能跟副词结合(副词可限饰动词)组成状心短语,如能说"不睡""没笑""刚吃";介词"使"则不能,如不能说"不使""没使""刚使"。

(2) 动词一般能带动态助词"了""着""过",如能说"睡了""笑着""吃过";而介词"使"则不能,如不能说"使了""使着""使过"。

(3) 动词能单独作谓语或组成动宾短语作谓语,如"小李睡""她笑""我吃苹果";而介词"使"则不能,如不能说"他使""虚心使人"。

(4) 动词能单独提问或回答问题,如能说"睡吗?""笑了没有?""吃不吃?";而介词"使"则不能,如不能说"使吗?""使了没有?""使不使?"。

(5) 动词一般可重读,而介词"使"则不能。

由此可见,这个"使"不是动词,看作虚词比较合适。那么应该归入什么虚词呢?我们认为应该归入介词。理由是:这个"使"的句法特点是后边带上一个宾语(通常是名词)组成介宾短语出现在谓词性词语前作状语,这和一般的介词的句法特点是一致的。比较:

① 我们要让穷山变成富山。　② 我们要叫穷山变成富山。
③ 我们要使穷山变成富山。　④ 我们要把穷山变成富山。

上面例句中的"让""叫""使""把"的句法性质显然是一样的。如果说这些句子中的"让""叫""把"是介词,那么,把与它们句法性质一样的"使"看作介词也是合乎逻辑的。因此应该把动词"使"和介词"使"区别开来。

实词演化为虚词(即实词虚化)是一种语法化。"使"由"命令""委派""派遣""差使""支使""使用"等意义引申为"促使",再演变为虚义的"让""叫"或"致使""以致""使得"意义的介词。这是实词演变为虚词的语法化。"使"由本义动词"命令"义演变至介词"致使"义,其间经历了"委派""派遣""差遣""支使""使唤""使用""促使"等语义演变分化的过程。通过转喻或推理从一个认知域投射到另一个认知域,从而使"使"的义项引申扩展。句法位置由"NP(人)+使(+NP)+VP"推演到"NP(物)+使(+NP)+VP",再推演到"VP+(使+NP)+VP",诱发"使"的语义发生虚化,并由动词演变为介词。

2. 由动词转化演变为名词的语法化

动词转化演变为名词,即由"命令""委任""派遣"等意义引申为"出

使",再由"出使"转化演变为"使节""使臣""使者"和"使命"。例如:

小国不足亦以容贼,君之使又不至,是以遣之也。(《战国策》,这里的"使"为"使臣、使者、使节"义)

匈奴使答曰:"……然床头捉刀人,此乃英雄也。"(《世说新语》,这里的"使"为"使节、使者"义)

太后使使告代王,欲徙王赵。(《史记》,这里前面的"使"为"委派、派遣"义,后面的"使"为"使者、使臣、使节"义)

汉遣使使匈奴,陵谓使者曰……(《汉书》,这里前面的"使"为"使者、使臣、使节"义,后面的"使"为"出使"义;"使匈奴",即"出师匈奴")

愿大王少假借之,使得毕使于前。(《史记》,这里的"使"为"使命"义;"毕使",即"完成使命")

表示"使者"或"使命"义的"使"都只能出现在主语或宾语位置上,而不能作谓语,也不能带宾语,显然已经是名词了。它是由动词"出使"义的"使"演变为"使者""使命"并通过句法位置的转变而转化过来的。这是词的句法功能的转化而引起词义的转化。通过句法功能的转化,该动词经常出现在主宾语位置上以后,久用成习,就转化为名词了。作为"使者""使命"的"使"就是这样独立出来的。词类的转化,由一种词逐渐演变为另一种词,本身就是语法功能上的变化,所以广义地说,也是属于语法化的问题。一般词典把词在句法功能上的转类并引起词义的转移看作为同一个词的不同义项。笔者认为,如果是修辞上的临时活用,或有条件的功能变化,还不能看作为同一个词的不同义项,更不能看作为不同的词。①但由于经常使用,产生了一个新的独立的意义和句法功能,那就不能看作修辞上的临时用法或原词的一个义项,而应看作为产生了一个新的词。这样,词典上也可分为不同的条目,虽然有转化关系的两个词之间在意义上的某种联系。

---

① 如在"春风风人""夏雨雨人"里,后边的"风""雨"尽管作动词用,但只是修辞上的临时活用,"风""雨"临时获得的意义还不能看作该两个词的新义项。又如"打是疼,骂是爱"里,"打""疼""骂""爱"出现在主宾语位置上,这是有条件的,即它们是在判断句里作主宾语,所以它们的词义和词性都没有变化。

3. 由词儿向构词词素转化的语法化

"使"出现在动词后构成"V 使",也使"使"的语义发生虚化;当"V 使"固定化以后,"使"便变为复合动词的词素。① 或由动词演变为复合式动词,如"迫使""驱使""出使""役使""促使""强使""差使""唆使"等;或由介词"使"演变为复合介词的词素,如"致使""使得";或由名词"使"演变为复合名词的词素,如"大使""公使""节度使""使节""使臣""差使""使女""天使""使者""使命"等。"使"先构成"动+使""使+动"或"名+使""使+名"式短语,然后短语变为双音节复合词。Givon 提出一个著名的口号:"今日的构词法是昨日的句法。"(参看张敏 2002)这就把短语转化为复合词看作为语法化,可见,"使"由词变为词素也可以看作为语法化。

"使"作词素形成的格式主要有三种:

第一种,是动补式,如驱使、迫使、强使、役使、唆使、嗾使、支使、促使。

第二种,并列式,如出使、使令、差使、致使。

第三种,偏正式,如大使、公使、节度使、使节、使臣、使女、天使、使者、小使。

三、"使"的意义演变和语法化的原因

词的意义的演变和语法化,不外乎两个原因:外因和内因。"使"的意义的演变和语法化也脱离不了这两方面的原因。外因是变化的条件,内因是变化的根据,两者缺一不可。

(一) 外因

1. 社会历史的发展推动了"使"的意义演变

社会的发展必然反映在思想和交际上,而表达思想和言语交际的需要推动了"使"的意义和句法功能的演变。我们可以设想:在古代,部落或部族

---

① 以"指使"为例。《古文观止》卷九唐宋文:"彼佐天子,相天下者,举而加焉,指而使焉。"这里的"指而使"是短语。《古文观止》卷九唐宋文:"长之宜,吾指使而群工役焉。"这里的指使是复合词。

首领要表达"命令"手下的人从事某项任务这样的思想,就得用一个词。"使"这个词正是顺应这种表达的需要而产生的。例如:

　　舜使益掌火,益烈山泽而焚之,禽兽逃匿。(《孟子》)

后来有了国家,就要委任或委派官吏(包括委任、派遣外交使节)从事某种工作,就将表示命令的"使"引申为"委任""委派""派遣"。例如:

　　齐侯使敬仲为卿。(《左传》)

以后,词义泛指,一般为上者都可以派遣或差遣地位比他在下者干事情,泛指为"派遣""差使""差遣"意义的"使"也就随之出现。例如:

　　二十年,燕太子丹患秦兵至国,恐,使荆轲刺秦王。(《史记》)

国家间频繁的交往,国家首领就要委任、派遣"使者"出国从事外交使命,对被派遣出国者而言,就是出使。就出现了"出使"意义的"使"。如:

　　乃使宋义使于齐。(《史记》)(前"使"表示"派遣",后"使"表示"出使")

有了"委任、派遣(外交官)"和"出使"这种行为,就一定有"使者"出现,那时没有使者这个词,就利用动词"使"转化为名词。例如:

　　汉遣使使匈奴。(《汉书》,前"使"为使者,后"使"为出使)

2. 思维里概念的分化,催化了"使"的意义的演变

词是表示思维中的概念的,思维中概念不断地增加或分化,必然会影响到语言中词义的变化。"使"的意义的演变也证明了这一点。表现在:

（1）"使"本义是表示"命令"这个概念,后来随着思维中出现了"委使""派使""出使""使用""使唤""使者"等概念,在没有双音节词表示这些概念时,就只能让"使"兼表这些概念也是很自然的。

（2）在用"使"表示以上这些概念时,主要是通过理性思维的推理。从一个词义所具有的隐含的义素中推导出另一个词义。这反映了理性思维中概念的不断演化。如由"委任""委派"引申到"差遣""差使"和由"使臣"(外交官)引申泛指"使者"(任何奉使命办事的人)以及由"使用人"引申泛指"使用物和其他",都反映了从特殊到一般的思维行程。①又如由"派

---

① 以"使用人"推理引申到"使用物和其他"来说,既然"君使民"是"施事+使用+受事","人"可作"使"的受事,但"物和其他"也可以"使用",所以从使用"人"推理引申到泛指"物和其他"也就很自然了。

遣""差使""促使"引申到"让""叫""致使""使得"则是反映了从具体到抽象的思维行程。

（3）由"使"词素组成的双音节复合词的产生，标志着概念的进一步分化和扩展。"使"的很多义项分别由双音节复合词表示，如动词的"使"分化出"差使""出使""迫使""驱使""出使""支使""役使""致使""促使""强使""唆使""致使"等，名词"使"分化出"使节""大使""公使""特使""使者""使命"等，这都有利于思维的精密化和语言表达的准确性。

3. 心理活动中的联想，激活了"使"的意义的演变

"使"从一个意义推演引申为另一个意义也跟人的心理活动有密切的关系，即通过联想而引申或转化意义。心理活动中的联想，主要是通过隐喻或转喻使词义引申或演变，这就是使词的意义从一个认知域投射到另一个认知域。例如：

"命令、派遣"引申为"出使"，是由"国家的首领发出命令给某人以某个外交使命"的认知域转移到"奉命出国干外交工作"的认知域。

"命令""委派""派遣""差使""差遣"都属于"使用人"的认知域，既然是使用人，就可以突显义素"用""使用"，于是就联想投射到"用""使用"意义的认知域。这"使用"意义的认知域开始时局限于使用人，后来人们又联想引申到使用"物（器物、钱等）"，甚至于联想扩张到使用"力气""劲""手段""方式"等。这种词义的扩张或泛指，在心理联想或认知分析上是"泛化"，即从一个较窄的意义域向较宽的意义域的投射或转移。

"使"从"出使"（奉命出国干外交工作）引申、转化为"使臣""使节""使者"（"奉命出国干外交工作的人"或"奉差使办事的人"）和"使命"，以动作代替发出该动作的人。这是联想中的转喻，就是词义由动作域向名物域的投射或转移。

实词"使"转化为介词"使"则是由动作域向关系域的投射。由"命令""派遣""支使""使用"实义演变至虚化的"致使"义，其间经历了许多语义演变分化的过程。通过联想使"使"的意义从一个认知域投射到另一个认知域，从而使"使"的义项引申扩展，而最后衍生出介词"使"。

（二）内因

"使"意义演变的外因是通过内因起作用的。内因主要表现在以下三点。

1. 词义原因

（1）义素变异促使"使"意义起变化

词义是由义素组合而成的。一个词的演化意义跟该词的本义义素必有内在的联系，即演化的意义是该词原有某个义素的变异，包括突显、缩小、扩展或转化等。以表示"命令""委派""派遣""使用"意义的"使"来说，它所含有的义素可以用动核结构分析法解析，主要有以下一些：

① 动核：[+发出指令]，[+委派/派遣/使用]，[+言语(使唤)]；
② 施事：[+地位为上者]；
③ 受事：[+地位为下者]；
④ 关系：[+(施事)致使(受事)]；
⑤ 目的或结果：[+给以(从事)某项任务]。

从"使"的意义演变来看，都跟上述义素相关。在后来的演化意义中，有的意义是本义中某一行为的突显，如"委任"义、"派遣"义、"使用"义、"使唤"义等便是。有的意义是本义中关系意义的突显，如"让""叫"义、"致使""使得"义等便是。有的意义是缩小某个义素的外延，如果施事为国家的首领，受事为官吏，任务是外交使命，则"使"表示"委任、委派、派遣"。有的意义是扩展某个义素的外延，如作"使用"的"使"受事本来指人，后来扩展到物及其他。有的意义是某个义素的延伸或转化，如表示"使臣""使者"的"使"既是受事（"接受外交任务的人"）的突显，又是"使"的动词义向名词义的转化。"出使"的"使"是着眼于"委派、遣使"的受事的行为（该受事在"出使"中转化为施事），"委派""遣使"也就转化为"出使"，这也是通过义素变异来实现的。

（2）"使"前名词所指的变化促使"使"意义起变化

"使"本义用法时，"使"前名词的所指是人；但在发展过程中，在一定的句子里，所指出现了物或事。"使"前为指"物"词语的，例如：

泉本北流,障使东西流。(《史记》)

这个消息使在病中的爹伤心。(巴金《家》)

今人之所以能运动,都是魂使之尔。(《朱子语类》)

那修长婀娜的体态,使我感受到了真正的人的气息。(贾平凹《壁画》)

"使"前为指"事"词语(包括词、短语、小句等)的,例如:

孤不天,不能事君,使君怀怒以及敝邑,孤之罪也。(《左传》)

势利使人争,嗣还自相戕。(《曹操诗全集》)

母随号泣,使人不忍闻也。(《颜氏家训》)

事核而实,使采之者传信也。(《白居易诗全集》)

长夜无聊,今幸郎君光临,使妾不胜幸甚。(《薛刚反唐》)

由人到物到事,反映了"使"前名词所指的变化:典型施事(由指人名词表示)退出,因事(即表原因的非典型的施事,指事件发生的原因,由指物名词或表事件的词语表示)开始显露,就更促使词义虚化。

(3) "使"后名词所指的变化促使"使"意义起变化

"使"作为"命令""委任""派遣""差遣""支使"等动词意义用法时,"使"后名词的所指是人,但在历史发展的过程中,所指出现了物和其他(如处所、时间等)。"使"后所指为物和其他的,例如:

恐鹈之先鸣兮,使夫百草为之不芳。(《楚辞》)

举手拍马鞍,嗟叹使心伤。(《孔雀东南飞》)

景初二年,他率军平定公孙渊,使辽东归入魏国版图。(《史通》)

云阳以西开辟破冈渎,使秦淮河和江南运河联通。(《史通》)

唱几句快板,使休息时间不显得过长。(老舍《茶馆》)

由人到物到其他,意味着"命令""委任""派遣""支使"等意义的消失,也促使"致使"义出现,词义也就随之发生虚化。

(4) "使"后动词所指的变化促使"使"意义起变化

"使"本义用法时,"使"后动词或动词性短语的意义是担任某个职务或从事某项任务,但在历史发展的过程中,"使"后动词性词语的所指渐渐失去了原来的所指而转移到另外的所指,这种情形也影响到"使"的意义的变化。比较:

子般怒,使鞭之。(《左传》,"命令"义)

穆王立,以其为大子之室与潘崇,使为大师。(《左传》,"委任"义)
乃使宋义使于齐。(《史记》,前"使"为"派使"义,后"使"为"出使"义)
遂命酒,使快弹数曲。(《古文观止》,"命令、使唤"义)
危者使平,易者使倾,其道甚大,百物不废。(《易经》,"促使"义)
戒之用休,董之用威,劝之以《九歌》,勿使坏。(《左传》,"让/致使"义)

"使"后如果是指示代词,也会促使词义虚化。例如:

干越夷貉之子生而同声,长而异俗,教使之然也。(《荀子》,"促使""致使"义)

有福禄而无知者,皆其气数使然。(《朱子语类》,"促使""致使"义)

今人之所以能运动,都是魂使之尔。(《朱子语类》,"促使""致使"义)

总之,在外因的促动下,"使"前、后词语的性质及其变化,"使"跟前后词语的搭配的不同,都会影响"使"的意义的演变。

2. 句法原因

外因通过内因起作用,还表现在通过词的句法位置和句法结构的变化而使"使"的意义发生变化。

(1) 动词"使"演变为介词的情形

"使"本来是个动词,它在句法上它经常出现在谓语位置上,它还可以出现在句子中单独作谓语,例如:

子曰:"上好礼,则民易使也。"(《论语》)

伯夷,目不视恶色,耳不听恶声;非其君不事,非其民不使。(《孟子》)

我这里带的人不够使。(《儿女英雄传》)

它也可以在句子中带上宾语(使+宾)作谓语,例如:

定公问:"君使臣,臣事君,如之何?"(《论语》)

夷羿收之,信而使之,以为己相。(《左传》)

若使子率,子必辞,王将使我。(《左传》)

它也可以带上介词"于"后再带宾语(使+于+宾)作谓语,例如:

子华使于齐,冉子为其母请粟。(《论语》)

子曰:"行己有耻;使于四方,不辱君命;可谓士矣。"(《论语》)

它也可以组成兼语短语作谓语,例如:

齐侯使公子无亏帅车三百乘、甲士三千人以戍曹。(《左传》)

为巨室,则必使工师求大木。(《孟子》)

卫侯怒,使弥子瑕追之。(《左传》)

值得注意的是:动词"使"后的受事常可以置于"使"前或句首作主语,或作宾语前置于"使"之前。例如:

危者使平,易者使倾,其道甚大,百物不废。(易经)

民可使由之,不可使知之。(《论语》)

仲由可使从政也与?(《论语》)

我君小子,朱儒是使。(《左传》)

古汉语里动词"使"经常出现在兼语式(语义上是"兼格")的句子里。兼语式在语义上典型格式是:施事+动词+使事(受事兼施事)+补事(目的或结果)。在句法上的典型格式是:主语+动词+宾语兼主语+动词性词语(可以标记为:N_1+使+N_2+VP)。所以,表示命令、委派、派遣、支使、使唤等意义的动词"使"就成为古汉语中兼语式"使令"动词的典型。但随着"使"前的名词 N_1 由指人而可变为指物、指事和"使"后的名词 N_1 由指人而可变为指物,以及表示目的或结果的动词 V_2 由指动作而可变为状态,还有 V_2 由次要动词上升为主要动词。所有这一些,都促使动词"使"逐渐退为次要动词,并经常处在次要动词的位置上,就渐渐变为介词。比较:

兼语式短语作谓语的句式为:N_1(人)+使+N_2(人)+VP

例如:项羽　　使人　　还报怀王。(《史记》)

状心短语作谓语的句式为:

A式——　N_1(物)+使 N_2(人/物)(状语)+VP

例如:这个消息　使在病中的爹　　伤心。(《家》)

B式——　VP(事)+使 N_2(人/物)(状语)+VP

例如:唱几句快板　使休息时间　不显得过长。(老舍《茶馆》)

(2) 动词"使"演变为名词的情形

"出使"一定有出使的人,就得有一个特定的词来突显这个意义以表示相应的概念。古人就用"出使"义的"使"来表示出使的人(使节、使臣、使者)。这种意义上的分化和转移在句法上也会有所体现:表示"出使"意义的动词"使"都出现在谓语位置上,而表示"使节""使臣""使者"义的"使"在句法分布上经常出现在主语或宾语的位置上,这就在句法功能上显示了"使"的名词性。例如:

汉遣使使匈奴,陵谓使者曰……(《汉书》,前"使"为"使者",在宾语位置上,后"使"为"出师",在谓语位置上)

寻盟未退,而鲁伐莒,渎齐盟,请戮其使。(《左传》,这个"使"在宾语位置上,为"使者"或"使节、使臣")

3. 音节原因

古汉语里的词是单音节占优势。但随着社会的发展,单音节词的义项越来越多,已经不能适应表达思想的需要。要使单音节的义项分化并上升为词,双音节词的增多也就成为必然。汉语词汇发展的总趋势是双音节化。词儿"使"演变为词素的情形,也是适应这种双音节化的总趋势的。"使"不论是动词还是名词,原本都是词儿。但是在历史发展的过程中,用同一个"使"来表示许多概念已经越来越不能适应准确地、精密地表达概念的需要。要解决这个矛盾,是通过双音节化即词儿"使"演变成词素来实现的。开始时是用某些短语来表达相应的概念,而短语经常使用就会出现词化倾向,进一步的发展由"使"作为词素构成的双音节复合词就出现了。如动词的"使"分化出"差使""出使""迫使""驱使""出使""支使""役使""致使""促使""强使""唆使""致使"等,名词的"使"分化出"使节""大使""公使""特使""使者""使命"等,这有利于思维的精密化和语言表达的准确性。

四、余 论

(一) 语义演变分化的过程

"使"由"命令"义发展到虚化的表示"致使"关系的意义,其间经历了"委任""委派""出使""派遣""差遣""支使""使唤""使用""促使"等语义演变分化的过程。通过转喻或推理从一个认知域投射到另一个认知域,从而使"使"的义项引申扩展。句法位置由"NP+使+NP+VP"推演到"(V+NP)+(使+NP)+VP",诱发"使"的语义发生虚化,并由动词变为虚词;"使"出现在动词后构成"V 使",使"使"的语义进一步虚化,当"V 使"固定化以后,"使"便变为复合动词的词素;而动词"使"转化为名词,也是语法上的演变,也有一个过程的。"使"的这个语义变化和语法化的过程不是一蹴而就的,而是一个不断发展的渐变的历史过程。而且,在演化过程中,从一个意义到另一个意义之间常存在着中间状态,因此有时也很难绝然分割。例如:

召孟明、西乞、白乙,使出师于东门之外。(《左传》)

遂命酒,使快弹数曲。(《古文观止》)

上面《左传》里的"使"既可以释为"命令"义,也可以释为"派遣"义。《古文观止》里的"使"既可以释为"派遣"义,也可以释为"使唤"义。

(二) 语法化的动因和机制

关于语法化的动因,本文认为不是由单一因素决定的,而是外因和内因共同作用的结果。外因是发展演变的条件,内因是发展演变的根据。外因是社会的发展激发了理性思维和认知心理的发展,理性思维和认知心理的发展又推动了语言的发展。所以"使"的发展演变,从外部原因来说是由表达和言语交际的需要决定的,或者说是由语用决定的。语用省力的要求,使"使"担任不同的职务,使不同意义共用一个形式(使)。这好比一个单位里有几个具体工作,人手不够,就让一个人兼职搞几个工作(如系主任兼研究室主任兼系学位委员会主席等),既节省了人员,又精简了机构。"使"语义演变过程中,是思维中的推理和心理上的联想的互动使语义不断衍生。推理是借助于理性思维的抽象、概括能力,依据事物或事件之间的相互联系,从一个概念推进衍生到另一个概念。联想是运用隐喻、借喻等手段从一种感觉或意念沟通并转化为另一种感觉或意念,从一个认知域转移到另一个认知域,从这个意念向那个意念间互相沟通、互相影响、互相转化,衍生出新的意义。但语用表达精密化和准确化的要求,又促使以"使"为词素的复合词的产生以及表示语法关系的虚词"使"的出现。

(三) 外因要通过内因才能发挥作用

意义的演变和词的语法化都得通过句法和词语搭配才能显现。如果一个词的意义从某一特定的句法位置或特定句式或特定搭配转移到另一特定的句法位置或特定句式或特定搭配,而且经常使用,就使衍生义稳定化,新的义项或新的词得以成立。而一旦新义确定,则又反过来巩固了句法位置、特定句式和特定搭配。就以"使"从实词演变为介词来说,当动词"使"经常在句子中充当次动词,它的这种句法位置被固定下来之后,其词义就会慢慢抽象化,不再成为谓语的中心,而变成了谓语动词的修饰成分或补充成分;词义进一步虚化的结果便导致该动词的语法化,由实词变成了虚词或由词变为词素(参看刘坚、曹广顺 1995)。再以动词"使"演变为名词"使"来说,当"使"从谓语位置改变为主语和宾语位置时,就诱发了意义的改变,开始时可能临时活用,一旦成为经常,就正式成为名词。再以"使"由词转化为词素而言,当动词"使"或名词"使"跟另一个动词或名词经常组合成"V 使""使 V""使 N""N 使"等来表示并取代某个"使"的意义时,就意味着词儿"使"演变为词素,由造句成分变为构词成分。总之,"使"的语法化过程是语法功能的改变和词义的变化两方面相互影响、共同作用的结果,其意义和形式总是相互制约着的。究竟是词义演变决定了句法位置或格式还是句法位置或格式决定了词义的产生? 笔者认为是在语用表达影响下,词义的演变或语法化跟句法位置或格式是相互作用的。

必须说明的是,由于我们对上古时代(特别是夏、商时代甚至更前的时代)的语言资料掌握得不够,因此本文基本上只是通过"使"的共时分析来"构拟"它的历时演变的框架和过程,还没有能确切地描写出"使"意义继承和演变以及语法化的精确的历史年代界线。很多"使"的意义,早在春秋战国时代都已经有了,就是作为介词的"使",看来也不是现代汉语才有的。所以,关于"使"的意义演变的前后历程和语法化过程的确切的历史分期还需要做进一步的研究。

同音同形的"是"的分化

〇、引　言

（一）汉语中的语素"是"的分化值得探讨

汉语中的语素"是"，在语音上读作[shì]，在文字上写作"是"。这个语素在言语中使用的频率很高。但是，"是"出现在不同的语句中意义和功能并不同一，比如"他是学生"和"他说得是"里，"是"就是不同一的。对于这种不同一的现象，不同的词典处理方法是不一样的。《新华字典》把出现在任何语句中的"是"都看作是同一个词或同一语素，列为一条，下设若干义项；《现代汉语词典》把"是"分化为"是$_1$""是$_2$""是$_3$"，表明它把"是"看作三个词或三个语素。笔者认为，出现在不同语句中的"是"是不同一的，可以分化为若干不同的"是"。但究竟怎样分化不同的"是"？分化为多少不同的"是"？这些都是很值得深入探讨的。

（二）分化语素（或词）的同一性和差别性的标准

要给"是"进行分化，首先要有一个分析语素（或词）的同一性和差别性的标准。有几种可能的标准：

一种是音（语音）、形（文字）标准，音形的同异，对辨别语素的同异无疑是必要的；但不能单靠音形，因为不同音、不同形的语素不一定是不同的语素，如异读字和异体字，而同音、同形语素也不一定是同一的语素，如同音字和同形字。

另一种是意义标准，意义的同异对确定语素的同异也是必要的；但也不能单凭意义，因为不同意义的语素不一定是不同的语素，如某些多义词，而相同意义的语素也不一定是同一的语素，如某些同义词。

同音同形的"是"的分化

再有一种是功能标准,语法功能的同异,对辨别语素的同异也是必要的,但也不能单凭功能,因为不同功能的语素不一定是不同的语素,比如"大碗""大千"中的"大",而相同功能的语素也不一定是同一语素,比如"笔"和"墨"便是。

总之,单凭音、形、义、能中的任一种来确定或辨别语素的同一性和差别性都是不可靠的。语素(或词)在口语中是音、义、能的统一体,在书面语中是形、义、能的统一体,要判定其同一或差别,必须同时依据音、形、义、能四个要素。只有音、形、义、能基本同一,才能看作是同一语素或同一词;反之,只要其中有某个要素存在着本质上的差别,就得分化为不同的语素或不同的词。

(三) 本文把"是"分化为六个不同的"是"

语素或词的同一性和差别性既然要依据音、形、义、能四要素作标准,确定"是"的同一性或者给"是"进行分化当然也要依据这个标准。但"是"的音、形是同一的,所以本文在分析"是"的同一和差别时,就可以只依据它的意义和功能。根据对现代汉语口语和书面语中的"是"进行的调查研究,分别从意义和功能上比较出现在不同语句中"是"的差别,本文分化为六个不同的"是"。对"是"的这样的探究,有助于深化词的"同一性"问题的理论,也有助于实际应用(如语文教学和编写词典等)。为叙述方便,本文把不同的"是"分别记作"$是_1$""$是_2$""$是_3$""$是_4$""$是_5$""$是_6$"。

一、"$是_1$"

(一)"$是_1$"实例

① 北京是中华人民共和国的首都。 ② 这本书是我的。
③ 诚实是一种美德。 ④ 讽刺的生命是真实。
⑤ 门外是碧绿的山坡。 ⑥ 学习先进是为了赶超先进。

(二)"$是_1$"的意义

"$是_1$"是一个二价动词,它必须跟两个谓元组合才能构成一个谓核结构

（也称"动核结构"），其中一个谓元是起事（主事的一种），另一个谓元是止事（客事的一种）。"是"是这种谓核结构的核心，它的基本语义是联系和断定（肯定），或说是断定性的联系：它联系着起事和止事，并断定止事跟起事间的某种关系，大都断定止事是起事的某种属性，例①至④便是；也有断定止事是起事所具有或存在的事物，例⑤便是；也有断定止事是起事的原因或目的，例⑥便是。①

（三）"是₁"的句法功能

"是₁"的句法功能主要表现在：

（1）能带宾语②。"是₁"的宾语大都由名词性词语充当，少数也可由非名词性词语充当。"是₁"后边不带宾语是有条件的。主要有以下几种：

第一种，止事作主题（原有的宾语主题化）时，"是₁"后边当然不可能再有宾语。例如"红叶就在高头山坡上，满眼都是"（比较：满眼都是红叶）。

第二种，在对话或上下文中，有时可省略"是₁"的宾语。例如，"你是北京人吗？"回答说，"我是。"又如："敌人问他是不是八路，他说不是。"前例是对话省略，后例是承上省略。

第三种，疑问句里"是₁"的宾语可根据表达需要前置，这时"是₁"后边当然不再带宾语。例如，"明天端午节是吗？"（比较："明天是端午节吗？"）

第四种，"是₁"的宾语若是代词并表示周遍性，通常前置，这时"是₁"也不再带宾语。例如，"你是班长，他是组长，我什么也不是"。

（2）"是₁"能作谓语或谓语中心词

在作谓语或谓语中心词时，可以用肯定否定相叠的方式（即用"是不是"）进行提问，例如，"他是不是北京人？"也可以单独回答问题，甚至借助语境单独成句，例如："吴天宝问：是清川江吗？雾里应道：是。"

---

① 也有在基本语义基础上引申开来而有某种修辞意义的，如比喻和替代某种动词的意义等，如"勤奋是狂风暴雨后开出的海棠""爱心是沙漠中的一片绿洲"里的"是"。参看范晓《谈"是"的修辞作用》，《语文学习》1980年第5期。

② 是₁后的宾语，也有些语法书称作表语或补语。是₁的宾语跟动作动词所带的宾语有较大的差异，称作表语也许更恰当一些。本文从俗，仍称宾语。

(3) "是₁"能接受副词修饰组成状心短语

"是₁"在作谓语或谓语中心词时,前面可以加上副词修饰,例如"江南真是好地方""时间就是生命""他大概是湖南人"中的"真是""就是""大概是"便是。有的语法著作认为,"是₁"不受副词修饰,"除了否定副词外,都该认为修饰整个谓语的"(见王力1955,第229页),这不合实际情形,因为从层次分析的角度看,"副+是+名"结构,一般应分析为"(副+是)+名"。

(四)"是₁"的性质

"是₁"这语素是一个词,这是众所公认的。但"是₁"属什么词类,各家看法有分歧。过去有的语法著作(王力《中国语法理论》和高名凯《汉语语法论》)认为"是₁"是虚词,说它"没有意义"。但从上文的叙述可知,"是₁"有意义,而且在句中能作某种句法成分,具有动词的功能特征,据此,现在一般语法著作都认为"是₁"是实词,属动词类。当然它跟动作动词是有差别的。所以,吕叔湘(1979,第80页)指出:"是字的性质跟一般动词又相同又不相同。""是₁"算什么性质的动词,不同的语法著作说法不一,有的称作"判断动词",有的称作"联系动词"(或"关系动词")。前者着眼于"是₁"有判断、断定义,后者着眼于"是"为动核所联系着的起事动元(名物)和止事动元(名物),表示止事跟起事间的关系。其实这两个名称不矛盾,属于上下位关系:判断动词是联系动词(或关系动词)之一种,"是₁"乃是最典型的联系动词。

二、"是₂"

(一)"是₂"的实例

① 信是早收到了。　　② 茧子是采了。
③ 人民是太好了。　　④ 凌老师,我是不饿。
⑤ 这样做是应该的。　　⑥ 是我不好,我累了你。

(二)"是₂"的意义

"是₂"本身不是谓核,不能构成谓核结构,但可以附加在谓核结构上表示说话者对客观事件（或事实）的主观肯定，带有强调的语气。比如"他来了"这个句子中，谓核结构"他来"是个客观事件，如果说话者要对这个客观事件加以强调性的肯定，便可加上"是$_2$"，说成"他是来了"或"是他来了"。所以"是$_2$"这种带有强调的肯定意义乃是谓核结构上的附加意义。

（三）"是$_2$"的句法功能

"是$_2$"的句法功能主要表现在：

（1）常附加在谓词性词语之前对谓语性词语加以肯定性的修饰，如"他是不好"里，"是$_2$"强调肯定"不好"。有时也可出现在句首加重肯定，如"是他不好""是谁告诉你的"中的"是"便是。

（2）能用肯定否定相叠方式（是不是）进行提问，用这种方式提问时，"是$_2$"的位置比较自由，如"他是不是姓刘""他姓刘是不是""是不是他姓刘"。

（3）可以单独回答问题，借助于语境可单独成句。例如：

① "你回来了？"他有气无力地问。"是的。"她回答。

② "小英，你是不是去北京？"小英回答说："是。"

（4）可用在"不是不 V"的格式里（V 代表谓词性词语），如"不是不知道""不是不相信他"等。

（5）能接受副词修饰，如"他确实是去过的""你当然是比她强"。

（四）"是$_2$"的性质

关于"是$_2$"的性质，语法学界有不同看法，主要有三种观点：有的认为是动词，跟"是$_1$"是同一的；有的认为是副词；有的认为是助词。

把"是$_2$"看作为助词的较少。陈望道（1947）《试论助词》把"一向认为很空灵的一部分"，即这里所说的"是$_2$"列入助词，举的实例是"你众位是不知道我们学校规矩"。但"空灵"之说很难掌握，且从功能上看，"是$_2$"跟助词的功能很不相同，助词不能单独回答问题，不能独立成句，不能用肯定否定相叠方式提问，但"是$_2$"却都可以，所以把"是$_2$"看作助词是欠妥的。

把"是$_2$"看作动词并且认为"是$_2$"和"是$_1$"是同一的，这是目前语法学界较普遍的看法。如《中学教学语法提要》编的教材都是这样处理的。吕叔湘（1979，第81页）也主张把"是$_2$"跟"是$_1$"统一起来，他说："这个统一的'是'字，它的后头可以是名词，也可以是动词、形容词或其他词语。"把"是$_2$"和"是$_1$"看作是同一的动词有一定的理由，因为"是$_2$"和"是$_1$"在意义上有联系，它们都是肯定、断定的意思。在句法功能上也有很多共同点，如都能用"是不是"进行提问，都能单独回答问题，都能接受副词修饰等。但是，随着现代汉语的发展演变，"是$_2$"的使用越来越多，跟"是$_1$"的分化也越来越明显。从语义上看，"是$_1$"是动核结构里的动核，有表示止事动元和起事动元间的关系或联系的意义，"是$_2$"却无这种意义。从句法功能上看，"是$_1$"后面能带名词性宾语，"是$_2$"则不能；"是$_1$"作谓语动词构成的句子里，"是$_1$"大都不能省去（比较：他是医生→*他医生）①，"是$_2$"在句中常可省去而句法结构仍完整且基本意义不变（比较：天气是好→天气好）；"是$_1$"构成句子的否定形式时，否定词置于"是$_1$"之前，而不能在"是$_1$"之后（比较：他不是医生→*他是不医生），"是$_2$"却相反（比较：天气是不好→*天气不是好）。从"是$_1$"和"是$_2$"后边的词语上看，虽然都可以是谓词性词语，但二者也有区别："是$_1$"后的谓词性词语在语义平面是名物化或动元化了的，即它是"是$_1$"的止事动元，在句法上示现为"是$_1$"的宾语；而"是$_2$"后的谓词性词语在语义上不存在名物化或动元化的问题，在句法上可分析为谓语（或分析为状语）。可见，"是$_2$"跟"是$_1$"有较大的差别，是可以分化为两个不同的"是"的。由于"是$_2$"不能构成谓核结构，在句中多用来限饰谓词性词语表强调肯定，所以跟动词类也有差别。

把"是$_2$"看作语气副词的语法著作也不少，如张静（1960）的《"是"字综合研究》和胡裕树（1981）主编的《现代汉语》就是这样处理的。把"是$_2$"看作副词也有一定道理，因为"是$_2$"在句中表示强调肯定语气，它主要用来修饰谓词性词语，在句法功能上跟副词有相同之处。但是"是$_2$"跟副词也有差别："是$_2$"能单独回答问题，能独立成句，能用"是不是"进行提问；而副词则

---

① 但是当止事表示日期、籍贯、节令等意义时以及在对称的句子里，是$_1$有时可省去，如"明天晴天""鲁迅绍兴人"之类。

不行。可见,把"是₂"归入副词也不是没有问题的。笔者认为"是₂"跟"应该"之类的助动词很相像。从意义上看,助动词一般表示说话者的主观态度,"是₂"也是表说话者主观态度的,"是₂"和"应该"之类都具有语用意义。从功能上看,凡是助动词所具有的功能,"是₂"都有,如常用来限饰谓词性词语,能单独回答问题,能用肯定否定方式提问等。这表明"是₂"可归入助动词类。

三、"是₃"和"是₄"

(一)"是₃"

1. "是₃"的实例

① 这话说得极是。　② 众人听了,称赞道:"是极,好极!"
③ 闯王说得是。　　④ 我来也不是,不来也不是,到底要我怎样?
⑤ 你说得是。　　　⑥ 我们应当早做准备才是。

2. "是₃"的意义和功能

"是₃"的词汇意义是"对""正确"的意思,它的反义词是"非"(不对,不正确)。"这话说得极是"也可说成"这话说得极对"或"这话说得极正确",意思是相同的。"是₃"作谓语组成的句子,从语法的语义平面进行分析,谓核结构的核心是"是₃",它联系着一个系事动元,"是₃"表示系事的性状。

"是₃"的句法功能主要表现在:(1)在句中主要用来作谓语或谓语中心词;(2)能接受程度副词的修饰或补充,如"极是""是极";(3)能作动词的补语,如"说得是"。

3. "是₃"的性质

从句法功能上看,"是₃"跟"是₁"有某些相似之处,如都能作谓语或谓语中心词,都能接受副词的修饰。"是₃"跟"是₂"也有相似处,如都能接受副词的修饰。但"是₃"跟"是₁"和"是₂"的不同处是带有根本性的。首先,在意义上"是₃"跟"是₁"和"是₂"有显著的差别。其次在句法功能上,"是₁"可带宾语,"是₃"则不能;"是₁"和"是₂"可用"是不是"提问,"是₃"则不能;"是₁"和"是₂"跟副词的结合面比较宽,"是₃"只能接受某些程度副词的修饰;"是₃"

可作动词的补语,而"是$_1$"和"是$_2$"却不能。"是$_3$"具有形容词的特征,所以可把它归入形容词。"是$_3$"在现代汉语里使用得越来越少了,但也没有完全消失,在某些地区的北方方言中还使用着,某些文学作品里也还有"是$_3$"的出现。

(二)"是$_4$"

1. "是$_4$"的实例

① 屈原:我有件事情要你赶快去办。
　　宋玉:是,先生,请你吩咐。
② 皓:去,快去,拜完祖宗再说。
　　文:是!爹。
③ 丁勇:去通知一排长,把部队撤回来。
　　刘海:是!

2. "是$_4$"的意义和功能

"是$_4$"的基本意义是表示应诺,跟"嗯""唔"类似,不过"是$_4$"的应诺语气较重,带有坚决服从的应诺义,所以"是$_4$"常用于下对上或敝对尊的场合。

"是$_4$"的句法功能主要表现在:常出现在对话里单独成句,是名副其实的独词句,在语义上或句法上要补出什么成分是不行的,一个"是$_4$"就表述了答应对方提出的要求或服从对方的命令。

3. "是$_4$"的性质

"是$_4$"跟"是$_3$"的意义差别比较明显。"是$_4$"跟"是$_1$"和"是$_2$"在"肯定"这意义上似有相似处。但"是$_1$"有表示起事和止事的联系或关系,"是$_2$"是对客观事件加以强调肯定,这些意义"是$_4$"是没有的。更重要的是,"是$_1$"和"是$_2$"都没有应诺义。所以"是$_4$"跟前三个"是"之间在意义上有本质的差别。"是$_4$"在句法功能上跟前三个"是"也有本质的差别:"是$_1$"能带宾语,而"是$_4$"不能;"是$_1$"和"是$_2$"都能用"是不是"进行提问,而"是$_4$"不能;"是$_1$""是$_2$""是$_3$"都能接受副词修饰,而"是$_4$"不能。意义和功能两方面表明,"是$_4$"跟"是$_1$""是$_2$""是$_3$"是不同的词。"是$_4$"在词性上跟"嗯""唔"等词相同,它们通常不同其他实词发生特定的语义关系,也不充当一般的句法成分,是一种特殊的词类,一般称之为叹词(感叹词)。

四、"是$_5$"和"是$_6$"

(一)"是$_5$"和"是$_6$"的实例

① 是日天气晴朗。
② 是夜,两人促膝谈心,直至天明。
③ 这人好吃懒做,是活儿都不干。

这里例①②的"是"为"是$_5$",例③的"是"为"是$_6$"。

(二)"是$_5$"和"是$_6$"的意义和功能

"是$_5$"的意义是指代,相当于"此""这"的意义,"是日"便是"此日"的意思。"是$_6$"的意义表示"任何","是活儿"便是"任何活儿"之意。

"是$_5$"和"是$_6$"的句法功能主要是用来作定语,限饰名词。

(三)"是$_5$"和"是$_6$"的性质

1. "是$_5$"的性质

"是$_5$"无论是在意义上或是功能上都跟前四个"是"不一样,它跟指示代词"此""这"的意义和功能相同,所以"是$_5$"可归入指示代词。"是$_5$"在古汉语里使用得很普遍,现代汉语口语里一般不说了,但在书面语里还会出现。严格地说,"是$_5$"只是一个在书面语中使用的文言词。它有时还出现在成语性的固定组合里,如"由是可知""是可忍孰不可忍"等,这些都表明"是$_5$"是古汉语遗留下来的。

2. "是$_6$"的性质

"是$_6$"无论在意义上还是功能上与其他"是"都不一样,所以是不同一的。"是$_6$"跟"是$_5$"在句法功能上虽然都作定语,但意义差别很大;而且"是$_5$"的句法功能除作定语外,在古汉语中还可作主语和宾语,它有替代名词的功能。可见,"是$_5$"是指示代词,"是$_6$"不是指示代词。"是$_6$"跟只作定语而不能作谓语也不能作主宾语的区别词(也称非谓形容词)的句法功能相同,似可归入区别词。"是$_6$"在现代汉语中使用得不普遍,也许是一个方言词。

五、余　　论

(一)"是"是一个同音同形语素

综上所述,现代汉语里出现的"是"是一个同音同形语素,根据它出现在不同句子中的意义和功能差异,大体可分别为六个不同的"是"。

(1)"是$_1$"是动词,如"我是中国人"中的"是"便是。

(2)"是$_2$"是助动词(或称助谓词),如"我是不知道"中的"是"便是。

(3)"是$_3$"是形容词,如"你说得是"中的"是"便是。

(4)"是$_4$"是叹词,如"快走！——是！我就走"中的"是"便是。

(5)"是$_5$"是指示代词,如"是年风调雨顺"中的"是"便是。

(6)"是$_6$"是区别词,如"那人好吃懒做,是活儿都不干"中的"是"便是。

比较起来,"是$_1$"和"是$_2$"的使用频率最高。既然"是"可分化为六个不同的"是",在编纂词典时,理应分为六条。如果必要,可在不同条目下再分列若干义项,如"是$_1$"大体上可分出如下一些义项:

① 联系两种事物,断定两者同一,或后者属于前者的种类、属性。如中国的首都~北京。/鲸鱼~哺乳类动物。

② 联系名词与"的"字短语,有分类的作用,断定前者的事物属于后者的"类"。如这朵花~红色的。/这支笔~我的。

③ 联系两种事物,断定后者是前者的一种情况。如她~一片好心。/院子里~冬天,屋子里~春天。

④ 联系处所和事物,断定前者(处所)存在着后者(事物)。如村子后面~一条大河。/天上~一片乌云。

⑤ 联系相同的名词或动词,构成两个形式相同的分句,断定所说的前后事物互不相干,不能混淆。如你~你,我~我,咱们井水不犯河水。/去年~去年,今年~今年,你当年年一个样哪！

⑥ "是"前后用相同的名词、形容词或动词,出现在转折复句的前分句

里,表示让步,含有"虽然是"的意思。如人~好人,只是能力差一点。/这玩意儿新~新,可是我不会玩。

(二)"是"为构词的成分(词素)

以上分析的语素"是"都是词。在语言材料中,也有些语素"是"不是词儿,而是词的构成成分(词素)。例如:

① 他于是教书去了。　② 玩笑可以开,但是不能乱开。
③ 这事我记得,可是不甚清楚。　④ 就是走,我也得跟妈说一声啊。
⑤ 你是否还恨保全你的老命?　⑥ 你要是想来,那就来吧。

这些例句中的"于是""但是""可是""就是""是否""要是"等都是合成词,其中的"是"不能独立作句法成分,也不能单独使用,而是一个合成词的组成成分。作为词的构成成分的"是",在意义上,有的还保留着原有的意义,如"是否"中的"是"保留着$是_1$的意义,有的原有的意义已看不清楚了,如"于是""但是""要是"中的"是"。

(三) 同音同形结构体里的"是"

由于"是"是一个同音同形语素,而且有的是词,有的只是词的构成成分(词素),因此,当"是"跟其他语素组合时,有时会形成同音同形结构体。例如:

① 他不是一个不识时务的人。　② 这件事你不是不知道。
③ 这是你的不是了。　④ 他急忙向我赔不是。
⑤ 就是他来请我也不去。　⑥ 无数相对真理的总和就是绝对真理。

这里例①②中的"是"都是词儿,其中①⑥中"不是""就是"的"是"属"$是_1$",②③④⑤中"不是""就是"的"是"是词的组成成分;从意义或语源上看,它们有的跟"$是_1$"有联系,有的跟"$是_2$"有联系,有的跟"$是_3$"有联系。正因为一个同音同形结构体中的"是"可能是不同的"是",所以有时也可当作修辞的材料。例如《智取威虎山》剧中,当栾平看出杨子荣假扮胡标时,发出了嘿嘿的奸笑声,接着说:"好一个胡标!你……你不是……"他原想说"你不是胡标",他本想在座山雕面前揭露杨子荣的真实身份。而杨子荣却机警地岔断了栾平的话说:"我不是？是我的不是还是你的不是?"很显然,杨子荣和栾平所说的"不是"是两个同一形式而意义上不同的"不是":栾平说的是"不+'是$_1$'",杨子荣说的"不是"是一个合成词(其中的"是"跟"是$_3$"有联系,表"错误""过失"义)。可见,在分析一个"是"是词还是非词(词的构成成分)时,或辨别一个"是"属于什么样的词性时,不能单凭跟"是"组合成的结构体的音、形形式,而要把"是"及其结构体放在更大的句法结构里,甚至要放到一定的语境中去考察,才能得出比较正确的结论。

现代汉语动词的研究

〇、前　　言

　　动词研究是现代汉语语法研究中的第一号重要课题,也是语法研究中最复杂的问题。这是因为:动词比之其他词类,内部最为复杂;动词在句法结构中活动能力最强,大部分词类都要跟它发生一定的结合关系;动词是一般句子里最重要的部分,以动词为谓语或谓语中心词的句子最多,句型最为丰富。动词研究得好不好,透不透,对整个语法体系的建立,有极其重大的意义。语言学界在动词研究方面已经取得一定成绩,特别是最近几年,由于大家比较重视,研究成果比较多。但就汉语语法学发展对动词研究的要求来看,无论在广度上还是深度上都很不够,有些问题还只是开了个头,许多问题认识也还不一致。

　　汉语语法系统,是借鉴西方语法建立起来的,词类系统也是如此。印欧语言的动词,从语法功能(指"句法功能")上看,与汉语不尽相同;从动词与其他词类的关系上看,亦与汉语有同有异。因此,汉语动词的性质似应重新估定。为了缔造一个真正科学的现代汉语语法体系,必须对现代汉语的动词进行全面的、深入的研究,特别需要着重研究以下三方面的问题:一是动词的性质和语法特点,二是动词的次范畴(下位分类),三是动词所构成的短语和句型。

　　本文就以上三个问题以及怎样进行动词研究问题谈点看法。

一、动词的性质和语法特点

(一) 动词立类的根据

　　研究动词的性质,就得回答"动词是什么",或者回答在汉语词类系统中,"动词是一种什么样的词类"。这涉及区分词类的标准(或根据),即动词是依据什么标准分出来的一种词类。在这个问题上,是有不同看法的。概括地说有三种:意义标准、形态标准、功能标准。

1. 依据意义(或概念)确定动词

早期的一些语法著作大都根据意义或概念来确定动词。如马建忠的《马氏文通》说:"实字以言事物之行者曰动字。"又如王力的《中国现代语法》说:"假如您注意到一只鸟在飞,这'飞'乃是那鸟的一种行为。又假如您注意到一个人在读书,这'读'乃是那个人的一种行为。凡行为都是一种动态。所以我们把这种表示动态的词叫做动词。"还有一些语法著作也有类似的看法。依据此标准,归纳诸家看法,动词就是表示动作或行为的一类词。

应当承认,词汇意义是语法意义的基础,表示动作或行为的词大部分是动词,但单凭意义(或概念)来确定动词是有困难的。因为有些动词并不表示动作或行为,如"有""是""像""姓""开始""继续""应该"等;有些词在意义上表示某种动作或行为,但却不是动词,如"战争""思想""动作""行为"等;有些词的意义相同或相近,但却属于不同的词类,如"腐烂"与"腐败"、"打仗"与"战争";有些词意义、语音、文字形式都相同,却是兼类词,如"在""向"等兼属动词和介词,"团结""端正"等兼属动词和形容词,"活动""希望"等兼属动词和名词。通过词类问题讨论,语法学界大都明确单依据意义标准去确定动词是行不通的。

2. 依据狭义形态确定动词

印欧语系诸语言的动词,由于有丰富的狭义形态变化,通常依据狭义形态即可确定。比如在俄语里,凡具有体、态、式、时、人称等变化的词,便是动词。汉语缺乏这种严格意义的形态变化,所以不可能根据狭义形态标准来确定动词。但也有少数语法学家认为划分词类必须根据词的形态变化,而"汉语的实词没有这种足以分别名、动等词类的形类",从而得出汉语的实词没有词类分别的结论(参看高名凯1955)。也有人(俞敏1955;陆宗达1955)认为汉语有狭义形态变化,可以依据狭义形态确定动词。他们认为,这种形态变化最明显的是重叠形式,比如"飞",可以重叠成"飞飞",表示试一下的意思。

汉语里虽有某些狭义形态,但毕竟为数不多,不足以作为区分词类的主要标准。就以重叠形式来说,有些动词有这种形态变化,但有相当一部分动词却没有,如"是""有""在""像""加以""发展""结婚""出现""害怕""觉得""遗失""企图""遭受"等。重叠形式虽然可作为某些动词的标志,但诚如吕叔湘(1956)说"可惜普遍性差点儿"。而且从根本上看,狭义形态之所以能区分词类,因为它是词类的功能的标志。汉语的狭义形态不多,用它作划分动词的标准也是有困难的。

3. 依据词的语法功能确定动词

通过50年代汉语词类问题的讨论和这以后的一些专题研究,语法学界多数人都认识到:词类是词的语法分类;替汉语的词进行语法分类,不能依据意义,也没法依据狭义形态变化,而只能依据词的语法功能(本文所说的"语法功能"都指"句法功能")。什么是词的语法功能?陈望道(1978,第42页)说:"功能,就是词在语法组织中的活动能力","词在组织中的活动能力(功能),具体表现为词和词相互结合的能力和词在句子里担任一定职务的能力。"胡裕树主编《现代汉语》(1981)说:"词的语法功能首先表现在能不能单独充当句法成分上边。能够单独充当句法成分的是实词,不能单独充当句法成分的是虚词……实词的不同功能表现在词同词的组合能力上边……虚词的不同语法功能表现在它同实词或短语的关系上边……"朱德熙《语法讲义》(1972)说:"一个词的语法功能指的是这个词在句法结构里所能占据的语法位置。"上述三种关于功能的说法,措辞不同,本质上是一样的。

动词,就是根据词的语法功能分出来的一个词类。因此,对动词性质或特点的说明,替动词跟其他词类划界,以及替个别动词归类等,都得依据语法功能。狭义形态是功能的标志,在依据功能区分词类确定动词时,如果有某种狭义形态当然可以利用,这并非抛弃了功能标准。

4. 动词定类时还存在的问题

尽管现在较多的语法学家主张按语法功能区分词类和确定动词,但在替动词定类时也还存在一些问题,值得讨论和研究:

(1) 有的语法学家虽也承认词的语法功能在区分词类中的作用,但又眷恋着意义标准,于是提出多标准分类,即以"词汇-语法范畴"作为标准,即"词义标准、形态标准和功能标准的三结合"(王力 1959)。其实质是不愿放弃意义标准。

(2) 有的语法学家虽也承认词类有语法形式特征,但认为应从意义出发来辨别词类。如有的说:"辨别词类不要回避意义,……词的语法特点归根到底是由词义来决定的","如'睡、睡觉',可以直接从词义去确认它是动词"(张拱贵 1982)。有的说:"在实际工作中,我们抄近路,求助于意义……大体说来,名词是人和物的名称,动词是表示事件和动作的词。"(赵元任 1979)意义是不必回避的,问题是什么样的意义,是词汇意义还是语法意义?如果是词汇意义,前面已经说过是行不通的;如果是语法意义,问题是辨别词类应当从形式出发还是从意义出发?应当求助于形式还是求助于意义。词类作为语法范畴,它既有语法意义,又有表示语法意义的形式。辩证法认为:从发生学角度看,意义决定了形式;但从认识论角度来看,又得从形式出发去发现意义。因此,从意义出发去辨别词类是颠倒了认识的顺序。

(3) 词类作为语法范畴,它是语法意义和语法形式的统一。大家对功能也有不同的理解,究竟是语法形式还是语法意义,还是既包含语法形式又包含语法意义,它跟广义形态(或分布)究竟是同一含义的不同说法,还是虽有联系,但各有所指?只有对这个问题有正确的认识,对动词的性质特点才能做出科学的解释。

(二) 动词的语法特点

动词的语法特点,是指这类词在语法功能上所表现出来的特点(包括标示语法功能的狭义形态)。现代汉语动词的语法特点,各家说法不完全一致,概括起来,大致有以下几点。

(1) 动词能跟副词结合。动词跟副词结合,可以以否定副词("不"或"没""没有")作代表,因为动词跟否定副词结合有较大的普遍性。"不"或"没(没有)"置于动词之前作状语,如"不吃""不休息""不去""没吃""没休息""没去"。但也有一些例外,如:"是""像""应该"等不能跟"没"结合,但能跟"不"结合("不是""不应该");"有""剩余""工业化"等不能跟"不"结合,但能跟"没"结合("没听见""没工业化");"充满""公认""来回"等不能跟"不"或"没"结合,但能跟其他副词结合("已充满""都公认")。动词跟副词结合的情形,值得深入研究,比如哪些动词只能跟"不"结合而不能跟"没"结合;哪些动词只能跟"没"结合而不能跟"不"结合;哪些动词不能跟任何否定副词结合,这里面有没有规律？又比如什么样的副词能跟什么样的动词结合,副词的小类跟动词的次类或小类有些什么联系,等等。

（2）动词能作谓语或谓语中心词。如"他吃饭""大家休息""小王笑""光荣属于祖国"。动词一般都能和名词结合,置于名词后构成主谓结构,即充当谓语或谓语中心词。有些动词能够单独作谓语,如"休息";有些动词有时单独作谓语,有时作谓语中心词,如"吃"（在"他吃"里单独作谓语,在"他吃饭"里作谓语中心词）;有少数动词通常不能单独作谓语,但可以作谓语中心词（如"属于""姓"等）。

（3）大部分动词能带宾语。如"吃饭""看电影""喜欢他""写信"。动词所带的宾语,大都是名词性宾语,也有带非名词性宾语的。如"挨打""遭受打击""爱唱歌""进行研究"。但也有一些动词不能带宾语,如"游行""咳嗽""休息""睡觉"等。深入调查研究动词带宾语的情形（包括哪些动词能带,哪些动词不能带;能带的,各带些什么样的宾语,以及在什么情况下必须带,在什么情况下不必带;等等）,有助于进一步认识动词的特点和替动词区分次类或小类。

（4）大多数动词能带补语,特别是能带动量补语。如"看一次""知道一下""跑一趟""打一顿"。但也有些动词不能带动量补语,如"是""属于""像""希望""觉得""企图"等。对动词带动量补语的情形（包括哪些动词能带,哪些动词不能带;能带的各又带些什么样的动量补语;等等）进行深入的调查研究,也会有助于加深对动词特点的认识和替动词区分次类或小类。

（5）一般可用肯定否定相叠的形式（记作"X 不 X"）进行提问。如"看不看""喜欢不喜欢""去不去""休息不休息"。有的动词不能用"X 不 X"形式进行提问,但能用"X 没 X"进行提问,如"有"不能说"有不有",但能说"有没有"。也有些动词习惯上不用"X 不 X"或"X 没 X",而用变化了的肯定否定形式"X 了没有"进行提问,如"崩溃"和"沸腾",可说"崩溃了没有""沸腾了没有",但不能说"崩溃不崩溃""崩溃没崩溃""沸腾不沸腾""沸腾没沸腾"。也还有少数动词,如"显得""奔驰""加以"等,没有上述几种提问形式。有无提问形式,显示了动词内部的差别,所以动词的提问形式的深入研究,有助于动词的特点和分类研究。

（6）动词常可加上"了""着""过""起来""下去"或能用重叠形式表示某种"动态"体。这些都可看作动词的形态。其中"了"表完成态,"过"表经历态,"着"表进行态(持续态),"起来"表开始态,"下去"表继续态,重叠形式表尝试态。例如：

① 说了(这话)/研究了(这问题)/休息了(一会儿)
② 说过(这话)/研究过(这问题)/休息过(一天)
③ 说着(这话)/研究着(这问题)/(正)休息着
④ (又)说起来/(又)研究起来/(又)休息起来
⑤ (快)说下去/(要)研究下去/(要)休息下去
⑥ (你)说说/(要)研究研究/(要)休息休息

多数动词后边可加"了""着""过"表示"动态",但也有一部分动词不能加。如"是""在""像""类似""等于""企图""希望"等动词后边不能加"了""着""过";"参加""发现""成立""批准""看见""听见"等动词后边只能加"了""过",而不能加"着";"开幕""闭幕""拼命""开始""逝世"等动词后边只能加"了",而不能加"过""着";"盼望""奔驰""飞翔"等动词后边只能加"着",而不能加"了""过"。相比之下,动词后边加"了"比之加"过""着"要多一些。动词后边加"了""着""过"表动态的问题,前人已做过一些研究,但似乎没有得到彻底解决。而这个问题的研究,对动词的次范畴分类有密切关系,所以吕叔湘(1987)指出这个问题"值得做大面积的研究"。与加"了""着""过"比较,加"起来""下去"表动态的动词要少一些。究竟哪些动词有这种形态？表动态的"起来""下去"跟趋向动词"起来""下去"有何区别？现代汉语动词的"体"这种动态与印欧语比较,有自己的特点,形式丰富多样。这些问题都有待于进一步研究。

许多动词有重叠形式的形态,但有相当多的动词没有这种形态,例如"是""有""活""害怕""希望""企图""开始"等。对动词的重叠形态也值得深入研究(包括哪些动词有这种形态,哪些动词没有,重叠形态的各种类型及其所标志的语法意义,等等),因为可加深对动词的形态系统的认识,并有助于动词的次范畴分类。

以上谈了现代汉语动词在功能上表现出来的六个特点。这些特点中有的对内具有普遍性,有的对外无开放性。但这不是说每个动词都必须具有这六个特点。总的来说能与副词结合,能作谓语或谓语中心词,是所有动词共有的功能;而其他的一些功能,有的动词有,有的动词没有。假如上述的动词语法特点能成立,是否可以这样来认识:第一,凡动词必须具有能与副词相结合以及能作谓语(或谓语中心词)的功能;第二,凡具有上述第一点所说的功能并具有其他特点(包括能带宾语,能带补语,能用肯定否定相叠的形式进行提问,能加"了""着""过""起来""下去"或能用重叠形式表动态)的词都可看作动词;第三,凡没有上述语法特点的词,不能看作动词。

(三) 动词跟其他词类的界限

动词的语法特点,是在与其他词类相比较之下得出来的。这类词与那类词之间,可能有相同的语法功能,但也可能有不同的语法功能。语法功能相同的不能分类,不同的语法功能的对立才能分类;动词的语法特点只是动词所具有而为别类词所没有的语法功能。因此,要认识动词的语法特点,必须依据功能划清和其他词类的界限。在划界上主要有以下几个问题。

1. 动词和名词的界限

动词和名词在语法功能上是对立的。上面所说的动词的六个特点,名词基本上不具备。名词和动词结合,一般的情况是:置于动词之前作主语,置于动词之后作宾语以及能和表示数量的词语结合构成定心结构("一张桌子"之类);这样的功能,动词也基本上不具备。动词和名词的界限大体上是清楚的。但在动名划界问题上也不是一点都没有问题,有争议的主要有三个问题。

(1) 动词能不能作主语宾语?

对于这个问题,有两种倾向值得注意。

一种倾向认为,处在主宾语位置上的动词是"名物化"(张志公 1956,第

8页)或"名词化"(史振晔 1960);有的认为已"转成"名词,"干脆说,就是名词"(黎锦熙 1924;黎锦熙、刘世儒 1960)。必须指出,在汉语中,绝大多数的动词在一定的条件下(特别是在"是"字句里)都可作主语和宾语,假如动词一出现在主语或宾语位置上就成了名词,如此一来,动词都可能兼作名词,动词和名词也就划不清界限了。

另一种倾向认为,动词"既能作谓语,又能作主宾语","这是汉语区别于印欧语的一个非常重要的特点"(朱德熙 1985,第 5 页)。这样的讲法否定了动词出现于主宾语位置就"转成"名词,这是值得肯定的。不足之处是没有说明动词作主宾语的条件。事实上,汉语中动词作主宾语是有条件的:它作主语时,后边作谓语(或谓语中心词)的动词是有限的("是""开始""消失""应该"之类的动词);它作宾语时,前边的动词也是有一定限制的(即只能在非名宾动词之后)。而动词作谓语(或谓语中心词)则是无条件的。

是否可以这样说:作主宾语是名词的语法特点。一个动词通常不跟另外一个动词(特别是动作动词)结合在一起作主语或宾语,而且动词作主语和宾语是有条件的,所以作主宾语不是动词的主要功能。

(2) 名词能不能作谓语?

对于名词能不能作谓语的问题,也有一些不同的认识:有的认为名词不能作谓语,比如"他是学生"中的"学生"是宾语(或表语),而不是谓语;有的认为名词可以作谓语,有的看作"合成谓语",比如说名词作谓语"一般要求前边有判断词'是',构成合成谓语"(人民教育出版社编《汉语知识》1959,第 60 页)。应该看到汉语中还有这样一些句子:

① 鲁迅绍兴人。/他大学生。

② 昨天阴天,今天晴天。/明天星期天。

③ 她黄头发,大眼睛。/你个大傻瓜。

④ 这张桌子三条腿。/一元钱三斤黄豆。

对于上面这些句子里后边的名词性成分如何分析有不同的看法:有的看作名词谓语;有的认为谓语部分是词组,所以看作名词词组作谓语;有的看作宾语(或表语),句中省略谓语动词或系词,理由是这种句子的否定形式是不能省略动词或系词的,比如"明天星期天"的否定形式是"明天不是星期天"。

各家几种不同的分析都有理由,究竟怎样分析为妥是可以讨论的。

汉语动词跟名词的功能对立,如前所述,不是表现在作主宾语上,主要是表现在能否作谓语上。汉语的动词和形容词经常充当谓语,名词一般不能作谓语。假如说名词能作谓语或谓语中心词,那动名的功能差别就不大了。是否可以说:汉语名词跟名词结合(特别是在短语结构里)不能作谓语,只有在一定条件下(通常是在动态句子里出现)才能作谓语。或者说名词一般不能作谓语,作谓语是有条件限制的。

(3) 有没有名动词?

有人(朱德熙 1982,第 60 页;1984)把"准备""研究""改革""剥削""分析""调查"等称作"名动词",其理由是:第一,它们可以直接修饰名词(如"准备时间""改革办法"等);第二,可以受名词直接修饰(如"精神准备""文字改革");第三,可以作"准谓宾动词"(指"有""作""加以""给以""受到""予以"等等)的宾语。这三点理由看来都有问题。第一,动词修饰名词可以带"的",但也可以直接修饰名词。比如,"出租的汽车""表演的节目""出口的商品"可以说"出租汽车""表演节目""出口商品"。能说"出租""表演""出口"是名动词?第二,现代汉语里名词修饰动词可带"的",可是,动词也有受名词直接修饰的,例如"电话联系""高价收买""冷水洗澡""礼貌待人"等等。把"联系""收买""洗澡"等说成名动词也站不住。第三,"有""作"之类的动词既可带名词性宾语("有人""有事情"),也可以带非名词性宾语("有改进""有曲折")。因此,也没有理由认为能作"有"的宾语的动词就是名动词。

2. 动词和形容词的界限

在印欧语言里,动词和形容词在功能上(包括狭义形态标志上)有明显的差别:动词主要作谓语(或谓语中心词),并有动词的一系列形态标志;形容词主要作定语,不能单独作谓语,也有自己的形态标志;可以说两者泾渭分明。但是在汉语里,动词和形容词都能作谓语(或谓语中心词,非谓形容词除外),都能跟副词结合,多数都能用"X 不 X"进行提问,也都能作定语,等等。而且有些形容词也能带"了""着""过",也能在一定的条件下带宾语。赵元任(1979)、吕叔湘(1979)主张把汉语里形容词合在动词(广义动词)里,也许是一个较好的方案。动形合并至少有以下几个理由:第一,汉语里的形容词在主要功能上(特别是与名词的对立上)同动词基本相同;第二,汉语形容词跟动词虽有一些不同,但是这只是多和少的区别,而不是有和无的区别;第三,把汉语的形容词合在动词里,对说明短语结构和句型较方便,就可避免"动词或形容词"之类累赘的用语。汤廷池(1979)也说:"动词和形容词,与其说分隶于两个独立的词类,不如说是共属于同一个词类的两个小类,这个共同词类,姑且名为广义的'动词'或'述词'"。陈望道(1978)用术语"用词"来概括动词和形容词。朱德熙(1982、1984)用术语"谓词"来概括动词和形容词,把吕叔湘(1979)说的"非谓形容词"排除在形容词之外,称为"区别词"。如果采取广义动词说,原来看作形容词的那些"非谓形容词"就得另外立类或归并到其他的类里;原来的形容词就成为动词内部的一个次类。比如赵元任称之为"性质动词",汤廷池称之为"描写动词"。至于性质动词或描写动词跟其他动词的区别也还有一个如何划界的问题,但是那是动词内部如何分次类的问题了。在动词次范畴分类上,原来认为是形容词的这类词,是放在一类还是分成几类,都还要好好研究。

3. 动词和介词的界限

现在一般语法书上说的介词,大都是由动词转化过来的。有些介词已丧失了动词的语法功能,有些介词还保留着动词的某些特点,还有些词在一种情况下具有介词的语法特点,在另一种情况下具有动词的特点。这种错综复杂的情形使动词和介词的划界产生了一些困难。考虑到汉语历史背景里动词和介词划界的困难,有些语法论著把一般所说的介词看作动词下面的一个小类,有的称为"副动词"(饶长溶1960),有的称为"次动词"(丁声树等1961)。

替动词和介词划界,首先要解决划界标准。标准不一样,涉及介词的范围、数量以及动介兼类等好多问题。过去曾经有过"介绍"说,说介词是"介绍什么到什么"上去的一种词。但这很难说。有的动词也有"介绍什么到什么"的情形(最典型的是"介绍他参加工作"中的"介绍");反之,有的介词很难说介绍什么(如"被打"中的"被")。现在多数语法著作认为动词能作谓语(或谓语中心词),能跟副词结合,能用"X 不 X"提问,而介词则不具备这种功能。介词的语法特点主要表现为:不能单独作谓语,即使带上名词也不能充当谓语;介词经常附着在名词、代词前边,组成介宾短语来作状语。介词不能单独作句子成分,是个虚词。

依据动词和介词之间功能的差别,有些词在划界上没有争议,例如"从""自""自从""于""以""把""被""对于""至于""关于"等,这些词一般都被视作介词。但对有些词,例如"往""朝""向""到""用""拿""靠""替""像""望""冲""在""叫""让""给""比""跟"等,就有不同看法。

一种意见(人民教育出版社编1959)认为,它们构成介词短语作状语时被视作介词,它们单独作谓语时(或谓语中心词时)被视作动词。比如"在","他在北京"里,"在"是动词;"他在北京工作"里,"在"是介词。这样处理,比较简单,上述这些词都可看作动介兼类词。但是,第一,纯介词很少,动介兼类很多,这样处理好不好? 第二,确定动词还是介词都得依句辨类,会不会造成词无定类? 第三,有些认为是介词的,处在状语位置上时,也有动词的某些特点,如用"X 不 X"进行提问("他在不在北京工作"),带某些动态助词("拿着毛笔写字")等等,这又怎样解释?

另一种意见(人民教育出版社编1956)认为要尽量做到词有定类,具体处理是:凡具有介词一般特点,经常作介词用的归入介词,如"往""朝""向"等;凡具有动词一般特点,常常作动词用的归入动词,如"用""拿""靠"等;凡既具有动词一般特点又具有介词一般特点,有时作动词用,有时作介词用的,看作动介兼类词,如"在""到""叫""给""比""跟"等。这样处理看上去很有道理,但确定"常常""经常""有时",很不容易。比如"往""拿",吕叔湘主编《现代汉语八百词》(1980)就看作兼类词。

不同的认识、不同的处理办法涉及介词的范围大小,有的认为汉语介词没有几个,有的认为汉语介词有相当数量。看来,现代汉语动词和介词的划界问题还需要深入研究。

4. 动词和助动词的界限

吕叔湘(1979,第41页)说:"助动词是个有问题的类。"确实如此,如果把各种语法书里说到的助动词统统列举出来,从语法功能上检查一下,就会发现,其中有的接近动词,有的接近副词,有的不像一般的动词,有的也不像一般的副词,所以这个有问题的类历来有争议:有的称作"助动词"(辅助动词的词),有的称作动词或衡词,有的称作副词。

如果将现在人们所说的助动词梳理一番,将那些明显是动词或副词的词剔除出去,然后替那些典型的助动词(如"能""应该""可以""敢""会"等)跟一般动词在功能上作一比较,就会发现,它跟动词有共同之处,也有不同之处。共同点是:(1)都能跟副词结合;(2)都能作谓语;(3)都能用 X 不 X 提问。不同点是:(1)多数动词能带补语,能带"了""着""过"等动态,而助动词则不能;(2)多数助动词能用双重否定的形式(不 X 不)表肯定,而一般的动词无此形式;(3)一般动词可表示事件,而助动词在句中表示评议。

从上面分析来看,助动词跟动词功能上的共同点是主要的,值得重视,当然不同点也不要忽视。究竟是把它看作动词的小类或附类,还是与动词并起并坐独立成类,可权衡利弊做出妥善安排。如果把形容词纳入动词范围,那么助动词似乎也可纳入广义动词的范围。当然,这样一来,对这类词及其后边所带的动词性词语在句法上、语义上、语用上就得做出适当的分析。

二、动词的次范畴(下位分类)

(一) 研究动词的次范畴的必要性

研究动词的次范畴,就是要研究动词的下位分类。现代汉语的动词数量很多,仅就中国社会科学院语言研究所编的《现代汉语词典》所收的动词作一粗略统计,就有一万个左右。如果把一般说的形容词也归入动词,则动词的数量还要多。动词内部也还有细微差别:比如有些动词能带宾语,有些却不能;有些动词能带"了""着""过"等或用重叠形式表动态,有些却不能。动词虽都能跟副词结合,但有些动词能跟程度副词结合,有些却不能;有些能跟情状副词结合,有些却不能。有些动词能带动量补语,有些却不能。即使能带宾语的动词,内部情况也有差别,有的只能带名词宾语,有些只能带非名词宾语,有些既能带名词宾语也能带非名词宾语。动词谓语句内部的差别,在很大程度上取决于动词次范畴的差别。比较下面两个句子:

① 我劝他明年继续考大学。　　② 我知道他明年继续考大学。

有的语法著作认为,例①②都是动词谓语句,但又不完全一样:例①是兼语短语("劝他明年继续考大学")作谓语,例②是动宾短语("知道他明年继续考大学")作谓语,表面上看,谓语中心词都是动词("劝""知道"),两句动词后都是"他明年继续考大学",但由于例①的"劝"和例②的"知道"是属于不同次范畴的动词,因此就构成了不同的句式。

(二) 动词内部分类情况概述

不少著作曾替汉语动词进行过内部分类,但由于分类的标准或角度不一样,因此分出来的类也往往不一样。曾经提到过的主要有以下几种。

1. 依据动词所表示的词汇意义分类

有些著作依据意义标准来替代汉语动词分类。例如《普通话三千常用字表》就是这样的。它依据意义把动词分为 15 类:(1)表示五官(眼、耳、鼻、口、舌)和头部的动作的动词;(2)表示主要用胳膊、手的动作的动词;(3)表示主要用腿、脚的动作的动词;(4)表示整个身体的动作和生理变化、医疗等的动词;(5)表示日常生活的活动的动词;(6)表示讲话、交际和办理事务等社会活动的动词;(7)表示工农业生产、经济商业活动等的动词;(8)表示政治、法律等社会活动的动词;(9)表示军事、公安等动作的动词;(10)表示旅行、运输和通讯的动词;(11)表示教育、研究、书写、出版的动词;(12)表示文艺、体育、游戏、娱乐活动的动词;(13)表示感受、知觉、思维等心理活动的动词;(14)表示自然界和一般事物的运动变化的动词;(15)表示愿望、趋向、判断的动词。

近年发表的《中学教学语法系统提要》大体上也是从意义出发分类的,分为 7 类:(1)表示动作行为的动词("走""打""说"等);(2)表示存在变化的动词("有""存在""增加"等);(3)表示心理活动的动词("想""爱""忘记"等);(4)表示使令的动词("使""叫""请"等);(5)表示可能、愿望的动词("能够""愿意""应该"等);(6)表示趋向的动词("来""去""起来"等);(7)表示判断的动词("是")。

词类,是词的语法分类,划分词类的标准是语法功能,划分次类的标准也应该是词的语法功能。从意义出发，人们对意义的掌握见仁见智，比如"生""死"，文字改革出版社出版的《普通话三千常用字表》认为其表示"日常生活的活动"，而吕叔湘《语法学习》认为"生""死"是"非活动的行为"，二者看法就不一样。再说词的分类是为了说明语法规律，专从意义上替动词内部分类，即使区分出来，也没有多大实用价值。

2. 依据动词带宾语的情形来进行分类

不少语法著作根据动词带宾语的情形将动词分为及物动词和不及物动词两大类，如北大汉语教研组（1958，上册第155页）说："能带宾语的叫及物动词，不能带宾语的叫不及物动词。"又如赵元任（1979，第292页）说："不及物动词能带自身宾语，以及可以倒过来做'倒装主语'的宾语（如"下雨"→"雨下了"）；反之，及物动词可以带任何宾语。"胡裕树（1981，第361页）说："不能带宾语的动词和能带施事宾语的动词，通常叫不及物动词；能带宾语的动词和带受事宾语或关系宾语的动词，通常叫及物动词。"朱德熙（1982，第58页）说："不及物动词只能带准宾语，及物动词除了带准宾语之外，还能带真宾语。"以上各家虽然具体说法不一样，但都是从带宾语的角度来区分动词的次类的。在早期，也曾有人主张依据意义来区分及物动词和不及物动词，现在一般语法著作在区分及物和不及物时大都依据动词带宾语的功能，这是一个很大的进步。现在虽然大多数语法著作都依据带宾语的情形来区分，但由于人们对宾语的看法不一致，导致在具体区分时对某些词也存在一些分歧，所以吕叔湘（1979，第40页）说这种分类"是很有用的分类，可也是个界限不清的分类"。也有少数人对区分及物不及物持怀疑态度，如陆志韦（1956，第25、26页）说："汉语的动词不容易分'及物'、'不及物'……'及不及物'的分别……是靠不住的。"可见，要不要分及物动词和不及物动词以及怎样分别都还需研究。

区分及物动词和不及物动词以后，还可替及物动词再进一步分小类。朱德熙（1982）把及物动词区分为体宾动词和谓宾动词。他说："有的动词只能带体词性的宾语，不能带谓词性的宾语，例如：骑（马）、买（票）、捆（东西）、喝（一杯）、驾驶（汽车）、修理（电灯）。我们管这类动词叫体宾动词。有的动词能带谓词性的宾语，例如：能（去）、会（写）、觉得（好）、打算（参加)、主张(先调查)、希望(快回信)。我们管这类动词叫谓宾动词。"胡裕树(1981,第358页)说,能带宾语的动词里,"多数要求带名词性宾语,而不能带非名词性宾语","有些动词要求带非名词性宾语","少数动词兼有上边两种动词的特性,既可以带名词性宾语,又可以带非名词性宾语"。这实际上是把及物动词分为三个小类。赵元任(1979,第294页)把及物动词分为动作、性质、分类、"是"、"有"、助动等六个小类。吕叔湘(1979,第40—41页)指出:及物动词内部的情况"很不单纯","从一个角度看,有一般的及物,有使动性的及物,如上漆、平地、斗鸡。有容许的及物,如桥上走火车,桥下过汽车。从另一个角度看,动词的宾语可以是名词,也可以是动词,还可以是主谓短语,有的动词只能带其中的一种,有的能带其中的两种或三种,有的动词能带两个名词宾语,有的动词能带一个名词宾语和一个动词宾语,有的动词允许或者要求在所带宾语之后续上一个语义上属于宾语的动词,如此等等"。究竟怎样给及物动词进行再分类,是一个值得进一步探讨的问题。

至于不及物动词,也可再分小类。赵元任(1979,第294页)将其分为三类:动作动词、性质动词、状态动词。田申瑛(1985,第78页)把不及物动词分为"不能带宾语的动词"和"能带施事宾语的动词"两类。不及物动词究竟怎样进行下位区分也需要进一步探索。

3. 依据动词"价"的数量来进行分类

近年来,语法学界在讨论"价"(也称"向")的问题。对于"价"的看法,有不同意见。

朱德熙(1978)说:"只能跟一个名词性成分发生关系的动词叫单向动词","能够跟两个名词性成分发生联系的是双向动词","能够跟三个名词性成分发生联系的是三向动词"。他举"死"为例,在"他死了"里,"死"是单向动词,在"他死了父亲"里,"死"是双向动词;又举"切"为例,在"我切肉"里,"切"是双向动词,在"这把刀我切肉"里,"切"是三向动词。若按照这样的分析,则汉语的许多动词都可能在某些句里是单向,在某些句里是双向;许多动词在某些句里是双向,在某些句里是三向,甚至还可推出有四向的动词。比如"告诉",在"他告诉他一件事"里,"告诉"是三向,在"他昨天告诉我一件事"里,"告诉"是四向。

文炼(1982)认为:"动词发生联系的名词性成分有两种:一种是强制性的,如果没有语境的帮助,一定要在句中出现。一种是非强制性的,根据表达的需要,在句中出现或不出现","有些动词只有一个强制性名词成分与它同现,它们是单向动词;有两个强制性名词成分的是双向动词。当然还可以有三向动词"。

吴为章(1982)认为:与动词发生联系的名词性成分应区别"必有的"和"可有的","一个句子中,只能有一个必有的名词性成分和它同时出现的动词,就是单向动词"。据此推理,则一个句子中有两个必有的名词性成分和它同时出现的是双向动词。当然也还可以有三向动词。

马庆株(1983)说:"'价'是一种比喻的说法,目前没有严格的定义。我们用它指在最小的主谓结构中动词(不借助于介词)所能联系的名词性成分的数目。"

廖秋忠(1984)认为:"每个动词所支配的成分简称为价(Valent)是有一定数量的。根据支配成分数量的多寡,动词有零价、单价、双价和三价之分。""支配成分主要是语义上认知上的概念。"从句法上看,"支配成分在句中体现为主语、直接宾语、间接宾语或介词宾语……非支配成分通常做介词宾语或状语等"。他的说法跟文炼所说的基本相同。

动词"价"的分类是很有用的,它有助于说明一定的动词跟它的支配成分之间的某种关系,有助于说明句法和句型,有助于解释语句表达中的省略和隐含现象。应该指出,"价"是从国外引进的,最早运用"价"于语法的是法国语言学家特思尼耶尔(参看冯志伟 1983)。外国语言学家在解释"价"时主要是根据印欧语言,而我们的汉语跟印欧语不一样,比如汉语中的非名宾动词,其强制性成分不一定全是名词。所以,对"价"理论和汉语的"价"分类应从汉语实际出发来加以说明。"价"的研究还刚刚开始,许多问题还未解决。比如"价"究竟是句法上的还是语义上的。又比如说"价"是动词所必需联系的"名词性成分"可能也有问题,因为有些动词必需联系的不只是名词性成分(如"遭受""加以""企图""渴望"等等)。又如"服务""合作""致敬""鞠躬"之类一般认为是一价动词,但实际上这些词必须联系着两个名词性成分,只是一个名词性成分由介词引进放在了动词之前。这样的词看作一价动词似乎值得商榷。还有"价"如何来具体归类以及各个"价"内部进一步的下位区分,等等。以上一些问题都有待深入研究。

4. 其他种种分类

除上述一些分法外,还有一些其他的分类法。邓守信(1983)认为,可以根据动词及其所带名词性成分的格关系分为三类主要动词,即动作动词、状态动词和过程动词。汤廷池(1979)根据动词语义上、功能上的特征把动词分为动态动词和静态动词两大类。他说:"表达施事者积极主动的行为的……叫做动态动词。非表达施事者积极主动的行为的……叫做静态动词。"并列举它们七种语法功能上的差别来加以区别。马庆株(1981)根据动词能不能加"着"分为两类:"不能加'着'的动词叫非持续性动词……能够加'着'的叫作持续性动词。"又根据它们带时量宾语所表现的区别性语义特征,分为四个小类:"死"类、"等"类、"看"类、"挂"类。袁杰、夏允贻(1984)根据动词词义的虚实把动词分为两大类:实义动词和虚义动词。"表示具体词汇意义的动词"叫作实义动词;"本身词义削弱或几乎消失,主要起或基本上只起句法或修辞作用的动词",叫做虚义动词。邱广君(1982)根据动词能否带趋向动词分为"位移动词"和"非位移动词"。也有的把位移动词分成更小的类,如看位移动词能不能带受动者分为"他移动词"(如"把书包背出教室"的"背")和"自移动词"(如"走出屋子"的"走")。还有些其他的分类法,不一一列举。

(三) 怎样深入研究动词的次范畴

动词的次范畴是一个需要花大力气来研究的问题。要研究好这个问题,需注意以下几点。

1. 分类必须根据语法特点

动词分类的目的是为了更好地说明语法规律,因此替动词进行下位分类,必须依据汉语动词在语法上显示出来的特点,而不能依据它的词汇意义。因此,我们不主张只讲意义而不说明其语法特点的一切分类法;当然,也不是讲语法特点完全不讲意义。动词分类中所讲的意义,应当是语法意义,也就是由一定的语法形式所表示的意义。

2. 可以多角度地进行分类

语法研究要区别三个平面,动词的次范畴分类也可以从三个平面进行研究。同样根据语法特点,但由于角度不一样,分出来的类也不一样。比如,在句法平面,可以根据动词带宾语的情况进行分类。这样分出来的动词类有利于说明句法结构:甲类动词应带甲类宾语而不能带乙类宾语,乙类动词可以带乙类宾语而不能带甲类宾语。比如,在语义平面,可以根据动词所带的强制性语义成分的数目进行"价"分类,这样分出来的类有利于分析词语间的显性或隐性语法关系以及省略或隐含的语法现象。也还可以从语用平面进行分类。

3. 应当多层级地进行分类

动词是一级大类。根据说明语法规律的需要,在大类下还可分出小类甚至更小层级的类。这样层级地进行分类,有助于动词研究的精密化。比如及物动词可带宾语,如果替及物动词再分小类,也可再分为名宾动词(带名词性词语)和非名宾动词(带非名词性词语)等。如果替名宾动词再分小类,就要研究带的是什么样的名词性词语,比如"送"和"读",同样是名宾动词,但"送"能带双宾语,如"送她礼物";"读"只能带一个宾语,如"读报";又比如"买"和"卖",同样是名宾动词,而且都能带双宾语,可以说"卖给他一斤鱼""买到了一斤鱼",但不能说"买给他一斤鱼""卖到了一斤鱼"。这表明名宾动词底下是可以也需要进一步分类的。

4. 对某些语法特点的动词类进行专题研究

对一些语法特点比较显著的动词类进行专题研究,也有助于动词的分类。这方面的工作有些已经做了,如关于趋向动词的研究,关于助动词(能愿动词)的研究,关于联系动词(判断词)的研究,关于形式动词的研究,关于互向动词的研究,关于带"兼语"动词的研究,关于"自主"动词的研究,关于"两面性"动词的研究,关于复式动词的研究,关于"化"尾动词的研究,关于双宾动词的研究,关于"徒手"动词的研究,关于包装义动词的研究,关于位移动词的研究,等等。这些研究,都使得动词分类和归类更具体、更深入。还有许多专题也很值得研究,如光杆动词、专与有生命名词发生联系的动词、专与无生命名词发生联系的动词、感知动词、心理动词、状态动词、能带施事宾语的动词、离合动词等等。

三、动词所构成的短语和句型

（一）动词所构成的短语

动词所构成的最基本的句法结构体是动词短语。传统语法学在分析句子时由于采取中心词分析法，所以对短语的研究不太重视。70 年代末以来，汉语语法学界逐渐开始注意在语法分析中贯彻层次分析的方法，这就把短语的研究提到议事日程上来了。

短语的分类，可以从两个角度来进行。一是按其内部结构来分，如分成主谓短语、动宾短语、动补短语、偏正短语、连动短语、兼语短语、联合短语等等；一是按其外部功能来分，如分为名词性短语、动词性短语等等。动词短语就是按短语的语法功能分出来的一种语类（短语的功能类型）。关于动词短语，有以下几个问题需要探索。

1. 动词短语的性质特点

吕叔湘主编《现代汉语八百词》(1980,第 10 页)说："动词可以有三种连带成分：宾语、补语、状语。动词和它的连带成分构成动词短语。"这个说法似乎没有抓住动词短语的本质，而且把有些动词短语排斥在外了。比如连动短语（"走过去开门"之类）、兼语动词（"派他去"之类）、由动词语联合构成的动词短语（"学习并贯彻"之类）等短语就没法包括进去。其实，动词短语最重要的语法特点是经常用来充当谓语，它具有动词性质的功能，所以才称之为动词性短语或动词短语。

2. 动词短语的种类

吕叔湘《汉语语法分析问题》(1979)说动词短语有以下六种：(1)基本动词短语，如"做完""做不完""写出来""写得出来"；(2)扩展了的动词短语，如"急急忙忙地发了个电报"；(3)形容词短语，如"三米高""大一号""很高兴"；(4)D2 短语，如"说说笑笑的""慌慌张张的"；(5)用"似的"和"一样"结尾的短语；(6)"你一言我一语""高一脚低一脚"之类短语。

吕叔湘主编《现代汉语八百词》(1980)认为动词短语是动词和它的连带

成分(宾语、补语、状语)结合而成的短语,这实际上就把动词短语分成三种:(1)"动+宾"短语;(2)"动+补"短语;(3)"状+动"短语。动词短语究竟有多少种?这是可以讨论的。如果以动词短语的结构类型为纲来替动词短语分次类,下面六种短语一般被认为是动词短语:(1)动宾短语,如"读书""讨论问题";(2)动补短语,如"说清楚""跳起来""搞得很好";(3)由状语及其中心词组成的偏正短语,如"热烈讨论""紧张地劳动";(4)由动词性词语联合构成的联合短语,如"调查研究""学习并贯彻";(5)连动短语,如"拿笔写字""走过去开门";(6)兼语短语,如"请他来""派他去北京"。

3. 主谓短语的功能类

关于主谓短语的功能类,存在着争议:一种认为,"主谓短语在句子里主要是用来作主语或宾语,是名词性短语性质"(吕叔湘1979,第50—51页);另一种意见认为主谓短语"是动词性的"(胡裕树主编1981,第341页);再有一种意见认为主谓短语"是谓词性的"(朱德熙1982,第101、123页)

主谓短语是一种比较特殊的短语,在句子里,它可以作主宾语,也可以作谓语(如果承认有主谓谓语句)。在作宾语时,有两种情形:一种是在名宾动词后作宾语,在语义平面指称名物或事物,回答"什么"的问题,如"我知道他没来",是回答"知道什么"的问题;另一种是在非名宾动词后边作宾语,在语义平面是陈述行为或性状,回答"怎么样"的问题,如"我觉得我的精神很好",是回答"觉得怎么样"的问题。所以主谓短语究竟是名词性的还是动词性的或谓词性的,尚可深入探讨。

4. 动词短语的专题研究

动词短语很重要。而且有些动词短语,比之印欧语中的相应句法结构,是很有特色的,如连动短语、兼语短语、动补短语中的动结式、动趋式、动得式等。如果把动词短语的句法和语义特点分析并描写清楚,对汉语的句型研究,对语言教学等将会有很大帮助。所以对动词短语逐个进行专题研究是十分必要的。

(二)动词所构成的句型

汉语的句型系统里,动谓句数量最多,也最为复杂。而动谓句的下位句型以及动谓句的一些重要句式的确立,都跟动词有着极其密切的关系。要研究动词,必须研究它所构成的句型;而研究动谓句,也离不开动词的研究。

1. 各家对动谓句再分类的情形

许多语法书在谈到动谓句句型时,往往替动谓句进行下位区分,但各家区分出来的动谓句句型系统很不一样。比较有代表性的有:

人民教育出版社编《汉语知识》(1959)依据主谓宾补定状的配合情况,把动谓句分为16种基本结构(格式):(1)"主|谓"("车停了"等),(2)"主|合成谓"("这是蝌蚪""弟弟会笑了""朝阳升起来了"等),(3)"主|谓宾"("苏苏喂鸭子"等),(4)"主|谓宾宾"("爸爸给我钱"等),(5)"主|谓补"("他立在河岸上"等),(6)"主|谓宾补"("徐琴教我三次了"等),(7)"主|谓补宾"("姊姊洗干净了衣服"等),(8)"定主|谓"("中国人民站起来了"等),(9)"主|是定谓"("罗伯逊是人民的歌手"等),(10)"主|谓定宾"("连长发下一道命令"等),(11)"定主|谓定宾"("中国的孩子们过着幸福的生活"等),(12)"主|状谓"("火车已经开了"等),(13)"主|谓状补"("你来得太迟了"等),(14)"主|状谓状补"("我们都起得很早"等),(15)"主|宾状谓"("李老师什么都知道"等),(16)"主|定宾状谓"("他们一间屋子都没有"等)。

吕叔湘主编《现代汉语八百词》(1980)依据多种标准列了个"动词谓语句式表",该表把动谓句分为以下13类"句子类型":(1)及物动词句("你学过英语吗?"等),(2)不及物动词句("尘土飞扬"等),(3)双宾语句("张老师以前教过我们数学"等),(4)动词作宾语句("机器正在进行改装"等),(5)小句作宾语句("我们都认为这个办法很好"等),(6)数量宾语句("我以前也学过一年英语"等),(7)宾语前置句("我们什么工作都认真干"等),(8)"把"字句("他把介绍信带在身边"等),(9)被动句("衣服全被露水浸透了""信已经发了"等),(10)补语句("这孩子现在长得挺高了"等),(11)存在句("屋子里有人吗?""门口站着一位红军战士"等),(12)连动句("他推开门大踏步走进去"等),(13)兼语句("大家一致选老王当组长"等)。

胡裕树主编1981《现代汉语》(1981)依据"谓语结构"的情形,把动谓句分为5种句型:(1)动词谓语句(谓语是动词,如"大会开始了"等),(2)动宾谓语句(谓语是动宾词组,如"他写了一篇论文"等),(3)动补谓语句(谓语是动补词组,如"他用手把门敲了三下"等),(4)连动谓语句(谓语是连动词组,如"许光发站起来迎接他们"等),(5)兼语谓语句(谓语是兼语词组,如"我请你写一篇文章"等)。

黄伯荣、廖序东主编的《现代汉语》(1983)依据"主要成分的不同情况"把动谓句分成 5 种"格式":(1)主谓式("太阳出来了"等),(2)主谓宾式("劳动创造世界"等),(3)双宾式("党给我力量"等),(4)连谓式("人民起来打倒反动派"等),(5)兼语式("工作使他忘掉一切"等)。

张静主编的《新编现代汉语》(1986)依据"基本成分"把动谓句的"基本"句型分为两大类:(1)主谓句("咱们回去吧"等),(2)主谓宾句("他们失去了灵魂"等)。

李临定《现代汉语句型》(1986)依据"多标准"把动谓句分为单动句型(包括存在句型、隐现句型、非意志句型、身体行为句型等)和双动句型(包括连动句型、"兼语"句型、"助动词"句型、"动补"格句型、代表字句型等)。

陈建民《现代汉语句型论》(1986)依据主语和谓语的情形,把动谓句大体分为四类:一主一谓句、"是"字句、一主多谓句、多主谓句。

从上述各种语法书对动谓句的内部句型系统的分析来看,大家的认识很不一样,其原因是多方面的。应该把现代汉语的动谓句分为多少句型,如何建立动谓句句型系统,值得讨论。

2. 建立科学的动谓句句型系统

要科学地建立动谓句的句型系统,有几个问题在理论上需取得一致认识。

(1) 句型和句类

句型和句类是两个不同的语法范畴:句型是按照句子的结构特点分出来的类型,是属于句法平面的;而句类是按照句子的语气或表达功能分出来的类别,是属于语用平面的。相同的句型可以属于不同的句类,相同的句类也可以属于不同的句型。例如"他去广州了"和"他去广州吗?"都是主谓句,但前者是陈述句,后者是疑问句。"他来了"和"放学了"都是陈述句,但前者是主谓句,后者是非主谓句。有些语法著作把句型和句类混在一起,都称为句型,例如黄伯荣(1981)的句型里就包括了句类。又如邢福义(1983)明确提出句型有两种,一种是"结构型",一种是"语气型"。两者"具有'加合孳生'的关系,即结构型+语气型=结构语气型"。比如动句,就可分为陈述动句、疑问动句、祈使动句和感叹动句。在 1986 年动词和句型的学术讨论会上,持有这样观点的人还不少(参看中国社会科学院语言研究所现代汉语研究室编 1987)。这说明还有待于进一步对句型和句类两个语法范畴严格地加以区别。

句型和句类都要研究,这是没有疑问的。但是,句类跟动词本身无必然的联系,而句型跟动词本身的性质有关。因此,研究动谓句的下位分类,主要是研究句型。

(2) 句型和句式

句型和句式也是有区别的:句型是以语言中全体句子为对象加以归纳的结果,也就是说,出现任何一个句子,必定能归入某个句型;句式是以语言中部分带有特定虚词或特定格式的句子为对象加以描述的结果,如"把"字句、"被"字句等。相同的句型可以分化为不同的句式,如"张三把李四批评了"和"李四被张三批评了"都是主谓句句型,但前者是"把"字句句式,后者是"被"字句句式。相同的句式也可以属于不同的句型,如"把"字句句式有的属于动宾谓语句("他把炉子生上了火"之类),有的属动补谓语句("他把字写得很大很大"之类),有的属一般动词谓语句("他把饭吃了"之类)。可见句式是指句子的某种特定格式。有些语法论著认为句型和句式是一回事,只是用的术语不同而已。如李临定《现代汉语句型》一书中,把句子的各种格式都称为"句型"。《现代汉语八百词用法》编写组在《区分句型的一个尝试》一文中所列的动词谓语句的各种句式,也是指动词谓语句的各种句型。又如张静的《新编现代汉语》则更明确地说汉语的句式,也可叫做句型。黄伯荣、廖序东主编的《现代汉语》也把句式和句型看作一回事,该书把五种句子格式称为"五种句型"。把句型和句式混在一起,不利于科学地归纳汉语的句型系统,特别是动词句句型系统。

(3) 动谓句分型(或定型)的标准

像动词的下位分类要有一定的标准一样,动谓句的下位分型也应依据一定的标准。当前,语法学界对此有不同看法,从上边谈到的一些著作对动谓句下位分型情况来看，有的使用单一标准，有的使用多标准。

使用单一标准的，用的标准也各不一样，主要有以下一些：有的是依据六大成分（主谓宾补定状）配合情况来分型的，如人民教育出版社编《汉语知识》(1959)；有的是依据主要成分或基本成分（主谓宾）来分型的，如张静主编的《新编现代汉语》(1986)和黄伯荣、廖序东主编的《现代汉语》(1983)；有的是依据谓语结构的情形来分型的，如胡裕树主编的《现代汉语》(1981)；有的是依据主语和谓语的情况来分型的，如陈建民的《现代汉语句型论》(1986)。

使用多标准分型最有代表性的是吕叔湘主编的《现代汉语八百词》(1980)，该书用了五个标准：一是根据动词的性质，如分成及物动词句、不及物动词句、助动词句等；二是根据宾语或补语的特点，如分出双宾语句、动词作宾语句、小句作宾语句、补语句、宾语前置句等；三是根据动词谓语所表示的意义，分出存在句、被动句等；四是根据某些特别的虚词，如分出"把"字句、"得"字句等；五是根据充当谓语的动词短语的内部结构，分出连动句、兼语句等。李临定《现代汉语句型》(1986)的"自序"更明确提出分型是"采用多标准，即根据语句不同的构造情况，用不同的标准分类型"。

这样就有三个问题值得讨论：

第一，替动谓句进行下位分型，究竟采用单一标准好，还是多标准好？

笔者认为，给动谓句分型，只能采取单一标准，而不应采用多标准，因为多标准等于无标准。多标准分类虽然在一定程度上也可达到某种实用的目的，在一定程度上也能揭示现代汉语动谓句句型的复杂情形，但从逻辑上看，是违反分类只能按一个标准的要求的。多标准分类分出来的句型缺乏系统性，句型与句型之间的关系缺乏逻辑上的联系性。例如《现代汉语八百词》把"你能游泳不能""这个意见很值得认真考虑"定为助动词句，而把"公社的羊群绝不能丢"定为被动句。从动词着眼，这些都是助动词句。由于多标准分类，往往一个句子按甲标准可以纳入甲型，按乙标准纳入乙型，从丙标准可纳入丙型，有时会使人不得要领。当然，主张单一标准，也不是一概反对在不同层级（上位、中位、下位……）按照不同的角度（或标准）替动谓句进行分型，但坚持在同一层级里只能用一个标准，而不能使用多标准。

第二,替动谓句进行下位分型,究竟是一次性好,还是多层级好?

动谓句分型时应有"层级"观念,即指动谓句的句型系统有上位、中位、下位,甚至还有下下位等这种不同的等级,这是因为句型系统是个层级系统。但有的语法著作并不主张把动谓句的句型系统层层分级,比如《现代汉语八百词》的处理方法便是。它那里分出来的是层级交错、标准多样的句型系统。从系统论的角度看,这样的分型并不科学。现在大部分人在分析动谓句系统时自觉或不自觉地按照"宝塔"形式,逐层划分句型。但在分多少层级、各个层级依据什么标准等问题上,由于语法体系的不同,大家的看法不大一样,这样,建立的动谓句的句型系统也有差别。

第三,哪些句法成分可作为确定动谓句下位句型的句型成分?

许多语法著作在替动谓句分型时,都依据句法成分,但掌握的分寸不一样。有的认为"六大成分"(主、谓、宾、补、定、状)都可作为句型成分;有的认为只有"主要成分"或"基本成分"(主、谓、宾)才能作为句型成分;有的认为除主谓宾以外,补语也可作为句型成分;有的认为,六大成分除定语以外,其他都可作为句型成分。这些不同的看法中,也有相同的,比如主、谓、宾,大家都承认可以作为句型成分。补语,大多数论著也看作句型成分。有争议的主要是:定语、状语能否作句型成分。

先说定语能否作句型成分。大多数语法著作都认为不应将其看作动谓句的句型成分。动谓句的下位类型是根据谓语的结构划分的,定语跟谓语动词没有直接的关系;主语作为一个整体,不找中心词,因此,定语的或多或少,都不会影响动谓句的下位句型。例如:

① 妹妹唱歌。
② 妹妹唱了一支歌。
③ 妹妹唱了一支外国歌。
④ 妹妹唱了一支很好听的外国歌。
⑤ 我的妹妹唱了一支很好听的外国歌。
⑥ 我的在音乐学院读书的妹妹唱了一支很好听的外国歌。

这些句子包含的词数和长度是不一样的。有的句子所以显得很长,是因为增加了一些定语。从句子表达内部来看是不同的,从句子的结构方式来看

是相同的。它们都是"主动宾"句(即动宾谓语句)。人民教育出版社编《汉语知识》(1959)把下面三个句子看成不同的句型:

① 苏苏喂鸭子。(主|谓宾)

② 连长发下一道命令。(主|谓定宾)

③ 中国的孩子们过着幸福的生活。(定主|谓定宾)

实际上,这三个句子都是"主动宾"句。照《汉语知识》那样,把定语作为句型成分,则前面讲到的"妹妹唱歌"等例①—⑥变成了六个句型。如果这样,动谓句句型多得不可胜数了,也就很难概括下位句型。

再说状语能否作句型成分。有的认为状语可以作句型成分,提出在动谓句系统中应当有"主状心"式动谓句;有的认为状语是"非句型成分",不主张建立"主状心"式动谓句。比如以下的句子:

① 你来得太迟了。　　　　② 我们都起得很早。

《汉语知识》把例①看作"主|谓状补"句,把例②看作"主|状谓状补"句。这恐怕有问题。邢福义(1983)把例①看作动补式动谓句,把例②看作状心式动谓句。为什么有些状语能作句型成分,有些状语不能作句型成分,没有充分说明。再有一个问题是如果状语跑到句子头上,如"在半夜里,风停了",该怎样处理? 状语虽然跟谓语动词有紧密联系,是修饰或限制动词的,但扩展不改变句型,因此,有些语法书认为,谓语如果是个偏正结构(即"状心结构"),动谓句的类型应根据中心部分来确定。但是如果是"把"字句、"被"字句呢? 不分析为状心式动谓句好像也说不过去。

(4) 一般句型和特殊句型。

有些语法著作不分一般句型和特殊句型。有的语法论著把一般句型称作正式句,把特殊句型称作变式句。所谓正式句,其特征是:包含着一定的句型成分,成分排列有一定的顺序;所谓变式句,或者是省略了某个句型成分,或者是句型成分排列次序因动态表达的需要而违反了正常的静态语序。比较下列句子:

① 我完成任务了。　　　　② (你完成了任务没有?)我完成了。

③ 我不认识这个人。　　　④ 我这个人不认识。

①③是一般的或正式的句型(SVO);②是省略句(SV[O]),④是倒装句

（SOV），②④都是特殊的或变式的句型。

有的语法著作认为按照谓语结构划分出来的动谓句（如动宾谓语句、动补谓语句等）是一般句型，而按照"代表字"划分出来的动谓句（如"把"字句、"被"字句等）是特殊的句型。究竟要不要区分一般句型和特殊句型？如果要分，该怎么分？这些都是可进一步研究的。

3. 研究动谓句还要注意的几个问题

要深入研究动谓句，除了上面谈到的建立句型系统中的几个问题需要在理论上进一步探索以外，还要注意以下一些问题：

（1）对各种各样的动谓句要进行专题研究。现在许多论文并不是在建立动谓句句型系统，而是对某些动谓句作专题研究，比如"把"字句、"被"字句、"得"字句、"有"字句、存在句、双宾动词句等等。这样的专题研究是很有用的。这样的研究，必须调查大量语言事实，然后概括出规律，这可以反过来促进动谓句句型系统的建立和完善化。但这样的研究还刚刚开始，有大量的题目还没有做，或做得不够，如光杆动词动谓句、前置宾语句、"使"字句、"对"字句、"在"字句、"比"字句、动补动谓句、连动句、兼语句、施事后现句、谓宾动词句、动宾带补动谓句、动补带宾动谓等等。

（2）在研究各种动谓句时，要深入研究构成该动谓句的动词及其分布特征。比如研究"把"字句、"被"字句，就要调查研究有哪些（哪类）动词能进入这两种句式作谓语中心词，动词进入这两种句式时有哪些分布特征；还有像"连动句"，并不是任何动词都能进入连动句，也并不是任何动词都能置于连动句的前项或后项，有的动词进入连动句时能单独出现在前项或后项，有的却一定要带上某个成分才能出现在前项或后项，因此要解决连动句的问题，有必要对连动句内动词进行深入的调查研究。

（3）要深入研究句型内部语义关系的异同。有些句型表面看来是同型的，但如果从语法形式表现出来的语法意义来看，仍有一定的差别。同样是动宾谓语句，但动宾之间的语义关系十分复杂，如果要把动宾谓语句研究透，动词跟宾语之间的意义关系是必须好好研究的。例如"台上坐着主席团"和"屋里开着会"，表面看都是"处所词语+'V+着'+名词"形式的存在句，但实际上内部的语法意义有差别，我们可以变换成"主席团坐在台上"，但不能变换成"会开在屋里",这说明这样的句型如果要进一步区分,也还是值得深入研讨。

(4) 要深入研究层次分析在区分动谓句下位句型中的地位。一般说来,在归纳句型方面,单纯用层次分析法是不行的。层次分析不是从句子出发,其分析的结果不一定能用来区别句型。但这绝不是说,在确定动谓句句型时可以完全不讲层次。比如,句成分分析法把"他教过我三次了"分析为"主‖谓宾补"句,把"我讲完了故事"分析为"主‖谓补宾"句,如果重视层次分析,就得把前者分析为动补动谓句,把后者分析为动宾动谓句。这样看来,在替动谓句进行下位区分时,既不能单纯从层次出发来定型,也不能不讲层次。要把成分分析和层次分析结合起来,但是具体区分时,在什么情况下讲层次,在什么情况下又不讲层次,究竟怎样使成分分析和层次分析结合起来等等,还是很值得探索的。

四、怎样进行动词研究

要使动词研究取得进展,一要重视广泛地收集材料,二要重视理论与方法。

(一) 要广泛地收集材料

收集材料是个基础工作,主要要调查和收集两方面的材料:一是语料,二是前人在这方面的研究资料。

1. 关于语料

任何规律或理论的发现和建立,都离不开具体的语言事实。要全面地、系统地、深入地研究动词,必须广泛地收集语料,建立语料档案。收集语料可以从几方面进行。

(1) 对现代汉语动词做一比较全面的调查。对各种动词的句法、语义特点以及在句子中的运用情况进行细密深入的考察。

(2) 收集动词的用法例句,着重从当代比较规范的作品(包括文学、政论散文、剧本等体裁)里收集。

2. 关于前人研究的资料

要研究动词,必须了解前人对动词的研究情况。在调查前人的研究情况时,可分成一个个小专题,逐个进行调查,尽量做到不放过每一本(或每一篇)著作。在调查的基础上写成一个个专题调查报告(或写成"综述"或"评述"等),最后集成一个"动词研究综述"或"动词研究长编"。通过调查已有的成果,要达到:

(1) 知道动词研究的各个方面现在有哪些重要著作或论文。

(2) 知道动词的哪些方面现在研究得比较多;哪些问题解决得比较好;哪些问题虽有一定研究,但没有解决,需要进一步研究;哪些问题还没有研究过,还属于垦荒性的。还要知道前人研究动词方面,哪些观点和方法比较好,可以继承或吸收,哪些观点或方法是错误的,容易引人走入歧途,必须扬弃或批判。

(二) 要重视理论与方法

同一个语言事实大家看法不一致,主要是理论和方法不一样。如果只占有事实,然而理论水平不高,方法不对头,就不可能取得突破性的成果。要把动词研究好,既要重视事实,也要重视理论和方法。在理论和方法方面,要注意以下几条。

1. 必须坚持语法形式和语法意义相结合的原则

对动词方面的每一个语法范畴,都应当找出它的语法形式和语法意义。在进行分析的时候,要坚持从语法形式出发去发现语法意义,而不是相反。

坚持从形式出发,在动词功能分类问题上便要求助于"广义形态",做到"从结构中区分词类,凭形态决定词性"(文炼、胡附 1955)。这个广义形态,就是词的语法功能的表现形式——词的语法形式。现代汉语动词缺乏印欧语那种狭义形态,但不等于没有形态,问题是汉语的形态跟印欧语不一样。因此,要贯彻从形式出发的原则,就要把汉语动词的形态系统建立起来。至于动词的"广义形态"是哪些?就得好好研究和探索。

坚持从形式出发,还必须从结构形式系统的分析中去发现语言的结构意义。因此在分析动谓句句型时,要寻找以动词为核心所构成的形式系统,并发现各种形式系统所对应的语法意义。

2. 在研究时要区别句法的、语义的、语用的三个平面

吕叔湘(1987)说:"怎样研究动词? 可以就动词本身研究动词,更重要的是研究句子里边的动词的有关成分。"动词跟其他成分的关系,有句法的、语义的和语用的。在研究时兼顾到三个平面,也就能做到形式和意义相结合,静态和动态相结合。

就以动词和名词的关系来说,名在动前通常构成主谓关系,名在动后通常构成动宾关系,这是句法上的。哪些动词能带名词宾语,哪些动词不能带动词宾语,这也是句法关系。动词和名词结合时,名词有表示动作施事的,有表示动作受事的,有表示动作客体的,有表示动作工具的,有表示动作处所的,有表示动作时间的,等等,这是语义上的。研究什么动词能带施事宾语,什么动词能带受事宾语等等,这也是语义上的。施事名词通常在动词之前,受事名词通常在动词之后;如果在一个具体的句子里,施事置于动词之后,受事置于动词之前,或省略、隐含某成分,就有可能属于语用上的。

还有些句法和语义边缘上的问题。比如"喝"这个词,可说"喝酒",一般不说"喝饭";又如"讨论""商量""合作""相劝"这些动词,要求主语一定得是人类,而且不止一个人。这些都不是纯粹的语义问题,而是句法和语义的边缘问题。过去不大提到,其实是应该研究的。

3. 要从汉语的语法特点出发来研究动词

在动词研究中,过去不少人受西洋语法理论和印欧语法体系的框架影响颇深。比如依据狭义形态来确定动词和替动词内部再分类就是一个最典型的例子。汉语与印欧语言比较,有许多不同之处,即具有许多自己独特的特点,主要有:汉语缺少严格意义的形态变化(即印欧语那种狭义形态变化),汉语词类和句子成分是不对当的(错综复杂的),汉语的语序是一种非常重要的语法手段,汉语中形容词能作谓语,汉语中有"连动式""兼语式",等等。研究动词,就要从汉语这些特点出发。印欧语讲狭义形态,我们就得讲广义形态;印欧语动词与形容词区别十分明显,故分为不同的大类,汉语中动形功能大同而小异,可合并为一个大类;印欧语没有"连动式""兼语式",而汉语研究动谓句时对"连动式""兼语式"等要作专题研究,等等。

4. 要综合采用各种具体的分析方法

前人已经采用的有些有效方法,要继承和吸收。如在动词分类上控制使用替换分析法,在句法关系分析上采用"成分层次"分析法,在语义关系的分析上采用变换分析法,等等。另外,当前国外流行的一些有用的分析方法,也要有选择地加以吸收或改造,以便为我所用。

(附记:"现代汉语动词研究"是国家教委"七五"科研规划中的一个重点项目。为了工作的顺利进行,笔者特将过去动词研究的情况,当前应该研究的问题,以及一些设想,写成此文,旨在供参加这个项目的研究者参考。)

现代汉语的名词及其再分类

〇、引　　言

名词和动词一样,也是现代汉语词类中重要的一类词。名词是词类体系中最大的一个词类,在组词成句中起着关键的作用;不同类的名词跟动词组合会构成不同的短语类型和句子类型。所以,探索汉语名词的功能和特征、辨认名词的具体方法以及对名词进行再分类,是非常重要的。可以从句法的、语义的、语用的三个平面来对名词进行研究,本文着重从句法平面对现代汉语的名词的功能、特征及其再分类(次范畴)进行探索,旨在深化现代汉语名词类的研究。

一、名词的功能和辨认的方法

(一) 名词立类或分类的根据

名词的立类或分类的根据是它的语法功能。语法功能可从语义、句法、语用三方面来说明:名词的语义功能主要表示名物,即能在动核结构中作动元、能在名核结构中作名核;名词的句法功能主要表现为常在动词(指广义动词,也称"谓词",包括一般语法书上所说的动词和形容词)作谓语或谓语中心的主谓结构中充当主语或宾语、在定心结构中充当中心语;名词的语用功能主要表现为在言语表述中具有指称性,常在"主题-述题"结构中作主题。

语法功能决定词类的语法性质,但辨认词类得借助于形式(范晓 1990)。在某些语言里,词的语法功能可通过词的屈折变化形态(狭义形态)来标示,因此根据词的屈折变化形态大体上可区分或辨认词类。汉语缺乏词的屈折变化形态,但不等于没有表示词的语法功能的形式。汉语词的语法功能是通过广义形态(指能表示词的功能的各种形式,包括词的屈折变化形式、词与词相结合的形式、替代形式、添加虚词形式等等)来表示的,因此在区分或辨认词类(包括名词及其下位分类)时,寻找其功能形式特征显得特别重要。

(二) 汉语名词的功能形式特征

汉语名词的功能形式特征是多种多样的,据我们考察,主要有以下一些。

1. 结合形式

指名词和其他词相结合的形式,即名词能跟什么样的词结合、结合后组成什么样的句法结构、它在结构中占据什么样的句法位置等。名词一般能跟动词结合("名+动"或"动+名")构成主谓结构或动宾结构,在这些结构里占据着主语或宾语的位置,如"鸟飞""天气好""工人造桥"中的"鸟""天气""工人""桥"便是。名词一般能跟数词(或指词)、区别词、量词结合("数+量+名"或"指+量+名")以及跟形容词或区别词结合("形+名"或"区别词+名")构成定心结构,在这些结构里占据着中心语的位置,如"三本书""这个人""新衣服""上等茶叶"中的"书""人""衣服""茶叶"便是。

2. 虚词形式

指名词的前面或后面能附加某种特定的虚词。名词前面一般能附加介词(介+名),如"从北京(来)""把门(打开)""在晚上(开会)"中的"北京""门""晚上"便是。有些名词后面能够附加表示方位的虚词,如"桌子上""房间里"中的"桌子""房间"便是。有些名词后面能附加表多数的虚词"们"(名+们),如"老师们""农民们"中的"老师""农民"便是。

3. 替代形式

代词("我""你""他""它""我们""你们""他们""谁""什么""这个""那个""这里""那里""这时""那时"等)可在句子里替代名词,如"小王,他是个中学生"句中,"他"替代"小王","小张和小李是我的朋友,他们都是山东人"句中,"他们"替代"小张和小李"。

4. 提问和回答形式

名词一般可用表疑问的代名词进行提问，做出相应的回答的词便是名词，例如：

① 这是<u>什么</u>？——这是<u>书</u>。　② <u>谁</u>来了？——<u>张小鹰</u>(来了)。

还可用"怎(么)样的""什么样的"提问，出现在这些疑问词后面的也是名词，如"怎样的事？""什么样的人？"中的"事""人"便是。

5. 重叠形式

某些单音节名词重叠后可表示"每一+量+名"的意义，例如：

① 在宪法面前<u>人人</u>平等。　② <u>人人</u>有专职，<u>事事</u>有人管。

上面句子里的"人人"表示"每一个人"，"事事"表示"每一件事"。

6. 带"素"形式

带"素"，指某些名词带有特定的作为构词成分的语素(词素)，包括虚素(词缀)或半虚素(准词缀)以及某些构词能力很强的实素。如有些名词带有后缀"子""儿""头"，如"刷子""乱子""苦头""念头"；有些名词带有准后缀"家""员""品""气"，如"作家""冤家""职员""人员""礼品""药品""脾气""勇气"；有些名词带有构词能力很强的实素"人""虫""水"，如"军人""小人""蛀虫""臭虫""开水""薪水"。

(三) 辨认名词及其次类的具体方法

在分类时不但要明确名词立类或分类的根据和名词的功能形式特征，还应该重视辨认名词及其次类的具体方法。辨认名词及其次类的具体方法时要注意以下几点。

1. 设定功能框架(简称"框架")

有些句法功能形式可设定功能框架来表示，比如名词能跟数词、量词结合，可用"数+量+[　]"这样的框架，能进入这个框架空格[　]的词就是名词；又如"名+们"的形式可用"[　]+们"这样的框架，能进入这框架空格[　]的词也是名词。

2. 测试方法要尽量简便

在测定不同名词类的差别时，不必列出该词类全部或可能有的形式特征,而只要选择该词类与它词类间有区别性的形式特征即可。特别要重视判定该词类的充足条件,比如,能附加虚词"们"是指人名词的充足条件,在辨认时,只要看到"[　]+们"框架,就可肯定此框架空格中的词是指人名词(拟人化另作别论)。

3. 测试时既要注意正(+)形式,也应注意负(-)形式

正(+)形式指能进入框架空格,负(-)形式指不能进入框架空格。某些负形式对某些词类来说,也起着区别性的作用,比如"[　]+们"框架,对指人名词来说是正形式,对指物名词来说则是负形式。又如"数+量+[　]"框架,对名词而言是正形式,对动词、副词等而言是负形式。

4. 要分清名词的一般用法和特殊用法

名词有一般用法和特殊用法之别,比如名词能进入"形+[　]"框架空格而不能进入"副+[　]"框架空格,这是名词的一般用法;但在动态的具体句里,有时也可发现某些名词进入"副+[　]"框架空格,例如:

① 你初来的时候,你的脑筋是<u>很田园</u>的。
② 他说了一些<u>不逻辑</u>但<u>很诗意</u>的话。
③ 这个人比阿 Q <u>更阿 Q</u>。

上面句子里的"很田园""不逻辑""很诗意""更阿 Q"便是一种特殊的用法。这种特殊用法适应了语用表达上的特殊需要,应跟一般用法区别开来。辨认词类时,应依据词在静态语法结构中的一般用法。

(四) 名词的次类

名词数量很多,内部还有一些差别,即在语法功能上既有共性也有个性,所以名词内部也还可进行再分类(名词的次范畴分类,即下位分类)。经调查测试,名词可下分为 8 个次类,即指人名词、指物名词、机构名词、处所名词、时间名词、方位名词、专有名词、代名词。

本文下面重点要讨论名词的再分类,因此必须说明各个名词次类的功能及其形式差别。

二、指人名词和指物名词

（一）指人名词

指人名词是用来指称"人"的名词。它或泛指"人",如"人""人员""人类";或指称某种性别的人,如"男子""女士""姑娘";或指称具有某种亲属关系的人,如"祖父""母亲""女儿";或指称某种种族、民族、国籍的人,如"黑人""黄种人""中国人";或指称一定年龄的人,如"老翁""青年""儿童";或指称某种职业、职务、身份的人,如"工人""记者""总统";或指称具有某种品质的人,如"英雄""模范""好汉"。指人名词的主要形式特征有以下一些：

（1）能跟数词（或指词）、量词结合,结合时量词大多用"个",有时也用"位",即能进入"数(指)+个(位)+[ ]"框架空格,如"三个人""五位代表""那位客人"。

（2）可用人称代词"我""你""他""我们"等替代,即能进入"人称代词+是+[ ]"框架空格,如"他是工人""我是学生"。

（3）可用疑问代词"谁"进行提问并作相应的回答,即能进入"谁+是+[ ]→[ ]+是+[ ]"框架空格,如"谁是记者？小王是记者"。

（4）一般可以后附虚词"们"表多数,即可进入"[ ]+们"框架空格,如"学生们""同胞们""代表们"。①

（5）不能跟介词"在"组成介词短语,即不能进入"在+[ ]"框架空格,如不能说"在学生""在经理"。

（6）某些指人名词带有特定的词缀（或类词缀）,例如：

者（后缀）——学者、笔者、编者、记者、读者、长者……
士（后缀）——人士、兵士、护士、女士、博士、绅士……
长（后缀）——家长、船长、部长、厂长、师长、市长……
家（后缀）——作家、专家、亲家、冤家、画家、庄家……

---

① 在某些文艺作品中出现非指人名词后附"们"的情形。这或是修辞用法,或是方言里的特殊用法。

員(后缀)——教员、职员、学员、海员、店员、伤员……
手(后缀)——水手、旗手、选手、打手、能手、高手……
阿(前缀)——阿爹、阿婆、阿哥、阿妹、阿姨、阿妈……
老(前缀)——老师、老板、老公、老婆、老兄、老弟……

除上述词缀外,还有些名词带有"夫""民""匠"等后缀,不一一列举。根据以上一些形式特征,可得出结论:凡能进入上面(1)(2)(3)(4)框架空格而不能进入(5)框架空格的词是指人名词;借助于上述的词缀(或类词缀),也可辅以判定指人名词。此外,某些构词能力很强的实素,也可借以判定指人名词,如"人"这个实素若出现在偏正式复合词后面,则该复合词必为指人名词,如"诗人""文人""工人""客人""商人""犯人"等。

(二) 指物名词

指物名词是用来指称"物"的名词。"物"的含义比较广泛,不仅指具体的看得见摸得着的"物",如动物("牛""马""鸟"等)、植物("树""花""草"等)和其他各种具体物("书""电灯""钢笔"等);也包括一些看不见摸不着的"物"("思维""感情""意识"等);甚至"动作""行为""性质""状态""处所""时间"等词,它们在逻辑概念里不是"物",但在语法分类里也属指物名词。指物名词的主要形式特征有以下一些。

(1) 与指人名词相比,指物名词匹配的个体量词特别丰富,不同的指物名词结合着不同的量词,如"鱼"用"条"、"鸟"用"只"、"纸"用"张"、"树"用"棵"等。指物名词不能进入"数(指)+个(位)+[ ]"功能框架的空格,如不能说"这(指)+个(位)+树"。①

(2) 可用物称代词"这""那"等替代,即可进入"物称代词+是+[ ]"框架空格,如"这是书""那是马"。

(3) 可用疑问代词"什么"进行提问并作相应的回答,即可进入"什么+是+[ ]"或"[ ]+是什么"框架空格,如"什么是语言(或"语言是什么")?语言是符号系统,是交际和交流思想的工具"。

---

① 有的指物名词可与量词"个"结合,如"这个东西",但"个"绝不能用"位"或"员"替代。

（4）某些指物名词可后附方位词，能进入"[　]+方"框架空格，如"桌子上""房间里"。

（5）不能后附"们"表多数，不能进入"[　]+们"框架空格，如不能说"书们""桌子们"。

（6）不能跟介词"在"组成介词短语，即不能进入"在+[　]"框架空格，如不能说"在书""在桌子"。

（7）某些指物名词带有特定的词缀（或类词缀），例如：

　　子（后缀）——刀子、料子、桌子、扇子、担子、刷子……
　　儿（后缀）——明儿、球儿、花儿、魂儿、盖儿、画儿……
　　头（后缀）——石头、木头、舌头、甜头、苦头、念头……
　　性（后缀）——共性、个性、弹性、本性、人性、酸性……

还有"巴""品""气""器""件""片""度""法"等也常用来作指物名词的类后缀。

可见，凡能进入上面（1）（2）（3）（4）功能框架空格而不能进入（5）（6）功能框架空格的词是指物名词，借助于上述的词缀（或类词缀），也可辅以判定指物名词。此外，某些构词能力很强的实素，也可借以判定指物名词，如"物""力""情""皮""水""山""刀""球""草""花""虫""车"等这些实素若出现在偏正式复合词后面，则该复合词必为指物名词。

指物名词内部还可分为两个小类：具体名词和抽象名词。它们的区别表现为以下两点。（1）具体名词一般可计数称量，所以能自由地进入"数+量+[　]"框架空格，如"三支钢笔""五斤米"；抽象名词一般不计数，所以不能进入"数+量+[　]"框架空格，如不能说"三个理性""五个意识"。（2）有的抽象名词虽也可进入"数+量+[　]"框架空格，但数词和量词都受到限制：结合的数词大多是"一""二""三"等有限的几个，结合的量词主要有"种""类"等有限的几个，如"一种心态""两类矛盾"。

三、处所名词、机构名词、时间名词

（一）处所名词（或称"空间名词"）

处所名词是用来指称处所或空间的名词，如"世上""府上""地下""背后""家里""田间""国外""室内""远处"等。处所名词的主要形式特征有以下一些：

（1）一般能进入"在+[ ]"框架空格，如"在府上、在家里"。

（2）一般不能进入"数+量+[ ]"框架空格，如不能说"一个府上、三个家里"。

（3）可用处所代词"这里、那里"等替代，即可进入"处所+是+[ ]"框架空格，如"这里是学校、那里是工厂"。

（4）可用处所代词"哪里、何处"进行提问并作相应的回答，功能框架可记作"[ ]+在+哪里→[ ]+在+[ ]"，如"小王在哪里？小王在家里"。

（5）处所名词常有表方位的语素，例如：

上——地上、府上、街上、身上、路上、海上、天上……

下——地下、脚下、舍下、乡下、皮下、天下、窗下……

内——城内、关内、国内、境内、室内、市内、院内……

外——国外、海外、境外、室外、野外、场外、关外……

其他如"前""后""里""旁""东""西""南""北""间"等表方位的语素以及表处所的"处""地""方"等语素也都能构成处所名词，如"远处""外地""前方"。

（二）机构名词

机构名词是用来指称机关、单位、社团等机构的名词，如"法院""工会""工厂""学校""医院""银行""图书馆"等。它介于指物名词和处所名词之间，有时侧重表物，有时侧重表处所。机构名词的形式特征主要表现在：

（1）能进入"数（指）+量+[ ]"框架的空格，量词常用"个"，如"三个工厂""这个学校"。这跟指物名词相同。

（2）能进入"在+[ ]"和"在+[ ]+方"框架空格，后附的方位词一般是"里"（或"中"），如"在学校（里）""在图书馆（里）"。这跟处所名词相同。

（3）既可用物称代词"这""那"替代，也可用处所代词（这里、那里）替代，即既能进入"物称代词+是+[ ]"框架空格，也能进入"处所代词+是+[ ]"框架空格，如"这是学校""那里是工厂"。

（4）既可用疑问代词"什么"提问并作相应回答，也可用疑问代词"哪里"提问并作相应回答，即既能进入"什么+是+[ ]"或"[ ]+是什么"框架空格，也能进入"[ ]+在+哪里"框架空格，如"这是什么？这是医院""她在哪里工作？她在医院工作"。

（5）某些机构名词有特定的词缀（或类词缀），例如：

　　界（后缀）——学界、政界、商界、军界、文艺界、科技界……
　　部（后缀）——编辑部、文化部、外交部、财政部、卫生部……
　　院（后缀）——医院、法院、剧院、戏院、电影院、科学院……
　　所（后缀）——研究所、派出所、招待所、指挥所、介绍所……
　　场（后缀）——林场、农场、机场、牧场、剧场、商场、战场……

有些语法书把机构名词归入一般名词或指物名词，有些语法书把机构名词归入处所名词，似都不妥。这是因为机构名词有它自己的特点：它既具有指物名词的特征，又具有处所名词的特征；在言语交际时，若着眼于它的"物"性，就像指物名词一样使用；若着眼于它的"处所"性，就像处所名词一样使用。所以机构名词可在名词中独立成类。

（三）时间名词

时间名词是用来指称时间的名词，如"今天""上午""明年""现在""从前""古代"等。时间名词的形式特征主要表现在：

（1）可进入"在+[ ]"框架空格，但不能进入"在+[ ]+方"框架空格，如可说"在明年"，但不能说"在明年里"。

（2）一般不能进入"数+量+[ ]"框架的空格，如不能说"一个今年""三个现在"。

（3）在上下文中，可用时间代词"这时""那时"替代，如"<u>明年</u>将扩大大学的招生人数，<u>那时</u>录取率会更高"。

（4）可用疑问代词"何时、几时"提问并作相应回答，即能进入"何时+动→[ ]+动"框架空格，如"（你）何时去？明天去"。

（5）某些时间名词有特定的词缀（或类词缀），如：

　　时（后缀）——当时、古时、战时、少时、午时、闲时……

代(后缀)——当代、古代、近代、上代、后代、现代……

期(后缀)——近期、后期、早期、晚期、孕期、末期……

天(后缀)——今天、昨天、前天、后天、明天、大后天……

还有"年""月""日"等也常作时间名词的语素。上述(1)(2)跟处所名词有共性,(3)(4)(5)则是时间名词特有的。

四、方位名词、专有名词、代名词

(一) 方位名词(或称"位置名词")

方位名词是指称方位或位置的名词,如"上面""后面""前面""后面""中间""旁边""外面""右面"等。它所指称的方位或位置必有一个参照点。比如,单说"上面",莫知所云;如果说"花园里面",有了"花园"作为参照点,就明白了。方位名词和方位词既有联系,也有区别。它们都表方位,这是相同点;但方位名词是实词,方位词("上""下""里""外"之类)是虚词。方位词在古代汉语里是方位名词,发展到现代汉语,由于它已不能单独出现在主宾语位置上而常附着在名词后组成方位短语,所以已成为虚词。有些已经作为复合名词的一个语素(参看范晓1991,第167—171页)。方位名词的主要形式特点如下:

(1) 一般置于名词(主要是指物名词)后组成以它为中心语的定心短语,如"桌子(的)上面""屋子(的)里面"。

(2) 一般可进入"在+[　]"框架空格,如"在上面""在里面"。

(3) 不能进入"数(指)+量+[　]"框架的空格,如不能说"一个上面""这个外面"。

(4) 可用处所代词"这里""那里"等替代,即能进入"处所+是+[　]"框架空格,如"前面是学校""右面是工厂"。

(5) 可用处所代词"哪里""何处"进行提问并作相应的回答,即能进入"[　]+在+哪里→[　]+在+[　]",如"小王在哪里？小王在前面"。

(6) 方位名词一般都是双音节复合词,前面是一个方位语素,后面通常是"面""边""头"之类语素,这些也可看作为词缀(或类词缀),例如:

现代汉语的名词及其再分类　　　　　　　　　　　　　　　　　　　375

头(后缀)——上头、前头、下头、后头……
边(后缀)——上边、前边、下边、后边、左边、东边……
面(后缀)——上面、前面、下面、后面、左面、东面……

上述(2)(3)(4)(5)跟处所名词有共性。方位名词和处所名词有很多相同处,所以笔者过去曾把它归入处所名词。但考虑到方位名词作某个句法成分时必须有参照点,并且(1)(6)是它特有的形式特点,所以作为名词的一个小类也能成立。

(二) 专有名词(简称"专名")

1. 专有名词的形式特征

专有名词是用来指称特定的人、物、机构、处所、时间的名词,如"诸葛亮"、"花花"(狗名)、"北大"、"四川"、"端午节"等。专有名词的主要形式特征如下:

(1) 可作"称谓"类动词(如"叫""名叫")的宾语,可进入"(这+量+通名)+叫+[　]"框架空格,如"这个人叫林方""这座山叫莲花山"。

(2) 专有名词一般不计数,所以一般不能进入"数+量+[　]"框架的空格,如不能说"三个林方""五个上海"等。①

2. 专有名词的下位分类

"专名"是与"通名"("人""物"之类)相对而言的。根据其与"通名"相应的内容,内部还可下分为以下五个小类:

(1) 指人专名。是用来指称"人"的专名。其形式特征是可用人称代词"他""她"替代,可用疑问代词"谁"提问。指人专名的构词方式常见的有:a. 单个"姓",如"赵""钱""张";b.单个"名",如"建东""家英""慧芳";c."姓+氏",如"李氏""张氏""王氏",d."姓+名",如"李明""张三""王文炳"。

(2) 指物专名。是用来指称"物"的专名。其形式特征是可用物称代词"这""那"替代,可用疑问代词"什么"提问。指物专名有专指"山"的,如"泰

---

① 有的专有名词进入"数(指)+量+[　]"功能框架的空格是语用或修辞的特定用法,如"三个臭皮匠能顶一个诸葛亮"。

山""黄山""华山";有专指"水"的,如"长江""黄河""太湖";有专指"笔"的,如"派克""金星""永生";等等。

(3) 机构专名。是用来指称"机构"的专名。其形式特征是既可用物称代词"这""那"替代,又可用处所代词"这里""那里"替代;既可用疑问代词"什么"提问,又可用疑问代词"哪里""何处"提问。机构专名有专指"学校"的,如"复旦大学""清华大学";有专指"工厂""企业""商店"的,如"大庆油田""新华书店";有专指"医院"的,如"协和医院""中山医院";等等。

(4) 处所专名。是用来指称"处所"的专名。其形式特征是可用处所代词"这里""那里"替代,可用疑问代词"哪里、何处"提问。处所专名有专指"国家"的,如"中国""美国""英国";有专指特定地区的,如"香港""澳门""华东";有专指省、市、县、区、乡、镇、村的,如"广东""广州""中山县""翠亨村";有专指路名、桥名的,如"南京路""淮海路""杨浦大桥""卢沟桥";等等。

(5) 时间专名。是用来指称"时间"的专名。其形式特征是可用时间代词"这时""那时"替代,可用疑问代词"何时""几时"提问。时间专名有专指特定的节气或时令的,如"立夏""冬至""霜降";有专指节日的,如"春节""中秋节""端午节"。

(三) 代名词

代名词的共性是能替代名词,按其所替代的名词的类别,代名词可分为以下四个小类:

(1) 人称代词。是用于替代指人名词(包括"指人专名")的代名词,如"我""你""他""我们""你们""他们""咱们""大家""自己""本人""谁"。

(2) 物称代词。是用于替代指物名词(包括"指物专名")的代名词,如"它""它们""这""那""一切""什么"。

(3) 处所代词。是用于替代处所名词(包括"处所专名")的代名词,如"这里""这儿""那里""那儿""何处""哪里"。

(4) 时间代词。是用于替代时间名词(包括"时间专名")的代名词,如"这时""那时""何时""几时"。

五、余　言

（一）名词的再分类的目的

名词的再分类的目的,在于说明不同的名词在语法结构中的不同作用,比如指人名词和指物名词,它们虽带有名词的共性,但它们又各有个性:指人名词表多数时可在其后面附加"们",而指物名词则不行;指人名词可用人称代词"我""你""他"等替代、可用"谁"提问,指物名词则可用物称代词"这""那"替代、可用"什么"提问。又比如处所名词、时间名词分别可用处所代词"这里""这时"替代、可用"哪里""何时"提问,并都能进入"在+[　]"框架空格,而指人名词和指物名词则无此用法。

（二）分类根据不同,分出来的类也就不同

本文的分类只是一种方案,也还有其他的方案。比如,若根据指称"人"这一共性,也可将指人名词和指人专名合为一类,在指人名词下再根据不同特点分出"指人专名"和"指人通名"两个小类;据此,指物名词和指物专名等也可作相应的分类。又比如,根据名词所指的"生命度"(有生命的或无生命的)来分类,可分为"有生名词"和"无生名词"两类:"有生名词"能跟"有生动词"(表示生命活动的动词,如"生""病""死""吃""飞"等)结合构成主谓结构,如"人死""鸟飞";"无生名词"则不能跟"有生动词"结合构成主谓结构。再比如指物名词若根据"个体"和"集合"的对立,可分为个体名词和集合名词两小类:个体名词能跟个体量词匹配,如"一(棵)树""一(本)书""一(朵)花";集合名词则不能跟个体量词匹配,如不能说"一(棵)树林""一(本)书本""一(朵)花朵"。

状态谓词及其相关问题

〇、引　　言

　　现代汉语的谓词里,有两种谓词是表示事物的状态的,一种是状态动词,另一种是状态形容词。由于它们都是谓词,又都表示事物状态,本文就把它们合为一类,称之为状态谓词。对于状态谓词目前研究还很不够,进行专题讨论的文章很少,对这类谓词的性质、特点以及范围等问题也还存在着一些不同的看法,所以,有必要对汉语的状态谓词进行深入的研究。

一、状态谓词的性质、特点

(一) 状态谓词的语义特征

典型的状态谓词有如下语义特征。

1. 表示状态义(即具有[+状态]语义特征)

　　状态谓词作谓语时主要用来描述事物的状态,所以状态谓词是表示事物状态的谓词。下面括号外面的词都是状态谓词,在括号里的主谓结构中作谓语描述主语所表事物的状态。

① 断(绳子断)/碎(玻璃杯碎)/醉(他醉)/死(牛死)/受伤(身体受伤)

② 瘫痪(四肢瘫痪)/抖擞(精神抖擞)/热血(热血沸腾)/倒塌(房子倒塌)

③ 白热化(战争白热化)/腐化(生活腐化)/沉沉(死气沉沉)/重重(困难重重)

④ 白茫茫(大雪白茫茫)/绿油油(麦苗绿油油)/盎然(春意盎然)

⑤ 壁立(山峰壁立)/雷鸣(掌声雷鸣)/雪白(墙壁雪白)/冰凉(手脚冰凉)

2. 表示"静止"义（[＋静止]语义特征）

状态谓词在语义上具有相对静止性。这跟动作动词有显著的区别。比较：

① 走、跑、飞、爬、看、吃、踢、推、拉、打、敲、奔驰、推搡、批评、打击

② 瘫、碎、醉、醒、聋、瞎、死、瘫痪、倒闭、雷鸣、崩溃、雪白、红彤彤

①组的动词表示动作，动作可使事物不停地或反复地在运动着，比如"鸟飞"中"飞"这个动作在进行时，"鸟"就在不间断地"飞"。②组的动词表示状态，状态不能使事物不停地或反复地运动，而只是显示事物的一种相对静止的状态。比如"牛死"的"死"，只是显示"牛"因某种原因而发生一种"死"的状态；"掌声雷鸣"的"雷鸣"是显示掌声响亮的状态；"墙壁雪白"是显示墙壁颜色的状态。

3. 语义上联系着一个谓元（也称"行动元""动元"），即具有[＋一价]语义特征

状态谓词作谓核构成谓核结构时，它联系着一个主体谓元。状态谓词所表谓核显现主体的状态，在状态谓词作谓核构成的谓核结构里，主体谓元和谓核之间不发生施事和动作的关系，而是发生系事和状态的关系，即谓核系属于某个主体谓元；换句话说，状态谓词在语义上指向系事（状态系属着的人或物）。这也与动作动词有明显的区别。比较下面实例：

① 鸟飞（"飞"是施事"鸟"发出的动作，即动作指向施事）

② 脸色煞白（"煞白"是系事"脸色"显现的状态，即状态指向系事）

4. 状态的出现是"非自主"的

状态谓词都是非自主动词，即这种状态的出现不是人或事物自主或自动发出的（即具有[－自主]语义特征），而是由于某种内因或外因的作用才显现或引发的。比如：

① 麦苗绿油油（"麦苗"自身长得好才显现"绿油油"这种状态）

② 山石崩裂（地震或人工爆炸等原因才使"山石"引发"崩裂"这种状态）

③ 身体颤抖（某种疾病或外在刺激才使"身体"显现"颤抖"这种状态）

（二）状态谓词的形式特征

典型的状态谓词有如下形式特征。

1. 句法位置

状态谓词的句法位置是：主要出现在谓语位置上作谓语。所有的状态谓词都能作谓语，这是状态谓词共有的陈述性特征决定的。例如：

① 我的金笔<u>丢</u>了。／老赵的眼<u>瞎</u>了。／那把刀<u>锈</u>了。／小王<u>醉</u>了。
② 祥子的脸<u>红扑扑</u>的。／他的头发<u>油光光</u>的。／院子里<u>静悄悄</u>的。
③ 他脸色<u>蜡黄</u>、手脚<u>冰凉</u>。／她眼睛<u>乌黑</u>、皮肤<u>雪白</u>。

有些状态谓词还可出现在补语、定语和状语位置上。例如：

① 我们打<u>败</u>了敌人。／他喝<u>醉</u>了。／她跌<u>伤</u>了腰。（作"动结式"的补语）
② 她皮肤长得<u>雪白</u>。／他吓得<u>缩缩抖</u>。／身上晒得<u>暖洋洋</u>的。（作"得"字句的补语）
③ <u>白皑皑</u>的雪铺满田野。／她有<u>火热</u>的心。（作定语时后面一般要加"的"）
④ 她<u>笑嘻嘻</u>地对我说。／他<u>慢腾腾</u>地走过来。／他<u>淡然</u>一笑。（作状语）

2. 一般不能用"不"进行否定

状态谓词一般不能用"不"进行否定，所以不能出现在"不+V+了"的V位置上，这是因为这些谓词都是非自主的，都不能加上主观的意愿。如不能说"不醉（了）、不倒塌（了）、不受伤（了）、不雪白（了）、不绿油油（了）"。其中状态形容词一般不能用"没"进行否定，不能出现在"不+V+了"的V位置上，如不能说"没绿油油（了）、没笔直（了）、没雪白（了）、没郁郁葱葱（了）"。但状态谓词里的状态动词表示事物活动变化的状态。由于事物活动变化的状态有实现和未实现之别，所以形式上可前加否定副词"没"表未实现，可后加"了"表已实现。例如：

① 没倒塌／没瘫痪／没醉／没瞎／没出现／没消失
② 倒塌了／瘫痪了／醉了／瞎了／出现了／消失了

3. 一般不能构成祈使句

状态谓词一般不能构成祈使句，这是"非自主"的语义特征决定的。如不能说"惨败吧！／别惨败！／瘫痪吧！／别瘫痪！／绿油油吧！／别绿油油！/雪白吧！/别雪白！"。

4. 一般不能加表示动态的副词或助词

前边一般不能加表示动态的副词"正（在）"，后边一般不能加表示动作持续态的"着"或"着呢"，尤其不能出现在"正（在）V着（呢）"格式的V位置上（这是状态谓词具有"静止"性语义特征决定的）。如不能说"正在碎、正在死、正在倒塌、正在雪白、正在绿油油"，也不能说"碎着（呢）、死着（呢）、倒塌着（呢）、雪白着（呢）、绿油油着（呢）"，也不能说"正在碎着（呢）、正在死着（呢）、正在雪白着（呢）、正在绿油油着（呢）"。

5. 不能重叠

状态谓词不能重叠，这是状态谓词具有"静止"性语义特征决定的。如不能说"碎碎、死死、醉醉、倒塌倒塌、消失消失"，也不能说"雪白雪白、绿油油绿油油"。

6. 在静态短语中不能直接带宾语

在静态短语中不能直接带宾语，这是因为状态谓词具有"一价"语义特征决定的。如不能说"掉牙、醉他、死牛、倒塌房屋、惨败敌人、崩裂山石、红通通脸、雪白墙壁"。可见典型的状态谓词是不及物的。但在由状态动词构成的存现句（主题是宾语事物存在的处所）或领主属宾句（主题是宾语事物的领事）里，有些状态谓词也能带宾语。条件是：谓词后要附着"了""着"之类的助词，然后再带宾语；作宾语的一般是名词性短语。例如：

① 她掉了一颗牙。/我丢了一支钢笔。/他断了一条腿。

② 地上倒着一个人。/村里死了一条牛。/那里倒塌了许多房屋。

但上面句子如果去掉宾语，说成"他掉了""我丢了""村里死了""地上倒着"，就不能成立；相反，说成"她的牙掉了""我的钢笔丢了""村里的一条牛死了""许多房屋倒塌了"，就能成立。

7. 不能与"很""非常"等程度副词结合

不能与"很""非常"等程度副词结合，这是因为"状态"一般含有"程度"，如果前加程度副词，便成多余。如不能说"很醉""非常醉""很倒塌""非常崩裂""很墨黑""非常雪白""很绿油油""非常红彤彤"。

8. 有些状态谓词带有某些特定的语素

状态谓词带有某些特定的语素,主要有:(1)有些三音节状态谓词带有"生动化"的后缀或前缀,如带"生动化"的后缀的"红彤彤""黑漆漆""白茫茫""懒洋洋""乱哄哄""乐滋滋""笑盈盈",带"生动化"的前缀的"蒙蒙亮""墨墨黑""笔笔直""刮刮叫""雪雪白""冰冰凉";(2)有些双音节状态谓词在其中心语素前带有比喻性的语素,如"墨黑""雪白""冰凉""笔直""火热""雷动""林立""龟缩""流逝""云集""鼎立";(3)有些状态谓词在其中心语素前带有形容性的语素,如"崭新""沉睡""狂跌""安息""惨败";(4)有些状态谓词带有后缀"然",如"安然""黯然""盎然""勃然""岸然""泰然""枉然";(5)有些状态谓词带有后缀"化",如"恶化""老化""磁化""腐化""白热化""自动化""合理化"。

上面的形式特征 1 和不及物动作动词相同;但形式特征 2、3、4、5 可跟动作动词区别开来;形式特征 6 可跟二价谓词区别开来;形式特征 7、8 可跟谓词中的性质形容词、心理动词区别开来。有人认为"饿"是典型的状态动词(参看刘汉城 1995)。实际上,"饿""饱"之类由于能前加"很""非常"等程度副词,后面不能直接带宾语,所以把它们看作性质形容词比较妥帖。

二、状态谓词的分类和它构成的句子类型

(一) 状态谓词的分类

状态谓词主要可分为两大类:状态动词和状态形容词。

1. 状态动词

动词里表示状态的词,都属于状态动词。状态动词可分为两个小类:

(1)活动动词。有些状态动词表示事物某种活动形状或态势,如"醒""醉""瘫""瘫痪""颤""颤抖""受伤""倒塌""碎""裂开""枯萎""腐烂"等。

(2)隐现动词。有些状态动词表示事物的消失或出现,即表示事物"从有到无"或"从无到有"的变化状态。"从有到无"的,如"消失""丢""掉"

"丢掉""失掉""掉落""失去""流失""遗失"等;"从无到有"的,如"出现""浮现""败露""暴露""显露""爆发""产生""发生""老化""恶化"等。双音节的表隐现的状态动词,后一语素常见的有:"失"(遗失、消失、丧失、丢失……)、"落"(剥落、脱落、掉落……)、"生"(产生、发生、诞生……)、"发"(暴发、爆发、迸发……)、"现"(出现、浮现、涌现……)、"露"(暴露、败露、显露……)、"化"(老化、恶化、退化……)等。当然,这并不是说双音节动词后面有这些语素的都是状态动词。

2. 状态形容词

形容词里表示状态的词,都属于状态形容词。状态形容词可分为两个小类。

(1) 摹状式的状态形容词。指用摹状方法来表示事物状态的形容词。例如:

① 勃勃(野心勃勃)/沉沉(死气沉沉)/重重(困难重重)/迷雾(迷雾茫茫)

② 岸然(道貌岸然)/凄然(哭声凄然)/盎然(春意盎然)/黯然(神色黯然)

③ 白茫茫(大雪白茫茫)/绿油油(麦苗绿油油)/阴沉沉(天色阴沉沉)

这类状态形容词的特点是:或语素重叠,如①组;或带"然"后缀,如②组;或带生动化的后缀,如③组(这组状态形容词成句时句末一般需加虚词"的",如"天色阴沉沉的")。

(2) 比喻式的状态形容词。指用比喻方法来表示事物状态的形容词。例如:

① 雪白(墙壁雪白)/冰凉(手脚冰凉)/笔直(道路笔直)

② 墨墨黑(脸色墨墨黑)/笔笔直(道路笔笔直)/蜡蜡黄(脸色蜡蜡黄)

③ 林立(刀枪林立)/板滞(神态板滞)/雷动(欢声雷动)

这类状态形容词的特点是:中心语素是形语素或动语素,中心语素前有比喻语素。如实例①②组的中心语素为形语素,前面的语素修饰比喻形语素:"雪白",意即"雪一样的白";"冰凉",意即"冰那样的凉"。实例③组的中心语素为动语素,前面的语素修饰比喻动语素:"林立",意即"像树林那样密集地立着";"雷动",意即"雷声般的震动"。

(二) 状态谓词构成的句子类型

1. 状态谓词构成的句型

状态谓词作句子的核心谓词时,主要构成主谓句,但也有构成非主谓句的。

（1）主谓句。指状态谓词作句子的谓语或谓语中心词构成的句型。例如：

① 敌人的阴谋败露了。/炸弹爆炸了。/那个老人瘫痪了。/我着凉了。

② 那个包袱沉甸甸的。/她的脸红通通的。/他的手脚冰凉。/小王脸色发白。

（2）非主谓句。有些句子(如"领主属宾句")里状态谓词前后都有名词,后面的名词是宾语,前面的名词是句子的主题而不是主语。这种句子属于非主谓句。例：

她死了一个女儿。/这张桌子断了一条腿。/老王瞎着一只眼。

上面句子中状态谓词前的"他""这张桌子""老王"不是主语,而是句子的主题,所以是"非主谓句"。

2. 状态谓词构成的句模

状态谓词构成的句模有"系动"句、"领动(系/属)"句、"领(属/系)动"句、"系形"句以及"领(属/系)形"句五类(/号标示兼格)。①

（1）"系动"句(由"系事+动核"构成)。例如：

房屋倒塌了。/敌军覆没了。/飞机坠毁了。/垃圾腐烂了。

（2）"领动(系/属)"句(由"领事+动核(系事/属事)"构成)。例如：

王冕死了父亲。/他断了一条腿。/小李丧失了记忆力。/他丢失了一支金笔。

（3）"领(属/系)动"句(由"领事+(属事/系事)+动核"构成)。例如：

王冕的父亲死了。/他一条腿断了。/小李的记忆力丧失了。/他的金笔丢失了。

---

① "系/属"或"属/系",是指兼属系事(谓核的系事)和属事(领事的属事),如"他断了一条腿"中,"腿"既是"断"的系事,又是"他"的属事,语义身份是兼格的。

(4)"系形"句(由"系事+形核"构成)。例如:

这个人傻呵呵的。/远处的群山灰蒙蒙的。/麦苗绿莹莹的。

(5)"领(属/系)形"句(由"领事+(属事/系事)+形核"构成")。例如:

她手脚冰凉。/她脸色红通通的。/这个人神态文绉绉的。

3. 状态谓词构成的句类

根据述题表述主题的情况,状态谓词可构成以下几类。

(1)状态描述句。指述题描述主题事物状态的句子。这类句子的述题可以是状态形容词担当(如下面的①②),也可以由状态动词担当(如下面的③)。例如:

① 他的手脚冰凉。　　（述题"冰凉"描述"他的手脚"的状态）
② 她的眼睛水灵灵的。（述题"水灵灵的"描述主题"她的眼睛"的状态）
③ 雷峰塔倒塌了。　　（述题"倒塌了"描述"雷峰塔"的状态）

(2)状态记述句。指述题记述存在于某处所的事物呈现出某种状态的句子。通常出现于存在句,记述事物存在状态的形式多为"处所词语+状态动词+着"(如①②),也有"处所词语+形容词+着"的,(如③)。例如:

① 床上瘫痪着一个人。（述题"瘫痪着"记述"人"存在的状态）
② 湖面上浮着许多树叶。（述题"浮着"记述"树叶"存在的状态）
③ 河面上横着一条木桥。（述题"横着"记述"木桥"存在的状态）

(3)状态叙述句。指述题叙述主题事物状态的句子。通常出现于定位句,叙述事物定位状态的形式多为"状态动词+在+处所词语"(如①②),也有"形容词+在+处所词语"的,(如③)。例如:

① 他瘫痪在床上。　　（述题"瘫痪在"叙述"他"定位的状态）
② 许多树叶浮在湖面上。（述题"浮在"记述"树叶"存在的状态）
③ 一条木桥横在河面上。（述题"横在"记述"木桥"存在的状态）

三、关于"动态"、"状态化"、兼类及其他

(一)关于"动作的动态"和"事物的状态"

应将动态助词附着在动词后表示的"动态"(属于"时体"意义)和动词

本身表示事物的状态区别开来。比较：

① 他们正在吃着午饭。/屋里正开着会。

② 花瓶在桌上放着(呢)。/帽子在头上戴着(呢)。

有人认为这两组都是表示动作动词的动作状态(时体态)，两组附着在动词后的"着"都表示"持续状态"。笔者认为这两组里"着"所表示的意义不一样：第一，①组动词后的"着"表动作的"运动持续"(正在进行)，②组动词后的"着(呢)"表事物在某处所的状态"状态持续"；第二，①组的"着"着眼于动作，表动作的"时体"状态，②组的"着(呢)"着眼于事物，动作本身表事物的存在的"方式状态"。可见，虽然动作的"动态"和事物的"状态"广义来说虽然都是"状态"，但实质上是两种不同的状态：前者是指事件中动作时间过程的状态，后者是指动词本身在句子里显现的状态。所以不应把"着"表示的"动态"和状态动词本身所表事物的状态混淆起来。这种不同是由句式不同引起的。句式制约着"着"的意义不同，也决定了动作动词在不同句式里的意义也有所差别：在①组里动作动词还是表示"动作意义"，在②组动作动词表示事物存在的"方式状态"。

（二）显示状态功能的形式并非都是状态谓词

1. 应把性质形容词状态化和状态形容词区别开来

性质形容词是表示性质的，但"性质形容词的重叠形式"和"程度副词+性质形容词"组成的短语也可表示状态。例如：

① 高高/细细/弯弯/老老实实/干干净净

② 很大/挺贵/非常聪明/多么新鲜/又高又大

上面①组是性质形容词重叠，②组是"程度副词+性质形容词"组成的短语。朱德熙(1956)认为这两种形式与"香喷喷、冰凉"之类一样，都是"形容词的复杂形式"，都是表示状态的，所以都是状态形容词。笔者认为：上述两组确实都表示状态，但不是状态形容词，而是性质形容词的状态化(主要是表性质的状态)用法，应将它们跟"香喷喷、冰凉"之类状态形容词区别开来。上面①组是性质形容词重叠表状态，这是通过词的形态变化来表示的。性质形容词重叠后仍然是性质形容词，不应看作状态动词，不应把"高"和"高高"

看作为两个不同的词。②组是"程度副词+性质形容词"组成的短语,表示性质的状态(如果去掉程度副词,性质形容词就只表性质,不表状态)。短语和词是两个不同的语法单位,当然不应把表示状态的"程度副词+性质形容词"短语看作为状态形容词。

2. 应把动作动词在句式中的状态化和状态动词表示的状态区别开来

在一定的句式中,动作动词可表示某种事物的状态。除了上面举到的"花瓶在桌上放着(呢)"之类的句式("名词+在+处所词+V 着/呢")里的动作动词可表示某种事物的状态外,下面两种句式也有这种情形。例如:

① 墙上<u>挂着</u>一幅油画。/头上<u>戴着</u>一顶鸭舌帽。/船头上<u>坐着</u>一位渔翁。

② 窗户<u>关着</u>呢。/渔网<u>张着</u>呢。/桌上的书<u>合着</u>呢。/大门<u>锁着</u>呢。

例①是"处所词+V 着+名词"句式,即一般所说的"存在句"。这种句式里"动作动词+着"可分析为表示事物"存在的方式或状态",可看作是动作动词在句式中的状态化。例②是"受事名词+V 着/呢"句式,这种句式里的"动作动词+着"可分析为记述事物的状态。出现在①②两种句式里的动词表示状态义,是动作动词状态化的典型。有人认为在这种句式里的动词都是状态动词,理由是这些动词在句子里"显示状态功能"(王安龙 1993);也有人说"不是显示某种动作行为,而是显示某种静止的、持续的状态"(李临定 1990,第 95 页)。笔者认为,静态里存在的动作动词("戴""坐"之类)只表动作,不表状态,他们具有动作动词的特点而不具备状态动词的特点。①但动作动词一旦出现在上述句式里,动作动词后附着的"着"便具有使动作动词状态化的作用。所以与其说动作动词本身"显示状态功能"或"显示某种静止的、持续的状态",还不如说是"V+着"一起表示事物的状态。

如果把动作动词的"动作"义看作它的本性义,那它在上述句式中表"状态"义则是一种变性义,动作动词在特定句式里的动作状态化并不改变动作动词本身的性质,这正像在一定句式里出现的性质形容词状态化或行为化

---

① 动作动词的特点:能前加"不"进行否定、能构成祈使句、前边能放置"正(在)"等、语义上联系的主体是施事等。

并不改变性质形容词的性质、动词名物化并不改变动词的性质是一样的。再从存在句中动作动词和非存在句中基本意义相同的动作动词作一比较,也可看出动作意义的本性不变,例如:"桌上放着一个花瓶,不知是谁放的"。这个句子前分句是存在句,句中的"放"表示事物的"存在方式或状态";后分句不是存在句,句中的"放"表示"她"发出的"动作";两个"放"都表示"置放义"。"动作"义是"放"的静态本性,"存在方式或状态"义是它的动态变性,"放"仍应看作动作动词,所以应把词的静态义和词受句式制约而出现的动态义区别开来。词的义项应以静态本性义定位,动态变性义不应列为义项,除非句式中的动态变性义在演变过程中转化成了静态义。

(三) 词的活用、分化应该跟词的兼类区别开来

有的语法论著既把表示动作的动词看作动作动词,又把在一定句式里动作动词状态化的现象看作动作动词转变成了状态动词,于是认为这类词是兼属动作动词和状态动词的兼类词,甚至认为大多数状态动词都兼动作动词。笔者认为,状态动词兼属动作动词是有的,但如果认为大多数状态动词都兼动作动词,那样的兼类就没有什么意义。

本文认为,讨论状态动词和动作动词的兼类问题,除了要把动作动词状态化和状态动词区别开来以外,还应把活用和兼类、分化和兼类区别开来。

1. 要区别活用和兼类

词出现在各种动态句中,由于受句式的制约,词的意义有演化或衍生的情形。当这种演化义或衍生义处于临时性或初始性的时候,可称作"活用"。活用本质上也是一种变性,所以,活用为状态动词的动作动词不应看作状态动词。例如:

① 老人病重走了。/脸上挂着泪珠。/一阵猛攻,敌人很快就报销(完蛋)了。

② 别激化他们之间的矛盾!/是你们恶化了两国的关系。

例①的"走""挂""报销"本性是动作动词,组成静态主谓短语都有施事,但这里的"走"作"死"解,"挂"作"流"(由上而下流的形象)解,"报销"作"完蛋"解,都联系着系事。这是动作动词活用为状态动词,但"走""挂""报销"

仍应视为动作动词,而不是动作动词兼状态动词。例②的"激化""恶化"是状态动词,在这里活用为动作动词(使动用法),也很难说成是状态动词兼动作动词。

2. 要区别"分化"和"兼类"

分化是指由于意义相差很大而分化为两个不同的义项或不同的词。例如:

① 开:a. 他去开大门了。　　b. 大门开着呢。
　　c. 水开了。

② 丢:a. 你把这些破烂丢了吧。　b. 不要随地丢果皮。
　　c. 他的一块手表丢了。

例①a 和①b 的"开"是二价动作动词(含"使关闭着的东西不再关闭"义),有施事和受事(例 a 施事外显,例 b 施事隐含)。①c 句的"开"是一价状态动词(含"沸腾"义),无施事,有系事。例②a 和②b 的"丢"是二价动作动词(含"扔"义),有施事和受事(例 a 施事外显,例 b 施事隐含)。② c 句的"丢"是一价状态动词(含"遗失"义),无施事,有系事。这表明:"开、丢"既是二价动作动词,也是一价状态动词,二者意义相差甚远。这类词与其看作兼类词,还不如看作已分化为两个不同的义项或不同的词。

3. 状态动词和动作动词的兼类

所谓"兼类词",是指语法特征(句法平面的或语义平面的)有较大的差别但词汇意义基本相同的一类词。状态动词兼动作动词也是有的,如"转变""灭"之类便是:

① a. 他的作风转变了。　　b. 他转变了作风。
　　c. 他把作风转变了。

② a. 火灭了。/灯灭了。　　b. 它们用沙土灭火。
　　c. 他把灯灭了。

上面的①②里的"转变"和"灭"都是一价状态动词兼二价动作动词,在例 a 这种句子里说明事物的状态,联系系事,无受事,属一价状态动词;在例 b 和 c 句子里的"转变"和"灭"联系施事,叙述动作的过程或处置、致使,有受事,属二价动作动词。又如:

③ a. 他吹了口气。　　　　　　b. 大风吹得灰尘飞扬。

c. 不用提啦,这件事吹啦!

这例③里 a 和 b 里的"吹"是二价及物动作动词,c 是状态动词。所以在词典也能分别它们的静态意义的:a 里的"吹"是"(风、气流等)流动"意义,b 里的"吹"是合拢嘴唇用力出气"的意义,c 里的"吹"是"(事情、交情)破裂或不成功"的意义。可见,兼类词一般在词典里可分别立为不同义项。

状态动词和动作动词兼类是存在的,但有的学者把这种"兼类"扩大化,如李临定(1990,第95页)把一大批动作动词(如"躺""站""趴""蹲""挤""跪""坐""钻""围""落""骑""抬""睁""举""挺""蜷""握""放""晾""摆""扔""摊""铺""撒""盛""停""垫""驮""绕""堆""盖""埋""存""记""戴""穿""叼""握""夹""扛""踩""捏""抱""背""开""关""合""锁""张""闭""绣""刻""画""写""织""印""抄""栽""种"等)都看"兼属动作动词和状态动词"的"兼类词",甚至认为"大多数状态动词都和动作动词兼类","没有相对同形动作动词"的状态动词很少。这个观点不仅理论上值得怀疑,而且在实践上也有问题,特别是会给编著语文词典带来困惑,因为这涉及词典中义项或词条的处理。

词的变性或活用在一般词典里不必分列为不同的义项,更不应分为不同的词条。词的兼类可在同一词条下分列不同的义项;词的分化可分列为不同的义项,甚至可分列为不同的词条(如果句法上和意义上的差别明显地可分成两个不同的词)。词的兼类和分化,都是一个词在运用过程中本义或本性衍生或演化的结果,有个量变到质变的历史过程。什么情况下算是变性或活用,什么情况下算兼类、分化,要对具体的词进行具体分析才能判别。由于词在运用中是不断发展的,某些词就难免存在着一些处在中间状态的现象,有时可能很难定论。

动宾离合词及其构成的语式

〇、前　言

动宾离合词指双音节复合词内部的两个语素①间经常能插入某些词语从而分离扩展成动宾短语的离合词,如"告状""吃亏""领情""鞠躬""道谢""敬礼""鼓掌""请客""见面""送礼""结婚""生气""拌嘴""丢脸""操心""叹气""接吻""受骗""挨批""上学""上课""干杯""出差""帮忙""革命""造反""打仗""打架""吵架""散步""跑步""游泳""跳舞""洗澡""理发""睡觉""退休""出事""放假""请假""生病""看病""操心""辞职""跳舞""聊天""倒霉"等等。现代汉语里的这类双音节组合体已经收入词典,成为词汇的成员。它们在使用中两个语素既可"合",即合成复合词,也可"离",即在词的内部插入其他成分而分离扩展成动宾短语。以"告状""吃亏"为例,"告状"(合)可分离扩展为"告过状""告了他一状""告了三次状"等,"吃亏"(合)可分离扩展为"吃过亏""吃了他的亏""吃过很多亏""吃过一次大亏"等。此所谓"'合'则为词儿,'离'则成短语"。处理"离合词"应该区别静态和动态:收入词典的静态的、相对固定的、两语素合在一起的组合体应看作复合词,在动态使用中插入成分分开而形成的组合体,应看作动宾短语。由于"告状""吃亏"这类复合词可扩展成动宾短语,所以称为"动宾离合词",它是汉语离合词的一种。②本文专门讨论动宾离合词的性质、类型、

---

① "语素"指最小的音义结合体,有些语素(特别是自由语素)既可是词素(词的组成成分),也可单独成词。动宾离合词里的语素是词素,但在扩展了的动宾短语里用作词(临时词)。

② 最早提出"离合词"概念的是陆志韦(1957),他不仅把动宾式的"发愁"之类看作离合词,还把偏正式的"羊肉"和动补式的"打倒""走出来"之类也都称为离合词。有的语法论著认为还有主谓式的离合词("性急""眼花"之类)。

扩展为动宾短语的原因以及扩展成各种动宾短语的"语式"。

一、动宾离合词的性质特点

"告状""吃亏"之类的组合体语法性质是什么？究竟是词还是短语，语法学界有着不同的意见：有的认为是词，有的认为是短语。现在大多数学者认为这类组合体是动宾结构的"离合词"。由于这种离合词能扩展为短语，所以可看作是一种特殊的复合词（短语化复合词）。动宾离合词的性质可定义为：能使动宾式复合词的两个语素分离扩展成动宾短语的离合词。

（一）动宾离合词的特点

第一，这类词是由两个语素（语音上有两个音节）作词素组成的"复合词"，前一语素表动作（概括"动作""行为""变化""发生"等），后一语素表动作所涉及的客体。两个语素"合"在一起表示专指意义（单一意义），如"吵架"不是"吵+架"的意义之和，而是"争吵"之意。双音节的单纯动词一般不能分离扩展成动宾短语。

第二，这类词在言语使用中内部可插入其他成分使两个语素分离而扩展成动宾短语。无论插入什么成分、插入的成分多少，两个语素一经拆开，在动宾短语里原来的两个作为词素的语素都临时用作单音节词，即前一语素作动词用，后一语素作名词用，如"吃了亏"里，词素"吃"转化为动词，词素"亏"转化为名词。有些动宾离合词还有另一种的"离"的用法，就是把两个语素位置颠倒，如"澡还没洗"之类。要区别动宾离合词和动宾结构的非离合词：能扩展为动宾短语的动宾式复合词（如"道歉""喘气""吃苦"等）属于"动宾离合词"；不能扩展成动宾短语的动宾式复合词（如"抱歉""吃力""怀疑"等）属于动宾结构的"非离合"的动词。

第三，这类词内部构造方式属于动宾结构，前语素表示动作，后语素是动作所支配（涉及）的对象。但从语源上追溯，动宾离合词并非都是动宾式：动宾式组合是基本的、典型的、最为普遍的，但有少数动宾离合词构造方式属于"非动宾结构"，如"洗澡""睡觉""鞠躬""避讳"等原本属于并列结构。

（二）动宾离合词和动宾短语的划界

对于复合词和短语的划界，一般采用意义和形式相结合的原则和互相验证的方法（参看范晓 1981）。从意义上看，复合词的词义具有"黏合性"（"专指性、单一性"），即不是语素意义的简单相加；反之，短语的意义具有"加合性"，即整体意义等于它内部成分意义的总和。从形式上看，复合词的结构具有凝固性，它内部一般不能插入其他的词扩展为短语；反之，短语结构上具有松散性，可扩展成短语。就以"动素+名素"（本文把动语素简称"动素"，名语素简称"名素"）构成的动词性的动宾组合体来说，"道歉""喘气"之类意义黏合、结构凝固的复合词；反之，"买书""吃鸡"是意义加合，结构松散（能扩展成"买了两本书、吃了只鸡"等）的短语。

现代汉语里能扩展成动宾短语的组合体有两种情形：一种是动宾离合词，一种是动宾短语，这就存在一个动宾离合词跟动宾短语的划界问题。动宾离合词这种复合词比较特别，表面上跟动宾短语一样能扩展，如"吃亏""打仗""洗澡"，结构上跟"吃鱼""打人""洗碗"一样，两个语素间都可插入其他成分扩展（如都能插入"了""过"分离变成短语：吃了/过亏、吃了/过鱼、打了/过仗、打了/过人、洗了/过澡、洗了/过碗）。如果仅从结构形式有分离性的一面着眼，就会把"打仗""吃亏""洗澡"和"打人""吃鱼""洗碗"都看作为动宾短语。但这两种组合体还是有区别的。第一，"吃亏"之类意义上具有黏合性，扩展为动宾短语后仍然保留着离合词本身的固有意义，两个语素的意义应黏合在一起才能理解，这就是"形离而实不离""形变而词义不变"（如"吃亏了""吃了他的亏""吃了多次亏"），这些短语里的"吃"和"亏"形式上虽然分离，但意义上"亏"不离"吃"，只有合为动宾离合词"吃亏"（"受损失"为其原有意义）才能理解其意义。第二，"吃亏"之类结构上具有一定程度的凝固性，这表现在组合体中的"亏""仗""澡"都是"不自由语素"，它们分别与语素"吃""打""洗"的搭配相对固定（如"澡"离开"洗"就无法单说），即使能扩展，相对于短语而言扩展能力也有限度。①所以从意

---

① 动宾组合体里动素和名素中只要有一个是"非自由语素"，则该组合体必是动宾离合词。动宾离合词在使用中"合"多"离"少，能够插入的成分只是某些特定的词，这表明两个语素的分离是有限度的。

义和形式相结合来看,"吃亏"之类组合仍然是一种意义黏合、结构相对固定的组合体,跟意义加合、结构松散的动宾短语是不一样的。

比较难以处理的是内部都是自由语素的动宾组合体。由于自由语素可作词素(词根),也可独立成词,这就存在动宾离合词和动宾短语划界的纠结。比如"写字""吃饭""读书""加油"等,它们是动宾离合词还是动宾短语,就有不同的意见,有的认为都是动宾离合词,有的认为都是动宾短语。实际上这类组合体存在着两种情形:一种是"写字"(书写文字)、"唱歌"(吟唱歌曲)之类,组合体的意义加合,结构松散,可看作动宾短语;另一种是"吃饭""加油"之类,它们各有两个义项,如"吃饭":①进食主食(特指米饭),这个"吃饭"的意义加合,结构松散,是动宾短语,如"我吃了两碗饭";②指生活或职业,这个"吃饭"的意义黏合,结构相对凝固,是动宾离合词,如"他吃银行饭,我吃教书饭"。又如"加油":①添加有脂质物(食油、燃油、润滑油等),这个"加油"的意义加合,结构松散,是动宾短语,如"往锅里加了两勺油";②喻指努力加劲儿,这个"加油"的意义黏合,结构相对凝固,是动宾离合词,如"任务紧迫,你得加点油啦!"。有些有比喻意义的复合词("变卦""吹牛""露馅""泡汤""吃醋""泄气""牵线"等),尽管都由自由语素构成,但有专指意义,并能分离扩展为动宾短语,都可看作为动宾离合词。

二、动宾离合词扩展为动宾短语的原因

动宾离合词扩展为动宾短语的原因,可从"外因"和"内因"进行分析。外因是"离"的动力,内因是"离"的条件,外因必须通过内因才起作用。

(一) 外因(外部原因)

外因指扩展为动宾短语的必要性,即在动态使用中语用表达的需要。王海峰(2002)也曾分析离合词离析的动因,认为言谈表达功能是其内在动因,言谈交际的促动是其外在动因。笔者认为语用表达的需要是外因,符合汉语的语法机制才是内因。动态使用中语用表达的需要这种外因主要表现如下。

1. 凸显一个事件或事件里的某一信息

根据语用的需要和上下文的语境,动宾离合词可"合",也可"离"(扩展为短语),"合"和"离"的语用表达功能是不一样的。以"吃亏"的用法做个比较：

① 自作聪明的人是<u>会吃亏</u>的。　② 我们要使老实人<u>不吃亏</u>。

③ 他<u>吃了一个哑巴亏</u>。　　　④ 很多人都<u>吃过他的亏</u>。

①②是"合"的用法,"吃亏"只能"合"不能离(如不能说"会吃了亏""不吃过亏"等),只是简单地表达"某个动作";③④是"离"的用法,"吃亏"必须"离",不能"合"(如不能说"吃亏了/过一个哑巴"等)。"吃亏"扩展成的动宾短语在句中凸显一个事件,表达施事"发出某种动作并强调动作涉及某客体"(通常把客体当作表达重点或焦点)。这不仅服从于言语用表达的需求,也反映了思维或认知的逻辑。

2. 强调插入成分所表示的某些附加意义

动宾离合词扩展成动宾短语表示某个事件时,有强调插入成分意义(附加意义)的作用,如动宾离合词内部插入动态助词"了""过"扩展成的动宾短语("吃了亏""上过当"之类)里,有强调动作附加的"体"意义("完成、经历")。又如插入数量词语("磕了三个头""请过三次客"之类),则或强调动作的附加意义("动作量")或客体的增添意义("名物量")。再如名素前插加某些修饰语(如"吃了个哑巴亏""洗了个热水澡"之类),则是强调客体附加的属性意义。

3. 适用于口语的应用需要

动宾离合词的"离"多用于口语。有些动宾离合词扩展成动宾短语带有口语色彩,如"道歉""劳驾""讨厌""见面"在口语里可分别说成"赔个礼""道个歉""劳你的驾""讨他们的厌""见了一面"等。正规的书面文字(公文、法规、社科论文、科技文章等)一般不用这种动宾短语,如"法院判决施害人向被害人<u>赔礼道歉</u>",这句话如果改成"法院判决施害人向被害人<u>赔个礼道个歉</u>",就显得很不得体。至于文艺作品里出现的这种动宾短语,那是口语的记录,能显示人物生动活泼的口语化色彩。

4. 烘托背景信息，推出后续前景信息

有些动宾离合词插入某些成分形成动宾短语出现于复句的前分句，能为后续句提供背景信息，便于引出表前景信息的主要分句。例如：

① 志英去年<u>结了婚</u>，今年就生了个大胖儿子。
② 她<u>洗好澡</u>，就上床睡了。

上面复句的前分句里"结了婚""洗好澡"是个动宾短语，中间插入的"了""好"，不仅强调动作及其动态，更为了便于引出后续主要分句，因为前分句不能自足成句（这跟"他吃了饭"不能自足成句一样，如果说成"他吃了饭了"就能成句），这表明"结了婚"之类有烘托后续句背景信息的作用。

5. 表达某种感情色彩

有些动宾离合词插入一些成分扩展成动宾短语，能够表达某种感情色彩。比较：

① 我好好的，要你<u>操什么心</u>！　　② 时间还早着呢，你<u>着什么急</u>？
③ 你的事可<u>操碎了我的心</u>。　　④ 你可<u>丢尽了我的脸</u>！

上面①②里是"操心""着急"插入"什么"扩展成动宾短语"操什么心""着什么急"，表达否定或不耐烦的感情色彩（参看饶勤1997）。③④里是在动宾离合词"操心""丢脸"里插入"碎了我""尽了我"，扩展成动宾短语"操碎了我的心""丢尽了我的脸"，表达了懊恼的口气和责怪、抱怨的感情色彩。

6. 修辞上的仿拟用法

有些非动宾离合词一般不能分离扩展成动宾短语。但在特定语境里为了求新求变，使言语生动活泼，可采用修辞的仿拟手法扩展成动宾短语，①即模仿套拟动宾离合词插加某些成分扩展成动宾短语。例如：

① 他的两个少爷都和瑞宣<u>同过学</u>。
② 这样说完以后，他马上<u>后了悔</u>了。
③ 三闺女和村上的江昌杰<u>对上象</u>了。

"同学""后悔""对象"本不是动宾离合词，但在上述例句里扩展为动宾短语

---

① 修辞里的"仿拟格"指故意模仿套拟某种既成的语言格式（语句或语法格式等）的修辞格。某些一般不能分离的复合词以及某些单纯词可在特定语境里仿拟动宾离合词从而类推分离为动宾短语格式，能表达轻松、俏皮或讽刺、嘲弄、诙谐等感情色彩，使言语生动活泼。

"同过学""后了悔""对上象",这都是修辞上突破常规的仿拟手法。还有像"恋上爱""邪了门""选什么举""锻什么炼""立了个正""体了一堂操"等,也属于此类。模仿一多,依样学样,就造成一种类化的趋势(参看于根元1987年)。这种修辞上的临时应用,能给人一种新鲜的、轻松的、俏皮的感觉。但如果那个复合词后来经常分离扩展为动宾短语,那就会转化为动宾离合词,如"洗澡"之类本是并列式的、没有"离"用法的复合词,但后来经常用来扩展成动宾短语,也就成为动宾式复合词了。有的扩展成的动宾短语经常说了就成为类固定短语("提个醒""小点儿声"之类)。

还有一种双音节的单纯词(包括联绵词或音译词,如"慷慨""荒唐""滑稽""幽默"①等)一般不能分离扩展成动宾短语,但在特定语境里可扩展成动宾短语。例如:

① 这些官员慷国家之慨,大吃大喝,挥霍的是公款。
② 把政治和戏剧捉弄到这步田地,可算是荒天下之大唐了。
③ 日本"神风"申遗挑战人伦底线,简直滑天下之大稽。
④ 接下来小沈阳出场,本山大叔毫不客气,又幽他一默。

单纯词扩展为动宾短语也是一种修辞用法,即仿拟动宾离合词把双音节单纯词的前一音节用作动素、后一音节用作名素,从而插入其他成分扩展成为一个动宾短语。"慷慨""滑稽""幽默"之类不能看作离合词。至于由这种单纯词扩展而成的动宾短语("滑天下之大稽""幽他一默"等),它们在长期使用中已"约定俗成",可看作为类固定短语或成语。

(二) 内因(内部原因)

内因指内部结构有扩展为动宾短语的可能性(条件),即动宾离合词扩展为动宾短语符合汉语自身的语法机制。主要表现如下。

1. 动宾离合词与动宾短语内部构成方式基本一致

动宾离合词内部的构词方式是个动宾结构,这与动宾短语的构语方式基本一致。从动宾离合词的形成途径来看,大部分动宾离合词是古代汉语

---

① 古汉语里的"幽默"原本是"寂静无声"的意思,但这里的"幽默"(言谈有趣或可笑而意味深长,义近"诙谐")是英语 humour 的音译。

动宾短语演变(词汇化)过来的,如"革命""尽力"之类;还有些由动宾短语简缩造成,如"打假"(打击假货)、"考研"(报考研究生)之类。绝大多数动宾离合词隐含着动宾短语的痕迹,决定了它与动宾短语构造方式基本一致,决定了它们间具有"血缘"关系。动宾离合词和动宾短语的这种"血缘"关系是产生"离"的内因(内在基础),即动宾离合词有扩展为动宾短语的潜在可能性。在特定语境里这种潜在可能性由于语用需要而被激活,扩展成动宾短语也就自然而然(参看颜红菊2004)。单纯词和非动宾式复合词一般不能扩展成动宾短语,但少数单纯词("荒唐""幽默"之类)和非动宾式复合词("锻炼""后悔""同居""对象"之类)却违反这条原则;这是因为动宾语式是汉语里能强调动作或凸显客体的一种常用格式,为了某种表达效果,它们就由修辞仿拟而类推为动宾格式。这是修辞上特殊的应境用法,必须与一般的用法区别开来。

2. 动宾离合词分离必须服从汉语动宾短语分离或扩展的语法规则

动宾离合词分离扩展成各种形式的动宾短语,也都得服从汉语动宾短语的语法结构规则,如可说"鞠过两个躬""出过三趟差""看过三次病",而不能说"鞠两个躬过""鞠过躬两个""出三趟差过""出过差三趟""看三次病过""看过病三次",这是因为汉语语法有一条规则:动词带的名量短语和动量短语必须置于动词后的宾语之前。

三、动宾离合词的类型

现代汉语里动宾离合词内部也有差别,可根据不同角度给以分类。主要有以下几种。

(一) 根据语素的"类句法"性质分类

复合词的构词法是一种"类句法构词法"①,从现代汉语断代角度分析,

---

① 句法指词和词按其句法功能构造为句法结构("主谓、动宾"等)之法。复合词的构词方法指其内部语素(词素)结合为句法结构之法。汉语里复合词的构造方式和句法结构的构造方式基本一致,所以人们常把复合词的构造方法称为"句法构词法"或"句法造词法",并用句法的结构方式和句法里词的词性来命名复合词的结构方式("动宾"之类)和作为构词语素的语素(如相当于动词的称为"动素",相当于名词的称为"名素"等)。但词法毕竟不等于句法,所以本文称之为"类句法"。

其内部语素(词素)的结构关系是"动宾关系",所以动宾离合词属于动宾结构的复合词。但从语源角度分析,情况就不那么单纯(因为现代汉语复合词的语素在古汉语里曾经是个单音词)。根据动宾离合词内部语素的语源上的"句法"性质,动宾离合词主要可分为以下三类:

(1)"动素+名素"类,如"练功""留洋""安家""改产""发财""磕头""接头""领情""鼓掌""请客""见面""操心""辞职""理发""看病""聊天""革命""敬礼""尽力"等。

(2)"动素+动素"类,如"道谢""受骗""挨批""洗澡""考试""睡觉""鞠躬"等。

(3)"动素+形素"类,如"吃苦""犯傻""帮忙""着急""摆阔""扫兴"等。

上述(1)类占动宾离合词的绝大部分;名素作动宾离合词的宾语正如名词作动宾短语里的宾语一样,是典型的、基本的、主要的。(2)(3)类是"动素"和"形素"作宾语,可说是"动素"和"形素"在动宾离合词里发生"名素化"或"名物化"("事物化")。此外还有一些比较特殊的,如"形素+名素"(如"小心""大胆")、"形素+形素"(如"小便""大便")等。

值得注意的是,(2)类"动素+动素"构成的动宾离合词从语源上看有一部分是并列结构(两个动词并列构成),如"洗澡""鞠躬""避讳""睡觉"等离合词。以"洗澡"为例,古汉语里"洗"和"澡"都是同义的动词,都有"用水清除污垢"(用于身体或身体的某个部分)的意思,只是支配的对象略有差别(《说文》:"洗,洒足也""澡,洒手也")。六朝始有并列式复合词"澡洗",如"有温泉穴,冬夏常热,其源可汤鸡豚,下流<u>澡洗</u>治疾病。"(《华阳国志》)/"学周公孔子,乃是抱桥柱<u>澡洗</u>。"(《朱子语类》);元代始有"洗澡",逐渐演变为一个表示"用水除去身体污垢"意义的并列结构的复合词,如"孙舍混堂里<u>洗澡</u>去来。"(《朴通事》)/"脱了袈裟,下水里去<u>洗澡</u>。"(《三宝太监西洋记》);到明代才出现有仿拟动宾短语格式分离扩展成"洗了澡""洗过澡"的用法,如"闻人生<u>洗了澡</u>,已自困倦,倒头,只寻睡了。"(《初刻拍案惊奇》)/"我们<u>洗了澡</u>,来蒸那胖和尚吃去。"(《西游记》)/"秦重原是<u>洗过澡</u>来的,不敢推托,只得又洗了一遍。"(《今古奇观》);到清代,出现了"洗了一个澡"

"洗了个澡"的用法,如"他父子两个,在上河澡堂子里<u>洗了一个澡</u>。"(《儒林外史》上)/"走上露台自来水管地方,<u>洗了个澡</u>,方才回房安睡。"(《二十年目睹之怪现状》中)。现代汉语里,由于经常把后一动素当作一个名词来使用,而且分离成动宾短语的语式更多样化,久而久之,习焉不察,一般人已经不了解"澡"的古义,以为它是一个充当宾语的名素,就把"洗澡"看作为动宾式复合词。这表明动宾短语的语法结构的整体格式意义也会影响复合词里的语素意义。

(二) 根据语素"自由度"分类

动宾离合词内的语素(词素)在使用中的"自由度"是不一样的,有"自由语素""半自由语素""不自由语素"之别。既可作词素也可单独成为词的语素,称为"自由语素"(也称"成词语素");只能作词素不能单独成词的语素称为"不自由语素"(也称"不成词语素""黏着语素");不能单独成词,但在书面语里或在特定语境里可成词的语素,称为"半自由语素"①。根据语素在使用中的"自由度"可分为如下几类:

(1)"自由语素+自由语素"类,如"谈心""磕头""丢脸""看病"等。

(2)"自由语素+半自由语素"类,如"摔跤""剪发""造谣""辞职"等。

(3)"自由语素+不自由语素"类,如"洗澡""逃难""告状""出格"等。

(4)"半自由语素+自由语素"类,如"认错""投票""拌嘴""操心"等。

(5)"半自由语素+半自由语素"类,如"理发""犯法""见面""报案"等。

(6)"半自由语素+不自由语素"类,如"亏本""理发""念经""表态"等。

(7)"不自由语素+自由语素"类,如"违心""革命""着迷""顶嘴"等。

---

① 有的论著认为,不能独立成词,只能跟其他语素构成复合词的语素是半自由语素。本文跟他们所说不一样。因为在现代汉语里有些"不能独立成词而只能作词素的语素"在典雅或仿古语境里却可独立成词,这样的语素归入"半自由语素"比较适当。比较:"违法"的"法"和"公民应懂法、用法"的"法"。

(8)"不自由语素+半自由语素"类,如"征兵""违法""参军""鼓掌"等。

(9)"不自由语素+不自由语素"类,如"备战""鞠躬""服务""效劳"等。

(三)根据词的句法功能分类

根据动宾离合词的句法功能分类,主要有动词、形容词、副词三类。

(1)动词。表动作,主要用来作谓语,如"请客""拌嘴""结婚""叹气""上学""干杯""落户""扎根"等。动宾离合词里动词占绝大多数,可根据能否带宾语给动词性的动宾离合动词再分为不及物离合动词和及物离合动词两类。①不及物离合动词。它后面不能直接带宾语,占动宾离合词动词的多数,如"练功""充电""爱国""告状""领情""脱节""鼓掌""请客""结婚""拌嘴""叹气""上学""上课""干杯""革命""打仗""吵架""散步""请假""生病""辞职""谈话""聊天"等。及物离合动词。它能带宾语,如"起草""出台""担心""上课""操心""讨厌""动员""加工""走私"等。

(2)形容词。表性状,主要用来作谓语,可受程度副词修饰,如"尽力""努力""着急""吃惊""丢人""用功""揪心""过瘾""费神"等。

(3)副词。表方式、情状,主要用来作状语,如"携手""蒙头""趁热""当面""仗势"等。

动宾离合词里(2)的形容词和(3)的副词数量占少数,从语源上分析,它们很多曾经是动词性的动宾短语或动宾式复合词,只是在现代汉语的句法

---

① 有些动宾离合词("落户""扎根""留学"之类)通常不带宾语,构成"在+处所名词+离合动词"格式(如"在浦东落户");但在一定语境里可带处所宾语,如"落户浦东、扎根农村、留学美国",这是一种正处于发展中的新兴的结构形式,目前主要出现于报刊书面语(特别是标题句)。这类动宾离合词是及物的还是不及物的有争议。本文认为这类动宾离合词除了少数("出土""进口""出口")能带受事宾语的可看作已转化为及物动词(如"出土大批文物""进口成套设备""出口50吨黄金")外,大多数在现阶段仍然属于不及物动词,但在一定语境里有及物的用法(带处所宾语)。

结构里句法功能起了变化,就演化为形容词性的或副词性的。①这跟动宾短语是动词性似乎发生矛盾,但由于其源自动宾结构,所以它们扩展成动宾短语是一种"返祖现象",只是在现代汉语里"合"时词性变了。这种形容词或副词一旦扩展成动宾短语,则该短语(如"努了一把力""蒙着头"等)应分析为动词性短语。

(四) 根据词的语义配价分类

根据语义配价的数量(联系多少个动元)动宾离合词可分为以下两类:②

(1) 一价动宾离合词。联系一个动元(施事),如"洗澡""毕业""跳舞""参军""跌跤""理发""落伍""念经"等。

(2) 二价动宾离合词。联系两个动元。这类词还可下分为三类:不及物二价动宾离合词、及物二价动宾离合词、及物三价动宾离合词。

第一类,不及物二价动宾离合词。联系的动元为施事和受事。这类词又可分为两种:二价针对动词和二价互向动词。

A. "二价针对动词"如"看齐""鞠躬""道歉""道谢""磕头""服务""效劳""求情""问好""鼓掌""拜年"等。这类动词联系的与事为针对对象,它通常由介词"给""为""向""跟""对"引入与事置于状语位置,如"向他看齐""给他道歉"。

B. "二价互向动词",如"结婚""见面""打架""结缘""见面""比赛""吵嘴""成亲""接头""结盟""碰头"等。这类动词联系的与事为协同对象,它通常由介词"跟""同"引入与事置于状语位置,如"同他结婚""跟他见面"。③

---

① 比如形容词"尽力",古汉语里是动宾短语。如"昔者臣尽力竭智,犹未足以知之也。(战国《吕氏春秋》)/功分明,则民尽力。(战国《商君书》)"。又比如副词"携手",古汉语里也是动宾短语,如"不念携手好,弃我如遗迹。"(东汉《古诗十九首》)/望宜春以随肩,入长杨以携手。(六朝《全梁文》)。

② 有人(周红2003)认为"变天""出梅"之类是"零价"的,本文认为它们都是"一价"的,因为它们都隐含着一个主体动元("变天"隐含着表处所、时间或人物的动元,"出梅"隐含着表处所或时间的动元)。

③ 如果施事和与事联合起来作主语,则构成主谓结构(可由表多数的人称代词作主语,如"我们结婚了""他们吵嘴了";也可由复指短语或并列短语作主语,如"他们俩结婚了""学生和老师见面了")。

第二类,及物二价动宾离合词,联系的动元为施事和受事,如"起草""出台""加工"之类。这类动词的支配对象通常置于宾语位置上,如"起草文稿""加工零件"。

第三类,及物三价动宾离合词。联系三个动元(施事、与事、受事),如"拨款""借款""授权"等,它常由介词"给"引入置于状语位置,如"给该学校拨款50万元"。三价动宾离合词很少,扩展为动宾短语时名素作受事宾语,如"给该学校拨了/过款"。

四、动宾离合词构成的语式

动宾离合词构成的语式指它分离扩展而构成的动宾短语的语法结构格式。这种语式里动素作动词用,名素作名词用。动宾离合词构成的动宾短语的语式主要有以下几个系列(为方便起见,下面把名词性的词语或语素记作"名",动词性的词语或语素记作"动",形容词性的词语或语素记作"形",宾语记作"宾",补语记作"补",受事记作"受",与事记作"与")。

(一)"动+'了/过/着'$_{动态}$+名$_{宾}$"语式

这是"动素+动态助词(了/过/着)+名素"序列的语式。语式里的"'了/过/着"表示动作的"体"(动态义):"了"表动作"已经实现","过"表动作"曾经经历","着"表动作"持续进行"。如"立了/过功""洗了/过澡""受了/过骗""吃了/过苦"等。有些还能插入"着"(相对少些),如"当着面""打着盹""摸着黑"等。这种语式属于"动受"语模,语式义是表达"已经(完成)或曾经(经历)或持续(进行)发出某种动作涉及某受事"。绝大多数动宾离合词能构成这种语式,所以它是动宾离合词扩展为动宾短语的最基本、最普遍的语式。

(二)"动+[了/过]+数量+名$_{宾}$"语式

这类语式里的"数量"指"数词+量词"。根据不同性质的数量,可下分为以下三式(下面[ ]号表示可插入可不插入,如果插入"了"或"过",就增添动作的动态意义）。

1. "动+[了/过]+数量$_{(名量)}$+名$_{宾}$"语式

这种语式里的数量为"名量",如"敬[了/过]一个礼""磕[了/过]两个头""鞠[了/过]三个躬"等。这种语式属于"动+名量+受"语模,语式义是表达"发出某种动作[已/曾]涉及一定数量的某受事"。如果数为"一",有时可省略,如"敬了一个礼→敬个礼"等。也有的不一定是省略,如"道个歉""表个态""把个关"之类,这种格式里"个"一般不能加"二"以上的"数",所以"个"的名量意义弱化,主要用来表达"强调施加某个动作于某受事"。

2. "动+[了/过]+数量$_{(时量)}$+名$_{宾}$"语式

这种语式里的数量为"时量",如"放[了/过]一天假""睡[了/过]两小时觉""上[了/过]三年学"等。这种语式属于"动+时量+受"语模,语式义是表达"[已/曾]发出某种动作及其一定时量涉及某受事"。

3. "动+[了/过]+数量$_{(动量)}$+名$_{宾}$"语式

这种语式里的数量为"动量",如"洗[了/过]两次澡""出[了/过]五趟差""结[了/过]两次婚"等。这种语式属于"动+动量+受"语模,语式义是表达"[已/曾]一次或多次发出某种动作涉及某受事"。

（三）"动+什么+名$_{宾}$"语式

这是动宾离合词插入疑问代词"什么"构成的语式,有两种情形。

（1）出现于疑问句,是"有疑而问",如"你下午<u>上什么课</u>?""她在<u>跳什么舞</u>?""明天<u>放什么假</u>?"等,语式义是表达"询问动作涉及何种受事"。

（2）出现于感叹句,是"无疑而问",如"我又没惹你,你<u>生什么气</u>!""这么近的路还打车,<u>摆什么阔</u>!""你都病成这样了,还<u>操什么心</u>!"等,语式义是表达"干嘛发出某种动作涉及某受事",含有不屑或否定的口气。

（四）"动$_{("交接"类)}$+[了/过]+名$_{宾1(指人名词)}$+名$_{宾2}$"语式

这种语式里动素为表"交(给予)接(获得)"义的语素;名1(指人名词)以人称代词居多,作与事宾语(间接宾语);名2作受事宾语(直接宾语)。这种语式句法上属于"双宾"语型,语义上属于"动与受"语模,语式义是表达"一个交接行为或事件:或是把受事'给予'与事,或是从与事那里'获得'受事";决定受事转移方向(外向或内向)的,是动素的语义特征。这种语式是模仿"交接"类三价及物动作动词构成的双宾语式而类推形成的。根据动素的性质和语式义的差异,可下分为两式。

1."动$_{("交"类)}$+[了/过]+名$_{(指人名词)宾1}$+名$_{宾2}$"语式

这种语式里动素为表"给予"义的"交"类语素,如"送[了/过]她礼""授[了/过]他权""告[了/过]他状"。这类语式与表给予义的"交"类动词构成的语式("给他礼物"之类)是一致的,语式义是表达"[已/曾]给予与事以受事"(即"[已/曾]把受事交给与事")。

2."动$_{("接"类)}$+[了/过]+名$_{(指人名词)宾1}$+名$_{宾2}$"语式

这种语式里动素为表"获得"义的"接"类语素,如"沾[了/过]你光""受[了/过]工头气""领[了/过]他情"。这类语式与表获得义的"接"类动词构成的语式("受他礼物"之类)是一致的,与事和受事间隐含着"领有"关系(表受事的"物"为与事的"人"所有),语式义是表达"[已/曾]从与事那里获得受事"。

此外,如果在以上两式的名宾2前插进形容词,还可构成"动+[了/过]+指人名词$_{宾1}$+(形容词+名)$_{宾2}$"序列的带双宾语语式,如"送[了/过]他厚礼""吃[了/过]他大亏""生[了/过]他闷气",则语式义是表达"[已/曾]给予某人(与事)以某种性状的受事"或"[已/曾]从与事处获得某种性状的受事"。

(五)"动$_{("交接"类)}$+[了/过]+('名$_{1(指人名词)}$+的'+名$_2$)$_{宾}$"语式

这种语式里"'名$_{(指人名词)}$+的'+名"整体作动素的宾语。根据动素的语义特征差别,可下分为两式。

1."动$_{("交"类)}$+[了/过]+('名$_{1(指人名词)}$+的'+名$_2$)$_{宾}$"语式

这种语式里动素为表"给予"义的"交"类语素,如"交[了/过]你的底""告[了/过]他的状""出[了/过]我的丑"。语式义是表达"[已/曾]给予与事以某种受事"。

2. "动₍"接"类₎+[了/过]+('名₁₍指人名词₎+的'+名₂)宾"语式

这种语式里动素为表"获得"义的"接"类语素,如"沾[了/过]你的光""受[了/过]工头的气""领[了/过]他的情"。这类语式里与事和受事间隐含着"领有关系",语式义是表达"[已/曾]获得与事所领有的事物"。

(六)"'介词+名₁₍与事₎'+动+[了/过]+名₂₍受事₎"语式

这种语式里名₁表与事,名₂表受事,介词("跟""向""给""为"等)引出与事置于动素前状语位置上,如"跟老师见[了/过]面""向他道[了/过]歉""为你效[了/过]劳""跟他离[了/过]婚"等,语式义是表达"对某与事[已/曾]施加某种动作于某受事"。能构成这类语式的,主要是二价不及物的针对动词和互向动词。

(七)"动+'得/不'+'上/下/了/着'补+名宾"语式

这种语式里"上/下/了₍音 liao₎/着"作动素的补语,补充说明动作的结果,"得/不"表动补结构的"能否"态("得"表可能,"不"表不可能),如"帮得/不上忙""放得/不下心""见得/不了面""睡得/不着觉"等。这种语式的语式义是表达"某动作能否涉及某受事"。

(八)两语素倒装构成的"宾动"语式

这是动宾离合词的动素和名素倒装(移位)构成的"宾动"语式,这种语式里名素作陈述对象,动素对名素作出陈述。能够有这种用法的动宾离合词不多。"宾动"语式是因名素"主题化"的语用需要而在句子里构成的特殊变式,还可分为以下四式。

1. "名+动+了/过"语式

这是"名素+动素+了/过"序列构成的语式,如"澡洗了/过""头磕了/过""当上了/过"等,语式义是表达"某受事[已/曾]发出某种动作"。

2. "名+[也/都/还]+不/没+动"语式

这是"名素+[也/都/还]+不/没+动素"序列的语式,中间插入的副词"不/没"对动作进行否定,表示口气的副词"也/都"可有可无,如"澡[也/

都]不/没洗""头[也/都]不/没磕""觉[也/都]不/没睡"等。语式义表达"否定某受事实现某种动作"。如果语式里有副词"也/都",则有加强否定动作口气的作用。

3."名+[也/都/]+动+补语"语式

这是"名素+[也/都]+动素+补语"序列的语式,作补语的通常是形容词或状态动词,补充说明动作的结果,如"他头[也/都]磕痛了""她脸[也/都]丢尽了""我心[也/都]操碎了"等,语式义是表达"对于某受事发出某种动作导致某种结果"。如果语式里有副词"也/都",则对动作结果有加强口气的作用。

4."名+动+得+补语"句式

这是"名素+动素+得+补语"序列的语式,作补语的通常是"程度副词+形容词"短语,补充说明动作发生后出现的情状,如"觉睡得真香""发理得太短""课上得很好"等,语式义是表达"对于某受事发出某种动作使得受事产生某种情状"。

动词配价研究的几个问题

〇、引　　言

这几年来,配价理论已为汉语语言学界关心和重视,不少专题研究的文章相继发表,取得了一定的成绩,但与国外比较还有不少差距。我们必须在理论上以及结合汉语事实解决一些实际问题方面作进一步的深入的研究,才能使汉语语法的配价研究得到更大的发展并取得更多的成果。本文想联系汉语实际,就动词(本文所说的动词是指"广义动词",即谓词,包括动词和形容词)配价研究中的有关问题谈点儿看法。全文分四部分:一、论述配价的性质,认为配价虽与句法、语用有某种联系,但本质上是属于语法的语义平面的范畴,动词的"价"类决定于动元的数目;二、论述定价的原则和辨价的方法,指出定价的形式标准是静态主谓结构中动词所联系着的强制性句法成分的数目,辨价的方法是利用提问形式构造静态的基干主谓短语;三、记述动词的配价与从属成分的语义角色的关系,指出研究动词从属成分的"格"或"角色",是配价研究的延伸和发展,并归纳和概括了动元和状元的各种语义角色;四、论述了动词配价与句子生成的关系,指出研究配价的根本目的是为了更好地研究句子的生成机制,并较详细地阐明了配价组成的动核结构生成句子的原理和规则。

一、配 价 的 性 质

(一) 动词的配价是属于语义平面的

语法有三个平面或三个侧面,即句法平面、语义平面和语用平面,这三个平面既有联系也有区别。根据三个平面的理论和方法来研究配价,配价是放在语义平面的,即把配价看作语义平面的语法范畴。

动词配价研究中给动词分出来的"价"类,如"一价动词""二价动词""三价动词"等,它们是一种语义分类,动词"价"类决定于动词在语义结构中的语义功能(即动词为核心组成的动核中动词联系强制性语义成分的功能)分出的类。动核结构是语义平面的基本结构,它由动词和它联系着的语义成分组成。动词所联系的语义成分主要有两种,一种是强制性的语义成分组成动核结构时必须和动词共现的,可称为动元(行动元),另一种是非强制性的语义成分组成动核结构时可以出现也可以不出现的,可称之为状元(状态元)。一个动词属于哪个"价"类,决定于该动词组成动核结构时必须共现的强制性语义成分(动元)的数目,也就是说,动词联系的动元的数量决定该动词的"价"类:联系一个动元就能构成动核结构的动词是一价动词,联系两个动元才能构成动核结构的动词是二价动词,联系三个动元才能构成动核结构的是三价动词(参看范晓 1991a)。

(二) 配价性质的不同看法

关于配价的性质,我国语言学界主要有四种不同的看法:一是认为配价是属于句法的;二是认为配价是属于语义的;三是认为配价是属于"句法-语义"的;四是认为有三种不同的配价,即句法配价、语义配价、语用配价。产生这些不同看法的原因是多种多样的,但主要是取决于人们的语法观和语法研究的方法论。

(三) 动词的配价不属于句法平面的

有人认为配价是属于句法平面的。如果属于句法,则动词的"价"分类就是句法功能分出来的类,但事实不是这样。动词的主要句法功能有作谓语、能接受副词修饰、带宾语等。作谓语和能接受副词修饰跟动词的"价"分类关系不大,比较有关系的是带不带宾语和带多少个宾语。但是根据带宾语情况分出来的是及物动词和不及物动词以及单宾动词、双宾动词等等,这些动词类并不是动词的"价"分类。有人认为一价动词不带宾语,二价动词带一个宾语,三价动词带两个宾语。这只是看到动词的"价"分类跟动词带宾语的情况有关系的一面，即决定动词"价"类的某些动元常常出现在宾语位置上。但是他们没有看到动词的"价"类跟宾语并不对应，比如在汉语里，有的一价动词也可以带宾语，如"流眼泪""伤身体""愁学费""飞广州"中的一价动词"流""伤""愁""飞"等后边都带有宾语，有的二价动词却不能带宾语，如"道歉""着想""屈服""送行"等。可见并不是宾语决定"价"类，动词的配价并不属于句法范畴。

1. 动词的配价不能说属于"句法-语义"的

提出配价属于"句法-语义"分类，即认为配价既属于句法也属于语义。语义结构和句法结构表里相依，语义成分在句法平面表现为某种句法成分，句法成分也总是表示着某种语义成分。在研究或分析某种语义结构或语义成分时，都得通过句法去认识，比如施事、受事之类语义成分，要认识它们，就得通过句法形式去辨认。然而不能因为句法能反映或表示语义而说施事、受事是属于"句法-语义"范畴。事实上，任何由词语组合成的结构体，例如"牛喝水""天气好"之类，总是"句法-语义"结合体，但不能由此而不分别其中的句法和语义。比如"牛喝水"这个结构体，从句法上可分析出"主动宾"结构，从语义上可分析出"施动受"结构。这"主动宾"和"施动受"在"牛喝水"这个结构体里是结合在一起的，我们总不能据此说成主语、宾语、施事、受事等都是"句法-语义"范畴。

句法结构和语义结构虽表里相依，但它们有相对独立性。当研究语义结构时，必须寻找表现语义结构的句法形式；当研究句法结构时，必须注意发掘句法结构形式所表现的语义结构。由此可知，"价"虽是语义平面的，但研究语义平面时要十分重视跟配价有关的句法的结构形式。

2. 不能说动词有三种配价

有人提出有动词有三种配价，即句法配价、语义配价、语用配价。这是把配价这个概念混同为动词在"三个平面"的分类。从动词的分类而言，可以有三种分类，按照句法功能可分出及物动词、不及物动词等句法类；按照动词的语义功能可分出一价动词、二价动词、三价动词等语义类；按照动词的语用功能可分出叙述动词、描写动词、关系动词、措置动词、评议动词等语用类。

动词的配价着眼于动词在语义上的"价"分类。当然动词的配价与句法、语用都有关系,在一个由动词联系名词组成的"句法-语义"结构体里,配价得通过句法结构显示;在具体的动态的句子里,由于语用上的原因,动词所表示的动核以及它所联系的动元可能有重复、空缺(包括隐含和省略)以及位置多变等情形,但这都不影响动词的"价"分类。相反,在研究动词的配价时,要联系到句法,要研究不同动词的配价是怎样投射到句法结构上的。在动态的句子里,还应研究动核及动元在表层句法结构中的动态变化。这都是应该的、必需的;然而不能因此而把配价在句法上的表现说成句法价,把配价在语用上的变化说成是语用价。

二、定价的原则和辨价的方法

(一)动词的"定价"和"辨价"要凭借形式

配价属语义平面的,但语义看不见摸不着,如果就语义论语义,或者凭所谓"语感",则仁者见仁,智者见智,难以确定和辨别一个动词所联系的动元和状元,也就难以确定动词所支配的"价"类。所以在研究配价时,不但要讲语义,也还要讲表示语义的形式。我国语言学界有个共识,认为在研究或分析语法时应贯彻形式和意义相结合的原则,研究形式时要透过形式发现意义,研究意义时要得到形式上的验证。在研究配价问题上,我们认为也应贯彻这个原则。配价是属于语义范畴,也一定有它的形式上的特征,也需得到形式上的验证。陆俭明(1995)指出,"确定配价应该以意义分析为基础,同时得到形式上的可操作性",这话是中肯的。总之,应把分类的根据和辨类的方法区别开来,动词"价"分类的根据是它的语义功能,决定于它所联系的动元的数目;但确定和辨别某个动词属于何种"价"类,要凭借该动词和动元共现的表现形式。

(二)动词"定价"和"辨价"的形式标准

表现语法意义的语法形式是多种多样的,除了标出语义的形式"标志"以外,句法对语义而言,本身也是一种形式,这是因为语义结构必须通过句法结构才能示现于外。所以,动词"价"分类的根据虽然是语义,但辨认的方法还得靠句法形式。笔者在《动词的"价"分类》(1991a)一文中曾经提到四种定价形式:(1)按照主谓结构里动词所联系着的强制性的句法成分的数目来定价;(2)按照最小的意义自足的主谓结构中动词联系的名词性成分的数目来定价;(3)借助动元的标记介词来定价;(4)利用提问形式来定价。但这四种定价形式不是平等的。本文想简化为两条:①一条是定价的形式标准,定价的形式标准可规定为静态的主谓结构中动词所联系着的强制性句法成分的数目;另一条是辨价的操作方法,辨价的方法是利用提问形式构造静态的基干的主谓短语。

(三) 关于定价的形式标准

关于"静态的主谓短语中动词所联系着的强制性的句法成分的数目"这个定价的形式标准,包含着三层意思。

1. 要讲主谓结构(或称主谓短语)

句法结构多种多样,有主谓、述宾、述补、定心、状心等,都可构成短语;但并不是任何句法结构或短语都能定价,只有在主谓结构或主谓短语中才能定价。这是因为主谓结构里动词所联系着的强制性的句法成分的数目是定价的基础。

2. 要讲静态的主谓结构

定价时所说的主谓结构是指"静态的主谓结构"。这里强调"静态的",即不一定进入句子的主谓短语。动态的句子里,由于语用的关系,动词以及表示动元的句法成分变化较多,有重复、隐含、省略、移位等现象,而且在汉语里有些句子句首的名词性成分是不是主语、整个句子是不是主谓结构的句子都有争议。动态的句子里定价不是不可以,如用"消元法"或"增补法",但很复杂、很麻烦。而静态的主谓结构正好对应着语义平面的动核结构,动词所联系的动元都投射在一定的句法位置上与动词共现,而不会有省略隐含等情形,定价就比较方便简捷。

---

① 原形式讲到"名词性成分的数目"不提也可,因为在汉语里没有普遍性。原形式(3)可纳入第二条辨价的方法,参见下面(四)所说的"关于辨价的操作方法"。

3. 要讲动词联系的强制性的句法成分

所谓"强制性的句法成分",就是动词构成主谓结构时必须共现的句法成分,也可简单地称为"必有成分"。这种句法成分表示着动元,通常出现在主语和宾语位置上。但动元跟主语、宾语并不完全对应。第一,表动元的词语在句法平面不一定都作主语或宾语,如"我向你道歉""张三被李四批评"中,表动元的词语"你""李四"都出现在状语位置上。第二,作主语或宾语的词语也不一定表示动元,如"他写毛笔""飞机飞广州"中的"毛笔""广州"是宾语,但却不是"写"和"飞"的动元。又如"他流眼泪""小王遗失皮包""老赵志气大",如果认为这些句子里的"他""小王""老赵"是主语,则它们也不是"流""遗失""大"所联系的动元。主宾语通常表现动元,但不一定都表示动元,动元也不一定都出现在主宾语位置上,动词所联系的强制性语义成分动元和主宾语不能画上等号,尤其在句子里。

(四)关于辨价的操作方法

如果要检验某个动词属于哪个价类,可以用该动词作为动核构成一个动核结构,在句法上就是使该动词和它的强制性句法成分匹配起来生成一个主谓短语,通俗点说,就是让一个动词和它的必有成分挂上钩造成一个意义自足的最小的主谓短语(或称"基干的主谓短语")。这生成(或造成)最小主谓短语的方法最简便的就是采用提问形式。如果把动词记作 V,把动元标记记作 P,把特指动元的疑问代词记作 X,则提问形式可以用下列框架表示。

(1)[X]V (V 前的 X 通常是"谁"或"什么")

(2)V[X](V 后的 X 通常是"什么""谁",有的 X 是"何处"或"怎么样")

(3)P[X]V(P 后的 X 通常是"谁"或"什么")①

(4)V[$X_1 X_2$](P 后的 X_1 通常是"谁",X_2 通常是"什么")

(5)(V[X_1])[X_2](V 后的 X_1 通常是"谁"或"什么",X_2 通常是"怎么

---

① 能标记动元的介词有"被""把""由""向""对""为""给""跟""与"等,在采用提问形式时,可以不用P[X]提问的尽量不用,非用不可的才用。

样"或"干什么")

在上述提问式里,回答或填入框架 X 中的都是动元。底下举几个实例加以说明。

休息:可用框架生成静态的意义自足的主谓短语,即只要回答"谁"的问题即可辨别其属于何种价类,如说"小王休息""我休息"等。这表明动词"休息"只能联系一个动元,所以是一价动词。

读:要用(1)(2)两个框架才能生成静态的意义自足的主谓短语,即要回答"谁读"和"读什么"两个问题,如说"我读书""他读报纸"等。这表明动词"读"联系有两个动元,所以是二价动词。

道歉:要用(1)(3)两个框架才能生成静态的意义自足的主谓短语,即要回答"谁道歉"和"向谁道歉"两个问题,如说"我向他道歉""小明向道静道歉"等。这表明动词"道歉"联系有两个动元,所以是二价动词。

给:要用(1)(4)两个框架才能生成静态的意义自足的主谓短语,即要回答"谁给""给谁""给什么"三个问题,如说"我给他钱""老王给小王礼物"。这表明"给"这个动词联系有三个动元,所以是三价动词。

派遣:要用(1)(5)两个框架才能生成静态的意义自足的主谓短语,即要回答"谁派遣""派遣谁""派遣谁怎么样/干什么"三个问题,如说"我派遣他出差""老师派遣小明值班"等。这表明动词"派遣"联系有三个动元,所以是三价动词。

商量:要用(1)(2)(3)三个框架才能生成静态的意义自足的主谓短语,即要回答"谁商量""跟谁商量""商量什么"三个问题,如说"我跟他商量一件事""他跟小王商量工作"等。这表明动词"商量"联系有三个动元,所以是三价动词。

三、动词配价与从属成分的语义角色

(一)"配价"理论和"格"理论的融合

1."配价"理论和"格"理论的关系

特斯尼耶(Tesniere)创立的"配价"理论与菲尔墨(Fillmore)创立的"格"

理论本是两个不同的语法理论学说:配价理论强调动词中心说,格理论强调名词中心说。但从"三个平面"理论的高度来吸取这两种理论的合理内核,则可以统一置于三个平面理论框架内的语义平面,可以互相补充,并加以发展,使"配价"理论和"格"理论融合在一起。特斯尼耶所说的配价,着眼于主宾语位置上的名词从属于动词,或者说动词支配着主宾语,主要强调动词和主宾语的配价,然而严格地说,应是动核和动元的配价。菲尔墨所说的"格",主要强调名词的格,即动词所联系的名词的语义角色,但在汉语里,动词所联系的从属成分不一定都是名词(如谓宾动词所联系的从属成分)。所以与其说是名词的"格"或"语义角色",还不如说是动词所支配的从属成分的"格"或"语义角色";严格地说,动元和状元所属的"格"或"语义角色",也就是动核所联系的"名物"的格或角色("名物"和"名词"是两个不同的概念,前者属语义平面,后者属句法平面)。研究动词的配价固然要重视动词的"价"分类,但也不能不研究它所联系的名词的"格"或"语义角色",由此看来,这是配价研究的延伸和发展,"配价"和"格"是可以融为一体的。

2. "语义角色"(或"格")与动核结构的关系

从语法单位而言,语法研究的基点对象是句子,而分析或合成句子的关键在动词。研究动词的"价"分类,目的就在于总结出以动词为核心组成句子时必须有哪些从属成分参与句子的动作行为以及动词和各种从属成分组成句子时有哪些句法格式和语义模式。但是仅仅研究动词的"价"类也还是不够的,按照动词"价"类总结出的动核结构和句法格式极其有限。这是因为,动词所联系着的从属成分多种多样,也会影响到句子的句法格式和语义模式。

动词所联系着的从属成分概括地说有两类,即动元和状元。动元是动词联系着的强制性的语义成分,是动核结构的必有成分,所以它是动词联系着的主要的从属成分。动元还可分出许多下位语义角色,担当动元的语义角色的主要有施事、受事、系事、与事、工具等。不同的语义角色影响到动核结构的类型和句模结构,从而又反过来影响句法结构的格式或句型。比如"吃"和"姓",都是二价动词,能生成"他吃苹果""她姓黄"之类句子。但从这两个动词所联系的动元角色来看,"吃"联系着的动元角色是施事和受事,

"姓"联系着的动元角色是起事和止事;前者组成"施动受"动核结构,后者组成"起动止"动核结构。"吃"和"姓"组成的动核结构在静态的句法上都可表现为"主动宾"句法结构。然而当它们进入动态的句子时,由于动词联系的动元的语义角色不一样,组成的句法格式也就不一样:"吃"还可组成"苹果我吃了""我苹果吃了""我把苹果吃了""苹果被我吃了"等格式,而"姓"却不能说成"黄他姓""他黄姓""他把黄姓""黄被他姓"等格式。状元角色也影响到句法格式和语义模式,如"他昨天吃苹果""他用刀削苹果",它们组成的动核结构是:前者为"施事+时间+动核+受事"这样的扩展动核结构,后者为"施事+工具+动核+受事"这样的扩展动核结构,它们在句法上都可表现为"主状动宾"句法格式。可见,如果能把动词的从属成分的语义角色研究清楚,那就更能描写和解释动词组成句子的各种格式和规则。

3. 动元和状元的各种语义角色是个层级系统

担当动元和状元的语义成分角色不完全一样。这种不一样决定于动词的性质以及表示动元的词语与动词之间的语义关系。从汉语的情况来看,担当动元的语义角色主要有主事、客事、与事、补事四类,其中主事、客事、与事内部还可分为若干小类。担当动元的各种语义角色是个层级系统,这个层级体系可概括如下:(1)主事,包括施事、准施事、系事、止事;(2)客事,包括受事、成事、使事、位事、感事、止事;(3)与事,包括当事、共事;(4)补事。担当状元的语义角色的主要有凭事、因事、境事三类,这几类也还可分为若干小类。担当状元的各种语义角色也是个层级系统,这个层级体系可概括于下:(1)凭事,包括工具、材料、方式、依据;(2)因事,包括原因、目的;(3)境事,包括处所、范围、时间。

(二) 动元及其下位语义角色

1. 主事指动词联系着的主体动元

主事是作用于动核结构中动核(包括动作、行为、活动、变化、性状、关系等)的主体。它在静态的意义自足的最小主谓短语中通常处于主语的位置。主事还可以进行下位区分。动词的不同类别决定了主事的下位类别。概括地说,汉语动词主要可分为动作动词、经验动词、性状动词、关系动词,主事就相应地分为施事、准施事、系事和起事。下面做简要说明。

（1）施事，指动作的发出者，是跟动作动词联系着的一种主事，是动作动词联系着的主体动元。施事有自发动作的能力，动作由施事发出，如"老王睡觉""猫捉老鼠""太阳晒衣服"中的"老王""猫""太阳"便是施事。

（2）准施事，指经验动词的行为发出者，是跟经验动词联系着的一种主事，是经验动词联系着的主体动元。准施事无自发动作的能力，如"我知道这事""小张遇见老高""他觉得很冷"中的"我""小张""他"便是准施事。

（3）系事，指性状的系属者，是跟性状动词联系着的一种主事，是性状动词联系着的主体动元。如"我累""手痛""墙壁雪白""脸色红通通"中的"我""手""墙壁""脸色"便是系事。

（4）起事，是关系双方的起方，是跟关系动词联系着的一种主事，是关系动词联系着的主体动元，如"小李是学生""他叫李明""拳头像榔头""小明属狗"中的"小李""他""拳头""小明"便是起事。

2. 客事及其下位语义角色

客事，指动词所联系着的客体动元。它是主事作用于动核后动核所涉及的客体或客方，在静态的意义自足的最小主谓语短语中通常处于宾语的位置。客事也可进行下位分类。汉语动词所联系的客事主要可分为受事、成事、使事、位事、感事、止事六类。下面分别加以简要的说明。

（1）受事，指动作的承受者，是跟动作动词联系着的一种客事，是动作动词联系着的客体动元，是施事发出动作时所涉及的已经存在着的客体。如"我买书""他吃苹果""猫捉老鼠""太阳晒衣服"中的"书""苹果""老鼠""衣服"便是受事。

（2）成事，指动作的成果（也称"结果"），是跟动作动词联系着的一种客事，是动作的成果或结果，是动作动词所表示的动作发生后才会产生或出现的客体。如"工人造桥""老鼠挖洞""小王写文章"中的"桥""洞""文章"便是成事。成事和受事都是动作所涉及的客体，区别在于受事是动作发生时已经存在的，而成事是动作发生时还不存在，发生以后才会产生或出现的。

（3）使事，指动作的致使对象，是动作动词中的致使动词联系着的一种客事，是致使动词所联系着的客体动元。致使动作发出后就成为使事的一种状态。如"我熄灯""他热菜""小王端正态度"中的"灯""菜""态度"便是使事。使事和受事一样,都是动作发生时已经存在着的客体,区别在于动作涉及客体后,客体的变化或状态不一样:使事以支配它的动作为状态,如"热菜"后是"菜热了";受事则不以支配它的动作为状态,而是发生客体的变化,如"吃苹果"后"苹果"就消失了,"搬家"后是"家"位移了,等等。

(4)位事,指向或到达的位置或目标,是动作动词中某些位移动词和趋向动词所联系着的一种客事,是位移动词和趋向动词所联系着的客体动元。如"他到操场上""小王上楼""小李进入房间里"中的"操场上""楼""房间里"便是。位事多数由处所词语充当和表示。

(5)感事(也称"经事"),指动作感知或遭遇到的对象或事件,是经验动词(感知、遭遇之类动词)的一种客事,是经验动词所表示的行为所联系着的客体动元。如"我认识她""我遇见老姜""小王感到寒冷""森林遭火灾"中的"她""老姜""寒冷""火灾"便是感事。

(6)止事,指关系双方的止方,是跟关系动词联系着的一种客事,是关系动词联系着的客体动元。如"小李是学生""他叫李明""拳头像榔头"中的"学生""李明""榔头"便是止事。

3. 与事及其下位语义角色

与事指动作动词联系着的跟施事一块儿参与动作的参与体(也有人称之为"间接客体"或"邻体")。在静态的意义自足的最小主谓短语中,与事通常处于状语位置上(用介词引出,构成介词短语作状语),也有置于双宾语的间接宾语(近宾语)位置上。与事也可进行下位区分,概括地可分为两类:当事和共事。下面分别加以说明。

(1)当事,指动作交接、传递、指向的对象,是动作动词联系着的跟施事一块儿参与动作的与事,是动作的受益者或受损者。与事常用"给""向""为""对"等介词引出、置于动词前状语位置,如"你给他磕头""她向我借钱""我们为他着想""他们对我道歉"中的"他""我"便是当事。带双宾语的动作动词所联系的当事常置于动词后的间接宾语近宾语位置上,如"我送小王礼物""我教小王英语"中的"小王"便是。

(2)共事,指动作中跟施事协同进行动作的对象,是动作动词联系着的伴随施事共同发出某种动作的与事,即伴随施事共同发出某种动作的参与者,是互向动词联系着的与体。常用"和""跟""同""与"等介词引出、置于动词前状语位置,如"小王和小李合作""我跟他商量一件事""我们同风暴搏斗""我与小张打交道"中的"小李""他""风暴""小张"便是共事。

4. 补事其下位语义角色

在静态的意义自足的最小主谓短语中,补事通常处于宾语名词后的补语位置上。也可进行下位区分,概括地可分为三类:目的、原因、称谓。下面分别加以简要说明。

(1)目的,指动作动词中的使令性"兼语"动词所联系着的一种补事(补体)动元。它补充说明动作支配客体以后客体所发生的动作或情状。如"我派他去北京""大家选小王当代表"中的"去北京""当代表"便是目的补事。

(2)原因,指某些心理动词所联系着的一种补事(补体)动元,是补充说明动作支配客体的某种原因。如"我喜欢她聪明""我讨厌他说假话"中的"聪明""说假话"便是原因补事。

(3)称谓,指某些称呼动词所联系着的一种补事(补体)动元。它补充说明动作支配客体的称谓。如"大家称他是'活神仙'""湖南人叫种地的为'作家'"中的"活神仙""作家"便是称呼补事。

(三)状元及其下位语义角色

1. 凭事指动词联系着的凭借状元

凭事指动作的凭借者,通常置于动作动词前的状语位置上。凭事可分为工具、材料、方式、依据等小类。下面分别加以说明。

(1)工具,指动作所凭借的工具。如"他用刀切肉""我用毛笔写字""他拿石块敲核桃"中的"刀""毛笔""石块"便是工具。

(2)材料,指动作支配成事所凭借的材料。如"我用毛料做裤子""景泰蓝拿红铜做胎""他用泥土捏成娃娃"中的"毛料""红铜""泥土"便是材料。

(3)方式,指动作所凭借的方式或手段。如"他正步走""咱们面对面交流""小孩儿用大人的口气说话"中的"正步""面对面""大人的口气"便是方式。

(4) 依据,指动作所凭借的依据。如"我们凭法律办事""我按照规章做事""大家凭票入场"中的"法律""规章""票"便是依据。

2. 因事指动词联系着的原因或目的状元

因事指动作发生的原因或目的,通常置于动作动词前的状语位置。因事可分为原因和目的两小类。下面分别说明。

(1) 原因,指动作产生或发生的原因。如"他因事请假""我因经费发愁"中的"事""经费"便是原因。

(2) 目的,指动作产生或发生的目的。如"他为了学费打工""他为国家争光"中的"学费""国家"便是目的。

3. 境事指动词联系着的语境状元

境事指动作产生的语境(主要指环境和条件),通常置于动作动词前的状语位置。境事可分为处所、范围、时间等几个小类。下面分别加以说明。

(1) 处所,指动作发生的地点或处所。如"我在黑板上写字""他从广州来""她在洗衣机里洗衣服"中的"黑板上""广州""洗衣机里"便是处所。

(2) 范围,指动作发生的范围或方面。如"他在团级以上干部中传达文件""我在文艺方面发挥作用"中的"团级以上干部中""文艺方面"便是范围。

(3) 时间,指动作发生的时间。如"他在六点钟起床""她今天去北京"中的"六点钟""今天"便是时间。

四、动词的配价与句子的生成

(一) 动词的配价与句子的生成有密切的关系

研究句子的生成机制,是语法研究中的重大课题。对语言教学包括母语教学和第二语言教学、对机器处理自然语言、对实现不同语言间的自动翻译,都是至关重要的。句子的生成,关键是要抓住动词。这是因为"动词是句子的中心、核心、重心,别的成分都跟它挂钩,被它吸住"(吕叔湘 1987)。动词配价问题就是要研究句子中作为核心的动词是如何跟别的成分发生关系的。可见,研究句子的生成,不能不研究动词的配价;研究动词的配价是研究句子生成的基础或先决条件;研究配价的根本目的,是为了更好地研究句子的生成机制。

(二) 动词的配价组成的动核结构是生成句子的基底

动词配价组成的语义结构,就是动核结构。所以研究生成句子时谈动词的配价,核心问题是研究各种动词的"价"类并如何组成各种动核结构(或称"谓核结构")的。动核结构有两种。一种是"基干动核结构",它由动核和动元组成,比如"小王看电影",就是一个基干动核结构,其中"小王"和"电影"是"看"所联系着的两个动元。另一种是"扩展的动核结构",它是在基干动核结构的基础上扩展形成的,由动核的动元和状元组成。即除了动元外,还需在基干动核结构上添加状元,比如"小王昨天在大光明电影院看电影",就是一个扩展的动核结构,其中"小王"和"电影"是动核"看"所联系着的两个动元,"昨天""大光明电影院"是动核"看"所联系的两个状元(时间和处所)。有些扩展的动核结构还可能包含着更多的状元。如"昨天晚上九点钟,在北京等许多地方,为了了解奇异的天文现象,很多天文爱好者兴高采烈地用望远镜观看了月全蚀"这个句子里,除了"时间""处所"状元外,还有"工具"和"目的"状元。

由动词表示的动核所组成的动核结构是句子在隐层(语义平面)的基础结构。语法中的动核结构体现出思维行程中(或认知过程中)反映的事件或命题。一个动核结构体现着一个事件或一个命题。任何句子都是通过一定的语法手段让动核结构示现为显层的句法结构并给以某种语用因素或语用成分生成的。动核结构是无序的,不同语言间相对应的动核结构所反映的语义内容有较大的共同性,比如"狗咬人""猫捉老鼠"在汉语跟日语里都是"动核+施事+受事"结构,这就使得不同语言间有对译的可能性;不同语言显层的句法结构在表示或示现相对应的动核结构时,会有较大的差异性,即句法平面各有其个性,比如汉语、日语在表现同样的"动核+施事+受事"结构时,汉语句法上的语序形式是"施事主语+动词+受事宾语"("主动宾"句法形式),如说成"狗咬人""猫捉老鼠";日语句法上的语序形式则是"施事主语+受事宾语+动词",如说成"狗人咬""猫老鼠捉"("主宾动"句法形式),

这就使得不同语言间有翻译的必要性。又比如汉语中的"见面"是二价动词,它需联系两个动元,这跟英语中与它能对译的二价动词 meet 的意义大体相当,这就使得汉英两语言间有对译的可能性。但由于汉语和英语显层的句法结构在表现对应的动核结构时有的也会有差异性,翻译出来也会显出表层的语序的差别。上述汉语中的"见面",在组成句法结构时两个动元都必须在动词之前,其中一个动元用介词引出,如说"我跟他见面",句法上属于"主状宾"格式;而英语中的 meet 组成句法结构时通常是一个动元在动词前,另一个动元在动词后宾语位置上,如说 I meet him,句法上属于"主动宾"格式。有些外国留学生在用"见面"造句时,说成"我要见面他"之类,就是只知道 meet 跟"见面"组成动核结构在语义上有相同处,而不知它们在组成句法结构形式时有不同处,因而就出现了病句。

(三)动核结构生成句子的多样性

从动核结构生成句子的句法格局而言,往往有多种句法结构形式表示。比如"张三批评李四"这个动核结构(其中"批评"是动核,"张三"是施事动元,"李四"是受事动元)。在现代汉语里至少有三种句法结构格式(两种句型)显示的句子:

① SVO 格式:张三批评了李四(属于"主动宾"句型)。
② S 把 OV 格式:张三把李四批评了(属于"主状动"句型)。
③ O 被 SV 格式:李四被张三批评了(属于"主状动"句型)。

表现同一动核结构的不同句法结构格式各有特定的语用价值,各有特定的使用条件,因此在生成句子时要根据表达的需要和语境实际而选择适当的句法格式来表现某个动核结构。这反映了语言表达上的丰富多样性。

从动核结构所包含的语义成分而言,往往有多种情形。一个句子可由动核及其强制性语义成分动元构成,也就是由基干动核结构构成,如"他上街了""他在打扫房间"之类;也可以由动核及其动元以及状元构成,也就是由扩展的动核结构构成,如"他上午上街了""他在晚上打扫房间"之类。从构成句子的动核结构的数量而言,一个句子可以由一个动核结构(基干动核结构或扩展的动核结构)构成,如上面的"他上街了""他上午上街了"之类;

也可以由两个或两个以上的动核结构（基干动核结构或扩展的动核结构）构成，如"他上午上街买菜去了"，此句包括"他上街""他买菜""他去"三个动核结构；"他把房间打扫得干干净净"，此句包括"他打扫房间""房间干干净净"两个动核结构。

（四）动核结构生成的句模

1. 句模是有序的

句子的语义结构类型叫做句模。句模是由动核结构形成的，是动核结构生成句子时与句型结合在一起的语义成分的配置模式，所以句模跟动核结构有内在的联系。动核结构是无序的，但句模是有序的。比如"我吃苹果""他喝牛奶""小王吸烟"三个动核结构，若把动核中的动核"吃""喝""吸"记作 V，把动核结构中的施事动元"我""他""小王"记作 a，把动核结构中受事动元"苹果""牛奶""烟"记作 b，则"我吃苹果""他喝牛奶""小王吸烟"之类的无序动核结构可记作 Vab。一旦 Vab 在句中成了句模，就成有序的形式。"我吃苹果"之类动核结构形成的句模，在汉语里主要有以下一些语序形式：

① Vab 句模，如"我吃了只苹果"之类；

② a 把 bV 句模，如"我把那只苹果吃了"之类；

③ b 被 aV 句模，如"那只苹果被我吃了"之类。

2. 简单句模和复杂句模

只包含一个动核结构的句模称为简单句模（或称简单句），包含两个或两个以上动核结构的句模称为复杂句模（或称复杂句）。简单句模和复杂句模是汉语句模的两大类型，它们跟句型中的单句和复句有某种联系，但并不完全对应。简单句模一定通过单句表示，如"他上街了""他正在打扫房间"之类。复杂句模有的通过复句表示，如"因为小明身体不好，所以他今天没上学"之类；有的通过单句表示，如"他上街买菜去了""她把房间打扫得干干净净"之类；有的既可通过复句表示，也可通过单句表示。比较：

① 小张是上海人，小李也是上海人。

② 小张小李都是上海人。

3. 动词的"价"与简单句模

简单句模的下位区分跟动词的"价"分类有密切的关系,这是因为简单句模是由一个动核结构构成的,而动核结构是动核及其配价成分动元构成的。根据动词表示动核构成基干动核结构时所联系动元的数量,汉语动词有一价动词、二价动词、三价动词之别,这三类动词可构成三种基本的简单句模:(1) 一价动词句,由一价动词作动核构成,如"他休息了""鸟飞了""今天的天气很好"之类;(2) 二价动词句,由二价动词作动核构成,如"他看过这本书了""张三批评过李四了"之类;(3) 三价动词句,由三价动词作动核构成,如"他送我一本新书""我借了他两块钱"之类。

简单句模的下位区分又跟动词的语义特征和担当动元的角色有密切的关系。动词可分为动作动词(包括动作动词和经验动词)、性状动词和关系动词三大类,这三类动词所联系的动元角色不一样的。能担当动元语义角色的有主事、客事、与事、补事(它们内部又可分为若干小类)。根据动词的语义性质及动词所联系的语义角色,可替一价动词句、二价动词句、三价动词句再进行下位分类。

一价动词句还可分出"施动"句("鸟飞了"之类)、"系动"句("小丽很聪明"之类);二价动词句可分出"施动受"句("他读过这本书了"之类)、"施动成"句("工人们造了一座大桥"之类)、"施动使"句("他已经熄灯了"之类)、"施动位"句("他进房间了"之类)、"起动止"句("他是学生"之类)、"施与动"句("他为大家服务"之类)等;三价动词句可分出"施动与受"句("我给他一件礼物"之类)、"施与动受"句("我跟他商量一件事"之类)、"施动受补"句("我派他去北京"之类)。

4. 动词的"价"与复杂句模

复杂句模的下位区分决定于动词的"价"形成的动核结构间的语义关系,因为复杂句模都由两个或两个以上的动核结构构成,而动核结构与动核结构互相配合组成复杂句模时也必有其语义上的关系或联系。根据动核结构间的语义关系,复杂句模大体上可分为六种。现以两个动核结构组成的复杂句模为例来加以说明。若把前一动核结构记作 A,后一动核结构记作 B,则六种复杂句模如下。

(1) 联合模。A 和 B 之间的关系为联合关系,如"他机智而勇敢""他不仅十分机智,而且十分勇敢",前一例为单句显示的联合模,后一例为复句显示的联合模。

(2) 主从模。A 和 B 之间为的关系为主从关系:B 为句中的主要动核结构,表示主要的事件;A 为伴随的、次要的动核结构,说明主事件发生的原因、条件等等。如"他因病请假了""他因为生病了,所以今天请假了",前一例为单句显示的主从模,后一例为复句显示的主从模。

(3) 补充模。A 和 B 之间为补充关系,B 对 A 事件或对 A 事件的某个部分加以补充说明。如"他写字写得很大"句中,"字很大"是对"他写字"的补充说明;又如"他有个缺点,瞧不起人"句中,"他瞧不起人"是对"他有个缺点"的补充说明。前例为单句显示的补充模,后例为复句显示的补充模。

(4) 套合模。A 中的受事和 B 中的施事相接叠合在一起,如"我们培养他成为一个有用人才",就是由"我们培养他"和"他成为有用人才"两个动核结构中通过"他"套合而构成的。

(5) 复合模。A 和 B 里两个动核复合在一起,如"武松打死了老虎"这个句子就是由"武松打老虎"和"老虎死"两个动核结构复合组成的,动核"打"和"死"复合在一起。

(6) 混合模。指由上述种复杂句模中的两种以上混合组成,如"你倒杯茶给他喝",这句有三个动核结构,若依次用 A、B、C 标示,则 A 为"你倒茶",B 为"你给他茶",C 为"他喝茶",其中 A 和 B 为联合模,B 和 C 为套合模,此句为"联合+套合"混合模;又如"我请他把房间打扫干净"这句中,A 为"我请他",B 为"他打扫房间",C 为"房间干净",这句是"套合+复合"混合模。

5. 句型与句模有密切的关系

句型是句子的句法结构的型式(格局),它是由句法成分按照一定的结构方式构成的;句模是句子语义结构的模式。句型和句模是显层(表层)和隐层(深层)的关系。在句子里,句模要通过句型来表现,而句型则总是表示着一定的句模,它们表里相依,所以在句子中实际存在着的是"句型-句模"结合体。比如"他正在钓鱼"这个句子,句型是"主动宾",句模是"施动受",这个句子就是"主动宾-施动受"结合体。人们说话作文,不断地生成各种各样的句子,这生成句子的过程,也就是不断地反映客观事件或某个命题的动核结构组织成句模并使之与句型结合起来的过程,也就是一定的句型和一定的句模互相结合的过程。不能设想一个句子只有句型而没有句模,或者只有句模没有句型。

传统语言学比较注意句子在句法平面的句型的研究,而忽视句子在语义平面的句模的研究。当然,句型的研究是十分重要的,但如果只停留在句型的描写而不透过句型去挖掘隐层的句模或动核结构的内部语义关系,那么,这样的句型描写还只是纯形式的,不能也无法说明它跟句模的关系,因此也就很难解释句子的生成,也就很难有实用价值。从第二语言教学上看,从研究机器自动翻译的实际需要上看,不仅要重视句型的研究,也要重视句模的研究,特别要研究句模与句型之间的关系,必须对每种句型做出准确的语义解释,也必须对每种句模做出准确的形式描写,而要做到这一点,就得加强动词配价的研究。

(五) 生成句子的两种情形

1. 静态生成和动态生成

动词生成句子就是要由动词组配成动核结构再生成句子。句子的生成有两种情形:一种是静态生成,即生成"孤立句",指的是脱离语境不跟现实发生特定联系而使动核结构组成某种"句型-句模"结合体再加上一定语气生成的句子;另一种是动态生成,即生成"语境句",指的是人们在一定的语境中为表达和交流思想而创造的与现实发生特定联系的句子,这同样也要由动核结构组成某种"句型-句模"结合体再加上一定的语气生成。这两种生成既有联系也有区别。

2. 动核结构生成孤立句的原理

动核结构生成孤立句,即静态生成,这是句子生成机制的基础。老师在课堂上让学生采用扩词法来造句[①],就是一种静态生成。比如老师要学生用

---

① 扩词法造句是指由一个词扩展成几个词从而组成一个句子。扩词法是语法教学中常用的一种方法。

"吃"这个词造句,学生首先想到的是"谁吃"和"吃什么",这就把"吃"作为动核,把回答"谁"的施事和回答"什么"的受事作为动元。那么只要加进和"吃"能搭配的施事(比如"我""他""小李")和受事(比如"鱼""苹果""蛋糕")就可组成"吃+施事+受事"(Vab)动核结构,一旦使这动核结构上升为句模并与句型结合,就可能造成各种句子。例如:

① SVO(aVb)句:"我吃鱼""他吃苹果""小王吃蛋糕"等;
② S把OV(abV)句:"我把鱼吃了""他把苹果吃了""小王把蛋糕吃了"等;
③ O被SV(baV)句:"鱼被我吃了""苹果被他吃了""蛋糕被小王吃了"等。

没学过汉语语法的以汉语为母语的人是凭语感(头脑中潜藏着的母语语法感性知识)而不自觉地把"吃"扩展为动核结构然后形成句模并通过句型外现而生成某个句子的。

如果有两个或两个以上的动核结构,造句时比较复杂一些,那要涉及动核结构和名核结构的转换规则,还可能会涉及句子的扩展。但总的来说,主要采取两种方法:一种是关联组装法,一种是合并嵌入法(关于这两种方法,另有专文论述)。动态生成以静态生成为基础,但动态生成涉及语用,因此生成语境句时语用方面的因素很多,其中比较重要的是句型或句式的选择(同一动核结构可用多种句型或句式表示,在表达时,选择什么样的句型或句式是属于语用上的),语气和口气的选择,还有一定语境制约下的语义成分的删除、增添和排列次序的变化等等。

五、余　　论

编写出一部完善的、科学的动词配价词典,就可以让人们或计算机更好地理解和生成句子。如果不同的语言都有相应的配价词典,那一定会有助于第二语言的教学和用机器来处理不同语言间的自动翻译。

这种配价词典应对某种语言里的动词配价所组成的动核结构做出说明,不仅要给出某个动词(多义动词要分解到每个义项)的"价",而且还要对该动词组成的动核结构的性质(动作、性状、变化、关系等)和动核所联系着的动元的"角色"(施事、系事、起事、与事等)以及某些常联系着的状元做出准确的诠释。在此基础上,还要对该动词的形式特征以及它组配成的动核结构所生成的句模和各种可能有的句型或句法格式进行详尽的描写。甚至,如果可能,还可注明该动词的使用条件和所组成的"句型-句模"组合体在语用上的选择性等。这样的词典,名称虽然叫"动词配价词典",实际上是某种语言生成句子的词典。编写这样的词典难度很大,工程很大,但却是十分重要的和迫切的。

句子的功能

〇、前　　言

句子是语言的最大单位,也是话语的最小单位。作为语言单位的句子,是由比它小的语言单位(词、短语等)组成的。作为话语单位的句子,它可组成句群、段落、篇章等。语法研究是以句子作为基点研究对象的。作为语言单位的句子包含句法、语义和语用三个平面,句子有"句法-语义"结构,还有"语用"功能。语法研究的目的和任务是要说明句子的句法结构、语义结构和语用功能的规律,从而构建某种语法的体系。本文专论句子的语用功能。

学界论及的"句子的功能",实际上指句子的语用功能。关于"句子的功能",国内语法学者主要有两种句子功能观:一种认为句子的功能指"句子在一组句子里的地位和作用"(吕叔湘1979,第53—54页);另一种认为句子的功能指"句子的用途"或"说话目的"(参看《汉语知识》1959,第193页;刘月华1990,第1页;徐杰1987)。国外说到句子功能较有影响的有布拉格学派马泰休斯的句子功能观,他认为句子都是由"表述出发点"(已知)和"表述核心"(新知)构成,在连贯的话语里,各句通常按照前一句的表述核心即为后一句的表述出发点这样的结构排列的,即认为句子的功能指信息传递的表述功能(参看戚雨村1996,第68—70页;张惠萍2000)。还有韩礼德的小句功能观,他认为小句有概念功能、人际功能、语篇功能(参看胡壮麟、朱永生、张德录编著1989)。本文所说的句子的功能是指作为语言单位的句子在话语中的作用或用途。句子的"句法-语义"结构和句子的功能是相关的概念,前者指句子句法成分和语义成分的配置,后者指句子在表达思想和言语交际中传达信息的作用或用途;句子的"句法-语义"结构是句子功能得以实现的基础,而句子的语用功能又影响着"句法-语义"结构成分的配置和句式的选择。参照国内外有关功能的见解,本文认为句子主要有三大语用功能:表意功能、交际功能、组篇功能。①

一、句子的表意功能

句子的表意功能指句子表现其内容的功能。这种功能体现在句子和思想、感情等的关系上,也体现在句子与思想有关的思维形式和认知方式的关系上。系统功能语法学所说的"概念功能"主要是讲小句内部的及物性系统和语态系统,而本文所说的表意功能是句子(包括单句和复句)的功能。"概念功能"的"概念"易和逻辑里所说的"概念"相混,而且也不能概括思想、感情以及思维形式、认知方式等,所以本文不采取"概念功能"这个术语,而采用"表意功能"这个术语。下面对句子的表意功能做一说明。

(一)表现思想、感情等的功能

1. 表现思想的功能

句子表意功能中最重要的是表现思想的功能。思想存在在话语里,是话语的内容,而话语是由句子组成的,所以思想是由句子表现出来的。具体的句子可以说是思想的载体,它可以表现各种各样的思想,包括政治的、经济的、文化的、科技的、军事的、生活的思想等等。具体句表现的具体思想属于百科知识的范畴。

2. 表现感情的功能

句子有表现感情的功能。感情是人脑由于受外界刺激而引起的比较强烈的心理反应。人们的感情也要通过句子才能显示出来。众所周知,话语里的感叹句能表现人的感情。有些句子即使不是感叹句,也可带有一定的感情色彩。

---

① 本文所说的句子的三大功能跟系统功能语法所说的小句功能(ideational function, interpersonal function, textual function,即概念功能、人际功能、语篇功能)有相通处,但也有一定的差别。

3. 表现音像的功能

句子还有表现事物声音的功能。物体会发出各色各样的声音。人脑受外界物体的声音的刺激会引起心理音像。这种心理音像是物理声音的心理印迹,它可以通过词表现,也可以通过句子表现。话语里的拟声词或拟声句就是表现事物声音音像的。

4. 表意功能的句子分类

思想、感情、音像等内容都得通过句子来表现,离开了句子,思想、感情、音像也就不能显之于外。语法学虽然不研究具体句所表现出的具体思想、具体感情或具体音像等内容,但要研究表现思想、感情、音像的句子的语言形式。①根据表现功能来给语言中的句子分类,大体上可以分为四类:纯理句、纯情句、情理交融句、拟声句四类。比较以下各组例句:

① 那只鸟飞走了。/这孩子很聪明。/他是北京人。

② 哈哈!/唉!/天哪!/滚蛋!/妈呀!

③ 您快把这件事给忘了吧!/世界人民大团结万岁!/你的苦头难道还吃得不够多?!

④ 轰隆隆!轰隆隆!轰隆隆!(天空中响起了雷声)。/咔嚓咔嚓!咔嚓咔嚓!咔嚓嚓!咔嚓嚓!……(前面一列火车开过来了。)/噼里啪啦!噼里啪啦!呼呼嘭嘭!吱吱吱!(鞭炮声烟火声响彻云霄。)

上面①是纯理句。这是指表现思想的不带感情色彩的纯理性的句子。理性思想与句子的语义结构密切联系,所以纯理句特点是句子内部有着理性痕迹的语义结构,如"施动"模、"施动受"模、"系动"模、"起动止"模等动核结构组成的句模。②是纯情句。这是纯粹带感情色彩的句子,特点是句子内部没有明显的语义结构,某些带有强烈感情的句子(大多是独词句)属于纯情句。③是情理交融句。这是指既表理性也表感情的句子,特点是句子内部既含有语义结构,但也有感情色彩的词语,说话时语气、口气或语调带有感情。那些带感情色彩的并有一定的语义结构的句子就是情理交融句。

---

① 作为话语单位的句子,思想、感情、音像是它的内容,语言是它的形式;作为语言的单位的句子,它是话语句子的形式平面。所以语言学所研究的是话语中句子的语言形式。

这种句子有的偏重于理性,有的偏重于感情。④是拟声句。这是指摹拟人脑听觉获得的心理音像的句子,特点是句子里只有拟声词语而没有理性的语义结构。那些纯粹由摹拟物理声音的拟声词构成的句子就是拟声句。

(二) 表现思维规律的功能

句子表现思想的功能是句子最重要的表意功能。语法不研究具体句表现的具体思想,而是研究作为语言单位的句子是如何表现思想的,要研究形成思想的抽象规律是如何通过句子表现的。思维过程中的思维形式规律(形式逻辑)和认知方式规律(认知逻辑)①制约并影响句子的结构,句子则映射着思维中的形式规律和认知规律,所以,在对句子格式的成因进行分析时,也可以联系思维的形式逻辑和认知逻辑来进行解释。

1. 表现思维形式规律的功能

思维的形式规律是理性思维的判断、推理的形式及其规律。语法与形式逻辑关系十分密切,概念通常由词和短语(词组)表示,命题、判断和推理通常由句子表现。

2. 句子有表现命题和判断的功能

一个简单句常能表现一个命题或判断,例如:

① 曹雪芹是《红楼梦》的作者。/小张喜欢唱流行歌曲。/他吃过午饭了。

② 小王不是上海人。/他不会跳舞。/小刘还没吃午饭呢。

上述单句表现了形式逻辑里的简单命题,①表现肯定判断,②表现否定判断。复句可表现形式逻辑里的复合命题和复合判断。例如:

③ 哥哥在跳舞,妹妹在唱歌。/中国出口的商品不但数量多,而且质量也好。

---

① 从认识论角度看,心理认知本质上属于思维范畴。认知也应有规律,认知规律就是感知机制的规律。如果把判断推理规律称作"形式逻辑",那么认知规律似也可称作"认知逻辑"。无论是形式逻辑还是认知逻辑都是人脑反映和认识世界的脑构思活动的规律,只是前者偏重于理性思维,后者偏重于感性思维。

④ 如果工作不努力,就不可能取得成绩。/只要功夫深,铁杵也能磨成针。

上述句子表现复合命题,③表现复合判断中的联言判断,④表现复合判断中的假言判断。

3. 句子有表现推理的功能

虽然思维中的推理和句子并不对应,但推理必须通过句子形式才能表现出来。有的推理由具有因果关系的复句表现,例如:

① 客观规律是不以人们的意志为转移的,经济规律是客观规律,所以经济规律不以人们的意志为转移。
② 直角三角形内角之和是180度,锐角三角形内角之和是180度,钝角三角形内角之和是180度,直角三角形、锐角三角形、钝角三角形是全部的三角形,可见一切三角形内角和都是180度。
③ 由于他每天坚持锻炼身体,所以平时很少生病。

①和②这两个复句由三个分句组成,三个分句表示三个命题,表现典型的"三段论":①为演绎推理;②为归纳推理;③是由两个分句组成的因果复句,这个复句表示演绎推理,只是省略了一个大前提分句"锻炼身体的人很少生病"。

表示因果关系的句群也可以表现推理。例如:

④ 所谓隐逸,在本质上,就是对于人世的逃避。他不满意于社会的现状,却无力突破,又不能忍受。其结果,他当然只有逃世一途。

这④是表示因果关系句群,这个句群也是表示演绎推理(第一句是大前提,第二句是小前提,第三句表示小前提)。

4. 句子表现思维形式的分类

句子(严格地说是"句干")可以根据表现思维的形式来分类。如果根据命题的判断性质分类,句子可分为肯定命题句(如"他是学生")和否定命题句(如"他不是学生");如果根据句子推理的方法,句子可分为演绎推理句和归纳推理句,前者如3.里的①,后者如3.里的②。如果根据句子在推理中的地位,句子可分为前提句(包括大前提句和小前提句)和结论句,如"客观规律是不以人们的意志为转移的,经济规律是客观规律,所以经济规律是不以人们的意志为转移的"这个推理句里,前两句是前提句,后一句是结论句。

(三) 表现认知方式规律的功能

认知方式跟思维形式虽都属于广义的思维范畴,而且都和语法里的语义平面发生直接关系,并通过语义与句法接口。但两者有一定的区别:形式逻辑偏重于理性思维,各民族有共性;认知方式偏重于感性思维,各民族既有共性的一面,也有个性的一面。认知还因人而异、因境而异,同样的事件或情景,不同的人或同一个人,由于视角不同,或注意点不同,在大脑中形成的意象图式也不同,投射到句子也就不一定完全一样。

认知方式规律是大脑通过感觉、知觉、想象而获得的对现实世界的主观意象图式及其结构规律。所谓"意象",是指人脑感知摹拟客观事物或事件情景而在大脑里形成的心理印象或映象。意象有物体意象和事件意象之别。事件的意象图式反映着物体之间的关系或反映着物体发生动作、性状等的情景,它具有一定的构成方式。句子映照了反映事件的意象图式。以经验为基础的认知机制和语法有密切的关系,句子与认知方式有千丝万缕的联系。

句子有表现认知结构的功能,句子表现认知规律的功能是多方面的。

1. 句子有表现认知结构基本框架的功能

认知结构的基本框架是反映客观事件或情景的"模型",是人脑根据经验建立的物体与物体的关系或物体与其动作、属性、状态的关联模式。句子的语义结构,特别是基干动核结构以及基本的"句模-句型"结合体能表现认知结构中的"凸体-活动""凸体-活动-衬体""凸体-性状""凸体-关系-衬体"等基本认知框架[凸体指支配着活动、性状、关系的物体(主体),衬体指与凸体相对待的参照物体,活动、性状、关系是主体物体的一种属性]。根据句子表现认知结构基本框架的功能,句子主要有活动句(也称动作句、事件句)、性状句、关系句三类。例如:

① 宏儿已经睡了。/敌人逃跑了。/她哭了。
② 他吃了一个苹果。/我看了一场电影。/老方买了一本书。

③ 今天的月亮很圆。/这孩子很聪明。/田野里的麦苗绿油油的。

④ 他是山东人。/鲸鱼属于哺乳动物。/小花的身材像她妈。

①是活动句,其语义结构"施事-动核"表现"凸体-运动"的认知框架。②也是活动句,其语义结构"施事-动核-受事"表现"凸体-运动-衬体"的认知框架。③是性状句,其语义结构表现"凸体-性状"的认知框架。④是关系句,其语义结构"起事-动作-止事"表现"凸体-关系-衬体"的认知框架。

2. 句子有表现认知中的"图形-背景"的功能

图形与背景也是一种认知结构。图形是指感知获得的一个突出的实体印象,这突出的部分即"焦点部分";背景是指感知获得的衬托图形的实体印象,即衬托图形的部分。人们在感知某一突出的实体印象时总是在背景衬托中感知图形。这种"图形-背景"也要通过句子表现出来。例如:

① 窗台上放着一盆鲜花。/墙上挂着一幅画。/草原上奔驰着一匹骏马。

② <u>这个星期进入了梅雨季节,常常下着连绵不断的毛毛雨,天气总是阴沉沉的</u>。我的心里充满了抑郁、烦闷和愤慨。别人在这种阴雨天里只有烦闷和苦恼,而我却还有愤慨!我诅咒这梅雨似的天气,因为它唤起了我创痛的回忆。

上面的①组的句子是汉语的"存在句"。这种句子的"处所-动词-事物"语义结构体现了认知上的"背景-图形"结构:句首的处所是背景,是突显图形的衬托部分;句末的存在主体是图形,是表述中凸显的部分。反之,如果感知是相反的,句子的形式就成另外的样子。例如:那盆鲜花放在窗台上。/那幅画挂在墙上。/那匹骏马奔驰在草原上。②是几个意义上相关的句子连接在一起,也可构成"背景-图形"结构,其中有些句子充当背景句,有些句子充当图形句(画横线的部分是背景句,与背景句对待的部分就是图形句)。

3. 句子有表现认知结构方式中成分排列顺序的功能

客观事件的成分排列是有顺序的,反映到认知上,认知结构方式也是有顺序的;而句子内部成分的结构顺序则是对认知顺序的象似性表现。句子表现认知中顺序功能是各种语言普遍存在的,但在汉语里特别明显(参看戴

浩一1985;沈家煊1999)。汉语的顺递句(即连谓句)和连贯复句内部成分排列顺序就是表现了事件发生的先后顺序。例如:

① 他下了飞机直奔旅馆租房间。/大家走下车来,绕到车后,帮助推车。
② 老人带我们走进一座挺幽雅的院子,里边有两眼泉水。老人围着泉水转了转说:"这是'梦赶泉'。"接着,他又给我们讲了一个皇帝来此游山的故事。

上面①组都是单句里的顺递句,这种句子很明显是按照事件发生的时间先后顺序排列的。②是连贯复句,在这两个或两个以上句子组成的话语单位里,句子和句子之间的排列顺序也表现了认知上事件发生的时间顺序。此外,还有动作、原因与结果的关系,客观上总是先有动作或原因,然后才有结果,认知方式也就反映动作或原因在前,结果在后。表现认知方式的句子也就摹拟了这种时间顺序。例如:他跌伤了。/由于这里是地震带,经常会发生地震,所以人们就不太愿意在这里长期居住下去,致使这里人烟稀少。

4. 句子还有表现认知中联想的功能

比喻(包括明喻、隐喻、借喻、转喻等)就是认知过程中联想激发出来的从一事物或事件喻为另一事物或事件的一种重要的认知方式。被比喻的叫做"本体",比喻的事物或事件叫做"喻体"。通常用熟悉的喻不熟悉的,用简单的喻复杂的,用具体的喻抽象的。认知中联想所激发的比喻,可以用句子表现出来,即用比喻句(属于"关系句")或比喻性句群表现。比喻里常用"像、好像、是、像/如……一样/一般"等比喻词语来联结本体和喻体。例如:

① 时间就是金钱,就是生命。
② 希望本是无所谓有,无所谓无的。这正如地上的路,其实地上本没有路,走的人多了,也便成了路。

上面①是比喻句,表现的是物与物间的比喻,本体和喻体一般用名词性的词语表现。②是比喻性句群,表现的是事与事间的比喻,本体和喻体就用句子表现,表现本体的句子是本体句,表现喻体的是喻体句。

二、句子的交际功能

句子的交际功能是指句子为适应交际需要的带有主观性态度的功能。主要表现为传达句子语用目的(用途)的功能和信息处理的功能。

(一) 表达语用目的功能

1. 语气反映了句子的语用功能

人们说出一个句子,总有一定的主观语用目的(用途),比如向别人陈述一件事,或询问别人一个问题,或向别人提出某种要求,或抒发自己的某种感情等等。由于句子的语气反映了句子的语用目的,所以根据语用目的给句子进行分类,也就是一般所说的句子的语气分类。这种分类反映了句子在语用平面最基本的用途,而且这样语用分类涵盖面大,任何句子都可以归属于这种句类中的某个类别。所以句子的语用目的分类是句子交际功能中最重要的分类。在汉语里,表示句子语用目的的功能一般由语气(句调或语气词等显现)表示。

2. 句子的语气分类

根据句子的语气表达语用目的(用途)的功能,汉语的句子可分为五类:陈述句(也称"直陈句")、疑问句、祈使句、感叹句、呼应句。例如:

① 他是上海人。/小王去北京了。/广州的天气很热。

② 他是上海人吗?/小王去哪里了?/广州的天气怎么样?

③ 这件事我来办吧!/你快点儿说啊!/禁止吸烟!

④ 祖国的山河多美啊!/这个人太可恶了!/啊呀!吓死我了!

⑤ 喂!喂!(经理在吗?)/小张!小张!(你在哪儿?)/嗯!嗯!(是我!)

上面的①组里的句子为陈述句(也称"直陈句"),是陈述一件事情的句子,用陈述语气表示;② 为疑问句,是表示询问的句子,用疑问语气表示;③ 为祈使句,是表示祈使(包括请求、命令、劝告、催促等)的句子,用祈使语气表示;④组里的句子为感叹句,是抒发某种感情(包括喜悦、赞赏、愤怒、厌恶、悲伤、惊讶等)的句子,用感叹语气表示;⑤组里的句子为呼应句,是表示招呼或应答的句子,用呼应语气表示。

3. 语气分类的下位分类

(1) 陈述句的下位分类。表示陈述功能的陈述句可分为"肯定陈述句"和"否定陈述句"两类。例如:

① 他去北京了。/他已经走了。/他很聪明。/他是学生。

② 他不去北京。/他没走。/他并不聪明。/他不是个学生。

这里的①组里的句子是肯定陈述句,②组里的句子是否定陈述句(谓语前有否定副词"不"或"没")。

(2) 疑问句的下位分类。表示疑问功能的疑问句可分为四类:是非问、特指问、正反问、选择问。例如:

① 他在睡觉?/你去北京吗?/这件事你知道么?

② 谁是你的朋友?/你去哪里?/明天天气怎么样?

③ 你去不去北京?/他是不是学生?/那声音你听见没听见?

④ 他是老师还是学生?/你去北京还是去天津?

上面①组里的句子为"是非问"句,这种句子里的疑问点用"是"或"非"表示,句末常用"吗、么"之类的语气词。②组里的句子为"特指问"句,这种句子用疑问代词特提某个疑问点,常用特定的疑问代词表示。③组里的句子为"正反问"句,这种句子用谓词肯定和否定相叠形式构成,即用"V 不 V"或"V 没 V"形式表示。④组里的句子为"选择问"句,这种句子提出两个或两个以上可供选择的疑问点,常用"是……还是……"格式表示。

还有一种特殊表达用途的疑问句,即有疑问的形式但功能上不表示疑问。这种句子主要有两种用途:一种是用疑问形式表示陈述,另一种用疑问形式表示表示祈使。前者称为"反问句"(也称"激问句"),表面是"问",实际上表达陈述功能(带有感情色彩)。反问句的否定式表肯定,如"他不是睡了吗?";肯定式表否定,如"都知道的事还说干吗?"。后者称为"祈问句",表面是"问",实际上表达祈使功能。祈问句表达的祈使比较委婉,带有商量的口气,如"吃了饭走可以吗?"。

(3) 祈使句的下位分类。祈使句是表示祈使功能的。根据口气的强弱

句子的功能

程度,祈使句可分为命令祈使句、委婉祈使句、谦卑祈使句三类。

① 开步走!/加油!/快进去!/给我滚!/别说了!/不要胡来!/不准讲话!

② 咱们一起走吧!/你早点来啊!/不要这样嘛!/你尝尝看!/不早了,该起床了!

③ 请再说一遍!/麻烦您来一下!/劳驾,把那本书递给我!/求您行行好吧!

上面①组里的句子是命令祈使句,这种句子带有命令或禁止的强势口气,强调点有明显的强调重音,说话语势急促,是一种直率的、不客气的祈使句。②组里的句子是委婉祈使句,这种句子带有委婉的、商量的口气,是一种客气的、口气强弱为中性的祈使句,常用语气词"吧""啊""嘛"等。③组里的句子是谦卑祈使句,这种句子带有请求或乞求的弱势口气,是一种恭敬、谦卑的祈使句,常用敬辞"请""麻烦""劳驾"等,有时也带有语气词"吧"。

(4) 感叹句的下位分类。感叹句是表达感情的。主要有赞叹句、惊诧句、悲哀句、愤慨句、同情句等五类。例如:

① 祖国的河山多美啊!/好香的桂花!/他的身体真棒!

② 哎呀! 真险!/发生这样的事,多可怕啊!/咦! 怎么回事?

③ 妈呀! 痛死我了!/天哪! 我没法活了。/这场景真惨呀!

④ 气死我了!/哼! 好大的架子!/太不像话!

⑤ 多可怜的孩子!/他没能成功太可惜了!/真叫人痛心!

这里①组里的句子组里的句子是赞叹句,表达喜悦或称赞的感情;②组里的句子是惊诧句,表达惊奇、诧异的感情;③组里的句子是悲哀句,表达悲痛、哀伤的感情;④组里的句子是愤慨句,表达愤怒、鄙夷的感情;⑤组里的句子是同情句,表达同情的感情。

(5) 呼应句的下位分类。呼应句是指打招呼和对招呼作出反应的句子。可分为两类:呼句("招呼句")和应句("回应句")。例如:

① 老王! 老王!/喂! 喂!(打电话常用语)/你好!/晚上好!

② (喂! 喂!)回应:嗯! 嗯!/(小心路滑!)回应:哦!

①组里的句子是呼句。呼句指为引起对方注意的"打招呼"的句子,多

数是由称呼词或感叹词、习用的客套词语构成的。应把呼句和感叹句、祈使句区别开来,比较:"嗨!你找谁?"("嗨!"是呼句);"唉!我真倒霉!"("唉!"为感叹句);"救命啊!救命啊!"(为祈使句)。②组里的句子是应句。应句指对呼句作出回应的句子。要把应句跟对疑问句进行回答的"答句"区别开来,"应句"是针对招呼句的,"答句"是针对疑问句的。比较:"呼句:喂喂,老王!——应句:嗯!"("嗯!"是回应"呼句"的);"问句:你是北京人吗?——答句:是!"("是!"是回答"问句"的)。

(二) 表达信息处理的功能

句子处理信息可以从两方面来分析。

1. 表达信息意图的功能

从处理信息的意图角度来说,句子表达信息的意图有两种:一种是信息储存,即要求听话者对说话者所传达出的信息储存于自己的大脑中;另一种是信息反馈,即要求听话者对说话者所传达出的信息有所反应。相应地句子也可分为两类:信息储存句和信息反馈句。陈述句和感叹句一般不要求听话者对说话者所传达的信息有所反应,因此属于信息储存句;疑问句和祈使句倾向于要求听话者对说话者所传达的信息有所反应,因此属于信息反馈句。至于呼应句,有两种情形:其中呼句要求听话者对说话者所传达出的信息有所反应,属于信息反馈句;应句不要求听话者对说话者所传达出的信息有所反应,属于信息储存句(参看张斌、胡裕树 1989,第 71—72 页)。

2. 表达传输信息的功能

从说话者向听话者的角度来说,信息储存句中的陈述句和感叹句都是说话者给听话者传达某种新信息的。汉语的句子在传达新信息时,大部分句子由主题和述题两部分组成。主题是句子述说的对象或出发点,代表旧信息或已知信息;述题是对主题进行述说的部分,代表新信息或未知信息。"主题+述题"结构,可以说是一种表达信息的语用结构。根据传递信息中是否有主题来进行分类,汉语的句子可以分为"主题句"和"非主题句"(或称"无主题句")两类。例如:

① 巴黎是法国的首都。/这件事终于解决了。/经商他没经验。/这山

水多美啊!

② 立正!/啊呀!/哗啦啦!哗啦啦!/下雨了。/啊,好香呀!

上面①组的句子是"主题+述题"构成的句子,即主题句(也称"主述句")。这种句子的常规语序是表旧信息的主题在前,表新信息的述题在后。①②组的句子指只有述题或隐含主题的句子②,就是非主题句。一般汉语语法教科书上所说的主谓句,如果从语用平面作功能分析,大多数都可分析为主题句③;"非主谓句"大多数为非主题句,但实际情况并不那么简单。主语和主题是两个不同的语法概念,前者属句法平面,后者属语用平面。主谓句的主语和主题句的主题往往是重合的,如"这个学生很聪明"中的"这个学生"在句法平面分析为主语,在语用平面分析为主题。但主谓句中的主语有时跟主题不一定重合,如"树丛里几只鸟儿在唱歌"中,"树丛里"是主题,"几只鸟儿"是主语。也有些句子只有主题而没有主语,如"在那遥远的地方,有位好姑娘"中,"在那遥远的地方"是主题,不是主语;这句在句法平面没有主语,可分析为非主谓句,但在语用平面属于主题句。

汉语的主题句是传输信息中使用数量最多、最广泛的。如果根据述题对主题述说的功能进行分类,"主题+述题"句可下分为叙述句、描述句、记述句、释述句、评述句四类。叙述句也称叙事句,指述题叙述主题所反映的事物的动作行为的过程或发展变化的句子;描记句也称描写句,指述题描写或记说主题所反映的事物性质或状态的句子;解释句也称诠释句,指述题解释述题中的事物和主题事物之间某种关系的句子;评议句指述题对主题所反映的事物或事件作主观评议的句子。例如:

① 大家都笑了。/他正在写文章。/这孩子一天天成长了。

② 小英很聪明。/大门紧紧地关着。/老人瘫痪了。

③ 墙上挂着一幅油画。/大门口站着两个壮汉。/天上飘着一片白云。

---

① 在特定的语用表达中,也可是述题在前、主题在后。如:"我们已经讨论过三次了,关于这件事。/多么清新啊,这雨后的空气!"

② 隐含与省略有区别,隐含无法添补,省略可以填补(参看吕叔湘1979,第68页)。省略主题的句子还是属于主题句。

③ 赵元任把主语和主题等同起来,把谓语和述题等同起来(赵元任1979,第45页)。

④ 他是大学生。/小明像他爸爸。/我有一支金笔。

⑤ 他可能是湖南人。/你可以来这里。/这件事应该认真讨论一下。

①组的句子是叙述句(也称"叙事句"),②组的句子是描述句(也称"描写句"),③组的句子是记述句(也称"呈现句""存现句"),④组的句子是释述句(也称"解释句、诠释句"),⑤组的句子是评述句(也称"评议句")。如果需要,对主题句中的叙述句、描述句、记述句、释述句、评述句进行再分类,如叙述句可根据叙述态分为主动句、处置句、被动句等。例如:

① 父亲已经睡了。/张三批评了李四。/我送给朋友一本新书。(主动句)

② 张三把李四批评了。/我把那本新书送给了朋友。(处置句)

③ 李四被张三批评了。/那本新书被我送给了朋友。(被动句)

描述句可根据描述态分为性质句和状态句等。例如:

① 桃花红,柳叶绿。/大象的鼻子长,眼睛小。/他的话正确。(性质句)

② 她的脸红彤彤的。/天苍苍,野茫茫。/红的火红,绿的碧绿。(状态句)

③ 大门紧紧地关着呢。/那个人还醉着呢。(状态句)

记述句根据记述态分为出现句、存在句、消失句等。例如:

① 球场上出现了他的身影。/树丛里飞出几只鸟。/烟囱里冒起了白烟。(出现句)

② 门口坐着个老人。/桌上堆着许多东西。/墙上挂有一幅画。(存在句)

③ 他的脸上消失了笑容。/她遗失了一只钱包。/王冕七岁上死了父亲。(消失句)

释述句可根据释述态分为判断句、比较句、领有句等。例如:

① 他是广东人。/地球属于行星类天体。(判断句)

② 她像她妈妈。/上海的生活水平高于南京。(比较句)

③ 他有两个妹妹。/我有许多好书。(领有句)

评述句可根据评述态分为测度性句、意愿句性句、必要性句等。例如:

① 他可能明天回来。/你可以做这个工作。/他们能完成这个任务。（测度性句）
② 我愿承担这个责任。/她想去游泳。/他明天要去出差。（意愿性句）
③ 他应该在明天回来。/这个任务必须在明天完成。（必要性句）

三、句子的组篇功能

句子的组篇功能，指组句成篇的语用功能。①组篇功能可从两方面分析：一是句子在大于句子的话语单位（段落、篇章或语篇）里的功能，二是在句群里充当句群结构成分的功能。

（一）在大于句子的话语单位里的功能

关于在大于句子的话语单位里的功能（地位和作用），吕叔湘（1979，第53—54页）所说的句子功能就指这一种。他说："若干句子组成一个段落，句子和句子之间有意义上的联系，也常常有形式上的联系，……所以，按句子在段落里的功能来分类，不是不可能。"又说："要是按一个句子在一组句子里的地位和作用，也就是按功能来分类，可以分为始发句和后续句。"庄文中（1990）、吴为章（1994）遵循吕叔湘的观点讨论了这种句子功能，并按此功能把句子分成"始发句""后续句""终止句"等。

根据句子在大于句子的话语单位里所处的地位和作用，本文遵循吕、庄、吴的观点，把句子分为始发句、后续句、终止句三类。

1. 始发句和后续句

始发句，马建忠的《马氏文通》（1898）称之为"起句"，②置于篇章、段落

---

① "篇"指"语篇"或"篇章"，是说出或写出的一系列连续的句子、句群或段落所构成的话语整体。组篇功能近似于功能语法的语篇功能，不同处是：前者着眼于句子（包括单句和复句），后者着眼于小句；前者包含信息处理，后者把信息处理纳入交际功能。
② 《马氏文通》说"段落之长者，概有起句"，并说起句"皆于段落之始，先树一义，以为下文展拓地步"（见《论句读卷之十》）。可见"起句"相当于始发句。

的头部。始发句是整个篇章或整个段落的意义展拓的起点句;后续句置于始发句的后面对其起承上接续的作用,即在始发句的引领下展开续说的。例如:

① <u>我们现在看见的是这样一座茶馆</u>。一进门是柜台与炉灶。屋子里面摆着长桌与方桌,长凳与小凳,都是茶座儿。隔窗可见后院搭着凉棚。凉棚下也有茶座儿。屋里和凉棚下都有挂鸟笼的地方。

② <u>幕启</u>:王大妈独坐檐下干活,时时向街门望一望,神情不安。赵大爷自外来。

③ <u>凉秋八月,天气分外清爽</u>。我坐在海边礁石上,望着潮涨潮落,云起云飞。瞧那茫茫无边的大海上,滚滚滔滔,一浪高似一浪,撞到礁石上,唰地卷起几丈高的雪浪花,猛力冲激着海边的礁石。

④ <u>我问:"像这样一窝蜂,一年能割多少蜜?"</u>老梁说:"能割几十斤。"

⑤ <u>什么是路?</u>就是从没有路的地方走出来的,从只有荆棘的地方开辟出来的。

上面话语段落的头部画横线的句子都是始发句,始发句后面的句子都是后续句。始发句和后续句除了意义上的联系,也常有形式上的联系,比如始发句里不大能用"你""我"以外的指代词,不大能省略主语和宾语。后续句一般是承上句(但也有兼任起下句的,如用"首先""第一""一方面"开头的句子都有起下的作用)。对话里,第一个说话的人的第一句话一定是始发句,问句多数也是始发句,承接该问句的答句一定是后续句。

始发句和后续句是互相对待的:没有始发句,也就没有后续句;没有后续句,也就无所谓始发句。始发句与后续句的关系,主要有三种。一种是话题和述说的关系:始发句是话题句,它是篇章或段落或句群内的述说对象,① 后续句是对话题进行述说的述题句,如①。一种是背景和前景的关系:后续句是"前景句",是表现句群中突现主体事件或情景的句子,始发句是背景句,对前景句所表事件或情景起衬托作用,如②和③。再有一种是问答关系

---

① 本文分主题和话题。把句子中的表述对象叫做主题,把篇章、段落、句群中的表述对象叫作话题。

(包括自问自答):始发句通常是问句,后续句通常是答句,如④和⑤。

2. 终止句

终止句,马建忠的《马氏文通》(1898)称之为"结句",① 是后续句中的最终结尾的句子。终止句在篇章、段落的尾部,对整个篇章或整个段落在意义上进行总结或终结。篇章或段落必有始发句和后续句,但不一定有终止句。终止句前有时用"总之""由此可知""由此看来""归根到底"等关联词语或指代词(指代上面句子或句群)"这/那……"等与其前面的句子联结。例如:

① 成功是需要信心的,是需要耐心的,是需要恒心的。<u>总之</u>,成功绝非易事。

② ……。<u>由此可知</u>,任何过程如果有多数矛盾存在的话,其中必定有一种是主要的,起着领导的、决定的作用,其他则处于次要和服从的地位。

③ ……。<u>由此看来</u>,认识的过程,第一步,是开始接触外界事情,属于感觉的阶段。第二步,是综合感觉的材料加以整理和改造,属于概念、判断和推理的阶段。

④ 有的学生理解力强,有的理解力差;有的是急性子,有的慢性子;有的喜欢吟诗作文,有的喜欢跳舞唱歌;有的关心集体,有的冷漠自私。<u>这</u>表明学生的心理有着个性特点。

①的终止句前用"总之",②的终止句前用"由此可知",③的终止句前用"由此看来",④的终止句前用"这"。终止句有的是单句,如①和④,有的是复句,如②和③。

(二) 充当句群成分的功能

1. 句群的含义和类型

句群(也称"句组"或"超句统一体")是几个在意义和结构上有密切联系的各自独立的句子组成的大于句子的话语单位。句群往往在段落之内,

---

① 《马氏文通》说,"段落之结句,所以结束一段之意"(《论句读卷之十》)。可见"结句"相当于终止句。

但有的也可自成段落。形式上,句群由两个或两个以上的句子组成,包含两个或两个以上的句调;内容上,各句的意义相互关联、前后连贯,共同表示一个中心意思。

根据结构内部第一层次直接成分之间的关系,句群主要分为联合句群、偏正句群、补充句群三类。相应地,句子充当句群成分的功能主要有三种:充当联合句群结构成分的功能,充当偏正句群结构成分的功能,充当补充句群结构成分的功能。

2. 充当联合句群结构成分的功能

联合句群可以分为并列句群、连贯句群、递进句群、选择句群四类。联合句群内部的直接结构成分可以是两个或两个以上,联合成分在结构里彼此地位平等(没有偏正或主从之别),所以在联合句群里作句群结构成分的句子的地位也是平等的。例如:

① 当着不变更生产关系生产力就不能发展的时候,生产关系的变更就起了主要的决定的作用。当着没有革命的理论就不会有革命的运动的时候,革命理论的创立和提倡就起了主要的决定的作用。当着某一件事情要做但还没有方针、方法、计划或政策的时候,确定方针、方法、计划或政策就是主要的决定的东西。当着上层建筑阻碍着经济基础的发展的时候,政治上和文化上的革新就成为主要的决定的东西。

② 周萍一个人由饭厅走上来,望望花园,冷清清的,没有一个人。她又偷偷走到书房门口,书房里是空的,也没有人。然后她又走到窗户前开窗门,看着外面绿荫荫的树丛。

③ 入世后,世贸组织的成员国都将给中国以最惠国待遇,在最惠国待遇上就不会再遭到美国一年一度的非难。而且,中国可以参与贸易规则的决策过程,这有利于使中国的合法权益得到反映。甚至,在发生国际贸易争端时,还可把争端递交到世贸组织的仲裁机关处理,免受不公正处罚。

④ 在群众运动中,我们是站在他们的前头领导他们呢?还是站在他们的后头指手画脚地批评他们呢?还是站在他们的对面反对他们呢?

并列句群的内部直接结构成分有并列关系,作并列成分的句子常用"同样""另外""相反""一方面……另一方面……"等关联词语联结,但也有不用关联词语的,如①便是。连贯句群的内部直接结构成分有连贯关系,即句子表现的几个事件先后承接连续、鱼贯发生,作连贯成分的句子常用"接着""然后""于是""先……然后……"等关联词语联结,如②便是。递进句群的内部直接结构成分有递进关系,即句子表现的几个事件在意义上逐层加深,作递进成分的句子间常用"而且""并且""甚至""何况""进一步说"等关联词语联结,如③便是。选择句群的内部直接结构成分有选择关系,即句子分别表现的几个事件是可以加以选择的,作选择成分的句子间常用"或者""要不""特别是""或者……或者……""是……还是……""要么……要么……"等关联词语联结,如④便是。

3. 充当偏正句群结构成分的功能

偏正句群大体可分为因果句群、转折句群、条件句群、映衬句群四类。偏正句群内部的直接结构成分只能是两个,其结构成分有主从之别:充当该句群"正"成分的句子为"正句"或"中心句",充当该句群"偏"成分的句子为"偏句"或"状句"。例如:

① 因为孩子是明天,是希望,是祖国的花朵,是我们的生命的延续。还因为孩子天真,烂漫,真诚,心地纯洁,不说谎。即使说谎,也说得那么天真,烂漫,真诚,自然,能给生活增添一些喜剧色彩,所以人们都喜欢孩子。

② 生产力、实践、经济基础,一般地表现为主要的决定的作用,谁不承认这一点,谁就不是唯物论者。但是,生产关系、理论、上层建筑这些方面,在一定条件之下,又转过来表现其为主要的决定的作用。

③ 我国必须加强经济建设、文化建设、国防建设。全国人民一定要团结起来,努力工作,发愤图强。只有这样,才能把我国建成一个繁荣富强的国家,中华民族才能复兴,中国人民才能在世界上扬眉吐气。

④ 冬天,一个冰冷的晚上。马路旁边的疏枝交横的树下。他孤零零的一个人正等候一辆末班汽车。他衣着单薄,冷风吹得他蜷缩着身子。"真冷呀,再没有比这里更冷了!"他自言自语着。等了很长时间,汽

车还没来。寂寞、孤独、寒冷,侵蚀得他心中发怵。

因果句群的内部直接结构成分有原因和结果关系,偏句表原因,正句表结果,偏句前常有关联词语"因为""由于"等,正句前常有关联词语"所以""因此"等,如①便是。转折句群的内部的直接结构成分有转折关系,即正句和偏句在意义上是相反的或相对的,偏句和正句常用"虽然""然而""但是""可是""不过"等关联词语联结,如②便是。条件句群内部的直接结构成分有条件关系,即正句是结果,偏句是条件,偏句和正句间通常用"不管""只有这样""才""除非"等关联词语联结,如③便是。映衬句群的内部直接结构成分有映衬(衬托和被衬托)关系,正句是句群的主体事件,偏句表衬托主体事件发生时的场景(时间或处所等的状态),如④便是。

4. 充当补充句群结构成分的功能

补充句群大体可分为注证性补充句群、说明性补充句群、记叙性补充句群、描写性补充句群四类。①补充句群内部的直接结构成分也只能是两个。从句法上分析,补充句群里的结构成分是被补充成分和补充成分之别:充当被补充成分的句子为"主体句",是被补充申说的对象,它特指一个事物或一个事件;充当补充的成分的句子为"补充句",是对主体句进行申说的句子。从语用表达角度分析,补句一般是补充句群的表达重心。例如:

① 人在实践过程中,开始只是看到过程中各个事物的现象方面,看到各个事物的片面,看到各个事物之间的外部联系。例如有些外面的人们到延安来考察,头一二天,他们看到了延安的地形、街道、屋宇,接触了许多的人,参加了宴会、晚会和群众大会,听到了各种说话,看到了各种文件,这些就是事物的现象,事物的各个片面以及这些事物的外部联系。

② 蜂蜜在治疗方面有很多功效。可润肠通便,对便秘的防治很有效。可润肺止咳,特别是肺虚引起的咳嗽。可解毒,用于缓解食物中毒。可医疮、止痛,将蜂蜜涂擦在皮肤或伤口上,有消炎、止痛、止血的

---

① 补充句群这里概括为四类,实际情形要复杂得多,注释、说明、记叙、描写等有时在某种特定句群里会杂糅在一起。由于篇幅关系,本文未展开论述,将另文展开讨论。

作用。

③ 我爱夜晚的星天。幼时在家乡七八月的夜晚,每当在庭院里纳凉的时候,我最爱看天上密密麻麻的繁星,并要妈妈说出各种星星的名字。妈妈告诉我北斗星、牛郎星、织女星等等,还给我讲各种星星的故事。现在每当夜晚我还是喜欢星天,我会呆呆出神忘记一切,仿佛回到了母亲的怀里似的。

④ 这平铺着,厚积着的绿,着实可爱。她松松的皱缬着,像少妇拖着的裙幅;她轻轻的摆弄着,像跳动的初恋的处女的心;她滑滑的明亮着,像涂了"明油"一般,有鸡蛋清那样软,那样嫩,令人想着所曾触过的最嫩的皮肤;她又不杂些儿尘滓,宛然一块温润的碧玉,只清清的一色——但你却看不透她。

注证性句群的内部直接结构成分是注证和被注证的关系,也就是注释被注释或证明被证明的关系,主体句是该句群中的被注证的成分,补句是注证性的申说成分,对主体句作注证性补充,补句前常有关联词语"例如""比如""换句话说""也就是说"等,如①便是。说明性句群的内部直接结构成分是说明被说明的关系,主体句是该句群中的被说明的成分,补句是说明主体句的申说成分,包括分说性或总说性的补充说明等,如②便是。记叙性句群中的主体成分和补充成分间是记叙和被记叙关系,主体句是该句群中的记叙的对象成分,补句是对主体句中的事物或事件进行记叙的成分,对主体句进行记叙性的补充,如③便是。描写性句群中的主体成分和补充成分间是描写和被描写关系,主体句是该句群中的描写的对象成分,补句是对主体句中的事物或事件进行描写的成分,对主体句进行描写性的补充,如④便是。

句子的"句干"

○、前言

(一) 句子的构成

句子由两部分构成:一是句干部分,二是语气部分。句干是句子里去掉语气以后那个用来"表思"(表达逻辑和认知)的部分,它由两个或两个以上的实词(有的还有虚词)互相结合组成的词类序列体显示;①语气是附着在句干上的那个用来"传的"(传递交际目的)的部分,它由句调(也称"语调",书面上用句末标点符号表示)或语气词显示;有些疑问语气也可以用句干里的疑问代词(如"谁""什么"等)或特定形式(如"V不V"之类)等表示。例如:

① <u>他睡</u>了。/<u>他喝咖啡</u>了。　　② <u>他睡</u>吗?/<u>他喝咖啡</u>吗?
③ <u>你睡</u>吧!/<u>你喝了这杯咖啡</u>吧!
④ <u>这咖啡真香</u>呀!/<u>长江三峡很美</u>啊!
⑤ <u>既然你干上这行,就得好好地干</u>呀!
⑥ a. <u>虽然老鹰的筋骨多么坚硬</u>,‖b. <u>翅膀多么宽阔</u>;│c. <u>但如果不凭借空气</u>,‖d. <u>也不可能在高空翱翔</u>的。(此句中的符号│表示第一层次,‖表示第二层次)

这些句子里的语气词"了""吗""吧""啊""呀""的"和书面上的句号、问号、感叹号以及相应的句调是表示句子的语气部分的;划线部分就是句干。平常所说的"疑问句""祈使句"之类,是从舍弃句干的角度称呼的;所说的"单句""复句"之类,是从舍弃语气角度称呼的。

句干和语气,都是从句子里分析出来的。没有句干,语气无从依托,就

---

① 但也有少数蕴涵着某些语义信息的"独词句干"(即句子里只有一个实词)。

不成其为句子;没有语气,句干就没有传递言语行为目的的交际功能,同样也不成其为句子。可见句干和语气是句子不可或缺的部分(范晓 2012)。

(二) 句子的表述性

句子的特征是具有表述性。但有的论著(如胡裕树主编 1981)认为:"表述性"是由语气体现出来的,如单说"鸡叫"还不是句子,说成"鸡叫了"就成为句子。这种观点把表述性和句子语气所体现的交际目的功能等同起来,否定了句干也有表述性。既然句子里"句干"和"语气"两者缺一不可,那么当然不能说语气有所表述而句干无所表述。其实,句干也具有表述性,这体现在具体句的句干表达思想内容,抽象句的句干表达思维(包括逻辑和认知)。所以"表思"和"传的"都体现了句子的表述性,研究句子的表述性不能只讲语气,而不讲句干。

(三) 本文重点研究汉语句子的句干

学界对汉语句子的语气性质、特点、分类上有较多的共识,当然也还有深入研究的必要,比如表示语气的形式问题以及语气里的不同口气问题都是有待深入研究的。学界对句干也有大量的的研究,比如对句干的句法成分、句法结构、句型以及对某些句式的研究(如"把字句""被字句"等);但由于对句干没有一个完整的认识,对句干的语义和语用分析相当薄弱,所以更需要全面深入的探讨。本文以"三维语法理论"为指导对汉语句子的句干进行专题性的扼要的阐释,旨在构建汉语句子中的句干理论体系。

一、句干的性质

(一) 句干是句子里实体词语为主构成的序列体

"句干"这个术语是笔者在《略说句系学》(1999)一文中提出的。句干是句子除去语气以后的实体词语为主构成的词类序列体。句子有单句和复句之别,它们都是由"句干+语气"构成的。但单句和复句的区别不是根据语气而是根据句干的单复分出来的。简单句里的句干简称"单干",如①②③

④便是;复句里的句干简称"复干"如⑤⑥。所以单句是属于"单干+语气"的句子,复句是属于"复干+语气"的句子。换句话说,单干句称为单句,复干句称为复句。至于所谓的"分句",它没有语气,只是复句的组成部分,就不能看作句子,它相当于本文所说的单干,如⑤有两个单干,⑥有四个单干。

构成复句复干的直接组成成分是"分干"。分干可以是单干,如⑤里的"既然你干上这行""就得好好地干"便是;分干也可以是"类复干"①,如⑥的复干两个层次都由两个单干组成的"类复干"组成:前一个类复干是"单干a+单干b",后一个类复干是"单干c+单干d"。可见,句干是个类名,而单干、分干、类复干等都是句干的下位名称,犹如"马"是类名,而"白马""黑马""斑马"等都属于"马"似的。

(二) 句干与短语、小句的关系

1. 句干与短语的关系

有一种流行的观点认为,句子去掉语气后的部分是短语(也称"词组"),或说短语加上语气就成为句子。如朱德熙(1985,第75页)说"句子不过是独立的词组""词组和句子之间是一种实现关系"。也就是说一个"独立"的词组加上语气就可"实现"为一个句子。笔者认为:短语有静态短语和动态短语之别(范晓1996,第231—241页),句干和短语虽然有一定的联系,②但有本质上的区别。第一,句干不一定都是短语,"独词句"的句干只有一个实词,显然不是短语;复句复干也很难说是短语,如"如果你来的话,我就不去了"的句干(复干)就不是短语。第二,句外的静态短语不一定都能做句干,如"思想保守""新鲜空气""桌子椅子"等;句内的动态短语有的能充当句干,有的也不行,如"挂着画"之类。第三,句干里往往出现一些插加语("看

---

① "类复干"指多层次复句里由两个或两个以上单干组成的分干。但某些单句里的某个句法成分若是一个复干形式,也可看作"类复干",如"鸿渐不知道这些话是出于她的天真直率,还是她表姐所谓的手段老辣",句中打横线的部分就是一个复干形式,也属于"类复干"(或称"降级复干"),它在这个单句里充当宾语。

② 句干和短语的联系主要表现在:句干一般是由能加上语气成句的短语(即所谓"独立词组")组成。句干的句法结构构成规则跟短语的句法构成规则在很多方面是一致的,所以分析短语结构有助于理解句干结构。

样子"之类)、某些虚词(如"今天的天气嘛,不太好啊!"中的"嘛")、关联词语(如"因为""虽然""即使"之类)以及一些句法结构之外的所谓"外位成分""外层成分"等,这些在短语里是不存在的。

2. 句干跟所谓"小句"的关系

小句这个术语人们有不同理解。从源头上说,小句的名称是受英语语法里 clause 的影响,译成汉语,有的译为"小句",有的译为"分句""子句""小句",有的认为"小句"包括单句和分句。"小句"之名始见于严复《英文汉诂》(1904),相当于英语的 clauses;刘复(1920,1932)认为复句由"小句"(又称"子句")组成;赵元任(1979,第 64 页)认为"小句最常见的是在表示思维和感觉的动词之后";吕叔湘(1979,第 29 页)和邢福义(1997,第 301 页)认为小句有两种,指有语气的"独立小句(单句)"和无独立语气的"非独立小句(分句)";王维贤(1992,第 359 页)认为小句指没有语气的不独立的句子(分句或主谓短语);等等。

在英语语法中,phrase 和 clause 界限分明:前者表示"短语",后者则是"主语+定式动词"构成的结构体。而汉语没有什么定式动词,所以把小句和 clause 画上等号显然有问题,跟本文所说的"句干"完全是两码事。顾名思义,小句该是"小的句子"。句子说出来必得有语气,把单句称为小句没大问题,因为单句有语气,但把所谓"分句"也称为小句就有问题,因为分句没有独立的语气。可见,应该把单句和所谓"分句"严格区别开来。把单句和分句都称作"小句",是把单句(是"句子")和分句(非"句子")合在一起,这混淆了句子和"非句子"的界限,就不能科学地构建汉语语法的体系(范晓 2005b)。笔者认为尤其把单句和分句都称为小句,还不如把单句句干和复句中的相当于单句句干的句干(即所谓的"分句")都称为"单干"。①用"句干"这个术语可避免句子和非句子的纠缠。

(三) 句干的"三个平面"

一般语法书涉及句干,大多指句干的句法平面。三维语法认为句干不

---

① 出现在某些单句里的充当单句某个句法成分的单干形式可称为"类单干"(降级单干),如"我知道他已经来上海"这个单句里打横线的部分就是"类单干"作宾语。

但有句法平面,还有语义平面和语用平面。

句干的句法平面表现在:句干内部的实词词类表示某种句法成分,如"主""谓""宾""定""状""补"之类;句法成分之间的关系构成句法结构,如"主谓结构""谓宾结构""定心结构"等;句干的基本句法结构格局叫作"句型",如单干有"主谓"型、主谓宾"型等,复干有"联合结构"型、"偏正结构"型、"补充结构"型。

句干的语义平面表现在:句干内部的实词词类表示某种语义成分(参看范晓2003),如"谓核"(下位有动作核、性状核之类)、"谓元"(下位有施事、受事、与事之类)、"状元"(下位有处所、时间、工具之类);语义成分之间的关系构成语义结构,主要是谓核结构(也称动核结构,参看范晓2011a),如"施动""系动""施受动"之类;句干里由谓核结构组成的基本语义模式叫做"句模",如单干里有"施动受""施动与受"句模等,复干里有"'施动'+'施动受'""'施动受'+'系动'"句模等。

句干的语用平面表现在:句干的语用目的构成的基本语用类别叫作"句类",如单干里有"主述"句的表述类有叙述句类、描述句类、记述句类、评述句类等(参看范晓2017),复干里的表述类有"递进句类""因果句类""条件句类""转折句类"等等。

(四) 核心句干和扩展句干

核心句干(也称"基础句干""基本句干")指句干的核心部分,它是由句干里表示谓核和谓元的实体词语构成的,如"<u>张三喝酒</u>了吗"的画线部分就是核心句干。核心句干表达最基本的思想或思维。

扩展句干指在核心句干基础上增添其他成分的句干,这有三种情形:一是除了表示谓核、谓元的实体词语外还添加了表示状元的名词语而构成的句干,如"<u>张三昨天在宾馆里喝酒</u>了吗"这句干里增添了"昨天在宾馆里";二是除了表示谓核、谓元、状元的词语外还在谓词前面或后面增添了一些表示客观情态(谓状或谓态)的词语(包括形容词、某些副词、体态助词等),如"<u>张三昨天已经快乐地喝了很多酒了</u>"这句干里增添了"已经""了""快乐";三是除了表示谓核、谓元、状元的实体词语外增添了一些表示主观情态的词语(包括口气词、插语等),如"张三嘛,看样子昨天在宾馆里喝酒了"这句里画线部分增添了"嘛""看样子"。

(五) 具体句干和抽象句干

1. 具体句干

具体句干是具体句子里分析出来的包含着具体词语和表示具体思想的"实体",是句干的具体实例。例如:

① a. 张三批评李四吗? b. 张三批评李四了。
② a. 李四读《水浒传》吗? b. 李四读《水浒传》了。
③ a. 王五喝茅台吗? b. 王五喝茅台酒了。

这些句子去掉语气(a 疑问语气,b 陈述语气),可提取"张三批评过李四""李四读过《水浒传》""王五喝过茅台酒"等具体句干。这些句干都含有特定词语并表达特定的思想内容。

2. 抽象句干

抽象句干是具体句干的抽象形态,即通过理性思维舍弃具体句干里的具体词语及其表达的具体思想而抽象出的词类序列组合体。例①②③ 的具体句干里有不同的词语,有着不同的思想内容,但它们的词类序列具有同一性,表现在:第一,相应组合位置上的词类相同,句首和句末的词都是名词,句中的词都是动作动词;第二,实体词的线性序列形式相同,都是"名词$_1$+动作动词+名词$_2$";第三,序列体的句法结构和语义结构相同,句法结构都是"主动宾",语义结构都是"施动受";第四,句干句式的句式义相同,都表达"施事发出动作施加于受事"。对上述共性加以类聚、概括,就能提取一个抽象句干。抽象句干和具体句干的关系是一般和个别的关系。

(六) 句干句式

句干句式指从具体句干中抽象出来的语法结构格式,它是由一定的语法形式显示出来的。汉语的句干句式主要由词类序列形式、特定词形式、固定格式形式等显示(范晓 2010)。这种形式所显示的句子的句干句式具有"三维性"(句法、语义、语用)。任何具体句干的语法结构格式都从属于一定的句干句式。由于句子有单句和复句之分,所以句干句式也有单干句式和复干句式之别。研究句干句式,除了要描写句干的句式形式及其内在的句法结构、语义结构和语用结构外,还必须说明和解释它所抽象出的句式的整体意义——"句式义"(参看范晓 2012)。

二、汉语句子的单干分析

(一) 单干的句法分析

对单干进行句法分析,是要分析单干里实词或短语充当何种句法成分、构成何种句法结构,从而确定一种汉语句子的单干句型。

1. 单干的句法分析法

传统语法重视"成分分析法"(也称"中心词分析法"),结构主义语法重视"层次分析法"。笔者主张把上述两种分析法结合起来,采用"'成分-层次'分析法"(范晓 1980b),即既要分析句法成分,又应分析各成分之间层次关系。比如"他的‖弟弟|担任|复旦大学的教授了"这句的单干,第一层次可分析出"主语+谓语+宾语"构成的"主谓宾"句型,第二层次是对"他的弟弟""复旦大学的教授"两个短语进行分析,可分析出它们是"定语+中心语"构成的"定心"语型。

确定单干句型时,既要重视中心词和主要成分,又不应忽视层次关系。如"你知道他来了"和"你请他来吧!"两句句干的词类线性排列形式相同(都是"名$_1$+动$_1$+名$_2$+动$_2$"),但它们的层次关系不同,它们的句型也就不同:前者第一层次是"我|知道|他来",属于"主谓宾"句型,作为宾语的"他来"分析为"主谓"语型是属于第二层次分析;后者第一层次是"我|请|他|来",属于"主谓宾补"句型(参看范晓 2009,第 197 页)。

2. 单干的"主谓句"问题

现在很多汉语语法书把汉语的单干句型分为"主谓句"和"非主谓句"两大类,认为主谓句里主语和谓语的关系是"陈述对象"和"陈述部分"的关系,并把位于句干谓词(包括动词和形容词)前的名词性词语都分析为主语,这是值得商榷的。汉语语言事实是:主语可表示陈述对象,但陈述对

象却不一定是主语;谓词前的名词性词语可以是陈述对象,但也不一定。例如:

① 他喜欢下象棋。② 田野里油菜花正盛开着。③ 一会儿又下起雨来了。

①里的句首名词"他"是"陈述对象",既可分析为主语,也可分析为主题(主语兼主题)。②里的句首名词性词语"田野里"是"陈述对象",但却很难分析为主语。③里的句首名词"一会儿"则很难分析为陈述对象(参看吕叔湘1979,第71页)。可见,假如句首名词语和谓词前的名词语一律分析为主语,干脆倒是干脆,但却完全是一种不顾意义的形式主义,会无限地扩大所谓"主谓谓语句",如<u>这件事现在我脑子里一点印象都没有了</u>"这个单干里谓词前有5个名词,那岂不要分析出5个主语("大主语""中主语""小主语""小小主语""小小小主语")?

应该把句法平面的"主谓结构"里的主语和语用平面"主述结构"里的主题严格区别开来。赵元任(1979,第45页)认为:"在汉语里,把主语、谓语当作话题和说明来看待。比较合适。"这实际把句法上的主语和语用上的主题等同起来,把句法上主谓结构和语用上的主述结构混淆起来,以致主语泛化,把有些不是主语的陈述对象也视作主语,如他(1979,第53页)把"在一年里我只病了一次"这句里的"在这一年里"也看作主语,这就令人费解。可见把句首的陈述对象都看作主语是有漏洞的。

主语在语用上可表示"陈述对象",即表示语用的主题;但主题并不都是主语。所以,把谓词前作为陈述对象的名词性词语都分析为主语不解决问题,主语应该有自己的定位。笔者认为应该根据形式和意义相结合的原则来确定主语,即:主语虽然在语用上可表陈述对象,但本质上它是和谓词相对待,语义上它是谓词所联系的谓元,形式上它是出现在谓词前边的不附介词的表示谓元的词语。如果一个句子里句首的陈述对象词语不是谓词所联系的谓元,则不能看作主语(参看范晓1998)。

3. 单干的句型

单干的句型有层级性。第一层级可分为"主谓句"和"非主谓句"。笔者认为"主谓句"的谓语应是句子主干里的谓词充当,而不是主语后面的各种短语①。如果对主谓句进行下位分析,可分为"典型的主谓句"和"特殊的主谓句"两类,前者指显现谓词作谓语的主谓句,后者是省略或隐含谓词谓语的主谓句。②对主谓句和非主谓句可再进行下位分类。

对典型的主谓句进行再分类,能构建单干的基本句型系统。构建句子单干的基本句型通常采用中心词分析法,即凭借"主干"定型。③用这种方法确定句型,如英语一般认为它的单干有五种基本句型,④这对英语的句型教学很有用。

笔者认为:汉语的单干主要有七种基本句型:(1)"主谓"句型(如"<u>父亲睡觉了</u>""<u>天黑了</u>"之类),(2)"主谓宾"句型(如"<u>他喝酒了</u>"之类),(3)"主谓补"句型,如"<u>他喝醉了</u>"之类),(4)"主状心"句型,如"<u>他把酒喝光了</u>""<u>酒被他喝光了</u>"之类),(5)"主谓宾$_1$宾$_2$"句型(如"<u>我给他礼物了</u>"之类),(6)"主谓补宾"句型(如"<u>我们打败敌人了</u>"之类),(7)"主谓宾补"句型("<u>公司派他去北京工作了</u>"之类)。

(二) 单干的语义分析

单干的语义分析主要采取"谓核结构分析法"(也称"动核结构分析法")和句模分析法。

1. 谓核结构分析法

谓核结构是由谓核和它所联系的相关语义成分构成的。"谓核"是谓核

---

① 这跟现在很多语法书所说的"主谓句"(即把主语后的谓词性短语都说成谓语,如说"动宾短语作谓语""动补短语作谓语""状心短语作谓语"等等)不一样。这有利于确定单干的基本句型。

② 一般语法书把"非典型的主谓句"称为"名词谓语句"。如"今天星期六""鲁迅绍兴人""张张桌子三条腿""他大学生了"之类。笔者认为这类句子两个名词语之间有的属于省略谓词,有的隐含着某个谓词。

③ 中心词分析法分别单干里的"主干"和"枝叶",并以主干成分确定句型(参看黄伯荣、廖序东主编《现代汉语》),但单凭主要句法成分"主谓宾"确定主干对汉语不完全合适。本文认为确定主干应结合语义,即凡是在句子里表谓核、谓元的句法成分才是主干。"主谓宾"是主干没问题,因为它们表谓核、谓元,但汉语里状语、补语则较复杂。状语大多不是主干成分,但某些介宾短语所作的状语里若宾语是谓语谓词联系的谓元,则这种状语可以看作主干成分;补语有些不表谓元,当然不是主干成分,但汉语里某些谓词谓语联系着的补语也是谓元,则也可看作主干成分。

④ 英语的五种基本句型是:"主谓"句型、"主谓宾"句型、"主谓表"句型、"主谓宾1宾2"句型、"主谓宾补"句型。

结构中作为核心由谓词充当的语义成分,是谓核结构中制约其他成分的成分。谓核结构里谓核所联系的由名词性词语充当的语义成分有两种:一种是谓元(也称"行动元"),另一种是状元(或称"状态元")。"谓元"是谓核结构里谓核所联系的强制性语义成分,是谓核结构的"必有的"语义成分。没有谓核形不成谓核结构;没有谓元,同样也形不成谓核结构,所以谓核和谓元是构成谓核结构的基本的不可或缺的成员。"状元"是谓核结构里谓核所联系的非强制性的语义成分,是谓核结构的"非必有"(即可有可无)的语义成分,主要用来增加某些背景性的语义信息,去掉它谓核结构仍能成立(参看范晓 2011a)。

单干里的谓核结构有两类:一类是"基干谓核结构",另一类是在"基干谓核结构"基础上增添状元的谓核结构,称为"扩展的谓核结构"。如在"张三昨天在会议上批评李四了"这个单干里,"张三批评李四"是基干谓核结构,"张三昨天在会议上批评李四"是扩展谓核结构。单干"扩展的谓核结构"的"义块"(即语义成分块,由实词或短语组成的语块充当),最多可扩展到 7 个,例如"① 她的妹妹(施事)② 昨天晚上(时间)③ 在自己的卧室里(处所)④用新买的手机(工具)⑤给她在广州的男朋友(与事)⑥打(谓核)了⑦整整一个小时的电话(受事)"。

(二) 句模分析法

1. 谓核结构与句型结合就显现某种句模

单干句模是谓核结构组成单干的基本语义框架。句型与句模表里相依,句模由句型表示。单干里的谓核结构是构成句模的基础语义结构,当一个或几个谓核结构一旦在句干里与句型结合,就显现某种句模。

单干里的句模有的由一个谓核结构组成(如"父亲睡觉了"之类),有的由两个或两个谓核结构串合或加合组成,如"他喝醉了"由"他喝酒+他醉"两个谓核结构串合组成;有的由三个谓核结构组成(如"他出门上山砍柴了"由"他出门+他上山+他砍柴"三个谓核结加合组成)。需要指出的是,有些单干里主语、宾语、状语部分有时也会出现某个谓核结构,如"阳光灿烂的春天来到了""我知道他是学生""她态度诚恳地向我道歉"里的"阳光灿烂"

"他是学生""态度诚恳"之类。但这种谓核结构不是单干句模必有的。

2. 单干的基本句模

单干基本句模的确定跟谓词的"配价"和汉语的基本句型有关。以单干典型的主谓句表示的基干句模很多(参看朱晓亚 2001),这里略举主要的八种:

(1)"施事或系事+谓核"句模(如"他睡了""花红了"之类);

(2)"施事+谓核+受事"句模(如"他喝酒了"之类);

(3)"施事+与事+谓核"句模(如"她向我道歉了"之类);

(4)"施事+谓核+与事+受事"句模(如"他送给我一本书了"之类);

(5)"施事+谓核+受事+补事"句模(如"公司派他去北京工作了"之类);

(6)"'施事+谓核+受事'+'系事+谓核'"句模(如"他喝醉酒了"之类);

(7)"'施事+受事+谓核'+'系事+谓核'"句模(如"他把酒喝光了"之类);

(8)"'受事+施事+谓核'+'系事+谓核'"句模(如"酒被他喝光了"之类)。

(三) 单干的语用分析

单干的语用分析,主要是采取三种方法:一是"主述结构分析法",二是"句式义分析法",三是"主观情态分析法"。

1. 单干的主述结构

现代汉语的单干最主要的语用结构是"主述结构"(由"主题+述题"构成),但也有"非主述结构"的单干。由主述结构组成的单干句称为"主述句",反之为"非主述句"。汉语单干句大多是"主述句"(包括省略主题的);"非主述句"是指隐含着述题或主题的特殊单句(参看范晓 2017)。这里着重分析单干的"主述结构"。主题是述题表述(也称"陈述")的对象;述题(也称"说明")是对主题表述的部分。基本思想相同的单干,根据表达需要可选用不同的主题,例如:

① 中华人民共和国的首都是北京。　② 北京是中华人民共和国的首都。①和②的基本思想相同,但①里"中华人民共和国"是主题,②里"首都"是主题。

判定一个句子的主语目前学界分歧很大,但确定主题相对比较容易。可用意义和形式相结合的原则来确定主题:意义上,主题是述题的表述对象,而述题是对主题事物进行表述的部分;形式上,汉语里的主述结构一般是主题在前述题在后,①主题与述题之间可有较大的停顿,一般可插入某些表示提顿口气的虚词("嘛""啊""呀""呢""吧"之类)或插入"是不是"变为反复问句,也有些主题能带上某些主题标记(如"关于""至于"之类)。

主题跟主语、主事(指谓核联系的主体,包括施事、系事、起事等)既有联系又有区别。它们分属于不同的语法平面:主题是语用分析的术语,主语是句法分析的术语,主事是语义分析术语。典型的主语在语义平面表主事,在语用平面表主题,这时主语、主事、主题三者相兼("重合")。如"妈妈爱女儿""麦苗绿油油的""鲸鱼是哺乳动物"这几句里的"妈妈""麦苗""鲸鱼"在句法结构是主语,在语义结构中是主事,在语用结构中是主题。但主题并不都是主语或主事。例如:

① <u>这件事</u>阿Q后来才知道。　② <u>这把刀</u>我用来砍树。
③ <u>阳台上</u>她种了许多花草。　④ <u>今年夏天</u>他们全家去青岛避暑了。
⑤ <u>鱼</u>,河豚鱼最鲜美。　⑥ <u>大象</u>嘛,鼻子很长。

①是受事宾语作主题,②是工具状语做主题,③是处所状语作主题,④是(时间状语作主题,⑤是跟主语"河豚鱼"在语义上有隶属关系的"鱼"作主题,⑥是跟主语"鼻子"在语义上有领属关系的"大象"作主题。可见,主题不等于主语或主事。

2. 单干表述用途及其表述类

单干的表述性是由主述句里述题对主题的表述用途决定的。根据述题的表述用途,可分为叙述性述题、描述性述题、记述性述题、释述性述题、评

---

① 在特定语境里,为了突出强调述题信息,主题有时也可出现在述题之后,如"多美啊,<u>长江三峡</u>!""我们已经研究过了,<u>这个问题</u>"里的"长江三峡""这个问题"便是。

述性述题五类,相应地形成叙述句、描述句、记述句、释述句、评述句等五种单句的基本句类(参看范晓2017)。例如:

① 大家都<u>笑</u>了。/他<u>正在写</u>文章。　② 晓明<u>很勇敢</u>。/房屋<u>倒塌</u>了。
③ 墙上<u>挂着</u>一幅山水画。　　　　④ 他<u>是</u>韩国人。/晓明的生肖<u>属</u>牛。
⑤ 他<u>可能是</u>韩国人。/这个问题<u>值得</u>研究。

①的述题属叙述性述题(叙述主题所表事物的动作、运动或变化过程),由这类述题构成单干的单句称为叙述句(也称"叙事句""事件句");②的述题属描述性述题(描述主题所表事物的性质或状态),由这类述题构成单句称为描写句(也称"表态句");③的述题属记述性述题(记述主题事物的呈现的状态或情景),由这类述题构成单句称为记述句(也称"存现句");④的述题属释述性述题(判断或解释某事物与主题所表对象之间的关系),由这类述题构成的单句称为释述句(也称"诠释句""判断句");⑤的述题属评述性述题(对主题事物进行评述),由这类述题构成的单句称为评述句(也称"评议句")。

3. 单干的句式义

句式义式是指句式整体的、独立的语用表达功能意义。每种单干句式都有特定的句式义。同一个事件或思想内容,根据表达的需要,可选择不同的单干句式。选择的句式不同,表达的句式义也就不同。例如:

① 墙上挂着山水画。② 山水画挂在墙上。③ 山水画在墙上挂着。

这三个单干表达的事件或思想内容基本相同,但单干句式不同,句式义也就有差别:①句式是"处所名词+'动词+着'+事物名词"形式,句式义是表述"某处以某种方式或状态存在着某种事物";②句式是"事物名词+'动词+在'+处所名词"形式,句式义是表述"某事物以某种方式或状态定位于某处所";③句式是"事物名词+'在+处所名词'+'动词+着'"形式,句式义是表述"某事物在某处以某种方式或状态存在着"。

4. 单干里表达的"主观情态"

如何表达某个事件或反映某个事件的思想,都受表达者的自我立场、自我认知、自我情绪的支配,所以单干在表达谓核结构、句模或思想内容时必然会伴随出现表达者自我表现的成分,从而在句干里留下自我表现的印记(参看沈家煊2001)。这种自我表现印记体现为表达者对该事件或思想所赋予的自我的视点、态度、意旨、情感、口气等,所有这些可概括为"主观情态"。

"主观情态"不属于谓核结构或句模,也不属于思想内容,而是属于语用意义。表达主观情态的成分或方式多种多样,主要有:句式的选择、词语的选择、谓词的重叠或重复形式的选择、词序或语序的选择、语音节律的选择等(参看范晓2016)。由于篇幅关系,这里只就语音节律(包括重音、轻声、停顿、语调等)里的重音选择略加说明。根据表达需要对句子中的某个词语重读就是重音,主要用来表示主观强调的口气,所以通常称为"强调重音"或"感情重音",如"芳芳考上了北京大学"这个单干句,根据不同主观意图,可对单干中某个词语重读。比较:

① 芳芳考上了北京大学。　　② 芳芳考上了北京大学。

①重音在"芳芳"上,是强调施事主语;②重音在"北京大学",是强调受事宾语。

三、汉语的复干分析

(一) 复干的层次性

先看几个例句:

① a. 因为外面下着大暴雨,|b. 所以今天小明没去上学。
② a. 虽然鸟的翅膀非常完美,|b. 但如果不凭借空气,||c. 鸟就永远不能飞到高空。
③ a. 由于他是一个伟大的文学家,||b. 也是一个伟大的革命家;|c. 所以今天我们纪念他,||d. 就是要缅怀他的丰功伟绩和学习他的光辉思想。

复干内第一层次的直接组成成分(简称"直接成分")由两个或两个以上的分干组成。复干有单层次和多层次之别:复干为单层次(第一层次的直接成分或分干都是单干)的复句,称为"单层次复干",如①的直接成分由 a 和 b 两个单干组成,这样的复干句称为"单层次复句";复干为多层次(第一层次的直接成分或分干里有类复干)的称为"多层次复干",如②的直接成分由单干 a 和类复干 bc 组成,③的直接成分由两个类复干 ab 和 cd 组成。"多层次复干句"称为"多层次复句",也称为"多重复句"。

(二) 复干的句法分析及其句型

复句的句法分析指对复干的直接成分(分干与分干)之间的句法关系进行句法分析。一般语法书把句干句分为"联合复句"和"偏正复句"两类句型。本文把复干分为"联合复干""偏正复干""补充复干"三类句型。例如:

① 他不怕累,不怕苦,不怕死。
② 虽然我有很多优点,但是我的缺点也不少。
③ 会场上一片寂静,静得针落地的声音都能听见。

由联合复干构成的复句称为"联合复句",如例①;由偏正复干构成的复句称为"偏正复句",如例②;由补充复干构成的复句称为"补充复句",如例③。

(三) 复干的语义分析

1. 复干的语义分析法

复干的语义分析主要是采取"句模分析法"。复干都是由两个或两个以上的分干句模组成的。复干语义分析的目的是要分析出复干的句模。由于复干由分干组成,所以必须通过分干句模分析才能确定复干的句模。而复干有单层次复干和多层次复干之别,所以句模也会体现出层次性:由"单干句模+单干句模"或"单干句模+单干句模+单干句模"组成的句模属于单层次复干句模,由"单干句模+(单干句模+单干句模)"或由"(单干句模+单干句模)+单干句模"或由"(单干句模+单干句模)+(单干句模+单干句模)"组成的句模为多层次复干句模。

2. 单层次复干句模分析举例

由于分干组成的复干句模相当复杂,这里不能详述,只是以两个分干为单干句模组成的单层次复干句模为例略加说明。如果把前分干记作 A,后分干记作 B,则由于分干 A 和 B 各自的单干句模不一样,就导致复干句模多样性,同一复干句型里分析出的句模往往也不一样,比如同为联合句,若分干

句模不同,分析出的复干句模也就不同。例如:

① 她一边跳着舞(A),一边唱着歌(B)。
② 他既谦虚(A),又很谨慎(B)。
③ 因为紫外线强烈(A),所以他戴了墨镜(B)。
④ 即使我们取得了成绩(A),也还是要谦虚谨慎(B)。
⑤ 他放声大哭(A),哭得那么痛心(B)。
⑥ 他娶了个苏州姑娘(A),非常贤惠(B)。

①②的分干同为联合型,但①是"[施事+动作核+受事]+[施事+动作核+受事]"构成的复干句模,②是"[系事+性状核]+[系事+性状核]"构成的复干句模。③④的分干同为偏正型,但③是"[系事+性状核]+[系事+性状核]"构成的复干句模,④是"[施事+动作核+受事]+[系事+性状核]"构成的复干句模。⑤⑥的分干同为补充型,但⑤是"[施事+动作核]+[施事+动作核+受事]"构成的复干句模,⑥是"[施事+动作核+受事]+[系事+性状核]"构成的复干句模。

(四) 复干的语用分析

复干的语用分析,主要是采取三种方法:一是"关联意义分析法",二是"句式义分析法",三是"主观情态分析法"。

1. 复干的关联意义分析

(1) 关联意义的性质

复干内部各分干之间在语用上具有关联意义。一般认为复句内部单干之间的关联意义是一种逻辑意义,笔者认为关联意义和逻辑意义既有联系也有区别:逻辑意义属于思维领域,它是关联意义的底层基础;关联意义属于语法意义中的语用意义。这种关联意义常常需要通过关联词语来显示,特别是关联词语构成的固定格式,是分干之间关联意义的重要的形式标记,如"不但 A 而且 B"表示递进关系的关联意义,"因为 A 所以 B"表示因果关系的关联意义,"虽然 A 但是 B"表示转折关系的关联意义等。汉语里有些复干内部无关联词语但也能理解(即所谓"意合")直接成分之间的关联意义,这种复句也往往可增添关联词语来检测内部分干之间的关联意义。如

"天气不好,我不出去了"这个复干,根据语境实际,可增添不同的关联词语,就会得出不同的关联意义。比较:

① 因为天气不好,所以我不出去了。(因果关系)

② 如果天气不好,我就不出去了。(假设关系)

(2) 关联意义的分类

复干在句法平面可以分为三大类,即"联合型复干""偏正型复干""补充型复干"。关联意义的基本分类是指对复干句型内部分干之间第一层次的关联意义进行分类。下面就在列出的三大类复干句型的基础上再分别对三大类复干内部分干与分干之间干之间的关联意义进行分类。

第一大类,联合型复干。

联合型复干第一层次的关联意义的基本分类主要有如下四类。

A. 并列类。指前后分干所表事实之间具有并列关系的关联意义。由并列关联意义组成的复干句称为"并列复句",如"虚心使人进步,骄傲使人落后"之类。

B. 连贯类。指前后分干所表事实之间具有连贯关系的关联意义(先后顺次接续),由连贯关联意义组成的复干句称为"连贯复句",如"华老栓忽然坐起身,擦着火柴,点上遍身油腻的灯盏""有翼的床头靠着个谷仓,仓前边有几口缸,缸上面有几口箱,箱上面有几只筐"之类。

C. 递进类。指前后分干所表事实之间具有递进关系的关联意义(两个或两个或两个以上的分干按一定顺序依次推进、程度上逐步加深)。由递进关联意义组成的复干句称为"递进复句",如"这商品不但质量好,而且价格便宜"之类。

D. 选择类。指前后分干所表事实之间具有选择关系的关联意义。由选择关联意义组成的复干句称为"选择复句",如"他们或站着,或坐着,或躺着"之类。

第二大类,偏正型复干。

偏正型复干第一层次关联意义的基本分类主要有如下四类。

A. 因果类。指前后分干所表事实之间具有因果关系的关联意义。由因果关联意义组成的复干句称为"因果复句",如"因为学习刻苦,所以她的成绩优良"之类。

B. 转折类。指前后分干所表事实之间具有转折关系的关联意义。由转折关联意义组成的复干句称为"转折复句",如"虽然下班时间到了,但是他还在继续工作"之类。

C. 假设类。指前后分干所表事实之间具有假设关系的关联意义。由假设关联意义组成的复干句称为"假设复句",如"如果天气不好,运动会就延期举行"之类。

D. 衬托类。指前后分干所表事实之间具有衬托关系的关联意义。由衬托关联意义组成的复干句称为"衬托复句",如"群山幽静,他们漫步在羊肠小道上"之类。

第三大类,补充型复干。

补充型复干第一层次关联意义的基本分类主要有如下四类。

A. 注释类。指后分干对前分干中的某个成分的补充说明是注释性的。由注释关联意义组成的复干句称为"注释复句",如"这里有这样的风俗:男人嫁到妻子家里"之类。

B. 总分类。指后分干对前分干中的某个成分的补充说明是总分性的。由总分关联意义组成的复干句称为"总分复句",如"紫金城有四座城门:南面有午门,北面有神武门,东面有东华门,西面有西华门"之类。

C. 记叙类。指后分干对前分干中的某个成分的补充说明是记叙性的。由记叙关联意义组成的复干句称为"记叙复句",如"这株桂树真怪,怪就怪在年年开三色的花"之类。

D. 表相类。指后分干对前分干中某个成分的补充说明是表相(情景或境相)性的。由表相关联意义组成的复干句称为"表相复句",如"海水碧蓝碧蓝的,蓝得使人心醉"之类。

2. 复干的句式义分析

复干的句式义,是特指复干句式整体的、独立的语用表达功能意义。表示同样的关联意义可有不同的句式表示,句式义也就会有些不一样。比如同样表示"因果"关联意义,倘若选择的复干句式不同,表达的句式义也就有一定差别。例如:

① 因为第一次发现的地点是龙山镇,所以叫做龙山文化。
② 既然已经有了起点,也就必然有终点。

①复干为"因为 A,所以 B"句式,表达"说明性因果"句式义;② 复干为"既然 A,也就 B"句式,表达"推断性因果"句式义。

3. 复干的主观情态分析

复干里表达主观情态的成分或方式多种多样,主要有:关联词语的选择、分干语序的选择、口气的选择等。这里只就分干语序的选择为例扼要加以说明。基本思想相同的复句句干,如果分干语序不同,反映在主观情态上就有差别。例如:

① a. 因为那里不安全,我们决定不去了。b. 我们决定不去了,因为那里不安全。
② a. 为了实现中国梦,大家要加油干呀。b. 大家要加油干呀,为了实现中国梦。

①②a 复干里的分干语序是一般的常规语序,句式主观意旨是强调突出"因";b 复干里的分干语序是变异的非常规语序,句式主观意旨是强调突出"果"。这都是主观情态在起作用。

四、余　　论

语法研究既应重视描写,也应重视解释,要坚持描写和解释相结合的方法论原则。在研究句干(包括单干和复干)问题上也是如此。描写是解释的基础和前提,解释是描写的升华和深化。研究句干,首先要描写句干所外显的词类序列形式和句法句型形式;在描写句干形式的基础上要对句干进行解释。解释可以是多方面的:既可从语言本身角度进行解释,如对句干的句型或句式所蕴含的谓核结构及其形成的各种句干句模以及各种句干句式的语用功能意义进行解释,也可从形成各种句干的句模及或句干句式义成因的底层的逻辑和认知基础进行解释,还可对句干的历史的发展或其他外部影响进行解释(参看范晓 2008)。

本文侧重于句干理论的建构并扼要地对汉语的单干和复干进行形式的

描写和语义、语用的解释。至于句干及其句式成因的哲学解释、历史解释、外部影响解释等,由于篇幅限制在此不作讨论。本文的句干理论突破了一般语法教材的体系,不当之处请读者们指正。

语境句和孤立句

〇、引　　言

笔者在《关于句子合语法或不合语法的问题》(《中国语文》1993年第5期)一文中提出了"语境句"和"孤立句"两个术语,认为一个句子的合语法或不合语法,应区别语境句和孤立句。由于文章主题和篇幅的限制,该文对于语境句和孤立句问题的阐释没能展开。而在语法研究中,区别语境句和孤立句是十分重要的。所以本文拟对语境句和孤立句的性质、特点以及区别这两种句子在语法研究中意义或价值等问题进行专题讨论。

一、具体句和抽象句

(一) 具体句和抽象句的区别和联系

1. 任何事物都有具体和抽象之别

在讨论语境句和孤立句之前,首先要区分具体句和抽象句。在理性思维中任何事物都有具体和抽象之别,语法中的句子也不例外。比如"马",具体的"马"就是人们看到的活动着的一匹匹实实在在存在于面前的"马",抽象"马"则是人们在理性思维中舍弃感性中的具体"马"的特性(比如颜色、品种、大小、态势等等)、抽象出各具体马的共性、在脑子里形成的"马"。词典中的"马"这个词所表示的意义(即哺乳动物,头小,面部长,耳壳直立,颈部有鬣,四肢强健,每肢各有一蹄,尾生有长毛,善跑),是经过辞书编纂者抽象概括出来的抽象的"马"。从这个意义上说,具体马不等于抽象马,我眼前看到的某匹白色的马不等于抽象的"马",从这个意义上,可以说"白马非马"。但由于我眼前看到的某匹白色的马符合马的共性,从这个意义上可以说

语境句和孤立句

"白马是马"。如果明白了具体和抽象的关系,前人关于"白马非马"和"白马是马"的争论,应该是可以调和的,因为着眼点不一样。

2. 语言中的句子有具体句和抽象句的区别

句子也有具体和抽象之别。人们平常听到看到的或说出写出的一个个具体的实实在在的句子就是具体句,人们经过理性思维舍弃具体句的个性(思想内容、具体的词语、声音、文字等等)、抽象概括出共性的句子就是抽象句。例如:

① 张三喝酒了吗? ② 李四吃过这种水果吗?
③ 赵五买鱼了吗? ④ 王六看过这场电影吗?

上面①②③④就是具体句,但它们可以抽象为一个句法上是"主谓宾"、语义上是"施动受"、语用上是"疑问语气"的句子,这个句子就是抽象句。

词典中"句子"这个词所表示的意义(通常释为:用词或短语构成的、能够表达完整意思的语言单位。每个句子都有一定的语气。在连续说话时,句子和句子中间有一个较大的停顿。在书面上,每个句子的末尾用句号、问号或叹号),是经过辞书编纂者抽象概括出来的抽象义"句子"的意义。语法研究者常用"主谓"句、"主谓宾"句、"主谓宾宾"句、"主谓宾补"句等表示抽象句的句法结构类型;用"施动"句、"系动"句、"施动受"句、"施动与受"句等表示抽象句的语义结构类型;用"疑语"句、"陈述"句、"祈使"句、"感叹句"等表示抽象句的语用结构类型。

3. 句子的共性抽象

句子的共性表现在:有一定的句型(句法格局),有一定的句模(语义模式)和有一定的句类(表达语气)。也就是说,最高层、最概括的抽象句是一定句型、一定句模和一定句类的结合体或综合体(范晓 1995)。如上面①②③④的共性就是句法格局属于"主谓宾"句型、语义模式属于"施动受"句模、表达语气属于"疑问语气"句类。如果把句型记作 T,把句模记作 M,把句类记作 L,则抽象句的表述形式可以用抽象符号可图示为:

T	L
M	

当然,对具体句也可以作低一层级的抽象概括。比如有这样一些具体句:小王看了一场电影、小李买了一本词典、他吃了一个苹果……。这些具体句可以概括为:句型是"主动宾"型,句模是"施动受"模、句类是"陈述"类。其三位一体的抽象句可图示为:

主动宾	陈述
施动受	

具体句是个别的、无限的、各具个性的。而抽象句则是从无限的具体句中抽象概括出来的,所以是一般的、有限的、类聚共性的。有限的抽象句可以概括无限的具体句。语法研究的任务就是要以具体句为对象,收集大量的(至少是一定数量具有代表性的)具体句,经过抽象,抽取其本质的共性、舍弃其非本质的个性,再根据一定的标准,概括出不同层级的抽象句。也就是说,语法研究一定要从具体句入手,通过对具体句的考察得到抽象句,然后再加以描写和解释。离开了具体句去直接研究抽象句,那是行不通的。

二、语境句和孤立句的区别和联系

具体句可以分成两类,即语境句和孤立句。换句话说,语境句和孤立句都是具体句,它们都可以作为语法分析的例句,所以人们也常称之为"句例"。

(一) 何谓语境句和孤立句

要说明语境句和孤立句的区别和联系,首先要明确:什么是语境句? 什么是孤立句? 顾名思义,语境句就是语境里的句子。那么什么是语境呢? 语境是指前言后语(包括口语中的对话和书面中的上下文)、现场情景(包括言语时的时间、地点等)、篇章题旨、交际者的背景知识等。语境句就是指言语交际(包括口头的和书面的)中实际使用着的句子,它是出现在一定语境里的句子。平常人们说出、写出的(对说话者、写作者而言)句子或听到、看到的(对听话者、读者而言)的句子,就是语境句。孤立句是指脱离语境的句子,比如,教师在教学生造句时造出的符合语法规范的单个儿句子一般是孤立句,讲语法课时或语法论著中描写一种句式时所举的例句,在很多情况下也是孤立句。

(二) 语境句和孤立句的区别

要区别语境句和孤立句,就得分析它们的区别性特征。这些特征主要表现如下。

(1) 语境句是在言语交际中实际使用着的,是以动态的面貌出现的;而孤立句则是脱离言语交际的,是以静态的面貌出现的。比较:

① 今天是星期二(2002年3月12日)。第一届中国语言文字国际学术研讨会开幕式在香港大学举行。我参加这次会议,感到非常荣幸。(会议上的发言。)

② 今天是星期二。(说明判断句时所举的语法例句,说这话时不一定是在星期二。)

如上面例①是在香港大学举行的"第一届中国语言文字国际学术研讨会"开幕式上的发言中的句子,显然是语境句;例②则是在讲语法时所举的例句,它是脱离具体的言语交际的。从这个意义上说,语境句可以称作动态句,孤立句可以称作静态句。

(2) 语境句存在于特定的语境里,或有对话场合的联系,或有上下文呼应,或有语篇情景的映衬,或有其他背景知识的烘托;而孤立句是脱离语境而孤立地存在的。如上面例①的"今天是星期二"存在于开会时的特定语境中,而例②的"今天是星期二"则没有特定的语境。所以孤立句也可称之为"非语境句"。

(3) 语境句一般跟现实相联系,表示的内容一般是有所指的;而孤立句一般跟现实没有联系、表示的内容往往是无所指的。如上面例①的"今天是星期二"跟"2002年3月12日"这个现实联系着,所指的就是这个日子;而例②的"今天是星期二"则是任何时候都可以说,即使不是星期二也可以说。

(4) 从来源来说,语境句来自话语(语篇、篇章),是从话语里切割出来的;而孤立句可以通过扩词随意构造,老师在课堂上说一个词,让学生造句,

学生就能造出各种各样的孤立句来。比如老师用"吃"这个词让学生造句,学生就可能会造出各色各样的孤立句,例如:

① 我吃了一只苹果。　② 他吃了两碗大米饭。
③ 小王吃了三个馒头。　④ 小李吃了15个饺子。

(三) 语境句和孤立句的联系

虽然语境句和孤立句有很大的差别,但应该看到它们也有一定的联系。这是因为孤立句的造句方式一般是受到常规语境句的影响(常规语境,也有人称为"中性语境")。没有常规语境句的知识,也就很难造出符合语法规则的孤立句。比如刚学汉语的外国人,往往造不出或造不好(不合语法规则)一个汉语的孤立句,原因就在于对常规语境句的语法规则没掌握好。反之,如果学会了一般孤立句的句法构造规则和语义搭配规则,也有助于在说话或写文章时造出各种各样的具体句(包括孤立句和语境句)。可见语境句和孤立句是相辅相成、密切联系的。正因为如此,它们就会有一些共性。这些共性主要表现在:(1)它们都是由词语组成的,所以都有一定的具体的词语,这跟抽象句是有本质差别的。某些语境句和孤立句的内部词语甚至可以完全相同,如上面所举的"今天是星期二"便是。(2)既然它们都由具体的词语组成,它们就都能表达一定的意义或内容(字面意义)。(3)它们都有一定的句法结构、语义结构和语用结构。

(四) 语境句和孤立句可以互相转化

在一定的条件下,语境句和孤立句可以互相转化。语境句转化为孤立句的实例,在语法论著中可以常常见到。为了说明某种语法现象,语法论著中不少例句是从书面作品中去头截尾避开语境摘录下来的,比如有本语法书在说明存现句时,举的例子是"桌旁坐着几个人""外面站着四五个人""他们村里走了一个人"等,虽然这些句子都有书面出处,但在没有语境衬托的情况下,就成为孤立句。读者一般不去追究这些句子出现的语境,一般也就不知道这些句子的中"人"是些什么人。反之,孤立句如果设置了语境,它也可以转化为语境句。比如,老师让学生造个由代名词"他"作主语和关系

语境句和孤立句

动词"是"作谓语中心词构成的判断句。学生甲造了这样的孤立句:"他是一位伟大的文学家。"("他"是无所指的);学生乙造了这样的句子:"曹雪芹是《红楼梦》的作者,他是一位伟大的文学家。"由于设置了语境,所以学生乙说的"他是一位伟大的文学家"就是语境句("他"是有所指的,即是指上文的曹雪芹)。

三、区别孤立句与语境句的意义或价值

区别语境句和孤立句,对语法研究是有重要的意义和价值,可以使语法研究的方法更科学,从而可以比较好地解决语法研究中的一些问题。比如句子的合格度问题、句子的常式和变式问题、句子的歧义问题、有定和无定问题、常规焦点和对比焦点问题等等。下面分别加以讨论。

(一) 区别语境句和孤立句有助于说明句子的合格度

有些句子从孤立句角度看是合语法的,但从语境句角度看是不合语法的;反之,有些句子从孤立句角度看是不合语法的,但从语境句角度看是合语法的。例如:

① a. 北方能大量种水稻吗?——孤立句,合语法。
   b. 北方能大量种水稻吗?(文章标题。该文旨在论述"北方不能大量种水稻"的观点是错误的)——语境句,不合语法中的语用表达规则。

② a. 领导同志讲的话都吃到他的心里了。——孤立句,不合语法中的语义搭配规则。
   b. 萧长春忘了吃饭,瞪着两只眼睛听着。领导同志讲的话都吃到他的心里了。(文学作品里的句子)——语境句,合语法。

从上述例句可以证明:孤立句只要合句法结合规则和语义搭配规则,就是合语法的,语境句则主要看合语用表达规则。

有的词语组合孤立地说不能成立,但有了上下文语境或有了语气就能成立。例如:

① *他吃了饭　　　　　　② 他吃了饭,就上学校去了。
③ *我喝酒　　　　　　　④ 我喝酒,他却不喝。

这里的例①和③单说不能成立,例②和④由于有下文就能成立。

(二) 区别语境句和孤立句有助于说明句子的常式和变式

孤立句一般是常式句(或称"常规句"),要求符合一般的、常规的句法规则和要求符合一般或常规的语义规则。语境句大多也是常式句,符合一般或常规的句法规则和一般或常规的语义规则。但根据表达的需要,语境句有时可以突破句法和语义的常规规则,这就是所谓变式句。如倒装句(语序变易句)和省略句(借助语境省略某句法成分的句子)便是。例如:

① 如果我能够,我要写下我的悔恨和悲哀,为子君,为自己。
② 我爱热闹,[　]也爱冷静;[　]爱群居,[　]也爱独处。

这里的例①是状语倒装句(状语和它中心语的语序一般规则是状语在中心语之前,而这句却违反常规);例②是四个分句,后三个分句都承上省略(即承第一分句,[　]表示省略的词语)主语"我",所以是省略主语的省略句(单说"也爱冷静""爱群居""也爱独处"不能成立)。

(三) 区别语境句和孤立句有助于说明句子的歧义问题

歧义句实际上是一种多义句,这种句子从字面意义上可分析出两种或两种以上的意义。歧义一般出现于孤立句;语境句里通常没有歧义,因为在一定语境里,表达的只能有一个意思。孤立句中所存在的歧义,在特定的语境里(即在语境句里),一般是可以排除的。以下面的孤立句为例:

① 鸡不吃了。　　　　　　② 他上课去了。
③ 她看病去了。　　　　　④ 我恨死你了。

这里的例①有"鸡不吃(米)了"和"我不吃鸡了"两种意思。如果在"观看鸡吃米时"的语境里说这句话,是指前者;如果在"吃饭时"的语境说这句话,则是指后者。例②也有两种意思:一种是"他讲课去了",一种是"他听课去了"。如果语境中的"他"所指是老师,是指前者;如果语境中的"他"所指是学生,则是指后者。例③也有两种意思:一种是"她(给病人)看病去了",一种是"她(去医院)看病去了"。如果语境中的"她"所指是医生,是指前者;如果语境中的"她"所指是病人,则是指后者。例④也有两种意思:一是在憎恨对方时说的话;另一种是恋人之间爱到极点时说的话。可见,有些孤立句虽然有歧义,但语境句可以消除歧义。

有的句子字面意义是一种意思,在语境里是另一种意思,严格地说这不是歧义句。例如吕叔湘在《歧义类例》(《中国语文》1984年第5期)一文中举过一个有名的例子:

1954年国庆前夕,某机关的游行筹备组开会,筹备小组里一位女同志宣布:今年游行,女同志一律不准穿裤子。

这句话一说,引起哄堂大笑。其实,"女同志一律不准穿裤子",在语境(背景是:往年游行,女同志都穿裤子而不穿裙子)里是明确的,就是要求"女同志一律穿裙子"的意思。问题是字面意思太"那个"了,听的人虽然知道筹备小组里那位女同志的本意,但一想到字面意义,就禁不住笑出声来了。

(四)区别语境句和孤立句有助于说明或理解句子的意思

有些句子属于语境句,但是如果从孤立句角度去分析,得出的是字面意义构成的意思。如果从语境句角度去分析,得到的却是另一种意思或者不能理解它的意思。赵元任《汉语口语语法》(1979,第45页)里举过几个口语的例子:

① 她是个日本女人。　　　(意思是:她的佣人是个日本女人。)
② 你也破了。　　　　　　(意思是:你的鞋也破了。)
③ 我比你尖。　　　　　　(意思是:我的铅笔比你的尖。)
④ 你要死了找我。　　　　(意思是:你的小松树要死了找我。)

这些句子从孤立句角度看,有的字面意思和实际意思不一样,有的不合语法或不合事理。但从语境句角度看,这是在对话语境里省略了一些成分,省略的词语可以由现场情景补出,所以在口语里都是合法、合理、合用的。

有一次笔者与几个朋友在一起,问其中的一位朋友老王:"老王,你生肖属什么?"老王随口回答说:"我是狗。"旁边另一位朋友老张就开玩笑说:"你是人,怎么是狗呢。"显然,老王说的是语境句,句子中省略了一个"属",而老张说的则是句子的字面意义,那是孤立句中的意义。

有些句子从孤立句角度看,言内之意是一种本意。但是在语境里,实际上所要表达的却是另一种意思,就是说有"言外之意"。如"已经六点钟了!"这句话字面意思很明白。但在特定的语境里,却是表示"言外之意"。如果是母亲在早晨催促孩子起床时说这句话,那言外之意是"时间不早了,该起床啦!"如果是下午的会议开得很长了,旨在催促结束会议时说这句话,那言外之意是"会议该结束啦!"如果是七点钟的火车,催促赶火车时说这句话,言外之意是"快动身啊,再不动身就赶不上火车啦!"所以要分清言内之意还是言外之意也要区别语境句和孤立句。

(五)区别语境句和孤立句有助于说明有定和无定问题

有定和无定是指在言语交际中发话人根据自己和受话人对特定信息的知晓度而对指称性成分(一般由名词性词语表示)进行限定的一种语法范畴。有定一定是有所指的,无定可能有所指,也可能无所指。

从孤立的词和孤立句的角度来确定有定和无定,得出的结论是:专有名词、代名词是有定的,除此之外,都是无定的。从动态的语境句里确定有定和无定,情况就不一样:可以将静态中的无定成分转化为有定成分,如孤立句"学生来了!"中的"学生"不知是指什么样的学生,但在语境句里,"学生"所指是清楚的,比如说:

我约好我的研究生在九点钟来我家。
九点左右听到门铃声。我就对家人说:大概是学生来了。

联系上文,这个句子的"学生"就是指"我的研究生",所以是有定的。又如孤立句"来了一个学生!"中的"学生"不知是指什么样的学生,但在语境句里,"学生"所指也是清楚的,比如说:

今天我的两个学生小王、小李原定都要来的。
结果只<u>来了一个学生</u>,另一个学生小李没来。

这个句子的"结果只来了一个学生"里的"学生",联系下文"另一个学生小李没来",就知道是指"小王",所以也是有定的。

一个词语的有定无定要在语境理确定。如果上文提到过的某个指称成

分是有定的,那么和它有密切联系的下文词语可以以此为参照来回指上文,也就成为有定的。例如:

父亲因为事忙,本已说定不送我,叫旅馆里一个熟识的茶房陪我同去。<u>他</u>再三嘱咐<u>茶房</u>,甚是仔细。但<u>他</u>终于不放心,怕<u>茶房</u>不妥贴……踌躇了一会,终于决定还是自己送我去。(文学作品)

此例里用横线划出的"他"和"茶房",如果离开了上文,所指是不明确的。但通过语境可判定它们是有定的:"他"指的是上文提到的"父亲","茶房"指的是上文提到过的"父亲熟识的那个茶房"。这表明语境为词语指称的确定提供了参照框架。在这个参照框架内,词语才可以确定是有定的还是无定的。

如果某个词语在上文是新信息、无定成分,到了下文进行回指的时候,也可以从无定转化为有定。例如:

前面来了一个人,这个人戴着一副眼镜,穿着一身西装……

这里第一句的"人"是无定的,在第二句里,"人"回指上文,就转化成为有定的。

总之,确定词语有定与无定的参照框架,不能仅局限于孤立词和孤立句。有定与无定往往要根据语境来确定。这个问题也同样适用于对主语与宾语的有定与无定的确定问题。汉语主语与宾语的有定与无定的确定比较复杂。赵元任和朱德熙等都认为,汉语主语大多是有定的,宾语大多是无定的。如果对孤立句加以考察,这个说法基本上是成立的。但是,从语境句加以考察,这个论断也还可以讨论。因为在对语境句进行统计后发现,语境句中的宾语在很多情况下是有定的(参看廖秋忠 1994)。

(六) 区别语境句和孤立句有助于说明常规焦点和对比焦点

人们一般把焦点分为"常规焦点"和"对比焦点"。其实并不是任何一个具体句子一定有这两种焦点。语境句中只有对比焦点,因为在语境句里,说话所要强调的焦点或表达重点是要根据语境来确定的。平常所说的"常规焦点",实际上是反映了语境句中的对比焦点的一种倾向性。比如"我用毛笔写了三个大字"这句话,如果是孤立句,它的常规焦点是在宾语"三个大

字"上。但这句话在不同的语境里,由于表达的多样性,对比焦点可以是不一样的,比较下列各句:

① 我用毛笔写了三个大字。(如果问"谁用毛笔写了三个大字",对比焦点是"我"。)

② 我用毛笔写了三个大字。(如果问"你用什么写了三个大字",对比焦点是"毛笔"。)

③ 我用毛笔写了三个大字。(如果问"你用毛笔干什么了",对比焦点是"写了三个大字"。)

④ 我用毛笔写了三个大字。(如果问"你用毛笔写了什么",对比焦点是"三个大字"。)

⑤ 我用毛笔写了三个大字。(如果问"你用毛笔写了几个大字",对比焦点是"三个"。)

⑥ 我用毛笔写了三个大字。(如果问"你用毛笔写了三个什么",对比焦点是"大字"。)

上面这些语境句里的焦点都是对比焦点。由于语境句里的对比焦点通常是在句尾,所以人们常说句子的常规焦点在句末,或称"尾焦点"为常规焦点。

(七) 区别语境句和孤立句有助于改进语法教学

在语法教学中(比如在小学或对外汉语教学中),有两种教学法。一种是句型教学法,一种是情景教学法。早期流行句型教学法,现在流行情景教学法。句型教学法着重教授合乎语法规范的句子(主要是简单句),要教学生理解孤立句并根据句型的静态结构规则来造句。情景教学法则着重教授一定情景(也就是语境)中的句子,所以要把句子放在动态语境中来理解和造句。

这两种教学法各有各的用处。在语法教学的初级阶段(打基础阶段),可以侧重于句型教学法,着重教授孤立句,即根据某种语言的语法的一般规则来造出合乎语法的句子。比如老师提出某个词语让学生造句,用的就是这个方法。如对外汉语语法教材里的例句:"我是学生。/这是钢笔。他身体很好。他来了。我们正在学习汉语。她会说英语。"等都是孤立句。在语法教学的中、高级阶段(提高阶段),可以侧重于情景教学法,着重教授语境句,即让学生学习成段、成篇的话语,在语境中理解和造出语境句。当然,在语法教学的各个阶段里把这两种教学法结合起来进行也是可以的。

四、结　　语

句子有具体句和抽象句之区别:具体句是指含有个性(具体的词语、特定的思想、口头上有声音、书面上有文字)的句子,抽象句是指经过理性思维舍弃具体句的个性而抽象概括出共性的句子。

具体句又可分为语境句和孤立句:语境句指口头的或书面的言语交际中实际使用着的出现在一定语境(语境包括口语中的对话和书面中的上下文、特定时间或特定处所的现场情景、话语的题旨、交际者的背景知识等)里的句子,孤立句是指脱离语境的句子。

区别语境句和孤立句,对语法研究是有重要的意义和价值:区别语境句和孤立句有助于说明句子的合格度,有助于说明句子的常式和变式,有助于说明句子的歧义问题,有助于说明或理解句子的意思,有助于说明有定和无定问题,有助于说明常规焦点和对比焦点,有助于改进语法教学。概而言之,区别语境句和孤立句可以比较好地解决语法研究中的一些问题,从而使语法研究的方法更科学、更实用。

"句位"和"句系"

○、引　　言

"三维语法"认为,任何句子都是句法、语义和语用的统一体,从句法平面可抽象出句型,从语义平面可抽象出句模,从语用平面可抽象出句类。句型、句模和句类三者综合组成的抽象句就是句位(也称"句样"),"句位"是不含有思想内容的由"(句型+句模)+句类"三者综合组成的抽象的句子。一种语言共时平面的句位的构成、数量、层级以及句位集合所组成的体系就是句系,它是该语言的句型子系统、句模子系统、句类(语气类)子系统互相结合、纵横交错形成的网络系统。研究句系的学科,可以称作"句系学"。

句位和句系问题,是语法研究中非常重要但难度很大的重大课题。目前的语法研究对此问题并未给予应有的重视。本文着重论述句位和句系的理论,扼要地说明如何来构建现代汉语的句系,并粗疏地勾勒了现代汉语单句里的句系。

一、关于句位问题

句位有三个基本特征:抽象性、综合性、区别性。

(一) 句位的抽象性特征

句位是句例的抽象。人们平常所看到的、听到的话语中的具体的句子,可以称作"句例",它具有一定的思想内容,是个别的、各具个性的、多得不可胜数的;而语言研究者从成千上万个具体的句子(句例)里通过理性思维抽象概括出来的抽象的句子,就是"句位",它抽去了具体句所表示的思想内容

"句位"和"句系" 483

和跟句型、句模、句类无关的非本质的东西,是语言中一般的、类聚的、有限的、句子的抽象样本。要而言之,句例和句位都是句子,差别在于:句例是指具体句,句位是指抽象句,抽象句是从具体句中抽象出来的。比如下面一些具体的句子:

① 小张已经看过这本书了。　　② 小李以前吃过这种点心。
③ 老王曾经说过这个故事。　　④ 老赵嘛,刚吃过饭。

这些句子都是具体句(句例),表面上看不一样:句子内部的词语表达的概念和词语的数量不一样,整个句子表达的思想内容不一样,虚词的有无及运用也不完全一样。但是从句子的三个平面(句法、语义、语用)进行抽象,抓住各个平面本质的决定句型、句模、句类的成分或因素,舍去各个平面跟句型、句模、句类无关的非本质的成分或因素,上面这些句子从理性角度分析却是一样的:在句法上都是"主动宾"(主语+动词+宾语)句;在语义上都是"施动受"(施事+动核+受事)句;而从语用上分析,这些句例都是具有陈述用途的"陈述"句。由于这些句例在句法、语义、语用上抽象出的共同性,就可概括归纳为同一的句位。可图示如下:

句　　位	
句法:"主动宾"句型	语用: "陈述"句类
语义:"施动受"句模	

一种语言的无限的句例可抽象出有限的句位,而有限的句位可以概括无限的句例。也就是说,任何一个句例都可以纳入某个句位;而任何一个句位都包含着许多能纳入该句位的句例。句位和句例的关系,犹如音位与音素的关系,是一种常体和变体的关系。句位是用来概括反映一组具体句在句法结构、语义结构、语用功能上具有共性的抽象句,同属一个句位的出现在各种言语环境里的不同的具体句就是该句位的"句位变体",例如:

① 他看过这本书?　　　　② 他看过这本书吗?
③ 他看过这本书,是吗?　　④ 他看过吗,这本书?
⑤ 他看没看过这本书?　　⑥ 这本书他看过吗?

这里①至⑥的句例尽管在形式上(虚词、停顿等)不完全一样,但是可以抽象出它们的共性：在句法上都是"主动宾"句，在语义上都是"施动受"句；而从语用上分析，这些句例都是表达"疑问"用途的疑问句，可以概括为同一句位，图示如下：

句　　位	
句法："主动宾"句型	语用："疑问"句类
语义："施动受"句模	

上面③至⑥的具体句可以看作为①②的变体。

从语法角度研究句子，就是要把句例上升为抽象句——句位。如果收集了大量的各种各样的句子而不进行抽象，不升华为句位，那只是罗列，算不上研究。感性的句例转化为理性的句位，关键是要抽象概括，即抽取句例中主要的本质的东西，舍去句例中一些次要的非本质的东西；根据一定的区别性特征，把共同的概括为同一句位，把不同的划分为不同句位；然后构建出一种语言的句位系统——句系。

言语交际中动态的句例是具体的、感性的。句位潜藏在人们的头脑里，如果不研究，就说不出来，只有语言研究者从大量感性的句例中抽象概括，才能通过一定的表述显之于外。如果从哲学的高度来说，句位也是具体的，但这是两种不同的"具体"：句例是"现实中的具体"，句位是一种"精神上的具体"。语言研究者研究句子，就是要从"现实中"的具体句（句例）出发，经过思维的抽象概括，升华为"精神上"的具体句（句位）。

（二）句位的综合性特征

（1）句位是句法、语义、语用抽象结合体或综合体。句位的综合性特征，体现在句位是句法、语义、语用抽象综合，所以句位是句型、句模、句类的结合体或综合体。这是由句子本身就是句法、语义、语用三者的结合体或综合体所决定的。"三维语法"认为：句子有"三个平面"，即句法平面、语义平面、语用平面。在句法平面，可根据具体句（句例）的句法结构特征抽象出句型；在语义平面，可根据具体句（句例）的语义结构特征抽象出句模；在语用平面，可根据具体句（句例）的语用表达特征抽象出句类。任何句子都可分析出句型、句模和句类。生成句子(编码),就是要从句模出发,寻找句模生成句型的规则或句型表现句模的机制以及句型、句模和句类之间的种种配合关系。理解句子(解码),就是要从句型出发,寻找句型所表示的句模以及句类所表示的语用功能意义。

任何句例都有句法、语义和语用,都可从这三个方面进行分析和归类;任何句例都可上升为抽象的句位;所以句例(具体句)和句位(抽象句)都是句型、句模和句类的结合体或综合体。一种语言的无限的句例可抽象出有限的句型、有限的句模、有限的句类和有限的句位,而有限的句型、句模、句类和句位也可以概括无限的句例。也就是说,任何一个句例都可以归纳入某个句型、某个句模、某个句类以及某个句位;而任何一个句型、句模、句类和句位都包含着许多句例。句型、句模、句类跟句位虽然有共同之处,这表现在它们都是具体句例中抽象出来的,都具有抽象性的特征。但是它们有本质的差别:句位是句子;句型、句模、句类不是句子,只是句子的一个侧面的抽象类型。如果把句子的某个侧面看成句子,那就无异于盲人摸大象,摸到大象的某个部分就说那个部分就是大象一样。

(2) 句型、句模、句类三者分别开来,它们各自身都还不是句子。就以"老王看过这个电影了"这个句子来说,可以做一说明:

第一,句型不等于句子。"老王看过这个电影了"这个句子从句法平面可以抽象出"主动宾"句型。句型只是表示句子的一个侧面(表层),只能说明句子内部几个词语间的句法结构关系,不能说明该句子的语义结构关系,也不能说明该句子的语用功能,所以还不是完整的句子。如果把句型跟句子等同起来,那就否定了句子这个实体或语法单位还有语义平面的句模和语用平面的句类。

第二,句模也不等于句子。从句法平面可以抽象出"施动受"句模。句模只是表示句子的一个侧面(里层),只能说明句子内部几个词语间的语义结构关系,不能说明该句子的句法结构关系,也不能说明该句子的语用功能,所以也还不是完整的句子。如果把句模跟句子等同起来,那就否定了句子还有句法平面的句型和语用平面的句类。

第三,句类也不等于句子。从语用平面可以抽象出"陈述"句类。句类只是表示句子的一个侧面(交际表达功能),只能说明句子的语气功能表达类别,不能说明该句子的句法结构关系,也不能说明该句子的语义结构关系,所以也还不是完整的句子。如果把句类跟句子等同起来,那就否定了句子这个实体或语法单位还有句法平面的句型和语义平面的句模。

(3)"句型+句模"的结合体,也还不等于句子。仍以"老王看过这个电影了"为例,它可以抽象出"主动宾"句型和"施动受"句模。句型是显现句模的形式,句模是句型所表示的语义结构。句型和句模是表层(显层)和里层(隐层)的关系。"句型+句模"两者结合起来构成的结合体可以称作"句干"。"老王看过这个电影了"这个句子舍弃表示"陈述"的语用功能后,剩下句干就是"老王看电影",其句干可以图示如下:

句干	句法:"主动宾"句型
	语义:"施动受"句模

作为"句型+句模"的结合体的句干,是句法、语义的抽象综合。虽然它具有了综合性的特征,但是也只是综合了句子的句法结构、语义结构两个侧面,还不能反映句子的语用功能那个侧面,所以也还不能说是句子。如果把作为"句型+句模"的结合体的句干和句子等同起来,那就否定了句子这个实体或语法单位还有语用功能类别。

(4)"句型+句模+句类"的综合体,才是一个抽象句(句位)。只有"句型+句模"组合成的句干再加上语用功能形成的句类,才可称作句子。如果说"句型+句模"结合体是"句干",那么也可以说句类是黏合在句子句干上的"句能"(句子的语用表达功能)归纳出来的类。如果一系列句子既可以从句干的"句法-语义"结构里抽象出"主动宾+施动受",也还可以从句子的语用功能抽象出句能"陈述"。这三者可以综合成的句位,可用图标作如下表述:

抽象句(句位)	
句干(句法型式+语义模式)	句能(句子的语用功能)
句法:"主动宾"句型	语用:"陈述"句类
语义:"施动受"句模	

总而言之,句子三个平面上的三种类别可相对独立地分开来分析研究,这有助于语法研究的科学化、精密化,因而是必要的。但具体地分析一个现实的句子属于何种句位或全面地认识一种语言的句位系统,还得把句型、句模、句类三者结合和综合起来,这是因为:三个平面中的任何一面都是片面的,都不能代表句子的全貌,无论是在一个具体的句子还是在一个抽象的句子,句型、句模、句类总是结合在一起的,不能设想一个句子只有句模而没有句型和句类,或只有句型而没有句模和句类,或只有句类而没有句型和句模。

(三) 句位的区别性特征

(1) 具有区别句位的特征就是句位的区别性特征,句位的区别性特征是区别不同句位的重要标准。判断一个句位具有什么样的区别性特征,需要把它放到特定语言的断代句位系统中加以考察,比如现代汉语的句位就是由现代汉语特定的句位系统决定的。一般地说,句位的区别性特征主要表现在两个方面:一是不同的句位之间在句法、语义、语用上都存在着区别性特征,使不同的句位相互区别,形成对立;二是句位内部在句法、语义、语用的某一平面或某一方面或某一层级存在着某种区别性特征,也会影响到句位的异同。

(2) 有些句位的区别,是由于具体句(句例)在句型、句模、句类三方面都存在着区别性特征决定的。例如:

① 那只鸟飞了。　　② 那只鸟吃虫子了吗?

这两个句例无论在句法、语义和语用上都存在着区别:在句法平面,①是"主+动"句型(单个动词作谓语的主谓句),②是"主动宾"句型;在语义平面,①是"施动"(施事+动核)句模,②是"施动受"句模;在语用平面,①是"陈述"句类,②是"疑问"句类。由于①和②在三个平面都有区别性特征,所以它们分别属于不同的句位。

(3) 有些句位的区别,是由于具体句在句法、语义、语用的某一平面存在着区别性特征决定的。例如:

① 客人来了。　　② 来客人了。

这两个意思近似的句子在语义上都是同一动核结构(动核+施事)组成的句模,在语用上都是"陈述"句类;但是由于在句法上有区别性特征,它们属于不同的句型:①为单动词作谓语(主+动)的主谓句型,②为动宾结构的非主谓句型。这两个句例在句型上的对立,就表明它们分属于不同的句位。又如下面的句例:

① 黄狗咬花猫了吗? ② 黄狗咬花猫了。

这两个句子在语义上都是"施动受"句模,在句法上都是"主动宾"句型;但是由于在语用上有区别性特征:①为"疑问"句类,②属于"陈述"句类。这两个句例在句类上的对立,也表明它们分属于不同的句位。再如下面的句例:

① 他上午拜访了老师。 ② 他是老师。

这两个句子在句法上都是"主动宾"句型,语用上都是属于"陈述"句类,但是在语义上却属于不同的句模:①是"施动受"(施事+动核+受事)句模,②是"起动止"(起事+动核+止事)句模。这两个句例在句模上的对立,也表明它们分属于不同的句位。再如下面的句例:

① 他喝酒了。 ② 他喝醉了。 ③ 他喝醉酒了。

这三个句子在语用上相同,都是"陈述"句;但是句法结构、语义结构不完全相同:在句法上,①为"主动宾"句型,②为"主动补"句型,③为"主动补宾"句型;在语义上,①为"施动受"句模,②和③为"施动受+系动"("他喝酒+他醉",按:"他醉"为"系事+动核")句模。可见这三个句例在句型和句模上有区别,也表明它们分属于不同的句位。

二、关于句系问题

(一) 句系的性质

句系是"句位系统"("抽象句子的系统")的简称。严格地说,句系是指某种语言特定历史阶段的句位系统,即一种语言在特定历史阶段中的句位的"句法-语义"结构和语用功能的构成、句位的数量、句位的层级、句位的集合所组成的体系。由于句位是由句型、句模和句类综合而成的,所以某种语言的句系实质上是该语言的句型子系统、句模子系统、句类子系统互相结合、纵横交错形成的一个句位网络系统。任何句子都处在语言的句系之中。世界上各种语言都有自己的句系,汉语也不例外。

对于句子系统,人们可能会有不同的看法。以往一般认为,句型是抽象出来的句子格局,句型系统就是句子系统。这种句子观只看到了句子的一个侧面,带有片面性;而句子还有其他的侧面,句型只是从句子的句法平面抽象出来的句子类句型,它本身并不等于句子,句型系统当然也不等于句子系统。同样,语义平面的句模系统也不等于句子系统,语用平面的句类系统也不等于句子系统。打个比方,句位好比音节,句系犹如音系。任何语言都有自己的语音系统,比如现代汉语的语音有声母、韵母和声调;声母、韵母、声调结合起来可构成一个音节;根据声母系统、韵母系统、声调系统、音节系统可构建现代汉语的音系。同样,根据句型系统、句模系统、句类系统、句位系统当然也可以构建出现代汉语的句系(比喻毕竟是比喻,并不完全一致,只能说有某些相似性)。

(二) 如何构建现代汉语的句系

要构建现代汉语的句系,关键是要确定现代汉语中有哪些句位以及有多少句位。要比较准确地确定句位,要注意如下几点。

1. 要有"三维"观念

从语法角度分析句子,句子具有"三维性",即有句法、语义、语用三个平面。在句子的不同平面都可以相对独立地抽象出句子的类型,这就是要从具体句(句例)的句法平面抽象出句型,从句子的语义平面抽象出句模,从句子的语用平面抽象出句类,然后再将句型、句模、句类综合为句位。

在调查研究了一种语言足够数量的有代表性的句例以后,通过理性的思维,抽象出一定数量的句型、句模和句类,句型可集合为句型系统,句模可集合为句模系统,句类可集合为句类系统。构建现代汉语的句系,单纯抽象出句型系统、句模系统、句类系统还是不够的,必须在分析的基础上再进行综合,确认现代汉语有哪些句位,并凭借句位的样本和数量、层级等集合构建句位系统,即把句型系统、句模系统、句类系统三者结合和综合起来集合为句位系统。

2. 要有层级观念

句系既然是一个系统,必然具有上位下位的层级性。这种层级性在句型系统、句模系统、句类系统、句位系统中都是存在着的。

现代汉语的句型系统就是一层一层分出来的:第一层级可分出单句和复句两大类;第一层级的单句里,可分出第二层级主谓句和非主谓句两类;第二层级里,以主谓句为例,可分出第三层级的四种句型,动谓句、形谓句、名谓句等;第三层级里,以动谓句为例,可分出第四级句型,"主-动"句、"主动宾"句、"主动补"、"主动宾宾"句等;如果需要,对第四级的各种句型还可以进行下位区分(范晓1983)。

句模系统也是一层一层分出来的:第一层级可根据句中动核结构的数量分为简单句模和复杂句模两大类;第二层级里,以简单句模为例,可分出第三层级的四种句模:"主事+动核"句、"主事+动核+客事"句、"主事+与事+动核"句、"主事+动核+与事+客事"句;第三层级里,以"主事+动核+客事"句模为例,可分出第四级句模:"施事+动核+受事"句、"施事+动核+成事"句、"施事+动核+使事"句、"施事+动核+位事"句、"经事+动核+涉事"句、"起事+动核+止事"句等;如果需要,对第四级句模还可以进行下位区分(参看朱晓亚2001)。

句类系统也是一层一层分出来的:第一层级可根据句子的语用目的(表达用途)分为陈述句、疑问句、祈使句、感叹句、呼应句;第二层级里,以陈述句为例,如果根据句子的信息结构可分出第三层级的两种句类,即主题句、非主题句;如果根据说话时的"时态"(事件所处的时间状态)来分类,可分出已然句、未然句两种句类;第三层级里,以主题句为例,还可分出第四级句类,即叙述句、描记句、解释句、评议句;如果需要,叙述句、描记句、解释句、评议句等还可以进行下位区分。

3. 要正确对待常式和变式

句位有常式和变式之分。常式是指句位的正常格式;变式与常式相对,是指常规句位的变化格式。这种常式和变式在句型、句模、句类上都有表现,比较:

① 你去北京? ② 去北京,你?

③ 十个人吃了一锅饭。　　④ 一锅饭吃了十个人。
⑤ 他去美国了吗？　　　　⑥ 他不是去美国了吗？

①②这两个句子的句型，前者"主动宾"是常式，后者"动主，宾"是变式。③④这两个句子的句模，前者"施动受"是常式，后者"受动施"是变式。⑤⑥这两个句子的句类，前者疑问功能是常式，后者"无疑而问"，是疑问功能的变式。

具体句的格式非常丰富，在语用表达的动态的环境里变化多样，其中有的符合句位的常式，有的不符合句位的常式。研究一种语言的句位系统，就要善于在无限丰富的句例中排除变式而概括抽象出句位的常式系统。当然，也不能忽略句位的变式，因为任何变式的出现都有一定的语用原因和结构条件，研究句位时必须描写种种变式，并解释那些变式产生的原因和适应变式表达的条件。而且从语言历史演变来看，往往有前代为变式的到后代却成了常式的情形，或者前代为常式的到后代却成了变式的情形①。所以在研究现代汉语语法中的句系时，不仅要在研究常式时注意变式的研究，还应注意某些常式和变式在语言历史发展过程中的演变。

4. 可用符号标示句型、句模、句类

为了便于描写现代汉语的句系，不妨用符号（符号有任意性，本文所用符号不统一，只是举例说明而已，设计一套严格的符号，有待进一步研究）来标示句型、句模、句类。

（1）如果将句型记作 X，句模记作 M，句类记作 L，则句位可记作：

X（=句型）	L=句类
M（=句模）	

（2）如果把陈述句记作 L_1，疑问句记作 L_2，祈使句记作 L_3，感叹句记作 L_4，呼应句记作 L_5，则由主谓句构成的同一个"句型-句模"结合体跟陈述句、疑问句、祈使句、感叹句这四种句类结合以后将会得到几种不同的句位。

---

① 比如古汉语的疑问句里，如果宾语是疑问代词，置于谓语动词的前面为常式，例如："吾谁欺？欺天乎！"（《论语·子罕》）；现代汉语里有疑问代词的疑问句，疑问代词置于谓语动词之后为常式，例如"我欺负谁啦？"等。如果说成"我谁欺负啦？"，或者不通，或者在特定语境里成为变式。

例如：

① 他走了。　　　② 他走了吗？
③ 你快走！　　　④（她叹了口气说：）他终于走了！

上述四句句例可以归入下面 A、B、C、D 这四种句位：

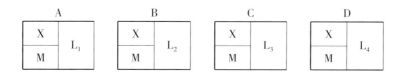

反过来说，如果把不同的"句型"结构体记作 X_1、X_2、X_3、X_4……，把不同的句模记作 Y_1、Y_2、Y_3、Y_4……等，那么同一语气类（比如 L_1）跟不同的句型和句模可结合成种种句位，如有可能形成下面的这些句位：

（3）从句例出发经过抽象概括归纳出的句位也可用其他符号来表述，以"小王写了一篇文章""小李买了一本书""他看了一场电影"等句例为例，从三个平面概括出的句型、句模、句类也可用符号表述如下：

句型——可记作 SVO（S 表示主语，V 表示谓语动词，O 表示宾语）。

句模——可记作 APB（A 表示施事，P 表示动核，B 表示受事）。

句类——可记作 L_1（L_1 表示陈述句）。

综合上述句子的句型、句模、句类，得到的句位可记作：

 或

（4）标示句型、句模、句类的符号是任意的，而且，各种句型、句模句类互相结合可以形成一个纵横交错的句位网络系统。怎样用符号来标记现代汉语的句位和句系，究竟用怎样的符号比较科学，都需要在研究中不断探索才能定下来。

三、建立句系学的重要性和迫切性

（一）建立句系学是十分重要

句系是客观存在着的,有必要也有可能对它进行研究。研究共时平面句系的学科,就是句系学(也可称之为句位学)。这正如研究语音系统的学科被称为音系学或音位学一样。

建立句系学是十分重要的。根据三维语法的理论,句子是最重要的语法单位,语法研究的最根本的任务就是要探索句子的结构和功能的规律。研究任何一种语言的语法,分析它的语法单位、语法结构或各种语法现象,其最终目的,就是建立该语言句子类型的系统,并在此基础上建立该语言的句系。过去有的论著认为语法研究的终极目的是研究句型,现在看来,这种看法不够全面,因为句型只是句法平面抽象出来的句子类型,而没有顾及语义平面和语用平面抽象出来的句子类型(句模和句类)。只有研究句位,才能抽象出句子的本质;也只有研究一种语言的句位系统,才能建立该语言的句子类型系统。可以说,句系学或句位学是语法学中最重要、最核心的部分,把一种语言的句系研究清楚从而建立起该语言的句位系统,是断代语法学的最根本的任务。句系学不仅有着重要的理论意义,而且有着重要的实用价值。一旦将某种族语的句系建立起来,不仅有利于不懂该族语的人们学习该族语,而且也能使懂得该族语的本族人更好地掌握和运用自己的母语,在现代高技术发展的信息社会里,还能促进机器翻译(自动翻译)和人工智能等方面的研究工作。就机器处理自然语言而言,词和短语的处理比较容易,最难的是句子的处理。不同语言的句系描述清楚了,有助于语言之间的对比,也就有助于机器的自动翻译和人工智能的研究。

（二）在当前,特别要重视句模和句类的研究

当前,人们十分重视机器处理自然语言、处理语言间的自动翻译,这就非常需要把汉语的句位和句系研究得更细一些。研究句位,首先要把句型、句模和句类研究清楚。从现代汉语来看,过去人们对句型研究得比较多,句

模和句类的精细研究相对比较薄弱。

句模研究还刚刚开始,包括理论问题和实际描写都需要继续开展研究,句模领域还有不少待开垦的"处女地"。研究句模,首先在理论上要有一个正确的确定句模的原则。其中有以下几个原则是必须注意的:一是动核结构为基本骨架的原则,二是动核和动元为句模基本成分的原则,三是语序影响句模的原则,四是区分简单句模和复杂句模的原则(参看范晓、朱晓亚1999)。在理论原则确定以后,就要根据语言事实,把现代汉语句模系统构建出来。

句类方面,语气分类过去有较多的研究,但其他下位分类研究不多不深。研究句类,除了语气分类外,其他的有关句子的语用分类还很多,如根据述题的表述功能进行语用分类的问题,如根据说话者的"述态"(表述状态)来进行语用分类的问题,如根据说话时的"时态"(事件所处的时间状态)来进行语用分类的问题,等等,都尚待进一步探索。如果句模和句类不明,也就无法综合上升到句位,更不可能对现代汉语句系进行细密的描写。因此,要把现代汉语的句位系统完善地概括抽象出来,当前必须重视并加强句模和句类的研究。只有把现代汉语的各种句型、句模句类研究清楚,才能使它们互相结合形成一个纵横交错的句位网络系统。句位系统究竟怎样建立,是值得深入研究的一个课题。

(三) 需要建立句系学

我国语言学界至今还没有注意到句位或句系的问题,更没有意识到研究句系的重要性。而从现实来看,无论是教学上还是对自然语言的处理上,都需要知道现代汉语的句系,所以研究句系理论并构建起现代汉语的句系已成了当前一个迫切需要解决的问题。

为此,笔者向语言学界呼吁,希望我们大家共同努力来建立一门新的学科——句系学,共同努力来构建现代汉语的句系系统。

句式研究的"形义结合"原则

〇、引　　言

句式研究是语法研究中最重要的课题之一。这是因为,句子是语言的基本运用单位,而任何句子都是按照特定的句式来构成的。因此,语法学的发展跟句式研究有密切的关系;对句式进行专题的理论研究并把汉语语法里的各种句式研究好,不仅有理论意义,能丰富语法学理论,而且有重大的实用价值。

句式是句子的语法结构格式,即指由一定语法形式显示的表示一定语法意义的句子的结构格式。"结构格式"也可简称"构式",所以句式也可称为句子的构式(参看范晓 2010)。

句式是形式和意义的匹配体或结合体,是句式形式和句式意义的统一。句式形式在表层(显层),它总是表示着一定的句式意义;句式意义在深层(隐层),它总是由一定的句式形式表示。没有无句式形式的句式意义,也不存在无句式意义的句式形式。因此,句式研究应该贯彻"句式形式和句式意义相结合的方法论原则",简称"形义结合"原则。

一、句式的形式和意义

(一) 句子的两个部分都有形式和意义

研究句式的形式和意义要抓住句子的两个部分。这是因为任何句子都由两部分组成,即句干和语气。例如:

① <u>张三喝酒</u>吗?(句干+疑问语气)
② <u>张三喝酒</u>了。(句干+直陈语气)

上面两例中的"张三喝酒"是句干,"吗、了"在①和②中表语气义①。单靠句干还不能成为一个完整的既能表达思想又能传递交际信息的句子,单是语气也形成不了句子;"句干+语气"才能成为句子,两者缺一不可。两个部分都存在着句式,如①和②的句干部分都是"N_1+Vt+N_2"词类序列形式的句式,表示的句式义为"施事施加动作于受事"。语气部分表达语气义(语用交际功能义),①是"吗字句"("X+吗?")形式的句式,表示"询问"语气义,②是"了字句"("X+了。")形式的句式,表达"陈述"语气义。

(二) 句式的形式

句式是通过表现句式意义的句式形式显示出来的。汉语的句式形式主要有三种:

一是词类序列形式,如"人物名词+及物动作动词+不及物状态动词+事物名词",记作"$N_1+Vt+Vi+N_2$",如"张三踢破了皮球、武松打死了老虎"之类。

二是特征词(也称"特征字",特别是"虚词")形式,如汉语里的"把"字句、"被"字句、"有"字句、"得"字句、"使"字句、"比"字句等都是以特征词命名的。

三是固定格式或类固定格式形成的形式,如"V 不/没 V"式、"越 A 越 B"式、"一 A 就 B"式、"因为 A,所以 B"式、"虽然 A,但是 B"式、"如果 A,就 B"式之类。

词类序列形式是最基本的形式,因为"特征词"和"固定格式"也存在于词类序列里。此外,句式的形式还有层次分合形式、语音节律(包括重音、轻声、停顿、音节、语调等)形式、句法结构形式②、变换形式等(参看范晓 2013、2016)。

(三) 句式的意义

句式的意义指句式形式所表示的内蕴的意义。每个句式都有自己的某

---

① 表示语气的形式除语气词外,还有句调(也称语调)、疑问代词、某些副词及类固定形式"V 不/没 V"等。

② 句法平面的句法结构相对于语义平面的语义结构也是形式。(参看范晓 1996,第 19 页)。

种独立的意义,不同的句式有不同的意义。由于句子或句式是由句法、语义、语用"三维"(三个平面或三个角度)综合构成的,所以存在着三种句式的意义:

一是句法平面的意义。指句法成分之间的关系意义,如"主谓"形式表示"陈述被陈述"意义,"谓宾"形式表示"支配被支配"意义,"定心"形式表示"限饰被限饰"意义等。

二是语义平面的意义。指语义成分之间的关系意义,如"施动"(施事+动核)、"施动受"(施事+动核+受事)、"施动与受"(施事+动核+与事+受事)、"系动"(系事+动核)、"起动止"(起事+动核+止事)等意义。语义平面的意义表达句干句式的基本信息,反映思维逻辑或认知心理的抽象的基本框架。

三是语用平面的意义。指句式表达的语用意义。主要有三种:(1)语气义,指语气所表示的语用意义(如"疑问、陈述、祈使、感叹"等表达言语行为目的的交际功能意义);(2)句干句式所表达的"句式义"(包括句干句式所表达的述题对主题所表述的意义以及整体的语用意义);(3)句式的主观情态意义,即表达主观性意图的意义。

(四)"形义结合"原则的注意点

研究句式应贯彻"形义结合"原则(即"形式和意义相结合的原则")。要贯彻这个方法论原则,就得注意两条:

第一,要重视并兼顾意义和形式。

这就要在进行研究时把句式的形式和句式的意义有机地结合起来,做到既要研究一个句式的形式,又要研究该形式所表示的意义。也就是既要探求和描写句式的形式,又必须发掘并说明句式形式所表达出的句式的意义;要尽力揭示二者之间的对应关系。

第二,可以从两条不同的路线或策略来研究句式。

一条路是从句式的形式出发去发现和理解句式的意义,即从解码角度去研究句式。另一条是从句式的意义出发去寻找和描写句式的形式,即从编码角度研究句式。实际操作时,既要探求句式的形式,又必须发掘句式的意义,力求做到句式的语法意义和语法形式的相互验证。下面分别论述句式研究的两条不同的路线。

二、从形式出发研究句式的路线

从形式出发研究句式的路线是一种由形及义的程序,研究的过程就是解码的过程,也就是以句式外在形式为起点出发去寻求句式的内蕴的意义的过程。① 下面仅就从词类序列和特征词这两种形式出发来着重探索并扼要说明句式在语义平面和语用平面的意义。

（一）从句干的词类序列形式出发去挖掘和理解句干句式的意义

1. 特定的词类序列形式能表达句干句式的意义

句干里一定的词类序列形式能显现一定的句式意义。比如"张三喝酒""李四喝茶""赵五看小说"之类句干体现的句式,它们可记作"N_1+Vt+N_2"的词类序列形式。如果 N_1 是指人名词,Vt 是及物动作动词,N_2 是指物名词;那么就可推定这个句式的意义包含有:（1）语义平面的语义成分之间是"施动受"关系意义组成的动核结构或句模;（2）语用平面的句式义是"施事主动地施加动作于受事"。

如果一个句干语义结构相同,但是词类序列形式不同,形成的句式也就不同,就会有不同的句式义。例如:

① a. 十个人吃了一锅饭。　　b. 一锅饭吃了十个人。
② a. 两个人骑着一匹马。　　b. 一匹马骑着两个人。

这里①②这两例中的 a 和 b 是两种不同的句式:a 为"数量名(指人名词)+Vt+数量名(指物名词)"句式,b 为"数量名(指物名词)+Vt+数量名(指人名词)"句式。句式不同则句式义也就不同:a 的句式义是"一定量的人施加动作于一定量的物",

---

① 朱德熙的研究句式的文章,大多是从形式到意义来描写和说明句式的,如《"在黑板上写字"及其相关句式》(1981)一文,就是先描写出 6 类相关的句式形式,并从这些形式出发通过变换关系探求意义,从而分化这 6 类句式形式所蕴含的不同句式的句式意义。

b 的句式义是"一定量的物供一定量的人使用(用于某种动作)"。如果说前者是主动句,后者可称为"供动句"(或称"供让句",参看范晓 2009,第 255—257 页)。

2. 词类序列表面形式相同但其句式意义不同

值得注意的是:有些表面词类序列形式相同但句式意义不同,这是一种"假同形",实际上是"异形异义"。这有几种情形。

第一种:表面序列形式相同,但由于层次不同,从而形成"假同形"。请看实例:

① 他们派遣小陈去北京工作。/他们选举老王当代表。

② 他们主张小陈去北京工作。/他们同意老王当代表。

这里①②两例词类序列都是"N_1+V+N_2+VP"形式,但却是层次不相同的异形句式。这可以用语音停顿形式来验证(停顿记作[丨]):①是"派小陈丨去北京工作"("派小陈"后可以有较大的停顿),实际是"$N_1+(V+N_2)+VP$"形式;②是"主张丨小陈去北京工作"("主张"后可以有较大的停顿),实际是"$N_1+V+(N_2+VP)$"形式。由于这是两个层次不同的词类序列形式的句式,句式义当然也不同:①一般语法书称为"兼语句"(笔者把这种句式里的 VP 分析为补语,参看范晓 2009,第 197 页),句式义为"施事发出动作致使某人干某事";②是主谓短语作宾语的句子,句式义为"施事发出动作涉及某事"。可见①和②所代表的句式只是表面同形,实质上是"异形异义"的句式。

第二种:不仅表面序列形式相同,而且该词类序列层次也相同;但由于句式里谓语动词的句法性质和语义特征不同,从而形成"假同形"。请看实例:

① 牧人宰了一头羊。

② 牧人死了一头羊。

这里①和②两个句子所代表的句干句式表面上都是"$N_人+V+N_物$"形式,但①中的动词"宰"是二价及物动作动词,②中的动词"死"是一价不及物状态动词。由于谓语动词的性质特点不同,就可以分化为不同的句干句式:①可记作"$N_人+Vt+N_物$"句式,②可记作"$N_人+Vi+N_物$"句式。这种不同还可用变换形式来验证,其中①a 可以变换成 b 和 c,②a 则不能变换成 b 和

c。比较：

① a. 牧人宰了一头羊。→b. 牧人把一头羊宰了。→c. 那头羊被牧人宰了。

② a. 牧人死了一头羊。→b. *牧人把一头羊死了。→c. *一头羊被牧人死了。

这两例所属句式不同,句式义也随之不同:①的句式义是"施事施加动作于受事"(如果受事物"羊"是属于"牧人"自己的,句式义也可说"某人施加动作于自己的领属者"),②的句式义是"某人损失了自己的领属者"。

第三种:表面词语及词类序列及其层次完全同形,但由于句中动作动词所联系的施事和受事不同而形成"同形歧义"的"假同形"。这是由具体词语构成的脱离语境而孤立地形成的蕴含不同意义的(或多义)"歧义句式"或"多义句式"。例如:

① 反对的是少数人。　　② 同意的是多数人。

③ 支持的是张老三。　　④ 批评的是李老四。

这里的①②③④是脱离语境的孤立的"Vt 的+是+N$_人$"句式。这种句式可通过语境分析来分化和验证所包含的多义或歧义。在这种句式里,"的"前动词 Vt("反对、支持、同意、批评"之类)所联系的语义成分可能是施事,也可能是受事:假设动词所联系的指人名词是"我们",则在一种语境下(如下面的 A)动词所联系的人是施事,在另一种语境下(如下面的 B)动词所联系的人是受事。比较:

A. [我们]反对的是少数人。/[我们]支持的是张老三。/[我们]批评的是李老四。

B. 反对[我们]的是少数人。/支持[我们]的是张老三。/批评[我们]的是李老四。

这种同形句式的意义必须放在语境里才能理解,歧义也就得以消除。

(二) 从特征词"同形"出发去挖掘和理解句式的意义

语气部分和句干部分都有一些特征词表现的句式形式。下面举例略作说明。

句式研究的"形义结合"原则

1. 语气部分的特征词形成的同形句式举例

以特征词"吗"构成的"吗"字句式("X+吗?"式)为例,"吗"这个"同形"形式表示句式义为"疑问",形成疑问句;但"吗"字句式具有"层级性",除了上位的共同形式"吗"及其表达的共同意义"疑问"外,下位还有其特定的形式和特定的意义。比较:

① 他是老师吗?/你去北京吗?

② 一个法院出点问题,我们能关闭法院吗? 显然不能。/我们工作上会有困难吗? 当然会有。

③ 黑灯桥是要继续黑下去吗?(标题句。笔者按:武汉一桥不安路灯,致使发生车祸86起。)/这种不良风气不是明摆着的吗?

这里①是"(N_1+V+N_2)+吗?"句式,这种"吗"字句式表达常规的"疑问"("是非问")义,即如果有疑问,要询问别人以求释义。②是"(N+助动词+VP)+吗?"句式,③是"(N+是/不是+VP)+吗?"句式,这两种"吗"字句式表示非常规意义:其中②的"吗"字句式表达"设问"义,即虽然心里有定见,但为了引起人们的注意,故意提问,语境里通常是"自问自答";③的"吗"字句式表达"反问"义,即既不是有疑而问,也不是自问自答,而是反问、激问(带有反诘的口气,语气较强)。①

2. 句干部分的特征词形成的同形句式举例

以句干里的"被字句"为例,"被"字句式也具有"层级性"。"被"这个"同形"形式表示句式义为"被动",形成被动句;但除了上位的共同形式"被"及其表达的共同义"被动"外,下位还有其特定的形式和特定的意义。比较下列各个"被"字句式:

① 李四被张三批评了。/那些垃圾被我扔了。("N_2+被+N_1+Vt"形式)

② 老虎被武松打死了。/那瓶茅台酒被他喝光了。("N_2+被+N_1+Vt+Vi"形式)

③ 李四被张三批评得一无是处。/那瓶茅台酒被他喝得精光。("N_2+

---

① 表示"反问"的"吗"字句式实际上是用于对命题的"否定",有否定词的反问句,用意在肯定,没有否定词的反问句,用意在否定(参看吕叔湘1982,第290页)。

被+N_1+Vt 得+VP"形式)

④ 那桌子被他搬回房间里了。/那些垃圾被我扔进垃圾箱里了。("N_2+被+N_1+Vt+趋向动词+VP"形式)

⑤ 那些衣服被我赈济给灾民了。/那只手表被我转送给老李了。("N_2+被+N_1+Vt 给+VP"形式)

这里的①②③④⑤句式都含有"被动"义,但又各有自身独特的句式义:①表达"受事被动地承受某种动作",②表达"受事被动地承受某种动作致使自身发生某种结果",③表达"受事被动地承受某种动作使得受事产生情状",④表达"受事被动地承受某种动作致使受事趋向于某处所",⑤表达"受事被动地承受某种给予性动作行为致使受事转移到与事"。

反之,也可以从特征词的各种"特形"出发去挖掘和理解句干句式的意义,如先从"吗"字句式和"被"字句式的下位特定句式形式出发推定句式意义,然后在概括归纳所有"吗"字句式和"被"字句式共同形式和共同意义。

3. 特征词形式"假同形"

值得注意的是,有些表面序列及其特征词同形,但由于语境差异或句中 VP 的语义特征不同而形成"假同形"。以"N+(给+N)+VP"句式里的特征词"给"为例,由于在不同语境里"给 N"的意义不同,也可分析出"N+(给+N)+VP"形式的"同形多义"。比较:

① 他给我寄了个包裹。(寄[给]我,指明动作的给予对象。)
② 你要给我作主。("给我"相当于"替我、为我",指明动作的服务对象。)
③ 你快给他磕头。("给他"相当于"向他、对他",指明动作的指向对象。)
④ 你那钢笔给我写坏了。("给我"相当于"被我",指明动作的施事。)
⑤ 高妈给他脸上涂抹了一下。("给他脸上"相当于"在他脸上",指明动作的处所。)
⑥ 这事给他带来许多苦恼。("给他"相当于"使他",指明某事所致使的对象。)
⑦ 她给屋子打扫干净了。("给屋子"相当于"把屋子",指明动作的

受事。)

⑧ 你给我闭嘴!("给我"相当于"替我",指明发出命令的对象。)

⑨ 我就上吊给你看看。("给你"相当于"让你",指明动作的让/叫对象。)

上面的"给 N"里的特征词"给"同形,但在具体句和语境里能了解各个"给 N"的意义。有时同一个"给 N"出现在同一个句子里也可能表示不同的意义,即所谓歧义。要辨别歧义,主要的方法是通过变换或替换来辨认。例如:

⑩ 你给我打个电话。

这句里的"给我"孤立地看就有两种意义。可以通过变换或替换来分化出两种意义:若变换成"你打个电话给我",则"给 N"指明动作的给予对象;若替换成"你替我打个电话",则"给"指明动作的服务对象。

三、从意义出发研究句式的路线

从意义出发研究句式的路线是一种由义及形的程序,研究的过程就是编码的过程,也就是从句式的意义为起点去发现和描写句式外在形式(包括词类序列形式、特征词形式、固定格式等各种可能存在的形式)的过程。① 下面拟从语义平面和语用平面两方面的意义出发来探索并描写句式的形式,并举例作扼要说明。

(一) 从语义平面的意义出发去寻找和描写句式的形式

语义平面的"同义",是指基本意思相同、动核结构相同,就是通常所说

---

① 构式语法认为"基本的句子层面的构式"(句式)是"基于体验的完形",即表示"人类经验有关的基本情景。"(Goldberg 2007,第 5、64 页)。国内有人根据构式语法理论甚至明确提出"基于认知图景来归纳和描写句式",如从"放置-认知图景"出发描写归纳出 7 种句式(参看卢英顺 2017)。这实质上是采取从心理认知出发研究句式形式的路线。"认知图景"属于思维或心理领域,可用来解释某些句式形成的理据,但它不等于句式;从认知图景出发来描写句式形式跟本文所说的从句式意义出发描写句式形式是两回事。认知图景和句式并不完全对应(比如不同族语都有相同的"放置-认知图景",但描写出的句式不完全相同),所以用它来描写句式形式也行不通(参看范晓 2012)。

的"同义异形"的"同义句"。通过基本意思相同的特定句式的变换,可以来确认并描写特定句式及说明其句式义。比如,有这么一个事实或意义"某物从甲转移给乙",反映到语义平面的动核结构是一个表"给予"义的动核联系着施事、与事、受事,即"施动与受"动核结构。在汉语里,表达这种语义平面意义的至少有下面几种基本的句干句式的形式。

① "$N_1+Vt+N_2+N_3$"词类序列形式,如"张三送给/赠给李四礼物"之类。

② "N_1+把 N_3+Vt+N_2"词类序列形式,如"张三把礼物赠给/送给李四"之类。

③ "N_3+被 N_1+Vt+N_2"词类序列形式,如"礼物被张三送给/赠给李四"之类。

这里①②③描写出的词类序列形式不同,句法结构也不同,但它们的基本意义相同,表现基本意义的语义结构相同,都是"施动与受"构成的动核结构。由于句式形式不同,与其相适应的句式义也就不同:①的句式义是"施事发出给予性的动作使受事转移到与事",②的句式义是"施事处置受事以给予性的动作使受事转移到与事",③的句式义是"受事承受施事施加的给予性动作而使自身转移到与事"。属于"同义异形"的①②③三种句式在特定语境里适用于不同的主观表达需要。

(二) 从语用平面的意义出发去寻找和描写句式的形式

语气部分或句干部分,都可以从语用平面的意义出发去寻找和描写句式的形式。

1. 从语气意义出发去寻找和描写句式的形式

语气的语用意义主要有"疑问、陈述、祈使、感叹"等。以"疑问"为例,在汉语里,可以发现表达这种语用平面意义的至少有下面几种基本的句式形式。

① 特征词"吗"构成的"吗字句"句式形式,如"你去北京吗?"之类。

② "疑问代词"构成的"V+疑问代词"句式形式,如"你去哪里/哪儿?"之类。

③ "V 不(没)V"固定格式构成的句式形式,如"你去不/没去北京?"

之类。

④ "是A还是B"固定格式构成的句式形式,如"你去北京还是去天津?"之类。

这里的①②③④描写出的句式形式不同,但它们的基本的共同的语用意义相同,都是表达"疑问义";但由于句式形式不同,与其相适应的句式语用意义也就有所差别:①的句式意义是"是非问"义,要求对命题回答"是"或"否";②的句式意义是"特指问"义,要求针对疑问代词所提出的疑问点(即未知部分)作出回答;③的句式意义是"正反问"义,要求对动作做出肯定或否定;④的句式意义是"选择问"义,提出两个或两个以上可供选择的疑问点项目,要求对可供选择的疑问点选择其中一个作答。

2. 从句干的句式义出发去寻找和描写句式的形式

句干句式义很多。比如表示句干"某处存在某物"的所谓"存在义",如果从这种表"存在义"的句干的句式义出发去寻找和描写句式的形式,在汉语里可以发现有许多,其中比较重要的有以下几种形式:

① "NP$_{(处所)}$+有+NP$_{(事物)}$"("有"字句形式),如"墙上有一幅油画"之类。

② "NP$_{(处所)}$+是+NP$_{(事物)}$"("是"字句形式),如"墙上是一幅油画"之类。

③ "NP$_{(处所)}$+V着+NP$_{(事物)}$"("V着"句形式),如"墙上挂着一幅油画"之类。

④ "NP$_{(事物)}$+V有+NP$_{(处所)}$"("V有"句形式),如"墙上挂有一幅油画"之类。

⑤ "NP$_{(处所)}$+NP$_{(事物)}$"(无动词的句式形式),如"墙上一幅油画"之类。

这里的①②③④⑤描写出的句式形式不同,但它们有个共同的语用意义,即都是表达"某处(墙上)**存在**某物(油画)"的"存在义"。①由于句式形式不同,与其相适应的句式义也就有某些差别(即除了"存在"这个共同的句式义

---

① 朱德熙(1986)把"施动受"之类的意义称为"低层次语义",把"存在义"称为"高层次语义"。前者是指语义平面的意义,后者的"高层次语义"实质上是指语用平面的意义。

外,还各附加有特定的意义):①为"有"字句式存在句,表达"存在义"时句式义是"某处存在**有**某物",强调或凸显的是处所对物的"领有性";②"是"字句式存在句,表达"存在义"时句式义是"某处**是**存在某物",强调或凸显存在的主观的"断定性"("断定或肯定");③为"V 着"句式存在句,表达"存在义"时句式义是"某处**以何种方式或状态持续存在**某物",强调或凸显存在的"方式或状态"持续性;④为"V 有"句式的存在句,表达"存在义"时句式义是"某处**以何种方式或状态领有存在**某物",强调或凸显存在的"方式或状态"领有性;⑤为中间没有动词的"名谓存在句"句式,表达"存在义"时句式义是"某处**显示**存在某物",强调显示景物存在的"意会性"。孤立地看,上述 5 个表达"存在"的句式基本意思类似,大体上能够互相替换。但在具体话语里,由于受语旨或语境的制约,一般不能任选其中的一种,也不能随意替换,它们各有自己的应用价值。朱自清最喜欢用⑤这种句式,他说:在记述显示景物间的关系时,采用这种句式可"盼望给读者整个的印象,或者说更具体的印象"。①他是根据文艺作品的语境特点和个人风格特点来选用"NP$_{(处所)}$+NP$_{(事物)}$"句式的,但不等于说其他表示"存在"义的句式没有用处。上述这些表示"某处存在某物"句式义的不同句式形式谈不上孰好孰坏,在一定的语旨或语境里都可能是适用的,即各句式都有自己的应用价值或适用价值。言语交际中究竟用哪个句式,应该依据语境和言者表达的需要。

四、余　　言

(一) 形式和意义相互验证

　　研究句式,既可以从形式出发去探求隐藏在形式背面的意义,也可以从意义出发去寻找表达意义的形式。还可以综合起来,让形式和意义相互验证,以求得形式和意义的某种对应关系。②比如,有些表面层次相同的词类序

---

① 朱自清:《〈欧游杂记〉序》,《欧游杂记》,浙江人民出版社,2002 年。
② 朱德熙(1982,第 80 页)提出,"语法研究的最终目的就是弄清楚语法形式和语法意义之间的对应关系。……讲形式的时候能够得到语义方面的验证,讲意义的时候能够得到形式方面的验证"。这是很有见地的。研究句式的形义对应关系,也应该让形式和意义相互验证。

列共形,在一般情况下句式应该相同。但如果内部语义结构(动核结构)不完全相同,句式就会不同,随之句式义也不同。比较:

① 他喝干酒了。　　　② 他喝醉酒了。　　　③ 他喝伤胃了。

第一步,形式描写。从形式出发,这三个句子所代表的句式形式有共性:特定层次的词类序列可描写为"N_1+(Vt+Vi)+N_2"形式;句法平面可以描写为"主+(谓补)+宾"形式。

第二步,由形及义。即透过形式去发现意义,可以看出语义平面和语用平面的意义不完全一样。首先,从语义平面看,虽都是"施动受"+"系动"两个动核结构,但作系事的名物不一样。①是"他喝酒+酒干",作为受事的物"酒"为系事;②是"他喝酒+他醉",作为施事的人"他"为系事;③是"他喝酒+他的胃伤",施事的部分(他的胃)为系事。其次,从语用平面看,句式义虽都有"致使"义(两个动核结构之间的关系意义),但由于致使的对象不一样,所以句式义也不一样:①的句式义是"施事施加动作于受事致使受事产生某种结果状态";②的句式义是"施事施加动作于受事致使施事自身产生某种结果状态";③的句式义是"施事施加动作于受事致使施事所属的某部分产生某种结果状态"。

第三步,由义及形。上述句式的句式义不一样可再用变换形式验证。①可变换成把字句和被字句(他喝干酒了→他把酒喝干了→酒被他喝干了);②则不可变换成把字句和被字句(*把酒喝醉/*被酒喝醉),但可作如下变换:他喝醉酒了→他喝醉了→他喝酒喝醉了;③可作如下变换,他喝伤胃了→他的胃喝伤了→他喝酒把胃喝伤了,但是①②则不可作③这样的变换(*他的酒喝伤了/*他喝酒把酒喝伤了/他喝酒把他喝伤了)。

第四步,再由形及义。上述三种形式不一样可用语义说明方向来验证。即通过Vi(补语)在语义平面的"语义指向"来测定:①的Vi语义指向受事(指"**酒干**");②的Vi语义指向施事(指"**他醉**");③的Vi语义指向从属于施事的部分(指"**他的胃伤**")。

通过"形式→意义→形式→意义……"反复验证,"N_1+(Vt+Vi)+N_2"词类序列形式里的①②③三句代表着三种不完全相同的句式形式,它们只是表面同形,而表达的意义并不一样。反之,也可以采取"意义→形式→意义→形式……"反复验证某种句式的形式和意义。

（二）句式"形义"结合研究路线的小结

句式是形式和意义的匹配体或结合体。句式形式表示一定的句式意义，句式意义由一定的句式形式表示；没有无句式形式的句式意义，也不存在无句式意义的句式形式。所以，句式研究应该贯彻"形义结合"原则，即"句式形式和句式意义相结合的方法论原则"。这就要做到两点：第一，既要探求和描写句式的形式，又必须发掘并说明句式形式所表达出的句式意义，并尽力揭示二者之间的对应关系；第二，可以从两条不同的路线或策略来研究句式，既可以从形式出发研究句式，也可以从意义出发研究句式，两者可以互相验证。

语法研究究竟从形式出发还是从意义出发，过去有争论，有人主张从形式到意义，有人主张从意义到形式。讨论研究句式的路线或策略，同样也存在不同的看法。其实这种争论没有多大必要。这是因为研究的目的不同，研究句式的程序或路线当然也可以不一样：如果目的是着眼于析句，即以理解、解码为目的，由于形式是"入门的向导"，只有通过形式才能发现意义，就应该从形式到意义，析句的程序就是透过形式去发现意义。如果目的着眼于造句（句子的生成或产出），即以表达、编码为目的，由于意义是"内蕴的本质"，只有通过意义去寻找相应的形式，就应该从意义到形式，析句的程序就是基于意义去发现和描写形式。

从研究句式的全局看，本文认为既可以从形式出发研究句式，也可以从意义出发研究句式，两者应该相辅相成。至于将研究的结果或成果写成论著，那是属于"叙述的方法"，可以是多种多样的：既可以从形式到意义来叙述，也可以从意义到形式来叙述，甚至可以分两部分：一部分从形式到意义，一部分从意义到形式，然后再综合起来。

理解句子意义的几种因素

〇、前　　言

句子既是语法的最大单位,也是话语(也说"语篇""篇章")的最小单位。每一个由具体词语按照一定的语法规则构建起来的具体的句子,都有一个具体的"意义"。句子的意义包括两个方面:一是表达某种基本意义,即基本思想;二是表达某种语用意义(在交际使用中表达传递句子的用途或表达主观态度的意义)。句子是由两个部分组成的:一是句干部分,主要用来表达句子的基本意义;二是语气部分,主要用来传递句子的交际用途(参看2012)。

人们的"言语"(说话或作文),无非都是言语者通过"语言"来表达自己的思想并传递给听者或读者。言语的结果或成品就是"话语"。话语至少有一个句子,但更多的情形是话语是由很多句子组成的,比如口语里的对话(往往由许多话轮组成①),书面里的段(一段话)、章(一章话)、篇(一篇话)。而听者或读者要了解言语者的说出或写出的话语所传达的信息,是需要一句句理解的。学习外语的初学者要理解外语的句子的内容是相当困难的。本族语言的听者或读者,对理解本族语的句子一般没多大问题,但是对某些言语者说出或写出某些句子有时也会难以理解。所以,如何理解一个具体句子的具体内容是语言研究的一个重要的课题。

---

① 话轮(turn),指会话里参与者之间彼此的对话。会话里话轮是不断转换的,即说者可以转换成听者,听者可以转换成说者。说话者和听话者的角色互换,标志着话轮发生转换,意味着上一个话轮的结束和下一个话轮的开始。如果把会话的参与者记作 X 和 Y,则话轮转换的基本结构框架是"X→Y→X→Y→X→Y……"。日常会话中的基本结构单位是话轮。话轮可以由一个句子充任,也可以很多句子充任。

理解句子就是"析句",即分析句子(解析句子)。如果说造句属于编码,那么析句就是解码。所以理解句子的过程是个析句的过程,也就是一个解码的过程。要理解一个具体句的具体意义,就得知道一个句子的意义究竟有哪些因素在起作用。

本文着重就理解具体句子意义的各种因素举例做些说明。根据我们观察,认为理解句子意义主要有三个因素:词汇因素、语法因素、语境因素。

一、词汇因素

(一) 词汇因素是理解句子意义的前提

词汇因素是指句子里词语的意义因素,它是理解句子意义的基础因素。词汇意义是一种词典意义或概念意义,它是理解一个句子的基础或前提,这是因为句子的基本意义一般是由词语的词汇意义构成的。比如"鸟飞了",知道了"鸟"和"飞"的意义,我们就大体知道"鸟飞了"句子的基本意义。不能设想,不知道句子里的某个词的词汇意义却能理解句子的意义。众所周知,人们学习外语有一条重要经验,就是要懂得一个句子的意义首先要知道词的意义,当看到一个句子里的某个词不知其意义时,就要查查词典(词典的重要价值也就在这里),这就充分证明词的词汇意义对于理解句子的意义是多么重要。

(二) 理解句子意义的主要的词汇因素

1. 要懂得古汉语句子的意义就应了解古汉语词语的意义

对于不精通古汉语的读者,如果不了解句子里某个古汉语词语的意义,同样也不可能读懂句子的意思。必要时也得查查古汉语词典。例如:

① 内外<u>乖</u>者,可亡也。　　(《韩非子·亡徵》)
② 皇帝明德,<u>经</u>理<u>宇内</u>。　　(《史记·秦始皇本纪》)

在古代汉语里,①中的"乖"不是现代汉语中的"乖巧"的意义,而是"违背、不协调"的意思。如果把上面句子中的"乖"理解为"乖巧",那整个句子的意思就理解错了;②中的"经"在古汉语里有"治理"的义项,"宇内"指"国家"。上面句子中的"经理"是同义语素构成的联合式动词性短语,"经理宇内"是动宾结构,就是"治理国家"的意思。如果把"经理"理解为现代汉语中的名词(企业的负责人),就没法理解整个句子的意思。

2. 要懂得成语的意义

对于某些句子里出现的具有形式定型和意义相对固定的成语,不可能从字面意义理解其整体意义。如果不了解它的意义,同样也不可能读懂句子的意思。例如:

① 对于这件事他胸有成竹。　　② 他们挂羊头卖狗肉。

上面句子①里的"胸有成竹",不是"胸中有竹子"的意思,而是"比喻在做事之前脑子里已经有成熟的思考或主意";②里的"挂羊头卖狗肉",不是真的"挂着羊头出卖狗肉"(本义,字面意义),而是指"里外不一:比喻以好的名义做幌子,实际上兜售低劣的货色"。如果把①理解为"对于这件事他胸中有根竹子",把②理解为字面意义,岂不是闹笑话?

3. 要懂得方言词语的意义

不但要弄懂古汉语里的词语以及成语的意义才能正确理解句子的意义,就是现代汉语的方言词语的意义也应该理解,因为在某些文章里夹杂着一些方言词语。如果不了解方言词语的意义,也会影响理解句子的意思的。例如:

① 他只穿着一条热裤。　　("热裤"指"短裤")

② 有几个人在那里揿水。　　("揿水"指"跳水")

③ 这个人真不晓衰。　　("晓衰"指"害羞、知耻")

上面①②③这些句子中的"热裤""揿水""晓衰"是粤方言词,分别相当于现代汉语普通话里的"短裤""跳水""害羞(知耻)"意义。如果不了解上面句子里这些方言词的意义,也就无法理解这些句子的意思。

4. 要懂得词语的多义或歧义

如果句子里某个词可表示不同的词义或义项,该句子很可能引起多义或歧义。如果不了解句子里某些词的"多义",也可能会影响句子意义的理解。例如:

① 他上午上课去了。　　② 那商店已经关门了。

③ 那个人走了已经两个小时了。

①中的"上课"有两种意义:"教师讲课"和"学生听课"。不同的意义,上面句子的意思也就不一样:一种是"他讲课(授课)去了",另一种是"他听课去了"。②中的"关门"有"合拢门"(本义,即"打烊")和"停业"(比喻义)等。不同的意义,上面句子的意思也就不一样:一种是"那商店已经打烊了",另一种是"那商店已经停业了"。③中的"走"有"脚交互向前移动",即"走路""离开"和引申为"死"等意义。不同的意义,上面句子的意思也就不一样:一种是"那个人走路走了已经两个小时了",另一种是"那个人离开已经两个小时了",再有一种是"那个人死了已经两个小时了"。

总之,要理解一个具体句子的意义,先得掌握词义。可以说,理解句子的意义,理解句子里的词语的意义是个前提。所以若要正确地理解一个句子的意义,掌握该语言的词汇量以及词汇里各个词语的义项非常重要。如果不懂汉语句子里的某个词语的意义,就得查查词典(包括古汉语词典、现代汉语词典、成语词典、方言词典等),词典的重要价值也就在这里。

二、语 法 因 素

(一) 语法意义是理解句子意义的重要环节

语法因素是指句子中词语之间的语法关系意义的因素。一般地说,了解了句子中所有词的词义,就能大体上了解该句子的基本意义。但实际情形并不那么简单,更不能绝对化。有人认为,句子是句中所有词的意义的相加(或说所有词的意义的总和),因此,只要了解句子中词的意义,句子的意思也就理解了。这种观点表面上看好像不错,实际上并不正确。这是因为:句子是词和词按照一定的语法结构格式组成一定的句式,句子里词语之间组合成不同的语法关系,就会有不同的语法意义,也就会影响整个句子意义。所以语法意义是理解句子意义的重要环节。比如"这个人连我都不认识"这个句子,此句是有歧义的,可以分化为两种意义:

① 这个人连我都不认识(基本意思是"这个人竟然不认识我")。
② 这个人连我都不认识(基本意思是"我都不认识这个人")。

①②里"这个人连我都不认识"这种句子歧义不是句中某个词的多义造成的,而是句中词语之间的语法关系不同造成的,即句中"我"和"这个人"在语法结构里的施受关系不明:①里"这个人"是动词所联系的施事,②里"这个人"是动词所联系的受事。可见,句子虽是词语组成的,但并不是所有句子的意义都是词语意义的简单相加,对于某些句子仅了解句子里词的意义还不足以理解该句子的意思。要理解一个句子的意义,还有语法因素(词语间的语法关系因素);只有在知道句子里词的意义的基础上再加之以句子里词语之间语法关系意义的分析,才有可能更好地、更准确地理解句子整体的意义。

(二) 理解句子意义的主要的语法因素

1. 句中词语之间的句法关系(句法意义)因素

句子里词与词结合起来,可构成一定的句法结构,词语之间就会有一定的句法意义。同一些词语,排列形式相同,但可能包含着两个或两个以上的句法结构。由于在句法平面的句法关系不一样,句子的意思当然也就不一样,所以句中词语之间的句法关系(句法意义)不一样会影响句子的意义。例如:

① <u>学生家长</u>已经都到齐了。　　② 他<u>认识落后</u>了。
③ 我是要<u>出租汽车</u>。　　　　　 ④ <u>小张师傅</u>来了没有?

上面①句里的"学生家长"这个短语是多义的,包含着两个句法结构:定心结构(学生的家长)和并列结构(学生和家长),相应地上面句子也就有两种意思:"学生的家长已经都到齐了"(定心短语做句子的主语)和"学生和家长已经都到齐了"(并列短语做句子的主语)。②句里的"认识落后"这个短语包含着两个句法结构:主谓结构("认识"作主语,落后作谓语)和"动宾结构"("落后"作动词"认识"的宾语)。相应地上面句子也就有两种意思:"他的认识落后了"和"他认识(自己)落后了"。③句里"出租汽车"这个短语包含着两个句法结构:定心结构(出租的汽车)和动宾结构(中间可加"了、过"或数量词语之类,如"出租了汽车/出租一辆汽车")。相应地上面句子也就有两种意思:"我坐了一辆出租汽车"("出租汽车"为名词,指 taxi)和

"我是想要出租(一辆)汽车"("出租"为动词,"出租汽车"为动宾短语)。④句里的"小张师傅"这个短语包含着两个句法结构"定心结构"(小张的师傅)和"复指结构"("师傅"是"小张"的身份或称呼)。相应地上面句子也就有两种意思:"小张的师傅来了没有"(定心短语作主语)和"张师傅来了没有"(复指短语作主语)。

2. 句中词语之间的语义关系(语义意义)因素

句子里词与词结合起来,可构成一定的语义结构,词语之间在语义平面就会有一定的语义意义。同一些词语,由于在语义平面的语义关系不一样,句子的意思也就不一样,所以句中词语之间的语义关系意义不一样会影响句子的意义。例如:

① 鸡不吃了。　　　　　②《母亲的回忆》这篇文章写得很好。
③ 她是去年生的孩子。　④ 我们图书馆收藏了许多鲁迅的书。

上面①句里的"鸡"和"吃"搭配有两种语义关系:"施动"(指"施事"和"动作"的关系,"鸡"是"吃"这个动作的发出者——施事,即"鸡吃某物")和"受动"(指"受事"和"动作"的关系,"鸡"是"吃"这个动作的承受者——受事,即"某人吃鸡")。在一定的语境里相应地上面句子也就有两种意思:"鸡不吃(食)了"和"(某某)不吃鸡了"。②句里的"母亲的回忆"句法上是定心短语(定心结构形成的短语),但"母亲"和"回忆"搭配在语义上有两种语义关系:"施动"关系(指"施事"和"动作"的关系,"母亲"是"回忆"的施事,即"母亲回忆某人或某事")和"受动"关系(指"受事"和"动作"的关系,"母亲"是"回忆"的受事,即"某人回忆母亲")。相应地上面句子也就有两种意思:"母亲对某人(或某事)的回忆这篇文章写得很好"和"回忆母亲的这篇文章写得很好"。③句里的"她"和"生"搭配有两种语义关系:施动(指"施事"和"动作"的关系,"她"是"生"的施事,即"她生孩子")和"受动"(指"受事"和"动作"的关系,"她"是"生"的受事,即"她被母亲生")。相应地上面句子也就有两种意思:"她(指母亲)去年生了个孩子"(主语"她"为"生"的施事)和"她(指这个女婴)是去年生的"(主语"她"为"生"的受事)。④句里的"鲁迅的书"在句法上是定心短语(定心结构形成的短语),但包含有三种意义:"鲁迅著的书""鲁迅的藏书"和"研究鲁迅的书"。相应地上面句子也就有三种意思:"我们图书馆收藏了许多鲁迅写作的书""我们图书馆收藏了许多鲁迅的藏书"和"我们图书馆收藏了许多研究鲁迅的书"。

3. 句子中词语间的层次关系因素

句子里词与词结合起来,可构成一定的"句法-语义"结构。如果句中词语比较多,词语之间就会有一定的层次,形成某种层次关系意义(这种层次关系既是句法的,也是语义的,语义层次决定了句法层次)。句子里同一串词语,由于层次关系不一样,句子结构切分就会有差别,切分出来的层次不同,句子的语法意义就不一样,句子的意思也就不一样,所以句子中词语间的层次关系不同会影响句子的意义。例如:

① <u>江苏和浙江的部分地区</u>昨天晚上下了一场大雨。
② <u>七十六岁的梁博江的女儿梁红玉</u>正忙着准备出国参加会议。
③ 他<u>反对小王批评小李</u>。
④ 我既然当了演员,就一定要演<u>好戏</u>。
⑤ 他们没有<u>做不好</u>的事情。

上面①这句里的"江苏和浙江的部分地区"这个短语有两种切分法,可切分出两种不同的层次从而形成不同的"句法-语义"结构的短语:"江苏和/浙江的部分地区"(并列结构形成的)和"江苏和浙江的/部分地区"(定心结构形成的)。相应地上面句子也就有两种意思:"(江苏和/浙江的部分地区)昨天晚上下了一场大雨"和"(江苏和浙江的/部分地区)昨天晚上下了一场大雨"。②这句里的"七十六岁的梁博江的女儿梁红玉"这个短语有两种切分法,可切分出两种不同的层次从而反映出"七十六岁的"一语修饰的对象不一样:切分成"七十六岁的/梁博江的女儿梁红玉"(是指"梁博江的女儿"是七十六岁)和"七十六岁的梁博江的/女儿梁红玉"(是指"梁博江"是七十六岁)。相应地上面句子也就有两种意思:"七十六岁的/梁博江的女儿梁红玉正忙着准备出国参加会议"和"七十六岁的梁博江的/女儿梁红玉正忙着准备出国参加会议"。③这句里的"反对小王批评小李"有两种切分法,可切分出两种不同的层次从而形成不同的"句法-语义"结构:切分成"反对/小王批评小李"(句法上是"动宾"结构,语义上是"动作-受事"结构)和"反对小王/批评小李"(并列性的"句法-语义"结构)。相应地上面句子也就有两种意思:"他反对/小王批评小李"("小王批评小李"在句法上是"反对"的宾语,在语义上是"反对"的受事)和"他反对小王,(他)批评小李"("反对小王"和"批评小李"是并列关系,它们都是做"他"的谓语)。④这句里的"演好戏"有两种切分法,可切分出两种不同的层次,内部形成不同的"句法-语义"结构,从而表示两种不同的意义:"演好/戏"("好"作"演"的补语,表示动作的结果)和"演/好戏"("好"作"戏"的定语,修饰戏)。相应地上面句子也就有两种意思:"我既然当了演员,就一定要把戏演好"和"我既然当了演员,就一定要演好的戏"。⑤这句里的"做不好的事情"有两种切分法,可切分出两种不同层次的"句法-语义"结构:"做不好的/事情"("做不好"做"事情"的定语)和"做//不好的//事情"("不好的事情"作"做"的宾语)。相应地上面句子也就有两种意思:"他们没有做不好的/事情"和"他们没有做/不好的//事情"。

4. 句子中的词序因素

句子的词序是指句子里词语的排列顺序,是一种语法形式。句子里词语相同,如果排列的次序不一样也会影响句子的意义。例如:

① a. 张三批评李四。　　　　b. 李四批评张三。
② a. 他说得不完全正确。　　b. 他说得完全不正确。
③ a. 他是不好。　　　　　　b. 是他不好。
④ a. 墙上挂着油画。　　　　b. 油画挂在墙上。
⑤ a. 十个人吃了一锅饭。　　b. 一锅饭吃了十个人。

上面①里的名词"张三"和"李四"在 a 句和 b 句中的排列次序完全相反,两句句意也就完全相反:a 句"张三"是施事,"李四"是受事;b 句则是"李四"是施事,"张三"是受事。②里的否定副词"不"、形容词"完全"在 a 句和 b 句中的排列次序相反,两句的意义也就有差别:a 句意思是"他说得正确性还不够(有一点不正确)",b 句意思是"他说得全是错误的"。③里的语气副词"是"在 a 句和 b 句中的排列次序不一样:a 句的"是"在"不好"之前,b 句的"是"在"他"之前。两句所表语用意义也有一定的差别:a 句的表达重点或焦点落在"不好"上(强调"不好");b 句的表达重点或焦点落在"他"上(强调"他")。④里 a、b 两个句子里的词语完全一样,表达的基本意义一样,但由于词语排列的词序不一样,所表达的语用意义也就不一样:a 句里"墙上"是句子的主题(topic),表示旧信息,是句子所要陈述的对象。"挂着油画"是述题(comment),述说"墙上"以"挂"的方式存在着"油画",侧重于对"墙上"进行描记(属于描记句);b 句里"油画"是句子的主题,表示旧信息,是句子所要陈述的对象;"挂在墙上"是述题,述说"油画"以"挂"的方式存在于"墙上",侧重于对"油画"进行叙述(属于叙述句)。⑤⑥里的名词性词语"十个人"和"一锅饭"在 a 句和 b 句中的排列次序相反,两句基本意义一样,但语用意义不同:a 句是叙事句,表达"十个人吃掉了一锅饭"(句式义是:施事施加动作于受事);b 句是供让句,表达"一锅饭供十个人吃了"(句式义是:一定数量的物供一定数量的人使用)。

5. 句子中的虚词因素

有些句子实词一样,实词和实词组合成的句干所表示的基本意义一样,但是有无虚词、有什么样的虚词,所表达的语用意义也会不一样。例如:

① a. 武松打死<u>了</u>老虎。 b. 武松<u>把</u>老虎打死了。 c. 老虎<u>被</u>武松打死了。
② a. 他吃<u>了</u>早饭了。 b. 他吃<u>着</u>早饭呢。 c. 他吃<u>过</u>早饭了。

这里①的 a、b、c 三句的基本意义相同,都表示"武松打老虎,结果是老虎死了"这样的基本意义。但由于 a 句没有虚词,b 句有虚词"把",c 句有虚词"被",这三句的句式义(指句干句式所表示的整体的独立的意义)就有差别:a 句表达"武松主动打老虎,致使老虎死了"(句式义是"施事主动地发出动作施加于受事致使受事产生某种结果");b 句表达"武松主动地处置老虎以动作'打',致使老虎死了"("把"表"处置"意义。句式义是"施事主动地处置受事以某种动作,致使受事产生某种结果");c 句表达"老虎被动地受到武松打,致使老虎死了"("被"表"被动"意义。句式义是"受事被动地承受施事发出某种动作,致使受事产生某种结果")。上述句子里的"主动""被动""处置"等意义也属于语用意义。②的 a、b、c 三句句干的基本意义相同,都表示"他吃早饭"这样的基本意义。但由于 a 句的句干里有虚词"了",b 句的句干里有虚词"着",c 句的句干里有虚词"过",这三句的句式义就有差别:a 句表达"他已经吃早饭"("了"表示动作的完成体意义);b 句表达"他正在吃早饭"("着"表示动作的持续体意义);c 句表达"他曾经吃早饭"("过"表示动作的经历体意义)。上述句子里的"完成""持续""经历"等意义也属于语用意义。

6. 句子中的涉及语法的语音因素①

在口语里,语音对于句子的理解无疑是非常重要的。句子中词语的语音节律(包括轻声、重音、语调、停顿等)也是表示语法形式之一,所以它也会影响语法意义,从而影响整个句子的理解。例如:

① 我想起来了。(轻声)

② a. 他说/我爱上你了。　　　b. 他说我/爱上你了。

③ 他在写诗歌。

③ a. 谁在写诗歌?　　　他在写诗歌。(焦点落在"他"上)

③ b. 他在写什么?　　　他在写诗歌。(焦点落在"诗歌"上)

③ c. 他在读诗歌还是写诗歌?　他在写诗歌。(焦点落在"写"上)

④ a. 我国足球队出线了。　b. 我国足球队出线了!　c. 我国足球队出线了?

⑤ a. 你了解/我不了解。　b. 你了解我/不了解?

上面①这句里的"起来"若非轻声,是谓语动词,表示动作的趋向;"起来"若是轻声,则是动态助词,表示开始或着落。②里 a 和 b 两个句子的词语及其排列次序一样,但停顿不一样,表示两种不同的层次,内部形成不同的"句法-语义"结构,从而表示两种不同的意义。①a 句"他说"后面停顿,"我爱上你了"就是"说"所带的宾语,此句里"他"和"我"是同一个人。①b"他说我"后面停顿,"我"是"说"的宾语,又是"爱"隐含的主语(语义上"我"是受事和施事"兼格"),此句"他"和"我"不是同一人。③里"他在写诗歌"这个句子,可以分别出现为③a、③b、③c 三种答句。这些答句的词语一样,词语排列的次序、层次一样,"句法-语义"结构一样,句子的语气也一样;但由于相应的问句疑问点不一样,答句的重音可落在不同的成分上,即答句的重

---

① 词是音义结合体,如果说话者对一个词的物质外壳语音发音不准确,听者就会理解错句子的意义。有位温州商人把"企业发展,要靠机遇"中的"机遇"(jiyu)说成"企业发展,要靠 jinv",听者理解为"企业发展,要靠妓女",以致大为惊讶。可见句子里的词音和词义一样对句子意义的理解多么重要。但这里所说的语音主要是指跟语法意义有关的语音因素。

理解句子意义的几种因素

音落点都是针对前面问句的疑问点的,所以各个答句表示焦点或强调重点(也是一种语用意义)也不一样。④里三句句干的词语一样,词语排列的次序、层次一样,"句法-语义"结构一样,但是三个句子语调不一样,所表达的句子语气也就不一样,表达句子用途的语用意义也就不一样:a句表示陈述意义,b句表示感叹意义,c句表示询问意义。⑤里两句句干的词语一样,词语排列的次序也一样,但是停顿和语调不一样,导致两句意思也就完全不一样:a句表达陈述义,表示"你了解,但我不了解",句中两个"了解"的施事分别是"你"和"我";b句表达询问义,表示"你了解我还是不了解我",句中两个"了解"的施事都是"你"。

三、语 境 因 素

句子中词语所处的语境不同,也会影响句子的意思。同一词语或同一串词语构成的句子在不同的场合,往往传达出不同的信息,句子的意思也就不一样。例如:

① 都八点了。　　　② 给我打个电话!
③ 月落乌啼霜满天,江枫渔火对愁眠。姑苏城外寒山寺,夜半钟声到客船。
④ 给我打个电话!

这里①这个句子在不同的语境中都可说这句话,说出的"言外之意"不一样:当有人到早上八点还没起床,说话者去催促他起床时说"都八点了"是一种意思;当会议从下午三点开到八点还没结束,说话者要求主持人快散会时说"都八点了"又是一种意思;当孩子在早上八点还拖拖拉拉没吃早饭,说话者去催促他时说"都八点了"则另有一种意思。②这个句子在不同的语境里也会有不同的意思:如果甲希望乙跟他通个电话,这时的意思是"打个电话给我";如果一个领导者要他的手下人帮他打个电话给别人,这时的意思是"帮(替)我打个电话"。③"夜半钟声到客船"句中的"到",有两种可能的理解:一种是"夜半钟声传到客船上",另一种是"夜半钟声响时客船到达了"。但按照语境是"枫桥夜泊"(即"晚上客船停泊在枫桥"这个语境),就只能前一种理解是正确的。

最后,我们再来讲一个"阿凡提和大阿訇的故事"。

阿凡提当理发师,大阿訇找他理发。

阿凡提在替大阿訇刮脸时问:"阿訇,你<u>要眉毛</u>吗?"

这句中的"要眉毛"有两个意义:第一种是"眉毛要的,不能刮下,即希望保留眉毛",第二种是"刮下的眉毛要的,即希望得到眉毛"。阿凡提用导歧法利用"要眉毛"的两种意思设置歧义,引导阿訇上当。

阿訇答:"<u>当然要! 这还用问吗?</u>"(希望保留)

阿訇只想到"要眉毛"的第一种意义,即希望保留自己的眉毛。阿凡提嗖嗖几刀,刮下眉毛,递给大阿訇。大阿訇气得说不出话。阿凡提的动作行为是根据"要眉毛"的第二种意义。阿訇生气也没用,因为第二种意义也是可以的。

阿凡提又问:"阿訇,你<u>胡子要吗</u>?"

"胡子要吗?"的意义跟"要眉毛"一样,有"希望保留"和"希望得到"两种意义。阿凡提仍然用导歧法设置歧义,引导阿訇上当。

阿訇马上回答:"<u>不要! 不要!</u>"

阿訇以为阿凡提说的是"希望得到"的意义,为了保留他的胡子,他就如此说。

阿凡提说:"<u>你不要就不要</u>"。

阿凡提嗖嗖几刀,把胡子刮下。大阿訇气得不得了,话也说不出来了。谁知阿凡提这时根据"希望得到"的意义采取行动。你阿訇既然"不要"(保留)胡子,我把你阿訇的胡子刮下来也就理所当然。

在"阿凡提和大阿訇的故事"里,也可以看到理解句子的语境因素。阿凡提就是利用了某些词语的多义或歧义现象,设置陷阱让阿訇上当的。

汉语句子的教学

〇、前　言

　　语法是组词成句的规律(也称"用词造句的方法")。汉语语法是语言教学的重要内容之一。教授汉语语法的目的是为了让学习者掌握汉语的语法规律,以便有效地提高听说读写汉语的能力。语法理论是教学语法的灵魂,任何语法教学(包括"母语语法教学"和"非母语语法教学")都受到一定语法理论的影响。汉语语法教学的历史表明,语法理论对语法教材的编写和教学方法有直接的影响。

　　句子是语法系统里最大的语法单位,也是言语交际里表达思想进行交际的最小单位。语素、词、短语、句子等语法单位都涉及语法教学,但语素、词、短语的语法教学都是为组织句子服务的。可见,以句子为对象为纲抓住了语法的根本和关键(范晓 2005b),语法教学里核心的、关键的内容是句子的语法教学。

　　"三维语法"(即"三个平面"的理论)是多角度、全方位认识和研究语法的学说,它拓宽了语法的内容;它不仅是本体论,而且也是方法论。本文试图运用"三维语法"理论来讨论汉语句子的语法教学。采用三维语法来进行汉语句子教学的内容很多,主要有:三维语法的句子观、句型系统的知识、句模系统的知识、句类系统的知识(语气体现的交际行为类型)、"主述"结构(即"主题-述题"结构)类型的知识、主观表达情态(情感、态度、口气等)的知识、造句的知识、析句的知识等。本文不可能讨论全部的句子教学内容,只是在论述句子观的基础上着重讨论造句和析句的问题。

　　本文行文中有时用符号代替某些术语:名词记作 N,动词记作 V(其中及物动词记作 Vt,不及物动词记作 Vi);主语记作 S,宾语记作 O,补语记作 R;

动核结构里的动核记作"动",施事记作"施",与事记作"与",受事记作"受",系事记作"系";省略的成分记作[ ]。

一、"三维语法"的句子观

(一) 句子的构成和特征

1. 句子的构成

句子由两大部分构成:一是句干部分,一是语气部分。句干是句子的主干,是一个句子除去句末语气的部分。句干一般是由两个或两个以上的实词互相结合组配成的一个词类序列体(句干里只有一个实词的所谓"独词句"比较少),主要用来表达思想。语气是附着在句干上的部分,通常用语调(句调)或语气词(书面上用句末标点符号)等表示,① 主要用来表达交际目的("交际用途")。没有句干,语气无从依托;没有语气,句干就不能发挥表达思想和交际行为的功能,也就不成为句子。所以句干和语气都是句子不可或缺的部分。

2. 句子的特征

一般认为:"句子的特征是具有表述性。"但有的论著认为"表述性"是由语气体现出来的,如单说"鸡叫"还不是句子,说成"鸡叫了"就成为句子(张斌、胡裕树1989,第70页)。这种观点把表述性和句子语气所体现的交际功能等同起来,否定了句干也有表述性。准确地说,表述性是指句子能表述一定的"意义"(或"内容"②)。既然句子里"句干"和"语气"两者缺一不可,那么当然不能说语气有所表述而句干无所表述,讲句子的"表述性"应着眼于句子的全局,即整个句子表述的全部意义,包括句干所表达的句干意义(思维或思想、主观的表达情态等)和语气所体现的交际功能意义。可见,句子

---

① 有些疑问语气也可以用句干里的疑问代词(如"谁、什么"等)或特定形式(如"V不V"之类)表示。

② 有的论著说到句子的"内容",只是指句干所表达的思想。其实语法里所说的"意义"和"内容"都跟"形式"相对待,所以只要是句子所表述的"意义"(包括交际功能意义),都可看作句子表述的"内容"。

的表述性特征应该由句干和语气共同实现或体现,撇去句干意义而单凭语气意义来定义句子的表述性是不完整的。

(二) 句子的"三维"(三个平面)

1. 句子包含着句法、语义、语用三个平面

三个平面的语法观体现在句子上就是句子的"三维观"。句子本身客观上存在着或包含着句法、语义、语用三个平面或三个角度或三个侧面,句子是句法、语义、语用的结合体或综合体(三位一体)。"句法"指词语和词语之间的表层(显层)句法成分(如"主语、谓语、宾语、定语、状语、补语、中心语"等)及其相互关系;语义指词语和词语之间的深层(隐层)所蕴含的语义成分(如动核结构里的"动核、施事、受事、系事"等)及其相互关系;语用指句子里的语用成分或语用结构所表达的语用意义(包括语气表达的交际功能、句干里"主-述"结构所表达的意义和句干的语法格式所表达的整体意义以及某些语用成分或语序安排所表达的言者主观情态意义等)。句法、语义和语用既有区别,也有联系,在研究句子时,必须自觉地把三个平面既区分开来又结合起来(参看范晓1996,第12—13页)。

2. 句子的三种类型

由于句子客观上存在"三维",所以可从三个平面区分句子的类型。句子内部实词所表示的句法成分关系所形成的基本句法结构型式(或格局)称为"句型",句子内部实词所表示的语义成分关系所形成的基本语义结构模式称为"句模",句子的语用表达意义的分类称为"句类"(主要是语气功能类和"主述"功能类)。"句型-句模-句类"形成句子系统的三个子系统。具体句一般都可从三个平面分析出句型、句模和句类(范晓1995)。例如:

① 张三喝酒吗?　　　② 龙井茶我喝过了。
③ 你把酒喝了吧!　　④ 张三醉了。

这里①②③④四个句子在三维类型方面的基本构架比较:①的词类序列是"'N+Vt+N'+吗",句法上是"SVO"句型,语义上是由一个动核结构组成的"施动受"句模,语用上"吗"表达"疑问"句类,句干是施事主语作主题的"主述"结构;②的词类序列是"'N+N+Vt+过'+了",句法上是"OSV"句型,语义上是由一个动核结构组成的"受施动"句模,语用上"了"表达"直陈"句类、"过"表动作的经历,句干是受事主语作主题的"主述"结构;③的词类序列是"'N+把+N+Vt+了'+吧",句法上是"S把OV"句型,语义上是由一个动核结构组成的"施受动"句模,语用上"吧"表达"祈使"句类、"把"表达"处置"义(处置受事以某种动作)、"了"表动作完成,句干是施事主语作主题的"主述"结构;④的词类序列是"'N+Vi'+了",句法上是"SV"句型,语义上是由一个动核结构组成的"系动"句模,语用上"了"表达"直陈"句类,句干是系事主语作主题的"主述"结构。

(三) 具体句与抽象句

句子有"具体句"(也称"具象句")和"抽象句"之分别。具体句指包含特定词语、表达特定内容的特定的句子。例如:

① 张三读过《红楼梦》吗?/李四喝过乌龙茶吗?
② 我送小王一件礼物了。/他给小李一个手机了。
③ "$N_{1(主语/施事)}+Vt_{(谓语/动作核)}+过+N_{2(宾语/受事)}$"+吗?(疑问语气)
④ "$N_{1(主语/施事)}+Vt_{(谓语/动作核)}+N_{2(宾语/与事)}+N_{3(宾语/受事)}$"+了。(直陈语气)

这里的①②组为具体句,它是包含特定词语、表达特定思想内容、传达特定语气的句子。③④为抽象句,它是不包含特定词语、特定思想内容、特定语气的句子,即从大量的具体句里舍弃特定词语、特定思想内容、特定语气的句子,也就是由"句干+语气"组成的"句型、句模、句类"结合体或综合体。抽象句来源于具体句,如抽象句③④,它们是分别从①②两组具体句里概括抽象出来的,其中③从①里抽象出的共性是:句法上为"SVO"句型,语义上为"施动受"句模,语用上"吗"表"疑问"句类。④从②里抽象出的共性是:句法上为"SVO_1O_2"句型,语义上为"施动与受"句模,语用上"了"表"直陈"句类。

具体句是个别的、无限的、各具个性的,抽象句则是一般的、有限的、类聚共性的。无限的具体句可根据句法、语义、语用上的共性抽象为有限的抽象句,有限的抽象句可概括无限的具体句。具体句是语法学研究句子的实例资料,从大量具体句里通过概括抽象得到的抽象句的描写和相应的说明或解释是语法研究得出的科学性的句子的语法知识。没有抽象,也就没有语法科学的知识。要了解句子的语法知识,就必须从具体句里抽取出一般的、共同的、本质性的特征(而舍弃其非本质性的特征)的抽象句。进行句子教学需要教授抽象句的语法知识,从而指导学习者生成或理解具体句。

(四)语境句与孤立句

具体句还有语境句和孤立句之别。语境句指言语交际(包括口头的和书面的)中实际使用着的以动态面貌出现的句子,也就是与现实相联系的出现在一定语境(或有对话场合的联系,或有上下文呼应,或有话语情境的映衬,或有其他背景知识的烘托)里的句子,口头交际活动中说者说出和听者听到的句子以及书面上写者写出和读者看到的句子就是语境句。孤立句指跟现实没有直接联系的、不参与交际活动的、以静态面貌出现的脱离语境孤立地存在的句子(范晓 2005c)。比如"今天是星期六"这个句子,有特定的词语,表示一定的思想内容,就是具体句。这个句子如果出现在这样的语境里,例如:

① 甲问:今天是星期几?乙回答:今天是星期六。(对话)
② 判断句的实例如:"今天是星期六、张三是农民、李四是工人"。(语法课举例)

这里①的"今天是星期六"这个句子,是在对话语境里出现的,就属于语境句。②的"今天是星期六"这个句子,是老师在课堂上讲判断句时的任意的举例,这种随便说出的跟现实无联系的"今天是星期六"就是孤立句。还比如,脱离语境的"他是北京人、这是苹果手机"属于孤立句,因为"他、这"所指不明;但如果向人介绍眼前的"张三"说"他是北京人",或指点着某个款式的手机向人介绍说"这是苹果手机",那就是语境句。因为借助语境,"他、这"的所指对象是明确的。

在判定句子的合格度问题上,孤立句只要"合法"(符合句法结合规则)"合理"(符合语义搭配规则)就是一个合格的句子;语境句只要"合用"(符合语用的表达需要)就是一个合格的句子(范晓 1993)。"合用"的句子一般是"合法"和"合理"的;但在特定的语境里也可能"不合法"或"不合理",例如:"我们……一同去放牛,但或者因为高等动物了的缘故罢,黄牛水牛都欺生,敢于欺侮我,因此我也总不敢走近身,只好远远地跟着,站着。"(鲁迅《社戏》)这个句子里"高等动物了"不合法,"黄牛水牛……欺负我"不合理,但从上下文的语境里看却是合用的(是用"转品"和"拟人"的修辞手段造成的语境句)。

二、"三维语法"与造句教学

(一)造句的性质及基本策略

造句也称"生成句子",是从说者或写者的角度说的,就是如何运用词语来构造或生成一个具体句。具体句是意义和形式的匹配体,造句过程是"从意义到形式的语法编码"过程,即从意义入手去选择相适应的表达形式的过程。

动核结构是生成句子的基底语义结构,语法造句的基本策略是:抓住动词构成的动核结构进行句法布局使之形成句干("句型-句模"结合体),再加上一定的语用成分(包括句干内的情态成分和句干外的语气成分),就能造出一个具体句。可见,造句的教学主要是要讲怎样来建构句干和运用语气的问题。

造句法可分为孤立句造句法和语境句造句法。语境句和孤立句在造句方法既有相同处,也有不同处。语法教学里既要讲孤立句的造句法,更要讲语境句的造句法。

(二)孤立句造句法

有些造句训练属于孤立句造句法,如"扩词造句"和"填词造句"便是。

1. 扩词造句法

学生的扩词造句训练,可造出与语境无关的孤立句。扩词造句的过程扼要地表述如下:老师提出一个词,学生必须增添能与之搭配的另外的词使之扩展组成动核结构,然后根据一定的句法格式组成句干("句模+句型"结合体)并添加上一定的语气成分,才能造出孤立句。比如老师在课堂上提出"砍"这个动作动词让学生扩词造句,学生首先想到的是"谁砍"和"砍什么",这就可把"砍"作为动核,把回答"谁"的施事和回答"什么"的受事作为动元,只要加进与"砍"能搭配的施事名词和受事名词,就可组成一个基干动核结构①;然后使之与句法结合上升为"句型-句模"结合体(句干);再添加必要语用成分,利用头脑里潜藏着的或课堂上学到的句子的语法知识,就能造出不同句式的孤立句。如果把施事名词"小宋"和受事名词性词语"一棵桂花树"跟"砍"搭配,加上"直陈"语气,可造成以下一些孤立句:

① 小宋砍了一棵桂花树了。

② 小宋把一棵桂花树砍了。

③ 那棵桂花树被小宋砍了。

④ 小宋在昨天把院子里的那棵桂花树砍倒了。

这里的①由"句干(SVO-施动受)+了(直陈语气)"构成,②由"句干(S 把 OV-施受动)+了(直陈语气)"构成,③由"句干(O 被 SV-受施动)+了(直陈语气)"构成。如果要再增添一些语义信息,还可以在名词前加上定语或在动词前后加上状语或补语,如④"小宋在昨天把院子里的那棵桂花树砍倒了"之类孤立句。

2. 填词造句法

填词造句法主要有两种情形。

(1) 老师提出一个还没有成句的词语序列或固定格式,然后让学生填上适当的词造成孤立句。如老师提出"他喝……"让学生造句,学生可以根据自己想到的能与"喝"搭配的名词或其他词语构成句干,再加上语气成分,根据句子的语法知识,就能造出"他喝酒吗、他喝酒喝醉了、他喝了两杯茶了"等句子。又如老师提出"一……就……"这个语法固定格式让学生造句,学生可根据头脑里已有的或学到的词汇和语法知识,填入适当的词语,可造出"我一吃就饱了、他一学就会了、你一看就明白了"等句子。

(2) 根据给定的意义填词造句,也可造出孤立句。比如老师提出"直陈施事发出动作施加于受事致使受事产生某种结果性状态"这样的句子意义

---

① 从动核结构所包含的语义成分而言,有基干动核结构和扩展的动核结构之别(参看范晓 2011a)。为简便起见,本文举尽量用基干动核结构生成句子来说明。

(这种意义里包含着两个动核结构:"施动受"和"系动"),让学生选择适当的词语造出一个孤立句。学生可利用头脑里潜藏着的或课堂上学到的句子的语法知识选择某个动作动词和状态动词再加上能与之搭配的施事名词和受事名词,组成两个动核结构;然后使之与句法结合上升为"句型-句模"结合体(句干);再添加必要语用成分,就能造出各种不同孤立句。如果把施事名词"黄狗"和受事名词"小猫"跟动词"咬"搭配,就可组成动核结构"黄狗咬小猫";如果选择状态动词"伤"作为动核表达结果性状态,就可造成动核结构"小猫伤"。凭借句子的语法知识,把这两个动核结构串合起来整合为句干,加上"直陈"语气,可造成以下一些孤立句:

① 黄狗咬伤小猫了。② 黄狗把小猫咬伤了。③ 小猫被黄狗咬伤了。这里①②③三个句子都是由"施动受"和"系动"两个动核结构组成的句模构成的,都有"直陈施事发出动作施加于受事致使受事产生某种结果性状态"这样的意义,但句法成分的布局不一样,所以语用上有一定的差别:①由"句干(SVRO -施动动受)+了(直陈语气)"构成,是以施事为叙述起点的一般性的主动句;②由"句干(S 把 OVR -施受动动)+了(直陈语气)"构成,是以施事为叙述起点的含有处置义的主动句;③由"句干(O 被 SVR -受施动动)+了(直陈语气)"构成,是以受事为叙述起点的被动句。

(二) 语境句造句法

语境句造句法跟孤立句造句法既有区别,也有联系。区别在于:孤立句造句是生成脱离语境的不用于现实交际的句子,通常运用于常规的句子格式;而语境句造句是要根据表达需要而生成用于现实交际的句子,因而是灵活多样的,甚至可能会出现突破常规的句子格式。

1. 语境句造句的基本原理

语境句造句的基本原理是:先有现实事件,简单事件反映为思维结构[①]里的逻辑命题或感知图形;投射到语义就是动核结构(思维结构与语言的接

[①] 本文所说的"思维",包括侧重于左脑的逻辑思维(概念的、命题的、推理的理性思维)和侧重于右脑的认知思维(直观的、图形的、联想的感性思维)。反映客观事件的思想是左右脑思维互相配合共同作用的结果。思维结构里的逻辑命题和认知图形反映一个简单的客观事件。

口),然后从动核结构入手,根据语境和语用表达的需要选择词语并运用大脑中潜藏着的或课堂上学到的语法知识(特别是关于各种句式的应用价值的知识[①])来对动核结构进行句法布局,构建"句型-句模"表里相依的句干,再加上一定的语用成分(包括句干内的情态成分和句干外的语气成分),就能造出一个完整的语境句。如"张三喝酒"这个简单事件,反映到思维结构是一个"逻辑命题"或"认知图形",映射到语言是一个以动核"喝"为中心、"张三"为施事、"酒"为受事的"动施受"动核结构,这动核结构用句法结构显示并升华为句子的句法语义结合体,就构成"SVO-施动受"句干。如果交际目的是询问是否发生了这个事件,就得在句末添加表示疑问的语调或语气词,就可生成"张三喝酒吗"这样的句子;如果交际目的是直陈这个事件,就得在句末添加表示直陈的语调或语气词,就可生成"张三喝酒了"这样的句子。

　　如果客观现实由多个事件构成,反映入思维就有多个命题(或图形),投射到语义就会有多个动核结构,如"张三喝酒醉后驾驶汽车结果撞伤了李四"这个事实,反映入思维就有五个命题,投射到语义就有五个动核结构:①张三喝酒,②张三醉,③张三驾驶汽车,④汽车撞李四,⑤李四伤。对于多个动核结构的造句,必须把多个动核结构串并、整合而进行句法布局上升为"句型-句模"组成的句干(可采用"关联配合法""合并嵌入法"等方法,参看范晓2009,第405—437页)。然后加上某种语气,才可造出多种句式的句子(包括单句和复句),例如:

① 张三喝醉了酒驾驶汽车撞伤了李四。
② 喝醉了酒驾驶汽车的张三把李四撞伤了。
③ 李四被喝醉了酒驾驶汽车的张三撞伤了。
④ 张三喝醉了酒,驾驶汽车,撞了李四,结果李四被撞伤了。

除了上面的①②③④等句子外,如果需要,还可造出更多的句子。上面的①②③④等句子都是孤立句,在一定的语境里都是可使用的。当上面某个句子在特定语境里出现时,就转化为语境句。如果以"张三"为视角(旧信息),

---

　　① 造句时必须根据语境和表达的需要来选择一种合适的句式,这是因为同一意义可用不同的句式来表达,而表示相同意义的不同句式在不同的语境里有不同的应用价值(参看范晓、陈昌来2015,第113—124页)。

就应选择①②④作为任一句作为语境句;如果以"李四"为视角,就应选择③这个"被"字句(比如"<u>李四</u>在人行道上走着,却<u>被喝醉了酒驾驶汽车的张三撞伤了</u>")作为语境句。

2. 口语中的语境造句法

在口语里,语境造句法相当灵活,这涉及特定交际主体、客体、目的、场合、主观态度等方面的适切性。不但可造出完整的句子,也可造出不完整的句子(省略句或隐含句)。不但可造出正常语序的句子,还可造出突破正常语序的"倒装句"或其他变式句。例如:甲问:你昨天去哪儿了?乙回答时根据自己的情绪或表达需要可有以下的语境句:

① 答:我昨天去北京了。(完整句)
② 答:[ ][ ]去北京了。(省略主语"我"、状语"昨天"的省略句)
③ 答:[ ][ ][ ]北京。(省略主语"我"、状语"昨天"、谓语"去"的省略句)

又比如:甲有事找乙,到乙家房门口,轻轻地敲门。根据不同语境或语用需要,乙在房内对着敲门者可说出一些不同的语境句。如果乙不知道是谁在敲门,在这种语境里,乙一般会说出带有疑问代词"谁"的疑问句。例如:

① 谁敲门啊?(完整句)
② 谁[ ]啊?(省略谓语"敲"、宾语"门"的省略句)

如果乙知道是谁在敲门(事先约定的)这种语境里,乙一般会根据自己的情绪、态度说出某种祈使句。例如:

③ 进来吧!(省略句——多用于对平辈的语境,用语气词"吧"带有委婉口气)
④ 进来!(省略句——多用于上对下的语境,多带有命令口气)
⑤ 您请进!/请进!/请!(完整句或省略句——多用于对尊者或亲者的语境,礼貌地、客气地招呼,带有尊重口气)

此外,如在商店买东西的语境里,营业员与顾客之间的谈话往往多用省略句或隐含句,如"欢迎光临!""要这个""多少钱?""20元"等。在问路和指路的语境里也是如此,如问"去人民广场怎么走?",答"往前走左拐弯30米就到了"等等。

三、"三维语法"与析句教学

（一）析句的性质及基本策略

析句是从听者或读者的角度说的，就是运用词语知识和语法知识来分析、解剖一个具体句，从而理解一个句子的意义。语法里讲析句，主要是讲如何从语法形式出发来分析句干和语气所表示的意义。

析句过程就是"解码"的过程。形式是进入意义的入门向导，所以析句应从形式到意义进行语法解码，即从语法形式入手透过形式去发现句子所表达的各种意义。语法学析句的基本策略可概括为：在理解句子里每个具体词语的基础上，凭借句子的词类序列和其他各种语法形式，来对句干里句型所表示的动核结构组成的句模、语法格式的整体意义、情态意义以及句子语气表达的意义等进行解析，才能理解一个完整句的意义（即句子表述的全部内容）。

由于句子有抽象句和具体句之别，所以析句必然涉及两方面的内容（或两种目的）：一是通过对具体句的分析要确定该具体句归入何种句型、句模、句类，目的是理解该抽象句的抽象意义；二是通过对具体句的分析，分析出该具体句表达的具体意义。

（二）从具体句里分析出抽象句的抽象类型及其抽象意义

1. 对句子的句型、句模、句类既分开来又结合并综合起来进行分析

以往语法教学里的"析句"，主要是着眼于句法角度进行抽象分析，即分析具体句的句法成分及其相互关系，比如传统语法提倡的"句子成分分析法"，拿来一个句子，就分析这个句子里的实词所担当句法成分（"主谓宾定状补"之类）和两个或两个以上的句法成分组成的句法结构。有的学者甚至提出：句子"分析的终极目的，是为了确定句型""确定其所属的句型，析句的任务才算完成"（张斌、胡裕树1989，第63页）。而结构主义语法提倡的"层次分析法"，也只是对传统语法句法成分分析的一种改进。

"三维语法"认为，句子是"句法、语义、语用"的统一体，从句子类型上看,抽象句是"句型、句模、句类"的结合体。所以单纯对具体句进行句法分析并确定其句型显然是不够的(它不能代表抽象句的全貌),还应对具体句进行语义分析并确定其句模以及对具体句进行语用分析并确定其句类,进而通过"三结合"理解该抽象句有哪些抽象意义。可见,具体句进行抽象分析的终极目的应该是对句子的句型、句模、句类既分开来又结合并综合起来进行分析,这样才能完整地理解该具体句归属于何种抽象句。

2. 具体句的抽象分析

对具体句进行抽象分析,可分为句干分析、语气分析,然后在句干分析和语气分析基础上进行全句的综合分析。先举具体句实例:

① 张三吃过螃蟹吗？/李四喝过茅台酒吗？

② 武松打死老虎了。/水手砍断缆绳了。

(1) 句干分析。对句干进行分析,就是要在具体句中抽象出句干的句型、句模、句类、句式义等。对上面两组具体句实例分析时,可分以下几步进行。

第一步,对整句从词类的序列形式方面进行分析,可知①为"'N+Vt+N'+吗"式,②为"'N+Vt+Vi+N'+了"式。

第二步,从句法平面对句干进行分析,采取"成分层次分析法"。分析发现:①的动词前面有主语,后面带宾语,可知这组属于"SVO"句型;②的动词前面有主语,后面带补语组成"VR"短语,而后再带宾语,可知这组属于"S-VR-O"句型。

第三步,从语义平面对句干进行分析,采取"动核结构分析法",即"核心轨层分析法"(参看范晓2011a)。分析发现:①的"SVO"句型里的动词"吃、喝"在动核结构里都是表"动作"的动核,作主语的名词都是动作的施事,作宾语的名词都是动作的受事,可知这组属于"施动受"句模;②的"S-VR-O"句型里的及物动词"打、砍"在动核结构里都是表"动作"的动核,不及物动词"死、断"在动核结构里都是表"状态"的动核,作主语的名词都是动作的施事,作宾语的名词既是动作的受事,又兼作状态的系事①,可知这组是属于两

---

① 如"武松打死老虎"这个句模里,"老虎"是"兼格"(关于"兼格",参看范晓2002),它既是动作核"打"的受事,又是状态核"死"的系事。

个动核结构("施动受+系状",如"武松打老虎+老虎死")串合组成的"施动动受"句模。

第四步,对句干里某些跟语用有关的虚词进行分析,采取"虚词功能分析法"。分析发现:①有动态助词"过",可知句干里动作有表"经历"的意义;②有动态助词"了",可知句干里动作有表动作"完成"的意义。

第五步,分析句干里的"主题-述题"结构,采取"主述两分法"。先分为"主述句"和"非主述句",然后将"主述句"分为"主题"和"述题"。分析发现:①②都是施事主语作主题的"主述"结构,述题属于"叙事"类。

第六步,分析句干句式表示的句式意义,采取"句式义分析法"(也可说句干的"构式义"分析法①)。分析发现:①由一个动核结构句法布局形成的(SVO-施动受)句干加上助词"过"所表示的意义整合而成,可推导出句干的句式意义为"施事曾经(经历)发出动作施加于受事";②由两个动核结构("施动受"+"系状")句法布局(SVRO-施动动受)所形成的句干上助词"了"所表示的意义整合而成,其中 Vt 表示的动核含有"动作"义,Vi 表示的动核含有"状态"义,可推导出句干的句式义为"施事已经发出动作施加于受事致使受事发生某种结果性状态"。

(2)语气分析。对句子的语气的分析,采用"语气分析法",即通过表达语气的语法形式(语气词、语调、标点符号等)来解析句子语气所体现的交际用途(句类)。①有"疑问"语气词"吗",可知属于"疑问"句类;②有"直陈"语气词"了",可知属于"直陈"句类。

(3)全句综合分析。"句干分析+语气分析"就是全句的综合分析。句子的抽象意义,是"句干意义+语气意义"的总和。综合句干分析和语气分析发现:①为"(SVO-施动受)+疑问"综合成的抽象句,可得出该组抽象句的抽象意义为"询问施事是否曾发出动作施加于受事";②为"(SVRO-施动动受)+直陈语气"综合成的抽象句,可得出该组抽象句的抽象意义为"直陈施事已经发出动作施加于受事致使受事发生某种结果性状态"。

---

① 关于句干句式意义(也称"句式义"),就是句干的"构式意义"。它是"句型-句模"构成的"构式"(句干语法结构格式)所表达的整体的语用功能意义。

(三) 从具体句里分析出具体句的具体意义

1. 孤立句分析具体意义的方法

要准确理解具体句的具体意义,必须把理解具体词语的词汇意义和抽象句句式意义匹配起来,进而才能理解特定具体句表达的具体意义。如"张三吃过螃蟹吗?"这个具体句,通过抽象分析得知它的抽象意义为"询问施事是否曾发出动作施加于受事",再把"张三、吃、过、螃蟹、吗"与之匹配起来,就能知道"张三吃过螃蟹吗"的具体意义是"询问张三是否曾发出'吃'这个动作施加于受事'螃蟹'"。又如"武松打死老虎了"这个具体句,通过抽象分析得知它的抽象意义为"直陈施事已经发出动作施加于受事致使受事发生某种结果性状态",再把"武松、打、死、老虎、了"与之匹配起来,就能知道"武松打死了老虎"的具体意义是"直陈'武松'已经发出'打'这个动作施加于'老虎'致使'老虎'发生'死'这样的结果性状态"。

2. 语境句分析具体意义的方法

语境句析句的基本原则跟孤立句是相似的。但由于语境句是在动态语境里出现的,所以解析具体句的具体意义可采取"语境分析法"。这里所说的语境是指广义的语境,除句内语境外,还包括前言后语(包括口语中的对话和书面中的上下文)、现场情境(言语的时间、地点、交际双方的关系和实时心境等)、语篇或篇章的题旨、生活经验以及知识或文化背景等等。

(1) 有些语境句和孤立句的形义结合一致。即在话语里的语境句有些跟孤立句在句式的形式上和表达的内容上是一样的,则可按照孤立句解析并理解。比较:

① <u>鲸鱼是哺乳类动物</u>。(老师讲语法的判断句时所举例子)

② 甲说:鲸鱼是海洋里的大鱼。乙说:不,鲸鱼不是鱼。<u>鲸鱼是哺乳类动物</u>。

①是孤立句,②是语境句。分析这两个句子里的"鲸鱼是哺乳类动物",可发现无论是形式还是表示的具体意义都是一致的。但在很多情况下语境句跟孤立句不一致,在分析时就需要重视语境对句子的影响。

(2) 含有指代词语的句子里的指代意义只能在语境里才能获得。比如,

汉语句子的教学

离开了语境的孤立句"她们手里提着灯笼""你喝了它""你看过这本书吗"里,指代词或"指+量+名"短语"他""它""这本书"的具体所指(谁人、何物)是不明确的。如果是语境句,借助于上下文,才可理解句中指代词语所指的具体对象。例如:

① 淑英、淑华、淑贞三姊妹从船上走下来,她们手里都提着灯笼。
② 中药很苦,孩子不想喝。妈妈对孩子说:"你喝了它,病就会好的。"
③ 王华拿着一本《红楼梦》,询问淑敏:"你看过这本书吗?"

这里的①借助于上文就能理解"她们"所指是"淑英、淑华、淑贞三姊妹";②借助于上文就能理解"你"是指"孩子","它"是指"中药";③借助于上文就能理解"你"是指"淑敏","这本书"是指"《红楼梦》"。

（3）省略的语境句。省略句的省略成分及其所表意义只能在语境里才能获得。如果把语境里出现的省略句抽出来变成一个孤立句,就无法理解它的具体意义。省略句都是语境句,只有把省略的词语补出来进行分析,才能理解省略句所表达的具体意义。这有以下两种情形。

第一种,有些省略的语境句出现在对话省略和上下文省略里,例如:

① 甲问:你看过这个电影吗？ 乙答:[ ]看过[ ]了。
② a. 祥子哆嗦得更厉害了,[ ]几乎要哭出来。/b. 老栓看看灯笼,[ ]已经熄了。
③ a. [ ]展望未来,我们充满了信心。/b. [ ]做好功课,孩子就睡觉了。

分析省略句时,都应该补足省略的词语才能知道该句子的句型、句模,如①为口语里的对话省略,补足词语后的完整句就是"我看过这个电影了"。②③为文章里的上下文制约下出现的"承上"或"蒙下"省略:其中②a是承上文主语而省略语境句,补足词语后的完整句是"祥子几乎要哭出来";②b是承上文宾语而省略语境句,补足词语后的完整句是"灯笼已经熄了";③里的a、b都是蒙下文主语而省略语境句,补足词语后的完整句分别是"我们展望未来""孩子做好功课"。

第二种,有些省略的语境句出现在特定场合省略里,如赵元任《汉语口语语法》(1979,第45页)里举过的例子:

① 你也破了。（在两人谈论"鞋"的语境里说的。完整句:你的鞋也

② 我比你尖。(在两人谈论"铅笔"的语境里说的,完整句:我的铅笔比你的尖。)

如果从孤立句角度看,上面的①和②有点莫名其妙,不合情理;但从语境句角度看,这是在对话特定场合里省略了一些成分,省略的词语可由现场情境补出,借助特定谈话场合补出词语后就能理解这类语境句的具体意义。

(4) 隐含的语境句。隐含语境句隐含的成分和意义只能在语境里才能获得。隐含语境句也是一种在特定语境里出现的语境句。隐含和省略有区别:经过添补的话实际上是可以有的,并且添补的词语只有一种可能,才能说是省略;而隐含的成分一般没法补出或补出的成分见仁见智(关于省略和隐含的区别,可参看吕叔湘1979,第67—68页)。例如:

① 探春过来,摸了摸黛玉的手,已经凉了,连目光也都散了。探春紫鹃正哭着叫人端水来给黛玉擦洗,李纨赶忙进来了。三个人才见了,不及说话。刚擦着,猛听黛玉直声叫道:"宝玉!宝玉!你好……"说到"好"字,便浑身冷汗,不做声了。

② 谢绝参观!(标语句)

这里的①的"宝玉!宝玉!你好……"是《红楼梦》第九十八回黛玉临终时说的话,显然这个"你好"不是打招呼的礼貌用语,而是在"你好"后面应有未尽之言,有人说是后面隐含"糊涂""苦"之类意思的词语。但根据当时的情境:黛玉和宝玉互相深爱着,当黛玉病中得知宝玉娶宝钗事,并听到结婚典礼传来的乐声,太出乎她的意料,心里一定充满强烈悲愤;根据黛玉的性格,多半是埋怨宝玉对自己负心,所以"你好"后隐含"狠啊""狠心""狠"之类意思的词语也许比较合乎她既爱又恨的心理。②的"谢绝参观"中的"谢绝"是及物动词,组成动核结构必须联系施事受事两个动元;但这句里隐含了施事和受事,这隐含的语义成分无需补出也难以补出,但可凭借语境就能意会它的存在。如果硬性补上表示施事和受事的词语,变成了完整的句子,反而画蛇添足,多余累赘。

在某种特定语境里,还有所谓的"独词句",也是语境里出现的隐含句,有的隐含了动核,有的隐含了动元。这种隐含句好比电影里的特写镜头,是

把动核结构的某部分(动元或动核)"特表",把隐含的某部分寄托于情境,所以可称为"特表句"。①例如:

① 蛇!/火!(隐含动核)　② 立正!/救命!(隐含动核联系的动元)

①的"蛇!",是在"蛇"突然出现在眼前而惊慌失措的语境里说出的惊呼句;"火!",是在突然发现某处失火而受惊的语境里说出的惊呼句。这两句是隐含动核、特表动元的特表句。这种句子没法把动核结构里的语义成分通过句法补出,如果勉强添补某个成分使之成为完整句,就显现不出那紧张的惊呼的神情和口气。②的"立正!"是在队伍操练语境里的命令句,"救命!"是生命发生危险语境里的求救的呼喊句,它们是隐含动元而特表动核的特表句。这种特表句隐含动元的可从语境里意会,如果勉强添加某个成分而成为完整句,则前者失却了干脆利落的命令口气,后者失却了声嘶力竭的呼救口气。

（5）言外之意。言外之意只能在语境里才能获得。有的句子作为孤立句是一种意义(言内之意),但在语境里却是另一种意义。这种"言外之意"必须在语境里才能理解。例如:

① 就一只凳子,她老爹都在地下蹲着,<u>我能坐吗</u>?

② 现在已经七点了!

"我能坐吗"这句话作为孤立句时是个疑问句,但在上面①有前文的语境里显然不是询问,而是明知故问,是用反诘(加重口气)来否定某件事(言外之意是"我不能坐")。②在不同的语境里可表达不同的"言外之意":如果是母亲在早晨催促孩子起床时说的,那言外之意是"时间不早了,该起床啦!";如果是下午开会开到七点还未结束,旨在催促快点结束会议时说的,那言外之意是"会议该结束啦!";如果是催促某人赶火车时说的,言外之意是"快动身啊,再不动身就赶不上火车啦!"。

（6）有些孤立句的歧义只能在语境句里得以消除。例如:

① 她上课去了。　　　　② 我恨死你了。

---

① 由一个实词单独成为句干的独词句,是一种很特殊的句子,陈望道称之为"特表句"(参看陈望道1987,第328—330页)。

这里的①有两种意义：一种是"他讲课去了"，一种是"他听课去了"。如果语境中的"他"指老师，则是前一种意义；如果语境中的"他"指学生，则是后一种意义。②也有两种意义：一种是在憎恨对方的语境里说的字面意义；另一种是女孩与恋人相爱到极点的语境里说的反话（即"我爱死你了"的意思）。其他如"这个人连我都不认识"这样的孤立句里，"这个人"可以是施事，也可以是受事。究竟是施事还是受事，也得在语境里才能知晓。

3. 要凭借各种语法形式来理解意义

既然析句要从形式入手，那就要利用各种语法形式来发现意义。语法形式很多，这里略举几种凭借语法形式来理解意义的实例。

（1）词序和语序形式。①有些句子虽然内部词语相同，如果词序不同，就会表示不同的思想意义，如"母亲爱女儿"和"女儿爱母亲"，词序不同，两句表达的思想相反；有些句子内部词类相同，如果语序不同，句子的基本思想意义相同，但会表示不同的语法意义，如"他说过这句话吗？"和"这句话他说过吗？"两句语序不同，语用上就形成不同的"主述"结构（前句施事主语为主题，后句受事宾语为主题，语用上新旧信息发生了变化，表达的视点和焦点也发生了变化）。

（2）虚词添加形式。借助于虚词可推断出句子的某种语法意义，如动词后加上"了""着""过"能分别表示动作的"完成""持续""经历"之类的动态意义；介词"把"添加在名词前能表示"处置"义，介词"被"添加在名词或谓语动词前能表示"被动"义等。

（3）层次分合形式。语法结构的层次不同，也能表示不同的语法意义。如"派他来"和"知道他来"，都是"N+V+N"词类序列形式，但层次分合不一样："派他来"的形式是"（V+N）+V"，"知道他来"的形式是"V+（N+V）"。所以这两个组合体的意义也不一样。

（4）语音节律形式，包括重音、轻声（轻音）、停顿、语调等。它们能表示和区别意义。如"他想起来了"，若"起来"是轻声，则是助词，表动作开始的

---

① "词序"和"语序"是两个不同的语法概念。词序是词语的序列，语序是语法结构成分的序列。"词序"和"语序"既有联系，也有区别。语序变，词序必变；但词序变，语序不一定变。如"猫咬狗"和"狗咬猫"，两者词序变了，但语序还是"主动宾-施动受"（参看范晓2001）。

意义;若"起来"重读,则是动词,表主体"由下而上"的空间移动的趋向。又如"他说我已经爱上你了",如果在"说"后有停顿(他说:我爱上你了),则"他""我"是同指(指同一个人);如果"说"后边不能停顿(他说我爱上你了),则"他""我"是异指(指不同的人)。语调在汉语里可表示表达用途的意义:一般降调表示直陈意义,升调表示疑问意义,加速降调表示祈使意义,夸张降调表示感叹意义。此外还有重叠形式、固定形式、变换形式等。

四、结　语

本文运用"三维语法"的理论讨论了汉语句子教学,认为汉语语法教学里核心的、关键的问题是句子的语法教学。论文在论述句子观的基础上着重讨论造句和析句问题。认为句子由"句干+语气"组成,是句型、句模、句类的结合体,有具体句与抽象句之别,具体句有语境句与孤立句之别。指出造句是"从意义到形式的语法编码"过程,即从意义入手去选择相适应的表达形式的过程。造句的基本方法是:抓住动核结构进行句法布局形成句干("句型-句模"结合体),再加上语气(句类),就能造出一个句子。指出析句是"从形式到意义的语法解码"过程,即从形式入手去发现句子所表达意义的过程。析句的基本方法是:抓住各种语法形式来分析句型并透过句型发掘动核结构构成的句模、句干的句式意义以及句子表达的语气意义等,就能理解一个句子的意义。

语法的造句和析句都需要两个前提:一是需要掌握汉语的基本词汇,二是需要懂得汉语的基本语法知识(特别是句子类型的知识)。以汉语为母语的人由于长期用汉语表达思想进行交际,会潜移默化地在头脑里储存汉语的词汇库和语法基本知识库,所以即使没有学过汉语词汇学和语法学,一般也能造句和析句;但有个造句和析句对不对、好不好的问题。不能想象,一个没有掌握汉语基本词汇和不懂汉语基本语法知识的、母语为非汉语的人却能用汉语造句和析句。本文是在假设已经掌握汉语的基本词汇和懂得汉语的基本语法知识的前提下讨论造句和析句的。不同的句子观,也会影响造句和析句。本文在阐释了三维语法句子观的基础上论述语法教学中造句和析句的方法,认为无论是造句还是析句,需自觉地把句法、语义、语用三个平面既界限分明地区别开来,又相互兼顾地结合起来。这种三维语法视角下汉语句子教学的理念和方法,是否能取得较好的教学效果,还有待于实践检验。

由于篇幅关系,上面讨论造句和析句法时举例大多是采用基本句干构成的简短的单句,而且未能展开作深广的论述。如果要生成或解析信息量较大的句干组成的复杂的单句或由若干分句(句干)组成的复句,基本原理应该是一样的,只是在造句时要在句子的基本句干里增添某些表示附加信息(语义的或语用的)的词语以及复句的分句之间表示关系信息的关联词语,析句时要对复杂单句句干里基本信息和附加信息以及复句内部的关系信息逐层解析。

现在有些高校的汉语语法教材谈到句子时,已或多或少含有句法、语义和语用的内容,但存在着自觉性和系统性不够的问题。如果汉语语法教材能用"三维语法"理论来构建一个系统的汉语句子语法教学的新体系,并自觉地把句法、语义、语用结合起来进行教学,也许有较大的实用价值。但这是一个艰巨的任务,需要大家共同努力才能完成。

至于一般的对外汉语(汉语为非母语)的句子教学,则不同于汉语为母语的语法教学,它不需要讲授语法理论和系统的汉语句子语法知识,也不必讲过多术语,但讲授句子类型的知识以及造句法和析句法时也离不开句法、语义和语用。如果从事对外汉语教学的老师具有句子三维语法系统的知识,做到不提"三维语法"但却自觉地用这种理论渗透融化在句子的语法教学里,也许有助于提高对外汉语句子教学的质量。至于教学的具体内容(语法项目的选择和编排)和教学的具体方法,由于涉及不同的教学对象和不同的教学目的,需根据实际情况分别构拟和制定。

语用的动态分析和静态分析

〇、前　　言

语法研究中的语用平面,是指对语法从语用的角度进行语用分析。语用是指词语、句子以及语法结构的各种成分在实际言语交际中的表达应用,包括"用法"和"用途"。以往,人们一讲到语用,就说语用平面是动态的。笔者也曾经讲过:语用偏重于讲表达,所以是一种动态的分析(范晓 1996,第8页)。现在看来,这种说法不够准确。从语法哲学的高度来看,相对于句法和语义结构,语用表达确实侧重于动态使用;但是如果把语用分析和动态分析绝对地等同起来,那也不妥,因为语用本身也可以抽象出静态的规律,所以语用平面也有静态的。可见,语用的动态是相对的。无论是句法、语义还是语用,都既有静态,也有动态,都应进行静态分析和动态分析,并把两者结合起来。比如句法上的主谓结构,其语序规则是主语在前谓语在后,这是静态的,但是在动态的具体的句子里,既有符合静态规则的,也有不符合静态规则的主谓倒装式。本文着重讨论语用的动态分析和静态分析问题。

要对语用进行动态分析,就要正确理解动态和静态。从哲学的高度看,运动是一切事物永恒的存在形式。世界上无论什么事物(包括语言及其语法)的运动都采取两种状态,即动态和静态。所谓动态,就是绝对地运动着或变动着的状态;所谓静态,就是相对地静止的、规律性的状态。语法的三个平面(句法、语义、语用)在认识上都应该看作运动着的事物,它们都存在于言语活动之中,它们都有动态的一面;但是它们都能抽象出一定的规律,其规律在特定阶段都有相对的稳定性,这表明都有静态的一面。研究语法时,就不能不同时考虑到这两种状态,而且辩证地对待这两种状态。这就需要贯彻静态和动态相结合的方法论原则。

语用的动态是指词语、句子以及语法结构的各种成分在实际的言语交际中存在的状态,即在具体的动态语境中存在的状态。语用表达丰富多样,因而语用的动态表达具有相当的灵活性或变动性。语用的静态是指词语、句子以及语法结构的各种成分在脱离语境的情况下孤立地存在的状态,语用的静态规则是从语用的动态运用中抽象概括出来的,它是一种一般的或带有倾向性的规则或规律,因而具有相对的稳定性或静止性。看不到语用的动态性一面会忽视词语和句子在具体表达中的丰富多样性,看不到语用的静态性的一面会看不到词语和句子语用表达的一般规律或规则。本文就语用平面的若干问题来探索语用的动态分析和静态分析。

一、主述结构分析

(一) 主述结构的静态分析

主述结构是句子的语用结构。它是由"主题"和"述题"构成的,所以主题和述题属于语用成分。由主述结构构成的句子,叫主述句(也称"主题句")。现代汉语主述句中的主题和述题的静态常规语序是主题在前、述题在后。这个语序规则是从无限的具体的动态的主述句中抽象出来的。它作为规律或规则是相对稳定或固定的,所以可以看作语用的静态规则。静态主述结构里的主题是静态主题,也可称作常规主题,因为它反映了动态句子里主题和述题语序的常规性。

有的语法论著把这种规则看成是句法规则,如徐烈炯、刘丹青(1998)。笔者认为主题、述题属于语法的语用平面(跟主语、谓语属于句法平面是不同的),其静态规则也应看作语用的规则。

(二) 主述结构的动态分析

从具体句子的言语表达而言,"主述结构"的分析是一种语用上的动态分析。这种动态分析包括两个方面:一是语义结构相同的句子要根据表达需要采用不同的主述结构表示,二是主题的位置在特定情况下可以有变化。

1. 语义结构相同的句子要根据表达需要选择不同的主述结构表示

语义结构相同的句子,选择什么样的词语作主题和述题,要根据具体的表达需要而定,而承载不同的主题和述题的句法格式也会作相应的变化,这样的语用显然是动态的。例如:

① 洪水冲垮了堤坝。

② 洪水把堤坝冲垮了。

③ 堤坝被洪水冲垮了。

这三个句子的语义结构相同,它们都由两个动核结构组成:一个动核结构是"施事+动核"(洪水冲),另一个动核结构是"系事+动核"(堤坝垮)。这两个动核结构间都蕴含着"因果"和"致使"的关系,所以这三个句子的基本意思也相同。但是这三句的句法格式不同,由句法格式所承载的主述结构也就不完全一样(即作主题、述题的词语不完全一样)。例①在句法平面分析为"主动宾"句型。这种句子的语用表达以"洪水"为主题,述题"冲垮了堤坝"是对"洪水"进行说明,着重叙述"洪水"的动作(冲)及其所引起的后果("堤坝垮")。例②是"把"字句句式,在句法平面分析为"主状心"句型。这种句子的语用表达也以"洪水"为主题,述题"把堤坝冲垮了"也是对"洪水"进行说明的,着重叙述"洪水"对特定的事物(堤坝)处置以某种动作(冲)从而导致了某种后果("堤坝垮"),所以一般称为"处置"句。例③是"被"字句句式,在句法平面分析为"主状心"句型。这种句子的语用表达则以"堤坝"为主题,述题"被洪水冲垮了"是对"堤坝"进行说明的,着重叙述"堤坝"被某种"施力者"(洪水)冲垮了,所以一般称为被动句。其他同一语义结构在言语交际中具体表达时,究竟选择何种格式表现主述句,也都是要随情应境决定的。如"他看过这本书了"和"这本书他看过了"、"台上坐着主席团"和"主席团坐在台上"、"王冕死了父亲"和"王冕的父亲死了"等,它们分别都是同一语义结构,在言语交际中都要根据表达的实际需要选择不同的主题句子的语用格式。

2. 主题的位置在特定情况下可以有变化

动态的言语交际中的主述句,一般都遵循主题在前、述题在后的静态规则。但是在特定的情况下,动态使用中的主题有时可以突破主题在述题之前的规则,而置于述题之后。在述题之后的主题可称作非常规主题(参看范晓2001)。比较:

① a. 这件事,我们已经讨论过三次了。(主题"这件事"在述题之前)
　 b. 我们已经讨论过三次了,这件事。(主题"这件事"在述题之后)
② a. 这雨后的空气,多么清新啊!(主题"这雨后的空气"在述题之前)
　 b. 多么清新啊,这雨后的空气!(主题"这雨后的空气"在述题之后)
③ a. 你的手机嘛,已经修好了。(主题"你的手机"在述题之前)
　 b. 已经修好了,你的手机。(主题"你的手机"在述题之后)

上面①a、②a、③a 句里主题都在述题之前,都属于常规的主述结构。①b、②b、③b 句里主题和述题倒装,主题置于述题之后,就属于变式的主述结构。一般语法论著认为主题都是在述题之前的,但是上面的实例表明,主题出现在述题之后也不是绝对没有。这是一种主述语序"出格"的现象,是语用动态中的修辞手段。可见,静态的常规主题既可以出现于静态常规句,也可以出现于动态语境句。非常规主题只能出现于动态语境变式句。

二、句类分析

(一) 句类的静态分析

句类是句子的语用表达分类。有两种句子类型都属于语用平面的句类。

一是根据句子的表达用途或语气分类,可以把句子分为直陈句、疑问句、祈使句、感叹句、呼应句五个句类。

二是根据述题对主题的表述类型,可以把主述句分为叙述句、描记句、解释句、评议句等四个句类。

过去一般语法书把这两种分类看成句法方面的,其实它们是语用平面或表达平面抽象出来的句子的类别。由于这样的句子分类是从具体的、动态的句子所具有的表达用途方面抽象出来的类别,每种句类都有其静态的类聚特征。

(二) 句类的动态分析

抽象概括出的句类是静态的,但是句类的具体运用和对具体句类的具体分析是动态的。这种动态分析包括五个方面:一是选择什么样的句类来传达思想,要根据发话者主观表达的需要;二是同一句类的不同用法有个动态选择的问题;三是静态句类在特定的语境里会改变表达用途;四是某种句类进入不同的语境可表示不同的思想感情;五是由不同述题分出的句类中表达述题的词语常有变化。下面分别加以说明。

1. 选择什么样的句类来传达思想,要根据主观表达的需要

相同句型或相同句模的句子,可以表示不同的表达用途,也就有不同的句类。选择什么样的句类来表达思想,要根据发话者的主观表达需要而定,这显然是属于动态的。例如:

① 长江三峡的风景很美。

② 长江三峡风景很美吗?

③ 长江三峡风景很美啊!

上面①②③的句型都属于主谓句,句模都属于"系动句"("系事+动核"构成的句子),但是它们有不同的表达用途,属于不同的句类。这些句类的抽象形式,平时储藏在人们的脑子里,可以根据自己表达的需要而随宜采用:如果要直叙地告诉别人长江三峡的风景的情状,就可用①,即用直陈句;如果要向别人询问长江三峡的风景怎么样,就可用②,即用疑问句;如果为长江三峡的美丽风景所感动而发抒自己的感情,就可用③,即用感叹句。

2. 同一句类的不同用法有个动态选择的问题

同一句类有时有不同的用法,使用哪种用法要根据不同的表达需要作出选择。如果选择不当,就可能成为病句。如疑问句根据其不同用法,下面还可以分成询问句(一般疑问句)和反问句(也叫"反诘疑问句")。询问句是指有疑而问的句子,是询问受话者并要求受话者对疑问点进行回答的句子;反问句是指无疑而问的句子,即"明知故问",形式上属于疑问句,实质上属于肯定句或否定句(表面上否定的是肯定,表面上肯定的是否定,用于增强口气)。这两个小类的出现也是在动态交际中反复使用才抽象概括出来

而静态化的。在言语表达时,是使用询问用法还是反问用法,那要根据表达的需要和语境的适应性而定。比较:

① 北方能大量种水稻吗?
② 北方能不能大量种水稻?
③ 北方不能大量种水稻吗?

例①②都是"有疑而问",其中①是一个是非问形式的询问句,②是一正反问形式的询问句,例③是一个"无疑而问、明知故问"的反问句。这三个句子孤立地看,本身都能成立;但是它们各有各的表达用途,在说话时究竟用哪个句子,就要根据客观的事实和个人的主观表达意图来选定。

1956年《光明日报》有一篇社论,其标题《北方能大量种水稻吗》就用了一个有疑而问的询问句。表面上看,句子在语法上没什么错,谁都懂。但是,这篇文章要说明的是:过去有人认为我国北方不能大量种水稻,而那一年东北延边地区种植水稻获得了大面积的丰收,由此证明那种认为"北方不能大量种水稻"的论点是错误的。回过头来再看一下《北方能大量种水稻吗》这个标题句,显而易见在这样的语境里是不适用的,是用错了;应该用反问句《北方不能大量种水稻吗》才比较贴切。这也涉及语用的动态问题。

3. 静态句类在特定的语境里会改变表达用途

某个静态句类的一般用途可用于一般的或中性的语境,但是在特定的语境里会改变表达用途。比如,询问句表示询问,但是在特定的表达里却不表询问。比较:

① a. 关于这件事,请告诉我,我去问谁?(疑问代词"谁"表疑问)
　 b. 关于这件事,你问我,我去问谁。(疑问代词"谁"不表疑问)
② a. 你懂什么? 我可以给你安排适当的工作。(疑问代词"什么"表疑问)
　 b. 你懂什么,我看你一窍不通。(疑问代词"什么"不表疑问)
③ a. 你怕什么? 是怕蛇还是怕其他野兽?(疑问代词"什么"表疑问)
　 b. 我都不怕,你怕什么!(疑问代词"什么"不表疑问)

上面例①a、②a、③a 的语境里,那些用疑问代词"谁"或"什么"构成的句子都用于一般的疑问、询问,需要受话者作出相应的回答。而在例①b、②b、

③b 的语境里,那些由同样词语组成的同样形式的句子却不表询问。

4. 特定语境中的句类可以表示不同的思想感情

句类有概括性的语气特征,但是在一定的语境里,它还可能带有表达者的某种特别的主观的感情色彩,比如,同样是用感叹词语构成的疑问句,当它进入交际场合,由于语境的制约,能表示出不同的感情或情绪。例如:

① 王福升(气得失了神)啊? 谁? ……是金八,金八爷。

② 甲:他没参加这个戏的演出。

乙:啊? 为什么? 他是我们艺术学院的高材生呀!

③ 吴导演,我是董丽华,啊?! 你不是吴导演? 嗳,嗳,嗳……

上面几个句子都是用感叹词"啊"组成的疑问句,但是由于上下文所反映出的语境不一样,各句表现出的说话人的主观感情或情绪也就不一样:例①表示言者的慌乱,例②表示言者的不满,例③表示言者的失望(参看邵敬敏1996,第216页)。

5. 不同述题分出的句类中表达述题的词语常有变化

根据述题对主题的表述类型分出来的叙述句、描记句、解释句、评议句等句类也是属于抽象出来的句子的静态的语用类别。一般地说,各类句子的述题中心词各有其特定的谓词性词语:静态的叙述句常由动作性词语作述题,静态的描记句常由形容词性词语作述题,静态的解释句常由关系动词加上名词性词语作述题,静态的评议句常由带有评议性的情态副词或情态动词加上其他谓词性词语作述题。但这不是绝对的,在具体的动态句子里,可以突破这种规则。例如:

① 他亮出了自己的身份。/她的脸红起来了。

② 围墙上贴着一些标语。/山崖上雕刻着许多佛像。

③ 鲁迅绍兴人。/明天国庆节。

例①是叙述句,但述题中心的谓词"亮、红"是形容词;例②是描记句,但述题中心的谓词"挂、刻"是动作动词;例③是解释句,但名词直接作谓语,关系动词省略或隐含。

三、焦 点 分 析

(一) 常规焦点和对比焦点

句子的焦点是属于语用平面的,通常分为常规焦点(也称"自然焦点")和对比焦点。严格地说,常规焦点是静态孤立句的焦点,它是脱离语境的,是从动态的具体句子中抽象出来的,它体现着句子焦点的一般规则,所以可称为"静态焦点"。对比焦点是动态的语境句中与现实相联系的具体句子的具体焦点,它体现着句子焦点的动态性和多样性,所以可称为"动态焦点"。所以,常规焦点是静态的,对比焦点是动态的。分析动态的具体的句子,实际上就是分析它的动态对比焦点。至于动态具体句里的对比焦点是否跟常规焦点一致,那是要对具体句子进行具体的动态分析才能确定的。

(二) 焦点的静态分析

静态的常规焦点有相对的固定性。汉语主谓式陈述句中,静态焦点一般落在谓语部分的某个实词语上(多在句末,所以有"尾焦点"之说)。这是因为,说话者传递信息时,倾向于由已知的旧信息到未知的新信息,表现在句子的线性序列上就是越靠近句末信息内容就越新,信息内容越新就越容易强调和凸显。句子尾部被强调和凸显的成分就成为句子的表达重点,也就是句子的焦点。这在脱离语境的孤立句中表现得很清楚,例如:

① a. 他看过<u>这本书</u>了。("这本书"是句子的焦点)
   b. 这本书他<u>看过</u>了。("看过"是句子的焦点)
② a. 主席团坐在<u>台上</u>。("台上"是句子的焦点)
   b. 台上坐着<u>主席团</u>。("主席团"是句子的焦点)

上述句子中的句末成分,都是句子的表达重点。可见,人们所说的常规焦点或自然焦点就是静态焦点,它反映着句子焦点分布的倾向性或一般规律。

(三) 焦点的动态分析

动态焦点是动态的语境句中与现实相联系的具体句子的具体焦点,它是说话者在动态言语中着意强调的信息,它要根据表达的需要而决定落在某个成分上,所以它的位置有很大的灵活性,即可以出现在不同的句法位置上。也就是说,动态的对比焦点位置有的跟静态焦点一致,有的可能不一致,即可以偏离静态焦点而落在其他位置的成分上。在动态的具体的句子里,动态对比焦点受语境(包括口语中的前言后语和书面语中的上下文以及现场情景等)的制约。这是因为,动态对比焦点是一个具体话语中具体句子的表达重点,而具体句子的表达重点实际上是言语表达时着重强调的成分,这种强调成分一定要根据表达的需要、在语境的衬托下安排落在句子的某个成分上。既然动态对比焦点是动态具体句子表达时受语境制约的强调重点,那么,在不同的语境里,句子的动态对比焦点当然不可能一样。语境制约对比焦点主要表现在以下三点。

(1) 在对话语境里。例如:

① 张三昨天批评了李四。

② 张三昨天批评了李四。

③ 张三昨天批评了李四。

上面①是回答"谁昨天批评了李四",对比焦点落在"张三"上;②是回答"张三何时批评了李四",对比焦点落在"昨天"上;③是回答"张三昨天批评了谁",对比焦点落在"李四"上。

动结式述补句和重动句的对比焦点一般在第二个动词语上,如"她跌伤了""他踢足球踢伤了"里,常规焦点都是在第二个动词"伤"上。但是在对话语境里也可能落在第一个动词语上。例如:

⑤ 甲问:你那腰是怎么受伤的?

乙答:啊,真倒霉,是跌伤的。

⑥ 甲问:你的鼻子是怎么受伤的?

乙答:是踢足球踢伤的。

例⑤动结式述补句里的"跌伤",对比焦点不是落在第二个动词"伤"上,而是落在第一个动词"跌"上;例⑥重动句里的"踢伤",对比焦点也不是落在第二个动词"伤"上,而是落在第一个动词语"踢"上。

(2) 在上下文语境里。例如:

① 我爱热闹,也爱冷静;爱群居,也爱独处。

② 她饭也不吃,水也不喝,整天埋头睡大觉。

例①从上下文对比衬托中得知"热闹、冷静、群居、独处"是动态对比焦点,例②从上下文对比衬托中得知"饭、水"是动态对比焦点。

(3) 在现场情景里。例如:

① 宋玉:(见屈原,即奔至其前说)先生,你出来了。

屈原:啊,我正在找你。

② 李石清:(说话被潘月亭顶撞,辩解说) 经理,我不过是说说,跟您提个醒。

潘月亭:银行里面的事情,不是说说讲讲的事,并且我用不着你提醒。

例①前句的现场情景是宋玉见到屈原"从院子里走出来",动态对比焦点就落在"出来"上;后句的现场情景屈原见到了正在"找"的对象宋玉,动态对比焦点就落在"找"上。例②前句的现场情景是李石清说话被潘月亭顶撞而辩解,动态焦点落在"说说"和"提个醒"上,后句的现场情景是针对前句焦点,动态焦点落在"说说讲讲"和"提醒"上。

常规焦点与对比焦点不在同一个层面上,前者是静态层面的概念,后者是动态层面的概念。但是两者也有联系:静态的常规焦点反映了动态的对比焦点的倾向性、普遍性,是动态对比焦点在长期运用中历史地形成的,是动态焦点语法化的结果。一般语法论著认为在一个句子里既有常规焦点,也有对比焦点。笔者认为常规焦点是静态的,对比焦点是动态的。在动态的句子里,对比焦点可以采用常规焦点的表现形式,也可能跟常规焦点有很大的偏离。只有科学地认识两者的关系,才能真正揭示句子焦点的语用功能。

四、有定和无定的分析

(一) 有定和无定的性质

有定也称定指,无定也称不定指。有定和无定是指在言语交际中发话人根据自己和受话人对特定信息的知晓度而对指称性成分(一般由名词性词语表示)进行限定的一种语法范畴,这种指称范畴也是属于语用方面的。

有定和无定的差别,主要是看知晓度和指别度。从知晓度来看,有定指发话者和受话者对某个词语所指称的信息是共知的,即彼此都知晓的,共知信息中的指称成分往往处理为有定成分。无定指发话者和受话者(特别是受话者)对某个词语所指称的信息是不知晓的,非共知信息中的指称成分一般处理为无定成分。从指别度来看,有定一定是有所指,它可能是单指(非类指),也可能是通指(类指)。无定可能有所指,也可能无所指。比如众所周知的专有名词,其知晓度或指别度是最明确的,无疑是有定的。不同名词性词语的指别度有高低的不同,比如,"这本书"的知晓度和指别度比"一些书"高,因为"这本书"能够十分明确地将所指对象从同类对象中区别出来,而"一些书"则没法对所指对象加以区别。讨论有定和无定,也应该区别静态和动态。

(二)有定和无定的静态分析

陈平(1987)按照"有定、无定"的程度强弱将汉语名词性词语的"有定、无定"强弱等级排列为下列等级:A组,人称代词;B组,专有名词;C组,"这/那"+(量词)+名词;D组,光杆普通名词;E组,数词+(量词)+名词;F组,"一"+(量词)+名词;G组,量词+名词。A、B、C三组属于强式、典型、极端的定指(有定)形式。D、E两组则属于中性形式,既可充当有定成分,也可充任无定成分,句法分布比较灵活。F、G两组则属于强式、典型、极端的不定指(无定)形式。

专有名词,特别是众所周知的专有名词,在言语交际中的动态句子里一般为共知信息。人称代词如果是孤立的一个词,所指是"谁",根本不明,按理很难说是有定的;但是在动态的具体的句子里,所知是谁应该是明确的(比如"他"在句子里出现的时候前文一定有某个人物名词出现过,"他"就成为共知信息)。光杆普通名词指称的人或物一般是不明确的;但是如果前面加上了"这/那",构成名词性的短语"这/那+(量词)+名词",在具体话语里就意味着指称前面已经出现的某个特定的人或物,就成了共知信息。由于专有名词、人称代词、名词性的短语"这/那+(量词)+名词"等在话语里通常表示共知信息,经抽象概括提升到静态,它们都可以分析为静态中的有定性词语。

"一+(量词)+名词"或"量词+名词"这样的词语组合和"这/那+(量词)+名词"正好相反。比如"他家来了一个客人""我今天看了个电影"这两个句子,孤立地看,句子里的"一个客人"和"个电影"所指不明,受话者不知道"客人"的名字(或身份)和"电影"的名称,显然不是共知信息。由于"一+(量词)+名词"或"量词+名词"这样的词语组合在话语里通常表示非共知信息,经抽象概括提升到静态,都可以分析为静态中的无定性词语。至于光杆普通名词,在动态话语里一般是无定的,但是有时是有定的,所以在静态里放在强弱等级的中间。可见,陈平所说的汉语名词性词语的"有定、无定"强弱等级排列大体上可以看作是词语在动态句子充当有定指称成分和无定指称成分的情况抽象概括出来的一般规律,即静态规律。

(三) 有定和无定的动态分析

确定有定还是无定,是对具体句子中的指称成分进行语用动态分析的重要内容。一般地说,在话语里,如果发话者把某个指称性成分处理为共知信息,则该指称成分可以分析为有定的。比如上文已经出现过共知信息,那么下文回指该共知信息的成分以及和它有密切联系的对象就可以参照该共知信息进行辨析,分析为有定成分,使之跟其他同类对象区别开来。反之,如果上文没有出现或所指对象在语境中没明确的具体所指,即发话者把某个指称性成分处理为非共知信息,受话者对所指完全不知晓,则该指称成分可以分析为无定的。例如:

① 七斤嫂还没有答话,忽然看见七斤从小巷口转出,便移了方向,对他嚷道:"你这死尸怎么这时候才回来,死到哪里去了! 不管人家等着你开饭!"

② 据了解,"天宫"号客轮始发时就已严重超员,当时船舱的巷道上、餐厅内都挤满了旅客。据该船有关人士称,事故原因是在航行中出现电器故障,致使导航雷达和舵机失灵所致。

③ 这个台商是个化石迷,他收藏了很多化石」。他送给何总一条巴西鱼

化石$_2$,何总不懂化石$_3$,准备交上来。我对何总交不交化石$_4$不感兴趣。我也不懂化石$_5$,只知道一个常识,化石$_6$就是几千万年前甚至几亿年前动物、植物的遗体。

④ 日前,京城一媒体接到<u>一位市民</u>电话,称"要向<u>张艺谋</u>发起挑战",<u>他</u><u>自己</u>拍一部4分钟的<u>申奥宣传片</u>,"让<u>国际奥委会</u>各国委员中的多数人信服<u>北京</u>是2008年奥运举办城市中的第一选择"。

⑤ 在火车卧铺车厢里,列车员要验收火车票时说:"请大家拿出<u>车票</u>。"

例①的"七斤嫂""七斤"为小说中的人,是共知信息,可以分析为有定的;"他、你"回指上文出现过的"七斤","人家"回指"七斤嫂",所以也可以分析为有定的。例②"'天宫'号客轮"为共知信息,是有定的;据此,可以推导出跟"'天宫'号客轮"有领属关系(都是"'天宫'号客轮"的组成部分或部件)的"船舱""巷道""餐厅""电器""导航雷达和舵机"等也是有定的。例③"化石$_1$"不知是哪些化石,所以是无定的;"化石$_2$""化石$_4$"是有具体所指的"个体",所以是有定的;"化石$_3$""化石$_5$""化石$_6$"是作通指(类指)使用,也是有定的(参看高顺全2004)。例④中的所提及的"一位市民",究竟是谁,受话者不知道,因此可以分析为无定的;"他自己"回指"那位市民",可以分析为有定的。"张艺谋""申奥宣传片""国际奥委会""北京"等都是共知信息,可以分析为有定的。例⑤里的"请大家拿出车票"这句话,如果孤立地拿出来分析,受话者不知是何种"车票",当然是无定的。但是这个句子是有语境的(在火车卧铺车厢里列车员要验收火车票时说的话),受话者根据语境能准确无误地知悉这"车票"是指火车的"卧铺票",所以该语境句中的"车票"应分析为有定的。

(四) 动态句子里有定无定的相对性

在言语交际的特定语境中,静态的"有定、无定"必须根据语用表达的需要表现为动态的"有定、无定"。一般地说,静态中的有定词语通常在动态句子里作有定成分,静态中的无定性词语在动态句子里作无定成分。但是,静态的有定性词语和无定性词语在动态的句子里并非固定不变,在一定条件下也可以相互转化。这表现在:一方面静态中具有无定性的词语可以转化为有定成分,另一方面静态中的有定性词语也可以转化为无定成分。确定汉语中一个名词性成分在句子里是有定的还是无定的,静态词语的有定无定规则是重要的参考项,但是最主要的决定因素还是要看语境。脱离篇章语境,有定与无定往往很难确定,语境作为参照框架在动态句子里制约着一个名词性成分的有定、无定身份。

比如"一/几+(量词)+名词"或"量词+名词"这样的词语组合在静态中是无定的,但是在动态的话语里借助于语境也有可能表有定的。

① 03 级 50 个学生,不知什么原因,今天上数学课时<u>一个人</u>都没来。

② 客人老张和老李原定今天来我家,结果老张有事没来,只来了<u>一个客人</u>。

③ 小李把<u>一只手</u>支在头上,似乎在思考着什么问题。

静态孤立地分析"一个人""一个客人""一只手",都属于"一/几+(量词)+名词"组合,是无定的。但是在例①里,"一个人"指称的是"03 级的一个学生";例②里,"一个客人"指称的是"老李";例③里,"一只手"指称的是"小李的一只手"。在这样的语境里,名词性短语"一个人""一个客人""一只手"的所指对象是十分明确的,所以都可以分析为有定的。

又如,专有名词和"这/那+(量词)+名词"短语在静态中是有定的,但是在动态话语的句子里借助于语境也有可能表无定的。例如:

① 甲:"<u>小红</u>不见了,你看到没有?"

  乙:"村里有好几个小红,你说的是哪个小红啊?"

② 甲:(对着乙突然说出,或自言自语)<u>这个人</u>坏透了!

  乙:(乙听到后作出反应)你说哪个人啊?

静态孤立地看,专名"小红"和"这个人"是有定的,但是在例①和②里,虽然说话者所指是明确的,但是受话者不知所指究竟是何人,所以都应该分析为无定的。

再如,在汉语里,词语的句法位置有时也制约着有定无定。有的语法论著就曾经认为,汉语主语大多是有定的,宾语大多是无定的。如果对一个句子孤立地加以考察,这个说法基本上可以成立。例如:

① 客人来了。 ② 来客人了。

一般认为,例①中的"客人"充当主语,是有定的,例②中"客人"充当宾语,是无定的。但是,从语境句加以考察,这个论断是不准确的。这有两方面原因:

一方面,光杆名词"客人"在动态的具体句里,处于主语位置上的不一定是有定的,处于宾语位置上的不一定是无定的,例如:

① 小明:(小王在门口看到有人来了,就对着屋里喊道)爸爸,有<u>客人</u>来了。

小明爸爸:客人是谁啊?

② 小明爸爸的客人张三、李四今天要来小王家,小王问他爸爸:今天要来<u>客人</u>了,我出去玩好吗?

上面例①"客人来了"中的"客人"虽然在主语位置上,但是受话者(小明爸爸)不知是谁,所以是无定的。例②"今天要来客人了"中的"客人"虽然在宾语位置上,但是所指是明确的,是共知信息,所以是有定的。

另一方面,有学者在对语境句进行统计后发现,语境句中的宾语在很多情况下是有定的(参看廖秋忠 1994)。总之,确定一个具体句中词语的有定与无定,不能局限于孤立词或孤立句,也不能局限于某个词语所处的句法位置;最重要的,应当凭借词语在语境句中的指称身份来确定。

五、小　　结

相对于句法和语义结构,语用表达侧重于动态。但是语用表达也有规律或规则,这规律或规则是从具体的多样性的语用表达中抽象出来的,因此可以说是静态的。没有抽象就没有语法学。语法的三个平面都可以抽象出静态规律或规则,讲语法(包括句法、语义和语用)不能不讲它的静态规律或规则。

在言语或话语中的具体句子里,虽然在大多数情况下遵循着静态的语法规律或规则,但是根据表达的需要,有时也可能会出现突破静态语法规律或规则的"出格"现象。这就是语用现象的丰富性和灵活性。灵活性意味着表达格式的多样性,也蕴含着语法的创造性,语法是在动态的灵活性中发展演变的。新的规律或规则是"出格"现象普遍化和相对稳定化的结果。

语用既有动态多样性的一面,也有静态规律性的一面,因此对语用既可进行动态分析,也可进行静态分析。汉语的主题和述题的语序规则是主题在述题之前,这是常规的、静态的;但是具体句子中的主题既有在述题之前的,也有在述题之后的,这是动态的。句类是从具体的、动态的句子所具有的表达用途方面抽象出来的类别,所以是静态的;但是句类的具体应用或对具体句类的具体分析是动态的。常规焦点是脱离语境的、从动态的具体句子中抽象出来的静态焦点;对比焦点是语境句中与现实相联系的具体句子的动态焦点,它体现着焦点的变化性和多样性。在指称问题上,从静态角度观察,人称代词、专有名词、"这/那+(量词)+名词"是有定的,"数词+(量词)+名词""一+(量词)+名词""量词+名词"是无定的;但是在特定语境中,静态的有定性或无定性词语在动态的句子里并非固定不变,确定汉语中一个词语所表现的指称成分在具体句子里是有定的还是无定的,决定因素是要看语境。

概而言之,语法研究要贯彻静态和动态相结合的原则,其中很重要的一条就是要对语法(包括语用)既进行静态分析,也进行动态分析,并使两者结合起来。也就是说,既要描写规律或规则,并解释形成规律或规则的机制;也要讲规律或规则运用的灵活性和变动性,并尽可能阐明形成灵活性或变动性的原因或条件。

句式在言语中的语用价值

〇、引　　言

句式指由词类序列、特定词、固定格式、语调等形式显示的包含句法结构和语义结构并具有语用功能的句子结构格式,句子的句式可从两个层次分析:语气句式和句干句式(范晓 2010a)。要区别"静态句式"和"动态句式",孤立的、抽象的、不含具体词语的句式是静态的,出现于话语中的输入具体词语的具体句子所表示的句式是动态的。语法的基本句式是以静态面貌显现的,它是族语里的常规句式;但静态的句式一旦应用于言语,就转化成具体的灵活多样的动态句式。

句式研究中最核心的课题之一是句式在言语中的语用价值研究。句式的"语用价值"包含:句式的"使用价值"和句式的"应用价值"。句式的"使用价值"指静态句式自身固有的某种语用表达功能意义。静态的孤立的抽象的句式都有常规的句式义,这种句式义是语言集团长期运用该句式的固化经验的沉淀,是句式约定俗成的、常用的语用表达功能意义,它是句式使用价值的直接体现。使用价值是静态句式自身固有的能力,是句式的本质属性。静态句式虽有自身的使用价值,但只有在言语中具体应用才能体现,即在言语的产品话语(也称"语篇""篇章",包括口头的和书面的)里转化为动态句式才能发挥效用。言语里句式对语旨和语境的适用性、语旨和语境对句式的选择性就是句式的"应用价值",也可称为"适用价值",或"交际价值""修辞价值"。应用价值是句式的应用属性。

关于静态句式常规的"句式义"——使用价值,我们已有专文论述(范晓 2010b、2010c)。研究句式的使用价值是重要的,但还不够,还应研究静态句式在话语中的应用,即研究动态应用中句式的应用价值。这是因为话语里的动态句式不仅受到静态句式使用价值的制约,也受到话语中的语旨和语境的制约。只有在静态研究的基础上进行动态的研究,才能有利于句式的实际应用和合理解释话语里动态句式所表示的语用功能意义。句式的应用价值问题还未得到足够的重视,我们必须加强对这个问题的研究。

本文试图依据汉语句式实例来探讨汉语句式的应用价值,着重研究三个问题:一是使用价值对应用价值的影响,二是语旨对句式的选择性,三是语境对句式的选择性。为句式描述的简便,本文把动作的主体记作"主",把动作的客体记作"客",把施事记作"施",把受事记作"受",把与事记作"与",把结果记作"结",把处所记作"处",把时间记作"时",把名物记作"物",把主语记作 S,把宾语记作 O,把补语记作 R,把名词性词语记作 N 或 NP,把人称代词记作"代",把谓词性词语(包括动词和形容词)记作 V 或 VP,把及物动词记作 Vt,把不及物动词记作 Vi。

一、使用价值对应用价值的影响

(一) 使用价值是句式应用价值的基础

句式的应用价值离不开句式的使用价值,这是因为使用价值是句式应用价值的基础,对应用价值有很大的影响;如果句式没有使用价值,就根本谈不上句式的应用价值。句式只有在言语交际的实际应用中,才能发挥使用价值的效用。最为明显的,人们常常会看到相同的语义结构可用不同的句式表示,这些表示相同语义结构的不同句式是可相互变换的"同义句式",其实这只是语义平面语义结构的"同义",从语用角度分析各自的语用表达功能意义,那就并不同义。不同句式之所以存在,是因为各种静态句式都有特定的句式义——使用价值。语义结构相同的有变换关系的静态句式的使用价值不同,会影响到它们在具体话语里的适用性。比如有甲、乙、丙三种句干句式,它们的语义结构相同,表达的客观事实相同,但静态句式义不完全相同,我们就要研究甲乙丙三种句式各自适用于话语里的何种语旨和语境:什么情况下该用甲句式,什么情况下该用乙句式,什么情况下用丙句式。要回答这些问题,就必须说明这些语义结构相同的句式在具体话语里的适用性。

（二）句式应用价值与使用价值之间的依存关系

比如汉语里表达某处所"存在"某名物这种语用意义,可用多种句式表达。这多种句式应用于话语,就能反映句式应用价值与使用价值之间的依存关系,也就表明了句式的使用价值对应用价值的影响。例如:

① "$NP_处 + NP_物$" 句式("村前一条小河""天上一片乌云"之类)

② "$NP_处 + 有 + NP_物$" 句式("村前有一条小河""天上有一片乌云"之类)

③ "$NP_处 + 是 + NP_物$" 句式("村前是一条小河""天上是一片乌云"之类)

④ "$NP_处 + V_着 + NP_物$" 句式("村前横着一条小河""天上飘着一片乌云"之类)

①为"名谓"句式(名词性词语作谓语,语义平面隐含表"存在"义的动核),称为"名谓存在句",也有称为"无动存在句"或"零动词存在句"或"定心存在句"的;②为"有"字句式(否定形式是"没有"),称为"有"字存在句;③为"是"字句式,称为"是"字存在句;④为"V着"句式(动词后附着"着"),称为"V着"存在句。

上述这些句式核心的句式义都是表达"某处存在着某物",都表达"存在处所"和"存在物"之间的"存在"关系,这是它们的共性,所以由这些句式构成的句子人们称之为"存在句"。但它们毕竟是不同的句式,因此分别有自己的使用价值:①的句式义表达"某处**直观**存在某物",强调存在的直观性;②的句式义表达"某处存在**有**某物",强调或凸显的是存在性的"领有"(广义的"领有");③的句式义表达"某处**是**存在某物",强调或凸显存在的"断定或肯定";④的句式义表达"某处**以何种方式或状态**存在某物",强调或凸显存在的"方式或状态"。

孤立地看,上述这些表达"存在"的句式基本意思类似,大体上能够互相替换。但在具体言语里,由于受语旨或语境的制约,一般不能任选其中的一种,也不能随意替换,它们各有自己的应用价值。朱自清最喜欢用"名谓"句式,他说在记述显示景物间的关系,采用这种句式可"盼望给读者整个的印象,或者说更具体的印象"①。这段话说出了一个作家在写作时选择特定句式的良苦用心,也让人感到研究表示处所和事物间具有"存在"关系的各种句式的使用价值和应用价值的必要性。朱自清是根据文艺作品的语境特点和个人风格特点来选用"$NP_处+NP_物$"句式的,但不等于说在任何情况下都采用"名谓"句式最好,更不是说"是"字句、"有"字句、"V 着"句等句式在具体应用中完全没有用处。这些不同句式谈不上孰好孰坏,在一定的语旨或语境里都可能是适用的,即各句式都有自己的应用价值。言语交际中究竟用哪个句式,得依据表达的需要。应用价值是在使用价值的基础上产生的,在具体言语或话语的动态句式里,静态句式和动态的语旨和语境相适应,就会使得使用价值和应用价值得到完美的统一。

(三) 使用价值对应用价值的影响

这里就以上面说到的 4 个表达"存在"的静态句式在言语的产品话语里转化为动态句式的实例来扼要地说明使用价值对应用价值的影响。

1. "名谓"句式:

① 大家看到那美不胜收的风景,都分外激动,<u>车厢里一片欢呼声</u>。/老残动身上车,一路<u>秋山红叶</u>,<u>老圃黄花</u>,颇不寂寞。

② <u>梦中无限伤心事</u>,独坐空房哭到明。/<u>世上万般哀苦事</u>,无非死别共生离。

"名谓"句式的使用价值既然是表达"某处**直观**存在某物",因此,凡是在言语里要表达这种使用价值的,宜选择"名谓"句式,如①②便是。这种句式比较适用于文艺作品,让读者去体会处所和事物之间直观的形象的存在关系,具有描写作用,显得简洁利落,能够创设一定的意境。但是动态的"名谓"句式不能随便替换其他表"存在"的句式,有的即使能替换,意境也不一样,如①的"车厢里一片欢呼声"如果换成"是"字句式或"V 着"句式,似乎也可,但没有"名谓"句那样简洁灵活和传神。有的则根本不能替换,如②的

---

① 朱自清:《欧游杂记》,浙江人民出版社,2002 年,"序"。

"名谓"句式都跟话语里相关句式字数对称相配,在诗歌这样的语境里当然不宜替换成表示"存在"的其他句式。

2. "有"字句式:

① 前面是坟地,那里有许多野百合,有野蔷薇。我常常去那里玩。

② 新世界每天都像过年似的。这里有最华丽的饭馆与绸缎庄,有最妖艳的妇女,有五彩的电灯。

"有"字句式的使用价值既然是表达"某处存在**有**某物",因此,凡是要表达该处所不仅存在某物而且含有领有某物意义时,宜选择"有"字句式。上面话语里动态的"有"字句式不能随意替换,如果把①②中"有"字句式的实例替换成"名谓"句、"是"字句、"V 着"句,句子就不能成立。有的即使能替换,意境也不一样。

3. "是"字句式:

① 广场上满是或躺或坐的人,到处都是吵闹的声音,乱哄哄的。

② 一阵春雨刚过。凭高眺望,远处田野里全是绿油油的麦苗。

"是"字句式表达"某处**是**存在某物",因此,凡是要表达该处所不仅存在某物而且强调肯定其存在时,宜用"是"字句式。上面话语里动态的"是"字句式不能随意替换,如果把①②中的"是"字句式实例替换成"名谓"句、"有"字句、"V 着"句,句子就不能成立。

4. "V 着"句式:

① 木板床上躺着个老人,额上蒙着一块白毛巾。他正痛苦地呻吟着。

② 出土时发现:墓主人耳部戴着圆形的玉环,颈部戴着长条型玉器佩,胸腹部放着碧玉挂饰。

"V 着"句式表达"某处**以何种方式或状态**存在某物",因此,凡是要表达该处存在某物而且强调事物存在的方式或状态时,宜用"V 着"句式。上面话语里动态的"V 着"句式是不能随意变换的,如果把①②中"V 着"句式的实例替换成"名谓"句、"有"字句、"是"字句,或者句子不能成立,或者意境变了。

上述分析表明,研究句式的语用价值时,首先是应把每个特定句式的使用价值(静态句式义)揭示出来,在此基础上来考察具体话语里的动态句式,就能较好地说明或理解各特定句式在具体话语里的应用价值。

二、语旨对句式的选择性

语旨是指言语表述的"意旨"或"意图"。主要包括：表述内容、表述目的、表述情态、表述视角等。句式的应用必须适用于语旨，语旨对句式有选择性。不同的语旨往往要选择不同使用价值的句式。

（一）表述内容对句式的选择

表述内容指言语者所要表述的思维形式或信息内容。不同的表述内容需要选择不同使用价值的句式。

1. 思维形式需要选择相应使用价值的句式

话语里的动态句式都是表达言语者思想的，而思想必有其思维形式（包括感知图式和理性的判断、推理形式）。言语者有何种思维形式，就要求选择相应的句干句式。例如：

① 奥运圣火在长野传递时，天下起雨来。没有任何准备的中国留学生们在雨中期盼来自祖国的圣火的到来。<u>雨水淋湿了他们的头发</u>，<u>也淋湿了他们的外衣</u>。

② "鲸鱼是鱼吗？"孩子们好奇啊。老师讲解了，他们才明白：<u>鲸鱼不是鱼</u>，<u>是哺乳动物</u>。

①属于"$N_{施}+Vt+Vi_{结}+N_{受}$"句干句式，句式义表达"主体发出某种动作致使客体产生某种结果"，这种句式义反映了相应的感知情景。②属于"$N_{主}+是+N_{客}$"或"$N_{主}+不是+N_{客}$"句干句式，句式义表达"主体和客体的关系是（或不是）同类的或同一的"，这种句式义反映了相应的理性判断。这①②两种动态句式体现了使用价值和应用价值的统一。

2. 信息内容需要选择相应使用价值的句式

人们言语时，总是要传递某种信息。信息内容与句式的关系，可从多方面分析。这里只从旧信息和新信息表达的安排角度来看句干句式的选择，一般的原则是选择旧信息在前新信息在后的句式。例如：

① 说到曹操，曹操就到。你看！<u>那个人来这里了</u>。

② 有一天,这里来了一个人。他脸色灰青,经诊断为肠梗塞。

指人名词在主宾语位置上的"指称"性质(有定或无定),能反映信息的新旧。①的"那个人"是有定的,构成"N$_{有定}$+V+N$_{处}$"句干句式;②的"一个人"是无定的,构成"N$_{处}$+V+N$_{无定}$"句干句式。如果指人名词属于"有定"的已知的旧信息,一般采用①句式;如果指人名词属于"无定"的未知的新信息,一般采用②句式。需要说明的是:这只是一种倾向性。

(二) 表述目的对句式的选择

表述目的是指言语者表达意图或动机。表述目的可从两方面分析:一是语气句式的表述目的,二是句干句式的表述目的。

1. 语气句式的表述目的

语气句式的表述目的是指句子的表达用途,或表"陈述",或表"询问",或表"祈使",或表"感叹"等,相应地就有陈述句、疑问句、祈使句、感叹句。这些不同表述用途需要选择相应的"句干+语气成分"构成的语气句式来表达。例如:

① 黑漆漆的,不知是日是夜。赵家的狗又叫起来了。/他上个月去北京了,至今还没回来。据说他是去治病的。

② 朴:(向鲁妈)这是太太找出来的雨衣吗? 鲁:(看着他)大概是的。/陈白露:这地方好玩吗? 方达生:(闷声地)好,好玩。

③ 陈白露:好好,快滚吧! 黑三:(诌媚地)您出气了吧,好,我们走了。/逸文说:"你别再提那事儿了! 咱们不打不成相识,以后要好好地交个朋友。

④ 香山的红叶发出一股味儿真香啊! 怪不得人们叫香山。/登上碣石山,站在葡萄酒庄的平台上极目四望,满眼尽是大海和葡萄种植园,那景色多美啊!

① 属于"NP+VP+了"("了"字句)句式,表达"陈述"语气;②属于"NP+VP+吗?"("吗"字句)句式,表达"疑问"语气;③属于"NP+VP+吧!"和"N+别+VP"句式,表达"祈使"语气;④属于"NP+VP+啊!"("啊"字句)句式,表达"感叹"语气。作为表述用途的句类本身不是句式,各种用途类都各有多种句式来表达,比如表达"疑问"类的,除"吗"字句外,还有"V 不/没 V?""V

了+没有?""是 V 还是不 V?"句式等。其他各类亦然。言语交际时选择何种语气句式,全由言语交际时的表达意图决定。

2. 句干句式的表述目的

句干句式的表述目的是指句子述题所表述的意向,人们说出或写出的句子一般都有表述意向,或表"叙述(叙述与主体有关的动作、事件、过程)",或表"描记(描写或记载主体的性质或情状)",或表"解释(阐释或判断主体和客体的关系)"等,相应地就有叙述句、描记句、解释句等。表达这些不同的语用意义,需要选择相应述题的句式。例如:

① 这孩子白天捡垃圾桶里的残羹冷饭,晚上睡在桥洞里。/他为了讨岳母小姨欢心,便请她们看了梅兰芳主演的一场京戏。

② 他的伤情恶化,伤口痛似刀割。/千佛山上草木茂盛,万花似锦,红的火红,白的雪白,青的靛青,绿的碧绿。这风景煞是好看。

③ 她的父亲是北京人,母亲是浙江人。/金丝猴是中国特有的珍稀动物,属国家一级保护动物,所以非常珍贵。

①的"$N_{施}+V+N_{受}$""$N_{施}+V_{在}+N_{处}$""$N_{施}+(V_{使令}+N_{受})+VP$"句式的述题是对主题进行叙述的,②的"$NP_{主}+VP_{性状}$"句式的述题是对主题进行描记的,③的"$N_{主}+V_{(关系)}+N_{客}$"句式的述题是对主题进行解释的。各种意向类都各有多种句式来表达,比如表达"叙述"类的,除"$N_{施}+V+N_{受}$""$N_{施}+V 在+N_{处}$""$N_{施}+(V_{使令}+N_{受})+VP$"等句式外,还有"把"字句、"被"字句、"使"字句、连谓句等。其他各类亦然。言语交际时选择何种"主题+述题"的句式,全由表达意图决定。

(三) 表述情态对句式的选择

表述情态主要指言语者表达在言语时的主观态度或感情色彩。

1. 主观态度

如果言语者对某个事件或命题表达主观的态度(或看法),就宜选择一些由一些特定词语组成的能表示主观态度的句干句式。例如:

① 在我们学校里,我认为李敏是最美丽、最有气质的。/天这么冷,我以为你们不会来了,但你们还是来了。

② 凭你的形象和表演才能,你**应该**去京城闯荡一番。/根据目前股市形势,主力增仓板块**可能**成为下阶段热点;所以,大家**可以**对其中的龙头个股进行重点关注。

③ 网易新作《倩女幽魂》令人期待,**也许**会成为2011年网游的一匹黑马。/从这件平常小事上,你**大概**会悟出些道理并学到些什么吧。

上述句式的动态句式义都是表达言语者对某个事件或命题的主观态度,但各句式的口气又各有侧重:①是"N+V(认为)+(NP+VP)"句式(由表示主观态度的"认为""以为"等动词组成),句式义里有主观"认定"口气;②是"NP+助动词+VP"句式(由表示主观态度的助动词组成),句式义里有主观"评议"口气;③是"N+口气副词+VP"句式(由表示主观态度的口气副词组成),句式义里有主观"推测"口气。

另外,话语里的动态句式还有违反静态常规句式的情形,如倒装句句式。这是一种反常句式。反常句式也能表达言语者的主观心态。例如:

① 多美好啊,祖国的河山!/多可爱啊!这个孩子!

② 他边敲门边喊道:"吵什么啊,你们?我是妹子,快开门!"/叔叔问我:"回来了吗,你爸爸?"我说还没回来。

①为"VP啊,+NP"句式,是"(NP+VP)+啊"句式的倒装变式,对某事物性状的赞叹带有强调的口气;②为"VP啊,+NP?"和"VP吗,+NP"句式,它们分别是"(NP+VP)+啊"和"(NP+VP)+吗"句式的倒装变式,对询问的内容带有强调口气。

2. 感情色彩对句式的选择

言语者对事件的感情色彩,主要表现为对交际对方所采取的好恶、褒贬、尊卑(如尊重、赞叹、轻慢、不满、厌恶等)的感情态度。感情色彩不同,口气也往往不同,比如同样提出祈使要求,有禁止或命令口气的,有请求口气的,有商量口气的,就要根据感情选择相应句式,比较:

① 刚一落座,只见墙上的一块牌子闯入眼帘:"<u>不准吸烟!不准乱丢废物!不准随地吐痰!</u>"/陶铸下去视察时规定"三不准":<u>不准请客!不准迎送!不准送礼!</u>

② 护士道:先生,这是病房。<u>请别吸烟</u>!/这座椅是供人坐的,<u>请不要躺</u>

在这里!
③ 这是公共场合,您可以不吸烟吗?/你能不能安静两分钟?听我把话说完!

上述句式的句式义都表达"祈使"(要求不要干某事)义。其中①为"不准+VP"句式,带有命令或禁止的口气,且强烈而直率;②为"请+别/不要+VP"句式,带有舒缓的请求口气,有礼貌,尊重对方;③为"可以+(不+VP)+吗"句式或"能不能+VP"(包括"能不能+(不+VP)")句式,带有委婉的商量口气,有礼貌,尊重对方。

(四) 表述视角对句式的选择

同一个事件或情景,言语交际时如果采取不同的视角或出发点,相应地就会选择不同的句式来表达。例如:

① 走进客厅,只见布置得十分幽雅:地上铺着一块嫩绿色的地毯,墙上挂着一幅很有气派的油画。/里边是一张大床。床上躺着一位老人,脸色苍白,不住地咳嗽。
② 画室内到处都是她画的画。有的画挂在墙上,有的画摊在地板上,有的画放在画架上。/那个人躺在床上,瞪着眼睛看着天花板发呆。看样子他在想什么。

①为"$N_处+V_着+N_物$"句式,②为"$N_物+V_在+N_处$"句式。这两种句式表达的基本事件相同,但言语者表述的视角不一样,句式义也就不一样:①是以"处所"作为表述的对象或出发点,句式义是表达"某处以某种方式或状态存在着某物",着重点是表述"存在";②把"名物"作为表述的对象或出发点,句式义是表达"某物以某种方式或状态存在于某处",着重点是表述"定位"(关于"定位",可参看范晓2009,第280页)。

三、语境对句式的选择性

语境是指言语的环境。广义的语境包括句内语境和句外语境。句内语境指句子内部成分的特点、多寡等,句外语境包括对话语境、上下文语境、特

句式在言语中的语用价值　　　　　　　　　　　　　　　　　　　　567

定语体、现场场景(时间、地点以及交际对象身份、职业、社会地位、知识水平等)、其他背景(历史、文化、习俗、知识等)等。句式的应用必须适用于言语语境,语境对句式有选择性。不同的语境往往要选择不同使用价值的句式。

(一) 句内语境对句式的选择

1. 句内成分的语义和句法特点会影响句式的选择

句式内谓语动词的语义或句法特点不同会影响句式的选择。例如:

① a. <u>牧人宰了一头羊</u>,来款待客人。
　b. 牧人把一只羊宰了。
　c. 一只羊被牧人宰了。

② a. <u>牧人死了一只羊</u>,那只羊是冻死的。
　b. *牧人把一只羊死了。
　c. *一只羊被牧人死了。

①a 和②a 两个句式表面上都是"N_1+V+N_2"句式,句法上一般分析为"主动宾"(或"主谓宾")句。其实①a 和②a 是不同的句式:前者为"$N_{施}+Vt+N_{受}$"句式(属"施主-宾受"句),谓语动词是二价及物动词;后者为"$N_{领}+Vi+N_{属}$"句式("领主属宾句"),谓语动词是一价不及物动词。由于这两个句式里动词的语义特征和句法特点不同,语义结构也就不同,就必然会影响言语对句式的选择:①a 在一定的语境里可变换选用①b 的"把"字句式或①c 的"被"字句式;而②a 则不能变换选用②b 的"把"字句式或②c 的"被"字句式。

2. 句内名词的语义特征差别也会影响句式的选择

句内谓语动词所支配的名词性成分的语义特征差别也会影响句式的选择。例如:

① <u>我的妹妹比你的妹妹漂亮</u>,就引起了你妹妹的嫉妒。不该啊! /<u>你的哥哥比我的哥哥有钱</u>,你还是去向你哥哥借吧。

② <u>新疆八月的天气比北京[ ]凉爽</u>。傍晚,我们在屋外散步感到很舒服。/他是个有身份的人。<u>他的房子比你[ ]大</u>,他家里的摆设家具<u>也比你[ ]阔绰</u>。

①②为"(N_1+的+N_2)+比+(N_3+的+N_4)+V"句式。①的句式是完整的,

②是①的省略式(句式里省略了"的+N_4")。值得注意的是:"(N_1+的+N_2)+比+(N_3+的+N_4)+V"句式不能随便省略,如①就不能省略"的+N_4",如果省略,意义就变了。为什么②可省略"的+N_4",而①不能省略?原因是这两个动态句式里作为N_2+和N_4的名词的语义特征不一样:①的N_2和N_4指称"人";而②的N_2和N_4指称"物",人与人比较容易引起歧义(如"我的妹妹比你的妹妹漂亮"说成"我的妹妹比你漂亮"显然意思是不一样的);所以不能选择空缺"的+N_4"的省略句式。

3. 句内某成分的词语多寡会影响句式的选择

(1)"施事"为叙述起点来表达动作致使受事产生某种结果的事件,如果表结果的成分比较简单,可用"$N_{施}$+Vt+$Vi_{结}$+$N_{受}$"("SVRO"句)或"$N_{施}$+把+$N_{受}$+Vt+$Vi_{结}$"("把"字句)句干句式,如"我们打垮了敌人",也可说成"我们把敌人打垮了"。但如果表结果的成分比较长或比较复杂,就宜选用"把"字句式,而不能选用"SVRO"句式。例如:

① 我们是为人民服务的,一切都要为人民着想。<u>各级干部一定要把救灾工作做得深做得细做得透</u>,把人民群众的损失降至最低程度。
② 腐败分子贪得无厌,肆无忌惮。<u>他们把农民的利益当作盘中餐、囊中物</u>,把手中的权力看作弱肉强食的通行证。

4. 基本句式里增添了某些附加成分会影响句式的选择

以"是"字存在句为例:

① <u>广场上都是学生</u>,挤也挤不进去。
② 他从隧道里走出来,<u>头上全是灰土</u>,<u>身上满是臭汗</u>。
③ *<u>广场上学生</u>,挤也挤不进去。/*<u>广场上都有学生</u>,挤也挤不进去。

①②表示"某处存在某人"的"是"字存在句,但里面多了个副词"都"和"全",就不能用其他句式替换,如果把它们改换成③的"名谓"句式或"有"字句式,就不能成立。

(二) 句外语境对句式的选择

1. 对话语境

在对话语境里,如果有甲和乙两人交谈,甲问乙答,甲必选择表达疑问

句式在言语中的语用价值 569

的句式,乙回答甲询问的句式一般选择表达"陈述"的句式(包括省略某些成分的省略句式)。例如:

① 甲问:"($N_{代}$+V+$N_{处}$)+吗?"句式(你去北京吗?)

乙答:"($N_{代}$+不 V+[$N_{处}$])+。"句式(我不去北京。/我不去[ ]。/[ ]不去[ ]。)

② 甲问:"($N_{代}$+V+$N_{处}$)+?"句式(你去哪里?)

乙答:"([$N_{代}$]+[V]+$N_{处}$)+。"句式(我去北京。/[ ]去北京。/[ ][ ]北京。)

③ 甲问:"([$N_{代}$]+V+[$N_{处1}$],还是+V+[$N_{处2}$])+?"句式(你去上海还是去北京?)

乙答:"[$N_{代}$]+[V]+$N_{处}$"句式(我去上海。/[ ]去上海。/[ ][ ]上海。)

2. 上下文语境

言语里为了保持上下文(前言后语)话题或主题的衔接,为了保持各个句子间词语的照应和语意连贯,就得根据语境需要选择某种句式。如果前文已经出现动作的主体,后文往往选择与前文主题一致的句式,有时为求语句互相呼应或对称,上下句往往采取同一句式表示。例如:

① 赵某借酒行凶,打伤了别人,也"打掉"了自己的自由之身。/2003年,谢瑞麟驾车在卫理道撞伤一名铁骑士。同年他在尖沙咀假日酒店停车场撞裂一根云石柱。2004年8月,他在黄大仙碾伤一名女童脚背。

② 许金来把被褥叠放得整整齐齐,把桌椅擦得一尘不染。然后他走到院子里,又把水泥地打扫得干干净净。/陈某不满雇主解雇,便怀恨在心。一天晚上,他乘雇主夫妇熟睡之际,把雇主杀死,把雇主之妻打伤。

③ 在拍动作片时,杨紫琼的脚筋被对手踢伤。由于诊断错误,她的脚筋竟被医生拉断。/在珍珠港战役中,美国太平洋舰队顷刻几乎全军覆没。10艘军舰被日军击毁,约200架飞机被日军飞机炸毁,海陆军官兵2341人被日军炸死。

①上下文都用"N$_{施}$+Vt+Vi$_{结}$+N$_{受}$"句式,②上下文都用"N$_{施}$+把+N$_{受}$+Vt+Vi$_{结}$"句式("把"字句),③上下文都用"N$_{受}$+(被+N$_{施}$)+Vt+Vi$_{结}$"句式("被"字句)。如果把这些并列对称的句式改得不对称,整个话语片段就会显得不连贯。

在由几个语义相关的上下文语境里,为了简洁明快,往往选择省略句式。例如:

④ <u>祥子哆嗦得更厉害了</u>,[ ]<u>揣起保单,拉起车</u>,[ ]<u>几乎要哭出来</u>。[ ]<u>拉到个僻静地方</u>,[ ]<u>细细端详自己的车</u>,[ ]<u>在漆板上试着照照自己的脸</u>!

⑤ [ ]<u>看见那乱丢了一床的衣服</u>,[ ]<u>又看见女儿只穿着一件绒线短衣站在床前出神</u>,<u>林大娘这一惊非同小可</u>。

④是承上省略主语的句式,⑤是蒙下省略主语的句式。这类省略句式在汉语的动态话语里是很普遍的。

3. 特定语体

语体也是一种语境。不同的语体类型对句式也有选择性,在特定的语体里,某些句式的使用频率较高,某些较低或不适用。如表达询问语气的句式一般适用于对话的口语体或剧本语体的对话语境里,而不太能用于政论语体和公文语体。又如"被"字句式、"把"字句式、"比"字句式等在文艺语体(特别是小说)中较多,公文语体(法律法规、政府公告之类)较少(参看张先亮、范晓 2008,第 75、151、287 页)。

句式的选择要符合语体特点,还表现在同样内容在不同语体中可选择不同句式。例如:

① "N$_1$+比+N$_2$+还/更+V"句式("他为人民服务的精神<u>比雷锋还好</u>。"/"这个人<u>比阿 Q 更自欺欺人</u>。"之类)

② "N$_1$+比+N$_2$+还/更+N$_2$"句式("他有志气、有精神、有觉悟,<u>比雷锋还雷锋</u>。"/"他<u>比阿 Q 更阿 Q</u>,实在可悲啊!"之类)

上面的①与②内容相同,但句式不同。相比之下,②这种句式比较特别,是一种修辞用法。它是在①基础上发展出来的(句式中的 N$_2$ 是一种代表某种气质、精神、风度的性质名词),可用于评论语体或文艺语体,而不能用于公文语体。

4. 特定语境

在言语的特定语境里,动态句式义有的跟静态句式义一致,有的跟静态句式义不一致。下面举若干实例加以说明。

(1)"设问"和"反问"语境。表达询问中的"是非问"的"吗"字句式一般是用于自己不明白而需要向别人询问某件事或某个命题的"是非/是否"的始发句里,如"他是老师吗?/屋里有人吗?"之类。可是在言语特定预设场景里,却可不表示询问,例如:

① 我能够拿自己的身体开玩笑吗?不会的,身体垮了还不是自己倒霉。/我们工作上会有困难吗?当然会有。但我们应当有信心有决心去克服困难。

② 看你丢三落四的,我能放心你出国吗?/就一只机子,人家她爹都在地下蹲着,我能坐吗?

上面两句都是"吗"字句式,并不表达"询问"("是非问")。①的"吗"字句是"无疑而问"(明知故问)里的"设问",是自问自答,以便使得对方更加注意自己的陈述。②是"无疑而问"(明知故问)里的"反问"(实际上是用于对命题的"否定"),有否定词的反问句,用意在肯定,没有否定词的反问句,用意在否定。表示"反问"的句式是用一种反诘口气来否定某件事,旨在加强肯定陈述自己的观点。表示"设问"和"反问"的动态句式都是在言语有特定的预设场景里的一种修辞方法。

(2)外交语境。在外交场合的特定场境里,一般的"外交辞令"(指客气、得体而不是直率的陈述)常选择具有含蓄、委婉口气的句式。例如:

① 我们对此不能不采取应有的措施。

② 我们将不得不仔细地重新考虑本国的立场。

①的"N+不能不+VP"句式和②的"N+不得不+VP"句式一般称为"双重否定"式,很适用于外交场合的语境,是一种表达婉言的句式。上面两句如果直说,意思是"我们将采取应有的措施"和"我们将改变本国的立场"。

(3)标题语境。报刊上的文章标题也是一种特定场景,标题对句式也有选择性,有些标题句的句式是很有特色的。例如:

① 论网络文学的基本特征(《人民网》)/说"老实人"与"老好人"(《人民网》)/谈"弱国无外交"(《人民网》)

② 国内知名专家会诊新疆首府交通拥堵难题(《人民网》)/中国男高音夺冠意大利贝利尼声乐比赛(《中国文化报》)

③ 打瓶酱油也要开车吗?(《人民网》)/公车改革比八年抗战还难吗?(《人民网》)

①可称为"论"字句式(包括"论/说/谈+NP"或"论/说/谈+VP"句式),此种句式的言语动词"论、说、谈"之前有时还加有"试、简、略、浅"之类的词。如"试论中国文化的重建问题""略论《大众生活》周刊的内容特色""简论胡适的言论自由思想"等。②为"N_1+Vi+N_2"(Vi 为"动宾式不及物动词")句式,这种句式用于文章的标题是为了强调和凸显动宾式不及物动词所表达的动作或事件。③为"吗"字句式,这种句式出现于标题,是跟文章背景有关,用来陈述一个众所周知的事件,显然是"无疑而问",表达反诘口气。

四、结　　语

在语法研究中,应把静态研究和动态研究既区别开来又结合起来,所以研究句式应区别"静态句式"和"动态句式",研究句式的语用价值应区别"使用价值"和"应用价值"。静态句式的"使用价值"是句式的本质属性;静态句式对语旨和语境的适用性以及语旨和语境对句式的选择性是句式的"应用价值",是句式的应用属性。动态句式是静态句式在言语里的具体应用,静态句式必须适应言语的语旨和语境才能发挥效用。静态句式的使用价值是句式应用价值的基础,应用价值是在使用价值的基础上产生的,在具体言语的动态句式里,静态句式和动态的语旨和语境结合起来,使句式的使用价值和应用价取得完美的统一。

并不是任何静态句式可应用于任何言语,也并不是任何言语可选用任何静态句式;各种句式应用于言语交际各有其适用的条件。反之,言语的语旨和语境也各有其所选用的句式;句式对语旨和语境的适用性及语旨和语境对句式的选择性是有一定的规律的。

研究句式在言语中的应用价值，除了要研究静态句式的使用价值外，还应研究静态句式对言语或话语的适用性以及语旨和语境对静态句式的选择性。研究句式的应用价值，必须在静态研究的基础上结合言语的语旨和语境进行动态的研究。这样的研究对句式的实际应用和解释动态句式所表示的语用功能意义是会有帮助的。

话语里具有特殊语用功能的"辖群句"

〇、前　　言

(一) 话语片段举例

有这样一些话语片段,这种话语片段由两个直接组成成分 J 和 q(由符号 | 隔开)组成,请看实例:①

① J.<u>道静说过这样的话</u>:|q."张先生,我真不愿在家里帮助老人过这些收租讨债的日子。可是没办法呵。这几亩地算把我的前途都断送了——我原是喜欢研究学问的人呵。"

② J.<u>达尔文看到这样的场景</u>:|q.在保存着原始风俗的火地岛上,土人把别人送给他的毛毯撕成碎片,分给自己的同伴。岛上发生饥馑,有个土人在海滩上发现一条搁浅的鲸鱼,他虽饥饿不堪,也不吃一点,而是回去报告,让部落成员集体分食。

③ J.<u>项羽说</u>:|q."我在会稽郡起兵后,带了八千子弟渡江。到今天他们没有一个能回去,只有我一个人回到江东。即使江东父老同情我,我还有什么脸再见他们呢。"

④ J.<u>会议决定</u>:|q.一、人民政协的各级组织,要切实履行政治协商、民主监督、参政议政的职能,……为受灾地区的建设和大江大河大湖的治理建言献策。二、人民政协的各级组织、各参加单位和委员,……要努力做好本职工作,积极促进经济建设和各项事业的发展。三、进一步开展捐款捐物等活动,以各种形式支援抗洪救灾和灾后重建工作。

---

① 为节省篇幅,本文引例删去了出处(除非特别需要)。另外实例过长的做了删节(用删节号 [……] 表示)。

⑤ J.南县茅草镇的繁华景象呈现在眼前:Iq.风格各异的新楼房鳞次栉比,电视发射塔高耸入云。街道两旁店铺林立,街道上到处是熙熙攘攘的人群,汽车川流不息。淞澧洪道和沱江水面上,大小船只来往如梭,不断传来离靠岸船只发出的雄浑的汽笛声。

⑥ J.堪察加半岛上有许多奇异的现象:Iq.高山植物生长在海边;现代冰川和火山"和平共处";紫萝兰花盛开在温泉旁的雪堆中;海鸥在鱼背上自由进食。还有一条长2000米的"死亡谷",动物进入山谷后会突然丧生,所以被称为"动物的坟墓"。

⑦ J.高参议恼火了:Iq."就凭他,敢欺骗我,去他的吧!杨先生,请你相信我,……我的做人到底如何呢?请你打问一下肖部长吧!他完全了解我。"

⑧ J.孔繁森在西藏很辛苦:Iq.他整天奔波在阿里深入调查。饿了,就吃口风干的牛羊肉;渴了,就喝口山上流下来的雪水。平时经常是白饭加榨菜或是开水泡馍和方便面。

⑨ J.这是为什么呢? Iq.这是因为你办事公道了,你自己廉洁了,老百姓也就尊敬你、爱戴你,就会听你的话。所谓打铁全靠自身硬,身正不怕影子斜,就是这个道理。

⑩ J.人性的本质是什么? Iq.通常认为是指人类天生具有的为人处事的属性。有说人性是善的,有说人性是恶的,等等。其实人性是在一定的社会制度和历史条件下形成的人的本性;所以人性不是绝对的"性本善"或"性本恶",而是受所处社会环境影响的。

上面①至⑩的话语片段有一个共同的特点,即它们都由句法结构上前后连贯、意义表达上相互关联的一群句子组成,整个话语片段是一个"句群"(也称"句组""语段"等)。本文把这种句群记作 Q,它由两个直接组成成分 J 和 q 组成。Q 里的 J 是个句子,Q 里的 q 则是由两个或两个以上的句子组成的包含在句群 Q 里的句群,即"J+q=Q"。

(二) 对上面话语片段的不同见解

对于上面这种"J+q"两个直接组成成分构成的话语片段,有些论著也提

到过,但是存在着一些不同的见解,主要有三种:

第一种,以高更生(1986,第 23—25 页)为代表,他在谈到类似的话语片段时虽然认为 q 是一个句组(句群),但是却把"J+q"称为"超句"。这就把这种话语片段看作动词带 q 宾语的句子,即把 J 和 q 都当作"句子的构成成分"(句内的句法成分)。他举的实例是:

① J.<u>老国太太说</u>:|q.咱们的沙栗儿马膘多厚,劲多大!这马算啥呀?真是到哪里也是个扔货。

② J.<u>第三张挂在右边,画的是夏天的景色</u>:|q.山上、黄沙沟里,都被茂密的森林盖着……。村里村外也都是树林,树林的低处露出好多新房顶。地里的庄稼都整齐化了……。一半是秋粮区,一半是蔬菜区。……

他认为:这里的①是"超单句",J 中谓语动词"说"后面的 q 是"句组"作宾语;②是"超复句",J 中谓词动词"是"后面是"复指结构"(把 J 里"夏天的景色"和"句组 q"看作"复指结构"型短语)作宾语,即把句组 q 看作动词"是"的宾语的组成部分。

第二种,以邢福义(2001,第 546—548 页)为代表。他提到上面类似的话语片段。他举的实例是:

① J.<u>我们再看《从百草园到三味书屋》叙述雪地里捕鸟的一段话</u>:|q.……

② J.<u>瑶族老人又说</u>:|q."过路人受到照料,都很感激,也都尽力把用了的柴、米补上,好让后来人方便。我这次是专门送粮食来的。"

他认为"J+q"话语片段里的 q 是一个句群,J 是一个句子,把这里①中的 J 称为"提引句",把②中的 J 称为"外套句"。他还称 q 属于"内层",而"提引句"和"外套句"属于 q 的"外层"(可见他把 J 看成"群外句")。但是他没把"J+q"这样的话语片段看作句群。

第三种,以吴为章、田小琳(1984)和庄文中(1990)为代表,他们也提到上面类似的话语片段。他们举的实例是:

① J.<u>在人类历史以前就有三种桥</u>。|q.一是河边大树,微风吹倒,恰巧横跨河上,形成现代所谓"梁桥"……。二是两山间有瀑布,中为石脊

所阻,……形成所谓"拱桥"。三是一群猴子过河,……一个个连成一串,……就成为"猿桥",形式上就是现代所谓"悬桥"。

② J.我不禁怀疑说:|q.你有七十了么？看不出身子骨还挺硬朗。

他们把"J+q"这样的话语片段看作句群,认为其中的 J 为句子,q 为句群,把这里的①称为"总分句群",把②称为"解证句群"。但是他们没对 J 进行命名和分析。

上面三种看法有共同的一面,即把 q 都看作句群,但是彼此有区别。一是在话语片段(J+q)的定位上:吴为章、田小琳、庄文中等认为"J+q"是句群;高更生认为"J+q"是句子而不是句群;邢福义则对"J+q"的定位未做过说明,似乎也不认为是句群。二是在 J 的定位上:高更生把不带名词性词语的 J 看作"主语+动词"(q 分析为 J 中动词所带的宾语),把带名词性宾语的 J 看作"主语+动词+宾语"(q 分析为跟 J 里动词后的名词性词语组成"复指结构"型短语做宾语);邢福义把 J 看作句群 q 前的一个句子,把 J 中及物动词带有宾语的 J 称为"提引句",把 J 中及物动词没带宾语的称为"套外句";吴为章、田小琳、庄文中等也把 J 看作 q 前的句子,但是未对 J 这种句子给以名称和说法。

(三) 本文的基本思路

1. 在话语片段"J+q"的定位上

对于"J+q"的定位,笔者认为"超句"说欠妥。这是因为:第一,从层次角度看,这类话语片段第一层次应该是 J/q(第一层次的直接组成成分是 J 和 q),如"J.某某说:/q.句群……",而不是"某某"/"说:+句群 q……",可见"超句"说不合语法分析的实际;第二,"超句"说推论的后果是,J 中谓语动词后的任何话语片段(包括"句群""段落""章节",甚至整个"语篇"或篇章)①等必然都会分析为宾语,即所谓"意念宾语"(也称"逻辑宾语"),那就不合理。现在学界一般认为充当宾语的限于词、短语、句子形式,对句群、段

---

① 例如:"A.老师说(或"老师说了个故事");|B.从前有位老人,名叫愚公,年近九十。……"。这里 A 是 J,但是 B 不是句群 q,而是由句群、段落等组成的语篇(内容是"愚公移山"的故事)。如果把大于句群、段落的整个语篇或篇章说成动词所带的宾语或宾语的一部分,实在不合理。

落、语篇(或篇章)等出现于动词后则做独立的分析。这不仅有道理,而且对语法分析的实践操作也比较方便。所以,尤其把上述提到的各种话语片段分析为"超句",还不如把它看作"J+q"构成的"句群"Q比较合适。

2. 在话语片段中 J 的定位上

对于 J 的定位,笔者认为把 J 看作"超句"里的句法成分的观点也欠妥。这个 J 实际上兼有双重身份的句子:对句群 q 而言,是"群外句"("句群 q 外层"的句子);对句群 Q 而言,又是"群内句"("句群 Q 内层"的句子)。

3. 本文讨论的主要内容

各家虽然注意到"J+q"这样的话语片段,但是所举类型不多、不全面。有的还把 J 看作句子,不认为"J+q"是句群;即使把"J+q"看作句群的,也还没有对 J 的命名和性质特点以及 J 和 q 的关系进行全面、深入的分析,还没有这方面的专题学术论文。本文对这类话语片段作专题研究,先讨论 Q 的性质特点和内部组成,在此基础上着重分析 Q 里的 J 及其"句干"①,并扼要描述句干 J 的主要句式。

一、句群 Q 的性质和特点

(一) 关于句群 Q 的性质

1. Q 属于补充句群

要了解句群 Q 的性质,就是要认定它是何种类型的句群。这就得分析句群 Q 第一层次两个直接组成成分 J 和 q 之间的关系。对于 J 和 q 的关系,可以从不同的角度进行分析:

从句法结构方面看,J 和 q 是"被补充"(补充的对象)和"补充"关系,②Q 在句法上可以称为"补充句群"。

---

① 严格意义的句子是由"句干+语气"组成的,但是习惯上人们也把排除语气的句干称为"句子",比如把由主语和谓语组成的句干称为"主谓句",把单句句干称为"单句",把"复句"句干称为"复句",把分句句干称为"分句"等等。据此,行文中谈到句干(单句句干、分句句干、复句句干)时也常称其为句子(如单句、分句、复句等)。关于"句干"的阐释可以参看范晓(2019)。

② 在句法上,复句可分为"联合复句""偏正复句""补充复句"三大类。句群 Q 跟补充复句内部直接成分的关系是一致的。关于"补充复句",可参看范晓(1996,第 505—522 页)。

从关联意义方面看,J 和 q 是"被解说"(J 是"解说的对象")和"解说"(q 对句干 J 进行补充性的、具体的、延伸性的解说①)的关系,Q 在关联意义上可以称为"解说句群"。

从语用表达方面看,J 和 q 是"被表述"(J 是"表述的对象",即句群的"话题")和"表述"(q 对 J 进行"表达、述说")的关系,Q 在语用上可以称为"话题表述句群"。

2. 补充句群和补充复句的区别

补充句群和补充复句是补充句群内部第一层次两直接成分之间的关系,从句法结构方面看,都是"被补充"(补充的对象)和"补充"关系。这是它们的共性。但它们是有区别的,因为它们是不同的话语单位,这表现在:补充复句内部第一层次直接成分间的关系属于句内关系(分句和分句间的关系),补充句群内部第一层次两直接成分间的关系属于句际关系(句子和句群间的关系)。比较:

① A.紫金城有四座城门,|B.南有午门,北有神武门,东有东华门,西有西华门。

② A.紫金城有四座城门:|B.南有午门,是紫禁城的正门,位于紫禁城南北轴线;北有神武门,是皇宫的后门,为宫内皇室人员日常出入的专用门;东有东华门,与西华门遥相对应,专供太子出入;西有西华门,与东华门遥相对应,清代帝后游幸西苑多由此门而出。

这里①②里的两个直接成分(A 和 B)的话语片段有相同点:第一层次 A 和 B 之间都是"被补充-补充""被解说-解说""被表述-表述"的关系;A 都是"紫金城有四座城门",是后一直接成分 B 的补充、解说、表述的对象。但是它们又有不同点,即话语里单位性质不同:①是个复句,②是个句群。②①句法上属于"补充复句",关联意义上属于"解说复句",语用上属于"话题

---

① "解说",就是"解释"或"说明"。它涵盖的范围很广,包括吴为章、田小琳(1984、2000)和庄文中(1990)所说的"解证"和"总分"。从底层理据看,Q 内部直接成分的关联意义反映思维里命题之间逻辑意义。

② 判断补充结构的话语片段是句群还是复句,关键是看 A 后面的 B 是句群还是句子:如果 B 是若干句子组成的,则该话语片段是补充句群;如果 B 不是句群,而是分句,则该话语片段是补充复句。

表述复句";②句法上属于"补充句群",关联意义上属于"解说句群",语用上属于"话题表述句群"。

(二) 补充句群 Q 的特点

补充句群 Q 的特点,只有跟其他句群比较才能显示。汉语句群可以分为三大类,即联合句群、偏正句群和补充句群。跟联合句群、偏正句群比较,补充句群 Q 的特点主要表现在:

第一,从句群内部直接成分的结构上看,补充句群 Q 的第一层次直接成分 J+q 是封闭性结构(二分的);这跟联合句群第一层次直接成分是开放性结构(可以多分)是有区别的。

第二,从句群内部直接成分的关联意义上看,补充句群的直接成分 J 是"补充、解说、表述"的对象,后边的直接成分 q 是对前边直接成分 J 起补充、解说、表述作用的;这又有别于偏正句群,因为偏正句群里前边的直接成分是用来限制或修饰后边直接成分的,而后边直接成分则是被限制或被修饰的对象。

第三,从句群内部直接成分的结构中心上看,补充句群的结构中心一般在前面的"被表述"对象。它既与偏正句群有区别(因为偏正句群的结构中心一般在后面的被限制或被修饰的对象上),也与联合句群有区别(因为联合句群是的结构中心是并列的)。

第四,从句群内部直接成分的表达重心上看,补充句群在语用中的表达重心一般落在后面对"被表述"对象进行补充延伸解说的表述上。这跟偏正句群有区别,因为偏正句群的表达重心一般落在前面的限制或修饰的表述上。

第五,从句群前边的直接成分的单位上看,补充句群前边的直接成分只能是句子,而无论是联合句群还是偏正句群,前边的直接成分大多是句群(少数也可以是句子)。

二、句群 Q 里的 J 及其"句干"

(一) 句群 Q 里的 J 的性质

补充句群 Q 里的 J 有"提"和"引"两大语用功能:一是提示句群 Q 的

"主旨"(中心意思)或"话题"的功能;二是引导出句群 q 围绕主旨展开解说(解释、说明)或对话题进行表述的功能。据此可以看出这个 J 既管辖着 Q 的"主旨"和"话题",又管辖着 Q 中的 q。

这跟补充复句里的"提引句"有共性①。为了有别于补充复句里的提引句,本文把补充句群里这种既管辖 Q 又管辖 q 的提引句称为"辖群性的提引句",可以简称"辖群句"。

辖群句表示的语气主要有两类:一类是陈述语气,如前面"前言"里的①至⑧例;一类是疑问语气,如前面"前言"里的⑨⑩两例。辖群句 J 和 q 的关系不是体现在语气所表现的语用功能上,而是体现在句干的"辖群"的语用功能上。所以"辖群句"是着眼于"辖群句句干"。本文研究辖群句,侧重研究辖群句的"句干"。

辖群句句干包含有两种类型:一种是单句句干(记作 J);另一种是分句句干(复句的终止分句,作 j)。下面举两例做一比较:

① A. J.<u>梁家辉曾经说过这样的一段话</u>:|B. q."25 岁入行觉得好玩,没有压力,懵懵懂懂觉得很自由。30 岁成名,失去那种自由,公众也开始期待你,要求你。如今,我已经老喽,能和家人常在一起就是最大的幸福。"

② A. j_1.大妈知道了,j_2.<u>亲自跑来跟静秋说这事</u>:|B. q."姑娘家,成分不好怕什么?你跟我家志刚结了婚,成分不就好了?以后生的娃都是好成分。"

辖群句句干跟 q 是直接关联的。这里①Q 里的 A 是单句,起辖群作用的 J 是单句句干("梁家辉曾经说过这样的一段话"),它跟该 Q 里的 q 直接关联。这里②Q 里的 A 是复句句干,内有 j_1 和 j_2 两个分句句干,其中起管辖作用的是复句句干里的终止分句句干 j_2 ("[大妈]亲自跑来跟静秋说这事"),它跟该 Q 里的 q 直接关联;而起始分句的句干 j_1 ("大妈知道了")跟 q 没直接关联,就不是辖群句句干。

---

① 由 A 和 B 两直接成分组成的补充复句里,A 为"提引句"(对补充复句的"主旨"或"话题"起提示作用,对 B 起引导作用)。B 是围绕补充复句的主旨展开解说或对话题进行表述的两个或两个以上的分句。

（二）辖群句的凸显关联点

补充句群里的 q 是通过辖群句句干 J 里的凸显关联点发生链接和联系的。这凸显关联点用来钩住句群 q，犹如码头上的"拴船桩"用来拴船似的；而 q 则指向该凸显关联点做具体的延伸性的补充解说。这凸显关联点一般落在 J 里凸显的某些成分或某些词语上。根据 q 指向 J 中凸显关联点的情形，前面"前言"里的实例①至⑩话语片段大体可以归纳为五组。

甲组，实例①②便是。这组 J 里谓语动词是动作行为动词，它们后面带有显性的名词性宾语。J 里凸显关联点是在动词所带的宾语（"这样的话""这样的场景"）上，q 补充延伸性解说该宾语所指的具体内容。

乙组，实例③④便是。这组 J 里谓语动词是动作行为动词，它们后面没带显性的名词性宾语，可以分析为动词后面有一个"空宾语"[①]（或称"隐性宾语"，"说"后隐含着"这样的话/那样的话"之类；"决定"后隐含着"要干的事/以下的事"之类）。J 里凸显关联点是在动词后隐含的"空宾语"上，q 补充延伸性解说"空宾语"所指的具体内容。乙组跟甲组表面形式上有差别，但是表示的意义本质上是一样的。[②]

丙组，实例⑤⑥便是。这组 J 里谓语动词是表示存现的动词。J 里凸显关联点是在动词联系着的表现存现事物的名词性词语（"繁华景象""奇异的现象"）上，q 补充延伸性解说存现动词联系的存现事物的具体内容。

丁组，实例⑦⑧便是。这组 J 里的凸显关联点是在做谓语的"状态动

[①] "空宾语"由"空语类"担当，它隐含着动作涉及的客体。"动词+空宾语"意味着"V 什么/V 那个 N"（如"说什么/说那个 N""看见什么/看见那个 N"）。不同动词所涉及的客体有不同的意义：有表人或物的，有表事件或事实的，有表观点或道理的，有表话语或信息的，有表场景或景象的，有表原因或问题的，等等。

[②] 乙组和甲组比较，它们的形式差别是：甲组 J 里谓语动词后带有显性宾语，乙组的谓语动词后带有一个"空宾语"。但是它们有相同处：q 都是用来具体地补充延伸解说 J 中的"动词+宾语"（显性宾语或隐性宾语）所含有的具体内容，所以它们在一定条件下可以相互变换：乙组空宾语位置上如果加上某个显性宾语，就能变成甲组，如"项羽说：……"可改成"项羽说了这样的话：……"；反之，如果删除甲组的显性宾语，就变成乙组，如"道静说过这样的话：……"可改成"道静说：……"。邢福义（2001，第 546—548 页）把甲组称为"提引句"，把乙组称为"外套句"；笔者认为对 q 而言它们都是"外套"的"提引性"的辖群句。

词"或"程度副词+形容词"("恼火""很辛苦")上,q补充延伸性解说做谓语的谓词性词语所显示的心理状态或性质状态的具体内容。

戊组,实例⑨⑩便是。这组J句是疑问句。J里凸显关联点是在动词所带的疑问代词宾语所表的疑问点("什么")上,q补充延伸性解说疑问代词宾语所指的具体内容。

(三) 辖群句J在Q里的位置

"辖群句"J在Q里一般置于Q的前面,如前面"前言"里的①至⑩实例这个位置上的J可以称为"领群句"(或"群头句"),它是带领句群q的那个句子,它犹如一只"领头羊"在羊群里带领一群羊的那只羊。如果说羊群本身也可包括领头羊,领头羊属于"群",那么句群Q本身也可包括领群句J。但是也有特殊的情形:一是某些表示总结性解说("总说")的Q里,辖群句J可置于q的后面①;二是在某些文艺作品里,J有出现在q后面或中间的情形(这可能是受欧化笔法的影响)。例如:

① "老太太。信是早收到了。我实在喜欢的不得了,知道老爷回来……"<u>闰土说</u>。

② "我有一种丹,"<u>陈莲河先生说</u>,"点在舌上,我想一定可以见效。因为舌乃心之灵苗……价钱也并不贵,只要两块钱一盒……"

这里①里的J"闰土说"是Q的"押尾句",②里的J"陈莲河先生说"是Q的"中插句"。本文讨论的重点放在一般的、比较普遍的Q前的"领群句"句干上,对于押尾的和中插的J不做讨论。

(四) 要把"辖群句"跟插语区别开来

某些句群前有时添加有插语(也说"插说""话语标记"),如"我说、我说呢、我看、你看、依我看"等。插语在形式上很像辖群句,例如:

① <u>我说呢</u>,你妈也真是的,哎,人家送救济品他愣不要。你妈有意思么?

② <u>你看</u>,是你自己坦白呢,还是我给你指出来? 这两条路由你自己选吧!

---

① 表"分说"的q在前、表"总说"J在后时,J前常用"总之"类关联词语标示。

这里①②里的"我说呢、你看"是插语。插语置于句群前并不是提示句群的主旨和话题，它后面的句群也不是对它进行补充、解说、表述。插语只是表达说话者的主观情态；这跟辖群句 J 有辖群的作用（即本身有提示句群主旨和话题的作用以及有引导出 q 对 J 补充解说的作用）是完全不同的。

（五）辖群句 J 和句群 q 之间的关联词语

J 和句群 q 之间大都没有关联词语，但是在某些具有解说（如"注释性"解释和"总分性"说明）关联意义的 Q 里，J 和 q 之间可以插加某些关联词语，如"即""比如""例如""那就是""这就是说""也就是说""意思是说""换句话说""总之""综上所述""归根结底"等，例如：

① 在演唱方面，郭兰英有自己独特的风格，那就是：一、气息的运用。以气息丹田的方法，做到低音扎实、中音纯净、高音嘹亮而优美；二、吐字准确而穿透力强。不用话筒，她可以把每个字送到剧场的最后一排；三、行腔……吐纳顿挫，变化多端，纯熟自如。

② 她走路抬头挺胸的，眼睛总是敏锐地扫视前面的世界。嘴里时不时哼着一些叫人听不懂的外国歌，……在别人对当前那些时髦的政治话题喋喋不休地谈论的时候，她总是一言不发，……总之，她和眼前的社会很不搭调。

这里辖群句①②中的"那就是""总之"就是插加 J 和 q 之间表示关联意义的关联词语。

（六）"辖群句"中作谓语的谓词

"辖群句"J 在特定句式里可以空缺（省略或隐含）作主语或宾语的名词性词语，但是一般不能空缺作谓语的谓词①。"辖群句"句干中作谓语的谓词主要有：

---

① 主谓短语作定语的名词性短语构成的辖群句是一种特殊的情形，例如："J.一个戴厚眼镜的，未老先白头的中学教员告诉我的故事。|q.台湾的姑娘喜欢穿花裙子，光脚拖木拖板，爱玩爱笑爱打扮。……"（林斤澜《台湾姑娘》）。此例实际上有谓词，只是藏在定语里。如果把 J 改说成"一个戴厚眼镜的，未老先白头的中学教员告诉我一个故事"，则 J 里做谓语的谓词"告诉"就显现了。

（1）表示"言语"的动词，如"说""谈""表白""表示""呼喊""问""答""写"等①；

（2）表示"见闻"的动词，如"见""看见""看到""见到""瞥见""听到"等；

（3）表示"思维"的动词，如"想""思考""考虑""认为""感到""觉得""知道"等；

（4）表示"宣告"的动词，如"宣告""告示""布告""申明""声明""指出""命令""建议""要求""决定""规定""强调"等；

（5）表示"实证"的动词，如"说明""表明""证明"等；

（6）表示"实施"的动词，如"实施""施行""干""做""作出""制定"等；

（7）表示"存现"（存在、出现）的动词，如"存在""出现""呈现""显现""展现""暴露""产生""发生"等②；

（8）表示"关系"的动词，如"是""有"等③；

（9）表示"状态"的动词，如"激动""感动""窝火""恼火""发火""悔恨""后悔"等；

（10）表示性质的"形容词"，如"美""丑""苦""穷""灵活""精明""朴实"等。

谓词中较多的是及物性动词，它们出现在辖群句句干句式里有的带有宾语，有的后面带有"空宾语"。

三、"辖群句"句干的句式

"辖群句"的句干句式，是指 Q 里 J 的词类序列形式。为便于描写，本文用了一些符号：名词性词语记作 N，动词性词语记作 V，及物动词记作 Vt，不

---

① "言语"包括口头上的说话和书面上的作文，所以书面上的"写"类动词也属于言语动词。至于"表白""问""答"等，既可以是口头的，也可以是书面的，当然也可看作言语动词。

② 存在句里表存在状态的"V 着""V 有"也属于"存现"类，如"他的书房里挂着（或挂有）两副对联：一副是'两耳不闻窗外事，一心只读圣贤书'，另一副是'板凳要坐十年冷，文章不写一句空'。"

③ "是""有"之类表示关系时是关系动词，但在"名$_{处}$+是/有+名$_{物/人}$"的存在句里也可以表示"存在"。

及物动词记作 Vt,形容词记作 A;空主语(省略或隐含的主语)、空宾语(隐含的宾语)以及省略或隐含的施事、受事记作[ ];指人名词记作 $N_{(人)}$,指物名词记作 $N_{(物)}$,处所名词记作 $N_{(处)}$,时间名词记作 $N_{(时)}$。下面对辖群句 J 的主要句式作形式描写和简单举例,并对其句型、句模、句式义做扼要说明。

(一)"$N_{1(人/物)}+Vt+N_{2(物)}$"句式

辖群句 J 为"$N_{1(人/物)}+Vt+N_{2(物)}$"句式的,例如:

① <u>她跟男的说这个话</u>:"人家老家庭,头门不出,二门不迈。你瞧瞧相片儿,我把相片给你拿来。合适呀你把相片留下,不合适退给人家。"

② <u>王赣骏从太空看到地球这样的壮观的景象</u>:"地球的景色真是太迷人了。它在阳光的映照下显现出绚丽多彩的颜色,千姿百态,漂亮极了! 它像是一颗五彩缤纷的玻璃球,主要是蓝色,还有不少绿色,其次是陶土色、灰黄色。……"

这种句式句法上是"主谓宾"句型,语义上是"施动受"句模,语用上句式义是"叙述施事施加动作行为涉及(或支配)某个受事"。

(二)"$N_{1(处/时)}+V+N_{2(人/物)}$"句式

辖群句 J 为"$N_{1(处/时)}+V+N_{2(人/物)}$"句式的,例如:

① <u>目前存在着一个怪现象</u>:书商呢,喊卖不出书,因此不肯出学术书。读者呢,却又喊买不到书,特别是买不到学术著作。

② <u>画面上出现了这样的景象</u>:一个东西匍匐在遥远的地平线上,最初看不清是人还是马。随后,沙漠里的马蹄印变成了人的脚印,说明马已经累死了。人的脚印逐渐出现摇摇晃晃的轨迹,接着,脚印变成了一条歪歪曲曲向前延伸的沟。

这种句式句法上是"主谓宾"句型,语义上是"时/处动受"句模,句式义是"记述某时或某处存现着某种现象或景象"。

(三)"$N_{1(人)}+Vt+N_{2(人)}+N_{3(物)}$"句式

辖群句 J 为"$N_{1(人)}+Vt+N_{2(人)}+N_{3(物)}$"句式的,例如:

① 我问你一个问题。你真的觉得黑魔王从来没有问我那些问题吗？你真的认为,我从来没有给出合适的答案,就能够坐在这里跟你谈话？

② 吉田的一位亲戚告诉我一件事:有一天,吉田到麦克阿瑟的办公室去,发现这位将军情绪很低落。麦克阿瑟说他的一只狗突然意想不到地死了。

这种句式句法上是"主谓宾$_1$宾$_2$"句型,语义上是"施动与受"句模,语用上句式义是"叙述施事发出动作行为给予与事以涉及(或支配)的某个受事"。

（四）"[N$_{1(人)}$]+Vt+N$_{2(物)}$"句式

辖群句J为"[N$_{1(人)}$]+Vt+N$_{2(物)}$"句式的,例如:

① 他刚走进屋子,[他]就听见听筒里传来的声音:"妈妈！妈妈！你怎么啦？你怎么啦？妈妈,妈妈,你说话呀！你快说话呀！"

② 从牙雕中,[ ]可看到成昆铁路盘绕在崇山峻岭中的宏伟景象:在群山峭壁上,一列火车穿山而过。远处是红军长征时攀越过的铁索桥。铁路旁是敲锣打鼓、振臂高呼的人群。

这种句式句法上是含有"空主语"的"[主]谓宾"句型,语义上是隐含施事的"[施]动受"句模,语用上句式义是"叙述[施事]发出动作行为涉及某种(或支配)受事"。

（五）"N$_{1(人)}$+Vt+[N$_{2(物)}$]"句式

辖群句J为"N$_{1(人)}$+Vt+[N$_{2(物)}$]"句式的,例如:

① 鸿渐说[ ]:"我知道我很大胆冒昧。你表姐说你朋友很多,我不配高攀,可是很想在你的朋友里凑个数目。"

② 他知道[ ]:这位兄弟虽年轻,但是他聪敏过人。他是十六个兄弟中唯一会汉文的。

这种句式句法上是含有空宾语的"主谓[宾]"句型,在语义上是隐含受事的"施动[受]"句模,语用上句式义是"叙述施事施加动作行为涉及(或支配)某个隐含的受事"。

（六）"$N_{1(人)}+Vt+N_{2(人)}+[N_{2(物)}]$"句式

辖群句 J 为"$N_{1(人)}+Vt+N_{2(人)}+[N_{2(物)}]$"句式的,例如：

① <u>我问你[ ]</u>："倘若赵姑娘此番不别而行,你永远找不到她了。倘若她给奸人害死了,倘若她对你变心,你……你便如何？"

② <u>你告诉我[ ]</u>,她们怎样欺负你的？是不是你一个人打不过她们两个人？

这种句式句法上是含有指物名词做空宾语的"主谓宾[宾]"句型,语义上是隐含受事的"施动与[受]"句模,语用上句式义是"叙述施事施加动作行为给予与事以涉及(或支配)某个隐含的受事。

（七）"$[N_{1(人)}]+V_1+V_2+[N_{2(物)}]$"句式

辖群句 J 为"$[N_{1(人)}]+V_1+V_2+[N_{2(物)}]$"句式的,例如：

① 你晒太阳是好的,但是<u>[ ]要注意[ ]</u>：第一,在冬季气温较低时,要防止抽筋；第二,在气温适宜时,要尽量让背、胸、腹和体侧各部位皮肤直接接受阳光的照射；第三,在烈日下,要防止曝晒,以避免中暑和夏季皮炎。

② <u>[ ]应该懂得[ ]</u>：没有一个人能脱离别人的帮助而自己学会走路、长大成人。每一个人在某个时候都得过别人的支持、帮助。因此,应该把助人看作自己义不容辞的职责。

这种句式里 V_1 是评议动词(也称助动词、能愿动词),V_2 是动作行为动词。这种句式句法上是含有空主语和空宾语的"[主]谓(谓[宾])",也有分析为"[主]状(谓[宾])"句型,语义上是"[施]动(动[受])"句模,语用上句式义是"评述[施事]发出动作行为涉及(或支配)某个隐含受事"。

（八）"$N_{(人)}+Vi$"句式

辖群句 J 为"$N_{(人)}+Vi$"句式的,例如：

① <u>曹氏十分感动</u>："曹爷,这可叫我怎么谢你！也罢,今天你就受曹氏一拜！赶明儿等乔家的生意缓过劲儿来,我要致庸加倍还你！"说罢她冲曹掌柜盈盈一拜。

② 她捶胸悔恨:"我对神仙不忠啊,敬冯寡妇的酒对进四两水!她不是寡妇,是神仙!我遭报应啦……"

这种句式句法上是"主谓"句型,语义上是"施动"句模,语用上句式义是"描述施事发出心理上的某种情绪性的行为"。

(九)"N$_{(人/物)}$+A"句式

辖群句 J 为"N$_{(人/物)}$+A"句式的,例如:

① 罗雅很漂亮:身材苗条,婀娜多姿。皮肤雪白雪嫩,简直掐得出水。瓜子型的脸蛋红扑扑的,十分秀丽。眼睛是天蓝色的,灵活而又富于表情。

② 这个村子很美:最漂亮是春天,开满各色珍奇的野花。不同颜色的野花,一层加一层的。那种美景有点儿像四川的九寨沟。

这种句式句法上是"主谓"句型,语义上是"系动"句模,语用上句式义是"描述系事呈现某种性状"。

四、余　　言

(一)"补充句群"里的"辖群句"含义

补充句群(记作 Q),内部由两个直接成分 J 和 q 组成。其中 J 是一个句子;q 是由两个或两个以上句子组成的句群(如果说 Q 是大句群,则 q 是大句群 Q 里的小句群)。在补充句群 Q 里,J 既管辖着 Q,也管辖着 q,所以本文把 J 称为"辖群句"。

J 的"管辖"作用,具体表现在"提"和"引"两方面:一是提示句群 Q 的"主旨"(中心意思)或"话题"的作用;二是引导出句群 q 围绕主旨展开解说(解释、说明)或对话题进行表述的作用。由于这个 J 既管辖着 Q 的"主旨"或"话题",又管辖着 Q 中的 q 的展开解说,所以严格地说,J 应该称为"辖群性的提引句"。为简洁方便,就称为"辖群句"。

(二)"辖群句"后的标点问题

在书面上,"辖群句"句干 J 后面一般要用标点符号标示,通常用冒号。

但是在考察的语料里,发现也有用逗号、句号、问号的,甚至也有不用标点隔开的。例如:

① J.<u>听人家背地里议论</u>,lq.孔乙己原来也读过书,但是终于没有进学,又不会营生;于是愈过愈穷,弄到终将讨饭了。幸而写得一笔好字,便替人家钞书,换一碗饭吃。可惜他又有一样坏脾气,便是好吃懒做。……

② J.<u>棉花大致有四种</u>。lq.一种叫"小棉",也叫"草棉",分布在甘肃河西走廊和新疆一带。……现在已经快要灭迹了。一种叫"中棉",分布在长江、黄河流域,……仍有一些地方少量种植。另一种叫"海岛棉",分布在云南、新疆等地,……不能在全国广泛种植。再一种叫"陆地棉",不论在南方还是北方都长得很健壮,所以很快就推广到全国各个地区。

③ J.<u>为什么我国的石拱桥会有这样光辉的成就呢?</u>lq.首先,在于我国劳动人民的勤劳和智慧。……其次,我国石拱桥的设计施工有优良传统,建成的桥,用料省,结构巧,强度高。再其次,我国富有各种石料,便于就地取材,这也为修造石桥提供了有利条件。

④ J.汽车绕过弯道时,<u>我从车边看见</u>lq.前面是一个平缓的山坡。山坡上建有极富现代色彩的高楼和别墅。山坡右面有一个狭长的峡谷。远处是高耸的白得耀眼的雪山。

这里的①J 后用逗号,②J 后用句号,③J 后用问号,④J 后没有标点符号。"辖群句"句干后使用标点不一致的情形,往往因人而异。笔者认为,辖群句句干后最好用标示句子的标点符号。如果辖群句是个疑问句,该用问号,如③。但是辖群句倘若是个提引性陈述句(起"提示"Q 的主旨和引出句群 q 的作用的陈述),宜用冒号①,如①②④似乎都可以用冒号。如果 J 在 Q 末,可以用句号,例如:

"老太太。信是早收到了。我实在喜欢的不得了,知道老爷回来……"闰土说。"

---

① 冒号的作用之一是用于提示下文,即用在被解说对象的后边,以提示后边的解说部分。所以,在补充句群里用在辖群句后用冒号标志(对后面部分起"提示性"或"提引性"的作用),显得特别合适。

如果插在 Q 的中间,也可以用逗号,例如:

"我有一种丹,"<u>陈莲河先生说</u>,"点在舌上,我想一定可以见效。因为舌乃心之灵苗……。价钱也并不贵,只要两块钱一盒……。"

(三) 多重句群里的辖群句

有些补充句群 Q 被包含在多重句群(多层次句群)里,确定辖群句则要根据具体情况做具体分析。基本原则是:凡跟 q 发生直接关联的句干,可以看作"辖群句"。例如:

① A. 静秋自知自己出身不好,配不上志刚。她就让秀芳告诉大妈自己的这个想法。

/B. j_1.大妈知道了,j_2.<u>就亲自跑来跟静秋说</u>:|q."姑娘家,成分不好怕什么? 你跟我家志刚结了婚,成分不就好了? 以后生的娃都是好成分。"

② A. J.<u>我不禁怀疑说[ ]</u>:|q."你有七十了么? 看不出。身子骨还是很硬朗。"

/B. J.<u>老泰山说[ ]</u>:|q."嗐,硬朗什么? 头四年,秋收扬场,我一连气还能扬它一二千斤谷子。如今不行了,胳膊害过风湿痛病,抬也抬不起来。"

这里①②实例里的[/]号表明两边各是一个句群。①是个上下文互相联系的两个层次多重句群(A 是个连贯性句群,B 是个补充句群)。补充句群里跟 q 直接关联的辖群句干是 q 前复句里的 j_2 分句([大妈]跟静秋说这事)。②是个对话里的互相联系的两个层次多重句群,A 和 B 两个句群都是补充句群。这两个句群里的 Q 都是带有空宾语的单句 J,前者为"我不禁怀疑说[ ]",后者为"老泰山说[ ]"。由于这两个单句 J 都跟 q 直接关联,所以都是辖群句。

(四) 补充复句和补充句群的相互转换

有些意思相同的话语片段在书面上可以用不同的标点标示。不同的标点就会有不同的分析,即在一种情况下分析为补充复句,在另一种情况下分

析为补充句群。所以,在分析有些话语片段是复句还是句群时,往往会受到标点符号的影响。比较:

① 运动医学专家建议:20 岁左右的年轻人,精力旺盛,可以选择跑步、拳击、各种对抗性强的球类运动等;30 岁左右正值壮年,可以进行攀登、踏板、武术等运动;40 岁左右的人,可以选择爬楼梯、网球、游泳等运动。

② 运动医学专家建议:20 岁左右的年轻人,精力旺盛,可以选择跑步、拳击、各种对抗性强的球类运动等。30 岁左右正值壮年,可以进行攀登、踏板、武术等运动。40 岁左右的人,可以选择爬楼梯、网球、游泳等运动。

这里①和②这两个话语片段的词语和意思完全一样,句法上都属于补充结构,但是标点有差别:①J 里的动词"建议"后并列的几个话语片段之间用分号,可以分析为补充复句;②J 里的动词"建议"后并列的几个话语片段之间用句号,可以分析为补充句群。可见,补充句群和补充复句两者之间有时可以通过变动标点互相转换。这表明:对于某些同样的思想内容的补充、解说的话语片段,在书面上用复句还是用句群表达是可以根据表达者的主观理解或表达要求而做出选择的。

(五) 补充句群中 q 群

补充句群 Q 里的 J 所管辖的 q 群也是一个很值得研究的课题。比如可以根据一定的标准给 q 进行下位分类。如果根据 q 对 J 的"解说"关联意义分类,q 可以分为两大类:解释性(包括注释解释、例证解释等)关联的 q 和说明性(包括记述说明、描述说明、总分说明等)的 q。如果根据 q 对 J 的表述功能分类,q 可以分为五类:记述性的 q、描述性的 q、诠释性的 q、叙述性的 q、评述性的 q。如果根据 q 内部的层次结构,可以分为单层次结构 q 和多层次结构的 q 两大类。还有一些其他的分类法。由于本文着重研究 J,这里只做附带说明,不展开深入论述。

语法的句式和修辞的关系

〇、前　　言

语法是句子的结构和功能的规律,修辞是运用语言文字来切当、有效地表达思想的手法(手段和方法)。陈望道(1954)说:"语言文字的可能性可说是修辞的资料、凭借;题旨和情境可说是修辞的标准、依据。"他把修辞分为"消极修辞"和"积极修辞",这是一种广义修辞观(狭义修辞观认为不是任何一句话都有修辞,只有"文艺修辞"或"积极修辞"才是修辞)。本文认为,人们表达思想进行交际,都要通过句子来进行。每一句话都可看作语法现象,也都可看作修辞现象。任何话语里的句子(包括口头的或书面的)都有修辞,或者是消极修辞,或者是积极修辞①,只有修辞得好不好的问题,不存在有没有修辞的问题。

修辞要利用语言文字的一切可能性,其中语法的句式就是修辞的重要资料、凭借。最近在网上看到一篇佚名文章,题目是《语言出彩一般从修辞和句式上下功夫》,那就把修辞和句式对立起来或分裂开来,这是有问题的。语法的句式是修辞的资料、凭借,"从句式上下功夫",本身就是利用句式的选择、变化来进行修辞。这是因为:任何句子都有一定的语法句式,只有在一定的题旨和情境下充分和有效地运用已知的语法句式来用词造句,才能更好地表达思想并进行交际。本文着重讨论语法的句式和修辞的关系。

---

① 有人认为凡是修辞都是积极的,不同意"消极修辞"的提法。这是依据对"消极"的词典意义("否定的""反面的""不求进取的"等)的一般理解而误解了"消极修辞"的"消极"。其实,"消极修辞"和"积极修辞"都是根据题旨情境、灵活机动地运用各种语文资料来适切、得体地表达思想以求得最完满的表达效果的一种手法。两者的区别是:前者为基本手法,特点是平白、质实、朴素;后者为创造意境的手法,特点是华丽、生动、有情趣。笔者认为:消极修辞或可称为"平实修辞"或"朴素修辞",积极修辞也可称为"生动修辞"或"情趣修辞"。

一、语法的句式和修辞的句式

（一）应区别语法的句式和修辞的句式

"句式"这个术语不知最早是谁提出来的。笔者发现陈望道早在 1921 年《〈标准国语文法〉和疑问句式》一文中已提到"句式"，并在文中讨论了几种"表示疑问"的句式。他的《修辞学发凡》(1932)也提到过"句式"："变化句式是杂用各种句式，例如肯定句和否定句、直陈句和询问句、感叹句之类。"《从分歧到统一》(1939)写道："凡是用内动词或外动词的句子，可以有叙述、描记等多种句式。"他说的句式是指语法的句式。

现在语法学界和修辞学界都在讲句式，但彼此所说的句式有相同的，也有不同的。应该把语法上说的句式和非语法领域里说的句式严格区别开来。顾名思义，句式，就是"句子"的"式"（格式、形式、方式、样式等）。从这个意义上说，凡是句子的一种"式"，包括语法的和非语法的（如"对偶""排比""长句""短句""七字句""五字句""仄仄脚句"等）都称为"句式"似亦无可非议。但我们现在讨论的是作为语法术语的句式，所以并不是凡是句子的一种"式"都是语法的句式。林方(1983)指出语法所说的句式是指语法的结构式，跟修辞所说的句式是不同的。笔者同意他的观点。

（二）语法学所说的句式

语法学所说的句式，是指句子的语法结构格式，具体可表述为：由一定的词类序列和语法特征显示的包含句法结构和语义结构以及语用功能的句子的抽象结构格式。所以，"句式"是一种句法、语义、语用三位一体的句子的结构格式（参看范晓，2010）。例如：

① "$N_{施} + V + N_{与} + N_{受}$"句式（如：我送他一件礼物。/他接受我一件礼物。）

② "($N_{施} + V_{过} + N_{受}$) + 吗"句式（如：你吃过海鲜吗？/他看过这个电影吗？）

上面两个句式可以做这样的分析。句式①的句法结构是"主-动-宾-宾"句型,有学者称为"双宾句式";语义结构是"施-动-与-受"句模,有学者称为"双及物句式"或"三价句式";这个句式整体的语用功能意义是:"陈述施事发出'给予'或'取得'义的动作使受事由施事向与事转移或由与事向施事转移。"句式②的句法结构是"主-动-宾"句型,语义结构是"施-动-受"句模,句式整体的语用功能意义是:"询问施事曾否发出某种动作支配受事。"

(三)修辞学界所说的句式

修辞学界所说的句式没有严格的定义,范围比较广泛,包括语法里说的句式,也包括一些语法领域之外的句式。如有的修辞论著在谈到修辞对句式的运用(选择句式或变化句式)时,提出有"比喻句式""重复句式""回环句式""排比句式""偶句句式""散句句式""长句句式""短句句式"等。

修辞要利用语法句式这种资料,但修辞现象或修辞格、辞趣之类不等于语法句式。比如修辞中的回环辞格,是利用同一语法句式变换词语次序,使逆序排列的几个句子连接在一起具有回环往复之趣的一种修辞格。这种修辞格不是语法的句式本身有什么变化,而只是在语法句式不变的前提下几个语法句式的词语变换次序上的经营,以达到"情新因意得,意得逐情新"的修辞目的。例如:

① <u>天连着水,水连着天</u>,水天一色,真美!
② <u>母亲爱女儿,女儿爱母亲</u>,乃人之常理。
③ <u>上山要砍柴,砍柴要上山</u>。家贫,他必须上山砍柴。

这里的①②③就是修辞的"回环格"(也说"回文")。表示"回环"修辞的句子都是复句,各自的前分句和后分句的语法句式没有任何变化,如"天连着水"和"水连着天"都是"SVO"("主动宾")句,只是后一分句把前一分句的名词"天"和"水"变换了次序而已。可见修辞手法的"回环"格式利用了语法的句式,但"回环"本身不是语法的句式。

(四)有些句式既是语法句式也是修辞句式

诚然,有些句式既是语法句式,也是修辞句式,如语法上的"难道+句干+吗"句式(简称"难道"句式)。例如:

① 他连死都不怕,难道还会怕这点困难吗?
② 你是个经验丰富的驾驶员,难道连交通规则都不知道吗?
③ 中国各方面都在改革,难道教育制度就不需要改革?

这里的①②③里由于"难道"这个词有加强反问口气的作用,就注定了这种表示反问的"难道"句式是个语法句式。但"反问"又是一种修辞手法,表明它也是修辞句式。①

再如语法上的"N_1+好比+N_2"句式,跟修辞上所说到的"比喻句式"重合,例如:

① 臭氧层好比地球的"保护伞",阻挡了太阳99%的紫外线辐射。
② 人脑好比一个加工厂,原材料来自客观世界,通过人的感官传到大脑,经过大脑加工才能产生意识。

这里的①②"N_1+好比+N_2"句式的句式义是"说明主体和客体之间有相同之处或有比喻关系"。"好比"既是语法里的动词,又是比喻修辞格的比喻词;"N_1+好比+N_2"句式既是语法句式,又是表达修辞比喻的句式。有人把"比喻"说成是一种句式,不太妥帖。如果把"N_1+好比+N_2"这样的句式说成比喻句式,似还可以,但"比喻"并不都是由句式表示的,"火箭般的速度""电线杆似的身材""落后和穷困这两座大山""幽灵似地游荡""飞也似地跑来"之类短语结构也可表示比喻。这表明,同样的修辞格可以有不一样的表达形式,句式可以表示比喻,但比喻并不跟句式完全对当。总之,修辞现象多种多样,不一定都是句式。

二、语法句式的静态、动态跟修辞的关系

在讨论语法的句式时,要处理好语法的静态和动态的关系,这也涉及抽象和具体、固定性和灵活性、常规性和变异性等的关系。要辩证地看待这种种关系。

---

① 这种句式通常表示"反问",在一定的情境里也可表达"推测"的口气,例如:你一天到晚苦着脸,不说话,难道心里有什么苦衷吗?

（一）语法句式的静态和动态问题

语法的基本句式是"约定俗成"的，是以静态面貌显现的，这种静态句式具有抽象的、常规的句式义。静态句式的句式义是句式自身固有的整体的功能意义，是句式自身的能力，是句式的本质属性。但静态的句式一旦应用于具体的话语，就成了以动态面貌显现的具体的动态句式，这种动态句式具有具体的、灵活的乃至变异的句式义。动态句式的句式义是语用表达中的"交际意义"，也可称为"修辞意义"，所以动态句式义是句式的应用属性。任何句式都具有一定的表达用途或效用，所以都有特定的静态句式义；任何静态的句式若应用于动态的话语，又都有一定的动态句式义。静态句式义是动态句式义的基础，动态句式义则是静态句式在言语交际中受题旨和情境制约所产生的句式义。

如果不能正确对待静态句式和动态句式的关系，把静态和动态的句式混在一起，就会陷于困惑而各执一端，发生一些不必要的争议。过去语法学界曾有"语法规则是固定的还是灵活的"的争论，就是没有分清语法的静态句式和动态句式而引起的。如果区别静态和动态，并知晓静态的语法结构格式的规则是相对固定的，进入动态的话语后是有灵活性的（或和静态规则一致，或突破静态规则），那么这种争论也就没有必要了。当今关于"句式的构成成分能否推导整体句式义"的争论，也是没有分清语法的静态句式和动态句式而引起的。如果区别静态和动态，并知晓静态句式的内部成分及其构成的句式义是相对固定的、典型的、常规的，静态句式进入动态的具体话语后，句式内部成分可以灵活变动，动态句式义可以是丰富多样的（有的和静态句式一致，有的突破静态句式的规范而反过来影响内部成分的意义或衍生出新的句式义），那么这种争论也就可以得到化解了。

（二）动态句式义在修辞里的两种情形

话语里的每个特定的具体句式所表示的动态句式义，实际上都表示为一种修辞意义。动态句式义在修辞里有两种情形：一种是，动态句式义跟静态的句式义是相同的；另一种是，动态句式义跟静态的句式义是不同的。

具体话语里的动态句式义如果和静态常规的句式义一致,那多半是一种消极修辞(动态句式义跟静态句式义在多数情况下是一致的);具体话语里的动态句式义如果和静态常规的句式义不一致,即动态句式所表达的句式义可能溢出或突破静态常规句式义而产生出变异的句式义,那就是一种积极修辞。比如静态的、孤立的"吗"字句句式(如"你去北京吗?/他是工程师吗?"之类),其静态的句式义是表达"询问"(疑问:"有疑而问")义,进入话语就成了动态的语境句,其动态句式义可能有两种情形:一种是表达"询问"(是非问)的功能意义;另一种不是表达"询问",而是表达"反问"或"设问",它们都是"无疑而问、明知故问",实质上是用特殊的口气来表达"陈述"。反问句里,句中有否定词,用意在肯定;句中无否定词,用意在否定。比较下面话语里的"吗"字句的动态句式义:

① a. 德明问:"明军,<u>你是山东人吗</u>?"
   b. 祥子清醒过来,一睁眼便问:"<u>外面还在下雨吗</u>?"
   c. 马威叹了口气说:"我乏极了,老李!<u>我可以在你这儿住一夜吗</u>?"
② a. 辛楣道:"这不用问,<u>你还会错吗</u>!"
   b. 愫方:(苦笑)你爹走了,<u>她不也怪可怜的吗</u>?
   c. 她教书教得很不好,人品也有问题,<u>保荐她的人不该负责吗</u>?
③ a. <u>学唐宋诗词要背吗</u>? 是的,我的经验是非背不可。
   b. <u>火星上有人吗</u>? 探测的结果证明:没有人。
   c. <u>历史的创造者靠个别英雄吗</u>? 不,靠人民,人民是历史的真正创造者。

这里例①的"吗"字句式表达"询问"("是非问")义,这种动态句式义和静态句式义一致。例②的"吗"字句式不是表达"询问",而是表达反问、激问,即加强口气(反诘口气)来陈述自己的观点,由于带有某种感情色彩,比正面的陈述引人动容;而且表示"反问"的"吗"字句在不同的题旨和情境里会有不同的衍生意义(辩驳、责怪、提醒、劝说、商量等口气)。例③的"吗"字句不是表达"询问",而是"设问",明知故问,自问自答,引人注意,启人思考。"反问"和"设问"这种动态句式义是常规义的突破,是一种积极修辞手法。

"反问"和"设问"都属于积极修辞,具体话语里受特定题旨和情境制约而出现的修辞性问句类型很多,修辞动因也多种多样(参看刘大为 2009;胡德明 2010,第 326 页)。

(三)动态句式义可以消除歧义

某些孤立的、静态的句式可能有多义或歧义,但在动态的话语里,由于有题旨和情境的衬托,就会消除多义或歧义。如"NP+呢?"句式:

① a. 周朴园:<u>二少爷呢</u>?
   b. 觉新问陈姨太道:"<u>三老爷呢</u>?"
   c. 鸿儿张着一双疑惑的眼睛不住地问:"<u>爹爹呢</u>?<u>爹爹呢</u>?"
② a. 我不抽烟,<u>你呢</u>?
   b. 李强勇敢地说:"我同意,<u>你呢</u>?"
   c. 他说,"我们可以为自个辩护,<u>你们呢</u>?"

这里例①里的"二少爷呢""三老爷呢""爹爹呢"和例②里的"你呢""你们呢"等表面上都属于"NP 呢?"句式,都表示"询问"义。但①和②由于题旨和情境的差别,各自隐含的语义成分不一样,因此动态的句式义也就存在着差别:例①隐含"处所",句式义是"询问人或事物之所在",可说成"NP+[在哪儿]+呢?"句式;例②隐含动作或事件,句式义是"询问人或事物之所在以外的其他情况",可说成"NP+[VP]+呢?"句式。分化这两种句式义需要借助于一定的情境(如对话语境),相关的先行句和后续句可以说是理解"NP+呢?"动态句式义的"两把钥匙"(参看李宇明 1989)。

三、句式的应用必须依据修辞的题旨和情境

(一)句式的应用必须做到"合用""切当"

语法的静态句式要放到动态话语里应用而成为动态的具体句式才能发挥其表达效用,这就要在静态句式研究的基础上进行动态应用的研究。也就是不仅要描写出一些静态的句式及其句式义,还要进一步观察并总结出各种静态句式在话语里的应用规律。

在句式的应用问题上,语法的语用和修辞是契合的。话语里的动态句

式既是语用问题,也是修辞问题。静态的特定句式应用于具体话语,一定会涉及语用和修辞。从语法语用平面而言,要讲究句式的"合用",即必须合乎语用的选择(合乎表达的需要),句式在具体话语里用得合不合语法,从根本上说,是在语用上"合用还是不合用"(参看范晓 1993)。从修辞角度而言,修辞要利用语法的句式这种资料,要讲究所利用的句式运用得"切当"("得体"),修辞的好坏或美丑,全在"用得切当不切当"(陈望道 1954,第 21 页)。

(二) 做到"合用""切当"的关键是要适应言语交际的题旨和情境

无论是"合用"还是"切当",关键是看该句式是否适应言语交际的题旨和情境。所用句式凡是适应题旨情境的,就是"合用"和"切当"的,反之,就是"不合用"和"不切当"的。比较两个例子:

① <u>黑灯桥还要继续黑下去吗?</u>(《人民日报》标题句)
② <u>北方能大量种水稻吗?</u>(《光明日报》标题句)

这里两例都是文章的标题。例①说的是武汉有座桥(名为"马池桥"),长期不安装路灯,成了"黑灯桥",致使两年里发生几十起车祸。在此背景下,作者用"吗"字句式作为文章标题,表面是"询问",实际上是"诘问""责问",传达了人民的心声,用得很好。相反,例②也是一个表达询问的"吗"字句式,从静态角度看,作为脱离题旨和情境的孤立句的句式是合语法的。但社论的题旨是"陈述北方也能大量种水稻"的观点,并用当年东北延边地区水稻丰产作证明回答"北方不能大量种水稻"的疑问;所以从动态角度看,该句式违反了该社论的题旨。如果改为"北方不能大量种水稻吗"(反问),就比较"合用"和"切当"。

(三) 根据题旨和情境选择句式

有些语义结构和思想内容基本相同的句子却可用多种不同的句式表示,在具体应用时该用何种句式才"适用"(语法上"合用",修辞上"切当"),就得根据题旨和情境做出适当的选择。试比较下面三种句式:

① "($N_{施}$+Vt+Vi+$N_{受}$)+了"句式(如:我们打败敌人了。/狗咬伤猫了。)

② "($N_施$+把+$N_受$+Vt+Vi)+了"句式(如:我们把敌人打败了/狗把猫咬伤了)

③ "($N_受$+被+$N_施$+Vt+Vi)+了"句式(如:敌人被我们打败了/猫被狗咬伤了)

从语气看,这里①②③三例"语气句式"都是"句干+了"句式("了"字句),表达"陈述"句式义。从句干看,这三例"句干句式"不一样:句式①为("主动补宾"句)句式,句式②为"主状(把N)动补"句式("把"字句式),句式③为"主状(被N)动补"句式("被"字句式)。所以它们的句干句式义也有差别。这三个句式完整的"句式义"("句干句式义+语气句式义")分别是:句式①是"陈述施事主动发出某个动作支配受事而致使受事产生某种结果",句式②是"陈述施事主动对受事处置以某个动作而致使受事产生某种结果",句式③是"陈述受事被动地承受施事发出的动作而致使自身产生某种结果"。

这里①②③三个句式如果是孤立的、静态的,则三个句式都能成立。但在具体的话语里,由于受到题旨和情境的制约,三式的应用各有其适用场合,因而不是都可以随意采用的。语法和修辞都需要研究这三个句式各自在话语里的适用性问题,也就是根据题旨和情境选择不同句式。比较(方括号表示省略,下同):

① a. 她男人追打她,打伤了她的头,打伤了她的手,[ ]还打伤了她的腿。

   b. *她男人追打她,打伤了她的头,打伤了她的手,[ ]还把她的腿打伤了。

   c. *她男人追打她,打伤了她的头,打伤了她的手,她的腿被她男人打伤了。

② a. 他男人按着她的腿狠狠打,[ ]把她的腿打伤了。

   b. *他男人按着她的腿狠狠打,[ ]打伤了她的腿。

   c. *他男人按着她的腿狠狠打,她的腿被她男人打伤了。

③ a. 她的腿被她男人打伤了,伤得很厉害,站也站不起来。

   b. *男人打伤了她的腿,伤得很厉害,站也站不起来。

   c. *男人把他的腿打伤了,伤得很厉害,站也站不起来。

这里例①a 宜选用"主动补宾"句式,若改为①b、①c 则不适用;例②a 宜选用"把"字句句式,若改为②b、②c 则不适用;例③a 宜选用"被"字句句式,若改为③b、③c 则不适用。如果违反了句式在话语里的适用性原则,上下文便不连贯、不照应、不通顺,在语法上就是"不合用",在修辞上就是"不切当"。

《修辞学发凡》述说过著名的"黄犬奔马"的故事。同一事件,文人对此事件造成不同的句子,有记载的计有 6 种句式:(a)有奔马践死一犬;(b)马逸,有黄犬遇蹄而毙;(c)有犬死奔马之下;(d)有奔马毙犬于道;(e)有犬卧通衢,逸马蹄而死之;(f)逸马杀犬于道。宋代学者沈括(存中)认为这些不同的句式有"工拙"之别(即所谓"工拙"论)。其实这些句子所表示的静态句式本身无所谓"工"或"拙",各有各的用处,但应用在动态的具体话语里,全得看适应于何种题旨和情境,因此是不能"凭空抽象地……判定工拙优劣的"(参看陈望道 1954,第 63 页)。这一切都表明:语法静态句式在话语里的应用是否"适用",必须依据题旨和情境。

四、语法句式话语里的"变异"现象

语法句式在动态应用中有时会出现"变异"的现象。这种"变异"现象主要有三种情况:式变、义变、词变。

(一) 形变(句式"形"的变异)

1. 同义句式的形变

"式变",是指话语里句式形式的选择性变异,较多情况下是指变化同义的语法句式。修辞要利用语法的句式作为资料,就要研究在具体话语里如何变化语法的句式,也就是要研究选择用哪种句式最能恰如其分地表达思想、最能切合实际地合乎表达的需要。吕叔湘(1979,第 89—90 页)认为:"句子的基本格式是有限的,可是实际出现的句子不都是那么一板三眼,按谱填词。"指出:"怎样用有限的格式去说明繁简多方、变化无穷的语句,这应该是语法分析的最终目的,也应该是对于学习的人更为有用的工作。"他这话很有道理。

语法"基本句式"(即"句子的基本格式")是有限的,在动态话语里为适应题旨和情境而选择句式、变化句式以达到最佳的表达效果,可以说是语法和修辞共同的追求。如果句子的语义结构相同,可以变化或变换成不同的静态句式。例如:

① "$N_{处}+V_{着}+N_{物}$"句式(如:墙上挂着油画。/瓶里插着鲜花。)

② "$N_{物}+V_{在}+N_{处}$"句式(如:油画挂在墙上。/鲜花插在瓶里。)

这里①②两个句式内部词语的语义关系相同(动词联系着事物和处所),可以互相变换。由于句式不同,句式义就有差别:①为表达"存在"的句式,句式义是"描记某处以某种方式存在着某物";②为表达"定位"①的句式,句式义是"叙述某物以某种方式安置于某处"。由于句式义不同,在动态应用中适用的场合也不同,就要根据适用的题旨和情境(包括表述的主题、视点、重点、上下文等)来选择其中的某个静态句式。

如果说话者旨在"描记某处存在某物",就宜选用"$N 处+V 着+N 物$"句式,例如:

③ 爱丽舍宫是法国的著名建筑。金碧辉煌的宫舍内,<u>墙上挂着著名油画和名贵挂毯</u>,<u>室中陈设着古色古香的镀金精雕家具</u>。

④ 只见沿墙是一排书橱,<u>书橱右边摆着一张红木书桌</u>,<u>桌上的花瓶里插着芬芳的鲜花</u>,令人感到雅致和舒适。

如果说话者旨在"叙述某物安置于某处",就宜选用"$N_{物}+V_{在}+N_{处}$"句式,例如:

⑤ 医药系统推行"三承诺"活动,<u>三承诺的金字牌匾挂在墙上</u>;<u>三承诺的广告登在报上</u>;三承诺的行动见诸销售的每一个环节。

⑥ <u>她那美丽的肖像挂在墙上</u>,胸脯半袒着,头发堆得高高的。

2. "常规"和"非常规"句式的形变

在具体话语里,语法句式有正式句(常规的句式)和变式句(非常规句

---

① "定位",是指在某动作的作用下,该动作的施事或受事"定到(安置到、落到、达到等)某个位置(主要是空间,也引申到时间、方面、目标等)",参看范晓2009,第131页。

式)之别。句式的正式属于语法的常规句式,具有常规句式义,变式属于非常规句式,附加有某种语用或修辞的意义。变式句主要有两种:倒装句式(语序颠倒)和省略句式(缺省成分)。例如:

① a. 你去哪儿?(正式)
   b. 去哪儿,你?(变式)
② a. 曾文彩问:借的钱呢!(正式)
   b. 江泰答:[ ]在这儿!(变式)
   c. 老栓看看灯笼,[ ]已经熄了。[ ]按一按衣袋,硬硬的还在。

这里例①a是句式的正常语序,属于正式句;与此相对的①b是句式的特殊语序,属于"倒装"的变式句。倒装变式包括:单句中的主语和谓语的倒装、状语、定语和它们的中心语的倒装以及复句中偏句和正句的倒装等。倒装变式句附加的语用意义主要是突出强调被颠倒的某个成分或对某一成分作追加和补充说明。例②a是组成成分完整的句式,属于正式句;与此相对的②b以及②c是省略了句式中的某个成分,属于"省略"变式句,其附加的语用效能是使表达简洁、精练、明快。话语里选择变式句大多属于积极修辞手法。

(二) 义变(句式"义"的变异)

"义变",是指在动态话语里句式义发生的变异。语法中的静态句式义,指句式的整体的、常规的语用功能意义。但静态句式应用于动态的话语所产生具体的、动态的句式义跟静态的句式义可能是相同的,也可能是有所变化的,甚至很不同的。一般说,动态句式义跟静态句式义在多数情况下是一致的,但也会有引申、溢出或突破静态句式义的情形。如静态的"N_1+是+N_2"句式,简称"是"字句("鲸鱼是哺乳类动物/北京是中国的首都"之类),典型的"是"字句有表达逻辑判断的功能,其静态的抽象的句式义是:"判断主体和同域客体为同类或同一关系。"这种句式一旦进入动态话语,就有动态句式义。比较:

① a. 上海是国际金融商贸大都市,是我国对外开放的窗口。
   b. 中华人民共和国宪法第一百三十六条:中华人民共和国国旗是五

星红旗。中华人民共和国国歌是《义勇军进行曲》。

② a. 地球是人类的摇篮,但人类决不会永远躺在这个摇篮里,而会不断探索新的天体和空间。

b. 他是一头老黄牛,整天辛勤地无怨无悔地工作着。

c. 金刚石与石墨是同胞兄弟,它们出自同一个母体——碳。

这里例①的动态句式义和静态句式义是一致的,可以说属于消极修辞。例②虽然也属于"是"字句式,但发生了"义变",即句式义发生了变异,句子里的"是"成了联系着"比喻本体"和"比喻喻体"的比喻词,"是"字句式成了表示暗喻(隐喻)的句式,句式义是"比喻主体和跨域的客体之间有某种相同之处",这种句式意义已经溢出了静态句式义,属于积极修辞意义。

(三) 词变(句式内"词"的变异)

"词变",是话语里句式运用中词类发生变异。静态的抽象句干句式通常是由一些组成该句式的相对应的典型词类按照一定的排序建构成的,构成特定句式的典型动词的固化意义和通常用法与该句式有密切的关系,所以特定句式及其句式义与构成该句式的典型动词有匹配关系。在具体话语里,特定句式通常是由一些组成该句式的相应的典型动词构成的,即出现在某种特定句式里的词类一般是典型词类;但有时由于语用或修辞的需要,不典型的甚至是异质的词类也有可能出现在具体话语中的某个动态句式里。这有三种情形。

1. 句式里谓语动词位置上使用了非典型动词

话语里所利用的抽象句式里有时会出现非典型动词现象。如"$N_{施}$+$V_{(给予义动词)}$+与+$N_{受}$"句式(表"给予"义的双宾句式,也称"三价句式")的典型的核心动词是具有"给予"和"外向"义特征的"交类"("给、交、送、还"等)三价动作动词。人们可借助于典型的"交"类动词的固化意义和通常用法预测或推知句干句式义。但在具体的动态的话语里,也有使用不典型的、非"交类"动词的情形,例如:

① a. 他扔(给)我一个球,我也还给他一个球。

b. 文友抛(给)我一句话:你文章里写的那些,是童话不是爱情。

  c. <u>我踢(给)他一个球</u>,这个球踢偏了,他没接住。

② a. <u>东晋时,庾亮写给温峤一封信</u>,信里有"足下无过雷池一步"的话。

  b. <u>今天他打给我一个电话</u>,说在广州找到工作了。

  c. <u>泰国国王亲自打给他电话</u>,鼓励他好好打球。

这里的例①和②基本相同,谓语动词本质上都是二价动作动词。所不同的是:①里的"扔、抛、踢"出现在表"给予"义的双宾句式时,口语可以省略"给";但②里的"写、打"用于表"给予"义的双宾句式时,口语里不能省略"给"。①和②的动态句式义和静态句式义是一致的,所不同的是:作为动态句式的①和②的动词跟静态句式的典型动词有差异,这是动态话语里的动词的"变价"用法。这种变价用法不但在语用和修辞上是允许的,而且也是有理据的:二价动词"扔、踢、抛、写、打"出现于三价句式是因为它们有潜在的"与事"("给予的对象"),当这些二价动词进入双宾句式时,句式能激活这些动词潜在的"与事"和"受事向与事转移"的意义。而且在一般的情况下,这些动词出现于双宾句式时后边需带上"给"这个词。这种特殊情形可做特殊解释而不应以此而否定典型动词与句式义的匹配关系。如果一个二价动词(如"是、姓、批评、派遣"等)无潜在的"与事",是不可能出现在这种句式里的。

  又如,汉语里原有"N+被+Vt(及物动词)"句式(如"N被撞/被打/被揭露/被批评"之类),但近年新出现突破常规的"N+被+X"句式(X为非及物动词,包括不及物动词、形容词、名词)。教育部和国家语委发布《2009年中国语言生活状况报告》说:在2009年全年报纸、广播电视、网络新闻出现的10亿多字次的语料中,"N+被+X"成为新的热门的语法格式。如"被就业、被自杀、被离婚、被代表、被发达、被幸福、被平均、被股东、被网瘾"等。这是"N+被+Vt"句式随情应景、随机应变的类推形式。"N+被+X"句式是不合"N+被+Vt"句式语法规则的,看起来很反常,但却正是一种修辞手法。为什么一个不合语法格式的反常格式能够迅速在互联网上下流行起来,这与社会环境和人们的心态有关:"N+被+X"句式表示了在权利不对等的境遇下的不平情绪的一种诙谐性句式,是人们对弱者权利受损或得不到保障而发出的自嘲或戏谑。这格式在当前虽然用得很多,还只是表示积极修辞意义,能否成为正式的、常规的语法格式,还需要经过时间的考验。

2. 句式里谓语动词位置上使用了"名词"

在语法里,名词和动词的句法功能是对立的、异质的,由动作动词为中心组成的静态语法句式,其谓语动词位置上一般不允许名词出现。但是在动态的话语里,谓语动词位置上有时却有出现名词的情形。例如:

① a. 他对人民的无私奉献,像甘露,<u>甘露心田</u>,像春风,<u>春风人间</u>。

　　b. 消息报道:<u>某著名导演潜规则 80 后女生</u>。这实在太恶劣了。

② a. 礼义廉耻,国之四维。四维不张,<u>国将不国</u>。

　　b. 有些貌美的女性,出入卖淫场所,出卖肉体,<u>人不人</u>,<u>鬼不鬼</u>,自甘堕落。

③ a. 忘却不等于逃避。<u>你别再阿 Q 了</u>! 安慰一会自己就回到现实中来吧。

　　b. <u>别"克里空"了</u>,报道失实害人害己啊!

④ a. 听说麦当劳的东西好吃,昨天<u>我也麦当劳了一下</u>,感到并不怎样。

　　b. 他似乎很怕变成了张大哥第二:<u>[ ] 科员了一辈子</u>。

这里①②③④几种句式的谓语里该用及物动词的地方都用上了名词,动态句式也随之剧变:例①是变静态的"$N_{施}+V+N_{受}$"句式为动态的"$N_{施}+\underline{N}+N_{受}$"句式,②是变静态的"$N_1+(不+V)+N_2$"句式为动态的"$N_1+不+\underline{N_2}$"句式,③是变静态的"$N+别+V+了$"句式为动态的"$N+别+\underline{N}+了$"句式,④是变静态的"$N+V+R_{(数量)}$"句式为动态的"$N+\underline{N}+R_{(数量)}$"句式。这些动态句式谓语中心词位置上的名词都是临时活用作动词,突破了静态句式里谓语动词位置上不能使用名词的语法规则,属于修辞上的"转品"(又称"转类")辞格。这样的修辞手法使动作形象化,让人有一个想象的空间,回味咀嚼,别有情趣。

3. 句式里谓语形容词位置上使用了"名词"

句干的抽象句式有的是由一些组成该句式的相对应的典型形容词构成的,典型形容词的固化意义和通常用法与此类句式有密切的关系。如汉语里有"$N_1+比+N_2+还/更+A$"("张三比李四更勇敢/小王比小李还顽皮"之类)这样的静态句式,句式义是"说明主体比客体在某方面程度还要深得多";还有"$N_1+很+A$"("张三很勇敢/小王很顽皮"之类)这样的静态句式,句式义是"描写主体呈现某种性状"。但是在具体话语里动态句式谓语形容词位置上有时用上了"名词"。例如：

① a. 当今有一些人,开会作报告作得正气凛然,清风飒飒,<u>比焦裕禄还焦裕禄</u>,<u>比雷锋还雷锋</u>,暗地里却贪赃枉法,骄奢淫逸。

　b. 有些人永远陶醉在自我编织的虚假美梦中,<u>他们比阿斗更阿斗</u>,<u>比阿Q更阿Q</u>。

　c. 梅兰芳的成功不是当了人大代表或政协委员,而是在台上<u>比女人更女人</u>,在台下<u>比男人还男人</u>。

② a. 你这种打扮,<u>很中国</u>,<u>很东方</u>。

　b. 以前<u>我很Q</u>,如果不是这样,我怎能生存到现在？

　c. 她穿着浅黄色的套头毛衣、浅黄色的打褶短裙,<u>很清新</u>、<u>很青春</u>。

　d. 她的名字叫莎馨卡,她的言行举止都<u>很男人</u>。

这里例①出现于"N_1+比+N_2+还/更+A"句式里"A"（形容词）位置上用上了名词,例②出现于"N_1+很+A"句式里"A"（形容词）位置上用上了名词,都是名词临时活用为形容词（名词性状化）,它突破了语法静态句式的用词规范,显然是一种积极修辞手法。但随着时间的推移,现代汉语里有一系列的名词（不是任何名词,主要是能形象地表示事物属性或状态的名词）可出现于上述句式的形容词位置上,而且经常频繁地使用,就类推衍生出现代汉语语法的一种特殊的句式,即："N_1+比+N_2+还/更+N_2"句式和"N_1+（很+N_2）"句式。这种特殊的语法句式可以说是由修辞里经常运用而转化过来的。语法句式和修辞句式是可以互相转化的,语法句式可以转化为修辞句式,如"是"字句、"像"字句在动态运用时可以表达修辞（比喻）义,由于长期运用,就历史地形成了一种表示比喻的句式（前者表达隐喻,后者表达明喻）。反之,修辞句式也可以转化为语法句式。修辞的临时应用现象一旦在运用中被大家接受,约定俗成就会转化成语法句式,如上述"N_1+比+N_2+还/更+N_2"句式和"N_1+（很+N_2）"句式便是明证。

修辞要讲究适应题旨情境

〇、引　　言

修辞要讲究"适应题旨情境",这是陈望道1932年所著的《修辞学发凡》(以下简称《发凡》)一书中提出的一条基本的修辞原理。

《发凡》用较多的篇幅阐述了这条基本原理。并且反复强调这条原理的重要性,指出"修辞以适应题旨情境为第一义"(1954,第13页),把这个原理提到应有的高度。这是《发凡》运用马克思主义观点,总结了前人的研究成果而创造性地提出的科学的修辞理论,是对修辞学的重大贡献。今天,笔者以"修辞要讲究适应题旨情境"为题,来进一步论述陈望道提出的这条基本的修辞原理,以此纪念《发凡》出版五十周年。

一、"适应题旨情境"是修辞的灵魂

(一)"适应题旨情境"的含义

什么叫做"题旨情境"?《发凡》所谓"题旨",指的是"立言的意旨",也就是写说的内容。《发凡》所谓"情境",指的是写说的目的、写说的对象、写说的时间、写说的地点等方面,也就是写说时所处的种种环境、条件。什么叫做"适应"?《发凡》也称之为"应合题旨""应合环境",指的是说话作文必须依据写说的内容、目的、对象、时间、地点等因素来恰当地运用修辞方法或手段。这就是说,任何修辞方式都不能随便乱用,没有一个"放诸四海而皆准"的修辞方式,没有一个绝对好或绝对坏的修辞方式。各种修辞方式的运用,一定要切合写说的题旨情境。所以《发凡》说:"每个具体的切实的修辞现象,都是适应具体的题旨和情境的……语辞是有限的,是活的,是有个性的,是不能随便抄袭,用做别题别境的套语的。"(陈望道1954,第14页)人们常言道:说话和写文章时,要做到"有的放矢",要做到"到什么山上唱什么歌""看菜吃饭,量体裁衣"。这种形象的说法,实际上也是要求适应题旨情境的意思。吕叔湘(1978)在谈到修辞时曾说:修辞"好比穿衣服,人体有高矮肥瘦,衣服要称身;季节有春夏秋冬,衣服要当令;男女老少,衣服的材料花色不尽相同。总之是各有所宜。修辞就是讲究这个'各有所宜'"。这个"各有所宜",也是要求适应题旨情境的意思。

(二) 修辞以适应题旨情境为第一义

《发凡》提出"修辞以适应题旨情境为第一义",这是非常正确的,这个原理是完全符合马克思主义的辩证唯物主义的观点的。马克思主义的最基本的东西,马克思主义的活的灵魂,就是在于具体地分析具体的情况。把马克思主义的这个观点运用于修辞,就应强调写说时的矛盾的特殊性。我们知道,人们说话或写文章,都是有具体的题旨和情境的。题旨和情境不一样,修辞也就不能完全一样,所以不可能有千篇一律的修辞方式。"比喻""借代""夸张""拟人"之类的修辞方式无疑是重要的,但也不是在任何情况下都可使用的。

有人认为,修辞只是文学作品的事,说什么"寻常的作文,用不着修辞,要有点文学意味的作品,才要讲修辞"(胡怀琛1931)。这样一来,就只把那些积极修辞的"辞格"当作修辞了。这样的理解显然是片面的。实际上,无论说话或作文,也无论是"寻常的作文"还是"文学作品",都是讲究修辞的,因此都有个适应题旨情境的问题。一般地说,情境是拘束的、理智的,或题旨是抽象的、概念的,通常用消极修辞的手法;而情境是自由的、情趣的,或题旨是具体的、体验的,则可用积极修辞的手法。比较:

① 将革命进行到底。
② 宜将剩勇追穷寇,不可沽名学霸王。

这里①是毛泽东为新华社写的《一九四九年新年献词》,②为毛泽东1949年作的律诗《人民解放军占领南京》。这①②两例主要意思基本相同。新年献词中的语辞的修辞是"直写胸臆",单求概念明白地表出,采用了消极的修辞手法;而律诗中的语辞的修辞则是"托物起兴,触景生情",采用了积极的修辞手法。这两例在不同的情境下采用了不同的修辞手法,都是很好的。可见,不论哪类文章,都有个修辞问题;而且要使修辞好,不在于使用何种修辞方式或手法,关键是具体情况具体对待,也就是在写说时必须做到适应题旨情境。

（三）适应题旨情境是修辞的总规律

适应题旨情境,应当看作修辞的一条规律,而且是一条基本的规律。一般修辞书都把比喻、借代、夸张之类的具体修辞方式当作修辞规律,而不把适应题旨情境也当作规律,这恐怕是不妥当的。事实上,任何具体的修辞方式,都要受到适应题旨情境这条基本规律的支配,任何具体的修辞规律或规则如果违反了适应题旨情境这条基本规律,都将是毫无价值的。所以适应题旨情境乃是统帅、支配其他一切修辞规律的规律,是修辞的基本规律、总规律。一本修辞书讲不讲适应题旨情境,强调不强调这个基本原理,是关系到把读者引向何方的大问题,也就是引向形式至上主义或内容至上主义的不正确的修辞方向,还是引向内容与形式相统一的正确方向的问题,从这个意义上说,适应题旨情境这条规律可以说是修辞的灵魂。

（四）适应题旨情境有理论意义和现实意义

在《发凡》的影响下,不少修辞著作较为重视适应题旨情境这条原理。但是也应看到有一些修辞著作忽视这个基本原理。有的修辞著作只讲"辞格",根本不谈修辞应适合题旨情境;有的修辞书虽然也说到一点类似的意思,但只是轻轻地一笔带过。笔者曾经在陈望道亲自主持的语法修辞研究室协助他研究语法和修辞,他在谈到修辞时对我说过一句话:"只讲辞格,不讲适应题旨情境的人,根本不懂得修辞。"对于那些在修辞研究中忽视这一基本原理的人来说,这种批评是相当尖锐的,但也是确实打中要害的。所以,趁今天纪念《发凡》出版五十周年的机会,提起并强调一下这条基本原理,这不仅有理论意义,而且也许还是有一定的现实意义的。

二、衡量修辞好坏美丑的标准

（一）是否适应题旨情境是评判修辞好坏的标准

修辞是讲言语的表达效果的。修辞好，言语的表达效果就好；反之，修辞不好，言语的表达效果也不好。所以修辞有好坏美丑之别。怎样的修辞是好的，美的？怎样的修辞是坏的、丑的？怎样的修辞不大好？怎样的修辞非常好？这就要有一个衡量好坏美丑的标准。

《发凡》认为，适应题旨情境"是修辞的标准、依据"（陈望道1954，第10页）。这是完全正确的。事实上，离开题旨和情境，很难评判修辞的好坏美丑。适应题旨情境的修辞，便是美的、好的修辞，不适应题旨情境的修辞，便是坏的、丑的修辞。比如婉转、折绕，是常用的修辞格式，但也不是任何情况下都可使用的，如在公文、法令、布告之类文件里，滥用婉转、折绕等修辞格式，不但不会增美文辞，反而会阻塞语意，也就不能达到好的表达效果。相反，在外交辞令中，有时不宜于说得太露，便要用婉转、折绕这样的修辞手法。周恩来总理在欢迎美国总统尼克松的宴会上的祝酒词里有一段话。

美国人民是伟大的人民。中国人民是伟大的人民。我们两国人民一向是友好的。由于大家知道的原因，两国人民之间的来往中断了二十多年。

这段话里的"由于大家知道的原因"，说得很含蓄，就是用了婉转的修辞格式，既表达了我们的原则立场，又不损害宴会上的友好气氛。这样的修辞就非常好。

又比如，在一般的文章里，重复会变成啰嗦，中学语文老师改学生作文，常常把重复语词去掉。但重复并非在任何情况下都不好。相反，在感情强烈或者要特别说明某种意见时，重复（反复），却是一种好的修辞格式，如解放军第三野战军司令员陈毅在进驻上海时，起草了一个"入城守则"，交给中央审批。毛泽东主席看了非常满意，批示说"很好很好很好很好"，一连四个"很好"，这样的重复充分地表达了他对"入城守则"的满意的心情。

（二）修辞格式本身无所谓好坏

修辞学固然要研究各种修辞手法、修辞格式，但各种修辞手法、修辞格式本身很难评论其高下的。有些人看到别人言语中某种修辞格式很好，便着意摹仿，那就成了"陈言""套话"。这种患"屑屑模仿病"的人就是不懂得修辞的真谛。也有些人总以为有些字眼一定是美的，摘出抄起，备着做文章时候用；一旦说话作文，便滥用辞藻。这种患"美辞堆砌病"的人同样也是不懂得修辞的真谛。所以，修辞没有永久灵验的处方笺，全在实地写说时，对应题旨情境，利用语言文字一切可能性，使用适切的修辞方式。在言语（说话作文）里，凡是适应题旨情境的修辞能起到较佳的表达效果，因此也就是好的、美的；反之，不适应题旨情境和情境便是坏的、丑的。

（三）修辞好坏跟话语的思想内容无关

讨论修辞好坏的标准时，有人常与讨论话语（说出的话或写出的文章，也有人称为"言语作品"）的好坏标准混淆起来。如有人强调"质"，即从话语的思想内容方面评论修辞的优劣，所谓"政治标准放在第一位"；也有人强调"文"，即从话语的语文形式方面评论修辞的好坏；还有人认为从"文质兼备"，即内容和形式统一的标准来评判修辞的优劣。我们认为，用来评判话语的美丑、好坏，单纯的思想内容标准，或单纯的语言文字标准无疑都是片面的；文质兼备的标准，即内容和形式相统一的标准是正确的。但这是评判话语本身好坏的标准，而不是评判修辞好坏的标准，所以应该把评判话语本身好坏的标准和评判话语里修辞（话语的语文形式的运用）好坏的标准区别开来。

修辞是讲语言文字"对应题旨对应情境的应用"（陈望道1958）。任何话语中都存在着修辞，但话语本身不等于修辞。因此，评论修辞好坏的标准，就应当就修辞论修辞，而一般是不管话语本身的政治倾向或思想内容的。事实也正是这样，有些文章政治倾向和思想内容是好的，却不会运用语言文字去表达，因而修辞不好，表达效果不好；相反，也有些文章政治倾向和思想内容并不好，然而运用语言文字的修辞手段高明，因而应当承认修辞是不坏的。这种矛盾,正是反映了思想内容不能作为评判修辞好坏的标准。

(四) 修辞好坏跟语言文字形式本身也无关

同样,语言文字的形式本身,也无所谓美丑和优劣,究竟是消极修辞的形式美还是积极修辞的形式美?究竟是主动句美还是被动句美?究竟是用整齐的对偶、排比之类的格式美还是不整齐的错综的格式美?诸如此类,语言文字的一切可能性,只是"修辞资料、凭借",是不能抽象地比较其美丑、优劣的。只有在具体的言语里,根据题旨和情境适应或切合的程度,才能看出运用某个语文形式的美或丑。《发凡》说得好:"语言文字的美丑是由题旨情境决定的。并非语言文字的本身有什么美丑在。语言文字的美丑全在用得切当不切当:用得切当的便是美,用得不切当的便是丑。"(陈望道 1954,第21页)

从前文人中有所谓"墨卷派"和"清真派"之别。清真派认为语文形式质朴便是美的、好的修辞;墨卷派认为语文形式华丽才是美的、好的修辞。现在也还有类似的看法。其实,从修辞应该适应题旨情境的立场来看,这种争论是不得要领的。语言文字的形式华丽或质朴本身也无所谓美丑或好坏,全看是否适应题旨情境。不同体式的文章,对语言文字的形式有不同的要求:有些文章体式,如科学体、公文体之类,一般要求语言文字朴素些,少用甚至不用词藻和积极修辞的格式;有些文章体式,如诗歌、抒情散文之类,则要求华丽些,常要使用积极修辞的格式。这点其实很早就有人认识了,如曹丕(《典论·论文》)曾说:"夫文,本同而末异。盖秦议宜雅,书论宜理,铭诔尚实,诗赋欲丽。"这话是正确的。所以,如果一定要争论言语的修辞华丽好还是质朴好,或积极修辞好还是消极修辞好,是争论不出结果来的。只能说:题旨情境要求语言质朴的,修辞便不应华丽,华丽了就不美,不好;题旨情境要求华丽的,修辞便不应质朴,质朴了就不美,不好;无论作文说话,又无论华丽或质朴,都要言随意遣,语随境变,要之以适应题旨情境为本。

三、关于"修辞技巧"问题

(一) 何谓"修辞技巧"

研究修辞,又不免谈到"修辞技巧"。但一谈修辞技巧,一般人又常常与修辞格式联系起来,以为懂得一些修辞格式,就是懂得了修辞技巧;又以为研究一些修辞格式,便是研究修辞技巧。修辞技巧也不只是语言文字的形式上的事。《发凡》对修辞技巧有深刻的见解。《发凡》指出:"修辞技巧的来源有两个:第一个是题旨和情境的洞达,这要靠生活的充实和丰富;第二是语言文字可能性的通晓,这要靠平时对于现下已有的修辞方式有充分的了解。技巧是临时的,贵在随机应变,应用什么方式应付当前的题旨和情境,大抵没有定规可以遵守,也不受什么条规的约束。只有平日在这方面做了充分的准备工夫,这才可望临时能够应付裕如。"(陈望道1954,第45页)这里所谓"贵在随机应变",也就是贵在适应题旨情境的意思。所以适应题旨情境,可以看作修辞的根本技巧。

(二) 怎样才能掌握修辞的技巧

那么怎样才能掌握这个修辞的技巧呢? 根据《发凡》的意思,笔者认为要真正掌握修辞技巧,要使修辞技巧达到成熟的地步,概括起来一定要做到三点。

1. 题旨和情境的洞达

题旨和情境的洞达,这是指在说话和作文时,对题旨和情境一定要有正确的认识和充分的了解。没有这一条,谈不上修辞技巧。而要做到题旨和情境的洞达,不是很容易的。《发凡》认为,一方面要积累生活上的经验和学问,要有"与时并进"的见解和趣味;这方面是"写说者必不可少的经常修养",这是要长期磨炼才能获得的。另一方面又要随时细心观察"正在变动的活事实的事",并随时检阅报章杂志和书籍,"从字里行间去探求事情的实际"(陈望道1954,第45页),用现在的话来说,就是写说前总得进行一番调查研究,这方面需要进行精心的努力。这两方面如果都做得比较充分,就有助于题旨和情境的洞达。如鲁迅在描写人物皮肤的粗糙时,虽都用了比喻的修辞方式来进行描绘,但却又不是千篇一律的,他依据不同的题旨情境,用了不同的喻体来比喻不同的人物形象的皮肤。对于中年的闰土的手,说是"又粗又笨而且开裂,像是松树皮"(《故乡》);对于地主老爷郭老娃的布满皱纹的脸,说是"已经皱得如风干的香橙"(《长明灯》),对于多年治水的禹爷,则说是"满脚都是栗子一般的老茧"(《理水》);对于孩子们受冻的小手,说是"冻得通红,像紫牙姜一般"(《雪》)。他这样的修辞是完全适应人物的不同年龄、不同身份、不同境遇等具体情况的,也就是适应了题旨情境的。鲁迅之所以能这样,是与他充实的生活、丰富的知识以及敏锐的观察分不开的。又如作家曲波在《林海雪原》中有一段话:

第四天清晨风消雪停,东方的一轮淡淡的灰色太阳,疲乏地挂在天空,好像它也被这狂风暴雪打击得筋疲力尽,夺去了它无限的热量。它对着大地也是冷冷淡淡的没有神气,无精打采。整个山林被酷寒的威严吓得寂静无声。只有天空剩下的雪粉碎末,像霜渣一般下落,它遮盖着太阳的光芒。

这段文字将北国的风雪后的清晨景色描写得淋漓尽致。这里用了一些修辞方式,如比喻、拟人等,也完全适应题旨情境的。但若没有对东北林海雪原的亲身经验,作者是写不出这样的话语的,也不可能用上这样的修辞方式。有些人由于生活经验不丰富,或者知识浅薄,或者缺乏调查研究,因此表达时对题旨情境心中无数,修辞上也就必然出现破绽。如某报有篇报道,这报道的标题是这样一个句子:

心血浇得枯花红

这句话,语法的句法上没有问题,毛病就出在修辞上违反题旨情境:"枯花红"这个比喻有问题。生活中只有枯木逢春,枯枝发芽,因为枝木枯掉,树根可能仍活着的,但枯花是不可能再会变红。"枯花红"的说法反映了作者缺乏这方面的知识,这就是违反了题旨情境,这样的修辞不可能是好的修辞。总之,"写说不纯全是椅桌间的修练,在修辞之前少不了要有经验、学问、观察、检阅等种种内容上的准备的。写说以后的成败……大体总是看这种种准备是否充分为转移"(陈望道1954,第46页)。

2. 语言文字可能性的通晓

语言文字可能性的通晓,这是指要对语言文字的一切可能性(包括现下已有的修辞方式)有充分的了解。要做到这一条,《发凡》认为必须加强语文修养,在平时要对修辞的方式有精密的观察和系统的研究。思想是要通过语言文字来表达的,所以修辞应当利用"语言文字的习惯及体裁形式的遗产",也就是要利用"语言文字的一切可能性"。没有这一条,要掌握修辞技巧也是一句空话。大凡善于修辞的人,一般都谙熟或通晓某种语言的语音、词汇、语法、文字以及各种可能的修辞方式。曹雪芹、鲁迅等修辞非常之好,在表达某种思想的时候,他们可以找到最确切的字眼,得心应手地用上最适应题旨情境的修辞方式。这一方面固然是他们对写说时的题旨情境十分洞达,而另一方面也借助于他们语言文字的功力,他们可以说是掌握修辞技巧的大师。如鲁迅《药》里边有一段话:

> 黑的人便抢过灯笼,一把扯下纸罩,裹了馒头,塞与老栓;一把抓过洋钱,捏一捏,转身去了。

这段话里有七个谓语动词,都是"黑的人"(借代刽子手康大叔)的动作,其中"抢""扯""裹""塞""抓""捏"这六个动词都是手的动作,却没有一个词是重复的。这些不同的动词十分准确而形象地表现了利欲熏心的刽子手在特定环境中的一举一动及其性格特征。这个例子也可说明鲁迅有着深厚坚实的语文修养。相反,如果一个人语文修养比较差,尽管他对题旨情境十分了解,也难以使他的修辞好。有的人写说中语句不通、语无伦次,那根本谈不上修辞了。也有的人语句虽通,但语言文字上也有问题,例如:

① 红放大队的支部书记杜得功,带着大队的民兵,嗷嗷直叫地围上来。

② 子女们应当主动关心老人的生老病死的问题。

这里例①里的"嗷嗷"这词语有问题。《现代汉语词典》:"嗷嗷,象声词,哀号声。"而例①却把此词用来形容民兵们的喊叫声,简直是乱弹琴。这反映了作者对"嗷嗷"一词的意义缺乏了解,因而出了这样的差错。例②的"生老病死",一词用在这里不准确,因为短语"生老病死"的"生"是指出生,用在例②这个句子里,便是子女们要关心老人的出生、年老、生病、逝世。"子女"是老人所生,怎么能关心父母亲的出生呢?这里的错误是在于作者对短语

"生老病死"一语的意义不甚了了,所以会闹出这样的笑话。也还有些人词汇贫乏,修辞方法掌握得很少,因此写说时该用积极修辞的地方常常只是用消极修辞表达,干巴巴的,这样修辞当然也是不好的。总之,要使修辞好,一定要下苦功夫学习语言文字,学习各种修辞格式,努力提高自己的语文修养。

3. "随机应变"的追求

"随机应变"的追求,这是指在写说时要尽一切力量使语言文字的形式适应一定的题旨情境,以恰当地表达某种思想,达到最理想的表达效果。没有洞达题辞情境,修辞不可能好;没有相当的语文修养,修辞也不可能好;不努力追求使语文形式适应题旨情境,不去千方百计地针对情意来调整语辞,那么,修辞同样不可能好。一些掌握修辞技巧的大师的修辞之所以好,就在于能做到使语文形式适应题旨情境。曹雪芹的《红楼梦》中的"菊花诗",每首诗所用语句各有特点,都是适应题旨情境的。所谓咏物抒情,每首诗的语言文字都恰如其分地表现了人物的性格和气质。如薛宝钗的"忆菊",用"怅望""断肠""抱闷思""谁怜我为黄花瘦"等语句,表示她那十足的寡妇腔调;贾宝玉的"访菊",用"莫淹留""绝尘埃""休负今朝挂杖头"等语句,暗示他的绝尘离世之心;林黛玉的"咏菊""问菊""梦菊"用"满纸自怜题素怨""片言谁解诉秋心""孤标傲世谁隐""醒时幽怨同谁诉"等语句,表现了她"孤标傲世"的性格和一片哀怨之情。曹雪芹实际上是用菊花来比喻各个人物性格和境遇的,虽都是用菊花作比,却又都不一样,这表明了曹雪芹不但洞达题旨情境,不但有高度的语文修养,而且还有使语文形式最贴切地适应题旨的本领。这就是他的修辞技巧十分高明。

一般地说,如果一个人写说时已洞达所要说的题旨和情境,而且语言文字方面有高度的修养,写说时就有可能做到应手应口的地步;或者能进一步,独出心裁,别开生面,使修辞达到更完美的境界。但常常也可能在写说中一时之间有不能适应的情形,所以也就有修辞修改或修饰的工作。贾岛的"推敲",王安石的"春风又绿江南岸",便是文人作"随机应变"努力的著名实例。古人所谓"吟成五个字,用破一生心""吟安一个字,捻断数根须",都说明了为力求使语言文字形式适应题旨情境而下苦功的情景。朱如清在

修辞要讲究适应题旨情境

《欧游杂记》的"自序"中说:"记述时可费了一些心思在文字上,觉得'是'字句,'有'字句,'在'字句安排最难。显示景物间的关系,短不了这样的句法;可是老用一套,谁耐烦!再说这三种句子都显示静态,也够沉闷的。于是想方法省略那三种讨厌的字。例如'楼上正中一间大会议厅',可以说'楼上正中是——','楼上有——''——在楼上正中',但我用第一句,盼望给读者整个的印象,或者说更具体的印象。……若能将静的变成动的,那当然更乐意,例如'他的左胳膊底下钻出一个孩子'。"朱如清的这段话道出了他在写作中是怎样力求使语言文字适应文学作品这种体裁以及读者对象的。这是文学家追求"随机应变"的经验之谈,是值得我们学习的。我们要学习他那种使语言文字适应题旨情境的思想和方法,并不是说在任何情况下都得要用"楼上正中一间大会议厅"的句式。在别种题旨情境中,也许这个格式反而不好,而要用"楼上正中是一间大会议厅"或"楼上有一间大会议厅""一间大会议厅在楼上正中",每个句子都"各有所宜",选择某个同义或近义的语文形式,都得视题旨情境而定。

可见,一个人在写说时,应当力求在"适应"上下功夫。要使自己有丰富的生活底子和较高语文修养;要认真对待而不应马马虎虎,更不应信口开河。一定要多思考,多推敲,把自己所要说的或所要写的思想理清楚,把写说时的情境观察明白,把可能的表达方式也揣摩揣摩,做到"胸有成竹"。只有"了然于心",然后才能"了然于口""了然于手"。尤其是作文,有时间也更有可能多思考、多观察。即使写出来了,也要反复修改,使文章的语言文字适应题旨情境,使形式和内容达到最完满的统一。这样的修辞就可能是较好的修辞。

总之,修辞的技巧是有的,技巧是临时的,贵在"随机应变",因此没有死守的章程。但技巧也不是虚无飘渺的,只要平时注意积累生活经验和学问,以及加强语文修养,临时注意调查研究,洞达写说的题旨情境,在写说的过程中多作思考,对语辞力加调整,力求适用,使语文形式最完善地适应题旨情境,那么,一个人的修辞技巧方面的才能便会得到充分的发挥。

试论"言语美"

○、引　　言

人们在谈论说话、作文的形式美时,常称之为"语言美"。例如说,"这篇文章的语言美极啦""这位播音员的语言真美,非常动听"等等。严格地说,应该称作"言语美"。

语言是由语音、词汇和语法组成的一种符号体系,是人类交际和交流思想的工具;而言语则是运用语言来进行交际和交流思想的一种言语行为活动,也就是说话或作文。这就是说,语言是言语的凭借工具,言语是对语言的运用。作为言语的工具,谁都可以使用,无所谓美不美,对于语言的运用才有个美不美的问题。

但是社会上一般人分不清"语言"和"言语",因此常常把"言语美"称为"语言美"。笔者认为,从学术的角度来看,要纠正"语言美"的说法,应该讲"言语美",并提倡在说话和作文里发扬"言语美"。

一、要重视"言语美"

(一) 语言无美丑之分

语言是符号系统,是交际和交流思想的工具。语言是民族的要素之一,它具有民族特点。民族无美丑之分,作为族语(民族语言)也是无美丑之别。汉语是一种有声调的语言,英语没有声调。是有声调的汉语这种语言美,还是无声调的英语这种语言美,是很难说的。汉语的语法缺乏严格的形态变化,而俄语的语法狭义形态变化非常丰富。是具有严格的、狭义形态变化的俄语这种语言美,还是没有严格形态变化的汉语这种语言美,也是很难说的。众所周知,语言优劣论是错误的。谈论所谓"语言美",显然是不准确的。

也许有人会说,"语言美"是指个人的语言美,不是指族语的语言美。其实,所谓个人语言,跟族语基本上是相同的。个人语言中的语音、词汇和语法系统,不可能跟族语完全不同,它只是在言语里运用族语的个人化而已。言语里个人语言中的某些特色(如发音、个人对族语的某些独特创造)会影响语言(族语)运用上的美不美的问题,而不是语言本身美不美的问题。

(二) 言语有美丑之别

"言语"是指人们的"说话"("说""讲""谈话""讲话"等)和"作文"("写文章""写信""写作"等)。"说话"属于口头的有声言语,"作文"属于口头言语基础上派生出来的书面言语。言语是一种以语言为工具来表达思想和传达信息的行为活动。

作为族语的语言是民族的、社会的,它没有美丑优劣之分;但言语是个人的、是对民族语言的运用,它却有美丑优劣之别。比如两个人都用汉语说话,说同样的一件事或同样的思想内容,但言语是运用语言来表达同样事件或同样思想的表达形式(包括发音、用词、语法格式的选择、修辞法式、个人言风特色等,简称"言语形式")往往不一样:一个人可能说得很美,另一个人可能说得不美。说播音员的"语言美",显然不是指播音员说的汉语美,而是指播音员言语的发音(音色、音质或语调等)美;说这篇文章的"语言美",也不是指文章所用的汉语美,而是指文章表现出的言语形式美。所以美不美不属于语言方面的问题,而是属于言语方面的问题,尽管言语美跟民族语言有密切的关系。没有抽象的语言美,只有具体的言语美。

(三) "言语美"很重要

言语美不美,直接影响到交际和交流思想的效果。从口头上看,一个人若满口粗话、脏话、胡话,或者说话语无伦次、颠三倒四,一听就知道该人言语低劣不美。从书面上看,有些诗歌写得很美,如"朝辞白帝彩云间,千里江陵一日还。两岸猿声啼不住,轻舟已过万重山",这首李白的诗虽寥寥数语,但细细咀嚼,却令人感到它的言语真美,所以一千多年来它的脍炙人口,不无道理。

文艺作品很讲究言语美,这是众所周知的。文艺作品言语不美,是不可能打动读者、起到感染人的作用的。不是文艺作品的文章,如应用文、科学论文也有一个美不美的问题。即使是平常生活中的个人言语,也有一个美不美的问题。这是因为,除了自言自语之外,无论写或说什么,都是为了交际交流思想。或是叙述一件事情,或是问人家一个问题,或是向别人提出一个要求,或是发抒自己的感情。不管言语的内容怎样,反正都是有目的的,都想要别人听别人看的,都希望人家听得进、看得懂并且有所反应的。所以个人言语美的问题是应当而且必须引起重视的。

二、"言语美"的标准

对于具体言语的美不美,不同的人可能有不同的看法。所谓"因人而异""因时而异""因地而异",都是说人们对"美"有不同的认识。但是不管主观的认识怎样,本文还是想探讨一下"言语美"的标准。

(一)"言语美"和"话语美"密切联系

讨论"言语美"这个问题,首先应当了解"言语"和"话语"的关系。言语指说话、作文这种行为活动,话语是言语的产品(言语的产物),即是指人们运用语言来进行交际和交流思想的结果;通俗点说,就是指说出的"话"和写出的"文章"。言语的过程,是用某种语言来表达某种思想的过程,它使语言和思想结合起来;言语的这个结合物,呈现为话语。换句话说,民族语言与某个个人的具体思想结合,便产生言语(活动);言语(活动)的结果,便产生话语。

话语有内容和形式,它的思想内容是通过言语活动、使言语形式转化为话语形式表达出来的。如果说言语是个运用语言的运动过程,则话语便是言语产品的静止存在的显现,所以言语形式必定转化为话语形式:言语形式里的语音、词语、语法、修辞等和话语形式里的语音、词汇、语法、修辞等是一致的。在言语或话语的形式里,既有语言的成分,也有超语言的成分。

由于"言语"和"话语"密切相关;所以"言语美"和"话语美"也密切联系:"言语美"体现在"话语美"里,"话语美"表现着"言语美"。言语是运用语言来表达思想的,如果说思想是言语的内容,那么语言的运用形式就是表现思想内容的。言语的形式和内容也体现为话语的内容和形式。评论话语的好坏美丑,实际上就是评论言语的好坏美丑。

（二）评判言语美不美的着眼点

讨论言语美不美的问题,涉及言语的内容和形式。从评判言语美的着眼点而言,可以着眼于内容方面评判,也可以着眼于形式方面评判。当然,也可以着眼于言语整体("内容+形式")方面评判。

以文艺评论(对文艺作品这种话语美不美的评论)为例,文艺作品是作家的文艺性言语活动的产品。怎样的文艺作品才算美？历来有争议。从前有些人强调"质"美,就是着眼于思想内容;有些人强调"文"美,就是着眼于形式;有些人强调"文质兼备"(内容和形式都美,即所谓思想性和艺术性的统一),就是着眼于"内容+形式"整体。现在一般认为,文艺作品言语美的标准应该是"文质兼备"美。如果具体分析,文艺作品美不美的问题,主要有三种情形。

一是思想内容好、表达思想的形式也好的文章,这是既有思想性又有艺术性的佳作。这种文艺作品可以说是"文质兼备"的言语整体美。

二是思想内容好,但表现思想的形式不好的文章,这是思想性尚可但艺术性差的作品。这种文艺作品可以说言语内容美但言语形式不美。

三是思想内容不好,但表现思想的形式好的文章,这是思想性差而艺术性强的作品。这种文艺作品可以说言语内容差但言语形式美。

笔者认为,"文质兼备"的"美",不但是评判文艺作品的言语美的标准,推而广之,也是一切话语里表现言语美的标准。评论言语(说话作文)美不美,要重视思想内容,也要重视表达思想内容的言语表达形式,但不能为内容而内容,也不能为形式而形式。有人(汤国铣1980)说,评论"语言美"(笔者按:应该是"言语美")"主要来自内容"。这种说法,实际上忽略了表达言语内容的言语形式。不能设想,一篇言语内容好而言语表达形式很差、文采劣质的文章是"美"的文章,也不好解释有些人思想很坏,但很会说话作文,说出的话或写出的文章很有文采的现象。

(三) 从语言学角度评判"言语美"的标准

评论言语整体美不美,诚然要讲"文质兼备"的美。但是现在人们所说的"语言美"或"言语美",是从语言学的角度来讲的,也就是讨论"言语美"是从言语的形式角度进行考察和评判。所以,本文下面讨论"言语美",主要是讲言语里的语言运用里的"形式美"即"言语形式美"。

1. "清真派"和"墨卷派"

从前有两派:所谓"清真派"和"墨卷派"。他们就是从言语表达思想时的语言运用的形式角度来评论美丑的。"清真派"认为言语形式质朴便是美的,"墨卷派"却认为言语形式华巧才算美。现在人们在评论文章的言语美时也还是有类似的意思,如有的认为言语朴素才算美,有的认为言语华丽才算美,有的认为美是多种多样的,有壮丽美、含蓄美、绚丽美、朴素美等等。

言语究竟是朴素美,还是华丽美,还是朴素和华丽都美?这是不能抽象地谈论的。这与言语体式(文体或辞体)有密切的关系。不同体式的文章,对言语的形式有不同要求的:有些文章的言语要求朴素些,少用甚至不用词藻,如科学体、公文体之类的文章;有的则要求华丽些,要用点儿词藻,如诗歌、抒情散文之类。这一点很早就有人认识,如建安时代的曹丕就曾经说过:"夫文,本同而末异。盖奏议宜雅,书论宜理,铭来尚实,诗赋欲丽。"(曹丕《典论·论文》)

2. "信、达、雅"

人们总想找到一切言语的美的共同(普遍)标准,即想找到一切言语(包括书面的"作文",以及口头的"说话")形式美的共性特征。以翻译这种言语活动来说,也有个"言语美"的问题。严复《译〈天演论〉例言》提倡翻译作品的言语美的标准是要同时做到"信达雅"。所谓"信",指译文要做到准确(不歪曲,不遗漏);所谓"达",指译文要做到文辞畅达,通晓明白;所谓

"雅",指译文要做到规范、古雅、优雅。这是讨论翻译的言语美的一般标准。其实,翻译不同的言语作品,情况并不完全相同,比如一般科技作品和文艺作品就不一样。"信"和"达"是翻译的基本要求,忠实准确、通顺明白地传达原文的意思是最重要的;至于"雅"并不是翻译任何言语作品的人都要做到的共同要求。

言语作品翻译的形式不能代替各种言语形式,更不能用"信、达、雅"的标准来要求各种说话或作文形式,比如"达",就是要求言语形式通晓明白,这固然是一般言语所必需的,然而在特定的语境中,有些言语却要求有意含蓄、不明白,比如言语中的"避讳""析字""双关"等就是这样的。所以"达"是一般言语的基本要求,但并不是言语美的共同标准。又比如,有人说"雅"是要求言语用规范化的语言。这也是言语的一般要求,即在一般的情况都应该说普通话,说话都要合语法等等。但是言语在特定的语境里却有的需要有意使用方言,有的需要有意破坏语法规范(如倒装、省略等变异形式),至于有意运用修辞的"转类""飞白"等,则更难说了。由此看来,把"信、达、雅"作为翻译言语美或一般说话作文形式美的共同或普遍的标准是不够准确的。

3. 表达的最佳效果是"言语美"的共同标准

评判言语形式美的共同标准,笔者认为应该着眼于言语的表达效果。凡是有着最佳表达效果的言语形式,都是美的言语,而不论其是朴素的还是华丽的,是明白的还是含蓄的,是通俗的还是艰深的,是规范的还是破格的,是短的还是长的。这个美的标准是言语的功能、言语的目的所决定的。言语的功能是表达思想,进行交流;说话、作文要叫人听,听人看的,是要使人得到感染并有所响应的。美的语言表达效果一定很佳,不美的语言表达效果一定不佳。不能想象表达效果差的言语形式会是美的言语。所以,用表达效果的好坏来作为言语美丑的评论标准是合情合理的。表达的最佳效果就是言语美的本质。

表达的最佳效果包括两个方面。

一方面讲"表达"。首先要把思想表达出来;前人所说的"辞达而已矣"(《论语·卫灵公》),"辞达"就是说言语能"表达"出思想就可以了。不能表达思想的言语,当然不可能是美的言语。所谓"词不达意""言语错乱",就是心中想的表达不出来,也就是没有什么表达效果。

再一方面要讲表达的"最佳效果"。单说"表达"或"辞达"还不够,还应讲表达的"效果",而且要求"最佳的效果"。说一件事,言语可能有好几种表达法,而且都能表达出思想;但在一定题旨情境里,只能有一种最佳的,即最美的,而其他的则不太美,甚至是丑的。总之,追求言语美,就是要追求言语表达的最佳效果。

三、修辞是"言语美"的方法(或手段)

(一) 修辞是"言语美"的方法(或手段)

言语美的共同的普遍的标准是表达效果。修辞的目的是求得言语表达的最佳效果。具有最佳表达效果的言语,是最美的言语。而求得表达最佳效果的方法(或手段)便是要讲究言语的修辞。一个人言语的修辞好,便能使言语美;一个人言语的修辞不好,他的言语也就不可能美。所以修辞是言语美的方法(或手段),而言语美则是修辞的目的。讲言语美,实质上也是讲言语的修辞美。

修辞是灵活机动地运用各种语言材料和各种表现手法,来切当地表达思想,以求得最完满的表达效果的一种方法(或手段),所以修辞也可说是"言语美的艺术"。修辞学是研究修辞这种现象的,也就是研究言语美的一门学科,或者说是研究言语技巧或言语艺术的一门学科;从这个意义上来说,修辞学是言语学的一部分,是言语的美学。[①]

(二) 修辞手法

1. 两类修辞手法

修辞的具体方法,通常称之为"修辞手法"。修辞手法概括起来有两类:

[①] 言语学是研究言语形式和言语机制的科学,包括语言学、修辞学、风格学、文体学等。语言学是研究言语工具的科学。一般人把修辞学放在语言学里,当作语言学的一个部门,似乎不太恰当。

一类是平实地记述的修辞,一般叫做"消极修辞"。这种修辞以"平实地记述事物的条理为目的,力避掺上自己个人的色彩。……其表达法式是抽象的、概念的、理智的"。(陈望道1954,第43页)它要求做到意义明确,伦次通顺,词句平匀,安排稳密。也就是要求言语朴素质直、明白清楚。通俗点说,不妨称之为"平实修辞"或"朴素修辞"。这种修辞受语法、逻辑的约束最严。

另一类是生动地创造意境的修辞,一般叫做"积极修辞"。这种修辞是"以生动地表现生活的体验为目的,……不采取抽象化、概念化的法式表达,而用一种特殊的法式表达。其表达的法式是具体的、体验的、情感的"。(陈望道1954,第44页)这种修辞要求言语时创造一种联想的意境,使言语华丽工巧、生动有致。通俗点说,不妨称之为"意境修辞"或"华丽修辞"。所谓"词格""词趣"之类,大都属于"华丽修辞"。这种修辞有时候要突破语音、词汇、语法的现成规范。

2. 积极修辞和消极修辞都是"言语美的艺术"

积极修辞和消极修辞都是修辞手法,它们都是"言语的艺术",用得适当都能使言语美。但是有一种意见认为,积极修辞能使言语美,消极修辞不能使言语美。或者认为言语美只是文艺作品的事,文艺作品之外的言语是不考虑或不追求的。如说"公文事务语体、科学技术语体不追求什么'美化语言'""公文事务语体、科学技术语体往往不考虑'成美'不'成美'的问题"(参看王希杰1980;林兴仁1980)。这是对言语美的理解有误解。他们不是从表达效果的好坏来看美丑,而是以积极修辞的辞藻华丽作为言语美的标准。这是不妥的。该华丽生动的言语用积极修辞固然美,该朴素平实的言语用消极修辞同样也美。相反,该华丽生动的语言用了消极修辞固然不美,该朴素平实的言语用了积极修辞也未必是美。文艺作品固然要追求"言语美",公文事务语体、科学技术语体同样也有言语美不美的问题。只是不同的言语作品使用的修辞手法不完全一样:文艺作品偏重于或多用积极修辞,公文事务语体、科学技术语体偏重于或常用消极修辞。例如广播里天气预报的言语,用的是朴素平实的消极修辞。如果去用积极修辞生动一下,反而会弄巧成拙的。试比较下面两句话:

① 今天下午阴,明天有大雪。

② 今天下午天将哭丧着脸,明天有鹅毛般的大雪。

上面两句,②用的是积极的修辞,生动是生动了,然而在天气预报这样的言语里,就不如①消极修辞美。因为从表达效果来看,句①有最佳的表达效果,句②在天气预报里显得有点可笑,效果不佳。诚如刘勰说:"指事造实,求其靡丽,则未足美矣。"(刘勰《文心雕龙·章表》)

总之,言语美应该以表达的最佳效果为准,而不应以积极修辞或辞藻华丽生动为准。文艺作品和非文艺作品都有个"最佳表达效果"的问题,所以都有个美不美的问题。该用积极修辞的地方就用积极修辞,该用消极修辞的地方便用消极修辞,"要之以适用为本"(王安石《上人书》)。该用积极修辞的地方,如果用了消极修辞,干巴巴的没有一点儿文采,那就不适用,表达效果当然不会好;明明该用消极修辞的地方,偏偏去用积极修辞,以为那样美,那也不适用,表达效果当然也不会好,那是越"修"越丑。

3. 关于同义形式或同义结构问题

(1)"同义结构"或"同义形式"本身不是修辞。有一种意见认为:修辞学研究的对象是"平行的同义结构和非平行的同义结构"(林兴仁 1980)。这种意见是把"平行的同义结构和非平行的同义结构"看作修辞现象。这种说法有两个问题。一是把语言和言语混淆起来了,把语言的"平行的同义结构和非平行的同义结构"与修辞现象和修辞手法混淆起来了。同义形式或同义结构,是属于语言方面的,是语言学研究的,它只是修辞的资料而不是修辞本身。比如同义词("父亲""爸爸"便是同义词),就是属于词汇方面的语言现象;同一意义的不同句型或句式(如主动句和被动句)就是语法方面的语言现象。二是把"平行的同义结构和非平行的同义结构"看作是修辞学的对象更有问题。修辞学研究的对象应该是"修辞现象"(言语里的"修辞现象"是追求言语表达效果的一种现象)而不是"语言现象"(包括语音、词汇、语法方面的现象);语言学研究的对象则是"语言现象",所谓"平行的同义结构和非平行的同义结构"就是属于"语言现象",这种语言现象可以作为言语修辞的资料而不是修辞本身(即"修辞资料"不等于"修辞或修辞方法")。

(2)同义形式或同义结构的选择不等于全部的修辞方法。还有一种意见认为：修辞是"各种同义形式和表达方式进行具体的选择和安排"（郑远汉1980）。这种说法把"平行的同义结构和非平行的同义结构"看作比修辞要好。这是因为"平行的同义结构和非平行的同义结构"是语言现象，只是修辞可以凭借的资料，但本身还不是修辞；而对各种同义形式或同义结构进行具体的选择和安排，确是跟修辞有关的。比如"我把书还掉了"（"把"字句式）、"书被我还掉了"（"被"字句式）这样的同义句式都是语言现象，语法上都是通的，不存在哪句美哪句不美的问题。但在具体的言语里，用哪一种句式就有根据表达的需要做出"选择和安排"的问题，那就是修辞问题了。但是，只说对"各种同义形式和表达方式进行具体的选择和安排"是修辞还不够，因为如果单纯把修辞看作"同义形式和表达方式的选择和安排"，实际上还没有接触到修辞手法本身和修辞的基本原理。一方面，修辞方法范围很大，同义结构或同义形式的"选择和安排"是修辞的方法之一，但不是修辞手法本身，所以它并不等于修辞。另一方面，"修辞手法"是指"消极修辞"和"积极修辞"，而"同义形式和表达方式的选择和安排"并不是修辞手法。再一方面，对同一事件或同一思想用什么修辞手法是要有所选择和安排的，既可用这种语言形式，也可用那种语言形式；既可用这种表达方式，也可用那种表达方式；既可用消极修辞，也可用积极修辞。然而这不是为选择而选择，为安排而安排，也不是自己要怎样选择就怎样选择，要怎样安排就怎样安排。这种选择或安排，是有一定的目的和依据的：其目的就是求得完美（即最佳的）表达效果，也就是求得言语美；选择或安排的根据就是题旨和情境。说话作文如果不讲表达的最佳效果，不讲适应题旨情境，单讲"选择和安排"或单讲"修辞手法"都还是浮面的、不完善的，因为都没有触及修辞的基本原理。

四、适应题旨情境与"言语美"的关系

（一）适应题旨情境是"言语美"的基本技巧

如果说"言语美"有基本技巧，那就是要讲究言语的修辞，就是要讲究修

辞的基本原理,即"适应题旨情境"。修辞要追求言语最佳的表达效果("言语美"),修辞要讲究修辞方法(或"手段"),修辞要灵活地运用"修辞手法",修辞要重视同义形式的选择,这些都是可以说的。但更需要进一步说明,应该怎么样运用或选择各种修辞方法或手法来表达思想内容才能有最佳的表达效果("言语美"),这就必须讲适应题旨情境。

现实生活是丰富多样的,人们的思想也是丰富多样的,人们的言语更是丰富多样的。因此要使言语美,没有千篇一律的修辞方法或手法。"比喻""借代""夸张"等修辞手法很有用,但也不是在任何情况下都可以使用的。要使言语美,不在于使用何种修辞方法或手法,关键是要根据修辞的基本原理来灵活地进行修辞。修辞的基本原理指言语中的一切修辞方法或手法都应该"适应题旨情境"。陈望道(1954,第13页)指出,"修辞以适应题旨情境为第一义",就是强调这条基本原理的重要性。

所谓"适应题旨情境",就是要求根据言语时具体情况具体地采取适应具体题旨情境的修辞方法或手法。人们常说,说话写文章要做到"有的放矢","到什么山上唱什么歌","看菜吃饭,量体裁衣"等等,这些都是要求言语修辞要适应题旨情境的意思。概括成四个字,叫做"随机应变",就是要根据题旨情境来灵活机动地进行修辞。所以,题旨情境是修辞的依据。"适应"或"应变"是修辞的特点。修辞和语法不一样;语法重在守经,而修辞贵于权宜;语法有点像形式逻辑,修辞有点像辩证逻辑。修辞要依据旨题情境的变化而变化,变得切合题旨情境的就是美,变得不切合题旨情境的便是丑。修辞美才能做到言语美。修辞手法无优劣之分,但手法的运用却有好坏之别。适应题旨情境的就是好,不适应题旨情境的就是坏。所以适应(或切合)题旨情境,是修辞的本质的东西,是修辞的灵魂,是修辞的总规律,也可以说就是修辞的基本技巧。如果说"言语美"有什么技巧,那么"适应题旨情境"灵活地进行修辞这种基本技巧也可以说是"言语美"的基本技巧。

(二)适应题旨情境的基本要求

修辞要适应题旨情境,概括起来,言语时的基本要求有以下三点。

1. 要适应言语的内容和目的

说话作文,总是有内容有目的的。内容方面,如有的是日常生活的琐事,有的是学术上的讨论,有的是很简单的三言两语的对话,有的是洋洋万言的演说。内容不同,修辞当然也不能相同。言语也总有目的,如有的是一般的谈谈自己的看法,有的是要教育别人。比如同样写"猫",动物园里牌子上的解释和动物学教科书中的论述跟作家笔下写"猫"的文艺作品,所用的修辞手法便不一样。如果动物园里对动物的解释和动物学教科书中的论述用积极修辞手法,那就是"无的放矢",不可能达到最佳的表达效果;反之,作家文艺作品里对"猫"的形象描写用消极修辞,同样不可能达到最佳的表达效果。

2. 要适应言语的对象

言语要看对象,要根据不同的对象来进行修辞。说话作文都是为了交际和交流思想,要使自己的言语发挥作用,不看对象是不行的。比如汉语的第二人称,有时称"你",有时称"您"。"你"是一般称呼,"您"是敬称。对什么人称呼"你",对什么人称呼"您",就要看对象;不看对象乱说一通,是很容易闹笑话的。又如"顽强"和"顽固"是一对同义词,都有表示坚定、不变的意思。但在言语里运用时,也是要看对象的,一般对某人某事有好感的称"顽强",如"战士们顽强地守住了阵地";而对某人某事没有好感的称"顽固",如"敌人顽固地进行抵抗"。不同的对象,褒贬分明,不能随便乱说。

3. 要适应言语的场合

所谓"场合",是指时间、地点以及说话或作文的体式等。任何言语都在一定的时间、一定的地点进行的。不同的场合,修辞手法也常有变化。如在不同听众的广播电台说话和在面对听众的教室里上课,修辞方法便不一样。又如在庄严肃穆的会场上说话,就要严肃一点;几个人随便闲聊,则可随便一点。在人家办喜事的时候,言语要适应欢乐的气氛;在人家办丧事的时候,言语就得适应悲哀的情绪。在不同的言语体式里,修辞手法也往往是不一样的,例如科学体、公文体跟文艺体的修辞便有很大的不同。总之,言语的语气、语调、选用词语,以及使用何种修辞手法、表现方法,都要随情应境,而不能随心所欲。

五、做到"言语美"的必要修养

适应题旨情境的修辞是好的修辞,好的修辞才能做到"言语美"。这在理论上还是比较容易懂得的。但理论不等于实践,懂得也不等于做到。要做到适应题旨情境,做到修辞好而使言语美,要有必要的修养,必须下一番苦功夫。

(一) 要加强生活修养

要对题旨情境有充分的了解,就要有充实和丰富的生活修养,这样才能洞达社会上的各种人物,各种事情。如果做不到这点,就很难做到适应题旨情境。比如有的人在与知识分子谈话时谈笑风生,修辞很好,表达效果也很好;但在工厂、农村与工人、农民谈话,人家都不大要听,言语的表达效果不好。这不是他的语文修养差,也不是不会说话,主要是对工人、农民不了解,因此说起话来不切合工人、农民的口味。一个人如果要使自己的言语适应各类题旨情境,就必须深入生活,了解社会,洞达社会上的各种人物,各种事情。

(二) 要加强思想的修养

言语虽是表达形式方面的,但它总是与思想联系在一起的。俗语说:"言为心声""文如其人",就是说明了思想对言语的主导作用。刘勰说,"经正而后纬成,理定而后辞畅,此立文之本源也"(《文心雕龙·情采》)。这话很正确。一个文明的人要做到谈话和气、文雅、谦逊,如果思想上傲慢自大,不肯尊敬人,又怎能使言语和气、文雅、谦逊?一个人满口粗话、脏话连篇,反映了这种人心灵不美。所以,要言语美,在一般的情况下,首先要做到思想美、心灵美。另外,一个人言语不通顺,不明白,常常是由于思维混乱引起的;所以学点逻辑,并在实际中力求不断提高逻辑思维的能力,也是适应题旨情境所必需的。

(三) 要加强语文修养

修辞是运用一切语文材料来表达思想的,语文材料掌握得怎么样,对于修辞的好坏很有关系。语文修养好是言语美的重要条件。一个人语文修养很差,修辞也往往不好。要加强语文修养,便要通晓语言文字的各种可能性,注意学会标准的共同语,要最大限度地掌握语言的词汇,要做到能熟练地运用语法规则,要通晓并能运用修辞的各种表现手法。这些都不是一朝一夕能修养好的。但只要有决心,注意向别人学习言语,还要多读点书,包括读点语法修辞方面的书,并在实践中不断地加以运用,是一定能提高语文水平的。

(四) 要多思考,多推敲

言语(说话作文)要求得最佳的表达效果,一定要把所要说的想透。做到"胸有成竹",然后再说再写。只有"了然于心",然后才能"了然于口""了然于手"。尤其是写文章,即使已经写出来了,还需要反复修改,使文章的内容美与文章的形式美达到最完满的统一。在这方面,前人刻苦修辞的经验是值得学习的。古人所谓"语不惊人死不休""吟成五个字,用破一生心""吟安一个字,捻断数根须"等等,都说明了为言语美而做出的巨大努力,也说明为了使言语适应题旨情境而下苦功的情形。贾岛的"僧敲月下门"句中的"敲",王安石的"春风又绿江南岸"句中"绿",都是几经斟酌才定下来的。这都是历史上著名的在修辞上一丝不苟的"推敲"精神。要使言语美,要使言语切合题旨情境,这种一丝不苟的推敲精神是不可缺少的。

参 考 文 献

北京大学汉语教研组　1958　《现代汉语》,高等教育出版社。

陈　平　1987　《释汉语中与名词性成分相关的四组概念》,《中国语文》第 2 期。

陈昌来　1998　《论语义结构中的与事》,《语文研究》第 2 期。

陈昌来　2003　《现代汉语语义平面问题研究》,学林出版社。

陈建民　1986　《现代汉语句型论》,语文出版社。

陈望道　1921　《〈标准国语文法〉和疑问句式》,《民国日报》副刊《觉悟》4 月 16 日。

陈望道　1954　《修辞学发凡》,新文艺出版社。

陈望道　1939　《从分歧到统一》,《语文周刊》第 33 期。

陈望道　1947　《试论助词》,《国文月刊》第 62 期。

陈望道　1958　《怎样研究文法修辞》,《学术月刊》第 6 期。

陈望道主编　1987　《辞海·语言学分册》,上海辞书出版社。

陈望道等　1987　《中国文法革新论丛》,商务印书馆。

陈望道　1978　《文法简论》,上海教育出版社。

岑麒祥　1961　《言语是没有阶级性的》,《文汇报》11 月 12 日。

岑运强　1994　《语言和言语、语言的语言学和言语的语言学》,《汉语学习》第 4 期。

岑运强　1996　《再谈语言和言语、语言的语言学和言语的语言学》,《吉安师专学报》第 3 期。

邓守信　1983　《汉语及物性关系的语义研究》,黑龙江大学科研处。

丁声树等　1961　《现代汉语语法讲话》,商务印书馆。

戴浩一　1985　《时间顺序和汉语的语序》,《国外语言学》第 1 期。

董秀芳　2002　《词汇化：汉语双音词的衍生和发展》,四川民族出版社。

范　晓　1980a　《关于结构和短语问题》,《中国语文》第 3 期。

范　晓　1980b　《谈谈析句问题》,《安徽师范大学学报》第 4 期。

范　晓　1981　《怎样区别现代汉语的词同短语》,《东岳论丛》第 4 期。

范　晓　1983　《试论动词谓语句的定型问题》,《语文论丛》(第 2 辑),上海教育出版社。

范　晓　1986　《交接动词及其构成的句式》,《语言教学与研究》第 3 期。

范　晓　1987　《介词短语"给 N"的语法意义》,《汉语学习》第 4 期。

范　晓　1988　《语法研究中意义和形式相结合的原则》,《语法研究和探索》(4),北京大学出版社。

范　晓　1989　《施事宾语句》,《世界汉语教学》第 1 期。

范　晓　1990　《论词的功能分类》,《烟台大学学报》第 2 期。

范　晓　1991a　《动词的"价"分类》,《语法研究和探索》(5),语文出版社。

范　晓　1991b　《试论语义结构中的主事》,《中国语言文学的现代思考》,复旦大学出版社。

范　晓　1991c　《汉语的短语》,商务印书馆。

范　晓　1992　《VP 主语句——兼论"N 的 V"作主语》,《语法研究和探索》(6),语文出版社。

范　晓　1993　《关于句子合语法或不合语法问题》,《中国语文》第 5 期。

范　晓　1994a　《语言、言语和话语》,《汉语学习》第 2 期。

范　晓　1994b　《动词形容词的"名物化"和"名词化"》,《中国语文》第 2 期。

范　晓　1995　《句型、句模和句类》,《语法研究和探索》(7),商务印书馆。

范　晓　1996　《三个平面的语法观》,北京语言文化大学出版社。

范　晓　1998　《汉语句法结构中的主语》,《语法研究的新思路》,上海教育出版社。

范　晓主编　1998　《汉语的句子类型》,书海出版社。

范　晓、朱晓亚　1999　《论句模研究的方法》,《徐州师范大学学报》第4期。

范　晓　1999　《略说句系学》,《汉语学习》第6期。

范　晓　2001　《关于汉语的语序问题》,《汉语学习》第5—6期。

范　晓　2002　《论名词在语义平面的"兼格"》,《语法研究和探索》(10),商务印书馆。

范　晓、张豫峰等　2003　《语法理论纲要》,上海译文出版社。

范　晓　2003　《说语义成分》,《汉语学习》第1期。

范　晓　2004　《三维语法阐释》,《汉语学习》第6期。

范　晓　2005a　《关于语言、言语及其相关问题的思考》,《长江学术》第八辑。

范　晓　2005b　《关于构建汉语语法体系问题》,《汉语学报》第2期。

范　晓　2005c　《语境句和孤立句》,《语言文字学研究》,中国社会科学出版社。

范　晓　2005d　《上海话象声词的复杂形式》,《吴语研究》,上海教育出版社。

范　晓　2005e　《试论"使"词义的演变和语法化的问题》,《语言研究集刊》第二辑,上海辞书出版社。

范　晓　2007　《汉语存在句的界定和分类问题》,《语言研究集刊》第四辑,上海辞书出版社。

范　晓　2008　《语法研究中解释的"解释"》,《汉语学习》第6期。

范　晓　2009　《汉语句子的多角度研究》,商务印书馆。

范　晓　2010a　《关于句式问题》,《语文研究》第4期。

范　晓　2010b　《试论句式意义》,《汉语学报》第3期。

范　晓　2010c　《关于句式义的成因》,《汉语学习》第4期。

范　晓　2011a　《论"动核结构"》,《语言研究集刊》第八辑,上海辞书出版社。

范　晓　2011b　《论名核结构》,《语言问题再认识》,上海教育出版社。

范　晓　2012　《略论句干及其句式》,《山西大学学报》第3期。

范　晓　2013　《短语语式》,《汉语短语语义语用研究》,中国社会科学出版社。

范　晓　2014　《动宾离合词及其构成的语式》,《山西大学学报》第6期。

范　晓、陈昌来　2015　《汉语句子及其句式研究》,学林出版社。

范　晓　2016　《三维语法的析句思路》,《语言研究集刊》第十五辑,上海辞书出版社。

范　晓　2017　《论汉语的"主述结构"和"主述句"》,《汉语学报》第3期。

方光焘、施文涛　1959　《言语有阶级性吗?》,《南京大学论坛》第4期。

方光焘　1961　《语言和言语问题讨论的现阶段》,《江海学刊》7月号。

方光焘　1990　《语法论稿》,江苏教育出版社。

冯胜利　1996　《论汉语的韵律词》,《中国社会科学》第1期。

冯胜利　1997　《汉语的韵律、词法与句法》,北京大学出版社。

冯胜利　2000　《汉语韵律句法学》,上海教育出版社。

冯志伟　1983　《特思尼耶尔的从属关系语法》,《国外语言学》第1期。

高更生　1986　《句组分析》,湖北教育出版社。

高名凯　1948　《汉语语法论》,商务印书馆。

高名凯　1955　《再论汉语的词类分别》《三论汉语的词类分别》,《汉语的词类问题》,中华书局。

高名凯　1960　《论语言和言语》(上、下),《中国语文》1月号、2月号。

高顺全　2004　《试论汉语通指的表达方式》,《语言教学与研究》第3期。

桂诗春　2000　《新编心理语言学》,上海教育出版社。

洪笃仁　1955　《从现代汉语的词序看所谓"倒装"》,《厦门大学学报》

第 4 期。

胡怀琛　1931　《修辞方法》,世界书局。

胡裕树主编　1981　《现代汉语》(增订本),上海教育出版社。

胡裕树等　1981　《〈现代汉语〉使用说明》,上海教育出版社。

胡德明　2010　《现代汉语反问句研究》,安徽人民出版社。

胡壮麟、朱永生、张德录编著　1989　《系统功能语法概论》,湖南教育出版社。

黄伯荣　1981　《句子的分析与辨认》,上海教育出版社。

黄伯荣、廖序东主编　1983　《现代汉语》(修订本),甘肃人民出版社。

贾彦德　1997　《对现代汉语语义格的认识和划分》,《语文研究》第 3 期。

黎锦熙　1924　《新著国语文法》,商务印书馆。

黎锦熙　1950　《新著国语文法》,商务印书馆。

黎锦熙、刘世儒　1957　《汉语语法教材》,商务印书馆。

黎锦熙、刘世儒　1960　《词类区分和名词问题》,《中国语文》第 12 期。

李人鉴　1959　《试论领属性定语带不带"的"》,《扬州师范学院学报》第 2 期。

李临定　1984　《施事、受事和句法分析》,《语文研究》第 4 期。

李临定　1986　《现代汉语句型》,商务印书馆。

李临定　1990　《现代汉语动词》,中国社会科学出版社。

李宇明　1989　《"NP 呢?"句式的理解》,《汉语学习》第 3 期。

李宇明　1995　《儿童语言的发展》,华中师范大学出版社。

李宇明、萧国政等编　2005　《言语和言语学研究》,崇文书局。

李振麟、董达武　1961　《关于语言和言语的若干问题》,《学术月刊》(上海)第 1 期。

廖秋忠　1984　《现代汉语中动词支配成分的省略》,《中国语文》第 4 期。

廖秋忠　1994　《篇章与语用和句法研究》,《语用研究论集》,北京语言学院出版社。

林　方　1983　《句式、句型和句子》,《语文学习》第 4 期。

林　焘　1962　《现代汉语轻音和句法结构的关系》,《中国语文》7月号。

林兴仁　1980　《汉语修辞学的研究对象初探》,《南京大学学报》第2期。

刘大为　2009　《修辞性疑问:动因与类型》,《修辞学习》第1期。

刘大为　2010　《从语法构式到修辞构式》(上、下),《当代修辞学》第3、4期。

刘　坚、曹广顺、吴福祥　1995　《论诱发汉语词汇语法化的若干因素》,《中国语文》第3期。

刘　复　1924　《中国文法通论》,上海群益书社。

刘　复　1932　《中国文法讲话》,上海北新书局。

刘汉城　1995　《单音节状态谓词》,《动词研究》,河南大学出版社。

刘叔新　1992　《语言和言语问题的重新认识》,《语言学通讯》第3—4期。

刘月华　1990　《句子的用途》,人民教育出版社。

吕冀平　1955　《主语和宾语问题》,《语文学习》7月号。

吕冀平　1979　《词组和句子的分析》,《学习与探索》第4期。

吕叔湘、朱德熙　1952　《语法修辞讲话》,开明书店。

吕叔湘　1942　《中国文法要略》,商务印书馆。

吕叔湘　1946　《从主语、宾语的分别谈国语句子的分析》,《开明书店二十周年纪念文集》,中华书局。

吕叔湘　1955　《语法学习》,中国青年出版社。

吕叔湘　1956　《关于汉语词类的一些原则性问题》,《汉话的词类问题》,中华书局。

吕叔湘　1958　《语言和语言学》,《语文学习》第2、3期。

吕叔湘　1963　《现代汉语单双音节问题初探》,《中国语文》第1期。

吕叔湘　1978　《漫谈语法研究》,《中国语文》第1期。

吕叔湘　1979　《汉语语法分析问题》,商务印书馆。

吕叔湘主编　1980　《现代汉语八百词》,商务印书馆。

吕叔湘　1985　《歧义类例》,《语法研究和探索》(3),北京大学出版社。

吕叔湘　1986　《汉语句法的灵活性》,《中国语文》第 1 期。

吕叔湘　1987　《句型和动词学术讨论会开幕词》,《句型和动词》,语文出版社。

陆俭明　1995　《现代汉语配价语法研究·序》,《现代汉语配价语法研究》,北京大学出版社。

陆志韦　1956　《北京话单音词汇》,科学出版社。

陆志韦　1957　《汉语的构词法》,科学出版社。

陆宗达　1955　《汉语的词类问题》,《汉语的词类问题》,中华书局。

马建忠　1898　《马氏文通》,商务印书馆。

马建忠　1983　《马氏文通》,商务印书馆。

马庆株　1981　《时量宾语和动词的类》,《中国语文》第 2 期。

马庆株　1983　《现代汉语的双宾构造》,《语言学论丛》第十辑,商务印书馆。

马庆株　1988　《自主动词和非自主动词》,《中国语言学报》第 3 期。

卢英顺　2017　《关于句式研究的一点理论思考》,《现代汉语句式研究》(第二辑),复旦大学出版社。

鲁　川　1987　《介词是汉语句子语义成分的重要标志》,《语言教学与研究》第 2 期。

鲁　川　1988　《汉语句子的语义成分和语用成分》,《语法研究和探索》(4),北京大学出版社。

鲁　川、林杏光　1989　《现代汉语的格关系》,《汉语学习》第 5 期。

鲁　川　1992　《谓词框架说略》,《汉语学习》第 4 期。

鲁　川　2001　《汉语语法的意合网络》,商务印书馆。

戚晓杰　2015　《词汇词和语法词:汉语词类划分问题症结之所在》,《汉语学报》第 3 期。

戚雨村、吴在扬　1961　《语言、言语及其相互关系》,《学术月刊》(上海)第 1 期。

戚雨村　1996　《现代语言学的特点和发展趋势》,上海外语教学出版社。

钱学森　1985　《谈三种思维形式》，《人民日报》2月18日。

钱学森　1986　《关于思维科学》，上海人民出版社。

邱广君　1982　《与"［动词+出］+宾语"有关的几个问题》，《语言学论丛》第九辑，商务印书馆。

饶长溶　1960　《试论副动词》，《中国语文》第4期。

饶　勤　1997　《离合词的结构特点和语用分析》，《汉语学习》第1期。

人民教育出版社编　1956　《初中〈汉语〉课本教学参考书》，人民教育出版社。

人民教育出版社编　1959　《汉语知识》，人民教育出版社。

任学良　1981　《汉语造词法》，中国社会科学出版社。

上海教育出版社编　1963　《语言和言语问题讨论集》，上海教育出版社。

上海市语文学会　1983　《语文论丛》（第2辑），上海教育出版社。

邵敬敏　1996　《现代汉语疑问句研究》，华东师范大学出版社。

沈家煊　1999　《认知心理和语法研究》，《语法研究入门》，商务印书馆。

沈家煊　2001　《语言的"主观性"和"主观化"》，《外语教学与研究》第4期。

施春宏　2001　《名词的描述性语义特征与副名组合的可能性》，《中国语文》第3期。

施文涛　1960　《论语言、言语和言语作品》，《中国语文》第4期。

史有为　1991　《施事的分化与理解》，《中国语言学报》第4期。

史振晔　1960　《试论汉语动词、形容词的名词化》，《中国语文》第12期。

汤国铣　1980　《论语言的美》，《昆明师院学报》第4期。

汤廷池　1979　《动词与形容词之间》，《国语语法研究论集》，台湾学生书局。

汤廷池　1979　《动词的语法属性》，《国语语法研究论集》，台湾学生书局。

田　茹　1961　《有关语言和言语的几个问题》,《中国语文》2月号。

田申瑛　1985　《语法述要》,安徽教育出版社。

王艾录　2003　《关于语言符号的任意性和理据性》,《解放军外国语学院学报》第6期。

王安龙　1993　《略说显示状态功能的动词》,《中国语文》第3期。

王海峰　2002　《现代汉语离合词离析动因刍议》,《语文研究》第3期。

王　力　1985　《中国现代语法》,商务印书馆。

王　力　1955　《中国语法理论》,中华书局。

王　力　1956　《主语的定义及其在汉语中的应用》,《汉语的主宾语问题》,中华书局。

王　力　1959　《汉语实词的分类》,《北京大学学报》第2期。

王希杰　1980　《修辞的定义及其它》,《南京大学学报》第2期。

王希杰　1984　《语言的语法分析和言语的语法分析》,《语法研究和探索》(2),北京大学出版社。

王希杰　1994　《语言和言语问题值得进一步研究》,《汉语学习》第5期。

王维贤主编　1992　《语法学词典》,浙江教育出版社。

文　炼、胡　附　1955　《谈词的分类》,《汉语的词类问题》,中华书局。

文　炼　1982　《词语之间的搭配关系》,《中国语文》第1期。

文　炼　1991　《与语言符号有关的几个问题》,《中国语文》第2期。

文　炼　1992　《句子的理解策略》,《中国语文》第4期。

伍铁平　1986　《语言与思维关系新探》,上海教育出版社。

吴为章　1982　《单向动词及其句型》,《中国语文》第5期。

吴为章　1994　《关于句子的功能分类》,《语言教学与研究》第1期。

吴为章、田小琳　1984　《句群》,上海教育出版社。

吴为章、田小琳　2000　《汉语句群》,商务印书馆。

徐　杰　1987　《句子的功能分类和相关标点的使用》,《汉语学习》第1期。

萧国政等　2003　《汉语合音词语音构成类型及语义语法问题》,《方言语法研究和探索》,黑龙江人民出版社。

新华辞书社编　1965　《新华词典》,商务印书馆。

徐烈炯、刘丹青　1998　《话题的结构与功能》,上海教育出版社。

颜红菊　2004　《汉语词汇单位的离合现象分析》,《湘潭师范学院学报》第5期。

严　复　1904　《英文汉诂》,商务印书馆。

叶　军　2001　《汉语语句韵律的语法功能》,华东师范大学出版社。

邢福义　1991　《现代汉语语法研究的两个"三角"的研究》,《语言教学与研究》第3期。

邢福义　1983　《论现代汉语句型系统》,《语法研究和探索》(1),北京大学出版社。

邢福义　1994　《现代汉语语法研究的"小三角"和"三平面"》,《华中师范大学学报》第2期。

邢福义　1997　《汉语语法学》,东北师范大学出版社。

邢福义　2001　《汉语复句与研究》,商务印书馆。

游顺钊　1994　《视觉语言学概要》,商务印书馆。

俞　敏　1955　《形态变化和语法环境》,《汉语的词类问题》,中华书局。

于根元　1987　《动宾式短语的类化作用》,《句型和动词》,语文出版社。

苑春法、黄昌宁　1998　《基于语素数据库的汉语语素及构词研究》,《世界汉语教学》第2期。

袁　杰、夏允贻　1984　《虚义动词纵横谈》,《语言研究》第2期。

张伯江　1999　《现代汉语双及物结构式》,《中国语文》第3期。

张伯江　2002　《施事角色的语用属性》,《中国语文》第6期。

张　斌　1989　《句子种种》,《汉语语法研究》,商务印书馆。

张　斌、胡裕树　1989　《汉语语法研究》,商务印书馆。

张拱贵　1982　《辨认词类及其它》,《教学语法论集》,人民教育出版社。

张国宪　1983　《"动+名"结构中单双音节动作动词功能差异初探》，《中国语文》第 3 期。

张国宪　1990　《单双音节动作动词搭配功能差异研究》，《上海师范大学学报》第 1 期。

张国宪　2001　《制约夺事成分句位实现的语义因素》，《中国语文》第 6 期。

张惠萍　2000　《浅析句子功能观》，《中国海洋大学学报》第 4 期。

张　静　1960　《"是"字综合研究》，河南人民出版社。

张　静　1982　《"使"和"使"字句》，《汉语学习》第 2 期。

张　静主编　1986　《新编现代汉语》，上海教育出版社。

张烈材　1985　《特斯尼埃的〈结构句法基础〉简介》，《国外语言学》第 2 期。

张　敏　2002　《汉语语法化研究的类型学与认知语言学视点》，第 23 次中国学国际学术大会论文。

张绍杰、王克非　1997　《索绪尔两个教程的比较与诠释》，《外语教学与研究》第 3 期。

张寿康　1978　《说"结构"》，《中国语文》第 4 期。

张先亮、范　晓　2008　《汉语句式在篇章中的适应性研究》，中国社会科学出版社。

张谊生　2000　《现代汉语副词研究》，学林出版社。

张云秋　2004　《现代汉语受事宾语句研究》，学林出版社。

张志公主编　1956　《语法和语法教学》，人民教育出版社。

赵元任　1979　《汉语口语语法》，吕叔湘译，商务印书馆。

郑远汉　1980　《汉语修辞学的研究对象和任务》，《华中师院学报》第 3 期。

曾毅夫　1957　《"的"字底用法与分化》，河北人民出版社。

中国社会科学院语言研究所编　1980　《现代汉语词典》，商务印书馆。

中国社会科学院语言研究所现代汉语研究室编　1987　《句型和动

词》,语文出版社。

周　红　2003　《动宾式动词配价分析》,《齐齐哈尔大学学报》第 3 期。

周建人　1961　《"言语"和"语言"意思本来相同》,《文汇报》5 月 23 日。

朱德熙　1956　《现代汉语形容词研究》,《语言研究》第 1 期。

朱德熙等　1961　《关于动词形容词"名物化"问题》,《北京大学学报》第 4 期。

朱德熙　1978　《"的"字结构和判断句》,《中国语文》第 1 期。

朱德熙　1982　《语法讲义》,商务印书馆。

朱德熙　1981　《"在黑板上写字"及其相关句式》,《语言教学与研究》第 1 期。

朱德熙　1982　《语法分析和语法体系》,《中国语文》第 1 期。

朱德熙　1984　《定语和状语的区分与体词和谓词的对立》,《语言学论丛》第十三辑,商务印书馆。

朱德熙　1985　《语法答问》,商务印书馆。

朱德熙　1986　《变换分析中的平行性原则》,《中国语文》第 2 期。

庄文中　1990　《句群》,人民教育出版社。

朱晓亚　2001　《现代汉语句模研究》,北京大学出版社。

布龙菲尔德　1980　《语言论》,袁家骅、赵世开、甘世福译,商务印书馆。

菲尔墨　1980　《"格"辨》,《语言学译丛》第二辑,中国社会科学出版社。

Goldberg　2007　《构式——论元结构的构式语法研究》,吴海波译,北京大学出版社。

L. R.帕默尔　1983　《语言学概论》,李荣等译,商务印书馆。

马克思、恩格斯　1972　《马克思恩格斯全集》第一卷,人民出版社。

斯米尔尼茨基　1960　《句子、句子的主要成分》,《语言学译丛》第 2 期。

索绪尔　1916　《普通语言学教程》,高名凯译,商务印书馆,1980 年。

叶斯柏森　1988　《语法哲学》,语文出版社。

后　　记

"语言和言语的区分问题"是结构主义的创始人、现代语言学理论的奠基者索绪尔首先提出来的。上个世纪50年代末到60年代初，我国语言学界曾对索绪尔提出的这个问题进行过热烈的讨论。在讨论中，人们对语言和言语要不要区分、如何区分，以及语言、言语跟其他相关术语的关系等问题存在着很大的分歧，可以说没有共同的"语言"。

我对这场讨论非常关注，也参加了这场讨论。我当时阅读了学术争论的文章以及许多相关学术文献，发现这个问题不是像某些人说的是单纯的名词术语之争，而是涉及对索绪尔学说的认识或看法问题，涉及语言学或言语学的本体论和方法论的大问题，涉及整个学科宏观体系的建立问题。我在学习索绪尔和前辈学者观点的基础上独立思考，当时对索绪尔和其他有关名家的一些论述产生了怀疑，有了不同的看法。索绪尔是一位伟大的语言学家，他在语言学历史上有着划时代的贡献，他的《普通语言学教程》（简称《教程》）的出版标志着结构主义语言学的诞生，他提出的语言和言语区分问题、语言是一种"符号系统"的观点、重视族语的结构研究和断代研究的观点以及强调"语言学的唯一的、真正的对象是语言"（即研究作为符号系统的族语这种语言）的观点都很重要，开创了结构主义语言学，推动了族语的断代语言学的研究和发展。但《教程》里的一些关键术语（langue、langage、parole）在表述上存在着模糊不清或前后不一致的说法（按：出现这样的问题的原因，或者是索绪尔本人没讲清楚，或者是他的学生整理时出错），就难免不能自圆其说。这就导致人们对索绪尔关于语言和言语（特别是"言语"）的含义有不同理解，大家都以《教程》中的某句话或某段话为根据做出不同的诠释，也就是各自"断章取义""各取所需"，诠释者们混乱见解的出现也就很自然了。

后　记

基于上述情况,我认为应该改变这种囿于诠释索绪尔言论的情形,应该借镜索绪尔提出的 langue、langage、parole 这三个术语,吸收其合理的部分,又不受索绪尔对这几个术语的论述所羁绊。我就在学术讨论会上发言,质疑索绪尔的"二分"说及其诠释者的各种诠释,提出语言、言语、言语作品"三分"说的创新观点,并力求做到持之有故、言之成理。除会议发言外,我还写作了《关于语言、言语和言语作品》一文。由于种种原因,我的文章当时未能发表。直到 1994 年,我把该文章的基本观点以《语言、言语和话语》为题目在学术刊物(《汉语学习》1994 年第 2 期)上公开发表,并引起了讨论。2002 年 10 月,武汉大学和教育部语言文字应用所主办的"言语和言语学国际学术研讨会"在武汉召开,我趁着这个机会把上个世纪写的文章略作修改在会上宣读,并以《关于语言、言语及其相关问题的思考》为名发表在《长江学术》第八辑,2005 年(收录于李宇明、萧国政等编《言语和言语学研究》,崇文书局,2005 年)。

我对语言和言语问题有与众不同的独特看法:认为语言和言语不是像有些人所说的同义词,它们各有特定的含义;也不认可索绪尔及其诠释者所说的语言、言语二分观。基于客观事实,提出言语、语言、话语"三分"说,即:言语交际的行为活动,称为"言语";言语交际的工具,称为"语言";言语(行为活动)的产物称为"话语"。具体说明如下:

(一)"言语"(包括口头上的"说话"和书面上的"作文"),是人类生活中存在着的一种最常见、最普通的社会现象,是以语言为工具来表达思想进行交际的一种行为活动,也是人的一种行为能力(《春秋穀梁传·卷十二》说:"人之所以为人者,言也。人而不能言,何以为人?"这个"言"就是"言语"。可见古人就已经说到言语是人的一种能力)。平常所说的"说""写""谈""发言""讲话""谈话""聊天"都是指"言语"。又如"言语习惯""言语技能""言语艺术""言语失误""言语错乱""言语发声"和生理学、病理学上所说的"言语器官""言语中枢""言语机能""言语障碍""言语康复"以及心理学上所说的"言语听辨""言语感知""被动言语""主动言语"中所说的"言语"等都是指"言语(行为活动)"。汉语中有一些成语,如"能说会道""能言巧辩""善于辞令""对答如流""快言快语""胡言乱语""窃窃私语""轻言轻语""娓娓而谈""低声细语""花言巧语""夸夸其谈""巧舌如簧""伶牙俐齿""口若悬河""油嘴滑舌""笨嘴拙舌""佶屈聱牙""文笔极佳""笔下生辉""妙笔生花"等也是指"言语"（或形容言语行为的情状，包括褒义、中性、贬义）。古人说"不言，谁知其志"中的"言"也是指"言语"。至于古代所谓"三寸不烂之舌""舌战群儒"就是指能说会道、能言善辩的言语好口才。我国古代文人学者是相当重视"言语"的，如孔门四科里第二科的"言语"科（孔子"十哲"中的宰我、子贡能说会道、利口巧辞、善于雄辩，他们有杰出的"言语"才能，是孔门"言语"科里的优才生）和《世说新语》里的第二门"言语"门〔记载东汉后期到魏晋间一些名士在"言语（行为）"方面善于言谈应对，能言善辩方面的一些轶事〕也是本文所说的"言语"。我国历代文人都很重视"言语术"（言语行为的艺术，如言语的修辞、言语论辩的技巧、言语的风格、言语的体裁等），可以说重视言语艺术是中国古代文人的一个传统。上述所说的"言语"如果改为"语言"，实在是穿凿附会、名不符实。

（二）"语言"，是语音、词汇、语法三要素组成的符号系统，是言语所凭借的工具。世界上的各种民族都有自己的语言（简称"族语"），比较重要的是联合国正式批准使用的工作语言就有汉语、英语、法语、俄语、西班牙语、阿拉伯语。至于各色各样的"方言"也是语言，只不过是某种族语的地域分支语言。族语和方言都是人们言语活动时使用的语音、词汇、语法组成的符号系统。古代文献里出现的"南北语异""今古语异""四方异语""西语""西夏语""羌语""狄语""蒙语""番语""越语""夷语""蛮语""闽语""客语"里的"语"，就是指"语言"（包括族语、方言）。我国古代的小学（包括音韵学、训诂学、文字学）实际上是以汉族语言为对象的汉语语言学。"语言"跟"言语"虽然有密切联系，但不能混为一谈。如果把汉语、英语等各种"语言"说成"言语"，显然不妥。

（三）"话语"，是言语的产物，也称"言语作品"，它是人们口头说出来的"话"或用文字写出来的"文"（包括"文章""书信"及其他书面作品）。成语里的"旧话重提""空话连篇""传为佳话""语重心长""浮语虚辞""以文会友""文以载道""文不对题""千古奇文""下笔成文""大块文章""班马文章"里所说的"话""语""文""文章"都是指"话语"。个人的言语是动态的，它随着行为活动的结束而结束；而言语的产物话语是静态的，可以长期保存，如可以储存于书面(书籍、报刊等都保存着用文字记载下来的话语)，也可把话语文本储存在电脑、U 盘、磁带里。

语言、言语和话语三者互相联系、相辅相成：没有"言语工具"的语言，言语(行为活动)无法实现；没有"说、写"行为的言语，作为"符号系统"的语言也无法发挥其效能；没有语言和言语，也不可能出现"言语的产物"——话语。三者之中，言语处于中枢地位，它可以统辖语言和话语。言语的范围比语言广，相应地以言语为研究对象的言语学的范围也应该比语言学广。语言只是言语的工具，以语言为对象的语言学当然隶属于言语学，它是言语学的组成部分。索绪尔说语言学的对象就是语言，"就语言而研究语言，为语言而研究语言"，可谓言之有理。语言学是言语工具学，是言语学中最重要的学科。但言语学还有其他一些涉及言语行为本身的分支学科，如修辞学、言技学(研究各种言语的技能或技巧，包括演讲、辩论、文章作法等)、言风学(包括文风学、风格学)、言体学(包括语体学、文体学)，以及研究言语的生理、病理、心理的言语生理学、言语病理学、言语心理学等，这些都隶属于言语学而不大好说成语言学。至于话语，由于它是言语的产品，所以是研究言语(包括语言和言语艺术)的资料和素材。

本书的内容包含有三个部分：第一部分是有关语言和言语问题的理论思考，第二部分是有关语言的研究(包括汉语的语法、词汇、语音等)，第三部分是涉及研究言语行为形式、方式以及言语艺术的研究(包括语言在言语中的动态应用、修辞、言语规律、言语美等。我曾发表过关于文风和写作方法方面的文章，也属于这个部分，但因自己不太满意故未收入)。

需要说明的是，第一，我的主要研究方向是语言学，受学识和精力所限，对言语行为的艺术研究得不多，对一些交叉学科缺乏研究，所以本书的主要部分还是在语言学部分。第二，关于语言学方面，我主要精力放在汉语的族语语法，所以这部书稿收录的族语语法论文相对较多。虽然我曾发表过 10 多篇研究方言的文章，很遗憾限于篇幅未能收入。第三，本书中有同一事实用不同术语的情形，如动词，有的文章指狭义动词，有的文章指广义动词(即包括狭义动词和形容词)；而广义动词，有的文章称谓词。又如动核结构，有的文章称为谓核结构;动元,有的文章称为谓元。书中还存在个别观点有变动的情形,如谓宾短语、谓补短语中的述语和谓语的变动。存在这些情形是因为书稿中的文章撰写于不同的时期,反映了我在学术研究的历史过程中的认识的演变。为尊重历史和供学界评判,所以一仍其旧,未作更改。第四,本书的文章观点并非不刊之论,肯定有一些缺陷,有些观点还存在着争议。诚恳盼望读者指正,我必从善如流,虚心接纳。

承蒙复旦大学出版社关照,2019 年为我出版了《范晓语法论文选集》,这次又支持我出版这本《语言和言语问题研究》书稿,在此谨向复旦大学出版社表示衷心的感谢。责编方尚芩女士认真负责、辛勤劳动,细心审阅校对、精心装帧设计,才使得这印刷质量上乘的精装本得以顺利出版。我要特别向她表示真诚的、深深的谢意。

范 晓

2021 年 12 月 1 日于文化佳园书斋

图书在版编目(CIP)数据

语言和言语问题研究/范晓著. —上海:复旦大学出版社,2022.7
ISBN 978-7-309-16130-4

Ⅰ.①语… Ⅱ.①范… Ⅲ.①汉语—语法—研究 Ⅳ.①H14

中国版本图书馆 CIP 数据核字(2022)第 032752 号

语言和言语问题研究
范 晓 著
责任编辑/方尚芩

复旦大学出版社有限公司出版发行
上海市国权路 579 号 邮编:200433
网址:fupnet@fudanpress.com   http://www.fudanpress.com
门市零售:86-21-65102580   团体订购:86-21-65104505
出版部电话:86-21-65642845
上海盛通时代印刷有限公司

开本 787×960 1/16 印张 41 字数 608 千
2022 年 7 月第 1 版第 1 次印刷

ISBN 978-7-309-16130-4/H·3147
定价:168.00 元

如有印装质量问题,请向复旦大学出版社有限公司出版部调换。
版权所有 侵权必究